KB265822

헌법의 주요 내용 이해를 위한 필독서
헌법학

리걸플러스 41[+]

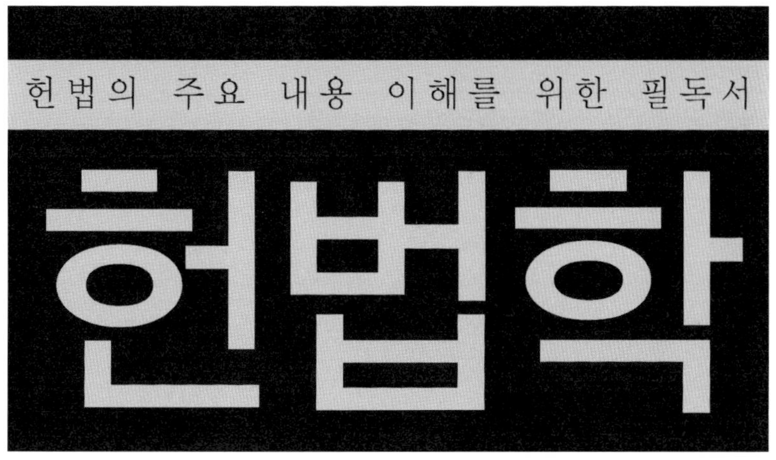

헌법학

김상겸 · 백윤철 지음

한국학술정보㈜

머리말

　헌법이란 국민의 기본권과 국가의 통치기구의 조직과 작용에 관한 법이다. 본 책은 헌법의 주요 내용인 헌법관, 헌법의 서설, 헌법의 기본원리, 헌법의 민주적 기본질서, 기본권, 통치기구 등을 중심으로 구성하였다.

　본서는 우선 인터넷시대에 적합한 헌법론을 전개했으며, 이에 대한 개인정보보호, 전자정부, 표현의 자유 등에 대해서 상론했고, 부록으로 이에 대한 요약을 첨부하였다.

　헌법의 최대 사명은 국민의 기본권을 최대한 보장하는 데 있기 때문에, 통치기구의 조직원리를 이해할 때 반드시 국민의 기본권 보장을 생각해야 한다. 본 책에서는 기본권과 통치기구를 일원적으로 이해하여 통치기구는 국민의 기본권을 최대한 보장하는 수단으로, 기본권은 통치기구가 나아가야 할 방향 내지 목표로 보고자 한다. 헌법은 국민의 기본권 보장의 초석인 성문의 바이블이다. 따라서 헌법의 이해는 국민의 기본권으로 시작하여 통치기구는 이러한 국민의 기본권을 최대한 보장해야 할 의무를 지고 있는 것이다.

　사법고시나 행정고시의 출제형식이 과거 주관식 논문형과 약술형에서 사례연습으로 전환되었고, 이와 더불어 헌법재판소와 대법원 판례의 중요성이 더해 가고 있다. 따라서 국가고시 시험준비생들은 본 책과 판례 기본서를 함께 학습하기를 권한다.

　수험생들이 사례를 해결하는 경향이 이론과 학설을 중심으로 해결하는 경향이 있는데, 이는 지양하여야 한다. 그 이유는 사례의 해결은 우선 실정법인 조문 중심으로 해결하고, 이러한 조문이 없는 경우, 학설이나 이론 내지 판례로 해결해야 되기 때문이다. 따라서 본 책은 이러한 사례를 해결하는 데 참조가 되는 이론서로서 큰 역할을 하리라 생각된다. 마지막으로 본 책이 국가고시를 준비하는 수험생들에게 도움이 되었으면 한다.

김상겸·백윤철 씀

CONTENTS

제1편 憲法總說 ··· 13

제1장 憲法의 槪念과 特質 · 機能 / 15

제1절 憲法의 槪念 / 15

제2절 헌법의 법원 / 20

제3절 헌법의 분류 / 24

제4절 헌법의 특질 / 29

제5절 憲法의 解釋 / 33

제6절 法律의 合憲的 解釋 / 35

제7절 소위 憲法觀과 基本權理論問題 / 37

제2장 국법의 제 형식과 헌법보장 / 47

제1절 헌법의 제정 / 47

제2절 憲法의 改正 / 49

제3장 헌법전문과 헌법보장 / 52

제1절 憲法前文 / 52

제2절 憲法上의 憲法保障制度 / 54

제4장 헌법상의 국가긴급권과 저항권 / 55

제1절 헌법상의 국가긴급권 / 55

제2절 抵抗權 / 58

제5장 國家形態와 國家構成要素 / 60

제1절 대한민국의 국가형태 / 60

제2절 대한민국의 구성요소 / 62

제3절 영토조항과 통일조항의 문제 / 65

제6장 한국헌법의 기본원리 / 66

제1절 서설 / 66
제2절 국민주권원리 / 84
제3절 법치주의 / 86
제4절 복지국가원리 / 88
제5절 福利國家原理 / 89
제6절 平和主義原理 / 92

제7장 한국헌법의 基本秩序 / 101

제1절 서설 / 101
제2절 민주적 기본질서 / 102
제3절 방어적 민주주의 / 104
제4절 국제질서 / 106

제8장 한국헌법의 기본제도 / 108

제1절 정당제도 / 108
제2절 선거제도 / 111
제3절 공무원제도 / 112
제4절 지방자치제도 / 114
제5절 교육제도와 대학의 자치제 / 117
제6절 혼인·가족제도 / 118
제7절 헌법상 군사제도 / 119

제2편 基本權論 … 123

제1장 基本權 총설 / 125

제1절 기본권의 성질 / 125
제2절 제도보장 / 127
제3절 기본권의 주체 / 128

제2장 기본권의 효력 / 131

　제1절 대국가적 효력 / 131

　제2절 기본권의 제3자적 효력 / 132

　제3절 기본권의 갈등관계 / 134

제3장 기본권의 제한의 일반론 / 136

　제1절 기본권의 제한 / 136

　제2절 헌법내재적 한계 / 139

　제3절 특별권력관계(특수신분관계) / 141

제4장 기본권침해와 구제(기본권보호) / 143

제3편 基本權 各論 … 147

제1장 人間의 尊嚴과 幸福追求權 및 平等權 / 149

　제1절 人間으로서의 尊嚴과 價値 / 149

　제2절 생명권 / 151

　제3절 幸福追求權 / 157

　제4절 국가의 기본권 보장 의무 / 165

　제5절 평등권 / 165

제2장 자유권 / 179

　제1절 자유권 총론 / 179

　제2절 신체의 자유 / 179

제3장 경제적 자유권 / 212

　제1절 총설 / 212

　제2절 거주·이전의 자유 / 213

　　제3절 주거의 자유 / 220

　　제4절 사생활의 비밀과 자유 / 222

　　제5절 통신의 자유 / 225

　　제6절 재산권 / 228

　　제7절 직업선택의 자유 / 241

　　제8절 소비자의 권리 / 249

　　제9절 개인정보자기결정권 / 250

제4장 정신적 자유권 / 289

　　제1절 양심의 자유 / 289

　　제2절 종교의 자유 / 296

　　제3절 표현의 자유 / 303

　　제4절 언론·출판·집회·결사의 자유 / 304

　　제5절 학문의 자유 / 317

　　제6절 예술의 자유 / 321

　　제7절 인터넷과 표현의 자유 / 322

제5장 정치적 기본권 / 340

　　제1절 총설 / 340

　　제2절 참정권 / 341

제6장 청구권적 기본권 / 344

　　제1절 총설 / 344

　　제2절 청원권(請願權) / 345

　　제3절 재판청구권(裁判請求權) / 348

　　제4절 형사보상청구권(刑事補償請求權) / 351

　　제5절 국가배상청구권(國家賠償請求權) / 353

　　제6절 손실보상청구권(損失補償請求權) / 356

　　제7절 범죄피해자구조청구권(犯罪被害者救助請求權) / 358

　　제8절 재판청구권의 절차적 보장 / 360

CONTENTS

제7장 사회적 기본권 / 380

　제1절 총설 / 380
　제2절 인간다운 생활권 / 381
　제3절 사회보장권 / 383
　제4절 교육을 받을 권리 / 394
　제5절 근로의 권리 / 395
　제6절 근로3권 / 397
　제7절 환경권(環境權) / 400
　제8절 환경권과 오염의 관계 / 402

제8장 국민의 기본적 의무 / 424

　제1절 의의 / 424
　제2절 납세의 의무 / 426
　제3절 국방의 의무 / 427
　제4절 교육을 받게 할 의무 / 430
　제5절 근로의 의무 / 430
　제6절 환경보전의 의무 / 431
　제7절 재산권행사의 공공복리적합의무 / 432

제4편 통치기구론 … 435

제1장 통치기구 일반론 / 437

　제1절 대의제의 원리 / 437
　제2절 권력분립의 원리 / 442
　제3절 정부형태(권력분립이 실현된 상태) / 450

제2장 국가기관으로서의 국민 / 460

제3장 국회 / 463

제1절 의회주의(대의제의 핵심) / 463

제2절 국회의 헌법상 지위 / 468

제3절 국회의 권한 / 480

제4절 국회의 자율권 / 511

제5절 국회의원의 지위 / 515

제4장 대통령과 정부 / 525

제1절 정부의 의의 / 525

제2절 대통령 / 528

제3절 국무총리와 국무위원 / 563

제4절 국무회의 / 570

제5절 행정각부 / 574

제6절 감사원 / 577

제7절 선거관리위원회 / 581

제5장 法院 / 589

제1절 법원의 헌법상 지위 / 589

제2절 사법(권)의 개념·범위·한계 / 590

제3절 사법권의 독립 / 609

제4절 법원의 조직 / 619

제5절 법원의 절차와 운영 / 628

제6절 법원의 권한 / 631

제6장 헌법재판소 / 643

제1절 헌법재판의 서론 / 643

제2절 헌법재판소의 구성과 운영 / 649

제3절 헌법재판소의 권한 / 655

제1편 憲法總說

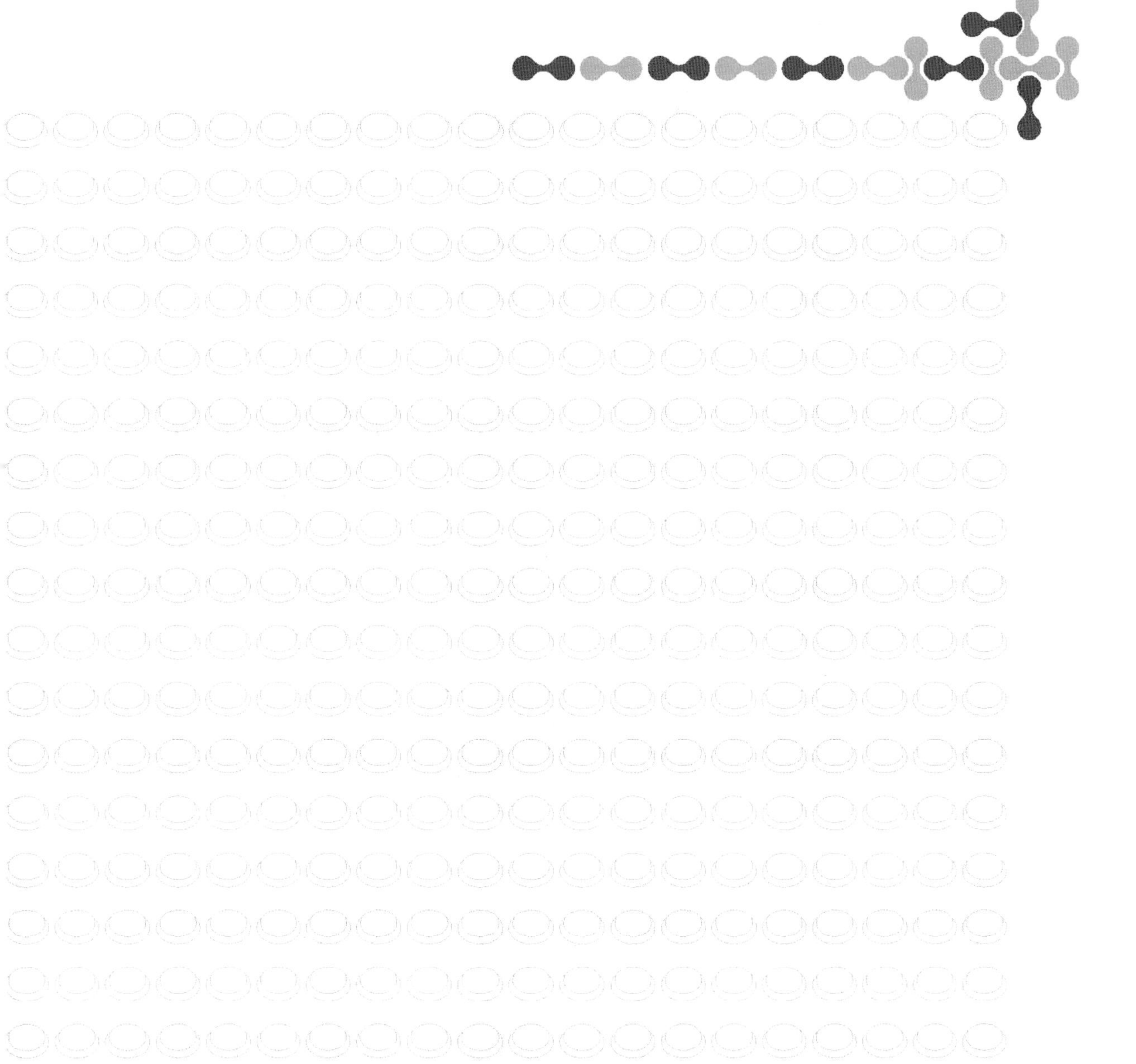

제1장 憲法의 槪念과 特質·機能

제1절 憲法의 槪念

Ⅰ. 헌법과 국가

1. 헌법의 의의

헌법이란 국가최고기관의 조직과 작용, 국가와 국민 간의 관계에 관한 기본원칙, 그리고 국가권력 상호 간의 권한배분관계를 정한 한 나라에 있어서의 기본법을 의미한다. 즉, 헌법이란 국민의 기본권과 통치기구의 조직과 작용에 관한 최고법 내지 근본법을 의미한다.

학자에 따라서 헌법의 개념을 다음과 같이 이해한다. 즉, 라쌀(Lassalle)은 헌법을 한 나라의 사실적 권력관계에 관한 법으로 보고, 스멘트(Smend)는 헌법을 다양한 권력이나 세력에 의하여 정치적 통합이 형성되어 가는 과정의 원리로 보고, 슈미트(Schmitt)는 정치적 통일체의 종류와 형태에 관하여 헌법제정권자가 내린 근본적 결단으로 본다.

2. 헌법과 국가

헌법이란 넓은 의미로는 사회에서 누가 정치권력의 담당자인지, 권력을 어떻게 행사해야 할 것인지와 같이 정치권력의 기본적인 존재형태를 정하고 있는 법규범이다. 그리고 이러한 의미의 헌법이 어느 일정한 특징을 보여 주고 있는 경우에, 그 사회를 국가라고 한다. 그러면 그 특징이라는 것은 무엇인가.

국가라고 하는 사회의 존재형태는 유럽의 역사에 있어서는, 중세의 봉건제사회가 해체되고 절대왕정이 확립되어 오는 과정에서 만들어진 것이다. 따라서 국가의 특징은 통상 봉건제사회의 존재형태와 대비해서 이해될 수 있다. 봉건제사회에서 국왕은 왕국의 전부를 직접 지배하고 있었던 것은 아니었다. 지방에 대한 지배는 지방의 영주와의 봉건계약(영주는 국왕으로부터 봉토를 받는 대신에 국왕의 봉신이 되어 그 지배에 따른다는 약속)을 통한 '인적 지배'에 불과했다. 그것은, 계약관계를 기초로 한 지배였기 때문에 그 명령권은 계약당사자인 봉신에 대해서만 미치는 것이 아니라 자기의 직할지를 제외하고는 왕국 내의 주민을 직접 지배하는 것은 불가능했다. 또, 국왕은, 일반적으로는 봉신의 상위에 위치하는 봉주의 입장에 있었는데, 어느 영지에 관해서는 다른 나라의 국왕으로부터 그것을 봉토로서 받았고, 그 범위에서 봉신의 입장에 서는 일도 있었다. 국왕의 지배권이 왕국 내에서는 전면적으로 정점에 위치했다는 것은 의문의 여지가 없다. 그러나, 이러한 특징을 가졌던 봉건적 구조는 그 뒤, 중앙집권화를 목표로 한 국왕의 노력으로 해체되었다. 국왕은 한편으로 자기의 봉신인 영주가 그 영민에 대해 가지는 지배권을 탈취하고, 왕국 내의 주민에게 대한, 계약관계를 매개로 하지 않고 직접적인 지배권을 획득하고, 다른 한편으로 스스로 봉신적 지위를 불식해서 다른 나라의 간섭을 배제하고, 그 결과 왕국 내의 '영역적 지배권'의 확립에 성공하고 가는 것이다. 이렇게 해서 생겨난, 봉건제사회와는 다른 새로운 지배구조를 가진 사회가 국가라고 불린다. 국가라는 것은 '고유의 영역을 기초로 조직되고, 그 구성원(국민)에 대해 지배권을 가지는 집단이다.'라고 정의되고, 영토, 국민, 통치권(주권)이 국가를 구성하는 3요소라고 일컬어지는데 그것은 국가의 이와 같은 성립과정을 표현하고 있다.

II. 입헌적 의미의 헌법과 고유한 의미의 헌법

입헌적 의미의 헌법이라는 것은 권력을 제한함으로써 자유를 보장하려는 것을 기본이념으로 하는 헌법이다. 이것과 대비해서 앞에서 다룬 넓은 의미의 헌법의 그것을 고유한 의미의 헌법이라고 부르고 있다. 여기서 고유의 의미의 헌법은 한 나라의 통치체제에 관한 기본사항을 정한 기본법으로서 국가가 존재하는 곳이면 그 존재형태를 불문하고 반드시 존재하는 헌법이다.

(1) 국가라는 사회형태는 국왕이 권력을 집중해서 절대왕정을 확립해 가는 과정에서 생겨났는데, 오늘날 우리들이 헌법의 이름 아래에서 생각하려는 헌법은 사실은 이 절대군주의 권력을 제한하는 노력 속에서 생겨났다. 절대왕정이라는 것은 국왕이 자기의 권력을 속박했던 여러 가지 봉건적 구속을 타파하고, 이미 원리상 어떤 것에도 구속되지 않는 권력을 확립했던 체제이지만, 무제약의 권력이라는 것은 그것에 따르는 국민에게 있어서는 위협이고 따라서 국민 측으로부터는 국왕의 권력행사를 어떤 형태로든 제한하려고 하는 요구가 제기되었다. 그 요구의 표현이 '입헌주의(constitutionalism)'라고 불리

는 것이었다. 입헌주의라는 것은 권력의 행사를 헌법에 근거하도록 하려는 생각이다. 앞에서 헌법이라는 것은 넓은 의미로는 사회에 있어서 정치권력의 기본적인 존재형태를 정하는 규범이라고 했는데, 그 의미의 헌법은 어떠한 사회에서도 존재하는 것이고, 절대왕정에서도 존재했었다. 절대왕정에 있어서는 바로 '헌법'에 의해서 무제약의 권력행사가 허용되고 있었던 것이다. 때문에 입헌주의하에서 생각될 수 있는 헌법은 그와 같은 의미의 헌법은 아니다. 때문에 내용이 특정된 헌법, 즉 국왕의 권력을 제한하고, 국민의 자유를 지키는 것을 목적으로 하는 헌법이다. 그러니까 여기에서의 헌법은 먼저 첫 번째로 자유권을 보장하고, 두 번째로 권력의 제한을 가능하게 하는 통치기구로서 권력분립을 채용하는 것이 요구되었다. 절대군주와의 투쟁에서 승리하여 확립된 근대헌법은 어느 쪽도 이와 같은 내용을 가지고 있다. 이와 같은 헌법을 통상, 입헌적 의미의 헌법 또는 근대적 의미의 헌법이라고 부르고 있다. 1789년의 프랑스인권선언('사람 및 시민의 권리선언')은 제16조에서 '권리보장이 되지 않고, 권력분립도 정해지지 않은 사회는 어느 쪽도 헌법을 가진다고는 할 수 없다.'고 규정했는데, 입헌적 의미의 헌법관념을 전형적으로 표현했던 것이라고 받아들여지고 있다.

(2) 입헌적 의미의 헌법은 우리들이 헌법을 생각해 가는 경우 출발점이 되는 가장 중요한 관념이고, 본래 이것이야말로 '고유의 의미의 헌법'이라고 불리는 것과 어울린다. 그러나 일반적으로는 앞에 말했던 넓은 의미의 헌법이 고유의 의미의 헌법이라고 불리고, 보다 한정된 의미를 가지는 입헌적 의미의 헌법과 구별되고 있다. 따라서 입헌적 의미의 헌법은 고유의 의미의 헌법의 특수한(입주적 내용을 가진) 존재형태를 보여 주는 개념이라는 것이 된다. 이와 같은 용어는 입헌적 내용을 수반하는 것은 헌법의 고유의 성격이 아니라고 하는 의미를 포함하고 있고, 입헌적 의미의 헌법을 생겨나게 했던 19세기 독일에서 성립한 용어이다. 입헌주의야말로 헌법의 본질이라고 하는 입장에서 보면 반드시 타당한 것은 아닌데, 오랫동안의 관행이기 때문에 여기에서도 이에 따르기로 한다.

Ⅲ. 실질적 의미의 헌법과 형식적 의미의 헌법

1. 의의

실질적 의미의 헌법이란 국가적 공동생활에 관한 기본 사항을 정하는 법규범의 전체를 말한다. 그리고 형식적 의미의 헌법은 헌법전만 의미한다. 예컨대, 스위스 헌법의 도살에 관한 조항, 미국 헌법의 금주법 등이 있으며, 실질적 의미의 헌법과 형식적 의미의 헌법은 일치하지 않는다.

2. 연혁

(1) 입헌적 의미의 헌법은 많은 경우 헌법전이라는 성문법으로서 제정되었다. 북미의 버지니아헌법(1776년), 펜실베니아헌법(1776년), 미합중국헌법(1788년), 프랑스의 1791년헌법, 1793년헌법, 벨기에헌법(1831년) 등은 모두 그 예이다. 이러한 예에 따라서, 제국(諸國)에서 헌법이 제정되고, 그것에 따라서 정치가 행해지게 되면 헌법상 학문적인 연구도 빈번하게 이루어져 왔다. 그런데 諸國의 헌법전의 내용을 비교해 보면 헌법전에 따라서는 다른 헌법전에서는 통상 규정되고 있는 중요한 규칙이 결여되거나 혹은 반대로 다른 헌법전에서는 통상 볼 수 없는 특수한 규정이 있다는 것을 알 수 있다. 헌법을 연구하는 전제로서 헌법이라는 것이 무엇인가를 정의해 둘 필요가 있는데, 헌법전의 내용이 각국에 따라 이처럼 다양하다고 하면 헌법전이 정한 내용이 헌법이라고 생각하는 것은 諸國의 헌법의 유효한 비교연구는 곤란하게 되어 버린다. 헌법전이 정하는 내용과는 달리 각국에 공통되게 적용할 수 있는 헌법의 의미를 정해 둘 필요가 있는 것이다. 이런 요청을 계기로 19세기 후반에 독일공법학이 '실질적 의미의 헌법'과 '형식적 의미의 헌법'을 구별하기에 이르렀다. 실질적 의미의 헌법이란 헌법이 어떤 형태로 존재하고 있는지(성문이냐 불문이냐, 헌법전의 형태를 취하는지 여부)와는 관계없이 그 내용에 주목해서 파악한 경우의 헌법개념이다. 앞서 본 입헌적 의미의 헌법과 고유의 의미의 헌법의 구별은 헌법내용을 문제로 하고 있고, 실질적 의미의 헌법과 구별한다. 실질적 의미의 헌법을 고유의 의미의 헌법과 동일시하는 견해도 없는 것은 아니지만, 입헌적 의미의 헌법도 실질적 의미에서의 헌법을 대상으로 하는 관념이고, 실질적 의미와 고유의 의미의 두 개의 헌법개념은 구별이 필요하다.

(2) 이에 대하여 형식적 의미의 헌법이라는 것은 헌법의 존재'형식'에 착안한 헌법개념이고, 헌법이라고 하는 '법형식'을 취하면서 존재하는 헌법을 가리킨다. 헌법은 영국과 같이 불문의 관습법을 중심으로 형성되어 있는 나라도 있고, 프랑스와 같이 성문의 헌법전으로 제정되어 있는 나라도 있다. 헌법이라는 법형식은 간단히 말하면, 이 헌법전이라

는 형태의 것이라고 우선 이해해도 좋은데, 좀 더 엄밀하게 말하면 다음과 같다. 제정법에 관해서는 통상 그 제정주체 및 제정절차의 차이에 대응해서 몇몇 법형식이 구별될 수 있다. 예를 들면 의회가 일정한 절차에 따라서 제정된 법에는 '법률'이라는 형식이 있고, 행정부가 제정하는 법형식에는 '명령'이라는 형식이 있다. 마찬가지로 헌법제정권자가 제정한 법에는 '헌법'이라는 형식이 있는 것이다. 이처럼 법형식을 구별하는 것은 법형식의 차이에 따라서 법효력상 차이가 있는 것이 당연하기 때문이다. 헌법이라는 형식의 법은 법률이라는 형식의 법보다, 또 법률은 명령보다 강한 효력을 인정받을 수 있는 것이다. 따라서 헌법이라는 형식이 주어진 법은 그것에 따라 이 형식에 부여된 효력(형식적 효력이라고 말한다)을 획득하게 된다. 그리고 그러한 효력을 가진 형식으로 존재하는 헌법을 생각할 때, 그것을 형식적 의미의 헌법이라고 하는 것이다. 헌법전의 형태로 제정된 헌법은 통상 법률에 우월한 형식적 효력이 주어져 있다. 그러나 경우에 따라서는 헌법전의 형태로 제정되어 있고, 또 헌법제정의 주체와 절차도 법률의 경우와는 다르고, 그 의미에서 헌법의 형식을 취하고 있는데, 그러나 법률에 우월한 형식적 효력은 주어져 있지 않고, 결국 법률에 의해서 개폐될 수 있는 헌법도 없는 것은 아니다. 법률에 우월한 형식적 효력을 갖는 것이야말로 형식적 의미의 헌법의 특질이라고 생각하면, 이와 같은 헌법은 형식적 의미의 헌법이라고는 말할 수 없을 것이다.

(3) 입헌적 의미의 헌법은 영국과 같은 예외를 제외하면, 통상 헌법이라는 형식으로 존재한다. 그러나 내용적으로는 권력의 기본적인 존재형태에 관한 것이고, 그 의미에서 실질적 의미에서의 헌법에 포함되는 규범이면서 예를 들면 관습법으로서 존재하거나, 혹은 법률의 형식으로 정해지기도 하고, 헌법의 형식을 취하고 있지 않는 것도 있고, 반대로 또 헌법의 형식으로 정해지고 있지만 내용적으로는 헌법이라고는 할 수 없는 규정도 존대한다. 전자의 예로서는 선거법이 정한 선거제도에 관한 제 규정을 들 수 있을 것이다. 후자의 예로서 거론되는 것은 스위스헌법 '구 스위스헌법' 제25조의2의 '마취시키지 않고 동물을 도살하는 것은 일체 동물의 도살방법 및 일체의 종류의 가축에 관해서 예외 없이 이것을 금한다.'고 하는 규정이다.[1]

---

1) 이 규정은 유대교를 금지하는 의도를 가지고 실질적 의미의 헌법이라고 하는 반론도 있었다. 1973년 헌법 개정에서 삭제되었다.

제2절 헌법의 법원

　실질적 의미의 헌법은 다양한 형태로 존재한다. 예를 들면 관습헌법과 같이 불문법의 형태로 존재하는 것도 있고, 헌법이나 법률 등의 형식으로 제정된 성문법의 형태로 존재하는 것도 있다. 그리고 헌법의 법원이란 실질적 의미의 헌법이 취하고 있는 존재형태를 가리키는 말이다. 혹은 다양한 형태로 존재하는 실질적 의미의 헌법을 그 존재형태에서 착안해서 파악한 관념이 헌법의 법원이라고 할 수 있다.

　실질적 의미의 헌법이 어떠한 권력행사를 어느 정도 구속하는가는 법원의 종류에 따라 다르다. 이하에서 법원의 종류와 각각의 법원의 구속력의 문제를 간단히 지적한다.

　헌법의 법원은 우선 크게 성문법원과 불문법원으로 나누어진다. 오늘날에는 어느 나라에서도 이 양자가 존재한다. 흔히 불문법국가라고 하는 영국도 실질적 의미의 헌법의 대부분을 법률(statute)의 형식으로 규정하고 있다. 반대로 성문법국가에서도 헌법관습이 무시할 수 없는 역할을 수행하고 있는 것이 일반적이다.

Ⅰ. 성문법원

　성문법은 기술한 것처럼 일정한 법형식으로 존재한다. 실질적 의미의 헌법이 성문법화될 때는 우선 헌법이라는 형식에 따라 행해지는 것이 일반적이다. 영국을 제외하면 오늘날에는 거의 모든 나라가 형식적 의미의 헌법을 가지고 있다. 그러나 형식적 의미의 헌법으로 전부를 규정하는 것은 거의 불가능하고, 또 반드시 바람직한 것도 아니다. 헌법전에서는 원칙적인 것만을 정하고, 보다 구체적인 규정은 다른 법형식에 위임하는 것이 일반적이다. 한국 헌법이 명시적으로 인정하고 있는 법형식으로는 헌법개정, 조약, 법률, 명령, 규칙, 조례가 있는데, 이러한 법형식으로 실질적 의미의 헌법을 정한 諸法을 열거하면 다음과 같다.

　① 조약: 평화조약, 한미상호방위조약, 국제연합헌장, 경제적·사회적 및 문화적 권리에 관한 국제규약, 시민적 내지 정치적 권리에 관한 국제규약, 여성차별철폐조약, 아동의 권리에 관한 조약
　② 법률: 국적법, 청원법, 교육기본법, 국회법, 공직선거법, 국가공무원법, 법원조직법, 검찰청법
　③ 규칙: 대법원규칙, 헌법재판소규칙, 선거관리위원회규칙

④ 자치입법: 이에는 지방의회에서 제정하는 조례와 지방자치단체에서 제정하는 규칙
이 있다.

주의해야 할 것은 이들 제형식 사이에는 효력상의 차이가 존재하고, 헌법을 정점으로
법의 상하관계가 형성되어 있다. 예를 들면 법률의 형식적 효력은 일반적으로 헌법의 그
것보다 아래에 있고, 정령의 형식적 효력은 법률의 그것보다 하위이다. 그리고 하위의 법
형식은 상위의 법형식에 반하는 것은 허용되지 않고 반하면 무효이다.

Ⅱ. 불문법원

일반적으로 불문법원으로는 관습법과 판례를 들 수 있는데, 헌법에 관해서도 헌법관습
(법)과 헌법판례가 문제된다.

(1) 헌법관습 영국과 같은 불문법국가에서는 헌법의 중요한 부분(예를 들면 의원내각
제에 관한 부분)이 오랫동안의 관행을 통해 관습법으로 형성되었다. 이처럼 관습법의 형
태로 존재하는 헌법을 관습헌법 혹은 불문헌법이라고 한다. 프랑스의 앙샴 레짐하에서
존재했던 '왕국의 기본법(lois fondamentales du royaume)'도 관습헌법의 한 예이다. 이
에 대해 성문법국가에서는 실질적 의미의 헌법은 형식적 의미의 헌법 이하의 제 형식으
로 정해지므로, 당연히 관습헌법은 존재하지 않는다. 그러나 헌법에 관한 관습은 여기에
서도 필연적으로 생겨난다. 왜냐하면 헌법문제의 전부를 성문의 제 형식에 따라 구체적
으로 규정하는 것은 불가능하기 때문이다. 먼저 첫 번째로 형식적 의미의 헌법이 의식적
또는 무의식적으로 규정하지 않은 사항이 존재할 수 있고, 또 규정하고 있는 경우라도
규정방법이 추상적이기 때문에 그것을 현실적으로 실행(구체화)하기 위해서는 법률에 따
른 보다 구체적인 규정을 필요로 하는 것이 많다. 이러한 경우에는 신속하게 법률로 규
정하는 것이 바람직하다는 것은 말할 필요도 없지만 만약 그것이 형성되고 나면, 현실의
필요에 따라 법규정도 없는 채 개별적, 구체적인 문제처리를 하지 않을 수 없다. 더 나아
가 법률이 규정되어 있어도 그것을 실행하는 데 정령 등에 의한 보다 구체적인 규정을
필요로 한다면 여기에서도 같은 문제가 생길 수 있다. 그리고 법의 단계구조의 어느 레
벨에서 구체적인 행위를 일의적으로 명하는 법규정이 없는 채로 행해졌던 특정의 구체적
행위는 그 후의 선례·관행이 되고, 그것이 장기간 반복함으로써 관습법화해 갈 가능성

이 언제나 존재하는 것이다.

물론 선례가 모두 법적 효력을 획득해서 관습법이 되는 것은 아니다. 법적 효력을 획득함에는 일반적으로 두 가지 요건이 필요하다. 하나는 물적 요건으로 선례가 장기간에 걸쳐 반복되는 것이 필요하다. 다른 하나는 심적 요건으로 그 선례에 법적 가치를 승인하는 광범위한 국민의 합의가 성립될 필요가 있다. 헌법에 관한 선례가 이러한 요건을 충족하고, 법적 성격을 획득했을 때, 헌법관습(법)이라고 불리는 것이다.

헌법관습은 법적 효력을 가지고, 법원성을 인정받는데, 그렇다면 그 효력은 어떤 것이라고 생각하는 것이 당연한가. 그것은 형식적 의미의 헌법과 같은 효력을 인정받는 것인가, 그 하위에서 법률과 동위의 효력 혹은 모든 성문법보다 하위의 효력을 가짐에 지나지 않는 것인가. 환언하면 헌법관습의 변경에는 헌법개정이 필요한 것인가, 그 하위에서 법률에 의해서 변경할 수 있는 것인가, 혹은 더 나아가 하위의 성문법에 의해서도 변경할 수 있는 것인가. 성문법국가에서는 성문법이 관습법의 우위에 서는 것이 원칙이다. 이 원칙을 관철시키면, 정령에 의해서도 헌법관습을 변경할 수 있는 것이 될 것이다. 내각은 헌법관습이 존재하는 이상 그것에 구속되지만, 정령에 의해서 어떻게 해서든지 그것을 변경할 수 있다는 것이다. 그러나 본래 법률에 의해서 정하는 것이 당연한 사항에 관하여 헌법관습이 성립되고 있는 경우에 그것을 정령으로 자유롭게 변경할 수 있다고 하는 것은 어떠할 것인가. 역시 그 변경에는 법률이 필요하다고 하는 것이 당연하다고 생각된다. 다른 한편으로 그러나 헌법관습으로 법률에 의해서도 변경할 수 없을 정도의 효력을 인정하는 것은 지나칠 것 같다. 본래 법률로 정하도록 하는 사항이라는 것은 헌법해석으로서 원리상 확정할 수 있지만, 본래 헌법에 의해서 정해야 할 사항이라는 것은 존재하지 않는다. 무엇이 헌법으로서의 형식적 효력을 가지는가는 무엇이 헌법전 속에 기록되어 있는가 하는 점에 따라서 정하는 수밖에 없다. 때문에 헌법전에 수록되어 있지 않은 사항은 헌법으로서의 형식적 효력은 갖지 않는다. 따라서 관련된 헌법관습은 법률에 의해서 자유롭게 변경할 수 있다고 생각하지 않을 수 없다.

이상은 헌법규정에 반하지 않는 헌법관습을 염두에 두고 살펴보았다.[2] 그러나 헌법관습에는 헌법규정에 반하는 내용의 것도 있고, 이것에 어떤 효력을 인정해야 하는가 하는 점이 문제되는데 이것은 일본에서는 헌법변천의 문제로 논의되고 있기 때문에 그 문제를

---

2) 헌법관습이 헌법규정과 어떤 관계에 서 있는지를 기준으로 세 가지로 구별할 수 있다. 첫째로 헌법에 정하지 않은 사항에 관한 헌법관습(constuetudo praeter constitutionem), 둘째로 헌법규정을 구체화하는 헌법관습(constuetudo intra constitutionem), 셋째로 헌법규정에 반하는 헌법관습(constuetudo contra constitutionem)이다. 호부, 헌법학Ⅰ, 130면 참조.

논의하는 곳에서 설명한다.

(2) 헌법판례 헌법판례란 어느 법이나 행위가 합헌이냐 위헌이냐, 또 그것은 어떠한 이유에 의한 것인가 하는 문제에 관한 판례이다. 물론 판례라는 말도 재판소에서 내린 개개의 판결을 가리키거나, 또는 같은 취지의 판결이 반복됨으로써 확립되었다고 볼 수 있는 일정한 원칙이나 법리를 가리키기도 하는 등 다의적으로 사용되기 때문에 그 때마다 주의할 필요가 있다.

일본헌법이 채택한 위헌심사제도는 뒤에서 보는 것처럼 일반적으로는 부수적 심사제라고 이해하고 있기 때문에 헌법문제 그 자체를 독립된 심사대상으로 한 판결은 존재하지 않고, 따라서 헌법판단은 원칙적으로 판결의 주문 중에는 나타나지 않고, 주문을 근거로 한 이유 중에 나타나는 데 지나지 않는다. 판례로서 가치가 있는 것은 주문에 표시되는 판결의 결론을 이끌어 내는 데 불가결한 역할을 수행하는 이유부분이다.3) 헌법판례라고 하는 것은 그와 같은 이유가 헌법문제에 관한 판단을 내용으로 하는 것으로 족하고, 합헌·위헌의 판단 및 그 이유로부터 이루어진다.

판례에 법원성, 법적 성격을 인정할 수 있는가에 관해서는 논의의 여지가 있다. 영국과 같은 판례법국가(판례가 법질서의 근간을 이루고 있는 나라)에서는 선례구속성의 원칙 아래에서 판례는 원칙적으로 법률에 의해서만 변경할 수 있는 효력을 인정받고 있고, 법원성을 가짐에 의문이 없지만, 일본과 같은 성문법국가에서는 어떻게 생각해야 할 것인가. 일본에서는 선례구속성의 원칙은 헌법상으로나 법률상으로도 인정되지 않고 있고, 따라서 판례는 법적 구속력을 가진다고 할 수 없는데, 그러나 법적 안정성이라는 측면에서 동종의 사례에는 동일한 결론을 내리는 것이 바람직하고, 또 실제로도 그와 같은 기대에서 다루어지고 있다. 그래서 통설은 판례는 사실상의 구속력을 가지고 사실상 법원으로서 기능한다고 생각하고 있다.4)

---

3) 영미법에서는 판결 중에 표시된 이유에 따라 '판결이유(ratio decidendi)'와 '방론(obiter dicta)'을 구별한다. '판결이유'라고 하는 것은 판결의 결론에 도달하는 데 필요불가결한 것이 되는 이유(사실을 기초로 한 법적 추론)이고, '선례구속성의 원칙'에 따라 선례로서 후속판결을 구속하는 것은 이 부분이다. 그것 이외의 이유가 '방론'이라고 불린다. 이 구별은 선례구속성의 원칙과 결합된 것인데, 영미법과 같은 선례구속성의 원칙을 채택하고 있지 않는 일본에서도 판례분석의 방법으로서 유익하다.

4) 판례의 법원성을 부정하는 논자는 다음과 같이 주장한다. 헌법 제76조 제3항은 '재판관은…… 이 헌법 및 법률에만 구속된다.'고 규정하고, 거기에서 판례를 들고 있지 않으며, 또 재판소법 제4조는 '상급심의 재판소의 재판에서의 판단은 그 사건에 관하여 하급심의 재판소를 구속한다.'고 규정하고 있으므로, 그 반대해석으로서 다른 동종의 사건에 관한 판례는 구속력을 갖지 않는다고 하고, 그 때문에 판례에 법원성이 인정되지 않는다고 한다. 그러나 헌법 제76조 제3항의 '법률'에는 관습법이나 판례 등 불문법도 포함

제3절 헌법의 분류

Ⅰ. 서설

헌법의 분류방법은 전통적 분류방법과 새로운 분류방법이 있다. 전통적 분류방법에는 成文性 與否에 따라 성문헌법, 불문헌법으로 분류하고, 개정의 난이도에 따라 경성헌법(어려움)과 연성헌법(쉬움)으로 분류하고, 제정주체에 따라 흠정헌법(군주), 민정헌법(민약헌법 – 국민이나 국민의 대표), 협약헌법(군주와 국민의 합의), 국약헌법(국가 간의 합의)으로 분류한다. 그리고 새로운 분류방법으로 Wheare에 의하면 국가형태에 따라 연방국가, 단일국가헌법으로, 정부형태에 따라 대통령제, 의원내각제, 의회정부제헌법으로 분류한다. 또한 Löwenstein에 따르면 독창성 여부에 따라 독창적(창조적) 헌법5)과 모방적(전래적) 헌법으로 헌법의 실효성 여부에 따른 존재론적 분류방법으로 규범적 헌법(현실적 규범실효성을 갖는 것), 명목적 헌법(장래 규범력을 발휘할 가능성 있는 것), 장식적 헌법(권력장악자의 지배를 영구화하기 위한 수단·도구에 불과한 것)으로 분류한다.

Ⅱ. 성문헌법과 불문헌법

성문헌법과 불문헌법의 구별은 헌법전이 존재하는가 하지 않는가를 기준으로 하는 것이다. 헌법전이란 실질적 의미의 헌법에 속하는 규범의 중요부분을 체계적으로 편성한 것이다. 입헌적 의미의 헌법은 통상 성문헌법으로 존재한다. 그러나 입헌주의를 가장 빨리 확립했던 영국은 성문헌법을 가지고 있지 않다. 성문헌법을 제정한다고 하는 생각은 사회계약사상을 배경으로 하는 것이었고, 사회계약사상에 따라 혁명(독립)을 쟁취한 미국

된다고 보는 것이 통설이다. 또 재판소법 제4조는 선례구속성의 문제와는 무관한 규정이고, 선례구속성을 부정도 긍정도 하고 있지 않다. 다른 한편으로 판례에 사실상의 구속력에 그치지 않고 법률상의 구속력도 인정하려는 논자는 다음의 근거를 들고 있다. 최고재판소의 판례에 대한 위반은 상고이유가 되고(형사소송법 제405조 제2호·제3호, 민사소송법 제312조, 민사소송규칙 제192조), 그래서 파기되면 하급심을 구속하고, 또 최고재판소의 판례의 변경에는 대법정의 재판이 필요한 것으로 되어 있다고 한다(재판소법 제10조). 그러나 전자는 판례의 통일성을 확보하는 것이 바람직하다든가, 하급심과 최고재판소 간에 언제까지나 사건이 왕복하는 것은 바람직하지 않다고 하는 사법정책에 의해서 규정된 것이기 때문에 선례구속성의 원칙과는 직접 관련이 없다고 하고, 후자는 대법정과 소법정 간의 임무분담을 정한 데 지나지 한다고 해석할 수 있을 것이다. 자세한 것은 제Ⅱ권 제16장 Ⅱ 제2절 6(헌법판례의 의의) 참조.

5) 예를 들면 미연방헌법의 대통령제, 1793년 프랑스헌법의 국민공회제, 1918년 레닌헌법의 평의회제, 1931년 중국국민당헌법의 5권분립제, 1935년의 폴란드의 신대통령제 등이 있다.

및 프랑스에서 전형적으로 나타났던 것이다. 이에 대하여 영국에서는 그와 같은 사상은 큰 힘을 갖지 못했다. 따라서 영국에서는 성문헌법이 성립되지 않았다. 물론 영국의 헌법이 전부 관습법으로 존재하는 것은 아니다. 그 대부분을 성문의 법률로 정하고 있다. 단지 성문의 헌법전이 존재하지 않다고 할 뿐이다. 이 점에 오해가 생긴 것은 성문·불문이라는 말이 제정법과 관습법의 구별에 대응하는 의미를 갖기 때문에 영국이 불문헌법의 나라라고 하는 것이 영국에는 성문헌법이 존재하지 않다는 의미뿐만 아니라 헌법이 전부 관습의 형태로 존재하고 있다는 의미로 받아들여졌기 때문이다. 이 오해를 피하기 위해서 성문헌법과 불문헌법이라는 분류를 성문·불문 이외의 것으로 설정하는 사람도 있다. 그러나 성문헌법과 불문헌법의 분류에 있어서 중요한 것은 성문화된 헌법전의 존재 유무인 것이고, 따라서 이 분류는 성문화된 헌법전과 성문화되지 않은 헌법의 분류와 동의로 이해해야 할 것이다. 어쨌든 이 분류는 영국의 입헌주의의 성립과정에 볼 수 있는 특이성을 표현할 수 있는 의미밖에 없고, 다른 모든 나라가 성문헌법을 가지고 있는 오늘날에는 그 중요성을 잃어버렸다.

Ⅲ. 경성헌법과 연성헌법

헌법개정의 절차가 통상의 입법절차와 동일한가, 그것보다도 엄격한 절차가 정해져 있는가를 기준으로 한 분류이다. 원래는 영국의 헌법학자 Ｊ. 브라이스가 행한 유연한(flexible) 헌법과 엄격한(rigid) 헌법의 구별에서 유래한다. 그는 전통적인 성문헌법과 불문헌법의 구별을 그다지 유용하지 않다면 생각했고 그것에 대신하여 이 구별을 제안했었다. 그러나 그 구별은 헌법이 통상의 입법기관을 어느 정도 엄하고 규제하는 것인가를 기준으로서 하고, 반드시 개정절차를 문제로 했던 것은 아니었다. 예를 들면 영국의 의회는 긴급 시에는 헌법에 반하는 것도 할 수 있지만, 평상시가 되면 다시 원래대로 돌아온다는 유연한 대처가 허용되었기 때문에 유연한 헌법이고, 그렇게 하는 것이 허용되지 않는 헌법이 우월성을 가지고 엄격하게 적용되지 않으면 안 되는 것으로 되어 있는 경우는 엄격한 헌법이라고 하였다. 일본에서는 이것을 수정하여, 개정절차의 難易度를 기준으로 하는 분류를 사용하고 있다. 이 구별에서 보면, 영국은 의회주권의 원리하에서 법률에 의해서 헌법을 개정할 수 있기 때문에 연성헌법의 나라라고 하게 된다. 그러나 불문헌법 혹은 성문헌법전을 갖지 않은 경우 언제나 연성이라고는 한정할 수 없다. 프랑스의 앙샴 레짐에 있어서 제도에서의 '왕국의 기본법'은 불문헌법이었지만 통상의 입법절차로는 개정할 수 없다고 생각되고 있었다. 반대로 또 성문화된 헌법전(성전헌법)의 경우는 헌법전 중에서 엄격한 개정절차가 정해져 있는 것이 일반적인데, 항상 그렇다고는 할 수 없고, 때로는 개정절차규정이 없는 것도 있다. 예를 들면, 이탈리아의 1848년 헌법이나 프랑스의 1814년 헌법(샤르트)이 그 예이다. 개정절차규정이 없으면, 전혀 개정이 허용되지 않는다고 할 것인가, 연성이라고 생각되는가의 어느 쪽이든 없지만, 통상은 후자의 해석이 채택되었다. 현재는 경성헌법이 다수를 이루고 있는데(물론 경성의 정도는 국민투표를 요구하는 것부터 의회에서의 특별다수를 요구하는 데 지나지 않는 것까지 여러 가지이다), 경성으로 한 이유는 헌법제정권자(주권자)가 선택했던 기본가치를 입법자에 의한 침해로부터 지키는 데 있다. 그러한 것은 경성으로 하는 것이 문제되는 것은 제헌자가 입법(법률제정)과정에의 직접적인 참가권을 가지고 있지 않는 경우, 결국 입법에 관해서 대표제가 채택되고 있는 경우이다. 만약 제헌자가 동시에 어떤 형태로 입법권도 가지고 있게 된다면 헌법개정을 통상의 법률로 해도 제헌자의 의사에 반한 개정은 저지할 수 있기 때문에 문제는 생기지 않는다. 그리고 군주주권의 경우에는 군주가 입법권을 가지는(적어도 의회와 나누어 가진다) 것이 일반적이기 때문에 헌법을 경성으로 할 필요성은 적다. 이에 대해서 국민주권의 경우에는 통상 대표제가 채택되기 때문에 경성으로 할 필요가 크고, 또 실제로 대부분의 경우에 경성으로 되어 있다.

Ⅳ. 흠정헌법과 민정헌법

헌법의 제정주체가 누군가에 의한 분류이다. 군주가 제정해서 국민에게 주었다고 하는 형태를 취하고 있는 경우가 흠정헌법이고, 국민이 제정했었다고 하는 형태를 취하고 있는 경우가 민정헌법이다. 단, 현실의 주체라고 하기보다는 방침(원칙)상의 문제이고, 특히 민정헌법의 경우에는 국민이 제정했다고 할 수 있기 위한 구체적인 절차(전형적으로는 국민투표)가 충분히 채택되고 있다고는 말할 수 없는 경우도 있다. 그럼에도 불구하고 방침(원칙)상 헌법제정권이 군주에게 있다고 생각할 수 있든지 국민에게 있다고 생각할 수 있든지는 근대 초기에는 제정된 헌법내용이 진실로 입헌주의이든가 외견적으로 그러한 것에 지나지 않는가를 나누는 정도의 중요성만을 가지고 있었다. 그러나 오늘날에는 흠정헌법이라는 것은 볼 수 없게 되었기 때문에 이 구별은 중요성을 잃어버렸다. 또한 동일한 제정주체를 기준으로 하는 분류로서 협약헌법·조약헌법이라는 것도 있다. 협약헌법이라는 것은 군주와 의회(국민) 사이의 합의(협약)에 근거하여 제정된 헌법이고, 프랑스 7월 왕정의 샤르트(1830년)가 그 예가 된다. 조약헌법이라는 것은 국가 간의 조약 형태로 제정된 헌법이고, 통상 연방국가의 형성에 즈음하고 채택되는 경우가 많다. 1871년의 독일제국헌법이 그 예이고, 미국연방헌법도 그러한 성격을 갖는다고 말할 수 있다.

V. 근대형 헌법과 현대형 헌법[6]

1. 의의

근대형 헌법의 본질은 기본권 보장이며, 반드시 성문헌법이 있어야 하는 것은 아니다 (영국). 그 역사적 배경은 르네상스, 자연법사상 그리고 근대 시민혁명이며, 그 내용으로 국민주권원리, 기본권보장, 권력분립, 법치주의, 성문헌법, 경성헌법 등이다. 그리고 현대적 복지국가(사회적 복지국가)의 헌법은 바이마르헌법 이래 복지국가의 탄생과 더불어 나온 개념이며, 그 내용으로 국제평화주의, 실질적 법치주의, 권력분립완화, 정당제도의 활성화와 정당제도의 헌법적 수용 등을 포함하고 있다.

2. 연혁

헌법의 내용을 그것이 기초한 기본사상에 따라서 비교하면, 근대에 제정된 헌법과 현대에 제정된 헌법과의 사이에는 상당히 다른 원리·사상을 기초로 하고 있는 것으로 이해된다. 근대헌법은 근대입헌주의의 제 원리를 기초로 함에 대해, 현대헌법은 많든 적든 그것을 수정한 원리를 기초로 하고 있다(후술 제5절 참조). 근대형은 더 나아가 입헌주의헌법과 외견적 입헌주의헌법으로 구별된다. 현대형은 입헌주의의 수정방법의 차이에 따라서 서구 민주주의형(자본주의형)과 사회주의형으로 구별할 수 있다. 후자는 입헌주의의 수정이라기보다는 변혁 혹은 부정에 가깝고, 이 점을 중시하면 근대형과 현대형의 구별 이전에 자본주의형과 사회주의형을 구별하고, 근대형과 현대형의 구별은 자본주의형의 하위구분으로 해야 한다고 하는 생각도 있을 수 있다. 어쨌든 근대 입헌주의 원리와의 관계를 기준으로 한 이 분류는 입헌적 의미의 헌법이야말로 헌법의 원형이라고 생각하는 입장에서는 매우 중요한 분류이다.

---

6) 학자에 따라서는 근대형 헌법을 근대 입헌주의적 헌법이라고 하며, 현대형 헌법은 현대적 복지국가(사회적 복지국가)의 헌법이라고도 한다.

VI. Löwenstein에 의한 '존재론적 분류'

성문헌법은 원래 피치자의 자유를 지키기 위해서 권력행사를 제한하는 것으로서 제정되었다. 그런데 오늘날에는 성전헌법의 존재가 반드시 권력제한의 보장을 의미하는 것이 아닌 것으로 되고, 오히려 독재제를 위장하기 위해서 이용되고 있는 것이 적지 않다. 성전헌법의 이러한 역할은 헌법의 전통적인 분류에서는 파악할 수 없기 때문에 새로운 분류가 필요하지 않은가. 이런 문제의식에서 Löwenstein은 현실의 권력과정이 헌법의 제 규범과 일치하고 있을지 여부를 기준으로 규범적(normative) 헌법, 명목적(nominal) 헌법, 장식적(semantic) 헌법이라는 분류를 설정했다.7) 성문헌법이 통치자·피치자의 쌍방에 의해 준수된 '살아 있는 헌법(living constitution)'이 되기 위해서는 그것에 적합한 사회경제적·환경적 제 조건이 필요한데, 규범적 헌법이라는 것은 관련한 조건이 존재하고, 성전헌법이 현실적으로 적용되고 있는 경우이다. 그것은 Löwenstein의 예에 따르면 몸에 안성맞춤인 양복과 같은 것이다. 이에 대해 성전헌법이 법적으로는 효력을 가짐에도 불구하고 정치적 교육·훈련이라든가, 독립적 중산계급의 존재라든가 하는 제 조건을 결여했기 때문에 현실정치에서 '살아 있는 헌법'이 되고 있지 않는 경우가 명목적 헌법이다. 이것은 성문헌법이 현실에 적용되고 있는 헌법과는 다르다고 하는 현상의 문제는 아니다. 명목적 헌법에서는 헌법이 필요한 제 조건의 충분히 성립하기 전에 너무 일찍 제정되었기 때문에 헌법규범을 현실정치과정에 완전하게 일치시키지 못하지만, 그러나 통치자도 피치자도 정치가 헌법이 정한 내용에 따라서 행해지게 될 것이라고 기대하고 있다. 장래 규범적 헌법이 되는 것을 목표로 국민을 교육하는 것이 명목적 헌법의 주된 목적이다. Löwenstein의 예에서는 큰 양복이라서 몸이 그것에 맞도록 성장할 때까지 옷걸이에 걸려 있는 양복과 같다는 것이다. 이러한 헌법은 입헌주의적·민주적 헌법이 식민지적·봉건적인 농업중심사회에 이식되는 때에 잘 나타나고, 라틴아메리카제국에서 많이 볼 수 있다고 한다. 장식적 헌법이라는 것은 헌법은 완전하게 적용되고 있지만, 그러나 그 헌법은 기존의 권력담당자의 이익을 위해 현재의 권력관계를 유지하려는 것을 내용으로 하는 경우이다. 여기에서 헌법은 정치권력의 제한에 봉사하는 것이 아니고, 현재의 권력담당자의 지배를 안정화·영속화시키기 위한 도구가 되고 있다. 양복은 진짜가 아니고, 방패막이에 지나지 않는 것이다. 이러한 헌법은 통상 수장이 언제까지 그 직에 머무른다든가,

---

7) Karl Löwenstein, Political Power and the Government Process 147ff.(1965). 이상의 제 분류를 기초하면 일본헌법은 성문, 경성, 민정, 현대형(자본주의형), 규범적 헌법이 된다.

대표의회의 구성원의 과반수가 임명제라든가, 선거가 단일정당하에서 행해졌다든가 하는 특징을 가지고 있다. 나폴레옹의 제1·제2제정이 그 전형적인 형태이고, 이슬람제국과 사회주의제국에서 많이 보인다.

제4절 헌법의 특질

Ⅰ. 제도적(사실적) 특질

제도적 특질에는 정치성, 이념성(이데올로기적 성격), 역사성 등이 있다.

허영교수는 헌법의 정치성의 내용으로 추상성(제정 당시의 정치현실에 입각해서 미래의 정치발전을 예상으로 추상적 정치용어를 사용), 개방성(미래의 정치투쟁에 의해서 결정될 사항을 유보해 두고 그에 대해 개방적인 입장), 유동성(유동성을 가지고 유동적인 정치현실에 대응), 미완성성(외교관계, 국제경제관계 등 미래의 미지의 사항을 헌법에 유보해 두고 그에 대해 개방적인 입장) 등이 있다고 한다. 권영성 교수는 이를 정치성의 내용이 아니고 헌법의 구조적 특징이라고 설명한다.

Ⅱ. 헌법규범의 특질

1. 규범적 특질

이에는 최고규범성(형식적 의미에서만), 기본권보장규범성, 수권적 조직규범성, 권력제한규범성, 생활규범성(국민의 생활 속에 존재하면서 국민의 일상생활에 의해 실현되고 발전되는 규범 – 허영, 한국헌법론 참조), 자기보장성(법률과 명령 등 하위규범과는 달리 헌법은 그 실효성을 확보하거나 그 내용을 직접 강제할 수 있는 기관이나 수단을 구비하고 있지 아니하다. – 권영성, 헌법학원론 참조)

헌법이라는 법규범의 특질이 어떻게 이해될 수 있는가는 어떤 의미의 헌법(형식적 의미, 실질적 의미, 입헌적 의미)이 다른 어떤 법규범과 비교될 수 있는지에 따라 다르다. 입헌적 의미의 헌법을 고유의 의미의 헌법과 비교할 때 부각되는 특징은 헌법이라는 것이 그 사회에서 세운 기본가치를 구체화하고 있다고 하는 것, 입헌적 의미의 헌법의 기본가치는 권력으로부터의 자유보장에 있다고 하는 것이다. 또 입헌적 의미의 헌법은 자유를 지키기 위해서 권력을 제한하려고 했다. 여기에서 헌법의 제한규범으로서의 특질이 이해된다. 헌법(실질적 의미 또는 고유의 의미)을 다른 법규범과 비교했던 경우에는 헌법의 수권규범으로서의 특질이 부각된다. 헌법은 다른 법규범을 제정하는 사람에게 대해서 그 권한을 주고 있는 것이다. 반대로 말하면, 다른 법규범은 자기의 타당성(효력 있는 법으로서 존재하는 것)의 종국적 근거를 법적으로는 헌법으로부터 받고 있다. 그에 대하여 헌법은 다른 법규범으로부터 권한을 받는 입장에는 서 있지 않다. 그 의미에서 헌법은 항상 권한을 주는 것으로서 다른 법규범의 상위에 있고, 그 의미에서 최고규범으로서의 특질을 갖는다. 더 나아가 헌법을 형식적 의미에서 이해하고, 다른 제 형식과 대비할 때, 형식적 효력의 최고성이라는 의미에서의 최고 규범성이 나타난다.

1) 기본가치질서로서의 헌법

헌법이라는 것은 가치중립적으로 통치(정부)기구를 정하는 것은 아니다. 통치(정부)가 실현해야 할 혹은 통치(정부)가 이루어야 할 당연한 기본가치의 선택이 그곳에 표현되고 있다. 입헌주의헌법의 기본가치는 '개인의 존엄'이다. 그것이 다양한 인권보장으로 구체화된다. 그리고 거기에서의 통치기구는 인권을 가장 잘 보장하려는 구조로 조직된다. 입헌적 의미의 헌법의 목적은 인권보장(그것을 통해서 개인의 존엄이 보장된다)이고, 통치기구는 그것을 실현하기 위한 수단이다.

2) 제한규범·수권규범으로서의 헌법

일반적으로 권한을 주는 것은 동시에 권한을 제한하는 것이기도 하다. 주어진 권한밖에 행사할 수 없기 때문이다. 따라서 통상 양자는 표리일체의 관계에 있다. 그러나 언제나 그렇지만은 않다. 권한을 광범하게 주면 주는 정도, 제한의 의미는 희미해지고, 그 극한으로서의 백지위임적인 수권은 어떤 제한도 받지 않게 될 것이다. 반대로 제한의 극한으로서 일체의 수권을 부정하는 것에 따라 제한한다고 하는 것도 있을 수 있다.

근대헌법의 초기에 있어서는 군주의 권력을 제한하는 것이 과제였기 때문에 제한규범으로서의 성격이 전면에 등장했다. 군주는 주권자로서 이미 권력을 갖고 있었기 때문에 그것을 제한하는 것이 문제가 되었지만, 수권이라는 것은 문제가 될 수 없었다. 수권을 말하면, 군주는 전통적·관습법적 헌법에 의해서 혹은 신에 의해서 이미 수권받고 있었던 것이다. 그런데 국민주권이 되면서 권력은 원래 국민에게 있다고 하는 원칙이 확립되었기 때문에 국민 이외의 자가 국민에 의한 수권 없이 권력을 행사하는 것은 있을 수 없게 된다. 국민은 헌법을 제정함으로써 수권하는 동시에 제한하는 것이다. 거기에서도 근대 헌법에서는 '권력으로부터의 자유'가 인권의 중심이고, 때문에 권력제한의 측에 중점이 놓였으므로 제한이 가능해지도록 엄격한 수권이 강조됐었다. 예를 들면 인권규정을 둠으로써 미리 자유영역을 확보하고, 거기에 개입할 수 있는 권력은 처음부터 주지 않고, 또 일정한 권력을 주는 경우에는 그 권력행사에 대하여 조직상·절차상 엄격한 제한을 과하는 것이다. 그런데 현대헌법이 되면 '권력에 의한 자유'가 문제되게 되고(제5절 참조), 권력이 어느 정도 자유롭게 행사될 수 있도록 하기 위해서, 보다 광범한 수권이 필요하다고 주장됨으로써 경우에 따라서는 백지위임적인 수권조차 요구되기에 이른다. 이 때문에 제한과 수권의 조화를 어떻게 도모하는가 하는 문제에 직면하고 있는 것이다.

3) 최고규범으로서의 헌법

헌법의 최고규범성은 이전에는 형식적 효력의 점에서만 이해되는 경향이 있었다. 확실히 헌법의 최고규범성이라는 것은 헌법이 다른 법규범에 우월하다는 것이기 때문에 그것을 형식적 효력의 점에서 이해하는 것이다. 그러나 중요한 것은 헌법이 다른 법규범에 우월한 지위를 가지게 된 근거이고, 그것을 단지 형식적 측면뿐만 아니라, 실질적 측면에서도 파악하는 것이 필요하다.

(1) 형식적 근거

헌법은 수권규범으로서 다른 법규범의 상위에 서는 것은 이미 언급했다. 권한을 부여받은 사람이 자기의 권한의 근거가 되고 있는 규범에 반할 수 없다는 것은 법이론상 당연한 것이다. 이러한 권한을 주고받는 관계를 기초로 Kelsen은 '헌법 – 법률 – 명령'이라는 상하관계에 의해서 구성된 법의 단계구조를 생각했다(법단계설). 헌법은 적어도 실정법질서에 있어서는 권한을 주는 것일 뿐 받는 것은 아니고, 법의 단계구조의 정점에 위치하고 있는 것이다. 그 때문에 헌법이 최고규범인 것의 하나의 근거는 그 수권규범성에 있다.

그러나 수권관계만을 문제로 하면, 헌법이 다른 법형식으로 헌법을 개정하는 권한을 주고 있는 경우, 그 법형식은 자기의 근거인 수권규정(및 그것이 부과하는 제제한)에는 반할 수 없다고 해도, 그 밖의 헌법규정과는 동등한 지위에 서게 될 것이다. 그 법형식이 법률인 경우, 즉 법률제정절차와 동일한 절차로 헌법개정이 이루어질 수 있는 경우, 헌법과 법률은 적어도 수권관계 이외의 영역에서는 동위에 서게 되고, 헌법이 최고규범이라고는 말할 수 없게 된다. 이와 같은 헌법을 연성헌법이라고 한다는 점은 전술한 바와 같다. 이에 대하여 경성헌법의 경우에는, 헌법개정시 법률제정보다 어려운(국민이 보다 강한 발언권을 가진다) 절차가 요구되고(바꾸어 말하면 헌법을 개정하는 권한이 법률에는 수권받고 있지 않다), 그것에 의해서 헌법은 법률보다 강한 형식적 효력을 취득하고 있는 것이다. 이때 헌법은 형식적 효력의 점에서 최고규범으로서의 성격을 가진다. 이 최고규범성은 헌법의 경성을 근거로 하는 것이다.

(2) 실질적 근거

헌법의 최고규범성의 형식적 근거로서 첫째로는 수권규범임이 거론되는데, 보다 일반적으로는 경성헌법인 것(자기를 개정하는 권한을 하위규범에 수권하지 않는다는 것)이 근거가 된다는 점을 보았다. 그러면 왜 많은 국가가 헌법을 경성으로 하는 것인가. 헌법이 정한 기본가치질서를 입법자에 의하여 쉽게(통상의 입법절차에 의한) 변경되는 것으로부터 지키기 위함이다. 입헌적 의미의 헌법의 기본가치는 개인의 존엄, 국민의 자유보장에 있다. 헌법이 관련한 기본가치를 구체화하는 것이라는 점이야말로 경성으로 만든 최고규범성을 부여하는 것이다. 그 의미에서 헌법을 최고규범이라고 하는 실질적 근거는 헌법이 기본가치질서를 몸소 실현한다는 점에서 구할 수 있다.

그런데 앞에서 헌법은 수권규범이고, 권력을 줄 뿐 받는 것은 아니라고 했다. 그러면 헌법은 자기의 타당성을 어디에서 확보하는 것일까. 법률은 헌법이 수권한 기관에 의해서 헌법이 정한 절차에 따라 제정되는 것을 자기의 타당성의 근거로 한다. 마찬가지로 헌법의 경우도 다른 수권규범(그것을 근본규범이라고 부른다)이 헌법제정기관에 헌법제정권을 주고, 그 기관이 근본규범이 정함에 따라서 제정했다고 하는 것에서 자기의 타당성을 얻을 수 있다고 생각하는 것이 당연한 것은 아닌가. 만약 그러한 근본규범이 존재한다면, 그것이야말로 궁극의 수권규범으로서 최고규범이라고 할 수 있을 것이다. 그러나 실정법질서에 있어서는 헌법이야말로 최고규범이라고 전제되고 있고, 헌법을 초월하는 것이 있다고 한다면 그것은 자연법에 속한다고 생각할 수밖에 없다. 실제로 근대입헌주의의 (성전)헌법은 미국에서 프랑스에 이르기까지 자연권사상(자연상태·사회계약이론)에 의해 제정된 것이다. 오늘날에도 자연권사상을 승인하는 논자는 적지 않다. 그러나 중요한 것은 자연권사상을 인정하는지 여부에 있는 것이 아니라 헌법이 헌법을 초월하는 것에 의해 근거를 부여받고 있다고 하는 논리를 헌법을 고려하는 경우의 출발점, 전제로서 받아들일 수 있는지 여부이다. 그것을 받아들이는 경우 헌법을 초월하는 것은 실정법질서의 내부에서는 그 최고에 위치하는 헌법 중에서 스스로를 표현한다고 하는 이해가 가능하게 된다. 결국 헌법내용은 근본규범에 대응하는 정도와 그 이외의 규정의 서열구조를 가지는 것으로 이해되는 것이 된다. 여기에서 근본규범에 대응하는 규정이라는 것은 우선 헌법제정권의 소재를 표명하는 규정인데, 입헌주의헌법에서는 그것은 국민에게만 존재하는 것이다. 국민에게 헌법제정권력이 존재한다는 것은 개인의 존엄의 원리에 의해 근거를 부여받는다. 개인의 존엄은 한편으로 자유보장을 근거로 하고, 다른 한편으로 국민의 제헌권을 근거로 하는 것이다. 그리고 헌법은 이러한 논리에 선 기본가치를 구하는 것으로서 또 그것 때문에 최고규범성을 인정받고 있는 것이다.[8]

憲法의 機能

권영성, 허영 교수 등은 헌법의 기능을 설명하고 있다. 다음은 권영성 교수의 견해만 간단히 알아보고자 한다.

1. 정치적 기능: 국가구성적 기능. 국민적 합의기능(국가적 공동생활의 형태와 기본적 가치질서 등에 관한 국민적 합의를 법률적인 논리체계로 규범화), 공동체의 안정과 평화유지의 기능(기본질서를 유지하기 위한 기관과 절차의 형성. 국가기관 상호 간이나 국민과 국가 간의 분쟁을 조정할 절차와 규정을 마련). 국민통합기능. 정치과정합리화기능
2. 규범적 기능: 법질서창조기능. 기본권보장기능. 권력통제기능

제5절 憲法의 解釋

Ⅰ. 헌법의 해석의 의의

헌법해석이란 헌법문제를 해결하기 위하여 헌법규범의 객관적 의미내용을 확정하는 법

---

8) 일본헌법 제10장 '최고법규': 일본헌법은 제10장에서 헌법이 최고법규임을 규정하고 있는데, 이 장의 구성은 먼저 첫 조문($\frac{일본헌법}{§97}$)에서 기본적 인권의 영구·불가침성을 이야기하고, 다음에서 헌법의 최고법규성을 규정하는 순서로 되어 있고, 마치 우선 최고법규성의 실질적 근거를 내걸고, 뒤이어 헌법의 효력의 최고성을 규정하는 형태로 되어 있다. 이것에 관해서는 제97조가 여기에 들어갔던 것은 제헌자가 그러한 생각을 갖고 있었기 때문은 아니고, 오히려 우연한 것이라고 할 수 있고, 본래 인권의 장 모두에 놓이는 것에 어울리고, 여기에 두는 것은 '그 위치를 오해했던 것'이라는 평가도 있다. 그러나 호부신희교수와 함께 제97조에서 상술한 것 같은 특별한 의미를 인정했던 해석을 하는 것이 타당할 것이다. 호부, 헌법학Ⅰ 57면 이하 참조.

인식작용을 의미한다. 그리고 헌법해석 시 헌법규범의 통일성 존중, 헌법규범의 조화성 존중의 원칙, 헌법규범의 기능존중의 원칙, 윤리성과 체계성 존중의 원칙 등이 그 지침이 된다.

II. 헌법해석의 종류

1. 헌법해석의 의의

헌법해석의 종류는 크게 유권해석과 무권해석으로 분류한다.

우선 유권해석이란 권력이 있는 국가기관이 행하는 헌법해석으로서 입법부가 법률제정으로 하는 입법해석, 사법부가 판결의 형태로 하는 사법해석, 행정부가 명령이나 행정처분으로 하는 행정해석이 있으며, 헌법재판소가 헌법재판으로 하는 헌법재판해석, 국민이 선거를 통하여 하는 국민해석이 있다. 유권해석의 최종적 권한은 헌법재판소가 갖고 있다.

그리고 무권해석이란 학리해석이라고도 하며 개인의 학설로서 학리를 바탕으로 행해지는 해석이다.

2. 사비니의 4단계해석방법

사비니는 법의 해석방법은 문리적, 논리적, 목적론적, 역사적 해석의 순서에 따라 해야 된다고 한다. 문리적 해석은 문법적·어학적 방법을 통하여 헌법조문의 진정한 의미내용을 명백히 하는 방법을 말하며, 논리적 해석은 헌법조문들을 각기 분리되고 고립된 것으로서가 아니라 헌법적 또는 헌법 질서 전체와의 논리적 관련성 등을 고려하면서 논리적 사유법칙에 따라 해석하는 방법을 말한다. 그리고 목적론적 해석은 헌법제정 목적이나 헌법에 내재하는 가치가 무엇인가를 찾아내어 개개의 헌법조문을 이것에 합치되도록 해석하는 방법을 말하며, 역사적 해석은 헌법 제정 당시의 상황이라든가 헌법제정자의 의도가 어떤 것이었는가를 탐구하여 그에 따라서 하는 해석방법이다. 이러한 사비니의 해석방법은 헌법해석에도 그대로 적용된다고 본다. 즉 헌법해석은 문리적 해석으로 시작하여 역사적 해석에 의하여 종료된다고 본다.

그리고 일설에 의하면 이러한 사비니의 해석방법을 고전적 헌법해석이라 하면서 '고유한 헌법해석'이 있다고 하면서, 고전적 해석방법은 헌법이 가지는 규범적 특질만 중시하는 데 비하여 고유한 헌법해석은 문제를 중심으로 헌법해석에 접근하며, 그 방법으로 현실 기준적 해석방법은 헌법해석에 있어서 헌법조문의 문구가 개념에 얽매이지 않고 헌법의 목적이나 현실조건이 해석기준이 되며, 법학적 관점론에서 구체적 사안을 관점의 출발점으로 하여 설득력 있는 논증을 찾으려고 해야 한다고 한다. 그러나 이러한 고유한 헌법해석도 사비니의 논리해석이나 목적해석의 한 방법에 지나지 않는다고 생각된다.

Ⅲ. 법률해석과 차이점

헌법해석과 법률해석의 차이점은 헌법의 구조적 특징인 추상성, 유동성, 개방성, 미완성 때문에 일반법률의 해석보다 보충의 필요성이 더욱 크다.

Ⅳ. 결어

헌법해석은 1차적으로 법문의 문리해석에서 출발하여 그것으로 헌법규범의 의미와 내용이 명확하지 않을 경우에는 논리적 해석을 하고 그것으로 부족하면 목적론적 해석까지 가야 한다.

제6절 法律의 合憲的 解釋

Ⅰ. 의의

이는 법률이 위헌으로 보이는 경우에도 법률에 대한 합헌의 가능성이 있다면 위헌결정을 해서는 안 된다는 법률해석의 원칙을 말하며, 여기에는 법률의 합헌해석의 가능성이 있다면 법률의 효력을 지속시켜야 한다는 소극적 의미와 법률의 위헌적 요소를 헌법정신에 맞도록 법률의 내용을 제한, 보충하여야 한다는 적극적 의미가 내포되어 있다.

Ⅱ. 규범통제와의 관계

법률의 합헌적 해석은 헌법의 최고성에서 당연히 인정되는 것이나, 규범통제는 명시적인 근거규정이 필요하다는 점에서 구별된다.

Ⅲ. 연혁

이는 미연방대법원에 의해서 성립된 법률의 합헌법추정의 원칙에 따라 법률이 헌법에 어느 정도 조화되는 것으로 해석되는 이상 거의 언제나 법률을 헌법에 합치하는 것으로 해석(Ogden v. Saunder사건)하고 있고, 독일 헌법재판소도 이를 수용하여 합헌적 법률해석론으로 발전시켰으며, 우리 헌법재판소와 대법원도 법률에 대한 여러 갈래의 해석이 가능할 때 헌법에 합치되는 해석, 즉 합헙해석을 행하고 있다9).

Ⅳ. 이론적 근거

법률의 합헌적 해석의 이론적 근거는 헌법의 최고규범성에서 나오는 법질서의 통일성 요구(헌법의 최고규범성), 입법부가 제정한 법률을 효력을 유지시키려 하는 권력분립정신, 법률이 제정·공포된 이상은 법적 안정성을 유지하기 위하여 계속 효력을 가진다는 법률의 추정적 효력, 국가 간 체결된 조약의 합헌성이 문제되는 경우에 조약을 되록이면 합헌적으로 해석해서 그 효력을 지속시키려는 국가 간의 신뢰보호10) 등에 있다.

Ⅴ. 한계

법률의 합헌적 해석의 한계로 문자적·법목적적·헌법수용적 한계가 있다.

---

9) 권영성, 헌법학원론 참조.
10) 허영, 한국헌법론 참조.

(1) 문자적 한계

법조문의 문구가 간직한 말뜻을 넘어서까지 합헌해석을 할 수 없다는 것을 의미

(2) 법목적적 한계

합헌해석은 입법자의 명백한 법률제정목적을 헛되게 할 정도의 합헌해석이 되어서는
안 된다는 것을 의미

(3) 헌법수용적 한계

법률의 효력을 유지시키기 위해서 헌법규범의 내용을 지나치게 확대 해석함으로써 헌
법의 정상적인 수용한도를 넘어서는 안 된다는 것을 의미

VI. 방법

법률의 합헌적 해석의 방법으로는 법률의 일부무효, 한정합헌, 헌법불합치, 입법촉구
등이 있다[11].

제7절 소위 憲法觀과 基本權理論問題

I. 序論

1. 헌법관의 의의

헌법관이란 헌법을 보는 관점 내지 시각, 즉 국가와 국민의 관계 속에서 국가와 헌법
을 바라보는 시각이라고 할 수 있으며 이에 따라 헌법이해에 엄청난 차이를 가져오기 때

---

11) 상세한 것은 통치구조론의 헌법재판소 참조.

문에 헌법의 생명이라고 할 수 있다. 따라서 헌법관은 국가의 발전과 국민의 기본권보장의 발전을 모색하는 추진력과 객관성을 동시에 지닌 건전한 것이어야지 특정 목적을 위한 것이어서는 안 될 것이다.

한편 헌법관이 없는 헌법도 죽은 헌법이지만, 헌법관 자체도 현대의 시대적 요구나 국가목표, 새로운 시대정신이나 민족정신의 지상과제 또는 절박한 민중의 요구가 투영된 것이어야만 진정 살아 있는 헌법관이라 할 수 있다.

현재는 곧 미래의 출발점이자 보다 나은 미래를 창조하기 위한 발판이기 때문에 현재의 투철한 시대정신과 민족적 과제가 투영된 헌법관만이 민족의 현재와 미래 속에 힘찬 활력을 불어넣을 수 있는 것이다.

2. 헌법관의 종류

헌법관의 종류는 헌법해석 내지 헌법철학에 따라서 주관적 헌법관, 타율적 헌법관, 객관적 헌법관, 종합적 헌법관으로 나누어지고 있다.

1) 주관주의적 헌법관

이는 나를(I) 주체적으로 인식하여 나 중심으로 헌법을 보는 시각을 말한다. 여기서 주체적 혹은 주체성이란 자기가 자신에 대하여 주인 노릇을 하는 상태에서 비롯되어 나아가 한 개체 또는 집단에 대하여도 Identity를 뚜렷하게 공감하는 자세를 가져야 한다. 그러므로 주체성이란 독립성이요 자발성이요 자주성, 책임성, 자유성이며 공헌성이기 때문에 그 형성과정은 의존상태에서 독립으로, 노예상태에서 주인으로, 예속에서 해방으로, 피동에서 능동으로, 타의에서 자발적 상태로 전환될 때에 형성된다.

2) 타율적 헌법관

이는 어떠한 사실을 You의 입장에서(여기서 You란 일반적으로 선진국 내지 대국을 의미함) 해석 내지 바라보는 시각이며 자주적이며 주체적인 주관적 입장에 Counterpart가 되는 헌법관을 말한다. 즉 선진국을 일방적으로 따르고 그에 따라 헌법을 해석하는 방식이라고 할 수 있다. 우리의 헌법해석이 독일, 미국, 프랑스, 일본에 많은 영향을 받는 것도 이에 따르기 때문이다.

3) 객관적 헌법관

이는 I(주관적 헌법관)와 You(타율적 헌법관)의 입장이 아니라 He의 입장, 즉 가치중립적 입장에서 헌법을 보는 시각이다. 즉 *沒價値的*인 헌법관이다. 객관적 헌법관은 헌법을 해석함에 있어 주관보다는 헌법적 사실에 더 많은 비중을 두는 헌법관이다. 예컨대, 어떠한 시대적 사건이 있을 때 이것을 인간이 주관을 갖고 해석하는 과정이 있으면 시대적 사건 중심의 헌법관이 객관적 헌법관이고 해석에 치중을 하면 주관적 헌법관이 되는 것이다.

4) 종합적 헌법관

이는 위에 기술한 모든 헌법관을 동원하여 헌법을 해석하는 것을 말한다. 최근에 우리나라의 헌법해석이 이 종합적 헌법관에 의해 해석되고 있다.

5) 소결

이상과 같은 헌법관의 종류를 바탕으로 독일의 헌법관에 영향을 받아 규범주의적(법실증주의적) 헌법관, 결단주의적 헌법관, 통합과정론적 헌법관(가치관적 헌법관)으로 분류하기도 하는데(허영), 이는 80년대에 들어서면서 한국의 헌법학계 일각에서 헌법관에 기초를 두어 독일헌법을 이해하고 나아가서는 일반적인 것으로 이해하는 견해들이 있다. 또한 이러한 견해는 헌법관에 바탕을 두어 國家와 憲法의 本質, 基本權의 일반적인 성격에 관한 체계적 이해를 한다. 그리고 헌법관이란 말보다는 헌법이해라는 말이 더 적절한 표현이라는 견해가 있다(김효전, 통합이론에서의 기본권이해, 고시계 93.8) 이 헌법관에 따르면 옐리네크, 켈젠의 법실증주의(이를 규범주의라고도 함)적 헌법관, 칼 슈미트의 자유주의적(결단주의적) 헌법관, 스멘트의 통합론(통합과정론)적 헌법관으로 분류한다.

Ⅱ. 法實證主義的 憲法觀에서 본 基本權

1. 國家觀

켈젠은 國家를 法秩序와 同一視 보며 옐리네크는 國家를 하나의 法人으로 본다. 그리고 規範體系로서의 국가는 이미 존재해 있는 것으로 前提된다. 또한 켈젠에 의하면 법질서는 상이한 수준에 위치하는 여러 규범으로 이루어지는 단계구조(법단계설)로 파악

되고 헌법은 국내 실정법질서에서는 최상위에 위치하는 규범이지만 그 단계구조 중에서
근본규범의 하위에 위치한다고 한다. 근본규범이란 더 이상의 합법화를 요하지 않는 이
른바 주권적인 것이다(안용교).

1) Kelsen의 국가·법질서동일설

(1) 自己目的的 國家觀

켈젠은 국가와 국민을 별개의 것으로 보고, 국가는 국민의 의사와는 무관한 독자적인
완성물로서 스스로 자기 목적을 추구하는 강제기구로 본다. 이에 따르면 힘의 조직인 동
시에 강제질서인 것이다(허영).

(2) 自主的 正當性

국가권력의 창설과 국가권력 행사의 정당성이 국민으로부터 나오는 것이 아니라, 국가
권력은 존재하기만 하면 그 스스로 정당성을 획득한다고 이해한다(자주적 정당성)(허영).

2) Jellineck의 국가법인설

이전의 법실증주의자들이 헌법학의 대상을 법규범에 한정한 데 비하여, 인과적 인식방
법과 규범적 인식방법이란 방법이원론에 입각하여 국가를 사회적 측면과 법적 측면으로
분리한 후 각각에 대하여 사회학적 방법과 법학적 방법을 적용하였다. 법학적 측면에서
볼 때 국가는 始原的 支配力을 가진 권리주체로 규정하고, 헌법이란 이미 존재하고 있
는 국가로 하여금 그 기관을 조직케 함과 동시에 국가에 대하여 법인체로서의 의사능력
과 행위능력을 부여하는 것이라고 한다(국가법인설).

2. 基本權觀

1) Kelsen

(1) 國家 속에서의 自由

국가권력은 그의 강제질서에 의해서 무엇이든지 규제할 수 있기 때문에 국민은 다만
국가의 강제질서에 의해서 규제되지 아니하는 범위 내에서만 자유로울 수 있는, 말하자

면 국가가 베푸는 은혜로서의 자유 내지는 힘의 자제에 의한 반사적 효과로서의 자유를 누릴 따름이다(허영).

(2) 主觀的 公權性 不認定

Kelsen의 관점에서는 설령 국민의 자유권이 헌법에 보장되는 경우에도 그것은 이론상으로 반드시 법률유보를 전제로 한 보장이다. 따라서 입법기관에게 자유권의 침해를 위임하는 결과밖에 되지 않는 그와 같은 자유권의 보장으로부터 진정한 주관적 공권이 나온다고 볼 수 없다(허영). 그리고 기본권을 규범에 대한 인간의 관계로 보고, 기본권을 규범에 복종하는 관계(수동적 관계), 규범을 설정하는 관계(능동적 관계), 규범과 무관한 관계(소극적 관계)로 분류하고 있다(관계이론).

2) Jellineck

(1) 地位理論

G. Jellineck에 따르면 국민은 국가권력의 지배객체로서 그 지위는 수동적 지위(의무), 소극적 지위(자유권), 적극적 지위(수익권), 능동적 지위(참정권)의 네 가지로 나눌 수 있다.

(2) 主觀的 公權의 認定

국민의 국가에 대한 수동적 지위에서 국민의 국가권력에 대한 服從 의무가 나오는 것은 당연하지만 소극적, 적극적, 능동적 지위로부터는 국민이 국가권력에 대해서 부작위 또는 작위를 요구하거나 국민이 국정에 참여할 것을 요구할 수 있는 주관적 공권이 나온다.

3) 비판

국민을 국가의 단순한 지배객체로 보고, 국가를 법질서와 동일시하거나 법인이라고 이해함으로써 국민의 기본권보장 보다 국가이익을 강조하는 법실증주의적 기본권관은 시대에 뒤떨어진 이론이며, 또 국민의 자유와 권리를 국가가 베풀어 주는 은혜적인 것 또는 반사적 이익이라고 보는 경우에 국가가 그 권리를 부여해 주고 또한 언제든지 회수할 수 있다는 논리이다(허영). 따라서 법실증주의적 기본권관에서는 자유와 권리의 본질적 내용의 침해금지 같은 것은 생각할 수 없게 된다. 다행히도 우리 헌법은 인간존엄과 가치는 자연법적인 국가의 근본가치임을 선언하면서, 또한 본질적 내용의 침해금지 사항을 규정하고 있다.

법실증주의는 규범만을 강조한 결과 어떤 법이든 형식적 합법성만 갖추면 법으로 볼 수 있다. 이러한 법실증주의적 사고방식은 나치의 전체주의적 지배하에 온갖 만행이 법의 이름으로 자행되었는 데 대해 속수무책일 수밖에 없었을 뿐만 아니라 오히려 이를 합법화하는 데 기여하였다.

Ⅲ. 自由主義的(決斷主義的) 憲法觀

1. 國家觀

C. Schmitt의 자유주의적 헌법관은 당시의 헌법학에서 지배적이었던 형식주의적 법실증주의를 극복하고 국가와 헌법을 실질적으로 파악하려는 데서 출발한다. C. Schmitt는 법실증주의의 자기목적적 국가관을 탈피하고 국가의 목적과 과제가 국민의 자연법적 자유와 권리를 보장하는 데 있다고 주장하면서 자유주의적 국가관을 정립하였다. 이에 의하면 헌법제정권력자의 근본적인 결단에 의하여 정치형태의 확정과 국가조직의 법정립작용을 하게 하므로 이런 결단을 위한 국민의 의지가 바로 헌법이 가지는 우선적 효력의 근거가 되어 국민주권이 된다. 또 근본적 결단으로부터 헌법이 나오고 그에 부수적 결단으로부터 헌법률이 나온다. 헌법은 정당성이나 효력의 근거로 헌법제정권력자의 결단의 의지가 담겨져 있고 헌법률은 헌법에 근거하여 결단한 정당성과 효력을 찾는다(구병삭).

1) 基本權과 統治構造의 관계 － 二元的 統治構造論
통치질서를 기본권 보장에 관한 비정치적 부분과 국가를 정치적 부분으로 구분하여, 전자에서는 법치국가의 원리가 적용되고 후자에서는 민주주의의 원리가 적용된다고 한다. 슈미트에게 있어서 통치구조는 국가의 권력작용에 관한 정치적 형성의 구조로서 이념적으로 국민의 기본권 보장과는 무관하다(허영).

2) 同一性理論
슈미트는 민주주의를 치자와 피치자의 동일성이론에 따라 국민의 자기통치에 의하여 주권재민의 이념이 실현될 수 있다고 보면서 국민의 자기통치의 실현을 통치구조의 중심적 과제로 보고 있다.

2. 基本權觀

1) 國家로부터의 自由

인간의 자유와 권리는 천부적, 전국가적인 것으로 원칙적으로 무제한적인 것이고, 국가권력은 원칙적으로 제한적인 것이다. 즉 국가권력과 기본권의 관계가 제한성과 무제한성의 이른바 배분의 원리에 의하여 규율된다(허영). 또한 슈미트는 고유한 의미의 기본권을 자유의 영역으로 이해하고 이 자유의 영역으로부터 국가권력에 대한 방어권이 나온다고 설명하면서 기본권의 본질을 국가로부터의 자유라고 한다(허영).

2) 自由權 중심(參政權과 社會權에 소극적)

슈미트는 참정권이나 사회권은 자유권과 같은 천부적인 것이 아니고 법률이 정하는 바에 따라 인정되는 일종의 제한적이고 상대적 권리에 불과하다고 한다. 즉 기본권을 국가로부터의 자유를 그 본질로 하는 자유권을 중심으로 이해하기 때문에 국가지향적인 참정권이라든지 국가로부터의 간섭을 초래하는 사회권은 기본권 공식에 잘 들어맞지 않는다(허영).

3. 비판

(1) 슈미트는 또한 헌법의 구성부분을 임의적으로 양분해서 기본권과 통치구조의 이념적, 기능적 상호교차관계를 소홀히 할 뿐 아니라, 기본권의 핵심을 자유권으로 보고 자유권의 본질을 국가로부터의 자유라고 이해함으로써 기본권이 가지는 input의 기능을 도외시하고 있다(허영).

(2) 슈미트가 자유권만 중요시한 나머지 사회권을 소홀히 생각하고 있다.

(3) 슈미트는 힘에 기초한 결단을 강조하고 규범성을 무시한다. 힘에 기초한 결단이란 철저하게 주관적이고 자의적일 수밖에 없고 모든 가치관련성을 부인할 수밖에 없다. 히틀러 독재의 출현과 이에 앞장선 슈미트가 결단주의의 길을 잘 보여 주고 있다[계희열, 자유주의적(결단주의적) 헌법개념과 그 문제점 소고, 고시연구 94.3].

Ⅳ. 統合過程論的 憲法觀

1. 國家觀

통합주의적 헌법관은 Smend에게서 비롯한다. 통합주의적 헌법이론도 결단주의와 마찬가지로 1920년대 당시의 독일헌법학계를 지배해 왔던 형식주의적 법실증주의를 극복하고 실질적인 헌법학을 수립하려는 시도이다. 스멘트는 헌법학을 정신과학으로 이해하면서 국가를 국민의 통합과정이라 보고, 헌법을 통합과정의 법질서라고 한다(구병삭).

이에 의하면 헌법은 완성된 국가기능이나 조직규범이 아니라 통합과정의 국가활동 내지 법질서라고 파악하며, 순간적인 결단주와도 본질적으로 다르다고 한다(구병삭). 그리고 Smend는 국가를 법규범질서라든지 선존하는 정치적 통일체로서 인식하지 않는다. 이에 의하면 국민의 자유와 권리는 통합의 과정에서 국가 내에서 실질적으로 보장될 수 있을 때 의미가 있게 된다(계희열).

Smend는 이러한 생활과정을 통합이라고 부르고 세 가지 통합의 유형을 들고 있다. 즉, 인적 통합(정치적 지도자들을 통한 국가적 통일형성), 단계적 통합(선거·정당의 형성 등 집단화하는 작용) 및 물적 통합(국가적 목적과 국가생활 등)이 그것이다. 통합이란 하나의 과정이다(계희열).

(1) 統合構造: 스멘트에 있어서 기본권과 통치구조는 기능적으로 상호 교차관계에 있는 것이며 통치구조는 기본권 실현을 위한 정돈된 기능구조가 된다(허영).

(2) 國家를 위한 自由: 스멘트는 기본권을 국가창설의 원동력인 동시에 그 존립의 정당성을 부여하는 것으로 본다. 국가지향적 기본권(국가를 위한 자유)을 강조하는 스멘트는 기본권의 주관적 공권의 측면보다 객관적 질서의 측면을 보다 강조한다(허영).

(3) 一元的 統治構造論: 스멘트는 통치질서를 그 사회공동체의 공감을 느끼는 가치(기본권)의 실현을 통하여 동화, 통합을 달성하려는 통합질서이므로 기본권의 목적성과 통치구조의 수단성이라는 일원적 통치구조론을 강조한다(허영).

2. 基本權觀

1) Smend
스멘트는 헌법은 동화적 통합의 생활형식 내지 법질서를 뜻하고 기본권은 그와 같은 생활형식 내지 법질서의 바탕이 되는 가치체계 또는 문화체계를 의미한다고 한다. 따라서 기본권은 민주국가에서는 헌법질서의 방향을 제시하는 지침적인 성격을 가질 뿐 아니라 그 헌법질서를 정당화시켜 주는 정당성의 원천이자 국가창설의 원동력이다(허영). 그러나 스멘트가 기본권의 객관적 질서를 강조하면서 주관적 공권성을 너무 소홀히 다루고 있고 기본권을 지나치게 정치적인 것으로 축소시켜 이해하고 있다는 비판이 있다. 또한 자유권과 사회권의 구별을 부정함으로써 공산주의헌법에서의 기본권이론과의 구별을 불가능하게 만들었기 때문에 통합이론은 결국 전체주의로 인도할 위험성이 있다는 비판도 있다(김효전, 이른바 헌법관에 따른 기본권 이해, 참조).

2) H berle의 制度的 基本權理論

Häberle는 자유를 법이나 국가를 떠나서 존재하는 것으로 인식하지 않는다. 자유는 오로지 법속에서만 현실화될 수 있다는 의미에서 자유는 그것을 구체화하고 실현시키는 법제도에 의해서만 실효성 있게 형성되는 법적 개념으로서 자유는 제도일 수밖에 없다고 한다. 기본권은 결국 개인의 주관적 권리로서의 성격이 생활관계의 입장에서 제도화되어서(즉 제도 속에 녹아들어가) 보장될 때 의미가 있다고 한다. 이는 기본권의 제도적 측면이라거나 제도로서의 기본권이라는 점에서 기본권이 아니면서 제도 그 자체를 헌법상 보장하는 슈미트의 제도적 보장과는 구별된다(허영). 그러나 제도는 자유실현을 위한 수단일 수 있어도 제도가 곧 자유일 수는 없고, 기본권에 대한 제한과 침해가 기본권 실현을 위한 불가결한 수단이라는 것이 지나치게 강조될 때 법률 속의 자유라는 법실증주의의 세계로 넘어갈 수 있다는 비판이 제기된다. 또한 자칫 권력자의 자의를 초래하여 무자비한 권력행사를 야기시킬 수도 있다는 비판이 있다(허영).

3) Hesse의 二重的 基本權理論

기본권이 가치질서로서의 성격 외에 주관적 공권으로서의 기능도 중요시할 때 국민 각자의 주관적 공권인 동시에 객관적 법질서로서의 성격을 지닌다. 즉, 기본권은 개인에 대해서는 권리이지만 사회공동체 내에서는 정치적 통일체로 통합하는 과정을 지도하는 생활형식의 실질적인 계기가 되는 법질서를 형성시킨다고 하며 이 양자는 서로 보완관계에 있어서 국가권력이 기본권을 침해할 수 없는 것은 당연하지만 국민도 그러한 법질서의 형성에 기여할 책무가 있기에 기본권을 임의로 포기할 수는 없다고 한다. 이때 기본권은 권리이면서 동시에 공동체 구성원 모두의 의무이며 자유인 동시에 책임이 된다고 한다

(허영). 그러나 천부인권으로서 기본권인 자연권은 공권일 뿐 객관적 질서의 일부분이 아니며 이는 헌법에 규정됨으로써 헌법규범이 되고 이것이 국가권력을 구속하기 때문에 자연권은 헌법규범으로서의 성격을 가지고 객관적 질서를 이루는 것이지 인권 자체가 객관적 질서의 성격을 갖는 것은 아니다.(김철수)

V. 憲法觀의 종합적 비교

(1) 법실증주의와 결단주의에서는 국가는 객관적으로 실재하는 기성의 정적존재이다. 그것은 Jellineck에서는 관념적 법인체로, Kelsen에서는 법질서로, Schmitt에서는 헌법제정 이전에 선존하는 정치적 통일체로 나타난다. 그러나 통합주의에서는 국가는 기존의 사회적 실재가 아니라 일정한 가치세계를 바탕으로 한 부단한 갱신과 형성의 과정이다. Smend에 있어서 국가는 전통적인 관념의 소여로서 전제된 윤리적 권위로 인식되지 않는다.

(2) 법실증주의는 헌법의 본질적 구조나 성격을 규명하려 하지 않고 그 형식적 논리체계만을 설명하려 함으로써 모든 헌법규범은 등가적이게 된다. 그리고 헌법은 제정과 개정에 있어서 고양된 형식적 효력을 가진 법률에 지나지 않게 된다. 그러나 결단주의와 통합주의에서는 헌법규범은 계서적 구조를 가진다.

(3) 법실증주의에 있어서 기본권은 법률 속의 자유가 된다. Jellineck에 있어서 개인의 기본권은 국가에 대한 주관적 공권으로 규정되지만 그것은 법인인 국가가 부여하는 인격에서 생기는 의사력이므로 그 본질은 국가의 법적 자기제한에 지나지 않는다. Kelsen의 논리형식에 있어서는 국가는 법질서이기 때문에 자유이고 자유는 규범질서를 뜻하는 국가에 의해서만 비로소 가능해진다. 그러므로 기본권의 국가에 대한 주관적 공권성은 부정되고 국가에 적극적 급부를 요구할 권리는 물론 국가의 부작위를 요구할 권리는 있을 수 없다. 결단주의의 기본권은 초국가적인 천부적 권리이고 그 본질은 국가로부터의 자유(Freiheit Vom Staat)로 개념화된다. 즉 그것은 국가로부터 자유로운 영역의 보장으로서 다수결의 정치원리에 의해 침해될 수 없는 비정치적인 권리이며 국가의 정치적 질서 형성과는 관계없는 개인의 자유에 대한 국가적 침해의 방어를 요구할 수 있는 주관적 권리를 의미한다. 슈미트에 의하면 기본권 규정 중에서 자유권이 아닌 형성적 원리를 의미

하거나 객관적 질서에 관한 규정은 부진정한 기본권이거나 제도적 보장일 뿐 진정한 기본권은 아니다. 통합주의에 의하면 기본권에 의해 사회공동체의 가치적 합의가 이루어지고 정치적 통일체가 정당화되므로 기본권은 국가창성적 기능을 뜻하게 되고 거기서의 자유도 국가에의 자유(Freiheit Zum Staat)로 규정되게 된다.

제2장 국법의 제 형식과 헌법보장

제1절 헌법의 제정

Ⅰ. 헌법제정권력의 의의

1. 의의

이는 국민의 정치적 존재에 관한 근본적인 결단을 내리는 정치적 의사인 동시에 법적 권능이다.

2. 구별개념

헌법개정권력은 제도화된 권력인데 비하여 헌법제정권력은 시원적 권력이다. 그리고 헌법제정권력과 주권은 동일하다는 것이 통설이다.

3. 연혁

헌법제정권력은 시예에스(Siéyès)에 의해서 체계화되었다. 그의 저서 『제3신분이란 무엇인가?』에서 제3신분인 국민만이 헌법제정권력의 주체이며 헌법제정권력과 헌법개정권력의 구별하지 않는다. 이에 비하여 독일법실증주의자인 안쉬츠, 라반트, 옐리네크는 헌법제정권력을 부인하며, 헌법제정권력과 헌법개정권력 및 입법권은 동일한 것으로 본다 [헌법제정권력=개정권력=입법권(독자적 권력성 부인)]. 그리고 슈미트(Schmitt)에 의하면 헌법제정권력과 주권은 동일하다고 하며 헌법제정권력과 헌법개정권력을 구별하고 있다.

II. 본질

헌법제정권력은 국민에 의해서 행사되고 모든 국가질서를 최초로 시원적으로 창조하는 권력이며(시원적 창조성), 헌법제정권력은 어떠한 법형식이나 절차에도 구애받지 않는 권력으로 스스로 의도한 바에 따라 발동되며(자율성), 헌법제정권력은 한번 행사되었다고 소멸하는 권력이 아니며(항구성), 헌법제정권력은 다른 모든 권력을 포괄적 기초가 되며 그 자체 불가분적 권력이며(단일불가분성), 민주국가에서는 헌법제정권력이 국민에게만 있으므로 양도될 수 없다(불가양성).

III. 한계

1. 학설

1) 부정설
헌법제정권력의 시원성 내지 규범적 적당성이나 사실적 정당성에 의존하는 권력이 아니기 때문에 제약하는 한계란 있을 수 없다(K. Schmitt).

2) 긍정설
불변의 근본가치에는 구속된다. 헌법제정권력은 정당성 문제는 법적인 질이 아닌 이데올로기적 질의 문제라 하면서 제정권력이나 헌법의 정당성은 그 시대의 국민 생활 속에 있는 시대 보편적 이데올로기에 의해 정당화되는 것으로 본다[W. Kägi(케기: 불변의 근본적 가치제한), 마운쯔(자연법상원리 – 통설)].

2. 한계사유

이데올로기적 한계, 법원리적 한계, 자연법적 한계, 국제법적 한계 등이 있다.

Ⅳ. 주체

중세에는 신, 전제군주제에서는 군주, 현대 민주국가에서는 국민이 이를 행사한다.

Ⅴ. 행사

행사의 예로는 신생국가의 독립 또는 혁명으로 인한 헌법의 제정이 그것이다.

제2절 憲法의 改正

헌법 제128조 ① 헌법개정은 국회재적위원 과반수 또는 대통령의 발의로 제안된다.

② 대통령의 임기연장 또는 중임변경을 위한 헌법개정은 그 헌법개정 제안 당시의 대통령에 대하여는 효력이 없다.

제129조 제안된 헌법개정안은 대통령이 20일 이상의 기간 이를 공고하여야 한다.

제130조 ① 국회는 헌법개정안이 공고된 날로부터 60일 이내에 의결하여야 하며, 국회의 의결은 재적의원 3분의 2 이상의 찬성을 얻어야 한다.

② 헌법개정안은 국회가 의결한 후 30일 이내에 국민투표에 붙여 국회의원선거권자과반수의 투표와 투표자 과반수의 찬성을 얻어야 한다.

③ 헌법개정안이 제2항의 찬성을 얻은 때에는 헌법개정은 확정되며, 대통령은 즉시 이를 공포하여야 한다.

Ⅰ. 서설

1. 의의

헌법에 규정된 개정절차에 따라, 헌법의 기본적 동일성을 유지하면서, 헌법전 중의 개개 조항을 의식적으로 수정 또는 삭제하거나 새로운 조항을 추가함으로써 형식이나 내용의 변경을 가하는 것을 말한다.

2. 현실적 문제

헌법의 현실적응성과 실효성 유지, 헌법파괴의 방지, 헌법정책적 이유에서 그 개정이 불가피하다.

3. 구별개념

(1) 헌법파괴: 성문헌법을 폐기할 뿐만 아니라 제정권력의 주체를 변경하는 협의의 혁명이다.

(2) 헌법폐제: 헌법제정권력은 그대로 유지하면서 기존헌법을 폐지하는 것(정권담당자의 교체)

(3) 헌법침해: 헌법을 배제·정지함이 없이 1개조항 내지 수개조항을 일시적으로 침범하는 것

(4) 헌법정지: 특정 헌법규정의 효력을 일시적으로 효력을 중지시키는 것

(5) 헌법변천: 헌법현실과 헌법규범에 차이가 생겨서 헌법을 변경하겠다는 직접적인 의사 없이 헌법에 실질적인 내용변화가 생기는 현상을 말한다. 이를 인정할 것인가에 대하여 긍정설과 부정설로 대립되어 있다. 긍정설에 따르면 헌법과는 다른 국가행위가 반복되어 관습화되었을 때 그것이 국민의 법적 확신을 얻어내게 되면 헌법의 변천을 인정하자는 견해이며, 부정설에 따르면 헌법은 개정절차에 의해서만 합법적으로 변경될 수 없다는 견해이다.

4. 개정방법

(1) 형식: 증보, 기존 조항을 수정, 삭제, 삽입의 형식, 전면개정의 방식, 부분개정의 방식

(2) 절차: 일반법률의 개정절차보다 곤란한 절차를 따르는 유형, 국민투표에 의해 승인을 얻는 유형, 연방구성주의 동의를 필요로 하는 유형, 특별한 헌법회의를 소집하는 유형 등

5. 개정의 한계

1) 학설

(1) 개정한계설: 헌법제정권력과 헌법개정권의 구별, 자연법상의 원리, 헌법의 위계질서 인정, 헌법개정은 통합을 촉진시키고, 헌법의 규범적 효력을 유지하기 위해 필요한 현상이다.

(2) 개정부정설: 헌법의 현실적응성 요청, 헌법제정권과 개정권의 구별의 부인, 헌법규범의 위계질서의 부인 등

2) 개정한계의 종류

(1) 외재적 한계: 자연법·국제법상의 원리

(2) 내재적 한계: 헌법의 동일성, 헌법규범의 단계구조, 제정권과 개정권의 구별

(3) 실정법상 한계

① 내용상: 공화국, 연방제

② 방법상: 전면개정금지

③ 시기상: 헌법개정의 빈도제한

Ⅱ. 한국헌법의 개정

(1) 개정안 제안: 대통령(국무회의심의), 국회의원(제적과반수) 국민은 제안할 수 없다.

(2) 공고: 20일 이상 공고를 한다.

(3) 의결과 확정: 공고된 날로부터 60일 이내에 의결(2/3), 수정의결은 할 수 없고, 의결 후 30일 내 국민투표(과반수투표와 과반수찬성)를 한다.

(4) 공포와 발효: 즉시공포를 하여야 한다. 법률안은 5일 이내에 하면 된다.

    ┌ 공포시설(관례)

    └ 20일경과시설(법률안, 제53조 제7항 유추, 이론적으로 타당)

(5) 개정한계

① 전문의 개정: 기본원리를 해하지 않는 한도 내에서 자구수정만 가능

② 개정조항의 개정: 원칙적으로 금지되나 연성헌법을 경성헌법으로 변경은 가능

③ 명시적 개정금지조항: 개정금지

④ 개정한계를 벗어난 개정의 효력: 법적으로는 완전무효이며 이 경우 헌법보장 혹은 국민의 저항권 문제가 발생할 뿐이다.

⑤ 개정한계내용: 민주공화국으로서의 국가형태, 국민주권, 자유민주적 기본질서, 국제평화주의, 복수정당제, 사유재산제

제3장 헌법전문과 헌법보장

제1절 憲法前文

헌법전문 유구한 역사와 전통에 빛나는 우리 대한민국은 3·1운동으로 건립된 대한민국임시정부의 법통과 불의에 항거한 4·19민주이념을 계승하고, 조국의 민주개혁과 평화적 통일의 사명에 입각하여 정의·인도와 동포애로써 민족의 단결을 공고히 하고, 모든 사회적 폐습과 불의를 타파하며, 자율과 조화를 바탕으로 자유민주적 기본질서를 더욱 확고히 하여 정치·경제·사회·문화의 모든 영역에 있어서 각인의 기회를 균등히 하고, 능력을 최고도로 발휘하게 하며, 자유와 권리에 따르는 책임과 의무를 완수하게 하여, 안으로는 국민생활의 균등한 향상을 기하고 밖으로는 항구적인 세계평화와 인류공영에 이바지함으로써 우리들과 우리들의 자손의 안전과 자유와 행복을 영원히 확보할 것을 다짐하면서 1948년 7월 12일에 제정되고 8차에 걸쳐 개정된 헌법을 이제 국회의 의결을 거쳐 국민투표에 의하여 개정한다. 1987년 10월 29일

Ⅰ. 서설

1. 의의

헌법전문이란 헌법의 본문 앞에 쓰인 문장으로 헌법전의 일부를 구성하고 있는 헌법서문(벨기에, 덴마크 등을 제외하고는 대다수 헌법전문을 가지고 있다)이다.

2. 법적 성격

(1) 효력부정설: 헌법의 제정유래나 목적 등을 선언한 것에 불과하므로 법적 효력이 없다.
(2) 효력긍정설: 헌법의 최고원리를 내포함으로써 법적 구속력을 가진다(통설).

Ⅱ. 헌법전문의 법적 효력

(1) 헌법전의 구성부분
(2) 최고규범성
(3) 법해석의 기준
(4) 헌법개정의 한계(전문의 동일성을 침해하지 않는 범위 내에서 자구수정은 가능)
(5) 재판규범성(법령의 해석기준이 되므로 재판과정에서 원용될 수 있는 재판규범)

Ⅲ. 현행 헌법전문의 내용

대한민국의 건국이념, 국민주권주의, 자유민주적 기본질서, 기본권보장, 국제평화주의, 정의로운 복지사회의 구현

제2절 憲法上의 憲法保障制度

Ⅰ. 서설

1. 의의

한 나라의 실정법질서에 있어서 최고법규인 헌법의 규범력과 기능이 헌법의 침해나 파괴로 말미암아 변질 또는 상실되지 않도록 사전에 방지하거나 사후에 교정함으로써 헌법의 최고규칙성과 실효성을 확보하려는 제도이다. 여기에는 협의의 헌법보장(헌법보장)과 광의의 헌법보장(국가보장)이 포함된다.

2. 필요성

헌법이 권력자의 의사에 따랄 변화하지 않고 영속화되기 위해 또는 정치사회상황의 변화에 대한 탄력성을 가지게 하기 위해 필요하다.

3. 유형

Jellinek는 사회적 · 정치적 · 법적 보장으로 나누고, Merk는 광의로 국가권력의 헌법상 제한, 공법상 보상, 헌법상 감독, 공무원의 책임으로, 협의로는 감독적 보장과 재판장 보장이 있다고 한다. 그리고 Kelsen은 사전적 보장과 사후적 보장 그리고 물적, 인적 보장으로 나누고 있고, Burdeau는 조직적 보장과 비조직적 보장(저항권, 국가긴급권)으로 분류하고 있다.

4. 헌법수호자

칼슈미트는 헌법수호자를 대통령을 꼽았지만, 켈젠은 대통령, 의회, 헌법재판소 모두를 꼽았다. 영국에서도 국왕이라는 Keith와 내각이라는 Laski 사이에 논쟁이 전개되었다.
공무원은 헌법의 제1차적 수호자이며, 국민이야말로 최후의 헌법수호자이다.

Ⅱ. 헌법상 헌법보장

1. 평상적 헌법보장

(1) 사전예방적 헌법보장: 헌법의 최고규범성선언, 헌법수호의무선서, 국가권력분립, 경성헌법성을 규정한 헌법개정조항, 방어적 민주주의 채택(위헌정당해산조항), 공무원 및 군의 정치적 중립성

(2) 사후교정적 헌법보장: 위헌법령처분심사제, 탄핵제도, 위헌정당해산제도, 헌법소원, 국무총리, 국무위원해임건의제

2. 비상적 헌법보장

국가긴급권과 저항권행사가 있다.

제4장 헌법상의 국가긴급권과 저항권

제1절 헌법상의 국가긴급권

제76조 ① 대통령은 내우·외환·천재·지변 또는 중대한 재정·경제상의 위기에 있어서 국가의 안전보장 또는 공공의 안녕질서를 유지하기 위하여 긴급한 조치가 필요하고 국회의 집회를 기다릴 여유가 없을 때에 한하여 최소한으로 필요한 재정·경제상의 처분을 하거나 이에 관하여 법률의 효력을 가지는 명령을 발할 수 있다.

② 대통령은 국가의 안위에 관계되는 중대한 교전상태에 있어서 국가를 보위하기 위하여 긴급한 조치가 필요하고 국회의 집회가 불가능한 때에 한하여 법률의 효력을 가지는 명령을 발할 수 있다.

③ 대통령은 제1항과 제2항의 처분 또는 명령을 한 때에는 지체 없이 국회에 보고하

여 그 승인을 얻어야 한다.

④ 제3항의 승인을 얻지 못한 때에는 그 처분 또는 명령은 그 때부터 효력을 상실한다. 이 경우 그 명령에 의하여 개정 또는 폐지되었던 법률은 그 명령이 승인을 얻지 못한 때부터 당연히 효력을 회복한다.

⑤ 대통령은 제3항과 제4항의 사유를 지체 없이 공포하여야 한다.

제77조 ① 대통령은 전시·사변 또는 이에 준하는 국가비상사태에 있어서 병력으로써 군사상의 필요에 응하거나 공공의 안녕질서를 유지할 필요가 있을 때에는 법률이 정하는 바에 의하여 계엄을 선포할 수 있다.

② 계엄은 비상계엄과 경비계엄으로 한다.

③ 비상계엄이 선포된 때에는 법률이 정하는 바에 의하여 영장제도, 언론·출판·집회·결사의 자유, 정부나 법원의 권한에 관하여 특별한 조치를 할 수 있다.

④ 계엄을 선포한 때에는 대통령은 지체없이 국회에 통고하여야 한다.

⑤ 국회가 재적의원 과반수의 찬성으로 계엄의 해제를 요구한 때에는 대통령은 이를 해제하여야 한다.

Ⅰ. 서설

1. 의의

이는 전쟁, 내란, 경제공황과 같은 평상시의 입헌주의적 통치기구로서는 대처할 수 없는 비상사태가 발생한 경우에 국가존립과 헌법질서를 보전하기 위하여 필요한 조치를 취할 수 있는 비상·예외적 권한을 의미한다. 헌법장애상태는 헌법이 정하는 정상적인 방법에 의하여 해결될 수 있다는 점에서 비상사태와 구분된다.

2. 법적 성질

이것이 대통령의 비상대권이냐 아니면 헌법보호의 수단이냐에 따라 기본권제한의 예외가 될 수 있고 그렇지 않을 수 있다. 오늘날 국가긴급권의 본질을 대통령의 비상대권으로 보지 않고 헌법보호의 비상보호수단, 즉 헌법이 스스로 만들어 놓을 것이라는 관점에서 이해되고 있다.

3. 유형

경찰적 국가긴급권(긴급명령, 긴급재정·경제명령), 합헌적 국가긴급권(계엄), 초헌법적
국가긴급권(전쟁이라는 극한 상황에서 전개되는 국가긴급권)이 있다.

4. 이론적 근거

합헌적 긴급권의 이론적 근거로는 평상시의 헌법체계로는 비상적 위기를 극복할 수 없
다는 점과, 헌법파괴를 방지하고, 절차와 형식을 엄격히 규정하여 남용을 방지함에 있다.
그리고 초헌법적 긴급권의 이론적 근거로는 긴급권의 발동이 정당화될 수 있는가에 관
해 긍정과 부정설이 있으나 초헌법적 국가긴급권은 법치주의적 관점에서는 정당화될 수
없지만, 정치적 관점에서는 정당화될 수 있다.

II. 한계와 통제

1. 한계

(1) 목적상 한계: 긴급권의 발동은 국가존립, 입헌체제유지, 국민의 기본권을 방어하기
위한 것
(2) 시기상 제한: 비상사태를 대응하는 일시적, 임시적이어야 함
(3) 상황상 한계: 통상의 헌법절차로는 처리할 수 없는 비상사태가 발생하고, 긴급권의
발동이 절대 필요한 경우이어야 한다.

2. 통제

긴급권의 남용을 방지하기 위하여는 일정한 제도적 장치가 필요한바, 긴급권의 목적,
조건, 절차 등을 실정화시킴으로써, 의회의 사전승인을 얻게 함으로써, 사후에 의회나 법
원에 의하여 심사하게 함으로써 통제할 수 있다. 최후적인 통제는 국민의 감시와 비판
그리고 수호의지에 있다고 할 것이다.

Ⅲ. 현행헌법상의 국가긴급권

1. 계엄선포권

(1) 전시 · 사변 또는 이에 준하는 국가비상사태, 병력, 군사상 필요에 응하거나 공공의 안녕질서유지
(2) 계엄의 종류는 비상 · 경비계엄
(3) 영장제도, 언론 · 출판의 자유, 집회 · 결사의 자유, 정부· 법원권한에 특별조치 등을 할 수 있으나, 국회는 제외된다.
(4) 국회에 통고한다.
(5) 재적의원 과반수로 해제요구를 할 수 있다.

2. 긴급 명령권

국가 안위 관계, 교전상태, 국회가 집회 불가능할 때에 할 수 있다.

3. 긴급재정 · 경제처분· 명령권

내란 · 외환 · 천재 · 지변 또는 재정 · 경제상 위기, 국가안전보장 · 공공안녕질서를 위해서 그리고 국회의 집회를 기다릴 여유가 없을 때 한다.

제2절 抵抗權

Ⅰ. 서설

1. 의의

이는 개인이나 국가권력에 의한 헌법침해에 대하여 국민에게 허용되는 최종적, 초실정

법적 헌법보장의 수단을 의미한다.

2. 구별개념

(1) 시민불복종: 단순히 정의에 반하고 개별법령에도 행사할 수 있고, 개별법령의 변혁을 목적으로 한다. 원칙적으로 비폭력, 보충성의 제약을 받지 않는다.
(2) 혁명권: 헌법질서를 전제로 유지, 수호의 목적인 저항권과 기존의 헌법질서를 폭력적으로 파괴하여 새로운 헌법질서를 수립.
(3) 쿠테타와 저항권

3. 입법례

미국 1776년 독립선언, 불란서 1791년 헌법 등. 일본과 한국은 규정이 없다. 대법원은 이를 인정 안 한다. 다만 1980년 대법원 판결 소수의견은 인정한다.

4. 법적 성격

(1) 본질: 자연권(－국민이 주체이냐) 실정권이냐의 문제
(2) 성격: 헌법보장의 수단이면서 기본권의 일종(기본권보장을 위한 기본권)
(3) 보충성·최후수단성: 헌법전문상 "불의에 항거한 4·19민주이념을 계승하고"가 이를 간접적으로 인정하고 있음.

5. 주체: 국민이다.

II. 행사요건

1. 상황

민주적 기본질서를 전면적으로 부인하는 경우, 국가권력의 행사가 불법이라는 것이 객관적으로 명확한 경우 최후의 수단으로 행사할 수 있다.

2. 목적

인간존엄성존중을 그 이념으로 하는 입헌주의헌법체제를 유지·수호하기 위한 것. 국민주권·법질서유지, 재건 — 보수적 의미. 그러나 사회·경제적 체제를 개혁하기 위한 목적으로 사용될 수 없다.

3. 방법

미리 법으로 정할 수 없으나, 가장 평화적인 방법으로 택하여 한다.

제5장 國家形態와 國家構成要素

제1절 대한민국의 국가형태

제1조 ① 대한민국은 민주공화국이다.

Ⅰ. 국가의 본질에 관한 학설

┌ 유기체설 – 키이르케, 쉘링 / 착취설 – 오펜하이어, 엥겔스 / 도덕(윤리)설 – 플라톤, 아리스토, 볼프, 피히테, 헤겔
└ 법인설 – 게르버, 옐리네크 / 법질서설 – 켈젠 / 부분사회설 – 라스키, 매키버(다원적 국가론)

Jellinek는 국가법인설 또는 국가주권설에 입각하여, 국가의사의 구성방법에 따라 군주국과 공화국으로 나눈다. 그리고 Rehm는 헌법형태(국가권력의 담당자로 의한 분류), 정부형태(국가권력의 행사자에 의한 분류)로 분류한다.

Ⅱ. 국체의 분류(주권의 소재를 기준으로 하는 국가분류)

1. 군주국

주권이 자연인인 군주 1인에게 있는 국가. 전제군주국과 제한 군주국으로 나누어진다.

2. 공화국

주권이 소수인의 집단이나 1계급 또는 국민전체에 있는 국가. 귀족국, 공화국, 계급공화국, 민주공화국으로 분류한다.

Ⅲ. 정체의 분류(주권의 행사방식을 기준으로 하는 정부형태의 분류)

1. 직접정체와 간접정체

주권자가 통치권을 직접 행사하느냐, 다른 기관을 통하여 간접 행사하느냐에 따른 분류이다.

2. 민주정체와 독제정체

민주정체는 치자와 피치자의 동일성을 유지하는 정체를 말한다. 독재정체는 전제정체와 구별되는 것으로 공화국에 속하는 국가에서 통치권의 일부 담당자가 주권자의 의사를 무시하고 실력으로 다른 통치기관을 억압하여 국민을 지배하는 것을 말한다.

3. 전제정체와 제한정체

주권자의 통치권행사에 어떤 통제나 제한이 있느냐 여부에 따른 분류이다.

4. 단일제와 연방제

통치권의 담당과 발동이 전적으로 중앙정부에 통일되어 있느냐, 중앙정부와 支邦정부에 分類이다.

5. 우리나라의 국가형태

국체는 민주공화국이고 정체는 입헌정체, 단일제, 원칙적인 간접정체이다. 헌법 제1조의 해석에는 설이 나뉘어져 있으나 엄밀히 따질 실익은 없고, 전체로서 우리나라의 국가형태를 선언하고 있는 것으로 본다.

제2절 대한민국의 구성요소

헌법 제1조 ① 대한민국은 민주공화국이다.
② 대한민국의 주권은 국민에게 있고, 모든 권력은 국민으로부터 나온다.
제2조 ① 대한민국의 국민이 되는 요건은 법률로 정한다.
② 국가는 법률이 정하는 바에 의하여 재외국민을 보호할 의무를 진다.
제3조 대한민국의 영토는 한반도와 그 부속도서로 한다.

Ⅰ. 국가권력

1. 주권

헌법제정권력으로 파악되기도 하고 국가의사를 최종적, 전반적으로 결정하는 원동력이다.

2. 통치권

국가목적을 실현하기 위한 지배권의 총칭(영토고권 · 대인고권 · 자주조직권) 가분적 권력이고 제한적 · 상대적 권력이다.

Ⅱ. 국민

1. 의의

국가의 구성원으로서 국가의 통치권에 복종할 의무를 가진 사람이다. 국가구성원의 자격을 국적이라고 한다. 국민은 국적을 기초로 한 개념으로서, 혈연을 기초로 한 문화적 집단인 민족과는 구별된다.

2. 대한민국국적의 취득과 상실

1) 국적의 취득: 우리나라는 단행법주의 취하고 국적법을 두고 있다.

(1) 선천적 취득: 출생에 의한 취득으로서 우리나라는 원칙적으로 혈통주의(속인주의)를 택하고 있고, 예외적으로 출생지주의(속지주의)를 인정하고 있다.

(2) 후천적 취득: 혼인(외국여자로서 대한민국 국민의 처가 된 자), 인지(본국법에 의하여 미성년자이고, 외국인의 처가 아닌 자로서 대한민국민의 부 또는 모가 인지한 자), 귀화(보통귀화와 특별귀화가 있으며 법무부 장관의 허가사항이고 관보에 고시가 있어야 효력이 있다), 수반취득(대한민국의 국적을 취득하는 자의 처는 본국법에 반대규정이 없는 경우에, 본국법에 의하여 미성년자인 경우에 같이 국적을 취득한다), 국적회복(재귀화: 이는 국적상실자가 대한민국에 주소를 가진 때에 법무부장관의 허가를 얻어 취득)

2) 국적의 상실

(1) 사유: 외국인과 혼인하여 그 배우자의 국적을 취득한 때, 외국인의 양자로서 그 국적을 취득한 때, 혼인으로 인하여 대한민국의 국적을 취득한 자가 혼인취소 또는 이혼으로 외국의 국적을 취득한 때, 자의로 외국의 국적을 취득한 때, 이중국적자로서 법무부장관의 허가를 얻어 국적을 이탈한 때, 미성년자가 외국인의 인지로 인하여 외국의 국적을 취득한 때, 이중국적자로서 우리나라의 국적을 취득한 후 6개월 이내에 외국의 국적을 상실하지 아니한 때, 한국의 국적을 상실한 남자의 처 또는 미성년자인 자가 그의 국적을 얻었을 때

(2) 국적상실의 효과: 국적을 상실한 자는 한국국민이 아니면 누릴 수 없는 권리를 1년 이내에 한국국민에게 양도하여야 하고, 그 기간이 지났을 때에는 그 권리를 상실한다.

3. 국민의 헌법상 지위

(1) 주권자로서의 국민(추상적 이념적 통일체): 이는 국민개념2분설에 따라 국민을 전체국민으로 관념할 경우 국민은 주권의 주체(이념적 주권자)일 따름이고, 국민을 유권적 시민의 총체로 관념할 경우에만 국민을 현실적으로 국가의사를 결정하는 주권의 행사자(현실적 주권자)를 의미하게 된다. 이에 대하여 허영교수는 국민을 국민과 인민으로 구별하는 것이 불가능하며, 통일된 형태의 국민은 존재할 수 없고, 단순한 크기의 국민만이 존재한다고 한다.

(2) 기본권의 주체로서의 국민

(3) 피치자로서의 국민

Ⅲ. 영역: 영토, 영해, 영공

(1) 영토: "대한민국의 영토는 한반도와 그 부속도서로 한다(제3조)."

(2) 영해: 그 범위는 12해리가 되고, 영해와 접속된 해상으로 수심 200m 이하의 완만한 경사지대인 대륙붕은 공해이긴 하지만 지하자원개발과 어업을 위하여 연안국의 지배권을 인정한다.

(3) 영공: 영토와 영해의 수직사의 내부 상공으로 지배 가능한 상공에 한한다.

Ⅳ. 영토의 변경

이에는 자연적 원인과 인위적 원인(할양, 교환, 매매, 병합 등)에 의한 경우가 있다. 영토변경은 그 영역에 대한 영토고권의 변화이며, 병합의 경우에 주민은 그 병합국의 국적을 취득하며, 할양의 경우에는 조약에 의하나 주민의 자유의사에 의하는 것이 관례이다.

영토변경의 법적 성질에 대하여는 前국가의 영토고권이 신국가에 승계된다는 설과, 신국가의 통치권이 확대 또는 축소되는 것이라는 설로 나뉘고 있다.

우리나라는 영토를 헌법상 규정하고 있기 때문에 영토변경 시에는 헌법개정이 필요하다.

제3절 영토조항과 통일조항의 문제

헌법 제3조 대한민국의 영토는 한반도와 그 부속도서로 한다.
제4조 대한민국은 통일을 지향하며, 자유민주적 기본질서에 입각한 평화적 통일정책을 수립하고 이를 추진한다.

I. 영토조항의 의미

1. 유일합법정부설(학설과 판례)

이는 우리 국법의 적용의 장소적 범위와 한계를 규정한 것뿐만 아니라 ① 대한민국이 한반도에서 유일한 합법정부이고, ② 대한민국의 영역은 구한말시대의 국가영역 위에 입각한 것이며(구한말영토 계승설, 미수복지역설), ③ 휴전선의 북방지역은 이른바 인민공화국이 불법적으로 점령한 미수복지역이라는 것을 선언하고 있다고 한다. 또한 ④ 영토조항은 북한지역에 대하여 주권적 권력을 실현할 책무를 대한민국에게 부과하고 그 주권적 권력의 실현은 통일이라고 한다. 그렇게 볼 때에 정통성이 구대한제국 - 상해임시정부 - 대한민국에게 있다고 한다. 헌재는 대한민국이 유일합법정부라고 하며 대법원은 북한을 반국가단체로 보고 있다.

이러한 해석논리에 따를 때 대한민국의 헌법과 법률은 휴전선남방지역뿐만 아니라 북방지역에로 적용되는 것이며, 따라서 소위 조선민주주의인민공화국의 지배체제를 찬양하거나 지지하는 자는 처벌을 받게 된다고 보아 왔고, 그에 관한 기본적인 법률이 국가보안법이다.

2. 1민족 2국가설

우리와 마찬가지로 분단상황에 처해 있던 서독 기본법이 분단 현실을 인정하는 바탕 위에서 1민족 2국가론으로 통일 문제를 접했다고 하며, 현행헌법에 통일조항이 추가되고 이데올로기적 대결의 종식으로 동서 간에 신데탕트 분위기에서 냉전논리를 바탕으로 한 한반도에서의 유일한 합법정부는 대한민국만이라는 헌법해석은 헌법의 남북한분단이라는 현실인식을 전제로 하는 평화통일조항과 논리적으로 모순되고(이에 대한 반대견해에 따르면 영토조항이 무력에 의한 통일을 요구하는 것이 아닌 한 결코 평화적 통일조항과 충돌하는 것이 아니라고 한다), 이러한 모순은 구법(영토조항)에 대한 신법(통일조항) 우선의 원칙과 비현실(남북한분단이라는 사실의 외면과 대한민국의 유일합법정부)에 대한 현실(남북분단이라는 사실인식과 영토의 범위는 국가권력에 미치는 공간까지라는 국제법상의 원칙) 우선의 원칙에 따라 해결하여야 한다고 한다(권영성, 헌법학원론 참조).

Ⅱ. 국가보안법의 근거

이는 영토조항이 아니며 헌법 제37조 제2항이다. 그리고 국가보안법을 어떻게 제37조 제2항의 뜻에 맞게 개정하며 혹은 해석하고 적용하며 집행하느냐 하는 문제는 있어도 국가보안법상의 반국가단체의 근거가 영토조항에 있으니까 국가보안법을 폐기하기 위하여 영토조항을 개정 삭제할 수 없다. 이러한 주장은 헌법의 최고법규성을 이야기하면서도 실제로는 헌법무시 또는 경시적인 상태의 표출이며 헌법해석의 문제로는 체계적 조화적 해석의 원리에 반하는 해석이다.

제6장 한국헌법의 기본원리

제1절 서설

Ⅰ. 의의

헌법상 기본원리 내지 이념이라 함은 한 나라의 헌법전체를 지배하는 지도원리로서의 근본규범을 의미한다. 헌법상 명문으로 밝히고 있지 않다. 헌법상 기본이념이란 한 나라의 헌법 전체를 지배하는 지도원리로서의 근본규범을 의미한다. 현행 헌법상 명문으로 밝히고 있지 않다. 학자에 따라서는 이를 헌법상 기본원리라고도 한다. 이러한 기본이념의 구체화를 제도보장·기본질서·기본제도라고 한다.

Ⅱ. 기능

헌법조항과 각종 법령의 해석의 척도, 헌법개정의 한계요인, 입법과 정책입안의 방향, 공직자와 모든 국민의 행동지침이 되기 때문에 이를 인정하는 것이 일반적이다.

Ⅲ. 내용

(1) 국민주권의 원리: 대의제 · 직접민주제(국민투표) · 정당제 · 기본권보장 · 지방자치제
(2) 자유민주주의: 권력분립 · 책임정치 · 행정의 합법률성 · 복수정당제와 정당활동의 자유보장
(3) 복지국가의 원리: 생존권의 보장
(4) 문화국가의 원리: 헌법 전문, 제9조, 제69조, 제31조 제5항
(5) 권력분립의 원리: 헌법 제40조, 제66조 제4항, 제101조
(6) 법치주의: 성문헌법주의 · 권력분립주의 · 위헌법률심사제 · 행정의 합법률성 · 행정의 사법적 통제
(7) 국제적 평화주의: 침략전쟁만 부인, 자위전쟁은 가능

Ⅳ. 근대입헌주의의 기본이념

1. 권력으로부터의 자유

일반적으로 권력과 자유의 관계는 '권력으로부터의 자유', '권력에의 자유', '권력에 의한 자유'의 세 가지로 도식화할 수 있다. 권력으로부터의 자유는 권력을 제한하고 권력이 개인의 자유영역에 부당하게 개입하는 것을 저지하려고 한다. 권력에의 자유는 개인이 권력에 참가하고, 궁극적으로는 스스로가 권력주체가 됨으로써 자유를 찾으려고 한다. 권력에 의한 자유는 자유의 물질적 기초를 권력에 의해서 제공받는 것을 요구한다.

근대입헌주의에서는 절대군주의 권력을 제한하여 국민의 자유를 지킨다고 하는 것이 출발점이었기 때문에, 권력으로부터의 자유(자유권)가 중심이었다. 군주의 권력을 제한하는 기구로서 의회가 존재했고, 적어도 그 하원은 국민의 대표자로 구성되었기 때문에 권력에의 자유(참정권)도 완전히 없었던 것은 아니다. 그러나 국민의 참가는 스스로 권력주

체가 되어 자유를 실현한다는 목적으로 행해졌던 것은 아니었다. 타인(군주)이 갖는 권력을 제한하기 위해서는 그 권력행사에 어느 정도 참가하는 방법이 좋다고 하는 것에서 행해졌음에 불과하다. 어디까지나 권력으로부터의 자유가 주가 되고, 권력에의 자유는 권력으로부터의 자유를 실현하기 위한 수단으로서 종된 위치밖에 주어지지 않았다. 더 나아가 권력에 의한 자유라는 생각은 근대입헌주의단계에서는 거의 나타나지 않았다. 자유를 진실로 향수하기 위한 물적 기초는 개개인이 자기의 책임으로 확보해야 하는 것이고, 그것도 또 권력이 개입하지 않는 자유영역이라고 생각했기 때문이다.

자유권 중에서도 재산권의 자유가 '신성불가침의 권리(불인권선언 제17조)'라고 할 정도로 중요시되었다. 입헌주의를 추구했던 세력의 중심이 절대왕정하에 존재했던 재산권에 대한 다양한 부담이나 규제에 고통을 느끼고, 자유로운 생산·거래를 요구하는 사람들로부터 이루어졌기 때문이다. 재산권의 보장이 '권력으로부터의 자유'로서 구성되었다고 하는 것이 제자유의 물적 기초의 획득을 개인의 책임에 맡겼다고 하는 것을 의미하고 있었다.

2. 법의 지배

법의 지배(rule of law)는 사람의 지배(rule of men)에 대립하는 원리이고, 권력이 통치자의 자의적인 의사에 의해서가 아니라, 이미 존재하는 법에 따라 행사되는 것을 요구한다. 이 의미에서의 법의 지배의 관념은 이미 서구의 중세에 존재했다고 말한다. 민족대이동 뒤 중세유럽을 형성했던 게르만인은 법을 사람의 의사로부터 독립해서 객관적으로 존재하는 정의라고 관념하고 있었다. 오늘날 우리들이 법을 인위적으로 제정하는 것을 생각하지만, 게르만인에게 법은 제정하는 것이 아니라 언제나 객관적으로 존재하는 것이고, 사람은 그것을 발견할 뿐이라고 관념됐던 것이다. 그것은 구체적으로는 '좋은 구법'·관습법으로 존재하는 것이었다. 객관적으로 존재하는 정의였으므로, 모든 사람은 그것에 따르지 않으면 안 되었다. 국왕이라도 예외는 아니다. 국왕의 역할은 이 객관적 정의의 실현으로서의 현존법질서를 유지하고, 보전하는 데 있다. 만약 국왕이 법을 침해하면 신하는 이에 저항하는 것이 허용된다고 생각되었다.

이와 같은 법 혹은 국왕의 역할에 관한 관념은 사회적 변화가 매우 완만하고, 동시에 권력이 극도로 분산적이었던 중세전기에 있어서 처음으로 성립·존속했던 것이었다. 중세 후기(특히 12세기 후반 이후)에 경제가 발전하고 최초로 도시가 형성되며, 사회적 변동이 서서히 일어나고, 그것에 따라서 권력집중이 진행하기 시작하면, 법의 관념도 변화의 징조를 보이기 시작한다. 그것에 가장 큰 영향을 주었던 것이 로마법이었다. 12세기에 이탈리아의 보로냐에서 유스티니아법전을 소재로 했던 로마법의 연구가 시작된다. 그로마법에 따르면, 황제의 의사·명령에 따라 제정되는 것이라고 관념되고 있었다. 게르만의 법관념과는 정면부터 대립하는 것이다. 기존의 봉건적 질서를 변경하고, 중앙집권화를 도모하려고 한 왕국에 있어는 로마법의 쪽이 선호되었다. 그래서 프랑스국왕 등은 로마법을 배운 법률가를 자기의 관리로 많이 등용해서 지방에 파견하고, 중앙집권적인 관료기구적 지방행정조직을 창설하려고 했던 것이다.

물론, 로마법이 도입되었다고 해서 단번에 게르만의 법관념이 쓸모없게 되었던 것은 아니다. 대립하는 두개의 법관념은 이후 오랫동안 대항하면서 공존해 갔고, 절대주의에로 향한 역사 속에서 점점 로마법적 관념이 우세하게 되어 간다고 해도, 근대 이전에는 절대주의를 가장 전형적으로 실현했다고 하는 프랑스에서 조차 게르만적·관습법적 법관념을 완전하게 추방하는 것은 불가능했다. 관습헌법의 성격을 가졌던 '왕국의 기본법'이 그것을 나타내고 있다. 법을 자기의 의사에 따르도록 한 절대군주도 자기 자신의 지위를 근거로 하기 위해서는 국민의사를 원용하지 않는 한 관습법으로서의 기본법을 필요로 했던 것이다. 제정법의 완전한 우위를 위해서는 근대에 있어서 제정헌법의 성립이 필요했던 것이다.

근대에 있어서 중세적 법관념은 부정되었지만 권력이 법에 따라야 한다는 중세입헌주의의 이념까지 부정되었던 것은 아니다. 중세입헌주의의 이념은 근대에 계승된다. 그러나 법의 지배가 근대입헌주의의 기본원리의 하나로서 계승되기 위해서는 한편으로 중세적인 법관념에서 근대적인 법관념으로의 변천을 거치지 않으면 안 되었다고 하고, 다른 한편으로 그 이행과정에서 법으로부터 자유로움을 주장했던 절대군주의 도전을 극복하지 않으면 안 되었던 것이다. 그런데 이 법관념의 변천과 절대주의의 극복방법은 나라마다 다르고, 그 차이가 각국의 법의 지배의 구체적인 형태의 차이를 낳게 한다. 이하 간단하게 그 차이를 보기로 한다.

1) 영국의 '법의 지배'
(1) 영국에서도 중세에는 게르만적인 법관념이 지배하고 있었다. 중세영국은 정복왕조로서 출발했기 때문에 왕권이 비교적 강력했는데, 그 아래에서 국왕의 재판소가 발달하고, 거기에서 구체적 사건에서 발견·적용된 법이 왕국의 일반법을 형성해 갔다. 그것이

common law라고 불렀는데 14세기경까지는 이미 확립되었다고 한다. 이 common law 는 게르만법의 추상적으로 내용의 불명확한 객관적 정의를 구체적 사건에 적용했던 것으로서, 보다 구체적으로 명확한 내용을 부여하고 있었다. 게다가 영국은 초기 로마법에서 유래하는 자연법의 관념을 수용했는데, 그것을 법률가가 장기의 법률실천을 통하여 터득한 '기술적 이성'에 의해 최초로 인식할 수 있는 이성법으로 파악하고, common law를 관련한 이성법이라고 했다. 그리고 관련한 common law에 국왕도 구속된다고 생각하고 있었던 것이다.

(2) 이 common law의 지배가 절대주의의 도전을 받게 된다. 튜터왕조 시기에는 현명한 제왕이 common law와 바로 정면에서 대립하는 것을 피했기 때문에 문제는 표면화되지 않았는데, 스튜어트왕조가 되면 왕권신수설을 신봉한 제임스1세가 common law의 원칙을 정면으로 부정하는 정치를 시작했다. 예를 들면 국왕의 의사는 법이라고 주장하여 자기의 명령을 common law보다 우위에 두려고 하거나 또는 재판권은 본래 국왕에게 있다면 주장하여 common law의 재판소에 대신해서 스스로 재판을 하기도 했다. 이런 국왕의 정치에 대하여 common law의 옹호를 내걸고 싸운 대표적 인물이 성 에드워드 코크였다. 제임스1세는 법이 이성법이라면, 보통인 이상의 이성을 부여받고 있는 자신도 당연히 그것을 발견·인식할 수 있다고 주장했음에 대해, 코크는 common law를 인식할 수 있는 이성은 자연적 이성이 아니라 '기술적 이성'이라고 반론했다고 하는데, 거기에 common law의 관념이 전형적으로 표현되고 있음을 찾아볼 수 있다. 그는 국왕이 common law에 따라야 할 뿐만 아니라, 의회도 common law에 따라야 함도 주장했었다고 한다. 그가 정말로 거기까지 생각하고 있었던 것인지 여부에 관해서는 오늘날에는 의문이 제기되고 있는데, 어쨌든 현실의 정치과정에 있어서는 절대주의와의 대결과 그 극복은 재판소가 아니라 의회를 중심으로 전개되게 된 것이고, 그 결과 의회주권의 원리가 확립된다. 때문에 의회와 재판소의 관계에는 의회가 위에 서고, 제정법이 common law 에 우위에 있게 되는 것이다. 물론 제정법과 common law의 대립은 그것 정도만 의식되었다고 한다. 그러한 것은 원래 절대주의와의 투쟁에 있어서는 의회와 재판소는 같은 진영에 속하고, 양자에 기본적 이해의 대립은 없었다고 하고, 또 제정법에 있어서도 '제정한다'기보다 '발견한다'고 하는 관념 쪽이 강하고(common law가 개별 사건과의 관련에서 구체적인 법을 발견했던 것임에 대해, 제정법은 일반적·추상적으로 법을 발견한다는 것), 양자가 동질적인 것으로 의식되고, 더 나아가 제정법이 주권적이라고는 해도 common law의 기초가 된 이성법적인 것(고차의 법)에 반하는 입법은 허용되지 않는다고 관념되

고 있기 때문이다.

(3) 그 후 영국의 법의 지배는 제정법과 common law를 중심으로 형평법이나 해사법 등도 포함한 일체 '정규의 법'의 지배로서 발전하고, 1701년의 왕위계승법에 따라 신분 보장을 받은 독립된 재판소에서 그 적용이 보장된 체제가 확립되어 왔다. 이렇게 성립된 근대 영국의 법의 지배의 특징을 19세기 말부터 20세기에 걸쳐 활약했던 영국의 헌법학자 다이시(Albert Venn Dicey, 1835~1922)는 다음의 세 가지로 요약했다. 첫째는 정규의 법(regular law)의 우위이다. 그것은 전단적 지배를 부정하고, 사람을 처벌함에는 법의 위반이 증명되는 것을 요구한다. 또 그것은 정부의 광범한 자유재량을 전단적으로서 금지한다. 둘째는 법의 아래서의 평등이고, 그것은 행정권이 일반국민과 같이 법에 복종하고, 같은 재판소에서 재판을 받는 것을 요구한다. 프랑스적인 행정법, 행정재판소[후술]는 허용되지 않는다. 셋째는 영국의 헌법(권리의 보장)은 현실로 재판소에서 적용됐던 법의 결과로서 존재한다는 것. 단순히 추상적인 선언이 아니라 재판소에서 실제로 구제를 받을 수 있는 것이다.

2) 프랑스에서의 '법률적합성'의 원리

프랑스는 1789년의 대혁명에 의해서 근대적 헌법원리를 확립한다. 1789년의 인권선언은 제3조에서 주권의 기원이 국민에게 있다는 것, 따라서 군주를 포함해서 어떤 사람도 국민으로부터 명시적으로 맡겨진 권위밖에 행사하지 못한다는 취지를 규정하고, 이 기초의 위에 제정된 1791년 헌법은 입법권을 국민의회에, 집행권을 국왕에게, 사법권을 재판관에게 위임한다고 규정했다. 국왕은 이미 헌법에 의해서 수권받은 권한밖에 갖지 않는 것이다. 이 점에서 헌법에 의해서 제한되고 있지 않는 한 전 권력을 유지한다는 원칙에 입각한 독일형 입헌군주와는 전혀 다른 입장에 놓여진다. 그러면 프랑스국왕에게 맡기진 권한이라는 것은 무엇인가. 법률의 집행이다. 법률이라는 것은 '일반 의사의 표명(인권선언 제6조)'이고, '프랑스에서는 법률에 우월한 권위는 존재하지 않는다. 국왕은 법률에 의해서만 통치하지 않고, 국왕이 복종을 요구할 수 있는 것은 법률의 이름에서만이다(헌법 제3편 제2장 제3조).' 요컨대, 프랑스국왕은 법률 없이는 행위할 수 없다. 프랑스의 영향하에 성립된 독일형입헌군주가 일정의 '법률사항'을 제외하고, 법률 없이 자유롭게 행동했던 것과 큰 차이가 있다. 게다가 프랑스의 의회는 입헌군주제하의 의회와 같이 입법사항이 한정되어 있지 않다. 인권선언의 논리에 따르면, '자유란 타인을 해치지 않고 모든 것을 할 수 있다는 데 있다. 그래서 각인의 자유권의 행사는 사회의 다른 구성원에게 같은 권리의 향수를 보장하는 것 이외의 한계를 갖지 않는다. 이 한계는 법률에 의해서만 정해질 수 있다(인권선언 제4조).'는 것이고, '법률은 사회에 유해한 행위를 금하는 것 이외의 권리를 갖지 않는다.'는 것인데, '법률은 일반의사의 표명'이고, '법률에 의해 소환된 또는 체포된 시민은 즉시 복종하지 않으면 안 된다. 저항하면 범죄자가 된다(인권선언 제7조).'는 것이기 때문에 결국 무엇이 자유의 한계이고, 무엇이 사회에 유해한 행위인가를 결정하는 것은 법률(의회)이라고 하게 된다. 무엇이라도 법률로 정할 수 있는 것이다. 법률이 개입할 수 없는 영역(사항)은 존재하지 않는다. 그리고 집행권은 바로 이 법률집행에 한정된다. 그것이 프랑스에 있어서 법률적합성의 원리였다. 이 원리는 그 후 제정과 왕정복고의 시련을 거치는데, 서서히 정착해 가고, 제3공화제하에서 완전히 확립된다. 그 속도는 프랑스에 특유한 행정재판소제도의 생성과 보조를 같이했다.

프랑스의 재판소는 앙샹레짐 말기에 귀족의 특권을 주장하고, 국민의 요구에 따라 국왕이 제출한 개혁에 반대했다. 그 때문에 국민의 불신을 샀고, 혁명 후에는 그 권한이 축소되었는데, 그중에서 행정에 관한 분쟁의 관할권이 부정되었다. 그 때문에 행정에 불복이 있는 자는 그것을 재판소에 소를 제기할 수 없게 되고, 상급의 감독관청(최종적으로는 행정권의 수장)에 불복신청을 할 수 있게만 되었다. 행정권 측에서는 국민으로부터의 불복신청에 응하기 위한 제도를 서서히 정비하게 되었는데, 특히 나폴레옹 때 최고재판소(Conseil d'Etat)라는 조직을 만들고 여기에서 재정안을 자문하는 것으로 했다. 이 최고재판소가 그 후 정변에도 계속 존속하여 그 이후 재판소적인 것으로 발전해 왔다. 더 나아가 그 재정안(판결)의 집적으로 판례법적인 것으로 행정법이 형성되어 왔던 것이다. 최초는 재정권이 최종적으로 행정의 장에게 유보되어 있었는데(그 때문에 이 단계의 재판을 유보재판 justice retenue라고 한다), 그 후 특히 제2제정말경에는 실제상 최고재판소에 완전히 위임되기에 이르고(이 단계의 재판을 justice déléguée라고 한다), 제3공화제에서 그것이 법제화되고, 행정재판 소제도가 확립되었다. 이와 같이 해서 행정의 법률적합성을 행정재판소가 보장한다고 하는 체제가 성립된 것이다. 다이시는 관련한 프랑스의 제도를 전단적이라고 비판했지만, 프랑스에서는 이것에 의해 충분히 국민의 권리를 행정권으로부터의 침해에 대해 지킬 수 있다고 하는 자부심을 가지고 있었고, 또 사실 제3공화제하에서 그와 같은 실적을 남겼던 것이다.

3) 독일의 '법치국가(Rechtsstaat)'

　프랑스가 1789년의 대혁명에 의해서 근대시민사회로의 길을 걷기 시작했을 무렵 독일제국은 절대군주제 하에 있었다. 영국이나 프랑스에 비해서 경제발전이 뒤떨어졌던 독일에서는 절대주의와 대결해서 그것을 쓰러뜨릴 만큼의 힘을 가진 중산계급이 아직도 형성되지 않고, 인근 국가의 혁명이 독일제방 내부에서 같은 혁명을 유발할 수 없었다. 그러나 프랑스혁명이 전혀 영향을 주지 않았던 것은 아니다. 특히 지식인에게는 큰 영향을 주었고, 최초는 먼저 사상적 레벨에서 자유보장을 국가의 목적이라고 생각하는 자유주의적 국가론이 제정되게 된다. 루소의 강한 영향을 받았던 칸트도 그 한 사람이었다. 뒤이어 정치현실에서도 특히 남부독일의 제방에서는 프랑스를 모방해서 헌법제정을 요구하는 소리가 강해지고, 이것에 어느 정도 양보해서 헌법을 흠정하는 군주도 나타났다. 그리고 그러한 배경에서 단지 자유주의적인 법치국가이론을 이념적으로 설명하는 것이 아니라 독일의 현실에 맞는 법치국가이론을 제창하는 사람들이 나타났다. 그 대표자가 몰(Robert von Mohl)과 슈탈(Friedrich Julius Stahl)이었다. 몰은 입헌주의의 실현이 비교적 진행된 뷔르템베르크의 국법학자이고, 그것을 반영해서 비교적 자유주의적인 법치국가론을 제창했다. 그에 대해 슈탈은 입헌화가 늦었던 프로이센을 대표하고, 그 이론도 매우 보수적이었지만 19세기 후반 비스마르크헌법하에서 성립한 독일 특유의 형식적 법치국가이론에의 영향이라는 점에서 보면, 그의 이론이 수행했던 역할은 더없이 컸다. 슈탈은 법치국가의 관념을 국가의 목적·내용으로부터 분리하고, 법치국가라는 것은 국가목적을 실현하는 상태와 성격에서만 관계있는 것이라고 했다. 그에게 있어서 국가의 본질은 기독교를 기초로 하는 인륜적 공동체라는 데 있었지만, 그 인륜적 이념을 법적 방법을 통해서 실현하는 점에서 법치국가성을 찾았다. 이렇게 법치국가론은 자유주의적 국가뿐만 아니라 절대주의적인 목적의 국가와 모두 결합할 수 있는 이론적 범위를 취득했었다. 19세기 후반에 지배적인 법실증주의의 영향 하에 법이 법률과 동일시되면서, 법에 근거한 통치로서의 법치국가는 '법률에 의한 행정'이 실현된 국가라고 이해되고, 게다가 법률이 자유를 보장하는 내용을 수반하고 있는지 여부는 법치국가의 문제는 아닌 것이 되기에 이른다. 이것이 형식적 법치국가론이라고 하는 것이지만, 이 이론의 대표자의 한 사람이라고 하는 오토 마이어(Otto Mayer)에 따르면, 법률에 의한 행정이라는 것은 다음의 세 가지를 내용으로 하는 것이었다. 첫째로 법률의 우위의 원칙이다. 행정권의 행사는 법률에 반해서 행사할 수 없고, 행정명령에 의해서 법률을 개폐하는 것은 허용되지 않는다. 법률의 개폐를 할 수 있는 것은 법률만이다. 둘째로 법률만 이 법규창조력을 갖는다는 원칙이다.

법규(Rechtssatz)라는 것은 국민의 권리를 제한하거나 또는 의무를 과하는 것을 내용으로 하는 법규범인데, 이와 같은 법규의 창조는 의회가 제정하는 법률에 의해서만 가능하다는 것이고, 행정권이 행하는 입법형식인 명령에 의해서는 할 수 없다(그와 같은 명령을 '법규명령'이라고 하는데 법규명령은 허용되지 않는다는 것). 셋째로 법률의 유보(Vorbehalt des Gesetzes)이다. 이것은 행정권이 국민의 권리를 제한하고 혹은 의무를 과함에는 법률의 근거가 필요하다는 원칙이다. 여기에서의 법률을 형식적 의미에서 이해하면 둘째 원칙은 불필요하게 될 것이다. 그에 대해서 실질적 의미에서 이해하면 명령(실질적 의미에서의 법률에 포함된다)에 근거가 있으면 법률의 유보의 원칙에는 반하지 않는 것이 되고, 둘째 원칙이 의미를 가진다.

이상과 같은 내용을 갖는 법률에 의한 행정의 원리는 어떤 재판소에 의해 어느 정도 보장되는 것인가. 프랑스의 영향 하에 행정재판소가 형성되었지만 최초는 국민이 소송을 제기할 수 있는 사항을 한정 열거한 '열기주의'가 취해져서 충분한 보장을 받을 수 없었는데, 후에 원칙적으로 어떤 행정행위에 대해서도 제소할 수 있는 '개괄주의'가 채택되게 된다.

형식적 법치국가의 이론은 외견적인 입헌군주제의 기초 위에 형성되었던 것이고, 그 출발점은 절대군주제(군주주권)의 논리에 있었다. 결국 주권자인 군주가 스스로 헌법을 정하고, 그것에 의해서 절대적이었던 자기의 권력을 제한하여 입헌군주가 되는 것이다. 그 때문에 군주는 입법권에 관하여는 의회와 공동행사에 동의하고, 동시에 공동으로 제정한 법률에 복종하는 것을 받아들인다고 해도 법률사항을 '법규'에 한정해서, 행정이 자유롭게 행동할 수 있는 광범한 영역을 확보한다. 또 시민계급의 힘이 약했던 것에 대응해서 자유를 옹호해야 할 의회의 힘도 약하고 그 때문에 법률의 유보의 원칙이 프랑스와 같이 법률에 의해서만 권리제한을 받는다고 하기보다는 법률에 의하면 제한할 수 있다는 측에서 기능하는 경향이 강하게 나타나게 되었다. 따라서 법률에 의한 행정을 담보하는 것으로 성립했던 행정재판소제도도 행정권이 법률에 따르는 것을 보장하는 것만으로 한정되고, 그것을 통해서 국민의 권리를 보장한다는 것은 반드시 이루어졌던 것은 아니다.

바이마르헌법하에서도 통설은 형식적 법치국가의 이론을 유지했지만, 나치즘의 경험 이후 전후의 본기본법은 제20조 제3항에서 '집행권은 법률 및 법(Gesetz und Recht)에 구속된다.'고 규정하고, 단순히 형식적인 법률에 따르면 되는 것이 아니라 '법'에도 따라야만 하는 '실질적 법치국가'의 원칙을 선언하고 있다.

3. 권력분립

(1) 법의 지배의 과제는 정당한 법에 권력담당자를 복종시키는 데 있었다. 중세의 법관념에 있어서는 객관적으로 존재하는 정의로서의 법에 국왕이라도 따르지 않으면 안 되고, 만약 위반한 경우에는 피치자 측에 저항권이 인정되어 있었다. 그런데 법이라는 것은 권력담당자가 제정하는 것이라고 하는 관념이 생기면서 법의 지배는 두 가지 문제에 직면한다. 첫째로 정당한 법의 제정을 어떻게 보증하는가. 둘째로 권력담당자를 어떻게 법에 복종시키는가. 권력분립의 원리는 이 두 가지 문제에 대한 해답을 모색하는 중에서 생겨나고 발전되어 온 것이다.

권력이 법에 따른다고 하는 의미에서의 법의 지배를 실현하기 위해서는, 첫째로 권력이 자기가 따라야 할 법을 스스로 제정하는 것이어서는 안 되고, 더 나아가 둘째로 법에 따르는지 여부의 최종적인 판단권은 법에 따라야 할 당사자에게 주어서는 안 된다. 복종해야만 하는 법은 자기의 의사에서는 자유롭게 될 수 없는 것으로 미리 존재하지 않으면 안 되고, 그 법을 지켰는지 여부는 제3자에 의해서 판단받아야 할 것이다. 여기에서 법을 제정하는 권력(입법권)과 법을 집행하는 권력(집행권), 그리고 그 집행의 법적합성을 판단하는 권력(재판권)이 분리되어야 하는 이유의 하나가 있다. 그러나 권력분립원리가 실현하려고 했던 것은 권력을 법에 복종시키는 것만은 아니다. 법의 지배에 있어서 불가결한 전제인 정당한 법의 제정을 보증하는 것도 또 권력분리를 겨냥한 것이었다. 오히려 권력 상호 간의 억제·균형(check and balance)로서 이야기되는 권력분립을 생각하는 경우에는 정당한 법의 제정을 확보한다는 것이야말로 그 가장 중요한 목적이었다고 해야 할 것이다. 권력 간의 억제·균형을 통해서 정당한 법을 제정한다는 것이 기대되었던 것이다. 정당한 법이 확보되면 다음은 집행권이 그 법에 따를 것을 확보하면 된다. 이 단계에서는 권력 간의 상호억제는 그 정도로 중요하지는 않다. 오히려 집행권을 입법권에 복종해야 하기 때문에 상호억제의 관계라기보다는 종속관계라고 하는 편이 좋을지도 모른다.

(2) 권력분립의 원리를 정식화한 것은 프랑스의 몽테스키외였다. 그는 1729년부터 일년 반 정도 영국에 체류하면서 당시 영국의 정치를 관찰하고, "법의 정신"의 제11편 제6장 '영국의 제도에 관하여'에서 서술했는데, 그중에서 권력분립에 관하여 이야기하고 있다. 그러나 몽테스키외는 당시의 영국국가제도를 충실히 서술했던 것은 아니었다. 예를 들면 당시 영국국왕은 하원해산권을 갖고 있었지만, 몽테스키외는 이에 관해서 명확하게

이야기하지 않았다. 또 당시 국왕이 대신을 의회의 다수파 중에서 임명하는 관행이 있었다. 다만 그것은 국왕 측으로부터의 의회의 회유책의 일환으로 행해졌던 것이고, 의회를 약체화시킨다는 비판의 소리가 컸지만, 의원내각제로의 발전을 생각할 때 중요한 의미를 갖는 관행이었다. 그럼에도 불구하고, 몽테스키외는 이에 관해서도 특별히 이야기하고 있지 않다. 요컨대, 그의 권력분립론은 제한군주제를 모델로 한 것이고, 의원내각제는 고려하지 않았던 것이다.

몽테스키외의 영향하에 제정된 최초의 헌법은 미국연방헌법이다. 거기에서는 몽테스키외에 따라 입법권·집행권·사법권이 구별되었다. 그러나 몽테스키외의 삼권분립론의 경우와 달리 그것은 군주제가 아니라 공화제의 구조 속에서 채택되었다. 집행권은 세습군주가 아니라 민선대통령에게 맡겨졌던 것이다. 이 차이가 영국의 제한군주제와 미국의 대통령제가 기구 그 자체에서는 비슷한 구조로 출발하면서, 의원내각제와 대통령제라는 다른 논리에 선 통치기구로 발전했던 하나의 중요한 원인이 되는 것이다.

영국의 제한군주제는 의원내각제로 연결되는 관행을 서서히 형성해 가면서 그 전반적인 마무리는 1782년에 노스경 중심의 내각이 의회의 반대에 직면해서 총사퇴(내각의 연대책임)를 추궁당했을 때 의원내각제가 성립했다고 한다. 그리고 이 제도가 19세기 유럽 대륙의 군주제 제국에 영향을 주게 된다. 이 단계의 의원내각제는 군주와 의회라는 두 개의 권력핵 사이에 양자로부터 신임을 받은 내각이 양자의 조정을 한다는 구조를 특색으로 하고 있기 때문에 이원형 의원내각제라고 불린다. 의원내각제는 대통령제와 달리 의회와 내각 또는 군주와의 사이에 상호억제보다는 상호의 협력을 특색으로 하는 체제이기 때문에 당초 그것이 권력분리원리를 기초로 하는 제도인지 여부와 관련해서 다툼이 있었다. 권력분립을 하나의 기관이 둘 이상의 국가작용을 독점하는 것이 금지된 체제라고 이해하면 의원내각제도 권력분립의 한 유형이라고 파악할 수 있을 것이다. 그와 같은 입장에서 엄격한 권력분립(대통령제)과 완화된 권력분립(의원내각제)이 구별되고 있다.

4. 국민주권

1) 주권개념의 성립

역사적으로는 이 개념은 프랑스절대왕정의 확립과정 중에서 형성되었다. 프랑스국왕은 봉건제를 해체하면서 권력을 자신에게 집중하고, 절대왕정을 이룩하였다. 그런데 그것은 기존의 질서를 파괴하고, 새로운 질서를 형성하는 것을 의미하기 때문에 현상유지를 지향했던 중세적 법의 지배의 관념에 어긋난다. 따라서 국왕은 자기의 정책을 정당화할 수 있는 다른 법이론을 필요로 했다. 이와 같은 국왕의 요청에 영향을 주었던 것이 로마법이었다. 12세기에 이탈리아의 보로냐를 중심으로 로마법의 연구가 시작되었는데, 국왕은 로마법을 연구한 법률가를 많이 등용하고, 자기에게 유리한 법이론을 만들도록 했다. 군주주권의 이론도 그 하나였던 것이다. 국왕이 주권자라는 것은 국왕의 권력이 왕국 내에서는 최고의 권력이고, 왕국 내의 다른 제권력은 국왕의 권력에 복종해야 하는 것(대내적 최고성), 국외의 정치세력, 특히 로마교황과 신성로마황제와의 관계에서는 그것에 따르지 않는 독립의 권력인 것(대외적 독립성)을 의미했다. 즉 주권이라는 말은 우선 대내적 최고성 및 대외적 독립성이라는 국왕권력의 속성(성질)을 표현하는 개념으로 성립되었던 것이다. 다음으로 그것은 그러한 속성을 갖는 권력 그 자체를 가리키는 말로도 사용되게 된다. 국왕은 그러한 권력(주권)을 갖는 사람으로서 주권자라고 불렸던 것이다. 그런데 국왕이 주권자라고 주장해서 자기가 원하는 정치를 수행하려고 하면 이에 반대하는 사람들은 군주주권을 부정하는 원리를 제기하지 않을 수 없다. 그것이 인민주권의 원리였다.

2) 군주주권론과 인민주권론

(1) 절대왕정의 확립과정에 있어서 군주주권과 인민주권의 두 개의 원리가 대립했다. 물론 거기에서는 주권의 존재 그 자체는 전전제가 되고 있었다. 또 주권을 현실적으로 행사하는 사람이 국왕이라는 것도 전제되어 있었다. 대립이 존재했다는 것은 국왕이 가지고 행사하는 주권의 유래에 관해서 환언하면, 국왕이 주권을 소유·행사하는 것이 무엇 때문에 정당화되었는가에 관해서였다. 군주주권론은 통상 국왕(그 가계)은 직접 신에 의해 주권을 받았고, 그 때문에 국왕은 그 주권행사에 의해서 신에 대한 책임을 질 뿐이고, 신분제의회 등에 대하여 책임을 부담하는 주권의 행사를 제한당하지 않는다고 주장했다(왕권신수설). 이에 대하여 인민주권론은 통상 원래는 인민이 주권을 갖는 것이고, 그것을 계약(복종계약)에 의해서 군주에게 주었던 것이다. 그 때문에 국왕은 계약에 구속되는 것이고 만약 계약에 반해서 주권행사를 하면 인민에게는 복종의무가 없어지고 저항이 정당화된다고 주장했다. 요컨대 대립의 초점은 국왕의 권력에는 제한이 있는 것인가, 제한에 반한 경우에 저항권이 인정되는지 여부에 있었던 것이다. 이 주권론의 대립은 절대왕정의 확립과정에 생겨난 것으로 군주주권론이 기존질서를 해체하는 논리라고 하면, 인민주권론은 기존질서를 옹호하는 논리라는 성격을 갖고 있었다.

(2) 절대왕정과 군주주권의 확립 후, 정치사회로서의 국가성립을 배경으로 그 유래를 설명하려고 하는 사회계약론이 생겨났다. 사회계약론에서는 사회적 권력(그것이 주권으로서 이해된다)의 존재는 이미 주어진 것이라고는 하지 않는다. 그것이 어떤 성격의 것으로서 어떻게 생겨났는가의 설명이 문제되고 있는 것이다. 사회계약론에 따르면 사회와 그 권력은 사람들의 계약에 의해서 만들어진다. 이전의 군주주권론이나 인민주권론이 전제로 한 것과 같은 신의 창조에 관련한 것은 아니었다. 권력은 계약에 의해서 창설되는 것이므로, 그 주체는 적어도 그 처음에는 계약참가자전원(인민)이고, 인민주권이 당연한 귀결이다. 주권자인민이 주권의 행사방법을 어떻게 조직해야 하는가(직접제나 대표제나 등)에 관하여는 논자에 따라 견해가 달랐지만, 그것을 정하는 것은 인민 자신이라고 하는 점에는 일치하고 있었다. 따라서 인민주권론과 같이 주권을 현실적으로 행사하는 것은 군주라고 하는 것은 전제되고 있지 않다. 인민주권론이 군주주권론과 대립했던 것이다.

*국가권력과 주권

정치사회로서의 국가(단체로서의 국가)의 관념이 성립하면서 정치권력은 국가권력으로서 관념되게 된다. 거기에서 원래 국왕의 권력의 속성을 표현하는 것이었던 주권도 국가권력에 관하여 말하게 된다. 그리고 군주주권이라든가 인민주권이라든가 하는 것은 독립·최고의 국가권력(즉 주권)이 누구에게 귀속하는가를 지시하는 원리로 이해되게 된다. 그러나 국가권력이 정치사회의 권력으로 관념되는 이상, 그것이 대내적으로 최고의 권력이라고 하는 것은 의미를 잃어버리지 않을 수 없다. 국가의 권력이라고 하는 것은 대내적으로는, 하나밖에 존재할 수밖에 없기 때문이다. 상하관계가 문제가 되는 것은 국가권력을 행사하는 사람들 사이에 있어서이다. 국가권력의 행사자가 복수로 존재할 때, 누구(의 의사)가 최고인가가 문제된다. 이 경우에 군주가 최고의 의사를 가질 때 군주주권이고, 인민이 가지면 인민주권이라고 하는 것이기 때문에 구별이 필요하다. 이것을 국가법인론의 구조를 사용해서 파악하면 국가권력의 주체(주권의 주체)는 법인격국가이고, 그 행사자는 법인격의 기관이다. 그리고 기관 중 최고의 것(최고기관)이 주권자라고 불리는 것이 있는데 그것은 주권의 주체라는 의미는 아니고 최고기관이라는 의미에 불과하다.

3) 국민주권의 성립

프랑스대혁명은 군주주권으로 지지된 앙샴레짐제도를 타도했다. 그것을 정당화했던 논리는 인민주권론이었다. 그런데 앙샴레짐제도를 전복한 후 어떤 정치체제를 이루어야 하는 것인가가 문제되면서 혁명세력 중에 대립이 표면화했다. 인민(peuple)주권과 국민(nation)주권의 대립이다. 그것은 사회 내의 어떤 세력에 정치참가를 허용하는 것인가, 즉 어느 세력이 정치권력을 장악하는 것인가를 둘러싼 대립을 반영하는 것이었다. 인민주권론에 따르면 권력주체는 인민이고, 정치는 인민의 의사에 근거해서 인민자신에 의해 이루어지지 않으면 안 되었다. 그렇다고 해도 현실문제로서는 직접민주정치는 곤란하기 때문에 일상적인 정치에 관해서는 대표자에게 위임하지 않을 수 없을 것이다. 그러나 인민주권이라고 하는 이상 최종적인 결정권은 항상 인민에게 유보되지 않으면 안 된다. 때문에 대표자에게 위임된 경우에도 대표자가 행하는 정치가 인민이 직접행하는 정치와 동일시할 수 있는 것처럼 첫째로 대표자의 선출에는 인민 전부가 참가하고(보통선거), 둘째로 대표자는 선거민의 (다수)의사에 구속된다고 하는 '명령적 위임(mandat imperatif)'의 제도가 채택되지 않으면 안 된다.

이에 대하여 보통선거에 의해 하층 부르주아지나 민중 층이 정치에 참가하게 되면서 자신들의 재산권이 제약되는 것이 아닌가 하는 두려움을 가진 상층 부르주아지 및 부득이 그들과 제휴한 귀족들은 제한선거를 정당화하기 위해서 국민주권론을 제창했다. 그것에 의하면 확실히 정치는 주권자인민의 의사에 따르지 않으면 안 되는데, 그 경우 인민의 의사라는 것은 모든 인민의 이익에 적합한 의사(그것이 '국민의 의사'이다), 그 의미에서 '참된 인민의 의사'인 것이고, 그것은 그 때마다 열정으로 흐르기도 하고 이기적 이익에 의해 왜곡되기도 하는 개개인의 의사의 총합인 인민의 의사와는 다르다. 문제는 그 의미에서의 국민의 의사를 어떻게 도출해 내는가이다. 국민의 의사가 무엇인가를 판단할 수 있기 위해서는 개별적 이해의 입장에서 벗어나 문제를 고찰할 수 있는 능력이 필요한데, 그러한 능력을 배양하는 데는 생활의 여유가 필요하고, 그것을 위해서는 일정한 정도의 재산이 필요하다. 따라서 재산에 근거하여 참정권을 제한하는 것은 국민주권의 원리에 어긋나는 것은 아니다. 또 대표자는 선거민의 의사에 구속되어서는 안 된다(명령적 위임의 금지). 선거민보다도 뛰어났던 능력을 갖춘 대표자(그것은 피선거권에 대하여 보다 엄격한 재산제한이 가해지는 것에 의해 담보된다)가 선거민의 의사에 구속되는 것은 이치에 맞지 않는다고 하고, 게다가 선거민의 의사에 구속된 것은 국민의사를 도출하기 위한 것 중 하나의 중요한 제도인 '의회에서의 토론'이 기능할 수 없게 되어 버렸기 때문이다. 이와 같이 국민주권론은 제한선거와 대표자의 독립을 정당화하는 의미를 가졌다. 그러나 국민주권이 당연히 그것을 요구하는 것은 아니다. 보통 선거여도 국민주권과 모순되는 것은 아닌 것이다. 그 의미에서 국민주권과 인민주권은 완전히 상용되지 않는 원리는 아니다.

프랑스대혁명의 진행과정에 있어서는 먼저 최초 국민주권이 승리한다. 1791년 헌법은 이 원리를 채용했었다. 그러나, 외국으로부터의 간섭전쟁이 격화되는 중에서 정치의 주도권이 보다 하층으로 옮겨지면서, 인민주권이 우세하게 되고, 1793년 헌법은 이 원리를 기초에 제정되었다(물론 이 헌법은 전쟁종결까지 발효를 정지해 버렸기 때문에 결국 한 번도 시행되지 못하고 끝났다). 그 후 전쟁이 호전되면서 다시 한 번 상층 부르주아지가 주도권을 되찾고(테르미도르의 반동), 국민주권이 승리하고 이후 이것이 근대입헌주의의 주권원리로서 서서히 정착해 가게 된다.

4) 헌법제정권력

사회계약론을 기초에 구성되었던 인민주권론에서는 인민이 주권의 행사방법을 조직하는 권력을 갖는 것이 당연한 것으로 되었다. 예를 들면, 로크는 계약에 의해서 사회가 성립했을 때 인민이 최초로 행한 것은 입법권의 설립이고, 그 정함이 '최초의 기본적인 실정법', '시원적 헌법(original constitution)'이라고 한다(단, 로크는 인민주권이라는 말을 사용하고 있지는 않다). 여기에서 헌법제정권력의 관념이 나타나는 것을 찾는 것은 용이할 것이다. 그러나 헌법제정권력의 관념을 명확하게 정식화한 것은 프랑스대혁명에서 활약했던 시에예스였다. 그가 "제3계급이란 무엇인가"에서 논했던 생각에 따르면, 정치사회(시에예스는 그것을 nation이라고 부른다)는 어느 역사적 단계에서 헌법을 제정하는 것에 따라 정부를 설립한다. 결국 헌법제정권력을 갖는 것은 nation이다. nation은 자연법에만 따르지 않고, 그 의사는 언제나 합법적(legale)이고, 그 자체로 법률이다. 모든 실정법은 nation의 의사로부터만 생겨난다. 그 실정법이 최초로 나오는 것이 헌법이다. 헌법은 nation이 갖는 헌법제정권력(pouvoir constituant)의 소산이고, nation 자신은 헌법에 구속되는 것은 아니다. nation은 언제나 자연 상태로 존속하고, 어떤 실정법에도 구속되지 않고, 그 의사는 어떤 모습이라도 표명되게 되면 최고의 힘을 가진다. 이에 대하여 헌법에 의해서 제정된 권력(pouvoirs constitues)은 헌법에 구속된다. 이렇게 해서 시에예스는 '헌법을 제정하는 권력'과 '헌법에 의해서 제정된 권력'의 성질상 차이를 명확하게 했다.

헌법제정권력을 갖는 것은 주권자이다. 환언하면, 주권이라는 것은 사회적 권력을 자율적으로 조직하는 권력이다. 군주주권과 인민주권의 대립은 주권을 인민이 갖는지 여부를 쟁점으로 했었다. 그것을 인민이 가진다고 하는 경우 다음에 문제되는 것은 헌법(헌법에 의해 제정된 권력)을 어떠한 원리에 따라서 구성해야 하는가이다. 여기에서 '국민'주권과 '인민'주권이 대립했다. 이것은 인민주권의 인민을 어떻게 이해하는가를 둘러싼 대립이었다. 그러나 이 대립은 헌법제정권력의 귀속을 둘러싼 대립이라기보다는 어떻게 헌법을 제정해야하는가를 둘러싼 대립이고, 두 개의 문제레벨을 혼동하지 않는 것이 중요하다. 우선 근대입헌주의의 출발점이 되었던 원리는 헌법제정권력을 인민이 가진다고 하는 원리였다. 인민은 자연법에 따라서 언제라도 헌법제정권력을 발동할 수 있다. 그것은 실정법을 초월한 문제이고, 실정법적으로는 파악할 수 없는 문제이다. 그러나 그것이 실정헌법의 전제 혹은 기초로 놓여 있는 것이다. 이것을 헌법의 정통성의 근거는 인민에게 있다고 표현하는 것도 허용될 수 있을 것이다. 다음으로 어떤 내용의 헌법을 제정해야 하는가에 관해서는 인민을 '국민'이라고 이해하는 국민주권의 원리가 채택되었다. 그 결과 제한선거도 허용되는 것이 되었던 것이다.

5. 근대입헌주의의 변용

1) 사회권의 등장

신성불가침의 재산권이라는 체제하에서 자본주의가 발전하고 산업혁명이 추진되면서, 절대적 실업의 위협하에서 저임금노동을 강요받는 대량의 노동자가 생겨나게 되었다. 그들은 헌법이 보장하고 있는 제 자유권이 일상생활이 보장받지 못하는 그들에게 있어서는 거의 의미 없는 단지 추상적인 권리에 지나지 않는다는 것을 알아차렸다. 자유를 구체적으로 향유할 수 있기 위해서는 그 때문에 물질적 기초가 필요한 것이다. 우선 첫째로 모든 권리의 전제인 '생존의 자유'의 물질적 기초가 보장되지 않으면 안 된다(생존권). 더 나아가 자기의 노동력을 파는 이외에 생활방법이 없는 노동자가 노동시장에서 부당히 불리하게 되지 않도록 노동기본권이 보장되지 않으면 안 된다. 이렇게 해서 노동자들은 소위 '사회권'의 보장을 요구하면서 투쟁하게 된다. 그것은 '권력에 의한 자유'의 요구이다. '권력으로부터의 자유'의 물질적 기초를 권력에 의해서 보장할 것을 요구하는 것이다. 더 나아가 권력에 의한 보장을 실현함에는 권력에 참가하는 것이 최선의 방법이다. 거기에서 '권력에의 자유'의 실질화가 중요시되는 것이다.

2) 국민주권에서 인민주권으로

권력에의 자유, 즉 민주정치의 요구는 구체적으로는 먼저 보통선거의 요구로 나타난다. 자신이 현실에 놓여 있는 상황 속에서 자유의 물질적 기초를 빼앗긴 사람이 그 기초의 획득을 정치에서 구하려고 하면, 개개의 상황에서 규정된 요구를 정치의 장으로 이끌어 낼 필요가 있다. 그것을 위해서는 다양한 상황에 있는 모든 사람에게 발언권이 주어지지 않으면 안 된다. 보통선거야말로 그것에 적합한 제도인 것이다. 더 나아가 국민의 다양한 이해를 정치에 반영시키는 것이 과제가 되면, 선거제도도 비례대표제 쪽이 적합한 것은 아닌가. 더 나아가 특별히 대표제에 집착할 필요는 없을 것 같다. 국민투표와 같은 직접적인 제도 쪽이 국민의 의사에 근거하는 정치에 있어서 적합한 것은 아닌가. 이렇게 민주정치와 관련해서 주권론은 국민주권에서 인민주권으로 중점이 바뀌었다.

보통선거(처음에는 성년남자에게 한정됐다. 여자에까지 확장되기 시작한 것은 제1차 대전 이후)의 확립은 근대입헌주의에 다양한 변용을 가져왔다. 먼저 첫째로 정당정치가 생겨나는 계기가 된다. 유권자의 비약적 증대는 표를 모으기 위해 유권자를 움직이고 조직하기 위한 새로운 정당을 필요로 하기에 이르렀다. 제한선거하에서와 같이 의회를 중심으로 선거구의 명망가를 모으는 데 지나지 않았던 느슨한 정당으로는 선거에서 승리하는 것은 곤란하게 되고, 많든 적든 간에 강한 기율을 가진 조직정당, 대중정당이 출현하게 되고, 이것이 의회정치의 형태를 변용시킨다. 이것과 밀접하게 관련해서 둘째로 대표제의 이념이 변용된다. 보통선거의 도입으로 유권자 사이의 이해의 공통성은 상실되기 때문에, 대표자는 자산의 지지자의 이익을 대표하고, 그것에 사실상 구속된다. 확실하게 법적으로 구속되는 것은 아니다(강제위임의 금지는 현대헌법에서도 유지되고 있다). 그러나 대표자가 재선을 바라는 한 이미 선거구의 의사로부터 자유롭게 행동할 수 없다. 더 나아가 이것에 정당규율에 따른 구속이 더해지고, 근대의 대표관은 부득이하게 변용되고 대신 반대표라든가 사회학적 대표의 관념이 등장하게 되는 것이다.

3) 권력분립제의 변용

민주주의가 정치원리로서 광범하게 수용되기에 이르면 군주가 정치의 실권을 잃어버리는 것은 당연하다. 이렇게 해서 의원내각제에서는 내각이 군주와 의회 양자의 신임을 필요로 하는 이원형에서 의회에 대해서만 책임을 지는 일원형으로 이행한다. 더 나아가 의회와 내각의 관계도 의회가 국민으로부터 직접 선출되고, 의회우위의 구조가 만들어진다. 실제 사적 자치의 수정(계약의 자유의 제한, 노동기본권의 승인 등)이 문제되는 단계에서는 이 과제가 기본적으로는 법률의 제정·개정에 의해 달성되는 것이었을 뿐으로, 의회가 정치의 중심이 되었던 것이다. 19세기의 말경부터 20세기 초두에 걸쳐 영국이나 프랑스는 이러한 단계에 있었다고 해도 좋다.

그러나 대공황 이후 특히 제2차 대전 이후 국가가 일상적인 경제간섭과 국민의 생존배려의 과제를 담당하지 않을 수 없게 되면서 이러한 과제를 수행할 수 있는 것은 의회가 아니고 행정권이기 때문에 행정권우위의 구조가 만들어지고, 이른바 '행정국가' 현상이 출현한다.

더 나아가 '정당국가'의 현상이 권력분립을 변용케 하는 요인이 된다. 기강을 수반한 조직정당이 정치의 중심적 주체가 되었다는 것은 앞서 말했지만, 이 정당을 통해서 권력분립은 형해화되는 경향을 띤다. 먼저 그 구체적 현상은 정당제의 형태에 따라 다를 수 있다. 예를 들면 영국과 같이 기율정당으로 이루어진 이당제를 형성했다는 것은 의원내각제 하에서 선거에서 승리한 정당이 입법권과 행정권을 장악하는 것이고, 이미 입법권과 행정권간의 **check and balance**는 이야기할 수 없다. 여당과 야당 사이의 권력분립이라는 시각이 필요할 것이다. 이에 대하여 제3·제4공화제 프랑스에서는 다당제 하에서 입법권과 행정권을 독점한 강한 연립을 조직하지 않고, 약한 내각 하에 의회우위의 구조가 계속됐다. 어쨌든 현대에서는, 권력분립제도나 정당제 등을 고려해서 파악할 필요가 생겨나는 것이다.

4) 법의 지배의 재편성

행정권의 우위 아래에서 위임입법이 증대하고, 혹은 정당정치에 의해서 입법권과 행정권이 융합하여 법제정과 법집행의 구별이 애매해지면서 그 구별을 전제에 만들어진 법의 지배=행정의 법률적합성의 통제는 실질적인 의미를 많든 적든 간에 상실될 수밖에 없다. 그 때문에 그것을 보충하는 다양한 방법이 고안될 수 있는데, 그 가장 중요한 제도가 위헌입법심사제도이다. 이것은 입법권(행정권과 융합하고 있다고 해도)과 제헌권(혹은 개정권)과의 구별을 기초로 하는 것이고, 현대헌법의 특징 중 하나이다. 그 밖에 옴부즈맨제도도 행정의 의회 혹은 재판에 의한 통제에 대신하는 새로운 통제방법으로 주목받고 있다.

제2절 국민주권원리

헌법 제1조 ② 대한민국의 주권은 국민에게 있고, 모든 권력은 국민으로부터 나온다.

Ⅰ. 서설

1. 연혁

보댕이 군주주권을 주창한 이래, 독일의 Althusius가 사회계약설에 근거한 국민주권론의 효시를 이루었다. 이의 헌법상 명문화는 1776년 미국독립선언, 1789년 프랑스 인권선언이 그 시초를 이루었고, 우리 헌법도 제헌 이래 국민주권주의를 천명하고 있다.

2. 의의

주권이란 무엇을 의미하는가에 관하여 주권을 헌법제정권력으로 보는 설과 국정의 최종적 권위로 보는 설(주권개념실체긍정설)과 주권은 기본권과 같은 구체적 권리가 아니므로 주권의 주체 등을 논하는 것은 무의미하다는 주권개념실체부인설이 대립된다. 이 중 주권과 헌법제정권력동일설이 우리나라에서 다수설적인 위치를 점하고 있고, 독일과 일본의 지배적 견해이기도 하다.

3. 주권의 주체

주권의 주체는 군주주권설(보댕), 국가주권설(Albrecht, 옐리네크), 국민주권설(알투지우스, 로크), 인민주권설(루소) 등이 있다.

Ⅱ. 국민주권주의

1. 의의

주권이 국민에게 있음, 즉 주권기관인 국민이 최고의 결정권을 가진다는 원리를 의미한다.

2. 국민의 범위와 성질

(1) 이때의 국민은 비유권자를 포함하여 대한민국의 국적을 가진 모든 국민의 정치적·이념적 통일체를 말한다[유권자전체설과 인민주권설(=선거권자의 총체) 있음].

(2) 국민이 법적 개념이 될 수 있는가에 관해서는 정치적·이데올로기적 개념설과 법적 개념설이 있으나, 생각건대 주권의 주체로서 국민은 국가 또는 헌법 이전의 국민이며, 이는 조직화된 크기는 아닐지라도 유동적이나마 구체적인 정신적 통일체로 현존하므로 법적 개념을 가진다고 본다.

Ⅲ. 한국헌법과 국민주권의 원리

1. 국민주권원리의 선언 및 법적 성격

대한민국의 주권은 국민에게 있다. 그 법적 성격은 ① 헌법의 기본원리, ② 모든 법규범의 해석기준, ③ 국가권력발동의 기본권기속성의 근거, ④ 헌법개정한계요인이 된다.

2. 제도적 구현

(1) 국민대표제(대의제): 의회제도, 대통령·국회의원선거권
(2) 직접민주제: 헌법개정과 국가정책의 국민투표
(3) 정당제도
(4) 기본권보장에 의한 구현(공무원선거권, 공무담임권, 표현의 자유, 청원권)

(5) 지방자치제

(6) 권력분립제

제3절 법치주의

Ⅰ. 서설

1. 의의

법치주의라 함은 국민의 기본권을 보장하기 위하여 국가가 국민의 자유, 권리를 제한하든가 국민에게 새로운 의무를 부과하려 할 때에는 국회가 제정한 법률에 의하거나 그 근거가 있어야 하며, 국가기관이 통치행위를 함에 있어서도 국회가 제정한 법률에 근거해야 한다는 민주주의의 기본원리를 의미한다.

2. 법적 성질

법치주의를 국가권력의 제한원리로 볼 것인가 아니면 국가권력의 구성원리로 볼 것인가의 문제에 대하여 다수설은 법치주의를 선재하는 국가권력으로부터 국민의 자유와 권리를 보호하기 위한 방어적·투쟁적 원리로 보는 데 대하여, 법치주의는 선재하는 국가권력을 전제로 하여 이를 사후통제함으로써 국민의 자유와 권리를 보호하려는 것이 아니라 처음부터 자유, 평등, 정의의 이념을 실현할 수 있도록 국가권력의 기능적, 조직적 형태를 정하는 적극적인 구조원리로 보는 반대견해가 유력하다.

3. 유래

영국(E. Coke와 A. Dicey)의 법치주의는 법의 지배(rule of law)로서 개인의 자유를 확보하기 위하여 절차법적 측면에 중점을 두었고, 독일의 법치주의는 Stahl에 의하여 이론적인 체계가 세워지고 O. Mayer와 C. Schmitt에 이르러 절정을 이루었다.

4. 법치주의의 위기와 실질적 법치주의의 대두

국민의 기본권보장을 위한 원리로 등장한 법치주의가 법실증주의의 영향으로 형식적인 것으로 변질, 독재체제가 출현할 수 있는 기틀을 마련해 줌으로써 오히려 개인의 기본권을 억압하는 수단으로 이용되었다(법치주의의 위기=형식적 법치주의). 이에 대한 반성으로 제2차 대전 후 절차적인 합헌성뿐만 아니라 법률의 목적, 내용도 정의와 헌법이념에 합치하는 정당한 것이어야 한다는 실질적 법치주의가 대두하게 되었다.

5. 법치주의 구성요소

법치주의 구성요소는 우선 법률의 우위, 법률에 의한 행정(이는 기본권제한은 법률에 의해서만 가능하다는 법률유보의 원칙과 국가권력의 근거는 법률이어야 한다는 법률의 법규창조력을 포함한다), 법률에 의한 재판을 그 내용으로 한다.

Ⅱ. 우리나라의 법치주의

현행 헌법상 명문으로 법치주의를 선언하고 있지는 않지만 헌법전 전체를 통해 실질적 법치주의를 채택하고 있다고 보는 것이 일반적인 견해이다.

1. 법치주의 구현

현행 헌법은 사회정의와 국민복지 실현을 위한 복지국가원리를 바탕으로 다음과 같은 실질적 법치주의의 내용을 갖고 있다. 즉 성문헌법주의, 기본권보장(적법절차보장), 권력분립, 위헌법률심사, 포괄적 위임입법의 금지, 행정의 합법성과 사법적 통제, 신뢰보호와 공권력행사의 예측가능성의 보장, 입법작용의 헌법기속, 과잉금지원칙 등을 규정함으로써 실질적 법치주의를 채택하고 있다.

2. 법치주의의 예외

국가긴급권과 특별권력관계에 의한 예외라는 통설에 대하여 소수설(허영)에 의하면 대통령의 국가긴급권도 비상대권이 아니라 헌법보호를 위한 비상수단이며, 국가긴급권에 관한 헌법규정 또한 법치주의의 예외를 규정한 것이 아니라 국가긴급권에 대하여도 과잉금지원칙을 적용함으로써 법치주의의 절차적·형식적 내용을 확인한 것이라고 한다.

제4절 복지국가원리

Ⅰ. 의의

국민복지의 유지 및 향상을 위한 생존권의 보장

Ⅱ. 법적 성격

(1) 사회국가실현의 헌법지침적 성격 또는 수권규범적 성격
(2) 국가권력담당자에게 일정한 법적 과제를 부과한 것(다수설)

Ⅲ. 내용

(1) 실질적인 자유와 평등의 실현
(2) 시민적 자유주의국가원리가 지닌 문제점을 극복하는 데 의미가 있다.

Ⅳ. 한계

(1) 국가의 경제적 급부능력과 밀접한 관계
(2) 행정부의 비대화로 권력분립에 대한 중대한 위협요소
(3) 실체적 정의실현을 추구하므로 법의 일반원칙 손상이나 자유권의 위축초래가능

제5절 文化國家原理

Ⅰ. 文化國家의 一般理論

1. 文化國家의 憲法上 意義

文化國家란 문화와 국가의 관계, 특히 국가의 문화에 대한 역할을 어떻게 이해하느냐에 따라 달리 정의될 수 있다. 즉, 근대국가에 있어서 그 개념은 문화의 自律性과 국가의 文化高權을 어떻게 조화시키느냐에 달려 있다. 여기에 '文化國家'라 함은 문화의 자율성을 보장하면서 건전한 문화육성의 책임과 의무를 지는 국가라고 정의할 수 있다. 따라서 문화국가의 개념요소로서 ① 文化의 自律性과 ② 國家의 責任과 義務를 들 수 있다.

2. 文化國家原理의 內容

文化의 自律性 保障 문화가 국가에 의해 타율적으로 형성될 때 그 창조성을 기대할 수 없기 때문에 文化의 自律性 保障은 중요하다. 국가의 문화에 대한 부당한 간섭 내지 통제를 방지하고 문화영역에 있어서 차별대우를 해서도 안 된다. 여기에서 국가의 문화에 대한 '中立性'이 요구되고 있다. 그러나 자율성의 보장이 곧 국가의 문화에 대한 '포기'를 의미하는 것은 아니다. 이것은 文化機能을 모두 사회영역에 맡김으로써 국가가 문화에 대한 自由放任을 취하는 것이다. 따라서 국가는 문화국가로서의 소임을 다하기 위해 文化育成을 위한 책임과 의무를 지게 된다.

문화적 자율성을 보장하기 위한 헌법적 구현이 이른바 '文化的 基本權'의 보장이다. 근대헌법은 학문과 예술의 자유, 종교의 자유, 언론·출판·집회·결사의 자유, 특히 신문과 방송의 자유, 교육을 받을 권리와 지적 소유권, 양심의 자유 등을 예시적으로 규정하고 있다. 이들 권리는 1차적으로는 '문화의 국가로부터의 자유'를 보장하기 위한 自由權的 性格 - 消極的 防禦權 - 을 가진다. 그러나 문화적 기본권은 또한 국가의 문화육성에 참여하고 문화적 급부를 청구할 수 있는 '文化的 參與權'12) - 국가에의 자유 - 을

---

12) 김수갑, "헌법상 문화국가원리에 관한 연구," 236 - 237면.

내포하고 있다.13) 이 권리는 적극적인 請求權的 性質를 가지고 있지만, 국가에 생존배려 – 급부 – 를 청구할 수 있는 社會的 基本權과는 구별되어야 한다.

國家의 文化育成義務 개인의 문화적 기본권을 보장하고 실현하기 위해 이에 대응한 國家의 文化保護 · 育成 · 振興義務가 인정된다. 특히 문화적 參與權에 상응한 국가의 '文化的 給付義務'가 파생한다. 국가는 문화기능을 社會領域의 자율에 맡기되, 문화의 경제에의 종속, 불건전한 문화의 범람, 문화적 불평등의 심화, 나아가 타국에의 문화적 종속현상 등으로부터 건전한 문화를 보호 · 육성하기 위해 문화에 대한 國家의 介入이 불가피하게 인정될 수밖에 없다. 현대국가는 文化國家를 지향하고 있으며, 21세기는 文化競爭의 시대가 될 것이다. 여기에 국가의 중요한 과제가 전통문화의 계승 · 발전과 건전한 문화의 보호 · 육성인 것이다. 그러나 이러한 과업은 국가의 문화에 대한 직접적인 규제가 아니라 간접적인 '支援'의 방식으로 이루어져야 한다.

그러나 문화적 기본권에도 일정한 限界를 설정하지 않으면 안 된다. 이들 권리는 주관적 공권인 동시에 客觀的 秩序의 성격을 가지고 있지만, 문화적 권리는 어느 기본권보다도 共同體義務의 요구가 큰 만큼 후자의 성격이 더 강한 것이다. 이들 권리도 內在的 限界가 있으며, 法律留保에 의한 制限이 가능한 것은 물론이다. 그리고 국가가 건전한 문화의 육성, 특히 문화적 참여권을 보장 · 실현하기 위해서는 財政能力이 갖추어져야 한다. 여기에 바로 문화국가의 실현에 한계가 있는 것이다. 또한 文化政策의 수립과 수행 및 規制基準의 설정에는 專門家들의 참여가 필수적이며, 그 조직과 활동에 있어서 獨立性과 民主性이 보장되어야 한다.

II. 우리 憲法上의 文化國家主義

우리 헌법은 헌법의 다른 기본원리와 함께 문화국가의 원리를 선언하고 있다. 헌법전문은 "유구한 역사와 전통에 빛나는 우리 대한민국은 ……정치 · 경제 · 사회 · 문화의 모든 영역에 있어서 각인의 기회를 균등히 하고, 능력을 최고도로 발휘하게 하며……"라고 선언하여 우리나라가 지향해야 할 文化國家의 理念을 밝히고 있다. 또한 "국가는 전통문화의 계승 · 발전과 민족문화의 창달에 노력하여야 한다(제9조)."고 규정함으로써 문

---

13) 독일에는 사회적 기본권에 관한 명문의 규정이 없음에도 불구하고 학설과 판례가 參與權理論을 활발하게 논의하고 있는 것처럼 文化的 基本權에 있어서도 같은 맥락에서 參與權理論을 수용할 수 있을 것이다.

화국가를 실현하기 위한 國家의 義務를 총강에서 천명하고 있는데, 이 조항이 文化國家原理의 기본조항으로 간주되고 있다.14) 나아가 대통령의 취임선서에서 "……민족문화의 창달에 노력(제69조)"할 것을 그의 의무로 규정하고 있다. 또한 敎育을 받을 權利, 그중에서도 의무교육제도와 평생교육제도는 직접적으로는 국가의 교육책임을 부여하는 것이지만, 이 권리는 문화국가를 실현하기 위한 방법적 기초를 의미하는 것이다. 전문은 제11조의 平等條項과 함께 文化的 平等의 실현을 국가목표로 하고 있음을 알 수 있다. 이와 같이 우리 헌법은 文化國家原理를 선언하는 동시에 文化育成의 義務를 국가에 부여하고 나아가 대통령에게 성실한 수행의무를 부과하고 있다.

우리 헌법은 문화국가의 실현을 위한 구체적 조치 – 制度的 保障 – 로서 다양한 文化的 基本權을 보장하고 있다. '人間의 尊嚴과 價値(제10조)'는 문화적 기본권이 실현해야 할 이념적 목표이며 최고의 가치이다. '學問과 藝術의 자유(제22조)'는 문화국가를 실현하기 위한 기본적 권리로서 문화적 기본권의 핵심을 이룬다. 良心의 자유(제19조)와 宗敎의 자유(제20조)는 문화적 기본권을 누리기 위한 전제가 되며, 언론 · 출판 · 집회 · 결사의 자유(제22조), 특히 신문 · 방송의 자유는 문화를 확산하는 기능을 수행한다. 그리고 知的 財産權의 保護(제22조 제2항)도 문화발전의 보호장치가 된다.

여기서 문제되는 것이 문화적 기본권에도 (文化的) 請求權이 포함되는가이다. 문화국가의 건설 · 발전은 국민들의 적극적인 참여 없이는 이루어질 수 없으며, 그 때에 비로소 문화적 기본권을 누릴 수 있게 된다. 따라서 社會的 基本權의 경우와는 그 성격이 다르지만, 문화적 기본권에 있어서도 參與權 – 문화에의 권리 – 이 포함되어 있다고 보아야 한다. 그리고 敎育을 받을 권리(제31조)는 문화국가를 실현할 주체를 양성하는 역할을 한다는 점에서 그 방법적 기초를 의미하고 있다. 이들 권리의 보장과 궁극적으로는 문화국가의 실현을 위해 國家의 文化實現義務, 특히 '文化的 給付義務'가 인정되는 것이다.15) 우리 헌법은 結婚과 家族生活에 있어서 존엄과 평등의 보장 및 國家의 保障義務(제36조 제1항)를 규정하고 있는데, 이 조항도 문화적 기본권의 범주에 포함된다고 하겠다.

---

14) 이 조항을 문리해석을 하게 되면 傳統文化와 民族文化의 육성이 강조되고 있으므로 문화적 國粹主義를 지향하는 듯한 인상을 주게 됨으로 입법론적으로 일반적인 문화국가 조항으로 규정함으로써 이를 해결할 것을 주장하는 견해가 있다(김수갑, "헌법상 문화국가원리에 관한 연구," 134면).

15) 사회적 기본권이 經濟的 給付에 그 본질이 있다고 하면 文化的 基本權은 어디까지나 精神的 側面이 중시되기 때문에 기본권의 성격과 그 규제 및 국가의 실현방법에 있어서 차이가 있다.

제6절 平和主義原理

Ⅰ. 우리 憲法上 平和主義의 宣言

우리 헌법은 역사적 경험과 지정학적 여건 때문에 平和主義 - 國際平和主義+平和統一主義 - 를 천명하는 동시에 현대 입헌주의적 헌법으로서 이를 헌법질서의 기본원리로 수용하고 있다. '平和', 그것은 國家的 安全保障의 전제 내지 목적이 될 뿐만 아니라 나아가 立憲主義와 民主主義의 기능적 조건이 되므로 제2차 세계대전 이후의 헌법은 이를 반드시 지향하고 있다.

헌법은 전문에서 "平和的 統一의 사명"을 천명하는 동시에 "밖으로는 항구적인 세계평화와 인류공영에 이바지"할 것을 다짐함으로써 平和主義의 기본정신을 선언하고 있다. 이를 구체화하기 위해 본문은 "평화적 통일정책"의 수립·추진을 도모하고(제4조), "침략적 전쟁을 부인"하는 동시에(제5조), 국제법의 존중과 외국인의 법적 지위의 보장을 규정하고 있다(제6조). 우리 헌법은 이와 같이 대내적으로는 '平和統一主義'를, 대외적으로는 '國際平和主義'를 기본원리로 채택하고 있어 명실공히 平和憲法의 면모를 갖추고 있다.

Ⅱ. 國際平和主義의 系譜

1. 沿革

국제사회에는 초국가적 입장에서 국가를 규제하는 권력단체 내지 세계정부가 존재하지 않고 국가 간에 분쟁이 일어나는 경우에는 그 최종적인 해결방법으로서 戰爭이 자행되어 왔다. 그러나 전쟁의 참혹성과 비합리성으로 인하여 국제사회의 발달과 인류의 자각은 점차 침략적인 전쟁을 피하고 平和的 解決方法에 호소하는 경향으로 흐르게 되어, 대외적으로는 국제사회에 있어서 침략전쟁을 방지하려는 국제조약이 체결되었고, 대내적으로는 평화유지에 관한 이른바 平和條項을 헌법에 명문으로 두기에 이르렀다.

이와 같은 平和主義思想과 運動이 대대적으로 전개되기 시작한 것은 제1차 세계대전 이후의 일이었다. 1919년의 國際聯盟規約은 전쟁의 금지와 국제적 관리를 규정하였고, 1928년의 不戰條約 - 전쟁포기에 관한 조약 - 은 거의 모든 전쟁을 금지한 최초의 조약이었다. 그러나 이들은 그 위반에 대한 制裁條項이 없었기 때문에 그 효과는 기대할 수 없었다. 제2차 세계대전에서 전쟁의 참혹성을 다시 체험하게 됨에 따라 國際聯合(UN)이 결성되고 UN헌장은 침략전쟁의 금지는 물론 이에 대한 응징방법으로 集團安全保障體制를 승인하게 되었다. 이러한 평화주의 경향은 각국의 헌법에서 수용되어 현대적 입헌주의의 기본원리를 형성하고 있다.

2. 憲法的 保障의 類型

평화주의를 헌법에서 선언하고 있는 것은 일반적인 경향이지만, 그 방법과 범위에는 여러 가지 유형이 있다.

(1) 侵略戰爭의 부인: 침략전쟁만을 인정하지 않고 있는 헌법들인데, 우리 헌법을 비롯하여 1946년의 브라질헌법, 1950년의 니카라과헌법 등 다수의 국가가 이에 속한다.

(2) 軍備 자체의 금지: 전쟁의 수단이 되는 戰力의 보유 그 자체를 금지하는 헌법으로 일본헌법16)이 유일한 예이다.

(3) 良心的 兵役拒否權의 인정: 평화주의자들의 보호를 위해 良心的 兵役拒否權을 인정하는 경우로서 1949년의 독일기본법, 1963년의 네덜란드헌법과 미국의 판례17)가 이를 인정하고 있다.

(4) 主權의 이양 · 제약: 국제평화를 위한 주권의 제약과 국제기구에의 주권의 부분적 移讓을 규정한 헌법으로는 1947년의 이태리헌법, 1949년의 독일기본법, 1953년의 덴마크헌법 등이 있다.

(5) 永世中立의 선언: 국제사회에 있어서 영세중립을 선언한 헌법으로는 1955년의 오스트리아헌법과 스위스헌법이 있다.

그러나 이와 같은 평화주의의 선언 · 보장은 결코 充分條件이 될 수 없으며, 국제사회에 있어서 평화공존의 노력, 핵무기의 생산 · 보유 · 사용의 제한, 집단안보체제의 강화, 특히 국제사법재판소(International Court of Justice: ICJ)의 권위확립과 그에 의한 분쟁

---

16) 이는 平和主義를 구현하기 위한 가장 이상적인 방법일지 모르나 현실적으로는 불가능하고, 日本憲法도 사실상 自衛隊란 이름으로 막강한 軍事力을 갖추고 있는 것이다. 따라서 일본에서는 自衛隊의 合憲性 여부를 놓고 오랫동안 논쟁을 벌여 왔다.

17) *United States v. Seeger*, 380 U.S. 163 (1965); *Gillette v. United States*, 401 U.S. 437 (1970).

해결 등이 강구되어야 한다.

Ⅲ. 우리 憲法上의 平和主義

1. 國際平和主義

헌법 제5조 제1항은 "대한민국은 國際平和의 유지에 노력하고 侵略的 戰爭을 부인한다."고 규정하여 헌법 전문의 근본정신을 재확인하는 동시에 침략전쟁을 전적으로 금지하고 있다. 각국 헌법은 平和條項을 일반적으로 헌법 전문에서 선언하고 있는 것이 통례이며, 본문에 규정하고 있는 경우에도 적극적인 평화보장의 방법을 두고 있지 않는 것이 원칙이다. 우리 헌법도 후자의 예를 따라 제5조 제1항에서 消極的 規定을 두고 있을 뿐이다.

제5조 제1항은 어디까지나 침략전쟁만을 부인하고 있을 뿐, 자위전쟁을 금지하는 것은 아니다. '自衛戰爭'이란 적의 직접적인 공격을 격퇴시키기 위한 전쟁을 의미하며, '侵略戰爭'은 이러한 자위전쟁이 아닌 모든 전쟁을 말한다. UN헌장도 연합국이 개별적으로 또는 집단적으로 自衛權을 행사할 수 있는 경우를 인정하고 있을 뿐만 아니라, 국제연합은 安全保障理事會를 통해 침략행위의 저지를 위한 自衛戰爭을 원조하도록 하고 있다(헌장 제7장 참조).

제5조 제2항은 "國軍은 국가의 안전보장과 국토방위의 신성한 의무를 수행함을 사명으로 한다."고 규정하여 국군의 사명을 自衛戰爭에 국한시키고 있다. 이와 관련하여 전쟁이 아닌 '武力의 行使'가 가능한가의 문제가 제기되는바, 무력행사가 형식적으로는 전쟁의 개념에 포함되지는 않지만, 실질적으로는 對外的 軍事行動으로서 전쟁에 포괄되기 때문에 자위수단이 아닌 무력의 행사는 금지된다. 단순한 警察力의 행사는 통치권의 발동에 해당하므로 무력행사와는 구별되지만, 이를 대외적으로 행사하는 경우에 문제가 된다.18)

---

18) 헌법 제3조와 관련하여 실제로 警察力을 北韓에 대하여 행사할 경우에 국제적으로는 武力行使로 간주될 것이다.

2. 平和統一主義

平和的 統一은 우리 민족의 지상과업이다. 6·25전쟁과 같은 비극을 되풀이해서는
안 되고 민족역량을 결집하여 세계무대에 진군하기 위해서도 평화적 통일은 곧 성취되어
야 한다. 헌법은 이 과업을 이룩하기 위한 결단의 표시로서, 전문에서 "조국의 ……平和
的 統一의 사명에 입각하여"라고 하여 평화통일 지향의 결단을 선언하고, 제4조에서 평
화적 통일을 추진하되, 자유민주적 기본질서에 입각한 통일정책을 수립하도록 규정하여
'平和統一主義'를 선언하고 있다.

平和統一의 임무는 국가원수인 大統領에게 부여되어 있다. 그리하여 헌법은 대통령
에게 "평화적 통일을 위한 성실한 義務"(제66조 제3항)를 부여하는 동시에, 취임 시에
"조국의 평화적 통일에 노력"(제69조)할 것을 선서하도록 하였으며, 평화통일정책의 수
립에 관한 대통령의 자문에 응하기 위해 民主平和統一諮問會議를 둘 수 있도록 하였
다(제92조 제1항). 또한 통일정책의 추진에는 국민적 참여와 지원이 뒷받침되어야 하기
때문에 대통령이 이를 國民投票에 붙일 수 있도록 하였다(제72조). 이 규정은 통일문제
의 중요성 때문에 한편으로는 그 정책수행에 民主的 正當性을 부여하는 반면, 다른 한
편으로는 直接民主制를 예외적으로 도입하는 것을 의미한다.

南北韓 간에 묵시적으로나마 상호 國家承認 내지 政府承認이 없었던 단계에서는 평
화통일정책이 현실화될 수 없었다. 그러나 대외적으로는 社會主義國家들이 붕괴되고 대
내적으로는 북한 내부의 긴박한 사정이 돌출하여 일단은 남북 간에 平和共存時代가 열
리게 되었다. 그 결과 UN同時加入(1991. 10.)과 南北合意書 – 남북 사이의 화해·불
가침 및 교류·협력에 관한 합의서 – 의 채택(1991. 12.)이 이루어졌다. 그리하여 평화통
일을 위한 노력은 더욱 배가되고 있으며, 통일이 될 때에는 이른바 統一憲法이 채택될
것이므로 우리 헌법의 '過渡的 憲法'으로서의 성격이 더 드러나고 있다.

Ⅳ. 國際法尊重主義

1. 國際法規의 國內法的 受容

1) 일반적으로 승인된 國際法規의 意義
헌법 제6조 제1항은 "헌법에 의하여 체결·공포된 條約과 일반적으로 승인된 國際法

規는 국내법과 같은 효력을 가진다.”고 규정하여 국제평화주의의 제도적 표현의 하나로서 國際法尊重主義를 선언하고 있다. 여기에 일반적으로 승인된 국제법규는 國內法과 같은 효력을 가지고 있다. ‘일반적으로 승인된 國際法規’라 함은 대다수의 국가가 보편적으로 승인하고 있는 국제법규를 말한다. 국제법규에는 성문화된 國際法, 불문의 國際慣習法과 일반적으로 승인된 條約이 포함된다(다수설).19)

일반적으로 승인된 국제법규는 제6조 제1항에 의해 특별한 受容節次를 거치지 않고 직접적으로 國內法的 效力을 발생하게 된다. 우리나라가 체약당사국인 조약은 대부분 국회의 동의를 얻어 비준·공포되므로(제60조) 국내법과 같은 효력을 가지는 것은 당연하지만, 일반적으로 승인된 國際法規까지도 국내법과 같은 효력을 인정한 것은 國際平和主義의 정신에 비추어 특히 규정한 것이다.

2) 國際法과 國內法의 效力關係

국제법과 국내법의 효력관계에 관하여 견해가 갈리고 있으며, 우리 헌법도 명문의 규정을 두고 있지 않기 때문에 학설이 대립될 소지가 있다.

(1) 2元論

이 학설은 국제법과 국내법이 그 법원·적용대상·적용형식에 있어서 근본적인 차이가 있으므로 양자가 서로 저촉하는 경우에도 並行하여 效力을 지속한다고 한다.20) Oppenheim에 의하면, 그 대상에 있어서 국내법은 개인을 규율하는 데 반해, 국제법은 國家(關係)를 그 대상으로 하고, 그 타당근거에 있어서 국내법이 국가의 단독의사에 기초하고 있는 데 반해, 국제법은 국가 간의 共同意思에 기초를 두고 있으며, 그 적용형식에 있어서 국내법은 명령의 형식으로 이루어지는 데 반해, 국제법은 合意에 의한 적용을 원칙으로 한다.21) 그리하여 국제법이 國內法的 效力을 갖기 위해서는 국내법에 의한 受容(adoption)이 있어야 한다.

---

19) 일반적으로 승인된 國際慣習法에는 포로의 살해금지원칙, 외교관의 특별대우에 관한 일반원칙, 조약준수의 원칙, 국내문제 불간섭의 원칙, 민족자결의 원칙 등이 있으며, 일반적으로 승인된 條約에는 포로에 관한 제네바 협정(1949년), 집단살해의 금지협정(1948년), 不戰條約(1928년) 등이 있다.

20) Triepel을 비롯하여 Oppenheim, Heilborn 등이 이 입장을 취하고 있었다.

21) Oppenheim - Lauterpacht, *International Law*, Vol. I, 1958, pp. 37 - 38.

(2) 1元論

이 학설은 국제법과 국내법이 하나의 統一的인 法秩序를 형성하고 있다는 견해로써 국제법우위설과 국내법우위설로 나뉜다.

① 국제법우위설: 國際法優位說은 국제법과 국내법이 하나의 통일적 법질서를 형성하고 있으며, 국내법은 국제법의 수권에 의해 이루어지는 部分法秩序에 불과하다고 한다. 따라서 하위의 국내법의 타당근거는 상위의 國際法에서 찾는다. 즉, 국가의 독립·평등은 국제법을 전제로 하고, 國內法은 그 하위에 있으므로 양자가 저촉하는 경우에는 국제법만이 효력을 발생하고 국내법은 적용될 수 없다고 한다.22)

② 국내법우위설: 國內法優位說 – 憲法優位說 – 은 조약은 그 나라의 憲法이 수권한 자가 일정한 절차에 따라 체결하여야 효력이 발생하고, 일반적으로 승인된 국제법규는 헌법이 이를 수용한 결과 국내법적 효력을 발생하게 되므로 국제법의 타당근거는 國內法, 곧 憲法에 있다고 한다.23) 즉, 국제법의 타당근거는 국가의 自己制限 또는 承認에 있으므로 국제법은 국내법의 하위에 있으며, 따라서 양자가 저촉되면 국제법은 적용되지 않는다고 한다.24)

③ 사견(私見): 생각건대, 國際法은 현재 발전하는 過渡期에 있고 장래에는 국내법과 동일한 성질과 효력을 가지게 될지 모르나 현 단계에 있어서는 國際法의 타당성 내지 효력은 그 국가의 承認에 근거를 두고 있으므로 主權의 '自己制限'의 이론 – 收容理論 – 이 타당하다고 하겠다. 그런데 우리 헌법은 명문의 규정을 두고 있지 아니하여 어느 입장에서도 합리화시킬 수 있는 여지가 있지만, 국가의 자기제한 이론에 따라 국제법의 타당근거가 국내법에 있다고 하는 國內法優位說 – 憲法優位說 – 이 통설이다.

3) 國際法規의 規範統制

일반적으로 승인된 국제법규가 國內法과 같은 효력을 가지므로 裁判에서 이를 적용하

---

22) 이 이론은 제1차 세계대전 후 國際聯盟이 결성됨에 따라 Verdross, Kunz, Kelsen 등 Wien학파에 의해 주장되었다.

23) 이 이론은 일찍이 A. Zorn, W. Kaufman, M. Wenzel, G. Jellinek 등 Bonn학파에 의해 주장되었다.

24) 그러나 국제사회에서는 國際法의 優越性이 인정되고 있다. 국제법학자들은 "국제법은 국내법을 파기한다(International law nullifies the law of the land)."는 원칙을 주장하고 있고, 국제사법재판소(ICJ)는 1923년의 *Wimbleden* 판결에서 Versales평화조약 제38조와 독일중립조례의 관계에서 Versales조약의 우위를 인정한 후 國際慣例로 인정되어 오고 있다. L. C. Green, *International Law through the Cases*, 1970, pp.343 – 351.

는 경우에 국내법과 마찬가지로 規範的 統制의 문제가 일어난다. 국제법규도 法段階構
造에 속하고 있으므로 그 성격에 따라 이에 대응하는 國內法－헌법, 법률, 명령 등－과
같은 효력을 가진다고 보아야 한다. 따라서 다음과 같이 상호관계를 유형화할 수 있다.

(1) 憲法과 國際法의 관계에 있어서는 헌법의 最高法規性과 주권의 自己制限理論
에 따라 국제법규는 헌법의 하위에 있고, 따라서 헌법은 여기의 國內法에 포함되지 아
니한다.

(2) 그리하여 국제법은 法律과 동일한 효력을 갖는다고 보는 것이 다수설이다.25) 따라
서 양자가 저촉하는 경우에는 '후법은 선법에 우선한다.', '특별법은 일반법에 우선한다.'
등의 법의 일반원칙에 따라 적용된다. 行政協定과 같이 행정부의 전권으로 이루어지는
것은 그 하위에 있는 命令과 같은 효력을 가진다.

(3) 國際法規가 일반적으로 승인된 것인가 여부의 判斷權은 그 국내법적 효력이 法
律 또는 命令과 같은 효력을 발생하느냐에 따라 憲法裁判所 또는 法院이 가진다.

2. 條約의 國內法的 效力

(1) 條約의 槪念 '條約(treaty)'이라 함은 문서에 의한 國家 간의 合意를 말한다.
Oppenheim에 의하면, "國際條約이란 국가나 국제조직 간에 법적 권리와 의무를 발생케
하는 계약상의 협정"이라고 한다.26) 협의의 條約이란 조약이라는 명칭을 가진 국가 간
의 합의만을 말하나, 광의의 條約이란 조약, 협약, 협정, 규약, 헌장, 규정, 약정, 선언,
결의서, 의정서 등 그 명칭을 묻지 않고 문서에 의한 국가 간의 합의를 총칭하는데, 여기
에서 조약은 광의의 것을 가리킨다.
　헌법 제6조에 있어서 일반적으로 승인된 국제법규에는 國際慣習法 이외에 우리나라가
締約當事國이 아닌 조약일지라도 국제사회에서 일반적으로 그 규범성이 승인된 條約이 포
함되는 것으로 볼 수 있으며, 이러한 조약도 전술한 조약의 범주에 포함시킬 수 있다(통설).

---

25) 일반적으로 승인된 國際法規의 효력은 憲法보다는 하위에 있으나 法律보다는 우위에 있다는 견해가
　　있다(김철수, 헌법학개론, 224면 참조).
26) Oppenheim－Lauterpacht, *International Law*, p.877.

(2) 條約의 締結·批准 조약체결권을 누구에게 맡길 것인가는 각국의 의사에 달려 있지만, 대외적 대표권을 가진 國家元首에게 이를 맡기고 있다. 우리 헌법상 大統領은 국무회의의 심의를 거쳐 조약을 체결·비준하는 권한을 가진다(제89조 제3호, 제73조). 條約締結權은 대통령에게 속하지만 실제로는 대통령이 모든 조약을 직접 체결하는 것은 아니고, 대통령이 全權委任狀을 수여하여 그 특정인－全權大使 내지 全權委員－으로 하여금 조약을 체결하게 하는 것이 원칙이다.

條約의 '批准'이라 함은 국가 간에 합의·체결된 조약안을 國家元首가 최종적으로 확인하여 조약으로 완성시킴을 말한다. 조약에는 批准을 요하는 것과 그렇지 아니한 것－즉, 締結만으로 완성되는 것－이 있는데, 대통령의 비준은 전자에 국한된다. 조약이 비준되기 전에 중요한 조약에 대하여는 國會의 同意를 얻도록 하였다(제60조). 이것은 조약이 국민의 權利·義務에 관한 사항을 그 대상으로 하고, 國內法과 같은 효력을 가지게 되므로 국회의 동의를 얻도록 하는 것이다. 여기에 조약에 대한 국회의 동의는 조약체결의 節次的 要件인 동시에 民主的 統制를 의미하는 것이다. 또한 行政府의 권한행사의 원활성을 보장하기 위하여 동의를 필요로 하는 조약을 중요한 것에 국한시키고 있다.27)

(3) 條約과 國內法의 效力關係 조약이 국내에서 효력을 발생하기 위해서는 조약체결절차에 따라 체결되어야 하고, 조약의 내용이 헌법에 합치되어야 한다.28) 따라서 조약이 헌법에 저촉될 경우에 그 조약은 적용되지 아니한다. 이는 국제법은 헌법의 하위에 있으며, 본조에 있어서 국내법은 憲法을 포함하지 아니하기 때문이다(憲法優位說). 왜냐하면, 憲法改正節次는 조약의 체결·비준절차보다 훨씬 곤란하며, 條約의 國內的 效力의 기초 그 자체가 헌법의 규정에 의하기 때문이다.29)

---

27) Vienna협약에 의한 條約締結節次는 ① 조약문의 작성과 확정, ② 조약의 구속을 받겠다는 동의, ③ 조약의 효력발생절차와 ④ 조약의 등록 및 공고 등의 4단계로 되어 있다.

28) "국제연합의 '人權에 관한 世界宣言'의 ……각 조항이 바로 보편적인 법적 구속력을 가지거나 국내법적 효력을 갖는 것으로 볼 것은 아니다. ……B규약 제22조 제1항은 ……유보조항을 두고 있을 뿐 아니라, 특히 ……우리의 국내법적인 수용의 필요에 따라 가입 당시 유보되었기 때문에 직접적으로 國內法的 效力을 가지는 것도 아니다. 따라서 위 규약 역시 권리의 본질을 침해하지 아니하는 한 국내의 민주적인 대의절차에 따라 필요한 범위 안에서 근로기본권의 법률에 의한 제한은 용인하고 있는 것이다[憲裁決 1991. 7. 22. 89헌가106(사립학교법 제55조·제58조 제1항에 대한 위헌심판)]."

29) 條約과 國內法의 效力關係에 관하여는 입법례에 따라 세 가지 類型을 들 수 있다. ① 법률과 같은 효력을 인정하는 헌법(미국, 스위스를 비롯한 대다수 국가의 헌법), ② 법률에 우월한 효력을 인정하는 헌법(프랑스 제5공화국 헌법), ③ 헌법과 동위 또는 우월한 효력을 인정하는 헌법 등이 있다[Q. Wright, "International Law in its Relation to Constitutional Law," 17 *A. J. I. L.* (1923), p.237].

헌법을 제외한 國內法과 條約이 저촉하는 경우에는 법적 성질에 따라 구분하여 고찰하여야 한다. 立法事項에 관한 조약은, 우리나라가 체약당사국이 된 것이든 일반적으로 승인된 국제법규이든, 法律과 동일한 효력을 가진다. 또한 입법사항에 관한 조약이 아니더라도 제60조 제1항에 해당하는 조약은 그 체결이나 비준에 대한 국회의 동의에 法律案 議決과 같은 의결정족수를 요하므로 法律과 같은 효력을 가진다.

이에 대하여 제60조 제1항에 해당되지 않고 우리나라가 체약당사국이 된 조약은 그 체결이나 비준이 국회의 관여 없이 行政府의 專權으로 이루어지므로 命令과 같은 효력을 가진다(다수설).

(4) 違憲條約의 問題 조약우위설의 입장에서는 조약의 효력이 우월하므로 이론상 違憲條約의 문제는 일어나지 않는다. 그러나 헌법우위설의 입장에서는 條約이 憲法의 하위에 있으므로 조약이 헌법에 위반되는 경우에 그 國內法的 效力과 관련하여 違憲條約의 심사문제가 일어난다.

① 違憲條約의 司法審査
ⓐ 肯定說: 헌법 제60조 제1항에 의해 체결·공포된 조약은 國內法的 效力을 가지고 헌법의 하위에 있으므로 조약은, 적어도 이론적으로는, 違憲審査 – 법원의 명령심사 또는 헌법재판소의 법률심사 – 의 대상이 될 수 있다고 한다(통설). 조약은 일반 법령과는 다른 법적 성격 때문에 그 심사의 범위는 조약의 國內法的 效力에 국한되며, 국제법적 효력에는 미칠 수 없다.

ⓑ 否定說: 조약은 國家間의 合意라는 특성을 가지고 있고 政治的 內容을 담고 있기 때문에, 그 체결절차에 관한 형식적 심사는 별도로 하더라도, 實質的 審査의 대상은 될 수 없다고 한다.

그러나 긍정설의 입장에 서더라도 사법기관은 이른바 統治行爲 또는 政治問題 등을 이유로 조약의 사법심사를 자제·기피할 것이다.

② 違憲條約의 國內法的 效力: 條約이 절차상으로나 실질상으로 위헌인 경우 – 眞正違憲條約 – 에는, 국제법상으로는 유효론이 없지 않으나, 國內法的 效力은 부인된다고 보아야 한다. 그런데 이른바 準違憲條約의 경우에는 문제가 있다. 첫째, 실질상 위헌이나 절차상 합헌인 경우에는 國際法的 效力은 발생하지만, 국내법상의 효력은 인정되지 아니한다. 둘째, 절차상 위헌이나 실질상 합헌인 경우에도 국제법상으로는 유효하지

만, 國內法上으로는 그 효력을 인정할 수 없다.

Ⅴ. 外國人의 法的 地位 保障

제6조 제2항은 "외국인은 국제법과 조약이 정하는 바에 의하여 그 지위가 보장된다."고 규정하여 外國人의 법적 지위를 보장하고 있다. '外國人'이라 함은 우리나라의 國籍을 가지지 아니한 자를 말하며, 여기에는 외국의 국적을 가지고 있는 자 외에 어느 나라의 국적도 가지지 아니한 無國籍者가 포함된다.

外國人의 保護에 있어서는 어떤 조건하에 어느 정도의 보호를 인정할 것이냐에 관하여 相互主義와 平等主義가 있다. 우리 헌법은 국제조약과 국제법의 범위 내에서 외국인의 지위를 보장하도록 하여 조약에 의한 '相互主義'를 채택하고 있다. 오늘날 외국인에게 내국인과 동등한 지위를 부여하는 平等主義는 어느 나라도 채택하지 않고 있다.

외국인의 법적 지위와 관련하여 외국인도 헌법 제2장의 權利와 義務, 특히 自由權의 主體가 될 수 있는가가 문제된다. 自由權을 초국가적인 인간의 권리로 보는 결단주의적 입장에서는 외국인도 당연히 권리의 주체가 될 수 있겠지만, 이를 입헌국가에서 인정된 實定法上의 權利라고 보는 법실증주의적 입장에서는 외국인은 원칙적으로 그 주체가 될 수 없다고 본다. 이에 대하여 동화적 통합론은 우리 민족의 同化的 統合을 위해 필요한 범위 안에서 외국인도 기본권의 주체가 될 수 있다고 한다.30) 결국 외국인은 원칙적으로 기본권의 주체가 될 수 없으나, 그 성격상 人間의 權利는 누릴 수 있다고 하겠다.

제7장 한국헌법의 基本秩序

제1절 서설

헌법 제1조에 민주공화국(자유민주+사회민주주의)이라고 규정, 전문에 자유민주적 기

---

30) 허영, 한국헌법론, 179면.

본질서, 헌법 제8조 제4항에 민주적 기본질서라고 규정되어 있다.

민주주의의 본질에 대하여 정치형태로 보는 견해에 의하면 민주주의를 국민에 의한 통치로 보는 입장으로 C. Schmittt는 민주주의를 지배자와 피지배자의 자동성의 원리로 보고 있고, 정치이념 내지 정치목적으로 보는 견해에 의하면 민주주의를 실현되어야 할 이념이나 목적으로 보고 그 이념에는 국민주권, 자유, 평등, 정의가 있다. 마지막으로 가치세계로 보는 견해에 의하면 이는 민주주의를 일정한 가치세계와 연결하여 이해하며 민주주의는 국민의 자기통치가 아니라 "국민의 통치"임을 강조한다.

제2절 민주적 기본질서

Ⅰ. 의의

민주적 기본질서란 모든 폭력적 지배와 자의적 지배를 배제하고, 그때그때의 다수의 의사와 자유 및 평등에 의거한 국민의 자기결정을 토대로 하는 법치국가적 통치질서를 의미한다.

민주적 기본질서는 헌법질서의 하나로서 사회민주주의와 자유민주주의의를 비롯하여 모든 민주주의를 그 내용으로 포괄하는 상위개념이다. 그리고 사회민주주의는 자유민주주의를 전제로 하여 실질적 평등을 지향하는 민주주의의 한 유형이기 때문에 그 개념이 자유민주주의보다 상대적으로 넓은 개념이며, 이들 개념 간의 관계는 헌법질서>민주적 기본질서>사회민주주의>자유민주주의로 도식화할 수 있다.

자유민주적 기본질서와 제37조 제2항의 질서와의 관계에 관해서는 제37조 제2항의 질서는 최상위의 질서개념이므로 이 질서는 자유민주적 기본질서를 포함한 질서를 의미한다는 견해와 자유민주적 기본질서는 헌법유보사항이며, 제37조 제2항의 질서는 법률유보사항이라는 견해로 나뉘어져 있다.

Ⅱ. 내용

민주적 기본질서의 내용으로 헌법재판소는 기본적 인권보장, 권력분립, 의회제도, 법원의 독립, 선거제도, 복수정당제, 사유재산과 시장경제를 골간으로 하는 경제질서를 열거하고 있다.

Ⅲ. 법적 성격

민주적 기본질서는 대한민국의 기본이념이며 원리로서 최고규범성, 모든 법해석의 기준, 국가권력작용의 척도, 헌법상 기본권제한의 근거이자 제한의 한계로서의 성격을 가진다.

Ⅳ. 자유민주적 기본질서의 보장

1. 적극적 방법에 의한 보장

이는 현행헌법에 있어서 최고규범이므로 자유민주적 기본질서를 형성하고 유지하기 위한 제도들이 적극적으로 수용되고 채택되어야 한다. 특히 중요한 것은 표현의 자유와 정치과정의 공개가 보장되어야 한다는 점이다.

2. 소극적 방법에 의한 보장(방어적 민주주의)

자유민주적 기본질서가 침해된 때에는 그 침해행위를 배제하여야 한다. 즉 민주주의의 그 자체를 부정하는 행위를 민주주의의 적으로 간주하는 방어적 민주주의를 우리 헌법은 인정하고 있다. 그 내용으로 헌법기관의 의한 위헌법률심사, 헌법소원, 위헌정당해산, 탄핵소추, 해임건의, 위헌명령규칙처분심사, 징계 등이 있고, 국민이 자유민주주적 기본질서를 침해하는 경우에는 형법, 국가보안법 등으로 이들을 처벌한다.

제3절 방어적 민주주의

Ⅰ. 서설

1. 의의

일반적으로 민주주의란 상대적인 것이라 할 수 있으나 절대주의를 주장하면서 민주정치를 전복하려는 이른바 민주주의의 적에 대해서는 상대적일 수가 없고 이에 대항하여 이를 방어하여야 할 것인바, 이를 방어적 민주주의 혹은 전투적 민주주의라 한다. 이것은 헌법의 최고 규범성과 실효성을 보장하기 위하여 헌법을 파괴하는 위헌적인 행위를 예방, 배제하는 헌법보장방법이다.

2. 연혁

라드브루흐에 의하여 상대적 민주주의에서 절대적 민주주의(방어적 민주주의)의 기초가 제공되었다. 또한 바이마르민주주의의 실패(역사적 배경)에 따른 나치의 의회제민주주의의 구조의 악용에 대해 제2차 대전 이후 독일헌법재판소에 의한 가치구속적 민주주의를 근거로 하여 위헌정당해산제로서 헌법적 규제와 기본권상실규정을 헌법화하였다.

Ⅱ. 내용

1. 상대주의의 제한(가치관적 헌법관에 기초)

방어적 민주주의는 민주주의나 자유권을 일정한 가치와 결부시켜 이해하는 가치관적 헌법관에서 생각하는 논리로, 민주주의의 이름으로 민주주의 자체를 공격하거나 자유의 이름으로 자유 그 자체를 말살하려는 헌법질서의 적을 효과적으로 방어하고 그와 투쟁하기 위한 것이 방어적 투쟁적 민주주의이다. 민주주의나 자유를 어떤 내용의 가치질서로도 채울 수 있다고 생각하는 상대주의적인 헌법관의 입장에서는 방어적 민주주의이론은 그 이론적 근거를 상실한다. 따라서 기본권의 실효제도나 위헌정당해산제도는 민주주의

적 자유와 결부되고 있는 특정한 가치질서를 스스로 지키기 위한 방어적 투쟁적 자유보
호수단이라고 볼 수 있다.

2. 기본권의 실효제도

이는 헌법적 가치질서를 제거하기 위한 그릇된 목적으로 기본권을 행사하는 구체적 경
우에 헌법소송절차에 따라 헌법이 보장하고 있는 일정한 기본권을 그 특정인 또는 특정
단체에 대해서만 실효시킴으로써 헌법질서가 헌법의 적에 의해서 침해되는 것을 방지하
는 제도이다. 독일기본법이 명문으로 규정하고 있다.

3. 위헌정당해산제도

이는 헌법적 가치질서를 제거하거나 침해할 목적으로 조직되거나 활용하는 정당을 헌
법소송절차에 따라 해산시킴으로써 정당의 형식으로 조직된 헌법의 적으로부터 오는 헌
법침해를 방지하기 위한 헌법보호수단이다. 예를 들면 우리 헌법과 독일 기본법이 이 제
도를 규정하고 있다. 이 제도는 특히 신중을 기해서 "필요불가피한 경우", "최소한으로"
만 활용되어야 한다. 따라서 이 제도가 야당을 탄압하는 수단으로 사용되어서는 안 된다.
독일의 사회주의국가당(1952년)과 독일공산당(1956년)의 헌법판례가 있다.

4. 기타

헌법의 적에 의한 헌법침해에 대항하기 위한 헌법보호수단을 모두 헌법 스스로 규정할
수는 없는 것이기 때문에 일반 법률도 많은 헌법보장수단을 규정하고 있다. 예컨대, 형법
상 내란죄, 외환죄, 또 국가보안법도 헌법질서의 침해에 대항하기 위해서 제정된 법률이
라고 볼 수 있다.

Ⅲ. 법적 성질

(1) 국가형태요소: 헌법 제1조 제1항 민주공화국, 이때 민주주의는 방어적 민주주의를
전제

(2) 위헌정당해산사유: 정부제소와 헌법재판소의 심판에 의하여 정당해산, 직접적으로 방어적 민주주의를 규정

(3) 민주적 기본질서의 내용: 이는 민주적 기본질서의 내용으로 헌법상 근본규범이며 법해석기준, 헌법개정한계사유이다.

(4) 기본권제한의 사유: 제37조 제2항에 의하여 개인 또는 정당의 기본권을 제한할 수 있는 사유

Ⅳ. 한계

방어적 민주주의가 인정된다고 하더라도 민주주의의 이념과 구체적 내용은 시대와 역사적 환경에 따라 다르므로 특정한 가치를 추구하는 정당이나 개인에 대하여 과도하게 규정하는 것은 오히려 정당국가나 민주주의를 부정하는 것이 될 위험이 있다. 따라서 이를 남용해서는 아니 되며 신중히 판단하여야 한다.

제4절 국제질서

헌법 제4조 대한민국은 통일을 지향하며, 자유민주적 기본질서에 입각한 평화적 통일정책을 수립하고 이를 추진한다.
제5조 ① 대한민국은 국제평화의 유지에 노력하고 침략적 전쟁을 부인한다.
② 국군은 국가의 안전보장과 국토방위의 신성한 의무를 수행함을 사명으로 하며, 그 정치적 중립성은 준수된다.
제6조 ① 헌법에 의하여 체결·공포된 조약과 일반적으로 승인된 국제법규는 국내법과 같은 효력을 가진다.
② 외국인은 국제법과 조약이 정하는 바에 의하여 그 지위가 보장된다.

Ⅰ. 국제평화주의

1. 의의

(1) 양차 대전의 참혹성과 비인간성을 경험한 후 평화갈구의 표현

(2) 대외적: 국제 간 침략전쟁의 방지조약 체결

(3) 대내적: 헌법상 평화정신 선포

2. 유형: 각국의 헌법규정에 따라 상이

3. 현행헌법상 국제평화주의

1) 침략적 전쟁의 부인

침략적 전쟁이란 영토의 확장, 채권확보 등 국가목적을 위한 전쟁을 의미하는 것으로 자위전쟁에 반대되는 개념이다. 또한 실질적으로 전쟁으로 볼 수 있는 대외적 군사행위도 금지된다. 그러나 단순한 경찰력행사는 포함되지 않는다.

2) 조국의 평화적 통일의 지향

헌법상 평화주의는 국제문제뿐 아니라 한반도에 관한 문제에도 적용되고, 통일을 국가적 과제로 천명하면서 그 방법을 평화적 수단에 의할 것을 선언하였다.

Ⅱ. 국제법존중주의

(1) 국제법과 국내법의 관계: 헌법 제6조 제1항의 규정에 의해 일원론의 입장
(2) 국제법의 국내법적 효력
(3) 외국인의 법적 지위의 보장
① 외국인보호에 관한 입법례: 상호주의와 평등주의
② 우리나라는 상호주의를 원칙으로 한다.

제8장 한국헌법의 기본제도

제1절 정당제도

헌법 제8조 ① 정당의 설립은 자유이며, 복수정당제는 보장된다.
② 정당은 그 목적·조직과 활동이 민주적이어야 하며, 국민의 정치적 의사형성에 참여하는데 필요한 조직을 가져야 한다.
③ 정당은 법률이 정하는 바에 의하여 국가의 보호를 받으며, 국가는 법률이 정하는 바에 의하여 정당운영에 필요한 자금을 보조할 수 있다.
④ 정당의 목적이나 활동이 민주적 기본질서에 위배될 때에는 정부는 헌법재판소에 그 해산을 제소할 수 있고, 정당은 헌법재판소의 심판에 의하여 해산된다.

Ⅰ. 서설

(1) 대의적 의회제 민주주의 → 정당제 민주주의로 이동

(2) 정당제도에 대한 헌법적 태도변화(H. Triepel): 적대시 → 무관심·무시 → 승인·합법화 → 헌법에 수용(독일기본법 제49조)

(3) 정당국가의 특색

① 현대적 정당국가는 직접민주주의 대용물이 됨.

② 선거는 국민투표의 성격으로 변함.

③ 의회는 정당대리인의 집합소가 될 우려가 있음.

④ 국민의 의사는 다수당의 의사와 동일시

⑤ 권력통합현상이 나타남.

Ⅱ. 정당의 개념

1. 의의

국민의 이익을 위해 책임 있는 정치적 주장이나 정책을 추진하고 공직선거의 후보자를 추천 또는 지지함으로써 국민의 정치적 의사형성에 참여함을 목적으로 하는 국민의 자발

적 조직이다.

2. 개념적 징표

이는 헌법질서의 긍정, 선거에의 참여, 정치적 의사형성에 대한 직접적 영향력의 행사, 정치적 목적, 정강의 소유, 계속성과 항구성 등을 들 수 있다.

3. 헌법상의 지위

(1) 헌법기관설: 정당이 헌법에 편입됨으로써 헌법기관과 같은 작용을 한다는 견해
(2) 중개적 권력설: 정당은 국민과 국가의 정치적 의사형성의 중개적 권력이라는 견해
(3) 사법적 결사설: 정당은 본질적으로 국가외부조직으로 자유로운 사법적 결사에 해당한다는 견해(일반결사에 대한 특별법적 성격)

4. 법적 형태

이에 관해서는 각국의 실정법에 따라 상이할 것이나 우리 정당법은 정당에 법인격을 부여하고 있지 않으므로 법인격 없는 사단 혹은 사적 결사에 준하는 것이다. 그리고 정당은 정당법에 의한 규율을 받는다는 점에서 일반결사와의 사이에 특별, 일반의 관계에 있다.

III. 현행헌법의 정당제도

1. 헌법에 있어서 정당제도에 대한 규제 변천

(1) 1960년: 정당 조항 처음 수용
(2) 1962년: 대통령 · 국회의원 · 정당추천 필수 요건(철저한 정당국가적 경향)
(3) 1972년: 국회의원(무소속 허용) · 통일주체국민회의 대의원 선거(정당 소속원 출마 금지)
(4) 1980년: 정당운영자금의 국고보조 신설 · 정당추천 대통령 후보자 우대

(5) 1988년: 정당의 조직 · 활동 · 목적의 민주성 추가

2. 현행헌법의 정당제도

(1) 8조의 성격: 복수정당제 보장, 자유로운 정당결성권, 헌법개정한계사항

(2) 정당의 권리

① 설립 · 활동 · 존립상 특권: 일반결사의 경우 행정처분으로 해산이 가능하나 정당은 헌법재판소의 심판이 있어야 한다.

② 정치 · 재정적 특권

③ 국고로부터 정당운영자금을 보조받을 특권

④ 그 밖의 특권: 선거관리위원회위원 추천권 · 선거참관인지명권 · 면세특혜

(3) 정당의 의무: 국가를 긍정하고, 자유민주적 기본질서 존중하며, 목적 · 조직 · 활동에 있어서 민주화 의무(조직과 활동의 민주성 · 당내민주주의)와 재원공개의무(정당법 제28조 제2항 제7호)를 진다.

(4) 정당의 해산

① 자진해산: 정당대의기관의 결의에 의한 해산

② 등록취소: 정당법에 의한 중앙선거관리위원회가 등록을 취소하는 경우(정당법 제38조)

③ 강제해산(헌법재판소의 심판에 의한 위헌정당 해산)

ⓐ 실질적 요건

• 정당: 등록을 필한 기성정당(중앙당이 중앙선관위에 등록 필한 때)

• 목적 · 활동: 자유민주적 기본질서 위배

• 민주적 기본질서: 자유민주적 기본질서만 의미(통설)

ⓑ 절차적 요건

• 정당해산 제소: 대통령, 국무회의 심의, 권리 및 의무, 일사부재리

• 해산결정: 헌법재판관 6인의 찬성, 가처분결정 가능, 창설적 효력

• 결정집행: 결정서의 국회 · 정부 · 중앙선관위 송달, 중앙선관위 – 공고, 등록 말소

④ 해산효과: 대체정당 창설금지, 동일명칭사용금지, 의원자격상실(견해의 대립이 있다), 잔여재산의 국고귀속

(5) 정치자금이란 당원이 부담하는 당비, 정당후원회의 후원금, 개인, 법인, 단체가 기탁하는 기탁금, 국고보조금이 있다.

제2절 선거제도

Ⅰ. 서설

(1) 의의: 다수의 선거인에 의한 국가기관 구성원의 선임행위를 말한다.

(2) 기능: 입법부와 집행부 쇄신, 민의에 의한 정치를 수행, 지배의 장기화방지(혁명ㆍ쿠데타 예방), 대의제에 의한 국민주권의 실현을 담당한다.

(3) 선거인과 피선인과의 관계(법적 유대관계 인정 여부)

① 부정설: 대표자의 의사결정은 선거인의 의사와 법적으로 아무런 관계없이 행해지기 때문에 의회 등의 의사와 국민의 의사 간에는 전혀 법적 관계가 없다

② 긍정설: 법적 대표관계설(Jellineck), 정치적 대표관계설이 있다.

(4) 법적 성격: 선거인단이 대통령과 국회의원 등 국민을 대표하는 국가기관을 선임하는 집합적 합성행위이다.

Ⅱ. 선거의 기본원리

(1) 보통선거와 제한선거

(2) 직접선거와 간접선거

(3) 비밀선거와 공개선거

(4) 자유선거와 강제선거

(5) 평등선거: 이는 선거인의 투표가치가 평등하게 취급되는 제도로 차등선거에 반대이다. 이 평등선거는 투표의 표면가치의 평등만을 요구하는 것이 아니라 투표의 결과가치의 평등도 요구한다(미국대법원에서는 Colegrove v. Green사건에서는 선거구획정인 정치문제라고 하여 사법부 판단을 회피하였고 Baker v. Carr에서 이를 심사함). 독일에서는 의회선거법이 33.33%의 편차가 넘은 경우에는 의회에서 선거법을 개정해야 한다고 한다.

우리 헌재에서는 인구비율이 4 대 1의 비율과 평균인구수의 상하 60%의 편차를 초과하는 것을 기준으로 공직선거법을 위헌으로 결정했고, 국회는 공직선거법을 최소선거구인구 7만 5천으로 하고 최대선거구인구를 30만으로 하여 4 대 1로 전국선거구를 재조정했다.

Ⅲ. 대표제

(1) 다수대표제: 다수당 유리 ─ 소선거구(선거구당 1인)

① 장점: 양대정당제의 확립. 정국안정. 선거비용절약. 보궐선거의 용이

② 단점: 사표가 많다. 다수당에 부당히 유리. 부정선거의 위험이 크다.

(2) 소수대표제: 소수당 유리 ─ 대선거수(선거구당 여러 명)

① 장점: 사표가 적다. 부정선거의 위험성이 적다. 인물선택의 범위가 넓다.

② 단점: 군수정당난립. 선거비용 과다. 보궐재선거곤란 등이 있다.

(3) 비례대표제: 실세력에 따라 가능한 공정히 대표의 기회를 부여

① 장점: 평등과 합리성의 요청에 부합하다. 정당정치에 적합하다.

② 단점: 다수당난립, 정국불안정, 기술적 절차적 곤란 등이 있다.

(4) 직능대표제: 직능단위로 대표를 선출(할증제·병용제)

(5) 선거에 관한 소송(대법원)

① 선거소송

ⓐ 선거 전부 또는 일부 무효주장

ⓑ 제소권자: 선거인, 정당후보자

ⓒ 제소기간: 선거일로부터 30일 내

② 당선소송

ⓐ 선거 자체 유효, 당선인 결정 위법

ⓑ 제소권자: 후보자, 정당

ⓒ 제소기간당선결정일로부터 30일

③ 선거인 명부에 관한 불복신청

제3절 공무원제도

헌법 제7조 ① 공무원은 국민전체에 대한 봉사자이며, 국민에 대하여 책임을 진다.
② 공무원의 신분과 정치적 중립성은 법률이 정하는 바에 의하여 보장된다.

I. 서설

(1) 의의: 공무원은 직접 또는 간접으로 국민에 의하여 선출되어 국가나 공공단체에 공무를 담당하고 있는 자를 말한다.

(2) 국민 전체에 대한 봉사자(최광의의 공무원): 모든 공무원이 여기에 해당하며, 정당과의 관계에서는 일정당, 일계급을 위하여 활동을 해서는 안 된다.

(3) 국민에 대하여 책임: 헌법적 책임설, 법적 책임설, 정치적·윤리적 책임설이 있으나 공무원에 대한 국민소환제도가 인정되지 않으므로 정치적·윤리적 책임설이 타당하다. 책임을 구현하는 방법으로 선거, 탄핵, 해임건의, 국가배상, 청원권행사 등이 있다.

---

*책임의 유형
1. 정치적 책임: 선거·해임건의·청원
2. 법적 책임: 탄핵소추·손배책임, 징계·변상·형사책임 추궁과 임용권자에 의한 해임

---

(4) 공무원의 종류

① 경력직: 일반직, 특정직, 기능직(일특기)

② 특수경력직: 정무직, 별정직, 전문직, 고용직

II. 직업공무원제(경력직 공무원만)

(1) 의의: 공무원에게 신분을 보장해 주고 국가의 정책집행기능을 맡김으로써 안정적인 정책집행을 보장하려는 공직구조에 관한 제도적 보장을 의미한다. 이는 바이마르헌법에서 유래한다.

(2) 기능과 내용

① 기능: 민주주의와 법치주의의 실현, 정치적 중립성이 보장될 때 절차적 중립성과 기능적 권력 통제, 능력주의가 준수될 때 모든 국민은 공직취임의 균등한 기회가 보장

② 내용

ⓐ 기능유보: 이는 국가가 정책집행을 원칙적으로 직업공무원에게 맡기는 것이다.

ⓑ 구조보장: 기능유보를 실현시키기 위하여 각종의 구조보장(종신주의, 능력주의, 신분보장, 정치적 보장)을 그 내용으로 한다.

ⓒ 기능유보와 구조유보는 정치적 공무원에게는 보장되지 않는다.

Ⅲ. 공무원의 기본권 제한

(1) 정당가입 제한(경력직)

(2) 정치적 중립성에 의한 정치활동 금지

(3) 노동3권의 제한: 노동운동의 금지

(4) 특별권력관계 제한: 일정한 합리적 범위 안에서 기본권의 일부 제한이 있다. 반드시 헌법과 법률에 근거가 필요하다.

Ⅳ. 공무원의 권리와 의무

(1) 권리: 재산상 권리, 행정소송·심판제기권

(2) 의무: 직무에 전념할 의무, 법과 상관 명령에 복종할 의무, 비밀 엄수할 의무, 품위유지할 의무

① 국군: 국가안전보장·국토방위의무

② 국회의원: 청렴·국가이익우선·이권개입금지 의무

제4절 지방자치제도

헌법 제117조 ① 지방자치단체는 주민의 복리에 관한 사무를 처리하고 재산을 관리하며, 법령의 범위 안에서 자치에 관한 규정을 제정할 수 있다.
② 지방자치단체의 종류는 법률로 정한다.
제118조 ① 지방자치단체에 의회를 둔다.
② 지방의회의 조직·권한·의원선거와 지방자치단체의 장의 선임방법 기타 지방자치단체의 조직과 운영에 관한 사항은 법률로 정한다.

Ⅰ. 서설

(1) 의의: 이는 지방자치단체가 독자적인 기관을 설치하여 자치단체의 고유사무를 자기 책임하에 처리하는 것을 의미한다.

이의 법적 성격은 슈미트 이후 제도적 보장으로 보는 것이 다수설이다. 이 대하여 제도보장이며 동시에 자치고유권이라는 설이 있다.

(2) 기능

① 기본권실현기능: 이는 제도자체만 보장하는 것이 아니라 주민의 자치기구선거와 선거의 적극적 참여를 통하여 기본권 실현을 한다.

② 민주정치기능: 지역문제에 관한 자치능력을 길러 줌으로써 민주정치에 필요한 민주시민을 양성한다.

③ 기능적 권력통제: 정책개발결정권을 중앙정부와 지방자치단체에 분리시킴으로써 정책기능의 분권화와 이를 통한 중앙정부와 지방자치단체 상호 간의 기능적 권력통제를 가능케 한다.

(3) 이념: 아래로부터의 민주주의를 고무하고, 중앙집권주의를 견제하기 위한 지방분권주의의 실현이다.

(4) 본질: 지방자치의 본질에 대해서는 이를 지역주민이 국가성립 이전부터 보유한 자치고유권이라는 설과 국가가 승인한도 내에서만 행사할 수 있다는 자치위임설이 있다(통설).

(5) 주민자치(영국)와 단체자치(독일): 주민자치는 지방자치단체의 기관은 국가의 지방행정청이며, 지방행정청은 의결기관인 동시에 집행기관이며, 지방자치단체는 국회의 감독하에 있다는 것을 특징으로 한다(사법통제형).

단체자치는 지방자치단체가 국가로부터 독립되어 있고, 지방자치단체의 집행기관과 의결기관이 분리되어 있고 지방자치단체는 중앙행정기관의 감독하에 있다는 특징이 있다(행정통제형).

집행과 의결기관을 분리시킨 이원적 기관구성을 그리고 지방자치단체에 대한 국가의 감독 등을 규정한 것으로 보아 단체자치형을 채택하고 있다.

(6) 유형

① 시민총회형: 주민이 직접 지방적 사무를 처리

② 간접민주제형

ⓐ 의원내각제형: 지방의회의 의원만을 주민이 선출, 자치단체의 장은 지방의회가 선출

ⓑ 대통령제형: 지방의회의 의원과 자치단체의 장 모두 주민이 선출

Ⅱ. 내용과 한계

(1) 지방자치권의 내용

① 全權能性: 이는 헌법이나 법률이 국가나 그 밖의 공공단체의 사무로서 유보하고 있는 것이 아니면, 지방자치단체의 모든 사무를 지방자치단체가 임의로 처리하고 규제할 수 있는 권한을 말한다. 구체적으로 자치입법권, 자주조직권, 자치행정권이 그것이다.

② 자기책임성: 이는 지방자치단체가 그 권한에 속하는 자치행정사무를 국가의 지시나 후견적 감독을 받지 아니하고, 법에 따라 스스로 합목적이라는 판단하는 바에 따라 처리하는 권한을 말한다.

(2) 한계: 입법부가 자치행정사무의 운영에 관하여 법률로서 그 방법이나 절차를 규정할 수 있음(입법적 통제)은 물론이고, 사법부가 법률에 의거하여 자치행정사무에 관하여 법률적합성 여부의 사법적 심사를 할 수 있고(사법적 통제), 또 중앙행정기관이 법률적 감독의 방법으로 자치행정사무에 관하여 행정적 통제를 가할 수 있다(행정적 통제).

Ⅲ. 현행 헌법

(1) 종류

① 보통지방자치단체: 특별시 · 광역시 · 도(광역단체) 및 시 · 군 · 자치구(기초단체)
② 특별지방자치단체: 지방자치단체 조합

(2) 기구

① 지방의회(의결)
② 자치단체(집행기관)
③ 지방교육자치지구: 광역자치단체인 시와 도에만 교육자치를 시행하고 있는바, 의결기관인 교육위원회와 집행기관인 교육감을 둔다.

(3) 지방자치단체 권능

① 자치 행정권: 고유사무 · 위임사무(법률, 명령)
② 자주 재정권
③ 자치 입법권
ⓐ 조례제정권: 국민의 의무와 권리, 벌칙규정은 법률위임이 있어야 한다.
ⓑ 규칙제정권: 장이 법령, 조례가 위임한 법위 안에서 제정한다.

(4) 문제점: 허영교수는 다음과 같은 문제점을 지적하고 있다.

① 감독관청이 자치사무에 관한 지방의회의 의결이 공익을 해하는 경우에도 자치단체 장에게 재의를 요구케 한 점과 제소지시 및 그 밖에도 감독관청에게 지방의회 재의결사항에 대한 제소지시 및 직접제소권과 직무이행명령 및 대집행권을 가지고 있다. 그리고 새로 도입된 직무이행명령권과 제소지시권 및 직접제소권 등 중앙정부의 통제권이 악용 · 남용되는 경우 우리의 지방자치는 심각한 위기에 직면할 수도 있을 것이다.

② 대통령의 통제에 따르는 광역단체의 부단체장은 풀뿌리민주주의에 역행하며, 광역단체의 부단체장이 단체장의 보조기관에 불과하다는 의미에서 그 부단체장을 구태여 국가공무원으로 해서 대통령이 임명해야 할 기능적인 필요성이 없다.

③ 지방자치단체의 종류에 있어 대도시에 구의회를 둔 것이나, 농촌지역을 읍 · 면이 아닌 군으로 구분한 것은 대도시와 농촌의 실제적인 생활권을 무시하고 있다.

④ 명예직인 지방의회의원에 대한 月定額의 의정활동비 지급은 명예직인 지방의회의 신분과도 조화되기도 어렵다.

⑤ 지방의회의 연간회기일수를 제한한 것은 의회주의와도 조합을 찾기가 어렵다.

제5절 교육제도와 대학의 자치제

헌법 제31조 ④ 교육의 자주성 · 전문성 · 정치적 중립성 및 대학의 자율성은 법률이 정하는 바에 의하여 보장된다.
⑤ 국가는 평생교육을 진흥하여야 한다.
⑥ 학교교육 및 평생교육을 포함한 교육제도와 그 운영, 교육재정 및 교원의 지위에 관한

기본적인 사항은 법률로 정한다.

Ⅰ. 교육제도에 관한 기본원칙

(1) 자주성: 교육기관의 운영에 관한 자주적 결정권
(2) 전문성: 교육내용 등에 관한 교사의 교육자유, 교육내용에 대한 교육행정기관의 권력적 개입배제
(3) 정치적 중립성: 국가간섭으로부터의 제외

Ⅱ. 교육제도의 법정주의

교육법, 교육공무원법, 교육세법, 지방교육재정교부금법

Ⅲ. 대학자치제(신설)

대학의 인사, 관리 및 운영·학사관리에 관한 자주결정권

제6절 혼인·가족제도

헌법 제36조 ① 혼인과 가족생활은 개인의 존엄과 양성의 평등을 기초로 성립되고 유지되어야 하며, 국가는 이를 보장한다.

Ⅰ. 민주적인 혼인·가족제도 보장의 의의

혼인과 가족생활은 개인의 존엄과 양성의 평등을 기초로 성립되고 유지되어야 하며, 국가는 이를 보장한다. 이의 향유주체는 국민과 외국인이다.

Ⅱ. 법적 성격

(1) 헌법원칙 선언한 원칙규범

(2) 제도보장 의미

(3) 직접효력 규정(사회적 기본권은 아니다)

Ⅲ. 내용

일부일처제, 결혼의 자유, 가족 내에서의 부부평등

제7절 헌법상 군사제도

Ⅰ. 서

국가의 존재가 국가 스스로 대내적 최고임과 동시에 대외적으로 독립을 유지하면서 자국민의 자유, 생명, 재산의 최대향유에 봉사하는 점에 그 의의가 있는 만큼 이러한 국가 자체의 존립 및 안전보장의 물리적 유지장치로서의 군의 존재도 필수적이다.

국가의 안전보장은 국방과 군사제도를 통해 가능함으로써 군사제도는 국방의 수단이며 동시에 국가안전의 수단이다(현행 헌법 제5조 제2항, 제29조 제2항, 제39조, 제34조 제1항, 제60조, 제86조, 제87조 제3항 등).

Ⅱ. 군사제도의 헌법상 원칙

(1) 침략전쟁의 금지

(2) 국제평화주의

(3) 국제협조주의와 상호방위조약

(4) 군의 국토방위의무

(5) 군의 정치적 중립성 보장

(6) 문민통제원칙

Ⅲ. 국군의 헌법상 지위

(1) 국군의 의의: 국군은 대한민국의 군을 말한다. 이때 협의의 군은 고급장교만을 의미하고, 광의의 군은 군대를 말하며, 최광의로는 그 밖의 무력에 관계하는 전 분야를 총괄하는 개념이다.

국군의 개념과 범위는 규정에 따라 동일하지 않다.

(2) 헌법상 지위

① 평화보장자로서의 지위: 헌법 제5조, 제4조 등에서 국제평화주의와 한반도문제에 관한 평화주의 채택

② 국민의 군대로서의 국군: 군인은 군공무원의 일원이며 군공무원은 특정직 국가공무원이므로 국군의 헌법상 지위를 규정한 제5조 제3항은 헌법 제7조에 대하여 특별법적 규정으로서의 성격을 가진다.

③ 국가안보의 국방의무의 주체로서 국군: 제39조 제1항은 전체국민이고, 국군은 국가안보와 국방의 제1차적 의무주체이다.

④ 정치적 중립성 준수: 과거를 청산함과 동시에 민주화시대정신과 의지가 반영된 국민적 합의로서 6공화국에서 명문화하였다. 그 내용으로는 다음과 같은 것이 있다.

ⓐ 군은 개인 또는 집단으로 정치에 개입하거나 정치활동을 하여서는 안 된다.

ⓑ 군부의 문민통치의 원칙유지

ⓒ 정치권에서도 개인 또는 집단의 정치적 목적을 위하여 군을 동원하거나 이용하여서는 안 된다.

Ⅳ. 군사와 기본권

(1) 군사상 목적을 위한 기본권제한: 제37조 제2항, 제33조 제3항, 제126조, 제39조 등에 규정, 즉 방위산업체설립, 주요방위산업체근로자의 단체행동권제한 등이 그것이다.

(2) 군인의 기본권제한: 군인은 광의의 공무원이지만 직무내용상 일반공무원에 비하여 기본권제한이 더욱 가중된다. 예컨대 재판청구권·국가배상청구권의 제한, 특별권력관계에 의한 제한(제복착용, 영내거주 등)

(3) 상이군인 및 전몰군인유가족취업기회우선보장(제32조 제6항): 국가와 민족에 헌신한 공로에 대한 국가적 보상

(4) 병역의무이행으로 인한 불이익한 처우금지(제39조 제2항): 국민개병주의를 확립하고 군복무의식을 고취하기 위한 규정

V. 병정통합주의

(1) 병정통합주의의 의의: 병정통합주의라 함은 군정·군령일원주의를 말하고, 군정과 군령을 일반행정기관이 관정하여 정부에 의한 군의 통제가 가능하다. 이에 대하여 병정분리주의라 함은 군정·군령이원주의로 군정담당기관인 군정기관으로서의 일반행정기관과 군령담당기관으로서의 국가원수 소속하의 별도 특수기관이 병존하는 주의를 뜻한다.

(2) 현행헌법상 군정·군령일원체제: 현행헌법상 국방체제는 대통령을 정점으로 그 예하기관으로 국무총리, 국방장관이 있고 국방정책에 관한 심의기관인 국무회의와 대통령 자문기관인 국가안전보장회의가 있다.

(3) 문민우위의 정군관계: 군인은 현역을 면한 후에 국무총리, 국무위원의 임명이 가능(제86조 제3항, 제87조 제4항)

(4) 민주군정주의: 이를 위해 법치군정의 원칙(제74조 제2항), 군통수권에 대한 국회의 동의권(제60조), 국회의 국정감사·조사권(제61조)

제2편 基本權論

제1장 基本權 총설

제1절 기본권의 성질

Ⅰ. 주관적 공권성

켈젠은 기본권의 권리성을 부인하고 반사적 이익설을 주장한다. 이에 대하여 결단주의에 따르면 기본권은 권리이며 직접적 효력을 갖는 현실적이고 주관적 공권이라고 한다.

Ⅱ. 자연권성

(1) 실정권설: 기본권이 자연법사상에서 출발하였으나, 기본권도 실정헌법에 규정된 실정권이고, 권리는 실정권을 떠나서 성립할 수 없으며, 자유는 전국가적이라 할지라도 자유, 권리는 국가내적이다.

(2) 자연권설: 기본권은 헌법에 의하여 비로소 보장되는 것이 아닌 자연권이며, 인권 없는 민주주의는 생각할 수 없으므로 기본권은 전국가적이다.

(3) 통합주의: 기본권은 그 시대의 사회가 통합되어 가기 위해 다수가 느끼는 공감대적 가치에 대한 공감대적 가치(consens)를 의미하기 때문에 자연권적 성격과 실정권적 성격을 인정하지 않는다. 기본권은 문화가치 내지 생활가치이다.

(4) 결어: 먼저 실정권설을 보면 기본권도 헌법에 규정된 이상 실정권으로 보아야 한다는 것은 헌법제정권력의 한계를 무시한 이론이며, 권리는 실정법을 떠나서 성립할 수 없다고 하나 자연법은 실정법 없이도 성립한다. 통합과정론은 기본권을 동화적 통합의 실질적 요소로 보며, 객관적 가치질서의 측면을 강조하는 것은 기본권의 권리성을 약화시키는 결과가 된다.

Ⅲ. 기본권의 이중성

(1) 긍정설

기본권은 주관적으로는 개인을 위한 주관적 공권(이는 대국가적 효력만이 있고, 여기에는 소극적 효력인 기본권침해금지의무와 적극적 효력인 기본권 적극보호가 있다)을 의미하지만, 객관적으로는 국가의 가치질서로서의 성격(객관적 가치질서에는 파급효과 내지 방사효과와 제도보장이 있고, 파급효과에는 대국가적 효력으로 국가권력 기본권기속성과 대사인적 효력으로 간접적용이 있다)을 가지고 있다.

우리 헌법재판소는 기본권의 이중성을 인정하고 있다.

법 앞의 평등의 헌법적 보장은 개개인이 국가권력에 대하여 평등한 대우를 요구할 수 있는 개인을 위한 주관적 평등권을 보장한 것이며, 동시에 국가권력에 의한 자의적인 차별의 금지와 같은 민주국가적 법질서의 내용이 되는 평등의 원칙을 객관적으로 확인한 것이다.

(2) 부정설

독일기본법 제1조 제2항과 같은 규정이 없는 우리 헌법하에서는 기본권이 헌법에 규정됨으로써 헌법규범으로서 국가권력을 구속하기 때문에 결과적으로 객관적 가치질서를 구성하게 되는 것이지 기본권 그 자체는 천부인권으로서의 공권일 뿐이므로 이중적 성격을 인정할 수 없다고 한다.

제2절 제도보장

Ⅰ. 서설

(1) 의의: 이는 주관적 공권이 아닌 객관적 제도를 헌법에 규정함으로써 이러한 제도 본질을 보장하려는 것이다.

(2) 연혁: Weimar 헌법의 재산권 규정과 관련하여 M. Wolff가 창안하고 C. Schmitt에 의하여 체계화되었다.

Ⅱ. 기본권과의 차이

(1) 학설: 자연권설에 의하면 기본권과 제도적 보장은 본질적으로 전자는 주관적 공권을 후자는 객관적 가치질서에 중점을 두어 이를 구별하며, 기본권의 이중성을 인정하는 학설에 의하면 제도보장은 기본권의 반사적 효과로 보며 기본권이 실질적으로 보장되기 위해서는 기본권 속에 제도보장이 들어 있어야 한다고 한다. 즉 제도보장과 기본권은 성질과 내용에 다소 차이는 있으나 제도보장은 기본권 속에 들어 있는 하나의 효력에 불과하다고 하며, 헤벨레의 제도적 기본권설은 기본권이 자연권성을 가진다고 하더라도 제도화된 기본권이 아닐 경우에는 효력이 없다고 한다. 이는 결국 실정권설에 귀착한다. 이하에서는 칼 슈미트의 견해로 설명하고자 한다.

(2) 보장의 대상: 기본권은 주관적 권리가 보장대상이며, 제도보장은 객관적 법규범을 그 대상으로 한다. 다만, 대상인 제도는 역사적·전통적으로 형성된 기존의 객관적 제도이어야 하여 헌법의 규정에 의해서 비로소 만들어지는 제도는 보장의 대상이 아니다.

(3) 보장의 정도: 제도보장은 최대한의 보장인 데 대하여 기본권은 최소한의 보장이다.

(4) 재판기능: 제도보장도 기본권과 같이 입법, 사법, 행정권을 구속하며 직접적으로 효력을 갖는 객관적 법규범으로서 재판규범으로 기능한다. 다만 제도보장규정 그 자체로만 직접근거로 하여 개인이 헌법소원을 제기할 수 없다.

Ⅲ. 관계

(1) 제도 그 자체만 보장하는 경우: 직업공무원제, 지방자치제

(2) 제도보장이 기본권보장과 관련되는 경우

① 권리가 제도에 종속되는 경우: 복수정당제가 보장됨으로써 정당의 설립이나 가입, 탈퇴의 자유가 보장된다.

② 제도가 기본권에 종속되는 경우: 정치적 자유권(투표권)을 확보하기 위하여 민주적 선거제도 보장

(3) 보장이 병존하는 경우: 사유재산권의 보장이 사유재산제도의 보장이 된다.

Ⅳ. 우리 헌법의 제도보장

직업공무원제, 복수정당제, 사유재산제, 교육의 자주성·전문성·중립성과 대학의 자치, 혼인제도, 가족제도, 지방자치지제 등

제3절 기본권의 주체

Ⅰ. 서설

(1) 의의: 기본권주체란 헌법이 보장하는 기본권의 향유자를 말한다. 그러나 국민의 그들의 신분이나 대국가적 관계가 서로 다르기 때문에 기본권의 주체가 되는 국민의 범위가 문제된다.

(2) 국민

① 일반국민: 기본권의 주체는 원칙으로 국민일반이다. 다수자로서의 국민, 소수자로서의 국민을 가리지 않고 국민이라 함은 대한민국의 국적을 가진 모든 자를 말한다.

② 특별권력관계에 있는 국민: 여기에도 법치주의가 적용되고 기본권제한은 법률에 근거가 있어야 하며 합리적이며 필요한 범위 내이어야 한다. 공무원의 정치활동, 노동삼권,

군인, 군무원의 재판청구권, 손해배상청구권 등이 그 예이다.

③ 기본권보유능력(이는 민법상 권리능력에서 차용한 개념), 기본권행사능력(이는 기본권보유능력자가 기본권을 유효하게 행사할 수 있는 능력이다)

Ⅱ. 외국인

(1) 인정 여부

① 부정설: 법실증주의에 따르면 외국인에게 기본권을 인정할 것인가의 문제는 입법정책상 문제와 실정법상 보장된 것이 아니라고 하며, 통합주의에 따르면 기본권을 통합되기 위한 공감대적 가치질서로 이해하는 스멘트는 인정하지 않는다.

② 긍정설: 결단주의에 따르면 규정보다 권리의 성질에 따라 인정 여부 결정, 즉 기본권을 인간의 권리로 인정되는 외국인에게도 인정한다(통설).

(2) 외국인에게 인정되는 기본권

① 인간으로서의 존엄가치 · 행복추구권
② 평등권: 정치적 평등이나 재산권보장에서는 합리적 차별인정
③ 자유권: 당연히 인정되나 직업선택, 거주이전, 언론출판, 집회결사의 자유 등에 있어서는 좀 더 제한을 받는다. 외국인에게는 입국의 자유는 인정되지 않으나, 입국이 허용된 외국인에게 출국의 자유는 허락된다. 다만, 외국인에게 정치적 망명을 인정할 것인가에 관하여 긍정하는 견해와 부정하는 견해가 있다.
④ 사회권: 원칙적으로 인정되지 않으나, 다만 환경권, 보건권 등은 제한된 범위 내에서 인정된다.
⑤ 청구권: 일정한 기본권과 결부된 재판청구권, 형사보상청구권은 외국인에게 인정된다.
⑥ 참정권: 이는 국민의 권리이므로 외국인에게는 인정되지 않는다.

Ⅲ. 법인

(1) 인정 여부

① 부정설(결단주의): 슈미트는 기본권은 자연인의 권리이므로 국가질서에 의하여 비로소 창설되는 법인에게까지 인정될 수 없다고 한다.

② 긍정설: 법실증주의는 법인도 자연인과 마찬가지로 구체적 법질서에 의하여 형성된 규범적 일원체를 뜻하기 때문에 법인도 기본권주체로 인정, 다만 법인격 없는 사단이나 공법인은 기본권주체성인정 부인하고, 통합주의에 따르면 법인이 그것이 사법인이건 공법인이건 간에 모두 통합의 형식이요 수단이기 때문에 그 주체성을 부정할 이유가 없다. 다만, 긍정설도 개별적 기본권의 성질에 따라 기준으로 하여 그것이 법인에게도 적용될 것인지의 여부를 결정하고 이에 따라 법인에게 인정되는 기본권을 구체적으로 열거하려는 기본권기준설과 각 법인의 특성에 따라 개별적, 구체적으로 판단하여 문제되는 기본권의 적용 여부를 결정하려는 법인기준설이 있다.

(2) 기본권주체로서의 법인개념의 재구성: 사법상의 법인 개념을 헌법학의 영역에 무비판적으로 차용하려는 데에 문제가 있다. 이를 해결하려는 이젠제(Isensee)의 헌법적 차원에서 기본권주체성을 인정하려면 의사결정과 활동에 있어 통일성을 가지는 조직적 통일체라야 하고, 당해 조직에 참여하는 자연인과의 관계에서 법적으로 상대적 독립성을 유지하는 것이어야 하며, 그 성격에 있어 사적 자율을 기초로 하는 조직이라야 한다.

(3) 이론적 근거: 이론적 근거는 법인이 그 구성원인 자연인의 기본권행사를 편리하게 하여 주거나 촉진시켜 주기 때문이다.

(4) 법인의 범위

① 사법상의 법인: 영리법인이건 비영리법인이건 모두 여기에 속한다. 여기서 권리능력 없는 단체가 문제가 되나 법인의 기본권주체성을 결정하는 표준으로서 사법상의 권리능력 유무는 문제가 되지 않는다. 그리고 재단법인도 헌법적 법인개념의 징표를 갖추고 있으면 그 기본권주체성을 부인할 이유가 없다.

② 공법상의 법인: 이는 원칙적으로 기본권의 주체가 될 수 없다. 즉 공법인은 국민의 기본권을 보장해야 하는 주체이기 때문이다. 예외적으로 대학이나 언론기관 등은 학문의

자유나 언론의 자유를 향유한다.

③ 외국법인: 내국법인으로 국한하는 나라가 있으나 우리나라에서는 외국법인에게도 성질상 법인에게 인정될 수 있는 기본권은 외국인에게 준하여 인정된다(재산권, 재판청구권, 영업의 자유 등).

(5) 법인에게 인정되는 기본권: 평등권, 직업선택의 자유, 거주 · 이전의 자유, 언론 · 출판의 자유, 집회 · 결사의 자유, 재산권보장, 재판청구권, 형사보상청구권, 환경권 등

(6) 법인에게 인정되지 않는 기본권: 인간으로서의 존엄가치 · 행복추구권, 생명권, 종교 및 양심의 자유, 신체의 자유 등

제2장 기본권의 효력

제1절 대국가적 효력

기본권은 주관적 공권으로서 국가권력에게도 그 효력이 있고 객관적 가치질서로서 사인 간에게도 그 효력이 있다. 여기서 대국가적 효력은 국민의 기본권이 개개의 국민에 대하여 가지는 권리를 의미하기 때문에 국가권력에 의하여 침해받지 않을 뿐만 아니라 모든 국가권력을 직접 구속하는 효력을 갖는다. 그리고 국가의 권력을 권력작용과 비권력작용으로 나누어서 권력작용에 대해서 기본권의 효력에 있느냐는 문제가 없으나 비권력작용인 관리작용과 국고행위에 대해서는 기본권 효력이 미치느냐에 대해서 학설 대립이 있다. 오늘날 국가권력은 권력작용뿐만 아니라 국고행위에도 그 효력이 적용된다는 것이 다수설이다.

제2절 기본권의 제3자적 효력

Ⅰ. 서설

(1) 문제의 제기: 사인에 의한 기본권 침해, 국가와 유사한 기능을 가지는 사회적 세력, 단체들이 생겨 이들에 의한 기본권 침해가 크게 문제되고, 기본권의 제3자적 효력이 논의된다.

(2) 제3자적 효력을 구체화하는 방법
① 헌법에 명기
② 입법에 의한 방법
③ 헌법해석에 의한 방법

Ⅱ. 대사인적 효력에 관한 외국이론

(1) 독일의 이론

① 적용부인설: ⓐ 사인 간의 자유로운 합의에 따라 스스로 자기 자유를 제한하는 것은 반드시 부당하지 않으며, ⓑ 기본권은 국가권력만을 대상으로 하고 국가권력만을 구속한다는 것, ⓒ 사인에 의한 침해행위로부터의 보호는 일반법률만으로 충분 현대적 상황에 부응하는 헌법해석론이 될 수 없고 기본권 규정과 사법규정이 단일의 헌법질서에 포섭되는 경향이 있다.

② 직접적용설: ⓐ 개인의 사회적 지위에 관한 기본권은 사회생활을 규율하는 객관적 가치질서를 구체화한 것이고, ⓑ 헌법은 최고의 가치질서를 구체화한 것이므로 국가 대 국민의 공법관계뿐만 아니라 사인 간의 법률관계도 헌법에 위반될 수 없다. 헌법에 명문규정이 없다. 공사법 이원체계에 혼란을 가져올 수 있다.

③ 간접적용설: 사법규정의 일반조항이나 불확정개념의 판단을 할 때 헌법의 기본권존중, 보장 취지에 따라 해석해야 한다.

(2) 미국의 이론

① 국가유사설: 구체적인 사법행위에 의한 인권침해를 공권력과 관련 또는 유사점에 따라 국가행위로 보아 헌법을 적용하는 이론이 판례에 의해 확립
② 국가재산이론: 국가시설을 임차한 자가 그 시설을 통해서 개인의 기본권을 침해한 경우 국가행위와 동일시하는 이론
③ 국가원조설: 국가에서 재정적 원조나 토지수용권, 조세감면 기타 원조를 받은 사인의 행위를 국가행위와 동일시하는 이론
④ 특권부여이론: 국가로부터 특정의 특권 내지 특별한 권한을 부여받아 그 한도 내에서 국가의 광범한 규제를 받으면서 국가와 밀접한 관계가 있는 사적 단체의 행위를 국가행위와 동일시하는 이론
⑤ 통치기능이론: 정당, 사립대학과 같이 성질상 통치기능을 행사하는 사인의 인권침해행위를 국가행위로서 간주하는 이론
⑥ 사법적 집행이론: 법원의 판결에 의해 사인의 인권침해행위가 실현되는 경우 그 집행을 위헌인 국가행위로 보는 이론

Ⅲ. 우리나라에 있어서의 대사인적 효력

(1) 학설의 추이와 검토 효력부인설의 경우에도 명문의 규정이 있거나 성질상 직접적으로 적용되는 기본권을 인정하고 있으며 인간의 존엄과 가치의 존중이 사법의 일반원칙인 신의성실과 권리남용 금지 및 공서양속 보장에 나타나 있으므로 이 경우 구태여 헌법조항이 직접 적용된다고 볼 것이 아니라 바로 사법의 일반조항 자체가 직접 적용된다 하여 결과적으로 간접적용설과 같은 입장을 취하는 견해가 있다. 다수설은 간접적용설이다.

(2) 직접 적용되는 경우
① 인간의 존엄과 가치 행복추구권
② 노동 3권
③ 근로조건기준
④ 여자와 연소근로자의 보호 등

(3) 간접 적용되는 경우
① 평등권
② 사생활의 비밀
③ 양심, 신앙, 표현의 자유

(4) 적용이 부인되는 대국가적 기본권 형법불소급의 원칙, 죄형법정주의, 국가배상, 형사배상 등 사법절차적 권리는 적용되지 않는다.

제3절 기본권의 갈등관계

I. 서설

기본권의 갈등은 하나의 기본권 주제가 동시에 여러 기본권의 적용을 주장하는 경우(기본권경합)와 복수의 기본권 주체가 서로 대립되는 기본권의 적용을 주장하는 경우(기본권충돌)를 포괄하는 개념이다.

이는 기본권을 어떻게 해석하느냐에 따라 그것이 과연 기본권의 갈등에 해당하는 경우인지 아닌지의 기본권의 해석문제이며, 갈등관계에 있는 기본권의 효력을 어느 정도 인정할 것인지의 문제이며, 최후에는 이러한 갈등을 해소하기 위해서는 결국 헌법이 예정한 기본권 제한의 원칙을 문제해결의 준거로 삼아야 한다.

II. 기본권의 경합

이는 하나의 기본권 주체가 복수의 기본권을 국가에 대하여 헌법에 합치되게 주장하는 것을 말한다. 그러므로 복수의 기본권 주체가 국가에 대하여 기본권의 효력을 주장하는 기본권의 충돌과는 상이하며 하나의 기본권 주체가 복수의 기본권을 헌법의 범위 내에서 이를 주장하여야 하며 이를 넘어서게 되면 이는 기본권의 경합이 아니다(이를 권영성 교수는 학문적 표현이나 예술적 수단을 이용한 광고에 있어 영업의 자유와 학문과 예술의 자유와의 관계로 유사경합이라 부른다). 즉 이는 진정한 의미의 기본권 경합이 아니다.

기본권의 경합의 예로는 정치적 집회를 참석한 학생들에 대하여 경찰이 무력으로 진압하고 구속한 경우에 학생들은 신체의 자유, 정치적 자유권, 집회의 자유를 동시에 주장할 수 있다. 이에 대한 해결로 서로 경쟁하고 있는 기본권 중에 가장 효력이 강한 기본권을 적용해야 한다는 최강효력설과 서로 경쟁하고 있는 기본권 중에서 그 제한의 가능성과 제한의 정도가 약한 기본권을 보호해야 한다는 최약효력설로 분류하여 최강효력설로 해결해야 한다는 견해(허영)와 경합되는 기본권 간의 우열을 일률적으로 판단하기가 어려운 경우가 있으므로, 당해 사안과 직접적으로 관련되는 기본권을 우선 적용하고, 사안관련성이 동일한 경우에는 최강력기본권을 적용하며, 기본권 효력이 동일한 경우에는 관련된 기본권을 모두 적용하여야 한다는 견해(권영성)가 있다.

Ⅲ. 기본권의 충돌

이는 복수의 기본권 주체가 동일 기본권 혹은 상이한 기본권을 국가에 대하여 헌법에 합치되게 주장하는 것을 말한다. 그러므로 하나의 기본권 주체가 기본권의 효력을 주장하는 기본권 경합과는 상이하며 헌법의 범위 내에서 주장하여야 하므로 헌법의 범위 밖에서 주장하는 진정한 의미의 기본권의 충돌이 아닌 것(권영성 교수는 연극배우가 무대에서 살인을 하고 피살자에 대하여 예술의 자유를 주장하는 경우를 예를 들며 이를 유사충돌이라고 한다)과도 차이가 난다.

기본권의 충돌은 복수의 기본권 주체가 국가에 대하여 기본권의 효력을 주장하는 것이므로 그 구도는 삼각구도를 이루고 있으며 복수의 기본권 주체가 동일·상이한 기본권을 주장한다는 특색을 가지고 있다.

이에 대한 사례를 들면 다음과 같다. 예컨대 신문사가 유명배우의 사생활을 공개한 경우, 신문사의 언론출판의 자유와 배우의 인격권 간의 충돌, 연탄공장의 운영으로 인한 기업주의 영업의 자유와 인근주민의 환경권 간의 충돌, 유명 배우의 누드사진을 보고 그림을 그린 경우의 예술가의 예술의 자유와 사생활의 자유 간의 충돌, TV 방송사가 무죄로 예상되는 법정에 서 있는 피의자의 초상을 무단으로 방영한 경우, TV 방송사의 보도의 자유와 피의자의 초상권 간의 충돌 등이 있다.

이를 해결하는 방법은 복수의 기본권 주체가 주장하는 기본권의 내용과 효력을 비교형량하여 양당사자의 기본권이 충분히 보장받고 존중되는 합리적인 해결책이 제시되어야 한다. 이에 대한 방법으로 이익형량과 규범조화적 해석이 있다(허영).

우선 이익형량이란 둘 이상의 법익을 비교하여 우열을 결정하여야 한다는 입장으로 기본권의 위계질서를 인정하여 상위기본권과 하위기본권이 충돌하는 경우에는 상위기본권이 우선하며, 동위기본권 간에 충돌하면 인격적 가치우선의 원칙과 자유우선의 원칙을 적용하여 그 해결점을 찾는다고 한다(허영). 그러나 자유권과 생존권이 충돌한 경우에 자유우선의 원칙을 적용하여 자유권을 우선 적용하는 것은 현대의 복지국가이념과 합치될 수 없다. 또한 두 법익을 비교형량하여 법익이 적다는 이유만으로 기본권을 보호받지 못하게 되면 국가의 기본권 침해가 확대될 우려가 있다. 그리하여 이를 해결하기 위한 방법으로 규범조화적 해석방법이 나오게 된다.

규범조화적 해석(권영성 교수는 이를 형평성의 원칙이라 한다)이란 복수의 기본권이 충돌하는 경우에도 이익형량에 의해 어느 기본권을 타 기본권에 우선시키지 않고 헌법의 통일성을 유지하기 위해 충돌하는 기본권 모두가 최대한으로 그 기능과 효력을 나타낼 수 있는 조화의 방법을 추구하려는 방법이다(허영). 이를 해결하기 위한 원칙으로 헌법재판소는 공평한 제한의 원칙(충돌하는 기본권을 모두 제약하면서 양자를 양립시킨다)을 들고 있다. 그리고 허영교수는 과잉금지의 원칙(두 기본권 모두를 제약하되 제약은 최소한으로 줄인다), 대안식 해결방법(충돌하는 기본권을 다치지 않는 제3의 대안을 마련), 최후수단의 억제방법(기본권보호를 위하여 필요하다 하더라도 모든 수단을 최후까지 동원하지 않는다)을 규범조화적 해석의 원칙으로 그 예를 들고 있다.

제3장 기본권의 제한의 일반론

제1절 기본권의 제한

Ⅰ. 서설

(1) 의의: 기본권제한은 기본권 상호 간의 모순충돌을 조정하여 기본권을 최대한 보장하기 위하여 인정된다.

(2) 유형

① 기본권의 구성요건: 기본권은 구성요건 속의 구체적인 구성요소로써 기본권을 제한하는 경우를 말한다.

② 헌법 직접적 제한(헌법유보): 이는 헌법이 명문으로 기본권제한을 규정하는 것을 말한다. 이에는 일반적 헌법유보(헌법의 기본질서나 기본원리에 위반되는 기본권 일반에 대한 제한을 헌법이 직접 명문으로 규정하는 것이며 우리 헌법에는 이것이 없다)와 개별적 헌법유보(이는 헌법의 기본질서나 기본원리에 위반되는 특정의 기본권 제한을 헌법이 직접 명문화하는 것)가 있다. 개별적 헌법유보의 예로는 민주적 기본질서에 위반되는 정당은 해산할 수 있는 경우, 언론이 타인의 명예나 권리 또는 공중도덕, 사회윤리의 침해, 공무원인 근로자는 법률이 인정되는 자를 인정하고는 노동3권을 제한하는 것 등이 있다.

③ 헌법 간접적 제한

ⓐ 의의: 국민의 기본권을 제한하고자 할 때 입법권자가 제정한 법률에 의하도록 하는 것

ⓑ 순기능과 역기능: 순기능이란 기본권을 제한하기 위해서는 반드시 법률에 의하거나, 근거가 있어야 하고, 역기능이란 입법권자가 법률로써 한다면 기본권제한을 할 수 있다는 것이다.

ⓒ 종류

- 일반적 법률유보: 기본권제한의 목적이나 방법을 일괄해서 규정 제37조 제2항
- 개별적 법률유보: 개별적 기본권조항에 법률이 정하는 바에 따라 제한할 수 있음을 명시, 예컨대 신체의 자유, 재산권의 내용과 한계 등이다.

④ 헌법 내재적 한계: 헌법 자체의 문제, 절대적기본권이 법률로서 제한할 수 없는 논리를 설명할 수 있는 근거를 마련, 절대적 기본권을 전제로 하여 인정되는 개념, 우리 헌법에서는 문제되지 않는다. 그러나 일반적인 양심의 자유, 종교의 자유 등만이 독일 기본법인 절대적 기본권을 원용할 수 있다. 즉 제한적으로 원용할 수 있다.

II. 기본권제한의 일반원리

(1) 법률유보

① 기본권이 법률에 의하여 그 내용이 형성되는 기본권형성적 법률유보(생존권적 기본권)
② 기본권이 법률에 의하여 그 행사절차가 구체화되는 기본권구체화 법률유보(생존권

적 기본권)

③ 기본권이 법률에 의하여 제한되는 기본권제한적 법률유보. 이것이 본래의 법률유보이다(제37조 제2항).

(2) 기본권제한의 대상

① 자유권에 한정하려는 견해
② 기본권전반으로 보는 견해

(3) 기본권제한의 형식

① 법률: 국회의 의결을 거쳐 제정된 형식적 의미의 법률
② 법률의 일반성, 명확성, 구체성

(4) 기본권제한의 목적

① 국가안전보장: 국가의 존립이나 헌법의 기본질서의 유지를 포함하는 개념
② 질서유지: 사회의 안녕질서
③ 공공복리: 인권 상호 간의 충돌을 조정하고 각인에게 최대한의 기본권보장

(5) 기본권제한의 정도(헌법재판소결정) - 과잉금지원칙

① 목적의 정당성(제한불가피성): 기본권제한의 입법목적이 헌법 및 법률의 체계상 그 정당성이 인정되어야 한다.
② 방법의 적정성: 기본권제한의 방법이 제한 목적을 달성하기 위하여 효과적이고 적절해야 한다.
③ 피해의 최소성: 기본권제한은 필요한 최소한도에 그쳐야 한다.
④ 법익의 균형성(이익형량의 원칙): 기본권의 보호이익과 그 제한되는 경우의 이익 간의 균형이 유지되어야 한다.

(6) 기본권제한의 한계

① 본질적 내용의 침해금지: 본질적 내용이란 인간의 존엄가치와 같은 기본권의 핵심 내지 실체를 말한다.

② 한계를 벗어난 법률: 위헌법률심사나 법률에 대한 헌법소원의 형식으로 위헌 여부를 다툴 수 있다.

Ⅲ. 기본권제한의 예외

기본권보호로서 기본권제한의 원칙으로 설명한다.

(1) 긴급명령, 긴급재정·경제명령
(2) 비상계엄
(3) 특수신분관계에 있어서 기본권제한

제2절 헌법내재적 한계

Ⅰ. 본질

(1) 의의

이는 법률에 의해서도 제한할 수 없는 이른바 절대적 기본권(종교, 예술, 학문, 양심의 자유)을 규정하고 있는 헌법질서 내에서 그 절대적 기본권의 제한 필요성이 현실적으로 생긴 경우 이를 합리적으로 해결하기 위해서 생각해 낸 헌법이론적 논리형식이 기본권의 내재적 한계이다. 이는 기본권의 상충문제를 해결하려는 여러 가지 논리적인 시도는 기본권의 내재적 한계를 이미 전제로 하고 있다.

(2) 근거에 관한 학설

이를 인정하는 학설에는 그 근거로 기본권구성요소제외이론, 공동체유보이론(국가안전
보장을 기본권의 내재적 한계로 보는 견해), 공서양속이론(공서양속을 내재적 한계로 보
는 견해), 규범조화적한계이론(헌법의 통일성과 헌법이 추구하는 전체적인 가치질서의 관
점에서 그 기본권에 대한 개별적인 관계에서의 제한이 불가피하다는 이론), 개성신장한계
이론(개성신장의 자유의 한계로 제시되는 타인의 권리, 헌법질서, 도덕률의 세 가지는 다
른 모든 기본권의 내재적 한계로 적용된다는 이론), 개념내재적 한계이론(이는 문제가 되
고 있는 개별적인 기본권의 개념을 되도록 좁게 해석함으로써, 결과적으로 그 기본권의
내재적 한계를 인정하려는 것) 등이 있다.

II. 우리 헌법과 내재적 한계 인정 여부

(1) 긍정설

독일 기본법에 규정된 타인의 권리, 도덕률, 헌법질서를 내재적 한계로 본다. 우리 헌
법의 근거를 언론출판의 자유와 정당의 목적에 두고 있다. 이 견해에 따르면 개인의 기
본권은 타인에게 해를 끼치지 않는 범위 내에서 존중되는 것이며, 사회공동체생활을 위
해서는 필요한 규제가 당연히 가해져야 한다. 이는 개인의 자유가 前國家的일 수는 있
어도 사회적 구속을 받지 않는 의미의 前社會的일 수는 없기 때문이다. 따라서 헌법의
명문규정의 유부를 불문하고 기본권의 내재적 한계를 인정한다.

(2) 부정설

이는 절대적 기본권을 제한할 필요성이 현실적으로 발생한 경우 이를 합리적 설명하기
위해 나타나게 되었고, 독일과 같이 개별적 법률유보만을 인정되는 나라에서는 몰라도
우리나라와 같은 일반적 법률유보조항을 가지고 있는 나라는 절대적 기본권을 인정하기
어렵다. 또한 일반적 법률유보에 의해 제한된 기본권을 또다시 내재적 한계로 제한한다
면 기본권의 본질적 내용은 증발해 버릴 위험성도 도사리고 있다. 즉 내재적 한계론보다
는 기본권제한의 한계문제를 중요시하여야 한다.

제3절 특별권력관계(특수신분관계)

Ⅰ. 서설

(1) 의의

이는 법률규정이나 당사자의 동의 등 특별한 법적 원인에 의거하여 공법상의 특정한 목적에 필요한 한도 내에서 당사자 일방이 타방을 포괄적으로 지배하고, 타방이 이에 복종하는 것을 내용으로 하는 것

(2) 일반적 권력관계와의 구별

절대구별, 상대구별, 구별부인설 등이 있으나 행정목적상 일반권력관계보다 상대적으로 더 강한 결합관계가 필요하다고 보이므로 상대적 구별설이 타당하다.

(3) 종류

① 복무관계
② 재학관계
③ 수감관계
④ 입원관계
⑤ 이용관계(공원, 도서관과 이용자관계)

(4) 학설

① O. Mayer 특별권력관계를 도입하고자 기본권객체설, 주권포기설, 동의설 등이 있다.
② Ule는 기본관계는 기본권효력인정, 업무관계는 기본권효력부인
③ Hesse는 특별권력관계를 부인하고 헌법의 통일성을 유지하기 위해 특수한 신분관계만 존재하고, 그것은 법률에 의한 기본권제한의 예외가 아니라, 법률에 의한 기본권제한의 원칙이 적용되는 유형이라고 한다.

Ⅱ. 기본권제한

(1) 기본권제한 여부: 절대적 기본권은 성질상 제한이 불가능하나 상대적 기본권은 합리적 범위 내에서 가능

(2) 유형
① 헌법에 의한 제한
ⓐ 공무원: 공무원인 근로자는 법률이 인정된 자를 제외하고 단결, 단체교섭, 행동권을 가질 수 없다.
ⓑ 군인, 군무원: 국가배상청구권제한, 군사재판을 받을 것을 원칙, 비상계엄하에서 단심으로 처리할 수 있는 경우
② 법률에 의한 제한: ⓐ 정당법, 국가공무원법, ⓑ 국공립학교의 학생, 수형자 등 교육법, 행형법 등에 규제
③ 특별규칙
ⓐ 내부규칙에 의한 거주·이전의 자유제한
ⓑ 제복착용명령 등

Ⅲ. 사법적 통제

특별권력관계에 있어서의 처분을 사법적 통제의 대상으로 할 수 있는가에 관해 부정설, 전면적 긍정설, 제한적 긍정설이 대립 – 헌법이 기본권을 보장하고 있는 현실에 비추어 국가의 행위로 말미암아 개인의 기본권이 침해된 경우 그 침해행위가 특별권력관계에서의 행위라는 이유로 구제방법을 부인해서는 안 되며, 다만 순수한 내부적 규율에 그치기 때문에 법치주의의 적용이 없는 경우나 자유재량이 인정되고 있는 영역에서는 사법적 구제가 인정되지 않는다(제한적 긍정설).
또한 자의적이거나 재량일탈의 경우도 법원의 사법적 구제가 인정된다.

```
*권영성 교수의 기본권내재적 한계에 관한 견해
타인의 권리 침해, 헌법질서, 도덕률에 위배되어서는 안 된다.
현행헌법┌언론출판의 자유: 타인의 명예, 권리 또는 공중도덕, 사회윤리를 침해해서는 안 된다.
        └정당의 목적과 활동: 민주적 기본질서 위배되어서는 안 된다.
*기본권제한
1. 묵시적 제약: 타인의 권리 침해, 도덕률, 헌법질서파괴 금지
2. 명시적 제약
① 헌법유보
• 일반적 헌법유보는 없다.
• 개별적 헌법유보: 언론출판의 자유, 재산권의 공공복리적합성, 정당의 목적과 활동
② 법률유보
• 일반적 법률유보: 헌법 제37조 제2항 국가안전보장, 질서유지, 공공복리
• 개별적 법률유보: 헌법 제12조 제1항(신체의 자유), 제23조 제3항(재산권보장 – 수용), 제33조 제3
  항(주요 방위산업체)
```

제4장 기본권침해와 구제(기본권보호)

Ⅰ. 서설

(1) 용어정리

통합과정론의 입장에서 기본권과 통치기구는 목적 수단의 관계이므로 통치기구는 기본권의 침해에 대한 구제의 문제가 아니라 통치기구에 의한 기본권의 보호입장에서 접근한다.

(2) 기본권침해와 구제의 의의

기본권의 보장이 완전하게 되려면 기본권이 침해되지 않도록 사전에 예방적 조치를 감수해야 하며 현실적으로 기본권이 침해된 경우에는 그 침해의 배제와 아울러 사후구제절차가 완비되어야 한다.

Ⅱ. 입법기관에 의한 침해와 구제

(1) 적극적 입법에 의한 침해의 경우

우리 헌법은 법률이 구체적으로 적용되고 그로 인한 침해가 발생한 경우에만 위헌, 무효 여부를 결정(구체적 규범통제)할 수 있다. 즉 그 법률이 구체적으로 적용되기 이전의 단계에서 예방적으로 그 배제를 구하는 제도(추상적 규범통제)가 원칙적으로 인정되지 않는다. 적극적 입법에 의해 기본권이 침해된 경우에 국민은 위헌법률심판, 헌법소원, 청원권, 선거권을 행사할 수 있다.

(2) 소극적 입법(입법부작위)에 의한 침해의 경우

이는 주로 생존권분야에서 그 침해가 일어난다. 즉 입법이 없는 경우에 국회로 하여금 그에 관한 입법을 하도록 촉구하는 결정이나, 불완전·불충분한 입법을 구체적이고 충분한 내용의 입법으로 개정하도록 촉구하는 결정을 헌법재판소에 소구하는 것이 가능한가에 관해서는 소극설(권력분립적 한계, 사법적 한계)과 적극설(헌법소원을 제기할 수 있고, 헌법불합치, 입법촉구결정을 할 수 있고, 입법부작위위헌확인결정을 할 수 있다고 한다)이 있다. 헌재는 입법부작위에 대하여 국가의 행위의무, 보호의무가 발생하였음에도 불구하고 아무런 입법조치를 취하지 아니한 경우에만 한정된다고 한다.

Ⅲ. 집행기관에 의한 침해와 구제

(1) 침해

위헌적인 내용의 명령집행, 정당한 법령이지만 해석을 그르쳐서, 적극적으로 법을 위반, 소극적으로 법집행을 안 함으로써 기본권을 침해

(2) 구제

① 행정기관에 의한 구제방법
ⓐ 청원(제26조): 당해 행정처분의 취소, 무효 또는 관계공무원의 해임청원
ⓑ 행정심판: 행정청의 위법 또는 부당한 처분, 공권력 행사, 불행사, 취소, 무효 등 확인, 의무이행심판
ⓒ 형사보상제도: 형사피의자(불기소처분), 피고인(구금 - 무죄판결), 국가에 대하여
ⓓ 행정상의 손해배상제도: 공무원이 직무상 불법행위, 국가 또는 공공단체에 대하여
② 법원에 의한 구제
ⓐ 행정소송: 일반법원형
ⓑ 명령·규칙심사제도: 구체적 규범통제, 개별적 효력설(당해 사건에만 그 법령의 적용 거부)
③ 헌법재판소: 헌법소원
④ 특별한 인권옹호기관: 인권상담제도, 법률구조제도

Ⅳ. 사법기관

(1) 침해

오판에 의한 인권침해, 재판의 지연으로 신속한 재판을 받을 권리를 침해, 재판절차에서 형사피해자의 재판절차진술권의 침해, 형사피고인을 유죄판결확정 이전에 유죄인처럼 다루는 것(무죄추정의 원칙을 침해)

(2) 구제

① 상소, 재심, 비약상고: 상급법원에 심사
② 형사피고인이 유죄인처럼 취급: 항변
③ 형사피고인으로서 구금, 무죄판결: 형사보상청구권

④ 재판절차에서의 진술기회 요구

Ⅴ. 사인에 의한 침해

사인 간에도 기본권이 불법행위에 의하여 침해되거나 합의, 협정 또는 자율적 규제라는 이름으로 침해되는 사례가 적지 아니하다. 이에 대한 구제로 민사상 손해 배상, 사죄광고, 형사적 제재, 정당방위, 긴급피난 외에는 자력구제는 원칙적으로 금지한다.

Ⅵ. 최후의 공권력의 불법적 행사에 대한 국민의 저항권행사

저항권은 인권과 민주적 기본질서를 옹호하고, 민주적 기본질서를 유지하기 위한 최후의 수단이며, 일종의 자연법상의 권리로 이해해야 한다.

Ⅶ. 기타

인권위원회와 권익위원회 등에 의해서도 국민의 기본권 침해에 대하여 보장을 받을 수 있으나, 이는 실질적 보장의 내용이 되지는 못하고 다만 권고 수준에서 보장받을 수 있다.

제3편 基本權 各論

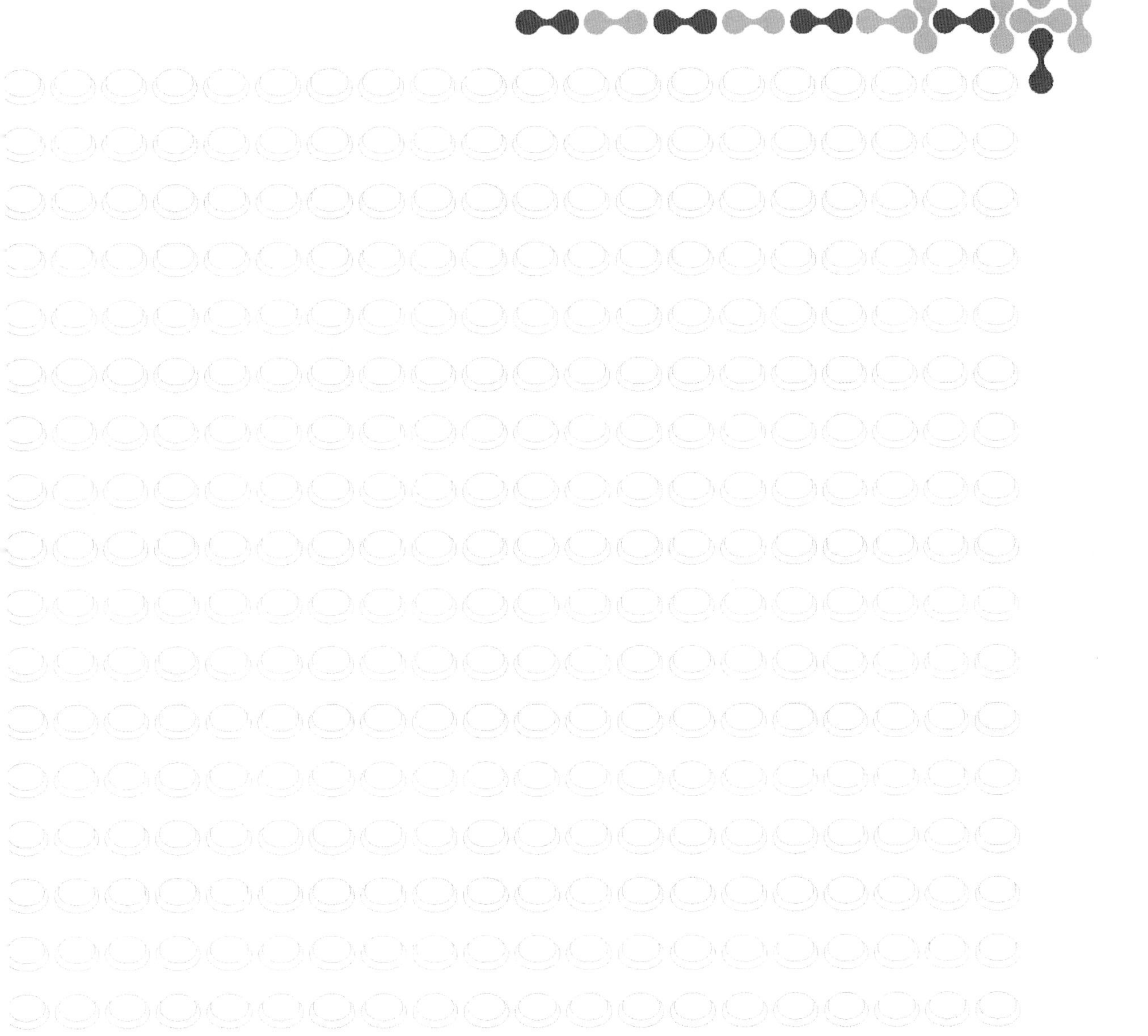

제1장 人間의 尊嚴과 幸福追求權 및 平等權

제10조 모든 국민은 인간으로서의 존엄과 가치를 가진다.

제1절 人間으로서의 尊嚴과 價値

Ⅰ. 배경

인간의 존엄과 가치는 제5차 헌법개정(1962년 12월 제3공화국 헌법) 때 처음으로 도입되었고, 이는 제2차 대전 후 독일기본법에 입법화되었다.

Ⅱ. 의미

(1) 존엄과 가치

존엄과 가치란 개인의 평등과 독립한 인격가치를 존중한다는 개인주의원리를 표명한 것이라고 일반적으로 이해되고 있다. 이것은 헌법의 기본원리로서 국정 전반을 지배한다. 그리고 존엄과 가치란 인간의 인격과 인간으로서의 독자적 인격주체성을 말한다.

(2) 인간

인간이란 전체주의·군국주의를 반대하고, 또한 고립적이고 이기적이며 독립적인 개인주의 반대한다. 즉 인간존엄가치에서의 인간은 고립된 인간도 아니고 또한 독립적 지위를 전혀 갖지 못한 인간도 아닌 인간의 고유한 가치를 유지하면서 사회에 구속되며 사회와 일정한 관계를 가진 인간을 의미한다(인격주의).

Ⅲ. 법적 성질

(1) 통설

모든 기본권의 이념적 전제로 모든 기본권 보장의 목적이 되는 객관적 헌법원리이며 자연권성 갖는다고 본다.

(2) 이설

개별적이며 구체적 권리 규정으로 보는 견해이다.

(3) 헌재

헌재는 인간의 존엄과 가치, 행복추구권을 모든 기본권보장의 종국적 목적이라고 하면서 동시에 전자는 일반적 인격권이 후자는 일반적 행동자유권, 개성의 자유로운 발현권 등이 포함되어 있다고 하면서 기본권성을 인정하고 있다.

Ⅳ. 적용범위

내국인뿐만 아니라 외국인에게도 적용된다.

Ⅴ. 법적 효력

(1) 최고규범성

이는 국가활동에 가치지표 내지 목적이 되며, 법의 해석기준, 법의 보충원리가 되며, 헌법개정 금지사항이며 기본권제한의 입법의 한계를 이루게 된다. 또한 반전체주의와 인간우위의 원리를 그 내용으로 한다.

(2) 대국가적 효력: 직접적 효력 규정이다.

(3) 제3자적 효력이 있다.

Ⅵ. 헌법 제37조와의 관계

헌법 제37조 제1항은 헌법 제10조 의하여 확인, 선언된 천부인권으로 포괄성을 주의적으로 선언한 것으로 보는 견해, 헌법에 열거되지 않은 자유와 권리도 통합의 원동력으로서의 의미를 지닌다면 열거된 자유와 권리와 마찬가지로 헌법 제10조를 실현시키기 위한 수단으로 보는 견해, 헌법에 열거되지 않은 자유와 권리도 인간의 존엄과 가치에 부합되는 자유와 권리이어야 하므로 헌법 제10조와 상호보완관계에 있다고 보는 견해로 나누어진다.

그리고 헌법 제10조는 제37조 제2항의 기본권 제한 시 그 최후적 한계로서 기능한다.

제2절 생명권

Ⅰ. 生命權의 意義

(1) 生命의 槪念

生命權의 대상인 生命을 이해하는 데 있어 이를 자연적 개념으로 볼 것인가, 법적인 개념으로 볼 것인가에 관해 견해가 대립하고 있다. 생명은 순수하게 자연과학적으로 보고 생명에 권리를 부여하였을 때는 헌법적 개념으로 보아야 한다. 즉 살아 있는 모든 생명은 모두 자연적 상태로 있지만 법적으로 보호할 가치가 있느냐에 따라서 법적으로 제도적 장치가 설치되는 것이다.

(2) 生命權의 意義

生命權이란 生命의 발생과 유지, 발전과 소멸에 관한 모든 權利를 말하며 人間의 모든 權利의 기점인 동시에 歸結點이다. 憲法上 保障되고 있는 각종의 基本權도 生命을 기초로 하여서만 그 의의가 있는 것이며, 개별적인 基本權은 결국 포괄적인 基本權으로서의 生命權을 보다 의미 있게 구체화하는 것이라고 말할 수 있다. 이와 같이 生命權은 모든 人權保障의 대전제가 되는 生命이는 최고의 價値를 保障하는 權利이다. 생명권은 기본권 중에 최소한의 보장(기본권보장의 출발점이라는 측면에서의 최소한의 보장)이면서 최후의 보장(사람이 태어나서 죽을 때까지 끝까지 보장된다는 의미)이기 때문에 어느 누구에게도 차별 대우를 해서는 안 되는 것이다.

(3) 生命의 始期와 終期

生命權을 누릴 수 있는 기간, 즉 生命의 시기와 종기는 자연현상으로서의 生命을 기초로 하여 법적 관점에서 정해져야 한다. 憲法학에서는 폭넓게 生命權을 保障하기 위해 生命의 시기를 受胎로 보는 것이 일반적 견해이다. 그러나 독일 憲法裁判所의 한 판례에 의하면, 태아는 수태 후 14일 정도를 걸려 着床되는 때로부터 완전한 형태를 가진 유기체가 된다고 한다. 그리고 生命의 종기에 관하여는 의학적으로 학설이 갈리고 있다. 최근 의학계에서 주장하는 것처럼 뇌사설이 보다 사망의 합리적 기준이 된다고 한다. 그리고 生命의 시기와 종기와의 사이에 보호할 價値가 없는 生命을 생각할 수 있는데 이는 의식을 상실한 채 점점 꺼져 가는 生命, 심한 심신상실의 상태에 있는 生命, 중한 불치의 질병에 걸려 있는 生命을 말한다. 保護價値없는 生命이라는 개념에 의하여 生命에 대한 법적 보호를 배제 내지 약화시키려는 노력은 生命權을 침해하는 행위로서 憲法秩序 내에서 결코 용납될 수 없는 것이다.31)

(4) 生命權의 憲法的 根據

現行 憲法에는 生命權에 관한 명문규정이 없다. 따라서 生命權이 인정되는가, 인정된다면 그 근거규정은 어느 것인가가 문제된다. 이에 대한 학설로 ① 憲法 제10조의 人

---

31) 구병삭, 憲法學Ⅰ, 박영사, 1986, 436면.

間의 尊嚴과 價值에서 찾는 설, ② 제12조의 身體의 自由權說, ③ 제37조 제1항의 憲法上 열거되지 아니한 權利라는 說, ④ 제10조의 人間의 尊嚴과 제12조 제1항이 신체의 自由에서 그 근거를 찾는 說 등이 있으나 生命權의 保障은 1차적으로는 인격적 존재로서 人間의 尊嚴性을 규정한 제10조에서 찾고, 이차적으로는 육체적 존재로서 身體의 自由를 규정한 제12조 제1항에서 구한다.

(5) 生命權의 法的 性質

生命權은 自然權的 基本權으로서 모든 個別的 基本權을 포괄하는 包括的 權利임과 동시에 主觀的 公權으로서의 성격과 客觀的 價値秩序로서의 이중적 성격을 가진다.

II. 生命權의 主體와 內容

(1) 生命權의 主體

生命權은 천부인권적 자연권이므로 人間이면 누구나 그 주체가 되는 것이다. 따라서 자연인인 이상 내국인이든 외국인이든 남녀노소 구별 없이 그 주체가 되나, 법인은 그 성질상 生命權을 향유할 수 없다.

(2) 生命權의 內容

生命權이 적어도 生命에 대한 각종의 국가적 침해를 막는 방어권을 그 내용으로 한다는 점에 대해서는 異論이 없으나, 제3자에 의한 生命權의 침해로부터 보호해 줄 것을 국가에 대하여 요구할 수 있는 積極的인 權利도 내포하고 있느냐의 문제와 국가가 生命을 助成 내지 促進시킬 義務가 있겠는가의 문제에서 견해가 대립되고 있다. 이하에서는 이에 대해 논해 보기로 한다.

① 對國家的 防禦權(消極的 生命權): 憲法上 生命權은 對國家的 防禦權으로서 국가가 개인의 生命을 침해하는 것을 배제하도록 요구할 수 있는 消極的인 生命權을 가진다. 따라서 국가는 국민의 生命을 박탈할 수 없으며 生命의 단축을 초래하는 행위도 위헌이 된다. 그리하여 安樂死나 落胎는 원칙적으로 금지되며 生存價値 없는 人間

生命의 말살이라든가 死刑制度도 生命權을 침해하는 것으로 위헌이며, 따라서 허용될 수 없다. 특히, Genocide의 금지는 소수집단의 보호를 위해서도 필요한 것이다32). 따라서 生命權은 그 본질상 對國家的 防禦權으로서의 自由權的 性格을 가진다. 위에서 기술하였지만 생명권은 주관적 공권으로서 소극적 의미는 국가라 할지라도 생명권을 침해하지 말아야만 한다는 의미에서 대국가적 방어권이다.

② 國家의 生命助成(保護)義務(積極的 生命權): 生命權의 내용에 국가가 積極的으로 生命을 조성 내지 촉진시킬 義務가 포함되어 있는가에 대해 견해의 대립이 있는데, 국가는 사회적 · 경제적 여건을 마련하여 生存할 積極的 生命助成義務가 있다고 본다. 여기서 국가의 生命助成義務는 국가에 대한 보호청구권과 구별해야 하는 것으로 生命에 절대적으로 필요한 물질적인 바탕을 국가가 保障해 준다든가, 굶어 죽지 않도록 국가가 적절한 조치를 해 준다든가 또는 인공적으로 生命을 연장시켜 주어야 하는 등의 生存權的 內容을 의미한다. 생명권은 국가가 적극적으로 보호해야 한다. 즉 현대에 와서 생명권은 국가가 침해하지 말아야만 한다는 소극적 효력뿐만 아니라 국가가 생명을 단축하게 하거나 절명시키는 것을 못하게 한다는 측면에서 적극적 효력이 강조되게 되었다. 그러므로 국가의 생명조성의무가 생명권을 통하여 보장되게 되는 것이다.

③ 保護請求權: 生命權은 또한 제3자에 의한 生命權의 침해로부터 보호해 줄 것을 국가에 청구할 수 있는 權利도 내포하고 있다. 基本權의 제3자적 효력을 인정하게 되면 生命權의 제3자적 효력도 당연히 인정될 수 있다. 생명권의 객관적 가치를 인정하게 되면 생명권을 침해한 제3자 내지 私人에 대하여 생명권의 제3자적 효력을 인정하게 된다.

III. 生命權의 效力

생명권은 대국가적 효력으로 국가가 생명권을 침해하지 말아야만 한다는 소극적 효력과 국가가 생명권을 적극적으로 보호해야 한다는 적극적 효력과 일반인이 이를 침해할 때는 이를 기본권의 제3자적 효력으로서 간적적용을 통하여 일반인의 생명권을 보호해야 한다. 즉 生命權은 대국가적으로 직접적인 효력을 가지므로 입법 · 행정 · 사법은 이에 구속된다. 이러한 국가의 生命權에 대한 保護義務는 포괄적이며, 生命에 대한 국가의 직접적 침해가 금지될 뿐만 아니라 국가로 하여금 生命을 보호하고 육성해야 할 義務를 지우고, 특히 일반인에 의한 불법적인 침해로부터 生命權을 보호할 책임을 지운다.

---

32) 金哲洙, 憲法學槪論, 참조

Ⅳ. 生命權의 制限과 限界

憲法上 絶對的 基本權으로서의 生命權은 人間尊嚴성의 활력적 기초이고 人間尊嚴性은 憲法改正에 의해서도 침해될 수 없다는 憲法精神에 비추어 볼 때 生命權에 대한 법률유보가 인정된다. 즉 生命權이 한 객체에 있어서는 최고의 權利를 의미하지만 다른 주체와의 관계에서는 공존의 원리에 따라 絶對的 權利性을 인정할 수 없다. 그러므로 모든 生命이 동등한 價値를 가진다고 하더라도 타인의 生命을 정당한 이유 없이 부정하거나 生命과 生命이 충돌하는 限界적 긴급상황의 경우에 모든 生命을 동등하게 보호할 것인가의 기준을 제시할 수밖에 없는 것이다.33) 따라서 필요한 경우 특정의 生命을 보호할 정당한 이유가 있을 때에는 다른 生命을 부정할 수 있는 법적 평가(입법)가 가능하다.

Ⅴ. 關聯問題

(1) 安樂死

安樂死라 함은 의사가 '고통이 없는 방법'으로 환자의 生命을 단축시키는 것을 말한다. 여기에서 의사가 積極的으로 生命을 단축시키는 積極的 安樂死와 消極的으로 生命을 연장시킬 수 있는 조치를 하지 않음으로써 사망을 결과하는 消極的 安樂死가 있다.

安樂死는 의학적으로 회피가능성이 전혀 없으며 生命의 연장이 극도의 고통만을 주는 경우에 성립된다. 현재로서는 安樂死가 人間의 生命權을 침해하기 때문에 허용되지 않고 있다. 또한 憲法的으로 生命을 단축은 아무리 경미한 경우에도 허용되지 않으며, 단지 '生命의 단축을 수반하지 아니하는 安樂死'만이 인정된다는 견해도 있다34).

그런데 최근에 환자가 人間답게 죽을 權利, 이른바 '존엄사'의 문제가 심각하게 논의되고 있다. 직접적으로 生命을 단축시키는 積極的 安樂死에 관하여는 이견이 없으나, 논의의 대상이 되는 것은 소극적 방법으로 생명의 연장을 하지 않는 消極的 安樂死에 국한된다.

---

33) 전원배, 生命權에 관한 憲法的 考察, 서울대 석사논문, 1985, 42 – 3면.
34) 許營, 人工姙娠中絶과 憲法, 공법연구 제5집, 1977, 57면

(2) 處分權의 問題=生命의 抛棄

生命權에 있어서도 자신의 生命을 포기할 수 있는 이른바 "처분권"이 허용되는가 또는 타인에게 자신의 生命에 관한 처분권을 위임하는 것이 허용되는가의 문제가 제기된다. 生命權은 신성불가침의 기본적 인권이므로 權利인 동시에 義務의 성격을 가지고 있다. 따라서 生命權의 포기, 죽을 權利(right to die)는 원칙적으로 인정되지 않는다.

(3) 人工姙娠中絶

生命의 시기를 수태 시로 보면 태아도 당연히 生命의 주체가 된다. 따라서 인공임신중절, 즉 낙태는 원칙적으로 금지되어야 한다. 형법상 낙태죄의 규정은 태아의 生命權에 대한 형사법적 보호라고 할 수 있다. 그렇다면 모자보건법이 허용하는 인공임신중절35)은 태아의 生命權에 대한 침해로서 위헌이 되는가의 문제가 제기된다. 다만 태아의 生命權의 보호라는 입장에서 모자보건법상 예외조항은 엄격하게 해석·적용되어야 할 것이다.

(4) 正當防衛·職務遂行·戰鬪 등과 生命權

정당방위와 긴급피난에 의한 살인의 경우에 형법상 위법성이 조각된다. 그리고 직무수행에 있어서 타인의 生命을 구출하기 위해 살인하는 경우에 어느 정도까지 生命의 위험을 감수할 것인가가 문제된다. 국가가 국민의 生命을 보호하기 위해 군인·경찰관·소방관 등을 투입할 義務가 있지만, 비례의 원칙에 위배하여 그 生命을 바쳐 직무수행하도록 강요할 수는 없다. 그 명령불복종에 대한 처벌 내지 징계가 제기되는 때에는 책임성이 결여되는 것으로 볼 수 있다.

(5) 死刑制度

死刑이란 수형자의 生命을 박탈하여, 그 사회적 존재를 영구히 말살하는 형벌을 말한다. 生命의 상실을 가져오는 까닭에 生命刑이라고도 말하고, 또 刑罰의 성질상 가장 중

---

35) 모자보건법 제14조는 우생학적 또는 유전학적 질병, 전염성 질환, 강간 또는 준강간에 의한 임신, 近親相姦에 의한 임신, 모체건강상 이유 등에 해당하는 경우에 해당하는 경우에 낙태를 허용하고 있다

한 刑罰이므로 극형이라고도 한다.

死刑制度의 존폐문제에 관하여는 계몽시대 이후 본격적으로 논의되어 오고 있다. 死刑存置論者들은 첫째, 死刑의 위하적 효력은 범죄억지력에 있다. 둘째, 刑罰의 본질이 응보에 있는 이상 극악한 범죄인에 대하여는 死刑을 선고하지 않을 수 없다. 셋째, 死刑의 廢止가 이념상 바람직하기는 하지만 사회의 법의식이 이를 요구할 때에는 死刑은 적절하고 필요한 형이라는 등의 주장을 한다. 한편 死刑廢止론자들은 첫째, 死刑은 야만적이고 잔혹한 刑罰이다. 둘째, 오판의 경우 회복할 수 없는 刑罰이다. 셋째, 死刑은 일반인이 기대하는 것처럼 위하적 효과를 가지지 않는다. 넷째, 개선과 교육이라고 하는 刑罰의 목적을 달성할 수 없다는 등의 주장을 한다.

死刑制度에 관하여 大法院과 다수설은 합헌으로 본다. 憲法裁判所는 死刑制度에 관하여 실질심사(본안판단)를 행한 바 없다가 최근에 합헌으로 판단하였다.

결론적으로 생명권과 관련하여 死刑은 인간의 존엄과 가치에 상치되며 인간의 존엄과 행복추구권을 보장하고 있는 현행 헌법과는 조화되기 어려운 死刑은 마땅히 廢止되어야만 한다. 즉 인간의 존엄은 죄수나 일반인 모두에게 적용되는 萬人 適用規定으로서 死刑이라는 생명의 절멸이 된 상태에서는 실현될 수 없는 기본권의 기본가치이자 모든 기본권의 목적조항이다.

제3절 幸福追求權

제10조 모든 국민은 행복을 추구할 권리를 가진다.

Ⅰ. 연혁

이 규정이 사상적으로는 1778년 미국독립선언에서 유래하고 더 나아가 존로크의 사상에까지 거슬러 올라간다는 것은 잘 알려져 있는 바이다. 로크의 자연법사상에 있어서는 '생명, 자유 및 재산'에 대한 권리가 주장되고, 독립선언에서는 '우리들은 자명한 진리로서 모든 사람은 평등하게 창조되고, 조물주에 의해서 일정한 박탈당하지 않는 천부의 권리를 부여받았으며, 그중에서 생명, 자유 및 행복추구가 포함된다는 것을 믿는다.'고 하는 것이 강조되고 있다.36) 이것은 자연권사상의 단적인 표현이다.

기본적 인권의 관념은 개인의 인격의 가치존중을 그 출발점으로 한다. 오늘날 다양하게 분류되고 다원적인 것이라고 이야기할 수 있는 여러 가지 개별적인 기본적 인권의 보장도 모두 개인을 인간으로서 존중하고 그 자유로운 인격형성과 발전을 뒷받침하기 위한 것이다. 즉 그러한 것들은 넓은 의미에서의 개인의 존중과 그 생명, 자유, 행복추구의 권리의 일환을 이루는 것에 지나지 않는다. 이 규정은 그와 같은 개인의 존엄에 근거해서 기본적 인권보장의 의미를 확인한 것이라고 할 수 있다.

그리고 우리 헌법은 제8차 헌법개정(1980년 10월 제5공화국) 때 신설되었다.

Ⅱ. 법적 성질

이에 대하여 인격핵심설과 실질적 주요 기본권설, 일반적 자유권설 등이 있다.

Ⅲ. 행복추구권의 권리성 여부

(1) 논의 상황

행복추구권은 기본권의 일반원칙 내지 원칙규범위이지만 그 자치 어떤 권리성을 갖는 것은 아니라고 하는 견해와 행복추구권은 그 내용이 추상적이고 포괄적이긴 하지만 기본권의 일반원칙이나 개별적 기본권의 총칭이 아니고 그 자체 내용을 갖는 권리라는 견해로 분류되나 우리 헌재에서는 행복추구권에는 일반적 행동자유권과 개성의 자유로운 발현권을 인정하고 있다.

(2) 소결

이 규정은 우선 인권보장의 일반원리를 보여 주는 것이라고 파악될 수 있다. 그러나 거기에서는 행복추구권은 일반원리의 표명에 그치고 구체적 권리로서의 성격을 가지지 않는 것인가, 그와 함께 그것 자체로서도 구체적인 내용을 가지는 재판규범의 성질을 가

---

36) 고목타편(제등직역), 인권선언집 114면에 의한다. 게다가 로크가 말한 '재산'이 독립선언에서는 '행복추구'로 바뀐 점에서 관해서는 거기에 그 사상적 연속성을 보는 견해와 그것에 대해서 이상주의적인 것으로의 전환으로 보는 견해가 있다고 한다.

진다고 해석해야 하는가가 문제된다. 이 점 초기에는 소극적으로 해석하는 학설이 유력했다. 국정의 기본으로서의 선언이라고 해석한 견해, 이 헌법이 보장하는 기본권과 동의로 해석한 견해, 각종 인권의 근거로 존재하는 자연법적인 권리라고 해석한 견해 등이 대표적이다. 이러한 제설 중에도 뉘앙스가 있지만 적어도 적극적으로 독자의 권리성을 주장하고 있지 않다는 점에서 공통된다.

그러나 그 후 그 구체적 권리성을 적극적으로 긍정한 두 번째 견해가 유력하게 되고, 오늘날에는 오히려 통설의 입장을 차지하고 있다고 해도 좋다. 그것에 의하면 헌법 제10조의 권리는 인격적 생존에 필요불가결한 권리·자유를 포섭하는 포괄적인 권리이고, 개별적 기본권과는 말하자면 일반법과 특별법의 관계에 서면서 후자의 보장이 미치지 않는 범위를 보완하는 의미를 가지는 것이라고 한다. 이러한 해석은 기본권 보장의 취지가 원래 개인의 존엄과 그것을 유지하는 데 필요한 조건의 보장에 있고, 단순히 그 일부분의 보장에만 그치는 것은 아니라고 생각할 수 있는 것과, 사회상황의 변화와 함께 현실적으로 생명, 자유 등에 관해서 개별적 인권규정으로는 구제될 수 없는 새로운 침해태양이 발생하고 있는 현상을 감안할 때 적절한 방향성을 가지고 있다고 할 수 있다.37) 그러나 주관적 권리성의 승인에는 오늘날에도 의문을 제기하는 유력한 학설도 있고, 제10조의 기본적 성격, 행복추구권의 범위의 불명확성, 헌법 제37조 제2항에 의한 제약의 일반화의 우려, 사인 간 효력에서 오는 한계 등을 그 논거로 제시하고 있다. 이에 대해서는 권리가 포괄적이라는 것은 반드시 불명확성을 의미하는 것은 아니고, 헌법 제37조 제2항의 엄격한 해석을 할 수 있다는 등 반론이 가능하고, 또 사인 간 효력의 문제를 일반화하는 것은 아마 적절하지 않다. 다만 거기에서 새로운 권리주장의 조심성 없는 남발을 경계하는 의미를 파악할 필요는 있을 것이다.

실제로는 후술하는 것처럼 많은 새로운 인권이 헌법 제10조에 근거해서 제창되고, 그 몇몇은 판례와 실무에서 이미 인정되기에 이르고 있다. 게다가 이 권리는 역사적으로는 자유권을 의미했지만 한국 헌법에서는 사회권을 포함해서 파악하는 입장과 강한 사회권적 성격을 함께 포함시킬 필요는 없다고 하는 입장이 있다. 후자의 입장에서는 헌법 제34조가 사회권의 총칙규정이라고 파악되고 있다.

---

37) 구체적 권리라고 이해하는 입장에서도 더 나아가 그 의의에 관해서는 제설이 있다. 새로운 권리는 그 역사성, 보편성, 다른 권리와의 관계 등 여러 가지 요소를 고려해서 신중하게 결정해야 한다고 설명하는 입장이 유력해 보이는데 이에 대해서 광범하게 일반적 자유라고 파악하는 입장도 있다. 일반적 자유라고 파악하는 경우에는 당연히 그 권리로서의 폭이 넓게 되는데, 반면에 적극적 권리로서 구성될 필요가 있다는 것과 단순한 반사적 이익에 머무른다는 것과의 구별이 애매해질 우려도 있다.

Ⅳ. 주체

인간의 권리이며 외국인도 그 주체가 된다. 그러나 법인은 제외된다.

Ⅴ. 권리의 내용

(1) 序: 생명, 자유 및 행복추구권은 모두 개인의 인격적 생존에 불가결한 이익을 내용으로 하고, 그 의미에서 이러한 세 가지를 구별해서 논할 필요 없이 통일적으로 파악하는 것이 적절하고, 거기에서 이미 사용했던 것처럼 일반적으로 행복추구권이라고 부른다. 그런데 구체적 권리로서의 행복추구권의 내용은 그것이 다른 개별적 인권과 겹쳐지는 경우에는 그 개별적 인권의 문제로서 논해지면 족하기 때문에 독자적으로 문제시할 의미가 있는 것은 그와 같은 개별적 인권으로 커버할 수 없는 경우이다. 결국 행복추구권은 보충적인 보장기능을 수행하는 점에 현실적인 의의가 있다. 이론적으로는 양방향의 보장이 경합하는 것도 가능한데, 개별적 인권규정으로 충분한 때에 포괄적인 행복추구권을 꺼내는 의미가 없기 때문이다. 그러나 그러한 것은 극히 넓은 범위에 걸쳐 산재해 있고, 아직 정설도 없기 때문에 여기에서 일반적으로 유형화하는 것은 곤란하다. 헌법 제정 후 잠시 동안은 헌법 제10조에는 독자의 구체적 권리성은 인정되어 있지 않다고 하는 경위가 있기 때문에 그러한 것은 넓은 의미에서의 '새로운 인권'으로서 주장되거나 혹은 개별적 인권보장규정의 유추 내지 확대해석을 통해서 주장되었던 것에 불과하다.

(2) 권리의 내용

① 人格權: 인격권의 파악에는 광협의 개념이 존재하는데,38) 여기에서는 개인의 인격가치에 관련해서 그것을 침해당하지 않을 권리라는 정도의 의미로 사용한다. 인격침해의 태양은 여러 가지이므로 인격권은 인격가치의 제 측면에 따라 몇몇 개별적 권리를 포함한 포괄적인 권리이다.

---

38) 인격권의 파악방법은 사람마다 차이가 있다. 종래는 명예, 초상, 프라이버시, 저작권 등으로 비교적 한정해서 파악되었는데, 예를 들면 어느 하급재판소판결은 '개인의 생명 신체, 정신 및 생활에 관한 이익은 개인의 인격에 본질적인 것이고 그 총체'라고 한 것처럼 상당히 넓게 파악하고 있다(대판공항소송공소심 판결 - 대판고판 소화 50년 11월 27일 판시 797호 36면). 또 이하에 드는 것 이외에 함정수사, 강제채뇨 등이 인격권과의 관계해서 논해지는 것이다.

ⓐ 명예권: 명예는 인격가치 그 자체에 관련한 이익이라는 것은 말할 것도 없고, 옛날부터 법적 보호의 대상이 되었다. 오늘날에는 형법이 명예훼손죄를, 또 민법이 불법행위로서의 명예훼손에 관해서 정하여 제정법상의 보호가 이루어지고 있다. 이러한 것은 사인에 의한 침해행위로부터의 보호제도인데, 공권력에 의한 명예훼손(예를 들면, 음주운전 검거자의 성명공표 등이 여기에 속할 가능성이 있다)에 대해서는 헌법상의 권리로서 명예권이 보호되고 있다고 생각할 수 있다. 또 형법·민법의 보호규정도 헌법상의 권리의 구체화로 보는 것이 가능하다. 그러나 사인에 대한 명예권의 주장은 상대방의 표현의 자유와 충돌하기 때문에 표현의 자유의 관점에서 일정한 제약을 받게 된다.

ⓑ 프라이버시의 권리: 프라이버시의 권리는 인격권의 일환으로서 파악할 수 있는데 그중에서 독특한 영역을 형성하고 있다고 할 수 있기 때문에 우리 헌법은 별개의 조항으로 다루고 있다.

ⓒ 환경권: 이른바 환경권은 양호한 자연 내지 인공적 환경을 향유할 권리로서 주장되고 있는 '새로운 인권'의 하나이다. 그것은 개인의 인격권의 외연이라는 측면과 개인의 생존에 불가결한 좋은 환경의 확보라는 측면을 가지고, 전자는 행복추구권의 일환으로서 헌법 제10조에서 또 후자는 생존권의 일환으로서 헌법 제35조에서 그 근거가 찾아지고 있다. 지금까지 주로 생존권적 측면이 문제되었기 때문에 그곳에서 다루기로 한다.39).

ⓓ 자기결정권: 개인의 존중은 개인이 일정한 사적 사항에 관해서 공권력에 의한 간섭을 받지 않고 스스로 결정하는 것을 보장한다고 해석되고, 이것을 자기결정권이라고 부른다. 이것은 인격형성에 관한 권리라는 점에서 인격권과는 개념적으로 구별할 수 있는데, 넓은 의미에서의 인격권에 포함되고, 프라이버시권리 속에서 논해지는 경우도 있기 때문에 편의상 여기에서 다룬다. 원리 자유권의 보장은 개인의 자율적인 결정의 보장을 당연히 포함하기 때문에 개별적으로 보장된 자유권의 영역에 관해서는 자기결정권을 거론할 필요도 없다. 따라서 문제되는 것은 그 이외의 영역이다. 포괄적 권리로서의 행복추구권은 그와 같은 자기결정권을 포괄적으로 포함하는 것이라고 해석할 수 있는데 다만 어떤 사항에 관해서 어느 한도에서 인정할 수 있는가가 문제이다. 지금까지 논의되고 있는 것을 살펴보면 (a) 자기의 생명·신체의 처분에 관련한 치료 거부, 안락사, 자살 등, (b) 세대의 재생산에 관련한 출산·불출산의 자유, 피임, 낙태, 아이들의 양육·교육의 자유 등, (c) 가족의 형성유지에 관련한 결혼, 이혼 등, (d) 그 밖의 복장, 옷차림, 외관,

---

39) 일본에서는 종래 하급재판소 판례에 있어서는 환경권은 법적 권리로서 독자적으로 인정되고 있지는 않지만 인격권의 내용을 이루는 한도에서 실질적으로 긍정된 사례가 있다.

성적 자유, 흡연, 음주, 스포츠 등 다양하게 관련되어 있다. 이러한 것 중에서는 그 가치가 높은 것에서 그렇지 않은 것까지 여러 가지 사항이 포함되어 있기 때문에 그 규제의 목적, 태양, 수단과 얽혀 있고 어디까지 자율을 인정해야 하는가가 판단되어야만 한다. 이 점은 학설에서 있어서 또 향후 검토과제의 단계에 머물고 있다[40].

ⓔ 스포츠권(憲法上 Sports權): 스포츠인의 개념을 정의하기 위하여 기본적으로 검토되어야 하는 것은 순수하게 건강을 위한 스포츠인과 경쟁을 위한 스포츠선수, 아마추어적 여가선용을 위한 스포츠와 타인에게 보여 주기 위한 직업적인 스포츠선수 구분 등이다. 이러한 관점에서 국가와 스포츠단체들은 국민의 대다수가 즐기는 운동과 고도의 능력과 기술이 요구되는 스포츠, 직업스포츠 등을 구분한다. 고도의 능력과 기술이 요구되는 스포츠는 목적을 갖고 있는 소수의 스포츠인에 의하여 행사되며, 그들은 과학적인 훈련방법과 향상·발전된 장비의 도움으로 훈련을 받으며, 스포츠협회나 단체, 또는 후원자들에 의하여 재정적 지원을 받기 때문에 직업적으로 활동하지 않고 스포츠에 전념하여 탁월한 능력을 발휘한다. 그러나 오늘날 이들 중 대부분이 수많은 상금이 걸린 대회에 참가하여 많은 수입을 얻을 수 있기 때문에 직업화하고 있다. 이에 대하여 직업스포츠는 스포츠를 전문적인 조건 아래에서 직업으로 하는 것을 말한다. 또한 오늘날 스포츠인은 경기에 직접 참가하는 자뿐만 아니라, 코치나 감독, 심판 등도 포함된다. 본 논문에서 논의하고자 하는 스포츠선수는 스포츠를 전문적인 조건 아래 하에서 직업으로 하는 사람으로 정의하고[41], 이러한 스포츠선수에는 프로스포츠선수와 아마추어스포츠선수로 구분할 수 있는데, 여기서 아마추어스포츠선수는 일반적으로 취미삼아 스포츠를 하는 사람으로 스포츠를 직업으로 하지 않는 사람을 의미하고, 프로스포츠선수란 일반적으로 스포츠를 직업으로 하는 사람이며, 여기서 직업이란 생계수단성, 계속성을 갖는 성격을 갖는다. 스포츠권은 한국 헌법에 명문의 규정은 없지만, 한국 헌법 제10조의 인간존엄가치와 행복추구권에 의해서 포괄적으로 보장되고, 스포츠의 개념적 정의의 관점에서 접근하는 경우 스포츠란 신체적 활동을 통하여 이루어진다는 기본적 관념 속에서 스포츠 활동의 자유가 보장되어야 한다. 스포츠 활동은 인간이 자신의 삶을 보다 더 풍부하게 하는 활동으로서 헌법 제37조 제2항의 규정을 넘어서는 국가의 통제, 금지 등 국가로부터 강제되지 않는 자유를 의미한다. 즉 모든 사람의 스포츠 활동의 자유는 그 자신의 의사에 반하여 강제

---

40) 자기결정권에 관하여, 좌등행치, "일본헌법과 '자기결정권'" 법교98호(1988), 산전탁생, 사사와 자기결정 (1987) 참조.

　* Daegu‒Cyber Uni. Prof. **Daegu‒Cyber Uni. Prof.

41) 김상겸, 스포츠권의 헌법적 보장, 스포츠와 법, 창간호(2000), 60‒61면 참조.

되지 아니하는 자유이다. 이와 함께 스포츠의 자유에는 스포츠단체를 결성하고, 운영·활동하는 자유가 포함되며, 나아가 스포츠단체의 자치도 그 범주에 속한다. 이런 점에서 본다면 스포츠권은 기본적으로 자유권적 성질을 갖는다고 볼 수 있다. 오늘날 스포츠는 단지 신체적 활동을 의미하는 것은 아니다. 현대적 의미의 스포츠는 복잡한 현대사회에서 사회적응력의 향상을 위하여 인간의 잠재력을 촉발시켜 올바른 인간으로 성장·발달시키는 데 필요한 모든 활동을 포함한다. 현대의 헌법국가는 기본권의 보장의무를 갖는다. 우리 헌법 제10조의 후문은 국가의 기본권보장의무를 규정하고 있다. 스포츠권의 헌법적 보장은 단지 스포츠 활동의 자유만으로 완성될 수는 없다. 오늘날 스포츠는 개인에 있어서 여가선용, 건강증진, 심신단련 등의 목적과 직업으로서 - 물론 이것이 직접적인 자기목적이 아니라 하여도 - 요구된다면, 국가는 스포츠의 자유, 스포츠 활동의 자유를 위한 시설이나 공간의 확보를 위하여 노력해야 한다. 또한 스포츠를 문화의 한 부분으로서 인정하고 인간이 인간다운 삶을 영위하기 위한, 인간생활의 풍요로운 발전을 위한 한 방법 또는 수단으로서 본다면, 그 헌법적 근거를 제34조 제1항에서도 찾을 수 있기 때문에 헌법의 체계상 부분적으로 사회권적 성격을 갖는다.42)

스포츠권은 헌법상 헌법 제10조에 의해서 포괄적으로 보장되고, 스포츠권은 기본적으로 스포츠의 자유를 바탕으로 하고 있으며, 스포츠의 선택, 스포츠 활동의 선택은 개개의 자유로운 의사에 따르기 때문에 자유권적 성격을 갖고 있고, 또한 국가가 이를 진흥해야 할 의무를 지고 있기 때문에 사회권적 성격을 갖는다고 본다. 그리고 본 논문에서 논의하고자 하는 스포츠권의 주체는 스포츠선수로 한정하고, 이러한 스포츠선수의 스포츠권은 헌법 제10조에 의해서 포괄적으로 보장되고, 자유권 중에 스포츠선수는 스포츠를 직업으로 선택하고, 이를 수행할 수 있는 직업의 자유를 갖고, 스포츠선수들은 자기가 임의로 헌법상 보장된 거주이전의 자유를 갖는다고 본다. 즉, 자유롭게 해외나 국내에 직업을 얻기 위해 활동할 수 있다는 의미이다. 그러나 한국에서는 연고지 문제나 이적에 따른 여러 가지 제약이 있어, 보다 충실한 논의를 해야 되겠지만, 자신의 직업을 선택해서, 자기가 원하는 곳에서 직업을 수행할 수 있는 권리를 제한하는 것은 문제가 있다고 생각한다. 이러한 권익을 대변하기 위하여 스포츠선수들은 자신을 위해 집회나 결사를 할 수 있는 자유 등을 갖고, 사회권 중에 스포츠선수들의 임금이나 기타 운동 환경 조건 등을 협상할 수 있는 근로3권 등이 중심적으로 보장될 수 있다고 본다.43)

---

42) 김상겸, 상게논문, 75 - 76면 참조.
43) 그리고 일견에 의하면 스포츠에 있어서 자치권은 자기결정권의 행사의 결과라고 한다. 즉, 스포츠단체를

② 프라이버시의 권리

이 권리의 의미도 다의적이다. 당초는 주로 사인 간에 있어서 사생활상의 사실의 공개
가 불법행위에 해당하는 것의 법적 근거로서 보장받는 권리라든가 혼자서 받는 권리라든
가 혹은 '사생활을 함부로 공개 당하지 않는다고 하는 법적 보장 내지 권리44)'라고 하는
것처럼 파악되는 것이 일반적이었지만 그 후 컴퓨터기술 등의 급속한 발전에 따른 '정보
화사회'의 시대가 되면서 오히려 공권력과 대조직이 개인에 관한 정보를 수집 · 보관하는
것이야말로 위와 같은 보호를 받아야 할 개인의 비밀에 있어서 위협이 되고 있다는 인식
이 높아지게 되었다. 거기에서 오늘날에는 프라이버시권리는 '자기에 관한 정보를 컨트롤
할 권리'로서 적극적으로 파악하는 견해가 유력하게 되고 있다. 원래 개인의 존중의 원
리에서 요구되는 것은 개인의 자율적인 사회관계의 형성을 존중하는 것이다. 그리고 자
율적으로 형성되는 영역은 본래 공권력과 제3자에 의해서 간섭받아서는 안 되는 영역이
기 때문에 그러한 것이 그 영역의 정보에 개입하는 것도 허용되지 않는 것이 된다. 바꾸
어 말하면 개인은 그 영역에 관한 정보를 다른 것에 대해 비밀로 해 둘 권리를 가진다고
할 수 있고 이것이 즉 프라이버시권리라고 생각할 수 있다. 따라서 그것은 개인으로서
비밀에 속하는 주관적 감정의 보호를 요구하는 것에 그치는 것이 아니라 개인의 자율영
역의 보호를 요구하는 것이다. '자기에 관한 정보를 컨트롤할 권리'라는 것은 이와 같은
의미에 파악되어야 할 것이다. 이와 같이 해서 오늘날에는 정보의 공개만이 아니라 그
이전의 수집 · 보관 · 이용 자체가 위협될 수 있기 때문에 각각의 단계에서 이 권리가 문
제된다. 그리고 그 보호를 위해서 국가기관이 보관하는 기록에 관해서 알고, 정정과 삭제
를 요구할 권리를 부여하는 프라이버시보호법의 제정 필요가 주장되고 있다. 다만 이 정
의 자체 또한 상당히 추상적인 정의이고 어떠한 정보를 어느 정도 컨트롤할 권리인가가
규명되어야 할 필요가 있을 것이다.45) 프라이버시의 권리는 표현의 자유, 알 권리, 정보

결성하고 규칙을 제정하며, 그 단체에 가입하여 활동하는 것은 자기결정권의 구체적 행사라고 볼 수 있
다고 보고, 우리 헌법은 이에 대하여 명문으로 규정하고 있지는 않지만, 인간이 자신의 행동에 대한 결
정이나 운명을 결정하는 것은 인간의 존엄과 가치를 구체화시키는 중요한 권리라고 볼 때 동법 제10조
와 제37조 제1항 등에서 그 근거를 찾을 수 있다고 본다. 그리고 스포츠단체를 결성한 회원들은 그들의
공동목표를 위하여 그 범위 내에서 사회적 가치를 발전시키고, 스포츠단체의 이러한 가치는 시민의 다양
성과 자유를 존중하고 보호하는 다원적 사회의 가치에 무조건 상응할 필요는 없고, 다만 스포츠단체의
특별한 사회적 가치는 국가의 법질서에 배치되어서는 안 되며, 그 범위 내에서 사적 자치는 파생되고 보
호된다고 한다(김상겸, 스포츠권의 헌법적 보장, 스포츠와 법, 2000. 참조). 이러한 스포츠자치권은 후술
하는 자기결정권의 한 유형으로 보는 것 같다.
44) 동경지방재판소 소화 39년 9월 28일 하민 집15권 9호 2317면.
45) 무엇이 자기 컨트롤에 속해야 하는가를 분명히 하지 않으면 총론찬성, 각론반대와 같이 될 수 있다. 유력
한 학설은 '인간의 정신과정이라든가 내부적인 신체상황에 관련한 고도로 컨피덴셜한 성질의 정보'라고

공개청구 등 헌법상 가치와 충돌하는 경우가 많고 일정한 기준에 의해서 이러한 헌법상 가치와의 조정이 꾀해지지 않으면 안 되는 것이 된다.

Ⅵ. 효력

대국가적 효력과 제3자적 효력 모두 있다.

제4절 국가의 기본권 보장 의무

제10조 국가는 개인이 가지는 불가침의 기본적 인권을 확인하고 이를 보장할 의무를 진다.

Ⅰ. 불가침의 기본적 인권의 확인: 실정법화할 의무

Ⅱ. 의무

(1) 법적 의무설: 타당(소극적 침해금지, 적극적 보호의무)
(2) 도덕적 의무설

제5절 평등권

제11조 ① 모든 국민은 법 앞에 평등하다. 누구든지 성별·종교 또는 사회적 신분에 의하여 정치적·경제적·사회적·문화적 생활의 모든 영역에 있어서 차별을 받지 아니한다. ② 사회적 특수계급의 제도는 인정되지 아니하며, 어떠한 형태로도 이를 창설할 수 없다. ③ 훈장 등의 영전은 이를 받은 자에게만 효력이 있고, 어떠한 특권도 이에 따르지 아니한다.

하는 것이 아직도 불명확하다고 생각된다.

Ⅰ. 서설

1) 평등사상의 전개

(1) 근대의 평등관

인간평등의 사상은 인류의 사상사와 함께 그 기원은 찾아지지만 그것이 국가권력에 대한 평등한 취급의 요구로서 제창되게 된 것은 루소, 로크 등에 의해 대표된 근대 합리주의적 자연법사상에 있어서이다. 그들 이전의 중세에도 그리스도교의 '신 앞의 평등'사상이 있었지만 그들은 그것을 현실사회에서 평등의 주장에 바꾸어 인간은 생래 평등이고 '법 앞의 평등'이라고 설명했던 것이었다. 그와 같은 사상에 지지되고 근대 시민혁명은 고대 신분제도의 타파에 성공했다. 프랑스혁명의 목표 '자유·평등·박애'에서 보이는 것처럼 시민혁명의 추진력이 되었던 것은 자유의 이념과 함께 평등이념이었다. 근대 이전의 신분제도하에서는 사람은 '출생'에 의해서 왕족, 귀족, 농민, 상인 등 신분에 차별되어 있었지만 혁명의 담당자가 된 시민계급에 있어서는 무엇보다도 그와 같은 신분제도가 인간의 자유로운 활동이 방해받는다고 의식되고 있었던 것이다. 그래서 평등이라는 이름 하에 주장된 것은 '출생'에 의한 차별철폐이고, 국가의사형성에의 시민의 평등한 참가권이었다. 전에도 거론된 미국독립선언(1776년) 중의 '모든 사람은 평등하게 창조되고, 조물주에 의해서 일정한 박탈당하지 않는 천부권리를 부여받고 그중에서 생명, 자유 및 행복추구가 포함되는 것'과 프랑스인권선언(1789년) 제1조는 '사람은 자유로운 권리에 있어서 평등하게 출생하고 생존한다.' 등의 선언문은 어느 쪽도 현실사회에서 인간의 자유와 평등을 외쳤던 것이다. 그것은 제2차 대전후 세계인권선언(1948년) 제1조 '모든 인간은 선천적으로 자유롭고 존엄과 권리에 있어서 평등하다'에도 계수되어 있다.

원래 인간은 인종·성·출생·자질·능력 기타의 점에서 다양하므로 그와 같은 주어진 사실을 시정해서 균일화하는 것은 불가능하다. 근대의 평등관은 그와 같은 현실의 차이에 관계없이 모든 사람 개인의 존엄에 있어서 평등하고, 자유로운 인격형성이라는 점에서도 평등해야 한다는 것이었다. 그러한 의미에서의 인간의 생래의 평등이라는 이념은 현실의 헌법규범으로서는 '법 앞의 평등(egalite devant la loi, Gleichheit vor dem Gesetz)' 혹은 '법 아래서의 평등(equality under the law)' 규정으로 각국의 헌법 속에 점점 정착해 간다. 그러나 국가에 따라서 각각의 사정이 다른데 이념과 현실의 격차는 크고, 특권계급이 일부 남아 있거나 노예제도의 용인, 인종차별과 남녀차별이 평등원칙을 강조하는 근대헌법하에서도 여전히 행해지고 있었다. 이러한 차별극복이 큰 과제로서 장래에 남겨져 있는 것이다. 또 그와 같은 과제를 별론으로 해도 근대의 평등관에는 그것에 내재하는 일정한 한계가 있다. 즉 거기에는 인간의 현실생활에 있어서 여러 가지 차이를 제거한 일률적으로 평등한 권리와 자유의 확립이 요구됐던 것이다. 그것은 요컨대 형식적 평등의 요구이고, 보다 단적으로는 형식적인 기회의 균등의 요구이다. 신분제도철폐의 요구는 자유경쟁에의 공평한 참가라는 인간의 제 활동의 말하자면 출발점에 있어서 기회균등의 요구이고, 자유경쟁을 바라는 능력 있는 시민에 있어서는 그것만으로 당장 충분하였다. 그들에 있어서는 형식적 평등의 보장에 의해서 현실의 불평등의 극복도 가능하다고 생각되고 있었다고 해도 좋다. 그러나 자유경쟁, 특히 경제적 자유경쟁은 각자의 경쟁력 자체에 차이를 보이면서 부단히 행해졌기 때문에 그것은 적당한 결과적 평등을 가져온 것은 아니고, 오히려 현실생활에 있어서 불평등상태를 확대시켰다. 이렇게 해서 자유(특히 경제적 자유)와 평등의 목가적 양립이 불가능하게 되면 보다 실질적인 인간평등을 지향하는 새로운 사상이 등장하게 된다.

(2) 현대의 평등관

자본주의경제의 발전과 함께 소수의 부자와 다수의 빈자로 국민이 분리되고, 그 격차가 확대하여 계급이 고정화되기에 이르러 현실의 불평등상태를 방치한 채로 형식적 평등을 보장하는 것만으로는 참된 인간평등은 보장되지 않는다고 하는 것이 명백하게 되어 왔다. 그러한 상황하에서는 인간평등의 사상은 형식적 평등의 보장에 만족하지 않고 현실에서 존재하는 사회적·경제적 그 밖의 다양한 불평등시정의 요구, 즉 실질적 평등의 보장을 동시에 요구하게 되기에 이르렀다. 거기에서는 구체적으로는 빈부의 차의 시정을 시발점으로 해서 사회적으로 이른바 강자의 입장에 있는 것과 사회적으로 약자의 입장에 있는 자와의 현실사회에서의 실질적인 불평등상태의 시정 내지 해소가 목표가 되었다. 그러나 형식적 평등의 요구는 그 성격상 자유와 양립할 수 있음에 대해서 실질적 평등의 요구는 자유에 의해서 초래된 왜곡의 시정요구이기 때문에 자유와 궁극적으로는 양립하지 않고 또 형식적 평등과의 사이에 모순을 가져온다고 하는 문제가 있다. 근대입헌주의의 흐름을 타파한 많은 현대국가는 오늘날은 복지국가 내지 사회국가의 이념을 내걸지만 거기에는 자유와 평등을 어떻게 조화시키는가 하는 공통의 과제가 존재하고 있다고 해도 좋다.

2) 현행 헌법에서의 평등원칙

헌법 제11조 제1항은 "모든 국민은 법 앞에서 평등하다. 누구든지 성별·종교 또는 사회적 신분에 의하여 정치적·경제적·사회적·문화적 생활의 모든 영역에 있어서 차별받지 않는다."고 하여 일반적 평등원칙을 규정하는 이외에 헌법전문에 '기회균등', 헌법 제31조 제1항은 교육의 기회균등, 제32조 제4항은 여자의 근로에 대한 부당한 차별금지, 제36조 제1항은 가족생활에 있어서 양성의 평등을, 제41조 제1항과 제67조 제1항은 국민의 보통·평등·직접·비밀선거를, 제116조 제1항은 선거운동에 대한 균등한 기회보장을 규정하고, 제119조와 제123조도 간접적으로 평등을 규정하고 있다. 헌법은 근대적 의미의 평등을 철저하게 보장하려고 하고 있는 것을 엿볼 수 있다. 그러나 그와 동시에 헌법은 이른바 사회권규정을 두고 실질적 평등의 보장을 지향하고 있는 것도 엿볼 수 있다. 그래서 양자의 조화점을 어디에서 찾는가가 한국 헌법의 경우에도 커다란 과제의 하나가 되고 있다고 할 수 있다.

3) 法的 性格

주관적 공권성과 객관적 법질서의 구성요소를 가지고 있으며, 또한 헌법해석의 기준이며, 입법기준, 개정금지사항이다. 우리 헌재는 평등권을 국민의 기본권 보장에 관한 우리 헌법의 최고원리임과 동시에 모든 국민의 권리로서 기본권 중에 기본권의 성격을 긍정하고 있다. 또한 평등권은 전국가적 권리이다.

4) 主體와 效力

그 주체로 개인과 법인, 권리능력 없는 사단이나 재단도 포함되며 외국인도 그 주체가 될 수 있다. 다만 국제법상 상호주의의 원칙에 따르는 일정한 제한이 있다. 그리고 효력은 대국가적과 대사인적 효력 모두 인정되고, 여기서 대사인적 효력은 간접적용설에 입각한다.

Ⅱ. 平等權의 意義

1) 意義

평등권이란 국가에 대하여 합리적 이유 없이 불평등한 대우를 하지 말 것, 평등한 대우를 요구할 수 있는 권리를 의미한다. 이를 구체적으로 보면 다음과 같다.

2) 형식적 평등과 실질적 평등

형식적 평등이라는 것은 인간현실의 다양한 차이를 일체 배제하고 원칙적으로 일률평등하게 다루는 것, 즉 기본적으로 기회균등을 의미하고, 그것에 대해서 실질적 평등은 인간현실의 차이에 착안해서 그 격차시정을 하는 것, 즉 배분 내지 결과의 균등을 의미한다. 형식적 평등과 실질적 평등은 우선은 대립개념이고, 동일차원에서 양자의 요구를 동시에 충족시키는 것은 불가능하다. 그러나 양자는 미묘한 상관관계가 있다. 예를 들면 국립대학의 입학시험에 관해서는 능력차를 전제로 한 기회균등이 요구되고, 능력차의 시정은 요구되고 있지 않기 때문에 형식적 평등이 작용하고 있고 실질적 평등의 요구될 수 없다. 다른 한편 수업료면제나 장학금제도에 있어서는 경제적 능력의 격차시정이 목적이 되어 실질적 평등의 요구가 작용하고 있는데 거기에서도 똑같이 경제적 사정에 있는 자에 관해서는 균등한 취급이 요구되고 그 한도에서 형식적 평등의 요구가 작용한다. 또 입학시험에서도 신체가 부자유스러운 사람에게 특별한 조처를 하는 것은 한편에서는 실질적 평등의 요구에 따르는 것이지만 다른 한편에서는 수험기회의 균등이라는 형식적 평등의 요구를 충족시키는 것이라고 생각할 수도 있다.

앞에서도 기술한 것처럼 한국 헌법에는 이러한 양방의 요청이 포함되어 있다고 해석된다. 그러나 헌법 제11조의 규정은 무엇보다도 근대적 의미의 평등원칙, 즉 형식적 평등을 보장한 것이라고 이해하는 것이 타당하다. 결과의 불평등을 완전히 해소하는 것은 적어도 자유의 이념과 양립할 수 없는데, 근대입헌주의의 연장선상에 있는 한국헌법은 자유의 이념과 조화하는 평등의 이념에 근거하고 있다고 생각되기 때문이다. 그 의미에서 실질적 평등의 요구는 상대적 한도 내의 것이다. 따라서 그 실현은 무엇이 실질적 평등이라고 불리기에 적당한가 하는 문제를 포함하고, 제1의적으로는 사회권조항에 맡겨진 과제이고, 결국은 입법에 의해서 실현되어야 할 것이다. 그것은 적어도 재판규범의 의미에 있어서는 헌법 제11조의 규정에서 직접 도출되는 성질의 것은 아니라고 하지 않으면 안 된다. 실질적 평등의 요구와 형식적 평등의 요구는 동일차원에서는 양립하지 못하기 때문에46) 그와 같이 해석하지 않는다면 형식적 평등의 요구가 불명확한 내용의 요구에 의해서 상대화되고, 더해서 무내용의 것이 될 염려가 있다. 결론적으로 말하면 헌법 제11 조는 제1의적으로 형식적 평등을 보장하고 있고, 다만 실질적 평등의 이념에서 오는 이 상대화의 요청을 상당한 정도까지 수용하는 것을 예정한 규정이라고 해석된다. 이것이 유력설의 입장이라고 해도 좋다.

3) 상대적 평등과 합리적 차별

(1) 序: '평등'의 의미에 대하여 절대적 평등설과 상대적 평등설로 대립되어 있다. 절 대적 평등설(평균적 정의론)이란 어떠한 이유에 의해서도 절대적으로 차별을 허용하지 아니한다는 것을 말하고, 상대적 평등설(배분적 정의론, 통설)이란 평등한 것은 평등하게 본질적으로 불평등한 것은 불평등하게 대우한다는 것으로 합리적 차별을 인정한 것, 그 기준으로 독일의 恣意의 금지, 미국의 합리적 차별, 스위스 연방대법원은 정의 등을 들 고 있다. 이하에서는 통설인 상대적 평등설에 대하여 상론하면 다음과 같다.

(2) 상대적 평등: '법 앞의 평등'은 형식적 평등이라는 의미에서 같은 법적 취급을 요 구하는 것이지만, 그것은 뒤집어 말하면 불합리한 차별은 인정하지 않는다는 것이다. 인 간에게는 현실에서 다양한 사실상의 차이가 있기 때문에 그러한 것을 무시하고 완전히 기계적으로 균일하게 취급하는 것은 더욱 불합리하고 비현실적이라고 해서 평등원칙이 명하는 바라고는 해석되지 않는다.47) 사실상의 차이에 착안할 때 평등원칙은 동등한 것 은 동등하게, 동등하지 않은 것은 동등하지 않게 취급해야 할 것이라고 하는 상대적 평

---

46) 예를 들면 국립대학에의 입학에서 일정 사회적 약자에게 우선순위를 마련하는 것은 반대로 실질적 평등 의 요청에 맞는 것이라고 해도, 수험기회의 평등이라는 형식적 평등의 요청에 명백하게 반한다. 적극적 인 차별해소정책은 일반적으로는 시인된다고 해도 방법과 한도를 그르치면 '역차별'로서 허용되지 않는 것이 된다. 미국에서는 후천적 시민을 위해서 특별한 배려를 마련한 대학의 특별입학제도에서 그것이 오 히려 인종적 소수집단만에게 할당된다면 위헌이 된다고 하는 연방대법원의 판계가 있다[바키사건(1978) 438 U.S. 265].

47) 상대적 평등에 대립하는 개념은 절대적 평등이지만 후자를 관철하는 것은 인간이 사실상 다양한 차이를 갖고 존재하고 있는 이상 무리이다. 제14조 제1항 후단의 열거사항에 관해서는 제한적 절대평등이 요구 된다고 하는 견해가 있지만, 그 의미하는 바는 엄격성의 요구이고 문자 그대로의 절대성은 아니다. 또한 평등의 설명개념은 다의적으로 사람마다 사용하는 방법이 미묘하게 다른 경우가 있다는 것에 주의할 필 요가 있다.

등의 의미에서 이해되어야만 한다. 이와 같이 해석하는 것이 통설이다. 그리고 그와 같이 해석할 때 그것은 합리적인 차별48)은 인정되고, 불합리한 차별적 취급만이 금지된다고 하는 의미가 된다. 바꾸어 말하면 무엇인가의 차별을 하는 입법 기타 국가행위가 평등원칙에 반하지 않는지 여부의 판단은 결국은 오로지 그 구별에 합리성이 있는가 없는가에 달려 있는 것이 된다. 그러나 그것은 너무나 막연한 판정기준이고, 평등원칙을 무한하게 상대화할 우려도 있기 때문에 좀 더 명확한 판정기준을 고려하는 것이 필요하다. 합리성의 문제는 그것이 옳지 않은 차별에 해당하는 가하는 점과 일정한 입법목적에 대해서 목적합리성이 있는가 하는 점 두 가지로 나누어 생각할 수 있다. 그러나 전자에 관해서는 학설상 "'인간성'을 존중한다고 하는 개인주의적, 민주주의적 이념", "실질적으로 인간을 존중하는 헌법정신" 등이 거론되고, 또 후자에 관해서는 판례상 "전단적이지 않은 것", "사항의 성질에 맞는 합리적 차별"이라고 한 정도의 기준이 제시되는 데 불과하다.

Ⅲ. '법 앞의 平等'의 法的 構造

1. 法의 定立과 適用에 있어서 평등

1) '법 앞에'의 意味

여기서 '법 앞에'의 의미에 관하여는 다음과 같이 학설이 대립되어 있다. 우선 입법자 구속설(법내용평등설)은 법 앞의 평등이란 법 내용의 평등, 즉 법률의 평등으로 이해하는 입장이고(통설), 입법자 비구속설(법적용평등설)은 법을 구체적으로 적용하는 집행부, 사법부에 대한 규제원리로서 이해하여 입법부는 구속을 하지 않는다는 견해이다. 헌재는 법 앞의 평등은 법 적용상의 평등 이외에도 입법권자에게 정의와 형평의 원칙에 합헌적으로 법률을 제정하도록 하는 것을 명령하는 법 내용상의 평등을 의미한다고 결정하고 있다.

2) 소결

'법 앞의 평등'은 국정전반을 직접 구속하는 법원리이고, 법의 적용에 관한 평등만이 아니라 법의 내용에 관한 평등도 당연히 요구한다. 이 점에 관해서는 오늘날 학설상 다

---

48) 종래의 통설·판례는 '합리적 차별', '불합리한 차별'이라고 하는 것처럼 '차별'이라는 말을 말하자면 가치중립적으로 사용했다. 그러나 '차별'='불합리한 차별'이라는 방법이 사회적으로 상당히 일반화되어 있기 때문에 본절에서는 인용의 경우를 제외하고 취급이 다른 것을 '구별', 가치판단을 수반할 때에는 '합리적 구별', '불합리한 차별' 또는 '차별'이라는 표현을 사용하기로 한다.

틈이 거의 없다고 해도 좋다.

그러나 이전에는 이 점에 관해 법적용의 평등에 한정하는 유력한 학설도 볼 수 있었다. 그 입법자비구속설에서는 Weimar기의 독일에서의 해석논쟁49)의 영향을 받은 것인데 제11조 제1항 후단의 차별금지는 입법자도 구속하지만 전단은 법적용의 평등을 의미하고 입법자를 구속하지 않는다고 해석했다. 그러나 대부분의 입법자구속설은 그것을 '법 아래의'라는 문언에 너무 집착한 해석에 지나지 않는다고 하고 법의 내용 자체에 불평등이 있을 때 그것을 평등하게 적용해도 의미가 없는 이상 거기에서의 '법'은 좁은 의미의 법률이 아니라 헌법을 포함한 넓은 의미에서의 법을 가리킨다고 보는 것이기 때문에 '법 아래의 평등'이 입법자를 구속하는 것은 당연하다고 해석하고 있다. 입법자비구속설은 후단을 절대적 평등의 요구라고 하는 해석과 결부시키고 오히려 입법자구속을 엄격하게 주장하는 면이 있지만, 여기에 열거되어 있지 않는 것에서도 예를 들면 지역이나 출신대학에 의한 차별을 금지사항에서 제외한 실질적인 이유는 없다고 하고,50) 또 예를 들면 남녀의 육체적 조건의 차이에 따라서 여자에게만 출산휴가를 인정하는 것은 합리적이라고 생각될 수 있기 때문에 열거사에 관해서 절대적 · 획일적 평등을 주장하는 것도 무리가 있다. 따라서 입법자비구속설은 채택되지 않는다고 할 것이다. 또한 판례는 이 점에 관해 명시하는 것은 아니지만 입법내용의 평등원칙위반을 다투는 소송당사자의 주장을 일관해서 다루고 있다고 하고 현실적으로 법령위헌의 판결도 내리고 있기 때문에, 거기에서도 입법자구속설이 정착하고 있다고 보아도 좋다.

2. 憲法 제11조 제1항 後段의 列擧事由

1) 학설

헌법 제11조 제1항 후단은 "성별 · 종교 또는 사회적 신분에 의하여 정치적 · 경제적 ·

---

49) 독일에서는 이전에 Weimar헌법 제109조의 '법률 앞의 평등'을 둘러싸고 전통적인 형식적 법치국가의 관념하에서 법적용의 평등만을 규정한 것이라고 해석하는 설(입법자비구속설)과 입법내용의 평등도 규정한 것이라고 해석하는 설(입법자구속설) 사이에 활발한 논쟁이 이루어졌던 것이다. 현재 독일기본법하에서는 평등원칙이 입법자를 구속한다는 해석이 보편적인 것이 되고 있다.

50) 국제인권규약은 '인종, 피부색, 성, 언어, 종교, 정치적 의견 기타의 의견, 국민적 혹은 사회적 출신, 재산, 출생 또는 다른 지위 등에 의한 어떤 차별도 받지 않고' 권리를 존중하는 것을 규정하고 있다(자유권규약 제2조 제1항, 사회권규약 제2조 제1항). 또 예를 들면 독일기본법 제3조 제3항은 다음과 같이 규정하고 있다. '누구도 그 성별, 문벌, 종족, 언어, 고향 및 가계 그 신앙, 종교적 또는 정치적 견해를 이류로 해서 불이익을 받고 또는 우대받아서는 안 된다.' 원래 '사회적 신분'을 광의로 해석하면 B설과의 차이는 거의 상대적인 것이 된다.

사회적·문화적 생활의 모든 영역에 있어서 차별받지 아니한다.”고 규정하고 있다. 여기에서 들고 있는 차별사유는 어느 쪽도 역사적으로 존재한 불합리한 차별사유라고 할 수 있다. 그러나 이 열거의 의미해석에 관하여 학설은 나뉘어져 있다. 앞의 입법자비구속설은 차별은 절대적으로 금지되지만 여기에 열거된 사유에 의한 차별금지만이 입법자를 구속한다고 본다(입법자비구속설). 이에 대해서 다수설인 입법자구속설은 금지된 차별 중 특히 중요한 것이 여기에 열거되어 있다고 본다. 그 의미에서는 예시라고 해석할 만하지만 그 열거된 사유에 의한 차별은 원칙적으로 불합리한 차별에 해당한다고 하는 것처럼 단지 예시 이상의 일정한 의미를 인정하려고 하는 경향이 강하다.51) 더 나아가 그 사고방식을 발전시켜 사법심사기준과 관련시켜서 열거사유에 의한 구별의 경우에는 원칙적으로 불합리가 추정되고, 이것을 합헌이라고 하기 위해서는 강도의 정당화이유의 존재가 필요하고, 그 거증책임(입증책임)은 공권력 측이 부담한다고 해석하는 설이 유력하게 제창되고 있다. 이것은 ‘평등원칙에 관한 이중의 기준론’이라고 해야 한다는 견해인데, 상대적 평등에 따라 불합리한 차별의 용인의 우려에 일정한 제동을 걸려고 하는 것이고, 그 점에서는 뛰어나다고 할 수 있다. 단지 그것이 반대로 열거사유 이외의 사유의 경우에는 합리성을 간단히 인정해 버리는 것 같은 우려도 없는 것은 아니다. 예를 들면 의원정수의 불균형은 열거사유에 의한 차별은 아니지만 불합리성이 추정된다고 해도 좋은 경우는 아닌가 하는 생각이 든다. 따라서 적어도 열거사유에 관해서는 불합리가 추정되지만 그 밖에도 구별사유나 그것에 관련한 권리의 성격에 따라서 불합리성이 추정되는 경우를 인정할 여지를 남겨 둘 필요가 있다고 생각된다.

2) 판례

처음 판례의 경향에서는 후단의 규정은 전단의 ‘법 아래의 평등’을 다시 거론하여 구체적으로 지시한 것이고, 전단과 후단은 동일내용의 것이라고 해석하고, 후단의 차별금지사유에 맞지 않는다는 이유에서 위헌의 주장을 후퇴시키는 경향이 보였다. 그러나 그 후 후단의 열거는 단순히 예시에 지나지 않는다고 해석하게 되었다.

3) 平等原則과 平等權

헌법 제11조의 규정은 국가는 국민을 불합리하게 차별해서는 안 된다고 하는 원칙을

---

51) B설 중에는 D설[(2) 참조]에 가까운 입장도 있고, 예시라고 하는 점에서는 공통되기 때문에 일괄해서 예시설이라고 파악되기도 한다. 그러나 한정열거설과 공통되는 측면도 있기 때문에 여기에서는 혼란을 피하기 위하여 명칭을 붙이지 않는다.

규정한 것이고, 그 원칙은 직접적인 법규범으로서 입법·행정·사법의 모든 국가행위를 구속하는 것이다. 그래서 그것은 동시에 개개 국민에 대해서는 평등권, 즉 법적으로 평등하게 취급받을 권리 내지 불합리한 차별을 받지 않을 권리를 보장한 것이라고 일반적으로 이해되고 있다. 위헌심사제가 채택되고 재판을 받을 권리가 보장되고 있는 오늘날 평등권은 재판에 있어서 구제를 청구할 수 있는 권리이다. 그러나 평등권은 다른 기본권과는 달리 항상 다른 사람과 비교해서만 문제되는 것이므로 그 의미에서는 상대적인 권리이고, 혹은 그 자체로서는 무내용 내지 무정형의 권리이다. 그와 같은 성격은 재판적 구제방법에서도 다른 기본권의 경우와 다른 독자의 문제를 야기한다.

Ⅳ. 구체적 적용

1. 차별금지사유

1) 서

차별금지사유인 성별, 종교, 사회적 신분은 예시규정이므로 그 외 다른 근거에 의한 불합리한 차별도 금지된다. 강간죄의 객체를 부녀만으로 한 것, 여성에게만 생리휴가를 주는 것과 병역의무를 남성만 지는 것은 위헌이 아니다(대판). 다만 남녀 간의 임금차별이나 결혼 퇴직제는 평등권 위반이다.

그리고 사회적 신분의 의미에 대하여 선천적 신분설과 후천적 신분설(다수설)로 견해가 나누어져 있다. 헌재는 배우자 및 직계존비속간의 부담부증여에 대한 증여세 과세가액산정에 있어 수증자가 부담할 채무액을 비공제하는 것은 증여당사자 사이의 특수한 신분관계가 있다는 이유로 차별한 것이므로 위헌이라고 하였다(90헌가69). 이를 상세히 설명하면 다음과 같다.

(1) 성별

남녀차별도 역사적으로 각국에서 널리 행해졌던 것이고, 한국에서도 당연시되고 있었다. 참정권이나 공직취임권, 고등교육, 가족에 있어서 지위 기타 여러 가지 점에서 남녀차별이 행해져 왔고, 그것은 제2차 대전 종료 시까지 계속되었다. 한국 헌법하에서는 권리나 자격에 관한 형식적 평등은 확립되고, 또 가족관계에 있어서 평등도 확립되었다. 역사적으로는 오직 여성이 법적으로나 사실상으로 불합리한 차별을 받았기 때문에 남녀차별의 금지는 주로 여성에 대한 불합리한 차별의 금지를 의미한다.

그러나 남녀에게는 실제로 육체적·생리적인 조건의 차이가 있고, 그 면에서 오는 여성보호를 위한 합리적인 구별은 인정될 수 있고, 혹은 적극적으로 요청된다고 생각할 수 있다52). 단지 그것이 실질적으로는 이전에 여성에게 불이익을 주었던 경우도 있고, 예를 들면 심야노동의 금지는 그것이 필요한 직장에의 여성진출을 방해하는 기능도 한편에서는 가졌던 것에 유의할 필요가 있다. 오늘날에는 법적인 의미에서의 불합리한 차별은 점점 사라지고 있고 향후의 문제는 사회에 있어서 사실상의 차별을 어떻게 극복하는가의 점으로 옮겨지고 있다고 해도 좋다. 그리고 여성의 경제적 자립이야말로 그 해소에 있어서 결정적으로 중요한 역할을 수행하는 것이다. 그 의미에서 고용관계에 있어서 불합리한 차별의 해소가 당면한 최대의 과제일 것이다.

① 공무원의 경우: 공무원의 채용 등에 관해서는 앞에서 다룬 국가공무원법 이외에 지방공무원법 등에서 성별에 의한 차별을 금지하고 있다.

② 사기업의 경우: 노동기준법은 남녀동일임금의 원칙을 시발로 노동조건에 관해서 남녀의 평등대우를 기업에 의무지우고 있다. 그러나 채용에 관해서는 계약자유의 원칙을 인정하고, 특별한 규제를 하고 있지 않다.

종래 민간기업에서는 여성을 채용한다고 해도 단순노동 등에 많이 사용하여 실제상 남성과 차별하고, 게다가 채용 시 계약 또는 취업규칙에서 조기퇴직을 규정하는 것이 많았다. 결혼하면 퇴직하는 결혼퇴직제, 출산하면 퇴직하는 출산퇴직제, 남성보다 빠른 정년을 두는 조기퇴직제 등의 제도가 대부분의 기업에서 채용되어 있었는데 이러한 것들을 무효라고 하는 다툼이 각지에서 제기되고, 하급심판결에서 서서히 민법에 위반으로서 무효라고 판단 내렸다.

출산, 육아라는 핸디캡을 안고 여성이 사회진출을 위해서는 사회적으로 여러 가지 시책이 필요하게 된다. 종래 사회구조가 남성중심이었기 때문이다. 그것은 예를 들면 전체경제붕괴 후 여자대학생의 심각한 취업난에서 볼 수 있는 것처럼 빠르게 바뀌지는 않는다. 그와 같은 시책은 실질적 평등의 견지에서 요구되지만 기술한 것처럼 헌법 제11조의 직접적인 요구라고까지는 해석되지 않는다.

(2) 사회적 신분

사회적 신분이란 일반적으로 인간이 사회에서 차지하고 있는 지위를 가리키지만, 여기

---

52) 강간죄의 법정, 중노동의 그지, 생리휴가, 육아휴가의 보장 등.

에서 차별금지사유에 해당하는 것이 무엇이냐에 관해서는 학설이 나뉘어 있다. A설은 출생에 의해서 결정되고, 자기의사로 바꿀 수 없는 사회적인 지위, B설은 사회에서 후천적으로 차지하는 지위로 일정한 사회적 평가를 수반하는 것, C설은 널리 사회에서 어느 정도 계속적으로 차지하고 있는 지위이라고 해석하는 등 다양하다.53)54) 단순히 예시설에 서면 그것은 별 의미가 없는 것이 되지만 '이중의 기준설'처럼 열거사항으로 특별한 의미를 부여하는 입장에서는 범위를 명확하게 할 필요가 있다. 열거사항에 의한 차별취급에 관해서는 특히 다른 사유에 의한 경우보다도 엄격한 합리성이 요구된다고 하는 관점에서 보면 B, C설에서는 범위가 불명화 내지 광범하게 채택되지 않는 것이 된다[이등, 헌법(제3판) 245면]. A설에서는 예를 들면 귀화인의 자손, 특정 지역출신자임 등이 사회적 신분에 해당한다. 또 적출자·비적출자라는 입장 등도 여기에 해당하는 것이 될 것이다.55)

(3) 종교

종교의 자유의 내용이 되기도 한다. 이것이 문제가 되는 경우는 종교를 이유로 사기업에서의 근무관계라든지 사립학교의 입학관계에서 문제가 된다.

---

53) 일본에서는 '사회에서 차지하는 계속적인 지위'라고 한 판례가 있지만(최대판 소화 39년 5월 27일 민집 18권 4호 676면), 이것은 연령에 의한 구별을 사회적 신분에 따른 차별에는 맞지 않는다고 하는 맥락에서의 판례이고 엄격하게 정의된 것이라고 할 수 있는가 하는 의문이 있다. 어쨌든 판례는 오늘날에는 예시설의 입장에서 이 정의에 적극적인 의미는 없다고 할 수 있을 것이다.

54) 사회적 신분에 해당하는지 여부는 학설상 다툼이 있지만 친자관계에서 특별한 취급을 하고 있는 존속에 대한 중벌규정이 불합리한 차별에 해당하지 않는가는 헌법시행 후 존속상해치사사건 이후 계속 논의되었다. 기술한 것처럼 최고재판소는 존속에 대한 죄를 통상의 경우보다 가중하는 것 자체는 합리적이라고 판단하면서 '존속에 대한 존중보은은 사회생활상의 기본적 도의라고 하고…… 인륜의 근본'이라고 파악하는 견해에 대해서, '주군살해와 같이 다루어지는 친족살해중벌의 관념에서 유래하는 것을 이른바 미풍양속이라는 이름하에 존속시켜 온 것이고…… 다분히 봉건적 반민주주의적, 반인륜적 사상에 해당한다고 하여…… 헌법의 대정신에 저촉하는 것'(복강지재반총지판 소화25년 1월 9일 형집 4권 10호 2070면)이라는 견해가 있고, 다수학설은 기본적으로 형벌의 가중 자체를 불합리한 차별이라고 파악하고 있다[소림, 강의(상) 343면; 궁택, 헌법2 297면].

55) 상속에 관해 적출자와 비적출자가 나란히 상속인이 되는 경우에는 비적출자의 상속분은 적출자의 상속분의 2분의 1로 한다고 정한 민법 제900조 제4호 단서의 평등원칙위반이 다투어진 사건에 관해 최고재판소는 10 대 5로 다음과 같이 합헌이라고 판단했다. "상속제도를 어떻게 정하는가는 '전통, 사회사정, 국민감정, 가족관 등을 종합적으로 고려한' 입법부의 합리적인 재량판단에 맡겨져 있다." "본건규정을 포함한 법정상속분의 규정은 위 상속분에 따라서 상속이 행해짐을 규정한 것은 아니고 유언에 의해 상속분의 지정 등이 없는 경우 등에서 보충적으로 기능하는 규정이라는 것을 고려하면 본건규정에 있어서 적출자와 비적출자의 법정상속분의 구별은 그 입법이유에 합리적인 근거가 있고, 또 그 구별은 위 입법이유와의 관련에서 현저하게 불합리한 것은 아니고 아직도 입법부에 주어진 합리적인 재량판단의 한계를 초월하지 않았다고 인정되는 한 합리적 이유 없는 차별이라고는 할 수 없다(최대결 평성7년 7월 5일 민집 49권 7호 1789면)." 그러나 이것에는 엄격한 합리성을 요구하는 학설 측에서의 비판도 많다.

(4) 기타

사회적 신분을 넓게 이해하면 기타의 차별사유의 대부분은 그중에 포함되는 것이 되지만, 학력, 직업, 재산, 지역, 연령 등에 의한 차별이 고려될 수 있다.56) 이러한 것이 열거사항에 포함되지 않는다고 해도 불합리한 차별이 허용되지 않는다는 것은 말할 것도 없다. 단지 열거사항의 경우와 비교하면 합리적 구별로서 허용되는 폭이 일반적으로 넓다고 추측된다.

2. 차별금지영역

차별금지영역을 헌법에 규정된 사항만 포함된다는 한정설(제한 규정설)과 차별이 금지되는 영역은 인간의 모든 생활영역이라는 예시설(예시 규정설)로 분류되나, 통설은 예시설을 취하고 있다.

1) 정치적 영역

헌재는 정당추천 후보자와 무소속 후보자의 기탁금을 1 대 2의 차등을 둔 것은 평등권 위반이며 정당 후보자에게 정당연설회를 허용하고 2조의 소형인쇄물을 더 배부할 수 있도록 한 것은 평등권 위반(92헌마37)이라고 한다.

2) 경제적 영역

헌재는 연체대출금에 관한 경락절차에서 항고하는 자 중에 은행은 아무런 조건 없이 항고를 허락하면서 금융기관으로부터 돈을 빌린 자에게는 경락대금의 절반을 공탁을 명한 것은 위헌이라고 결정(89헌가37)하고, 또한 회사정리절차 중에 모든 채권자는 자신의 채권행사를 금하는데 금융기관에 대하여는 이를 인정한 것에 대하여 헌법에 위반된다고 결정하고 있다(89헌가98).

---

56) 지역이나 연령에 따른 구별 중에는 헌법상 당연히 예정되어 있는 것이 있다. 지역의 자치체는 각각에 법령의 범위 내에서 자주입법인 조례를 제정할 권한을 가지지만, 이것은 지역의 실정에 맞는 각각의 자치체가 다른 규제를 하는 것을 당연히 예상한 제도라고 할 것이고, 그 지역적 차이는 평등원칙위반의 문제를 발생시키지 않는다. 이전에 매춘방지법제정 이전에 조례로 단속했던 자치체와 그와 같은 것이 없었던 자치체가 당면했던 이 문제가 다투어진 것이 있는데, 최고재판소는 다음과 같이 판단하고 있다. '헌법이 각 지방자치단체의 조례제정권을 인정한 이상, 지역에 있어서 차별을 발생시키는 것은 당연히 예상되는 바이므로 관련한 차별은 헌법 스스로 용인하는 바라고 해석해야 할 것이다(최대판 소화33년 10월 15일 형집 12권 4호 330면).' 또 예를 들면 선거권은 성년자에게만 보장된다(헌법 제15조 제3항).

3) 사회적 영역

재직기간이 15년이 안 된 변호사자격이 있는 경찰공무원에 대하여 변호사의 개업지를
제한하는 것은 재직기간에 따른 차별로 위헌이다(89헌가102).

4) 문화적 영역

교사신규채용 시 국·공립교육대학 및 사범대학 졸업자에게 우선권을 주도록 한 것은
출신학교에 따른 차별로 위헌이다(89헌마89).

미연방대법원은 Plessy v. Ferguson사건에서 separate but equel로 보았으나, 그 후
Brown v. Board of Education of Topeka사건에서 흑백인의 공학을 실질적으로 인정하
고 있다.

V. 평등의 원칙에 대한 예외

(1) 헌법상 예외
① 정당의 특권, 군사법원에 의한 재판, 대통령·국회의원 특권과 의무, 공무원과 방산
   체 근로자의 노동3권제한
② 군·경등의 국가배상청구권 제한, 현역군인의 문관임용제한, 국가유공자 등의 우선
   근로기회 부여

(2) 법률상 예외: 공무원법, 군관계법, 행형법, 외무공무원법, 외국인토지법, 출입국관리법
(3) 긴급명령에 의한 예외: 제76조, 실질적 - 법률효력

VI. 榮典一代의 原則

헌법 제11조 제3항 영예, 훈장 기타 영전의 수여에는 어떤 특권도 수반되어서는 안 되
고, 그 효력은 1대에 한하며 세습되지 않음을 규정하고 있다. 국가나 사회의 여러 영역
에서 공로가 있는 자에게 명예의 표창을 하고 훈장을 수여하는 것은 예부터 어느 나라에
서도 행해졌던 것이고 헌법도 공적인 영전의 수여를 당연히 예상하고 있다고 할 수 있
다. 이러한 영전의 수여는 받는 자의 특별한 공로에 합당한 것이기 때문에 일반인과 구
별될 수 있는 특수한 지위에 서게 되어도 통상은 합리적인 구별로서 일반적 평등원칙에

반하는 것이 되지 않는다. 또 그것이 세습되지 않는다는 것은 평등원칙의 요구에도 합치한다. 특권의 부여금지도 마찬가지인데 영전 자체가 넓은 의미에서는 일종의 특권이기 때문에 그것이 인정되는 이상, 예를 들면 경제적 이익의 제공 등을 수반해도 즉시 위헌이라고는 할 수 없다. 위헌인가 합헌인가는 그것이 민주주의의 관점에서 보아 합리적인 한도 내의 것인지 여부에 관련되어 있다고 할 수 있다.[57]

제2장 자유권

제1절 자유권 총론

자유권은 천부불가양의 권리이며, 초국가적 권리이며, 소극적 방어권이다. 또한 국가에 대하여는 소극적 공권성을 갖고, 직접적·포괄적 권리성을 갖는다. 그리고 국가가 자유권을 침해를 할 경우에 구체적·현실적 권리성을 갖게 되며 자연권성을 갖는다.

자유권의 분류는 김철수 교수의 분류에 따라 신체의 자유, 사회적·경제적 자유권, 정신적 자유권으로 분류하기로 한다.

---

57) 일본에서는 문화훈장수장자에 대한 연금지급이 특권을 수반하는 영전의 수여에 해당하는가를 둘러싸고 학설상 다툼이 있다. 지금까지의 방식에서는 문화공로자연금법에서 문화공로자에 대한 연금수여의 제도를 마련하고, 문화공로자 중에서 문화훈장수장자를 선발하고 있다. 이것은 헌법문제로 배려해서 훈장과 연금의 직접결합을 피한 방식이지만 훈장과 연금이 항상 결부되어 있는 점에 변함이 없고, 또 문화공로자의 지위도 일종의 영전이라고 간주하는 것이 가능하므로 여전히 헌법문제는 남는다. 학설에서는 단순한 경제적 이익은 '특권'에 해당하지 않고 훈장에 연금을 첨부해도 위헌은 아니라고 해석하는 입장(궁역, 헌법 2 291면), 합리적인 물적 이익으로서 상식적 한도 내의 것은 '특권'에 해당하지 않고 위헌은 아니라고 해석하는 입장[소립, 강의(상) 344면], 훈장에 연금을 첨부시키는 것은 위헌의 의심이 있지만 현행 방식에서는 아무런 문제가 생기지 않는다고 해석하는 입장[교목, 헌법(개정판) 205면] 등 여러 입장이 있다[(하부조재 '문화공로자연금과 특권금지' 소도편 쟁점(신판) 90면 참조].

제2절 신체의 자유

제12조 ① 모든 국민은 신체의 자유를 가진다. 누구든지 법률에 의하지 아니하고는 체포·구속·압수·수색 또는 심문을 받지 아니하며, 법률과 적법한 절차에 의하지 아니하고는 처벌·보안처분 또는 강제노역을 받지 아니한다.
② 모든 국민은 고문을 받지 아니하며, 형사상 자기에게 불리한 진술을 강요당하지 아니한다.
③ 체포·구속·압수 또는 수색을 할 때에는 적법한 절차에 따라 검사의 신청에 의하여 법관이 발부한 영장을 제시하여야 한다. 다만, 현행범인인 경우와 장기 3년 이상의 형에 해당하는 죄를 범하고 도피 또는 증거인멸의 염려가 있을 때에는 사후에 영장을 청구할 수 있다.
④ 누구든지 체포 또는 구속을 당한 때에는 즉시 변호인의 조력을 받을 권리를 가진다. 다만, 형사피고인이 스스로 변호인을 구할 수 없을 때에는 법률이 정하는 바에 의하여 국가가 변호인을 붙인다.
⑤ 누구든지 체포 또는 구속의 이유와 변호인의 조력을 받을 권리가 있음을 고지받지 아니하고는 체포 또는 구속을 당하지 아니한다. 체포 또는 구속을 당한 자의 가족 등 법률이 정하는 자에게는 그 이유와 일시·장소가 지체 없이 통지되어야 한다.
⑥ 누구든지 체포 또는 구속을 당한 때에는 적부의 심사를 법원에 청구할 권리를 가진다.
⑦ 피고인의 자백이 고문·폭행·협박·구속의 부당한 장기화 또는 기망 기타의 방법에 의하여 자의로 진술된 것이 아니라고 인정될 때 또는 정식재판에 있어서 피고인의 자백이 그에게 불리한 유일한 증거일 때에는 이를 유죄의 증거로 삼거나 이를 이유로 처벌할 수 없다.
제13조 ① 모든 국민은 행위 시의 법률에 의하여 범죄를 구성하지 아니하는 행위로 소추되지 아니하며, 동일한 범죄에 대하여 거듭 처벌받지 아니한다.
② 모든 국민은 소급입법에 의하여 참정권의 제한을 받거나 재산권을 박탈당하지 아니한다.
③ 모든 국민은 자기의 행위가 아닌 친족의 행위로 인하여 불이익한 처우를 받지 아니한다.
제27조 ① 모든 국민은 헌법과 법률이 정한 법관에 의하여 법률에 의한 재판을 받을 권리를 가진다.
② 군인 또는 군무원이 아닌 국민은 대한민국의 영역 안에서는 중대한 군사상 기밀·초병·초소·유독음식물공급·포로·군용물에 관한 죄 중 법률이 정한 경우와 비상계엄이 선포된 경우를 제외하고는 군사법원의 재판을 받지 아니한다.
③ 모든 국민은 신속한 재판을 받을 권리를 가진다. 형사피고인은 상당한 이유가 없는 한 지체 없이 공개재판을 받을 권리를 가진다.
④ 형사피고인은 유죄의 판결이 확정될 때까지는 무죄로 추정된다.
⑤ 형사피해자는 법률이 정하는 바에 의하여 당해 사건의 재판절차에서 진술할 수 있다.
제28조 형사피의자 또는 형사피고인으로서 구금되었던 자가 법률이 정하는 불기소처분을 받거나 무죄판결을 받은 때에는 법률이 정하는 바에 의하여 국가에 정당한 보상을 청구할 수 있다.

Ⅰ. 서설

　　신체의 자유는 헌법 제12조, 제13조, 제27조, 제28조에 의하여 보장되고 있다. 형사법에서 정해도 좋을 사항을 헌법에 비교적 상세하게 정하고 있는 이유는 그만큼 이 자유가 중요하다고 하는 점과 함께 또 이 자유가 빈번하게 침해를 당해 왔고 아직도 침해당하고 있거나 당할 위험이 많다고 하는 뜻도 있다. 물론 신체의 자유를 헌법에서 정하고 그에 관한 형사법의 여러 규정이 있다고 해서 그것이 곧 보장이란 것을 의미하지는 않는다. 그러한 규정이 지켜져야 하고 그것이 지켜지자면 법집행자로부터 피고인이나 가족, 변호인과 인권 침해를 제지하고자 하는 사회의 비판적 감시 분위기도 있어야 한다. 자유의 보장이란 그러한 각개의 당사자가 참여한다는 데서 이루어지는 합작품이다.58) 우리나라에서 요즈음 문제가 되는 신체의 자유침해의 유형으로는 불법체포·구속, 임의동행의 남용, 불법보호조치, 불법심문 내지 고문, 변호인조력 받을 권리의 침해, 무죄추정 받을 권리의 침해, 보석의 지나친 제한, 연좌제 금지의 위배 등이 있다. 이에 관한 치유책을 우리 헌법은 보장하고 있다. 아무튼 우리나라 헌법의 신체의 보장에 관하여는 어느 나라에 비하여도 손색없는 많은 규정을 가지고 있다 할 수 있다. 이하에서는 우리 대법원, 헌법재판소, 그리고 고등법원과 지방법원의 판례를 중심으로 신체의 자유에 대한 보장을 알아보고자 한다.

Ⅱ. 신체의 자유의 의의

(1) 헌법규정

　　헌법 제12조 제1항 전문에 "모든 국민은 신체의 자유를 가진다."고 규정하여 신체의 자유를 보장하고 있는 것은 신체의 안정성이 외부로부터 물리적인 힘이나 정신적인 위협으로부터 침해당하지 않는 자유와 신체활동을 보장하고 있고, 이어 그 절차를 신중히 하기 위하여 제2항에서는 고문금지와 묵비권 행사의 보장, 제3항에서는 적법한 절차에 의한 영장제도, 제4항에 변호인의 조력을 받을 권리, 제5항에 체포·구속의 이유와 변호인의 조력을 받을 권리의 고지, 체포·구속을 당한 자의 가족 등에 대한 그 이유와 일시·

---

58) 한상범, 신체의 자유의 법리와 그 실제, 고시계, 1986. 12., 38면.

장소의 통지, 제6항에 구속적부심사청구권, 제7항에 자백의 증거능력의 제한 등을 규정하여 형사피의자와 형사피고인의 인신보호제도를 보장하고 있다. 그리고 제13조의 형벌불소급의 원칙과 일사부재리, 소급입법의 제한, 연좌제금지, 제27조의 재판을 받을 권리, 제28조의 형사보상청구권을 규정하고 있다.

(2) 신체의 자유에 관한 범위의 학설

신체의 자유라 함은 적법절차에 의하지 아니하고는 신체의 자유의 제한과 박탈을 당하지 않는 것을 의미한다. 일반적으로 신체의 자유에는 신체안전의 자유와 신체자율의 자유가 포함된다. 그런데 신체의 자유에 생명권과 신체의 건강권이 포함되는가에 대해서는 학설이 갈리고 있다.

인격적 존재로서의 인간의 생명권보장과 일반적 행동 자유권은 제10조에서 육체적 존재로서의 생명권과 신체의 자유는 헌법 제12조에서 구하는 것이 타당하다.

Ⅲ. 신체의 자유의 체계

헌법 제12조를 중심으로 규정된 헌법상의 신체의 자유권들은 이를 신체의 자유를 실체적 보장과 절차적 보장으로 나누어 살펴볼 수 있고[59] 이들 권리들이 일반국민에게 적용됨은 물론이나 형사피의자, 형사피고인에게 특별히 중요한 권리이다. 이하에서는 신체의 자유의 보장방법을 실체적 보장과 절차적 보장, 그리고 형사피의자와 형사피고인의 권리로 나누어 보기로 한다.

---

[59] 김철수, 헌법학개론, 367면; 구병삭, 신헌법원론, 468－481면. 다만 적법절차만을 따로 항목으로 분리하여 다루고 있다. 485면 아마 그 이유는 적법절차가 모든 분야에 적용되어야 한다는 논리 때문인 듯하다; 권영성, 헌법학원론, 367－389면; 허영 교수는 생명권을 전제로 해서, 우리 헌법은 신체적 완전성과 신체활동의 임의성을 인신에 관한 실체적 권리로 보장하면서 인신보호를 위한 헌법상 기속원리(적법절차, 죄형법정주의, 이중처벌금지, 사전영장주의, 연좌제금지, 자백의 증거능력제한, 무죄추정의 원칙)와 인신보호를 위한 사법절차적 기본권(진술거부권, 영장제시요구권, 변호인의 조력을 받을 권리, 구속적부심, 재판을 받을 권리, 형사보상청구권)으로 나누어 설명하고 있다. 허영, 한국헌법론, 336－357면.

Ⅳ. 신체의 자유의 실체적 보장

1. 죄형법정부의의 선언

1) 헌법규정

헌법 제12조 제1항은 후문에서 "누구든지 ……법률과 적법한 절차에 의하지 아니하고는 처벌, 보안처분 또는 강제노역을 받지 아니한다."고 규정하고 있다. 헌재는 "죄형법정주의는 이미 제정된 정의로운 법률에 의하지 아니하고는 처벌되지 아니한다는 원칙으로서 이는 무엇이 처벌될 행위인가를 국민이 예측 가능한 형식으로 정하도록 하여 개인의 법적 안정성을 보호하고 성문의 형벌법규에 의한 실정법질서를 확립하여 국가형벌권의 자의적 행사로부터 개인의 자유와 권리를 보장하려는 법치국가 형법의 기본원칙이다(헌재 1991. 7. 8. 선고, 91헌가4 결정)."라고 하고 있다.

2) 죄형법정주의의 의의와 내용

죄형법정주의라 함은 법률 없으면 범죄 없다와 법률 없으면 형벌 없다의 두 명제로 표현되고 있는바, 범죄의 구성요건을 명확하게 법률로써 정하여야 하며, 그 범죄에 대하여 형벌을 과할 때에는 그 형벌의 양과 종류가 국민에 기한 법률이 정한 절차에 의하여야 한다는 원칙을 말한다.60)61) 이 원칙은 국민의 자유와 권리를 행정권과 사법권의 전제적이고 자의적인 처단으로부터 보호하려는 데 의의가 있다.62) 또한 대법원은 죄형법정주의

---

60) 국가보안법은 동법 소정의 행위가 국가의 존립, 안전을 위태롭게 하거나 자유민주적 기본질서에 위해를 줄 경우에 적용되는 한에서는 헌법상 보장된 국민의 권리를 침해하는 법률이라고 볼 수 없고, 국가보안법이 북한을 반국가단체로 본다고 하여 헌법상 평화통일의 원칙에 배치된다거나 또는 국가보안법이 죄형법정주의에 배치되는 무효의 법률이라고 할 수 없다(대법원 1992. 08. 14. 선고, 92도1211 판결).
61) 김철수, 헌법학개론, 1995., 368면.
62) 이에 대하여 대법원은 다음과 같은 견해를 갖고 있다.
　　1. 입헌정치의 기본원리인 법치주의의 요청에 따라 입법, 행정, 사법의 삼권을 분리하여 각기 독립한 기관에 전속적으로 배분하고 있는 우리 헌법의 해석상 국민의 권리의무에 관한 사항은 법률로써 규정하여야 한다고 할 것이고(위 원리의 본래적인 의의에 있어서는 입법권을 담당한 국회라 할지라도 입법사항에 관한 그의 권한을 다른 기관에 위임할 수는 없다는 것이다) 더욱이 헌법 제10조와 제11조는 국민의 기본권인 신체의 자유에 관계있는 죄와 벌에 관한 사항(형벌을 가하는 절차는 물론 형벌의 실체적 내용에 관한 일체의 규정)은 법률로써 정하여야 한다는 취지의 이른바 죄형법정주의를 선시하고 있는 바이니(위 주의의 본래적인 의의는 법률이 없으면 형벌도 없다는 데 있는 것이다) 그 헌법상의 형식상으로는 형벌법규의 연원은 일응 국회의 의결을 거친 법률이어야 한다고 하지 않을 수 없다. 죄형법정주의들의 의의를 위 복지사회의 목표에 비추어 합목적적인 견지로서, 그들의 전술과 같은 본래적 의의를 완화하여, 입법권을 담당한 국회가 형식상 그 외 입법권을 보지하는 이상, 그것들에 관한 사항에 있어서의 전

의 근거를 법치주의에서 구하고 있다. 죄형법정주의의 원칙은 범죄의 구성요건과 형벌을 법률로 정해야 한다는 형식적 요구뿐만 아니라 그 구성요건의 명확성을 요구된다.63) 범죄와 형벌은 균형을 이룰 것도 아울러 요구한다.

  (1) 죄형법정주의의 파생원칙

  ① 형벌성문주의: 이는 헌법 제12조 제1항 전단처럼 범죄와 형벌은 성문의 법률로써 규정하여야 한다는 원칙을 말하고 이를 관습형법의 금지라고도 불린다. 여기서 법률이란 형식적 의미의 법률만을 의미한다.

  ② 형벌법규의 소급효의 금지: 이에 대하여 대법원은 다음과 같이 판결하고 있다. 헌법 제13조 소정의 형벌불소급의 원칙은 범죄의 성립과 처벌을 행위 시의 법률에 의하게 함으로써 사후 법률에 의한 처벌을 금지하여 국민의 법적 안정성을 도모하려는 데 그 목적이 있다(대법원 1995. 7. 28. 선고, 93도1977 판결). 대법원 판례와 같이 헌법 제13조 제1항에서 형벌법규의 소급효를 금지하고64), 제2항에서는 모든 국민이 소급입법에 의하

문적이고, 기술적인 규범이나, 형벌의 실체적인 내용을 제정하는 권한에 관한 한 그의 의결에 의한 법률로써, 그 제정을 요하는 사항을 특정하여 구체성 있는 조건하에 다른 기관에 위임할 수도 있는 것이라고 해석하지 않을 수 없는 바이다. 이러한 견해하에 군형법 제47조는 국회가 정한 법률이 통수권을 담당하는 기관에 형벌의 실체적 내용에 관한 규범에 관하여 통수작용상 필요한 중요하고도 구체성 있는 특정의 사항에 한하여 명령으로서 그 내용을 정할 것을 위임한 데 지나지 않는다(대법원 1969. 02. 18. 선고, 68도1846 판결).
2. 구 대통령선거법 제162조 제1항 제1호, 제34조, 제33조는 헌법 제12조 제1항, 제13조 제1항에서 보장한 죄형법정주의와 법치주의 및 권력분립의 원칙에 위배되지 않는다(대법원 1994. 9. 13. 선고, 93도1840 판결). 조례 위반에 형벌을 가할 수 있도록 규정한 조례안 규정들은 현행 지방자치법 제20조에 위반되고, 적법한 법률의 위임 없이 제정된 것이 되어 지방자치법 제15조 단서에 위반되고, 나아가 죄형법정주의를 선언한 헌법 제12조 제1항에도 위반된다(대법원 1995. 6. 30. 선고, 93추83 판결).

63) 위 규정 중 "……기타 이에 영향을 미칠 목적으로 개입하는 행위"란 노동조합의 설립 등과 단체교섭에 개입한 제3자의 행위를 전체적으로 평가하여 노동관계 당사자의 자유롭고 자주적인 의사결정에 대하여 영향을 미칠 목적 아래 노동조합의 설립 등과 사용자와의 단체교섭에 관하여 강요·유도·조장·억압 등의 간섭행위를 포괄하는 내적 개념인 것으로 보아야 할 것으로서 위 행위에의 해당 여부는 누구나 예견할 수 있다 할 것이므로 그 구성요건이 헌법 제12조 제1항이 요구하는 명확성을 결하여 죄형법정주의에 위배되는 것이 아니다(헌법재판소 1993. 3. 11. 92헌바33 결정; 헌재공보 1993. 31.).

64) 1. 계엄의 해제는 국가비상사태의 호전에 따른 조치이고, 종래의 그 위반 행위에 대한 처벌 자체가 부당하였다거나 과형이 과중하였다는 반성적 고려에서 나온 법률이념의 변경에 기인하는 것이 아니므로, 이는 계엄포고 위반죄에 있어서 면소판결의 요건인 이른바 "범죄 후의 법령의 개폐로 형이 폐지되었을 때"에 해당하는 것이 아니다[대법원 1981. 5. 7. 81도1002 판결, 공658. 13932(6)].
2. 계엄은 국가비상사태에 당하여 병력으로써 국가의 안전과 공공의 안녕 질서를 유지할 필요가 있을 때에 선포되고 평상상태로 회복되었을 때에 해제하는 것으로서 계엄령의 해제는 사태의 호전에 따른 조치이고 계엄령 이 부당하다는 반성적 고려에서 나온 조치는 아니므로 계엄이 해제되었다 고 하여 계엄하에서 행해진 위반행위의 가벌성이 소멸된다고는 볼 수 없는 것으로서 계엄기간 중의 계엄포고위반의 죄는 계엄해제 후에도 행위 당시의 법령에 따라 처벌되어야 하고 계엄의 해제를 범죄 후 법령의 개폐로 형이 폐지된 경우와 같이 볼 수 없다[대법원 1985. 5. 28. 81도1045 판결, 공756.954(57가)].

여 참정권을 제한받거나 재산권의 박탈을 당하지 아니한다고 하여 소급입법에 의한 공민권제한이나 재산권의 박탈을 금지하고 있다.65) 기타 소급입법의 문제와 관련된 판결은 다음과 같다. 소급입법금지의 원칙은 각종 조세나 부담금 등을 납부할 의무가 이미 성립한 소득, 수익, 재산, 행위 또는 거래에 대하여 그 성립 후의 새로운 법령에 의하여 소급하여 부과하지 않는다는 원칙을 의미하는 것이므로, 계속된 사실이나 새로운 법령 시행 후에 발생한 부과요건 사실에 대하여 새로운 법령을 적용하는 것은 위 원칙에 저촉되지 않는다(대법원 1995. 4. 25. 선고, 93누13728 판결). 그리고 이는 경한 신법의 소급적용66)과 공소시효의 소급적용은 허용됨을 의미한다.

③ 유추해석의 금지: 이는 법률에 규정이 없는 사항에 대하여 그것과 유사한 성질을 가지는 사항에 관한 법률 또는 법률조항을 적용하는 것을 말한다. 대법원은 이에 대하여 다음과 같이 판결하고 있다. 죄형법정주의는 국가형벌권의 자의적인 행사로부터 개인의 자유와 권리를 보호하기 위하여 죄와 형을 법률로 정할 것을 요구하고, 이로부터 파생된 유추해석금지의 원칙은 성문의 규정은 엄격히 해석되어야 한다는 전제 아래 피고인에게 불리하게 성문규정이 표현하는 본래의 의미와 다른 내용으로 유추해석함을 금지하고 있다(대법원 1992. 10. 13. 선고, 92도1428 판결).67)

---

3. 사회보호법 제5조는 보호감호 처분의 요건이 되는 범죄전력을 규정하는 데 불과하므로 비록 사회보호법이 공포 실시된 1980. 12. 18. 이전의 전과사실이라 하더라도 이를 재범의 위험성과 특수한 교육개선 및 치료의 필요성을 인정하는 요건으로 하였다고 하여 법률불소급의 원칙에 반한다고 할 수 없다(대법원 1983. 05. 24. 선고, 83도871; 83감도174 판결).

4. 구 헌법(1972. 12. 27. 제정. 이하 같다) 제53조에 의하여 대통령에게 긴급조치에 관한 권한을 부여하였으며 이에 의하여 선포된 대통령긴급조치 제1호 내지 제9호는 비록 그 해제에 관한 특별한 조치가 없는 대통령긴급조치 제1, 2, 4호라고 하더라도 그 근거법인 구 헌법 제53조가 1980. 10. 27. 제5공화국 헌법의 제정공포에 따라 폐지됨으로써 일단 실효되었다 할 것이고, 또한 구 헌법 제53조의 대통령긴급조치권이나 헌법 제51조의 대통령비상조치권은 다 같이 그 연혁이나 성질에 있어 강학상의 국가긴급권에 연유하는 것으로 각 그 적법성에는 의심할 여지가 없으니 각 정하는바 그 발동요건이나 통제기능에 있어 구 헌법 제53조의 대통령긴급조치권은 헌법 제51조의 대통령비상조치권과는 현저한 차이가 있어 우리 제5공화국의 국가이념이나 그 헌법정신에 위배됨이 명백하여 그 계속 효가 부인될 수밖에 없어 헌법 제51조의 규정은 위 긴급조치 제1, 2, 4호의 법적 근거가 될 수 없으므로 이 점에서도 위 긴급조치 각 호는 1980. 10. 27. 제5공화국 헌법의 제정공포와 더불어 실효되었다고 함이 마땅하다[대법원 1985. 1. 29. 74도3501 판결, 공748.392(45가) 집33(1형).417].

65) 당시 재직 중이던 구 중앙정보부직원에 대하여 신설된 계급정년이 적용되게 한 국가안전기획부직원법 제22조 제1항 제2호 및 부칙 제3항이 구 헌법 제12조 제2항(소급입법에 의한 국민의 참정권의 제한 및 재산권의 박탈금지에 관한 규정)에 위배된다고 볼 수는 없다(대법원 1994. 12. 27. 선고, 91누9244 판결).

66) 형을 종전보다 가볍게 형벌법규를 개정하면서 그 부칙으로 개정 전의 범죄에 대하여는 종전의 형벌법규를 추급하여 적용하도록 규정한다 하여 죄형법정주의에 반하거나 범죄 후 형의 변경이 있는 경우라 할 수 없으므로 형법 제1조 제2항 소정의 신법우선주의가 적용될 여지가 없다(대법원 1995. 1. 24. 선고, 94도2787 판결).

67) 1. 형법 제170조 제2항에서 말하는 '자기의 소유에 속하는 제166조 또는 제167조에 기재한 물건'이라

④ 절대적 부정기형의 금지

⑤ 명확성의 원칙68): 이는 법률에서 범죄와 형벌을 가능한 한 명확하게 규정함으로써 일반국민으로 하여금 어떠한 행위가 형법에서 금지되고 또 그 행위에 대하여 어떠한 형벌이 과하여지는가를 예측하게 하고, 법관의 자의적 법적용을 배제하기 위하여 확립된 원칙이다.69)

(2) 벌칙규정의 일반적 · 포괄적 위임

벌칙조항의 일반적 · 포괄적 위임입법은 형벌법규의 성문법주의에 반하기 때문에 허용

함은 '자기의 소유에 속하는 제166조에 기재한 물건 또는 자기의 소유에 속하든, 타인의 소유에 속하든 불문하고 제167조에 기재한 물건'을 의미하는 것이라고 해석하여야 하며, 이렇게 해석한다고 하더라도 그것이 법규정의 가능한 의미를 벗어나 법형성이나 법창조행위에 이른 것이라고는 할 수 없어 죄형법정주의의 원칙상 금지되는 유추해석이나 확장해석에 해당한다고 볼 수는 없을 것이다(대법원 1994. 12. 20. 자94모32 결정).

2. 공소시효제도의 실질은 국가형벌권의 소멸이라는 점에서 형의 시효와 마찬가지로 실체법적 성격을 갖고 있는 것이어서, 그 예외로서 시효가 정지되는 경우는 특별히 법률로서 명문의 규정을 둔 경우에 한하여야 하고, 법률에 명문으로 규정되어 있지 아니한 경우 다른 제도인 형사소송법상의 재정신청에 관한 규정을 유추적용하여 공소시효의 정지를 인정하는 것은 피의자의 법적 지위의 안정을 법률상 근거 없이 침해하는 것이 되며, 나아가서는 헌법상의 적법절차주의, 죄형법정주의에 반하여 기소되고 처벌받는 결과도 생길 수 있을뿐더러, 이는 당 재판소가 사실상 입법행위를 하는 결과가 되므로 헌법소원사건이 심판에 회부된 경우라고 하더라도 심판대상인 피의사실에 대한 공소시효는 정지되지 아니한다(헌법재판소 1993. 9. 27. 92헌마284 결정, 헌재공보 93, 344)(참조: 88헌마3, 89헌마65, 92헌마230, 93헌마19).

68) 1. 일반적으로 법규는 그 규정의 문언에 표현력의 한계가 있을 뿐만 아니라 그 성질상 어느 정도의 추상성을 가지는 것은 불가피하고, 형법 제243조, 제244조에서 규정하는 "음란"은 평가적, 정서적 판단을 요하는 규범적 구성요건 요소이고, "음란"이란 개념이 일반 보통인의 성욕을 자극하여 성적 흥분을 유발하고 정상적인 성적 수치심을 해하여 성적 도의관념에 반하는 것이라고 풀이되고 있으므로 이를 불명확하다고 볼 수 없기 때문에, 형법 제243조와 제244조의 규정이 죄형법정주의에 반하는 것이라고 할 수 없다(대법원 1995. 6. 16. 선고, 94도2413 판결).

2. 정기간행물의등록등에관한법률 제7조 제1항, 제22조 제3호의 규정은 같은 법 제6조 제3항 제1호 및 제2호의 규정에 의한 당해 시설을 자기 소유에 한하는 것으로 해석하지 아니하는 한 언론 · 출판의 자유를 본질적으로 침해한다거나, 목적에 비하여 수단이 지나친 과잉입법이라거나 또는 너무 광범위하고 애매하여 죄형법정주의에 위배되는 위헌규정이라고는 할 수 없다(대법원 1994. 12. 9. 선고, 93도3223 판결).

3. 구 의료법 제16조 제2항, 제67조가 그 처벌대상이 되는 행위를 구체적이고 명확하게 규정하고 있지 않다고 볼 수 없을 뿐만 아니라, 그것이 형사처벌법규의 구성요건을 법률이 아닌 보건사회부령에 위임한 것으로서 헌법상 죄형법정주의의 원칙에 위배된 것으로 볼 수 없다(대법원 1994. 10. 11. 선고, 94도1669 판결). 위헌법률심판의 대상이 된 법률에 있어서 법문의 내용이 다의적이고 그 적용범위에 있어서 과도한 광범성이 인정된다면 법치주의와 죄형법정주의에 위배되어 위헌의 소지가 있다(헌법재판소 1990. 4. 2. 89헌가113 결정, 헌재판례집 2, 90, 49)[참조: (평석)위헌법률심판과 변형판결; 이해진; 판례연구5집(7)].

2. 국가보안법 제9조 제2항의 규정이나 위 법의 다른 규정들은 국가보안법의 목적에 비추어 합리적으로 해석하고 적용하는 한 위법의 각 규정들이 사회과학적으로 개념을 규정하는 것이 불가능할 정도로 애매모호하고 광범위하여 헌법 제12조 제1항이 규정하는 죄형법정주의의 본질적인 내용을 침해하는 것이라고 볼 수도 없다(대법원 1990. 09. 14. 선고, 90도1518 판결).

69) 권영성, 앞의 책, 431면.

되지 않고 적어도 처벌의 원칙, 형벌의 종류, 최고형 등에 대하여 명확한 기준은 처벌의 근거법률에서 제시되어야 한다.[70] 조례 위반에 형벌을 가할 수 있도록 규정한 조례안이 지방자치법 및 헌법에 위반되는지 여부에 대하여 대법원은 다음과 같은 판결을 내리고 있다. 지방자치법 제15조 단서는 지방자치단체가 법령의 범위 안에서 그 사무에 관하여 조례를 제정하는 경우에 벌칙을 정할 때에는 법률의 위임이 있어야 한다고 규정하고 있는데, 불출석 등의 죄, 의회모욕죄, 위증 등의 죄에 관하여 형벌을 규정한 조례안에 관하여 법률에 의한 위임이 없었을 뿐만 아니라, 구 지방자치법(1994. 3. 16. 법률 제4741호로 개정되기 전의 것) 제20조가 조례에 의하여 3월 이하의 징역 등 형벌을 가할 수 있도록 규정하였으나 개정된 지방자치법 제20조는 형벌권을 삭제하여 지방자치단체는 조례로써 조례 위반에 대하여 1,000만 원 이하의 과태료만을 부과할 수 있도록 규정하고 있으므로, 조례 위반에 형벌을 가할 수 있도록 규정한 조례안 규정들은 현행 지방자치법 제20조에 위반되고, 적법한 법률의 위임 없이 제정된 것이 되어 지방자치법 제15조 단서에 위반되고, 나아가 죄형법정주의를 선언한 헌법 제12조 제1항에도 위반된다(대법원 1995. 6. 30. 선고, 93추83 판결).

(4) 기타

1. 일반적으로 보안처분은 반사회적 위험성을 가진 자에 대하여 사회방위와 교화를 목적으로 격리수용하는 예방적 처분이라는 점에서 범죄행위를 한 자에 대하여 응보를 주된

---

70) 지방의회 불출석 증인에 대한 동행명령장제도는 이에 의하여 불출석 증인을 그 의사에 반하여 일정한 장소에 인치하는 것을 내용으로 하므로, 헌법 제12조가 보장하고 있는 신체의 자유권에 대한 중대한 제한을 가하는 것이 분명하지만 지방의회에서의 증언·감정 등에 관한 절차에서 증인·감정인 등의 출석을 확보하기 위한 절차로서 규정된 것으로 지방자치법 시행령 제19조의2 규정의 "감사 또는 조사에 필요한 사항"에 해당한다고 보아야 할 것이어서, 결국 같은 법 제36조 제7항, 같은법 시행령 제19조의2의 규정이 비록 포괄적이고 일반적이기는 하지만 동행명령장제도를 규정한 조례안의 법률적 위임 근거가 된다고 보는 것이 타당하다(대법원 1995. 6. 30. 선고, 93추83 판결). "위임입법에 관한 헌법 제75조는 처벌법규에도 적용되는 것이지만 처벌법규의 위임은 특히 긴급한 필요가 있거나 미리 법률로써 자세히 정할 수 없는 부득이한 사정이 있는 경우에 한정되어야 하고 이 경우에도 법률에서 범죄의 구성요건은 처벌대상인 행위가 어떠한 것일 것이라고 이를 예측할 수 있을 정도로 구체적으로 정하고 형벌의 종류 및 그 상한과 폭을 명백히 규정하여야 하고, 복표발행, 현상기타사행행위단속법 제9조는 벌칙규정이면서도 형벌만을 규정하고 범죄의 구성요건의 설정은 완전히 각령에 백지위임하고 있는 것이나 다름없어 위임입법의 한계를 규정한 헌법 제75조와 죄형법정주의를 규정한 헌법 제12조 제1항, 제13조 제1항에 위반된다(헌법재판소 1991. 7. 8. 91헌가4 결정, 헌재판례집 3, 91, 336)."라고 하고 있다. 또한 대법원도 다음과 같이 판결하고 있다. '복표발행, 현상기타사행행위단속법 제9조 및 제5조의 규정이 죄형법정주의의 원칙상 요구되는 명확성과 예측성을 결여하여 헌법 제12조 제1항의 규정에 위반된다는 주장에 상당한 이유가 있다(대법원 1991. 2. 13. 90초38 결정, 공893.1061).', 수산자원보호영 제25조 제1항, 제31조 제1호가 모법의 위임 없이 부당하게 형벌의 범위를 확장한 것으로서 죄형법정주의의 원칙에 위배되고 위임입법의 한계를 벗어난 무효의 규정이다(대법원 1991. 11. 12. 선고, 91도1659 판결).

목적으로 그 책임을 추궁하는 사후적 처분인 형벌과 구별되어 그 본질을 달리하는 것으로서 형벌에 관한 죄형법정주의나 일사부재리 또는 법률불소급의 원칙은 보안처분에 그대로 적용되지 않는다(대법원 1988. 11. 16. 선고, 88초60 판결).

2. 조세법령불소급의 원칙이라 함은, 그 조세법령의 효력발생 전에 완성된 과세요건 사실에 대하여 당해 법령을 적용할 수 없다는 의미일 뿐, 계속된 사실이나 그 이후에 발생한 과세요건 사실에 대한 새로운 법령적용까지를 제한하는 것은 아니므로, 법인 소유의 토지 등의 양도를 과세요건으로 하는 특별부가세에 관한 감면범위를 축소하는 새로운 입법이 그 시행 이후에 이루어진 양도에만 적용되는 것으로 규정된 이상, 그 토지 등의 취득시기가 새로운 입법을 하기 전이라는 사정만으로 이를 가리켜 소급입법이라고 할 수 없다(대법원 1995. 3. 24. 선고, 94누6871 판결).

2. 일사부재리원칙과 이중처벌금지의 원칙

1) 機能

一事不再理의 原則은 동일인 및 동일사건에 대하여 재차의 소송수행과 재판을 禁止함으로써 피고인보호 및 법적 안정성을 확보하는 기능을 한다. 이와 관련하여 헌법은 "모든 국민은 ……동일한 범죄에 대하여 거듭 처벌받지 아니한다(헌법 제13조 제1항)." 라고 하여 一事不再理의 原則 내지 二重處罰禁止의 原則71)을 규정하고 있다. 이는 실체판결이 확정되어 판결의 기판력이 발생하면, 그 후 동일사건에 대하여는 거듭 심판하는 것이 허용되지 아니한다는 原則을 말한다. 따라서 무죄판결이 있은 행위와 이미 처벌이 끝난 행위에 대해서는 다시 형사책임을 물을 수 없다.

一事不再理의 原則이 정당한 재판에 의한 피고인보호와 법적 안정성이라는 모순되는 가치 간에 위치한다는 점은 재심제도(형소법 제420조)에 의하여 분명해진다. 즉 우리 형사소송법은 정당하지 못한 확정판결에 대한 구제절차로서 재심제도를 인정하여 피고인의 이익을 보호함과 아울러 재심이유를 제한함으로써 법적 안정성72)의 유지를 추구하고 있

---

71) 이중처벌금지는 법적 안정성과 신뢰보호를 위한 일사부재리의 형벌권적 내용이기 때문에 이 두 개념은 엄격히 따지면 완전한 동의어는 아니다. 또 이중처벌금지원칙은 죄형법정주의와는 그 기능의 방향과 목적을 달리한다. 허영, 한국헌법론, 박영사, 1995, 342면.

72) 법적 안정성과 신뢰보호에 바탕을 두는 이중처벌의 금지는 법치국가의 정의실현의 관점에서는 문제가 대두된다. 독일에서는 이 같은 경우에 확정판결의 기초가 된 증서가 위조인 것으로 판명되거나, 증인이나 감정인 등이 고의로 위증한 것이 밝혀지거나, 법관이 뇌물을 받고 판결한 것이 밝혀지거나 무죄선고 받은 자가 진실된 범행을 하나님께 선서하고 고백한 때에는 예외적으로 선고받은 자의 불이익을 위한

는 것이다. 이처럼 헌법적 기본권인 一事不再理의 原則이 대륙법적 산물인가 아니면 영미법에서 발달한 二重危險(double jeopardy)의 禁止에서 비롯된 것인가에 관하여 견해가 다르다. 그러나 一事不再理의 原則이나 二重危險의 禁止 모두 피고인 보호 및 법적 안정성의 확보를 목표로 하고 있는 점에서 구별하여 고찰하기보다는 양자를 포함하는 原則으로 보아야 할 것이다.73) 그 밖에 一事不再理의 原則이 형사사법기능에 대하여 制裁機能을 갖는다는 주장이 있다. 즉 확정된 재판에 대한 재차의 심리와 판단을 허용하지 않음으로써 신중한 재판을 할 것을 전제로 하고 이것이 충족되지 않은 경우에 시정의 기회를 원칙적으로 박탈하는 기능을 한다는 것이다. 그러나 이러한 기능은 현실적인 의미를 지녔다기보다는 사후적인 평가의 소산이라 하겠다.74)

2) 效力

우리나라의 형사소송의 통설적 견해75)에 의하면 재판이 형식적으로 확정되면 재판이 형식적으로 확정되면 이에 따라 그 의사표시적 내용도 일정한 법률관계가 확정되는데, 실체와 관련된 실질적 확정력을 실체적 확정력이라고 부르고 실체적 확정력의 外部的 效力이 바로 一事不再理의 效力 또는 旣判力이라고 하였다. 이에 대하여 대법원은 다음과 같이 판결하고 있다. 일사부재리의 효력은 확정재판이 있을 때에 발생하는 것이므로 검사가 일차 무협의 결정을 하였다가 다시 공소를 제기한 것이 일사부재리의 원칙에 위배되는 것은 아니다(대법원 1988. 03. 22. 선고, 87도2678 판결).

그러나 一事不再理의 效力은 재판의 확정을 전제로 하는 것이 아니라 형사절차에 수반되는 피고인의 부담을 최소화하고 피고인의 불안정한 상태를 제거하고자 하는 二重危險禁止에서 유래한 效力이라고 생각한다.76)

재심절차를 허용하고 있다. 허영, 앞의 책, 342면.

73) 구병삭, 憲法學原論, 博英社, 1995, 472면; 김철수, 憲法學槪論. 博英社, 1995. 대륙법의일사부재리는 실체적 확정력의 문제이고, 영미법의 이중위험금지원칙은 절차상의 관점에서 본 것이다. 양자는 그 연혁과 내용에 있어서 상이하나 기본적으로는 같은 의의를 가진 것이다. 370면 참조; 허영, 韓國憲法論, 博英社, 1995, 342면; 안용교, 韓國憲法, 考試硏究社, 1993, 370면; 한태연, 憲法學. 法文社, 1977; 권영성, 憲法學原論, 法文社, 1994; 문홍주, 韓國憲法, 海嚴社, 1993. 일사부재리원칙은 확정된 실체판결의 효력에 의하여 재차의 심판을 금지하려는 것인 데 대하여, 영미법상의 이중위험의 금지는 공판절차가 일정단계에 이르면 다시는 그 절차의 부담을 되풀이 할 수 없다는 순전히 절차상의 원칙이다. 251면 참조. 요약하면 일사부재리는 확정된 판결에서 발생하고, 이중위험의 원칙은 순전한 절차법상의 원칙이며 일정단계에 이르면 발생한다. 또한 이중위험의 원칙은 검사의 상소를 불허하며 본인도 이 원칙을 포기할 수 있는 점에서 이중위험의 원칙이 일사부재리의 원칙보다 더 넓고 포괄적이다.

74) 박상기, 일사부재리, 고시계, 1989. 7., 41면.

75) 대법원도 이 견해를 따르고 있다. 대법원 1987. 11. 10. 선고, 87도2020 선고.

첫째, 중세시대에는 일시적 석방제도가 존재하여 진실이 밝혀지지 아니한 경우에는 우선 피고인을 석방하고 언제든지 형사절차를 재개할 수 있게 되어 로마법 이래 인정되어 온 一事不再理의 效力이 부정되게 되었다. 그 후 근세시대에 계몽사상을 기초로 개인의 자유보호라는 인권사상과 법적 안정성의 요청으로부터 一事不再理의 效力이 확립되었다. 따라서 一事不再理의 效力은 피고인의 인권보호를 위한 節次的 效力으로서 발전한 것이며, 재판의 권위를 유지하기 위한 확정력이론과 반드시 결부되어야 할 필요성은 없다고 본다.

둘째, 우리나라 헌법 제13조 제1항에 규정된 一事不再理의 原則은 인권보호를 위한 헌법적 요청에서 미국의 헌법상의 二重危險禁止의 법리를 계수한 것으로 대륙법과 영미법 양자에 공통되는 넓은 의미에서의 二重危險禁止의 原則을 선언한 것이라고 볼 수 있다.77)

따라서 一事不再理의 效力을 二重危險의 原則으로 새긴다고 한다면 반드시 재판의 확정이 전제되어야 할 필요는 없어도 어느 정도 실체심리가 행하여졌다면 一事不再理의 效力이 발생하게 되고, 또 위험발생의 시기도 재판확정의 시기 이후의 시점이 될 수 있다.78)

---

76) 임동규, 일사부재리의 원칙에 대한 연구, 서울대박사학위논문, 1994. 8., 105면.

77) 임동규, 앞의 논문, 106면.

78) 최근 판례로는 다음과 같다.
1. 운행정지처분의 사유가 된 사실관계로 자동차 운송사업자가 이미 형사처벌을 받은 바 있다 하여 피고(서울특별시장)의 자동차운수사업법 제31조를 근거로 한 운행정지처분이 일사부재리의 원칙에 위반된다 할 수 없다[대법원 1983. 6. 14. 82누439 판결, 공709.1095(24)].
2. 피고인이 면탈대상자가 아니면서 공소외인으로부터 외제차량을 구입해 달라는 부탁을 받고서 보관 중이던 면탈대상자인 초청계약자(갑) 소유의 관세면탈물품인 외제승용차를 금 250만원에 매수토록 해 주겠다고 승낙한 후 매매대금을 교부받고 소유자에게 차량대금을 제공하였으나 차를 인수받지 못한 채 발각되었다면 이는 관세 및 방위세의 포탈미수에 해당하고 에비 또는 음모로 볼 것이 아니다[대법원 1984. 3. 13. 83도3266 판결, 공727.667(106)].
3. 사회보호법 제5조 제3호가 모든 국민은 동일한 범죄에 대하여 거듭 처벌받지 아니한다는 헌법 제13조 제1항에 위반되는 법률이라고는 볼 수 없다[대법원 1989. 12. 8. 89감도148 판결, 공866.421(59)].
4. 사회보호법(1989. 3. 25. 법률 제4089호) 제5조의 보호감호에 관한 규정은 일사부재리의 원칙을 정한 헌법의 규정에 위반된 것이 아니다[대법원 1990. 3. 27. 90도135 판결, 공872.1024(79)](참조: 1989. 12. 08. 89감도138 판결)
5. 헌법 제13조 제1항이 정한 "이중처벌금지의 원칙"은 동일한 범죄행위에 대하여 국가가 형벌권을 거듭 행사할 수 없도록 함으로써 국민의 기본권, 특히 신체의 자유를 보장하기 위한 것이므로, 그 "처벌"은 원칙으로 범죄에 대한 국가의 형벌권실행으로서의 과벌을 의미하는 것이고 구 건축법 제54조 제1항에 의한 무허가건축행위에 대한 형사처벌과 동법 제56조의2 제1항에 의한 과태료의 부과는 헌법 제13조 제1항이 금지하는 이중처벌에 해당한다고 할 수 없다(헌법재판소 1994. 6. 30. 92헌바38 결정, 헌재공보 94,394).
6. 행정법상의 질서벌인 과태료를 납부한 후에 형사처벌을 한다 하여 일사부재리의 원칙에 반하는 것이라고 할 수 없다(대법원 1988. 01. 19. 선고, 87도2265 판결).
7. 행형법상의 징벌은 수형자의 교도소 내의 준수사항 위반에 대하여 과하는 행정상의 질서벌의 일종으로서 사회일반의 형벌법령에 위반한 행위에 대한 형사책임과는 그 목적, 성격을 달리하는 것이므로 징벌을 받은 뒤에 형사처벌은 한다 하여 일사부재리의 원칙에 반하는 것은 아니다(대법원 1987. 11. 24. 선

3. 보안처분과 강제노역

1) 법률과 적법절차에 의한 보안처분

보안처분이란 범죄에 대한 사회보전의 방법으로서 형벌만으로는 불충분하거나 혹은 부적당한 경우에 이를 보충하고 대체하는 의미에서 범죄적 위험자 또는 범죄행위자에 대하여 과하는 범죄예방처분을 말한다.[79] 이러한 보안처분은 법률과 적법절차에 의하여 한다. 구 사회보호법 제5조 제1항은 위헌선언되고 제5조 제2항은 합헌선언되었다.[80]

2) 법률과 적법절차에 의한 강제노역

강제노역이라 함은 본인의 의사에 반하여 강제적으로 과하는 노역이며 어느 정도의 고

고, 87도1463 판결).

8. 생태적 또는 습성적으로 동종 또는 유사한 죄를 반복할 위험성이 있는 실형 전과자에 대하여 앞으로의 범의 예방 및 교화 조치로서 하는 보호처분을 형벌과 별도로 이와 병행하여 처한다 하여 헌법 제12조 제1항이 정한 일사부재리의 원칙에 위배된다 할 수 없다(대법원 1987. 04. 14. 선고, 86감도42 판결).

9. 검사가 절도죄에 관하여 일단 기소유예의 처분을 한 것을 그 후 다시 재기하여 기소하였다 하여도 기소의 효력에 아무런 영향이 없는 것이고, 법원 이 그 기소사실에 대하여 유죄판결을 선고하였다 하여 그것이 일사부재리의 원칙에 반하는 것이라 할 수 없다(대법원 1983. 12. 27. 선고, 83도2686, 83감도456 판결).

10. 법률조항이 상습절도, 상습야간주택침입절도, 상습특수절도를 구별함이 없이 일률적으로 무기 또는 3년 이상의 유기징역형에 처하도록 규정하고 있는 것은 상습성으로 말미암아 그 위험성이 동일하다고 본 데 따른 것이므로, 죄형 간에 균형을 잃었다거나 형벌이 달성하고자 하는 목적에 반하는 것이라 보기 어렵고, 비례의 원칙이나 과잉금지의 원칙에 반한 규정이라고도 볼 수 없다. 법률조항이 처벌대상으로 삼고 있는 것은 이미 처벌받은 전범이 아니며 후범이며 상습성의 위험성 때문에 일반범죄와 달리 가중처벌함에 목적을 두고 있으므로 헌법 제13조 제1항 소정의 일사부재리의 원칙에 위배되지 아니한다(헌법재판소 1995. 3. 23. 93헌바59 결정 전원재판부, 헌재공보 95,221).

11. 노동조합법 제46조 중 "제42조의 규정에 의한 구제명령에 위반하거나" 부분은, 노동위원회의 확정되지 아니한 구제명령을 그 취소 전에 이행하지 아니한 행위를 동법 제43조 제4항 위반의 확정된 구제명령을 위반한 경우와 차별함이 없이 똑같이 2년 이하의 징역과 3,000만 원 이하의 벌금이라는 형벌을 그 제재방법과 이행확보수단으로 선택함으로써, 국민의 기본권 제한방법에 있어 형평을 심히 잃어 위 법률규정의 실체적 내용에 있어 그 합리성과 정당성을 더욱 결여하였다고 할 것이므로 헌법상의 적법절차의 원리에 반하고 과잉금지의 원칙에도 저촉된다고 할 것이다(헌법재판소 1995. 3. 23. 92헌가14 결정 전원재판부, 헌재공보 95,197).

12. 형법 제35조 제1항이 누범을 가중처벌하는 것은 전범에 대한 형벌을 받았음에도 다시 범행을 하였다는 데 있는 것이지, 전범에 대하여 처벌을 받았음에도 다시 범행을 하는 경우에는 전범도 후범과 일괄하여 다시 처벌한다는 것은 아님이 명백하므로, 누범에 대하여 형을 가중하는 것이 헌법상의 일사부재리의 원칙에 위배하여 피고인의 기본권을 침해하는 것이라고는 볼 수 없다(헌법재판소 1995. 2. 23. 93헌바43 결정 전원재판부, 헌재공보 95,146).

79) 김철수, 앞의 책, 372면.

80) '구 사회보호법 제5조 제1항은 전과나 감호처분을 선고받은 사실 등 법정의 요건에 해당되면 재범의 위험성 유무에도 불구하고 반드시 그에 정한 보호감호를 선고하여야 할 의무를 법관에게 부과하고 있으니 헌법 제12조 제1항 후문, 제37조 제2항 및 제27조 제1항에 위반되고, 같은 법 제5조 제2항의 보호감호처분은 재범의 위험성을 보호감호의 요건으로 하고 있고, 감호기간에 관한 7년의 기한은 단순히 집행상의 상한으로 보아야 하므로 헌법 제12조 제1항 후문에 정한 적법절차에 위반되지 아니한다[헌재 1989. 7. 14. 선고, 88헌가5(병합)].

통을 수반하는데, 이러한 강제노역을 법률과 적법절차에 의하지 않고는 과할 수 없다.[81]

4. 친족의 행위로 인한 불이익처우금지(연좌제)[82]

누구든지 자기의 행위가 아닌 친족의 행위로 인하여 불이익한 처우를 받지 아니한다. 그러나 하급자의 행위에 대한 책임을 물어 상급자를 인사조치하는 것은 연좌제금지에 반하지 아니한다고 보아야 한다. 왜냐하면 감독청이 지는 감독불충분의 책임은 타인의 행위에 의한 불이익이 아니고 바로 자기행위에 대한 책임이기 때문이다. 이에 대한 대법원 판례는 각주와 같다.[83]

V. 신체의 자유의 절차적 보장

1. 법률주의에 의한 보장

1) 법률주의의 의의

이는 누구든지 형식적 의미의 법률과 긴급명령에 의하지 아니하고는 체포·구속·압수·수색 또는 심문을 받지 아니하며, 법률과 적법한 절차에 의하지 아니하고는 처벌·보안처분 또는 강제노역을 받지 아니한다는 것을 말한다.[84]

---

81) 김철수, 앞의 책, 373면.

82) 연좌는 두 개의 개념이 있는데 連坐는 친족관계 이외의 관계에서 특정한 자에게 연대책임을 지우는 것이고, 緣坐는 범죄자의 일정한 범위의 친족에게 형사상의 연대책임을 지우는 것을 말한다.

83) 구 국세기본법(1993. 12. 31. 법률 제4672호로 개정되기 전의 것) 제39조 제2호 및 구 국세기본법 시행령(1994. 12. 31. 대통령령 제14475호로 개정되기 전의 것) 제20조가 법인의 발행주식총액의 51/100 이상을 소유하고 있는 주주집단의 일원을 과점주주라고 하여서 그에 대하여 제2차 납세의무를 지우는 것은, 그 소유주식수에 따라 주주총회에서의 의결권의 행사 등을 통하여 회사경영을 사실상 지배할 가능성이 있는 지위에 있다고 보기 때문이므로, 같은 법조 소정의 과점주주에 해당하는지 여부는, 회사정리절차 중이라는 등의 특단의 사정이 없는 한, 진실로 과반수주식의 소유집단의 일원인지에 의하여 판단하여야 하고, 구체적으로 회사경영에 관여한 사실이 없다고 하더라도 그로써 과점주주가 아니라고 판단할 수 없으며, 위와 같이 해석한다고 실질과세의 원칙, 평등원칙, 비례의 원칙과 연좌제 금지에 관한 헌법규정에 위반된다고 할 수 없다(대법원 1995. 3. 24. 선고, 94누13077 판결).

84) 하급심에서는 다음과 같이 판결을 하고 있다.
1. 헌법 제12조는 적법절차 원칙을 천명하면서, 피의자가 법관이 발부한 영장에 의하여 체포 또는 구속을 당한 때에도 즉시 변호인의 조력을 받을 권리를 가지고, 피의자가 체포 또는 구속의 이유와 변호인의 조력을 받을 권리가 있음을 고지받지 아니하고는 체포 또는 구속당하지 아니하며, 체포 또는 구속을 당한 자의 가족 등에 그 이유와 일시, 장소가 지체 없이 통지되도록 규정하고 있는데, 이는 부득이한 사유

2) 법률주의의 내용

법률과 긴급명령에 의하지 아니하고는 할 수 없게 한 대상은 체포 · 구속 · 압수 · 수색 · 심문 · 처벌 · 보안처분 또는 강제노역이다. 이 중 형사적 처벌과 보안처분 및 강제노역에 대한 법률주의는 죄형법정주의 등 신체의 자유의 실체적 보장과 관련하여 이미 살펴보았

로 수사기관이 피의자를 체포 · 구속하여야 하는 강제수사의 경우에 있어서도 피의자 및 그 가족 등에게 혐의사실, 구금장소, 변호인선임권 등을 고지함으로써 그들로 하여금 최소한도의 방어권을 행사할 수 있도록 보장하여야 한다는 취지라 할 것이고, 따라서 피의자의 승락하에 진행되는 임의수사절차에 있어서는 위에서 본 피의자 등의 최소한도의 방어권은 당연히 보장되어야 한다고 보아야 하기 때문이다. 그러므로 수사기관이 임의수사절차에 따라 피의자에 대하여 동행을 요구할 경우에는, 반드시 피의자에게 그 혐의내용을 알려 주어야 할 것이고(피의자가 자신의 혐의사실을 알지 못한다면, 자신에게 유리한 증거자료를 제출하는 등의 방어권행사를 할 수 없다), 피의자는 물론 독자적인 변호인선임권이 있는 가족 등에게도 그 혐의내용 및 동행장소 등을 반드시 알려 주어야 할 것이며(동행장소를 알아야만 변호인이 피의자를 접견할 수 있다), 만일 수사기관의 동행요구 당시에 피의자의 가족 등이 이를 알 수 없었던 경우, 피의자는 언제든지 전화 등을 통하여 가족 등에게 위와 같은 사실을 알릴 수 있어야 하고, 피의자는 수사가 진행되는 도중에라도 자유롭게 퇴거할 수 있어야 할 것이며, 만일 위와 같은 방어권행사를 위한 절차가 보장되지 않는다면 이를 임의수사절차라고 할 수는 없다 할 것이다.
불법 구금의 점: 형사소송법 제206조, 제209조, 제72조의 규정에 의하면 검사 등 수사기관이 피의자를 긴급구속할 때에는 피의자에게 범죄사실의 요지, 구속의 이유와 변호인을 선임할 수 있음을 고지하고 변명할 기회를 주어야 하고, 수사기관이 피의자를 긴급구속한 다음 그 구속을 계속할 필요가 있을 때에는 법원으로부터 형사소송법 제207조 소정의 사후구속영장을 발부받아야 하는데(검찰사건사무규칙 제24조 참조), 법원으로부터 발부받은 구속영장은 형사소송법 제201조 소정의 사전구속영장인 사실을 인정할 수 있으므로(위 규칙 제19조 참조), 결국 수사기관의 원고에 대한 구금행위가 적법한 긴급구속절차에 기한 것임을 전제로 한 피고의 위 항쟁도 이유 없다(서울민사지방법원 1993. 9. 24. 선고, 제42부 판결, 91가합89214).
2. 헌법 제12조 제3항에 의하면 인신구속을 함에 있어서는 적법한 절차에 따라 검사의 신청에 의하여 법관이 발부한 영장을 제시하여야 하고, 다만 현행범인인 경우와 장기 3년 이상의 형에 해당하는 죄를 범하고, 도피 또는 증거인멸의 염려가 있을 때에는 사후에 영장을 청구할 수 있다고 규정하여 사전영장의 발부를 원칙으로 하고 예외적으로 영장 없이 인신구속을 하되 이 경우에도 사후영장을 발부받아야 한다는 영장주의를 선언하고 있고, 이에 따라 형사소송법 제206조는 피의자가 사형, 무기 또는 장기 3년 이상의 징역이나 금고에 해당하는 죄를 범하였다고 의심할 만한 상당한 이유가 있고, 증거인멸 또는 도망의 염려가 있으며, 긴급을 요하여 지방법원 판사의 영장을 받을 수 없는 때에 해당하는 경우에는 영장 없이 긴급구속할 수 있고, 같은 법 제207조, 제72조에 의하면 검사 또는 사법경찰관리가 긴급구속을 할 경우 피구속자에 대하여 범죄사실의 요지, 구속의 이유와 변호인을 선임할 수 있음을 말하고 변명의 기회를 준 후가 아니면 구속할 수가 없고, 체포 후 구속을 계속할 필요가 있다고 인정되는 때에는 지방법원 판사가 있는 시 또는 군에서는 구속한 때로부터 48시간 이내에, 기타의 시 또는 군에서는 72시간 이내에 사후구속영장을 발부받아야 하고 만일 사후구속영장을 발부받지 못한 경우에는 즉시 석방하여야 한다고 각 규정하고 있는바, 위 사후구속영장제도의 취지는 영장주의의 원칙인 사전영장주의에 대한 예외인 긴급구속의 남용을 방지, 시정하기 위한 사후적인 사법적 통제로서, 사후구속영장은 긴급구속에 대한 사후승인인 동시에 구속의 계속에 대한 허가의 성격을 갖는다고 할 것인데, 위 인정사실에 의하면 위 국가안전기획부 수사관들은 영장 없이 원고를 체포, 연행하면서 원고에게 위와 같은 사유의 고지나 변명의 기회를 준 바가 없을 뿐만 아니라, 원고를 긴급구속한 후 구속을 계속할 필요가 있다고 인정하였음에도 원고를 연행한 1991. 7. 8. 04:40경으로부터 48시간 내에 사후구속영장을 발부받지 아니하고 같은 달 10. 01:35경 통상의 구속영장(사전구속영장)을 발부받아 이를 집행함으로써 결국 원고에 대한 위 수사관들의 체포, 연행행위와 체포 시로부터 위 구속영장이 발부, 집행될 때까지 위 44시간 55분의 구금행위는 불법체포 및 불법구금에 해당한다[서울민사지방법원 1993. 6. 9. 선고, 제5부 판결, 92나37580 손해배상(기)].

으므로 여기서는 신체의 자유 중 절차적 부분인 체포 · 구속 · 압수 · 수색 · 심문에 대해 논하고자 한다.

2. 적법절차에 의한 보장

1) 의의

이는 공권력에 의한 국민의 생명, 재산, 자유의 침해는 합리적이고 정당한 법률에 의거해서 정당한 절차를 밟는 경우에만 유효하다는 원리를 의미한다. 그리고 적법절차는 단순한 절차적 차원의 적법성뿐 아니라 실체적 차원의 적법성까지를 그 내용으로 한다. 이 원칙은 형사절차적 적법원리에서 출발하여 행정절차적 적법원리로 발전하였다. 또한 형사상 신체의 자유의 적법원리에서 모든 자유 및 재산에 대한 권력행사의 적법원리로 발전하였다.

헌재는 적법절차에 대하여 다음과 같이 결정을 내리고 있다. 헌법 제12조 제3항 본문은 동조 제1항과 함께 적법절차원리의 일반조항에 해당하는 것으로서, 형사절차상의 영역에 한정되지 않고 입법, 행정 등 국가의 모든 공권력의 작용에는 절차상의 적법성뿐만 아니라 법률의 실체적 내용도 합리성과 정당성을 갖춘 실체적인 적법성이 있어야 한다는 적법절차의 원칙을 헌법의 기본원리로 명시하고 있는 것이므로 헌법 제12조 제3항에 규정된 영장주의는 구속의 개시시점에 한하지 않고 구속영장의 효력을 계속 유지할 것인지 아니면 취소 또는 실효시킬 것인지의 여부도 사법권독립의 원칙에 의하여 신분이 보장되고 있는 법관의 판단에 의하여 결정되어야 한다는 것을 의미하고, 따라서 형사소송법 제331조 단서 규정과 같이 구속영장의 실효 여부를 검사의 의견에 좌우되도록 하는 것은 헌법상의 적법절차의 원칙에 위배된다(헌법재판소 1992. 12. 24. 92헌가8 결정, 헌재판례집 4,92,853). 또한 대법원도 적법절차에 대하여 다음과 같이 결정을 내리고 있다. "헌법 제12조 제1항 후문이 규정하고 있는 적법절차란 법률이 정한 절차 및 그 실체적 내용이 모두 적정하여야 함을 말하는 것으로서 적정하다고 함은 공정하고 합리적이며 상당성이 있어 정의관념에 합치되는 것을 뜻한다(대법원 1988. 11. 16. 선고, 88초60 판결)." 라고 판결하고 있다.

2) 적법절차의 내용

미국연방헌법 수정 제5조, 제14조는 적법절차에 의하지 아니하고는 생명, 자유, 또는

재산을 박탈당하지 아니한다고 하고 있으며, 일본 헌법은 제31조는 생명 또는 자유를 박
탈당하거나 그 밖의 형벌이 과하여 지지 아니한다고 규정하고 있다. 우리 현행 헌법의
처벌·보안처분 또는 강제노역은 적법절차의 적용대상을 한정적으로 열거한 것이라 해석
하여서는 아니 된다. 오히려 적법절차조항은 적법한 절차에 의하지 아니하고는 본인에게
신체적·정신적 그리고 재산상 불이익한 일체의 制裁를 당하지 아니한다는 의미로 해석
하여야 한다. 그러한 의미에서 처벌·보안처분·강제노역은 예시적인 것에 불과하다.[85]
우리 대법원과 헌재는 그 적용범위를 넓게 보고 있는 것 같다.[86]

3. 영장제도에 의한 보장

1) 영장제도의 의의

영장제도는 범죄수사로 인한 부당한 인권침해를 방지하는 데 제도적 의의가 있다. 이
는 사람을 체포·구속하는 데에는 원칙적으로 법관이 발부한 영장을 제시하도록 하는 것
이다. 이는 인신의 자유를 제한하는 수사과정에 처음부터 법관을 참여시킴으로써 인신보
호에 만전을 기하기 위함이다. 영장에는 구속할 대상, 압수의 목적물 또는 수색의 장소

---

85) 김철수, 앞의 책, 376면; 권영성, 앞의 책, 432－433면.

86) 법무부장관의 일방적 명령에 의하여 변호사 업무를 정지시키는 것은 당해 변호사가 자기에게 유리한 사
  실을 진술하거나 필요한 증거를 제출할 수 있는 청문의 기회가 보장되지 아니하여 적법절차를 존중하지
  아니한 것이 된다(헌법재판소 1990. 11. 19. 90헌가48 결정, 헌재판례집 2,90,393). 헌재는 사회보호법
  제5조 제1항의 보안처분은 법관의 판단재량을 박탈한 것으로서 헌법 제12조 제1항 후문에 정한 적법절
  차와 헌법 제27조 제1항의 재판을 받을 권리를 침해하는 위헌법률이라고 결정하였다(헌재 1989. 7. 14.
  선고, 89헌가44 결정). 이에 대하여 대법원은 다음과 같이 판결을 하고 있다.
  1. 사회안전법 소정의 보안처분은 처분대상자가 이미 실행한 행위에 대한 책임을 물어 과하는 제재조치
  가 아니라 장래에 그 법 소정의 특정범죄를 다시 범할 위험성을 미리 예방하여 국가의 안전과 사회의 안
  녕을 유지하는 한편 처분대상자를 교육 개선시켜 사회에 복귀토록 하려는 것을 본질로 하는 예방조치로
  서의 행정작용인 점에서 형벌과는 그 본질을 달리하는 것이므로 이와 같은 사회안전법상의 보안처분은
  헌법이 보장하는 재판을 받을 권리와 일사부재리의 원칙 또는 양심의 자유에 관한 규정 및 자유와 권리
  의 본질적인 내용을 침해할 수 없다는 내용 기타 기본적 인권보장을 밝힌 헌법규정에 위반된다고 볼 수
  없다[대법원 1987. 8. 18. 87누64 판결, 공809.1477(27)](참조: 830208 82도2672판결)
  2. 사회보호법 제5조 규정이 일사부재리의 원칙, 이중처벌금지의 원칙, 죄형법정주의를 규정한 헌법 제
  13조에 위반된다거나 재판을 받을 권리를 침해라는 것이라고 할 수 없고, 헌법재판소의 위헌결정으로 헌
  법재판소법 제47조 제2항 단서에 따라 소급하여 효력이 상실된 구 사회보호법(1989. 3. 25. 법률 제
  4098호로 개정되기 전의 것) 제5조 제1항에 의하여 보호감호를 선고받았던 자에 대한 재심사건에서도
  그가 '재범의 위험성'이 있는 경우에는 검사의 감호청구서 변경에 의하여 다시 보호감호를 선고할 수 있
  고 이를 헌법 제13조 제1항에 위반된다 할 수 없다(대법원 1993. 9. 14. 93감도67 판결, 93,2841).
  3. 사회보호법 제5조의 보호감호 규정은 법원이 개별적으로 행위자의 위험성과 사회방위 및 교화를 위한
  격리의 필요성을 비교교량하여 균형의 원칙에 따라 위험성의 정도에 상응하는 적정한 감호기간을 정할 수
  있도록 하지 아니하고 일정한 범죄전력의 회수 및 복역기간 등 소정요건을 갖추기만 하면 일률적으로 10
  년 또는 7년이라는 장기간의 보호감호에 처하도록 한 점에서 헌법 제12조 제1항 후문이 규정한 적법한
  절차에 부합하지 않는 위헌의 규정이라고 해석할 여지가 있다(대법원 1988. 11. 16. 선고, 88초60 판결).

등이 구체적으로 명시되어야 하며, 이른바 일반영장은 금지된다. 지방의회에서의 사무감
사·조사를 위한 증인의 동행명령장제도도 증인의 신체의 자유를 억압하여 일정 장소로
인지하는 것으로서 헌법 제12조 제3항의 "체포 또는 구속"에 준하는 사태로 보아야 하
고, 거기에 현행범 체포와 같이 사후에 영장을 발부받지 아니하면 목적을 달성할 수 없
는 긴박성이 있다고 인정할 수는 없으므로, 헌법 제12조 제3항에 의하여 법관이 발부한
영장의 제시가 있어야 함에도 불구하고 동행명령장을 법관이 아닌 지방의회의장이 발부
하고 이에 기하여 증인의 신체의 자유를 침해하여 증인을 일정 장소에 인치하도록 규정
된 조례안은 영장주의원칙을 규정한 헌법 제12조 제3항에 위반된 것이다(대법원 1995.
6. 30. 선고, 93추83 판결).

2) 영장제도의 예외

이에는 현행범인인 경우와 장기 3년 이상의 형에 해당하는 죄를 범하고 도피 또는 증
거인멸의 염려가 있을 때에는 사후영장을 청구할 수 있으며, 비상계엄선포지역에서는 이
영장제도의 시행에 특별한 조치를 할 수 있다. 비상계엄하의 특별한 조치가 무엇인가에
대하여 많은 논란이 있는데 비상계엄하에서도 영장제도 자체는 정지할 수 없다.

3) 긴급구속

장기 3년 이상의 형에 해당하는 죄를 범하고 도피 또는 증거인멸의 염려가 있을 때에
는 사후에 영장을 청구할 수 있다. 이 경우 영장은 통상의 구속영장이 아닌 긴급구속에
따른 영장을 의미한다.

4) 별건구속의 합헌성 여부

별건구속이란 중대한 사건을 수사하기 위하여 이미 증거가 확보된 경미한 사건으로 체
포·구속하여 본건의 조사를 하는 수사방법을 말한다. 영장제도의 본질이 인권보장에 있
으며, 별건을 기준으로 하면 합법이라 하더라도 전체적으로 볼 때는 공정하지 못하고 부
당한 것이라고 보아서 위헌설이 타당하다.87)

5) 행정상 즉시강제와 영장제도

행정상 즉시강제의 경우에도 영장을 필요로 하는가에 관하여 영장불요설과 영장필요

---

87) 김철수, 앞의 책, 379면; 권영성, 앞의 책, 438면; 허영, 앞의 책, 343면; 안용교, 앞의 책, 375면.

설이 대립되고 있다. 영장주의는 사법작용 및 행정작용에도 동일하게 적용되는 것이 원칙이다. 다만 행정강제의 특수성을 무시할 수 없으므로 행정강제 중에서 행정목적의 달성을 위해 불가피한 경우에만 합리적 이유가 있는 경우에 한하여 영장주의의 예외가 인정될 수 있다.[88]

6) 구속영장의 효력

형사소송법 제33조 단서에서 검사로부터 사형, 무기 또는 10년 이상의 징역이나 금고의 형에 해당하다는 의견진술이 있는 사건에 대해서는 예외로 한다고 규정되어 있는데 이의 위헌 여부에 대하여 헌법재판소는 다음과 같이 결정을 하고 있다. 헌법 제12조 제3항에 규정된 영장주의는 구속의 개시시점에 한하지 않고 구속영장의 효력을 계속 유지할 것인지 아니면 취소 또는 실효시킬 것인지의 여부도 사법권독립의 원칙에 의하여 신분이 보장되고 있는 법관의 판단에 의하여 결정되어야 한다는 것을 의미하고, 따라서 형사소송법 제331조 단서 규정과 같이 구속영장의 실효 여부를 검사의 의견에 좌우되도록 하는 것은 헌법상의 적법절차의 원칙에 위배된다(헌법재판소 1992. 12. 24. 92헌가8 결정, 헌재판례집 4,92,853).

또한 보석허가결정에서도 다음과 같이 결정하고 있다. 보석허가결정에 대하여 검사의 즉시항고를 허용하여 그 보석허가결정의 집행이 정지되도록 한 형사소송법 제97조 제3항의 규정은 당해 피고인에 대한 보석허가결정이 부당하다는 검사의 불복을 그 피고인에 대한 구속집행을 계속할 필요가 없다는 법원의 판단보다 우선시킨 것이어서 구속의 여부와 구속을 계속시키는 여부에 대한 판단을 사법권의 독립이 보장된 법관의 결정에만 맡기려는 영장주의에 위반되고, 그 내용에 있어 합리성과 정당성이 없으면서 피고인의 신체의 자유를 제한하는 것이므로 적법절차의 원칙에 반하며, 기본권제한입법의 기본원칙인 방법의 적정성, 피해의 최소성, 법익의 균형성을 갖추지 못하여 과잉금지의 원칙에도 위반된다(헌법재판소 1993. 12. 23. 93헌가2 결정, 헌재공보 94,112).

---

88) 행정지도는 비강제적 사실행위에 불과한 것이어서 반드시 법적 근거를 요하는 것은 아니고, 그 자체로서 직접적으로 권리의무관계의 변동을 가져오는 것이 아니라 특정의 개인 또는 법인을 상대로 행정기관이 의도하는 바를 실현하기 위한 협력적 행위를 요청하는 희망의 표시에 불과한 것이므로, 그 행정지도가 기존의 퇴직금지급률의 하향 조정을 그 내용으로 한다 할지라도 그것이 헌법 제13조 제2항에 반한다고는 볼 수 없는 것이다(서울민사지방법원 1994. 12. 30. 선고, 제42부 판결, 94가합39968 퇴직금).

7) 구속영장을 발부 받음이 없이 피의자를 보호실에 유치함이 적법한 공무수행인지 여부

경찰서에 설치되어 있는 보호실은 영장대기자나 즉결대기자 등의 도주방지와 경찰업무의 편의 등을 위한 수용시설로서 사실상 설치·운영되고 있으나 현행법상 그 설치근거나 운영 및 규제에 관한 법령의 규정이 없고, 이러한 보호실은 그 시설 및 구조에 있어 통상 철창으로 된 방으로 되어 있어 그 안에 대기하고 있는 사람들이나 그 가족들의 출입이 제한되는 등 일단 그 장소에 유치되는 사람은 그 의사에 기하지 아니하고 일정장소에 구금되는 결과가 되므로, 경찰관직무집행법상 정신착란자, 주취자, 자살기도자 등 응급의 구호를 요하는 자를 24시간을 초과하지 아니하는 범위 내에서 경찰관서에 보호조치할 수 있는 시설로 제한적으로 운영되는 경우를 제외하고는 구속영장을 발부받음이 없이 피의자를 보호실에 유치함은 영장주의에 위배되는 위법한 구금으로서 적법한 공무수행이라고 볼 수 없다(대법원 1994. 3. 11. 선고, 93도958 판결).

8) 불법연행

헌법 제12조 제3항, 제5항에 의하면 체포 또는 구속을 할 때에는 적법한 절차에 따라 검사의 신청에 의하여 법관이 발부한 영장을 제시하고, 체포 또는 구속의 이유와 변호인의 조력을 받을 권리가 있음을 고지하여야 하는바, 그 취지는 수사기관이 피의자를 체포, 구속하는 경우에 있어서 적법절차를 도모하고 피의자에게 혐의사실, 구속사유, 변호인 선임권 등을 고지함으로써 그로 하여금 최소한도의 방어권을 행사할 수 있도록 보장하고 있다. 피의자를 영장 없이 체포, 구금하면서 피의자에게 위와 같은 사유나 권리를 고지한 바가 없고, 구속영장을 청구하여 발부받은 다음 이를 집행함으로써 결국 피의자에 대한 위 체포행위 및 위 체포 시로부터 위 구속영장이 발부, 집행될 때까지 약 30시간 15분의 구금행위는 불법체포 및 불법구금에 해당한다 할 것이다(위 체포, 구금을 긴급구속에 해당하는 경우로 보더라도 형사소송법 제207조 소정의 사후영장을 발부받은 바 없으므로 불법구속을 면할 수 없다)[서울민사지방법원 제13부 판결 93가합77369 손해배상(기)].

9) 불법연행과 공소제기와의 관계

변호인이 주장하는 불법연행 등 각 위법사유가 사실이라고 하더라도 그 위법한 절차에 의하여 수집된 증거를 배제할 이유는 될지언정 공소제기의 절차 자체가 위법하여 무효인 경우에 해당한다고 볼 수 없다(대법원 1990. 09. 25. 선고, 90도1586 판결).

4. 구속이유와 변호인 조력청구권의 고지를 받을 권리

1) 의의

헌법 제12조 제5항은 누구든지 체포 또는 구속의 이유와 변호인의 조력을 받을 권리가 있음을 고지받지 아니하고는 체포 또는 구속을 당하지 아니한다. 체포 또는 구속을 당한 자의 가족 등 법률이 정하는 자에게는 그 이유와 일시, 장소를 지체 없이 통지하여야 한다고 규정하고 있다. 이는 피의자, 피고인 또는 그의 가족들에게 변명과 적절한 방어수단을 강구케 하는 것이므로 인신보장에 중대한 의미를 갖는다. 수사기관이 구속에 대해서 고지를 하지 않아 권리를 침해한 경우에는 그 후의 수사증거는 위법수사로 증거능력이 없는 것으로 인정하여야 하며, 수사기관이 이 고지 및 통지의무를 이행하지 않을 경우에는 불법행위를 구성하여 형사처벌을 면할 수 없을 것이다.89)

2) 경찰관 직무 집행법상 경찰관서에 보호조치하는 경우의 통지의무

경찰관직무집행법 제4조 제1항, 제4항에 의하면 경찰관은 수상한 거동, 기타 주위의 사정을 합리적으로 판단하여 술 취한 상태로 인하여 자기 또는 타인의 생명, 신체와 재산에 위해를 미칠 우려가 있는 자에 해당함이 명백하며 응급의 구호를 요한다고 믿을만한 상당한 이유가 있는 자를 발견한 때에는 24시간을 초과하지 아니하는 범위 내에서 동인을 경찰관서에 보호하는 등 적절한 조치를 취할 수 있으나, 이 경우에도 경찰관이 이러한 조치를 한 때에는 지체 없이 이를 피구호자의 가족, 친지 기타의 연고자에게 그 사실을 통지하여야 한다(대법원 1994. 3. 11. 선고, 93도958 판결).

3) 현행범의 체포 및 긴급구속 당시의 이유고지의무

피의자를 구속영장 없이 현행범으로 체포하기 위하여는 체포 당시에 피의자에 대하여 범죄사실의 요지, 체포의 이유와 변호인을 선임할 수 있음을 말하고 변명할 기회를 준 후가 아니면 체포할 수 없고, 이와 같은 절차를 밟지 아니한 채 실력으로 연행하려 하였다면 적법한 공무집행으로 볼 수 없다(대법원 1995. 5. 9. 선고, 94도3016 판결).90)

---

89) 김철수, 앞의 책, 381면.

90) 피의자를 구속영장 없이 현행범으로 체포하든지 긴급구속하기 위하여는 체포 또는 긴급구속 당시에 헌법 및 형사소송법에 규정된 바와 같이 피의자에 대하여 범죄사실의 요지, 체포 또는 구속의 이유와 변호인을 선임할 수 있음을 말하고 변명할 기회를 준 후가 아니면 체포 또는 긴급구속할 수 없다(대법원 1994. 3. 11. 93도958 판결, 공94.5.1.967).

5. 구속적부심제도에 의한 보장

이는 1679년 영국의 인신보호율에서 유래된 것으로 피구속자가 제기한 구속의 적부
여부를 법원이 심사하는 것이며, 이는 영장발부에 대한 재심사 기회를 줌으로써 인신보
호에 만전을 기하기 위함이다. 구속적부심사가 사후구제책인 데 반하여 영장주의는 사전
예방책이다.91)

VI. 형사피의자와 형사피고인의 권리

1. 무죄추정권

헌법은 형사피고인은 유죄의 판결이 확정될 때까지는 무죄로 추정된다고 규정하여 무
죄추정의 원리를 선언하고 있다. 이는 인간의 존엄성을 강조한 것으로 형사절차의 운영
에 있어 기본지침이 된다. 무죄추정의 원리는 판결 그 자체는 물론 판결의 형성과정에서
도 준수되어야 할 헌법상 기본원리이다. 또한 수사, 공소, 형사절차에서도 존중되어야 한
다. 유죄의 판결에는 실형의 판결은 물론 형의 면제, 선고유예, 집행유예도 포함된다. 그
러나 재판을 형식적으로 종결시키는 면소의 판결은 제외된다. 따라서 면소의 판결을 받
은 자는 계속해서 무죄의 추정을 받는다. 헌법은 형사피고인만을 규정하고 있는데 이는
형사 피의자의 무죄추정권을 당연한 것으로 인정한 취지로 볼 것이다. 변호사법 제15조
가 형사사건으로 공소제기가 된 피고인이라도 유죄의 확정판결이 있기까지는 원칙적으로
죄가 없는 자에 준하여 취급하여야 하고 불이익을 입혀서는 안 된다고 할 것으로 가사
그 불이익을 입힌다 하여도 필요한 최소제한에 그치도록 비례의 원칙이 존중되어야 한다
는 것이 헌법 제27조 제4항의 무죄추정의 원칙이며, 여기의 불이익에는 형사절차상의 처
분에 의한 불이익뿐만 아니라 그 밖의 기본권제한과 같은 처분에 의한 불이익도 입어서
는 아니 된다는 의미도 포함된다고 할 것이(헌법재판소 1990. 11. 19. 90헌가48 결정,
헌재판례집 2,90,393)라고 판시하여 무죄추정의 원칙 대상범위를 넓게 보고 있다. 헌법재
판소는 사립학교법 제58조의2 제1항 단서에 대한 위헌심판사건에서 형사사건으로 기소
되었다는 사실만으로 직위해제를 하도록 한 것은 무죄추정의 원리에 위반되어 위헌이라

---

91) 김철수, 앞의 책, 381 – 383면; 권영성, 앞의 책, 386 – 388면; 구병삭, 앞의 책, 476 – 478면 참조.

고 하였으나, 형사사건으로 기소된 자에게 임명권자가 직위를 부여하지 않을 수 있도록 한 것은 합헌이라고 하였다(헌재 1994. 7. 29. 선고, 93헌가7).

2. 고문을 받지 아니할 자유와 진술거부권(묵비권)

모든 국민은 고문을 받지 아니한다(헌법 제12조 제2항 전단). 고문은 기본권 보장을 위해 반드시 근절되어야 할 시대적 잔재로서 형사피의자 및 피고인에 대한 자의적 육체적 폭력행사를 금한다. 고문방지의 실효성을 주기 위하여 고문에 의한 자백의 증거능력을 제한하며, 고문행위를 한 공무원을 직권남용죄로 처벌하고, 고문당한 사람에게 공무원의 직무상 불법행위를 이유로 하는 국가배상청구권을 인정한다.[92]

1) 성고문

대법원은 경찰관의 고문에 의한 인권침해에 대한 기소유예처분의 위헌성을 인정하고 있다(부천성고문사건). "인간의 존엄과 행복추구권을 규정한 헌법 제9조, 형사절차에서의 인권 보장을 규정한 헌법 제11조 제2항의 정신에 비추어 볼 때에, 경찰관이 그 직무를 행함에 당하여 형사피의자에 대하여 폭행 및 가혹행위를 하고, 특히 여성으로서의 성적 수치심을 자극하는 방법으로 신체적, 정신적 고통을 가하는 것과 같은 인권침해행위는 용납할 수 없는 범죄행위로서, 여러 정상을 참작한다 하더라도 그 기소를 유예할 사안으로는 볼 수 없다[대법원 1988. 1. 29. 86모58 결정, 공819.429(31)]."

2) 거짓말탐지기와 진술거부권[93]

거짓말탐지기에 의한 검사가 진술거부권의 침해가 되느냐에 대해서는 거짓말탐지기에 의한 검사는 신체의 생리적 변화를 검증하는 것이지 진술증거는 아니므로 진술거부권의 침해는 아니라는 견해가 있을 수 있다. 그러나 거짓말 탐지기 시험결과는 생리적 변화와 독립하여 증거로 되는 것이 아니고 질문과의 대응관계에서 비로소 의미를 가지는 것이므로 본인의 동의 없이 행하여지는 거짓말탐지기에 의한 검사는 그 자체가 명백한 진술거부권의 침해가 된다.[94] 거짓말탐지기의 검사는 그 기구의 성능 조작기술 등에 있어 신뢰

---

92) 김철수, 앞의 책, 386 – 389면.
93) 이승택, 거짓말탐지기 검사결과의 증거능력에 관한 연구, 연세대 석사, 1992. 참조.
94) 김종빈, 진술거부권과 그 침해 여부가 문제되는 사례, 헌법논총 1집, 1990. 12., 174면.

도가 극히 높다고 인정되고 그 검사자가 적격자이며 검사를 받는 사람이 검사를 받음에 동의하였으며 검사서에 검사자 자신이 실시한 검사의 방법 경과 및 그 결과를 충실하게 기재하였다는 여러 가지 점이 증거에 의하여 확인되었을 경우에는 형사소송법 제313조 제2항에 의하여 이를 증거로 할 수 있다. 위와 같은 전제조건이 구비되어 있는 경우에도 그 검사, 즉 감정의 결과는 검사를 사람의 진술의 신빙성을 가늠하는 정황증거로서의 기능을 하는 데 그친다[대법원 1984. 2. 14. 83도3146 판결, 공725.478(54가)].

3) 진술거부권

진술거부권 내지 묵비권이라 함은 피고인 또는 피의자가 공판절차 또는 수사절차에서 법원 또는 수사기관의 신문에 대하여 진술을 거부할 수 있는 권리를 말한다. 이는 미국 헌법상 인정된 자기부죄금지의 특권에서 유래되었다. 증인이나 감정인도 유죄 여부의 기초가 되는 사실뿐 아니라 양형의 기초가 되는 사실에 대하여도 자기에게 불리한 진술을 거부할 수 있다. 묵비권은 구두진술뿐 아니라 진술을 서면으로 작성하도록 하는 경우에도 적용된다. 형사상 자기에게 불이익이 될 수 있는 경우이므로 민사·행정상 불이익이 되는 경우는 제외되며, 자기에게 불이익이 되어야 하므로 친구, 친척들에게 불이익이 되는 경우까지 포함하지 않는다. 이에 대한 헌재와 대법원의 관련판례는 다음과 같다. 교통사고를 일으킨 운전자에게 신고의무를 부담시키고 있는 도로교통법 제50조 제2항, 제111조 제3호는, 피해자의 구호 및 교통질서의 회복을 위한 조치가 필요한 범위 내에서 교통사고의 객관적 내용만을 신고하도록 한 것으로 해석하고, 형사책임과 관련되는 사항에는 적용되지 아니하는 것으로 해석하는 한 헌법에 위반되지 아니한다.95)96)(재판관 변정수의

---

95) 이에 대한 대법원 1981. 6. 23. 선고, 80도3220 판례는 사고 신고의무는 경찰관에게 속히 교통사고의 발생을 알려서 피해자의 구호, 교통질서의 회복 등에 관하여 적절한 만전의 조치를 취하게끔 하기 위한 방법으로 부과된 것이므로 사고를 발생시킨 당해 차량의 운전자에게 그 사고 발생에 있어서 고의·과실 혹은 유책위법의 유무에 관계없이 부과된 의무라고 해석함이 상당하다고 한다. 우리 대법원을 신고의무 규정이 진술거부권의 침해하는 것인지에 대해서 본격적인 검토를 하지 않고 일반적으로 합헌규정이라는 전제하에 판단한 것으로 보인다.

96) 道路交通法 제50조 제2항 소정의 신고의무규정은 묵비권을 유명무실하게 만들 위험이 있으므로 위헌이라고 생각한다. 그 이유는 다음과 같다. 위 신고의무규정은 교통사고로 인한 피해자의 구호 및 교통질서 회복이라는 행정적인 목적을 달성하기 위한 것이라 하더라도 그 신고사항은 사고장소, 사상자의 수 및 부상정도, 손괴한 물건 및 그 정도 등인바, 이는 범죄의 객관적 구성요건에 해당됨이 명백하고 또한 사고 운전자만이 신고의무 있으므로 범죄의 주체 역시 당연히 밝혀지는 것이므로 결국 자신의 범죄사실을 수사기관에 신고하는 꼴이 된다. 또한 위 신고의무의 취지가 행정목적 달성에 있다 하더라도 그 신고를 반드시 경찰관에게만 하도록 한다는 것은 사고운전자 스스로를 형사책임이라는 그물에 뒤집어씌우게 되는 것이다. 그리고 묵비권은 형사절차에 국한하지 않고 행정절차에도 당연히 적용되므로 행정절차라 하여 묵비권을 무시 내지 경시하여서는 아니 되고, 묵비권의 제한이 공공복리를 위하여 가능하다 하더라도 법

반대의견)

(1) 진술거부권은 비록 양심 및 신앙의 자유 등과는 그 성격이 다르지만 그 성질상 국가안전보장이나 질서유지 및 공공복리 등을 이유로 법률에 의한 외부적인 제약을 가하기에는 적당치 못한 기본권의 범주에 속한다.

(2) 도로교통법 제50조 제2항, 제111조 제3호의 규정은 결국 형벌을 수단으로 하여 형사상 자기에게 불리한 진술을 강요함으로써 인간의 존엄과 가치를 훼손하는 것이므로 진술거부권의 본질적 내용을 침해하는 법률이다.

(3) 도로교통법 제50조 제2항, 제111조 제3호가 교통행정상 필요한 법률이라 하더라도 교통사고 피해자의 구호나 교통질서의 회복은 위 규정을 두지 않고도 도로교통법 제50조 제1항을 위시한 그 밖의 규정 등에 의하여 충분히 달성될 수 있으므로 진술거부권을 희생하면서까지 문제의 법률조항을 존치시킬 필요가 없다(헌법재판소 1990. 8. 27. 89헌가118 결정, 헌재판례집 2,90,222). 형사소송법 제200조 제2항은 검사 또는 사법경찰관이 출석한 피의자의 진술을 들을 때에는 미리 피의자에 대하여 진술을 거부할 수 있음을 알려야 한다고 규정하고 있는바, 이러한 피의자의 진술거부권은 헌법이 보장하는 형사상 자기에 불리한 진술을 강요당하지 않는 자기부죄거부의 권리에 터 잡은 것이므로 수사기관이 피의자를 신문함에 있어서 피의자에게 미리 진술거부권을 고지하지 않은 때에는 그 피의자의 진술은 위법하게 수집된 증거로서 진술의 임의성이 인정되는 경우라도 증거능력이 부인되어야 한다(대법원 1992. 06. 26. 선고, 92도682 판결).

3. 피의자 신문조서의 증거능력

(1) 피고인이 사법경찰리 앞에서의 자백이 허위였다고 일관되게 진술하고 있는 경우, 공판조서상의 '내용인정' 기재를 착오 기재 등으로 보아 사법경찰리 작성의 피의자신문조서의 증거능력이 부여될 수 없다(대법원 1995. 5. 23. 선고, 94도1735 판결).

익균형론의 견지에서 달성하고자 하는 공공복리가 훨씬 비중이 커야 하는바, 경찰관에 의하여 달성되는 피해자구조 내지 교통질서의 회복 등은 실제 극히 미미하다. 석창목, 교통사고 시 사고운전자의 신고의무와 묵비권, 인권과 정의, 1990. 2., 87 – 96면 참조.

(2) 검사 작성의 피의자신문조서는 형사소송법 제312조 제1항에 의하여 공판준비 또는 공판기일에서의 원진술자의 진술에 의하여 그 성립의 진정이 인정되는 때에 증거로 할 수 있고, 성립의 진정이라 함은 간인, 서명, 날인 등 조서의 형식적인 진정성립뿐만 아니라 그 조서가 진술자의 진술 내용대로 기재된 것이라는 실질적인 진정성립까지 포함하는 의미이나, 형식적인 진정성립이 인정되는 피의자신문조서는 특별한 사정이 없는 한 원진술자의 진술 내용대로 기재된 것이라고 추정된다(대법원 1995. 5. 12. 선고, 95도484 판결).

(3) 검찰송치 전 구속피의자로부터 받은 검사 작성의 피의자신문조서의 증거능력 검찰에 송치되기 전에 구속피의자로부터 받은 검사 작성의 피의자신문조서는 극히 이례에 속하는 것으로, 그와 같은 상태에서 작성된 피의자신문조서는 내용만 부인하면 증거능력을 상실하게 되는 사법경찰관 작성의 피의자신문조서상의 자백 등을 부당하게 유지하려는 수단으로 악용될 가능성이 있어, 그렇게 했어야 할 특별한 사정이 보이지 않는 한 송치 후에 작성된 피의자신문조서와 마찬가지로 취급하기는 어렵다(대법원 1994. 08. 09. 선고, 94도1228 판결).

(4) 공범으로서 별도로 공소제기된 다른 사건의 피고인 갑에 대한 수사과정에서 담당 검사가 피의자인 갑과 그 사건에 관하여 대화하는 내용과 장면을 녹화한 비디오테이프에 대한 법원의 검증조서는 이러한 비디오테이프의 녹화내용이 피의자의 진술을 기재한 피의자신문조서와 실질적으로 같다고 볼 것이므로 피의자신문조서에 준하여 그 증거능력을 가려야 한다(대법원 1992. 06. 26. 선고, 92도682 판결).

(5) 변호인접견 전에 작성된 검사의 피고인에 대한 피의자신문조서가 증거능력이 없다고 할 수 없다(대법원 1990. 09. 25. 선고, 90도1613 판결).

4. 자백

자백은 증거의 왕이라는 사상에 의하여 국가의 수사권·소추권·재판권이 행사되는 경우에는 신체의 자유는 그 설 땅이 없게 된다. 자백의 증거능력과 증명력을 제한함으로써 자백강요를 위한 인신침해를 방지하려는 데 그 의의가 있다.

1) 자백의 증거능력의 제한

피고인의 자백이 불법이나 부당한 방법에 의하여 자의로 진술된 것이 아닌 경우에 그 자백은 증거로 사용할 수 없다.

2) 자백의 증명력의 제한

자백의 임의성은 인정되나 그것이 유일한 증거일 때에는 증명력을 제한함으로써 법관의 자유심증주의를 제한하고 있다. 보강증거는 증거능력이 있는 독립된 증거이어야 하고, 소위 전문증거는 원칙으로 보강증거가 될 수 없다.[97]

3) 자백에 대한 보강증거의 정도

자백만으로는 유죄의 판결을 할 수 없고, 이를 보강할 만한 다른 증거가 있어야 한다. 이에 대한 대법원의 견해는 다음과 같다. 자백에 대한 보강증거는 범죄사실의 전부 또는 중요부분을 인정할 수 있는 정도가 되지 아니하더라도 자백이 가공적인 것이 아닌 진실한 것임을 인정할 수 있는 정도만 되면 족하고, 직접증거가 아닌 간접증거나 정황증거도 보강증거가 될 수 있다(대법원 1995. 7. 25. 선고, 95도1148 판결).[98] 이 판례에 의하면 보강증거의 적용범위를 아주 넓게 인정하고 있는데, 정황증거를 보강증거로 인정하는 데에는 문제가 있다.

4) 자백의 신빙성 유무를 판단하는 기준

검찰에서의 피고인의 자백 등이 법정진술과 다르다는 사유만으로는 그 자백의 신빙성이 의심스럽다고 할 사유로 삼아야 한다고 볼 수는 없다 할 것이고, 자백의 신빙성 유무를 판단함에 있어서는 자백의 진술내용 자체가 객관적으로 합리성을 띠고 있는지, 자백의 동기나 이유는 무엇이며, 자백에 이르게 된 경위는 어떠한지 그리고 자백 이외의 정황증거 중 자백과 저촉되거나 모순되는 것이 없는지 하는 점을 고려하여 피고인의 자백에 형사소송법 제309조 소정의 사유 또는 자백의 동기와 과정에 합리적인 의심을 갖게 할 상황이 있었는지를 판단하여야 할 것이다(대법원 1995. 2. 10. 선고, 94도1587 판결).[99]

---

97) 피고인의 자백 이외의 상황증거가 있으면 보강증거가 있는 것으로 유죄의 증거로 할 수 있다(대법원 1966. 7. 26. 선고, 66도634 판결). 또한 공동피고인의 자백은 보강증거로서의 증거능력이 있다(대법원 1966. 9. 20. 선고, 66도984 판결).

98) 보강증거는 범죄사실 전체에 관한 것이 아니라고 하더라도 피고인의 자백이 가공적이 아니고 진실한 것이라고 인정할 수 있는 정도이면 되는 것이고 이러한 증거는 직접증거뿐 아니라 정황증거나 간접증거라도 상관없다(대법원 1990. 09. 25. 선고, 90도1613 판결).

5) 자백의 취소

(1) 자백을 취소하는 당사자는 그 자백이 진실에 반한다는 것 외에 착오로 인한 것임을 아울러 증명하여야 하고, 진실에 반하는 것임이 증명되었다고 하여 착오로 인한 자백으로 추정되지는 아니한다.

(2) 재판상 자백의 취소는 반드시 명시적으로 하여야만 하는 것은 아니고 종전의 자백과 배치되는 사실을 주장함으로써 묵시적으로도 할 수 있다.

(3) 자백은 사적 자치의 원칙에 따라 당사자의 처분이 허용되는 사항에 관하여 그 효력이 발생하는 것이므로, 일단 자백이 성립되었다고 하여도 그 후 그 자백을 한 당사자가 위 자백을 취소하고 이에 대하여 상대방이 이의를 제기함이 없이 동의하면 반진실, 착오의 요건은 고려할 필요 없이 자백의 취소를 인정하여야 할 것이나, 위 자백의 취소에 대하여 상대방이 아무런 이의를 제기하고 있지 않다는 점만으로는 그 취소에 동의하였다고 볼 수는 없다(대법원 1994. 9. 27. 선고, 94다22897 판결).

5. 변호인의 조력을 받을 권리(접견교통권)[100]

형사피의자나 형사피고인을 불문하고 체포·구속을 당한 경우에는 변호인의 도움을 받을 권리를 갖는다. 이는 무기대등의 원칙을 형사절차에서도 실현시킴으로써 국가형벌권의 일방적 행사로 인한 인신의 침해를 막기 위함이다. 변호인을 선임하고, 변호인을 자유로이 접견·협의할 수 있으며, 변호인이 소송기록을 자유로이 열람할 수 있는 것 등을 그 내용으로 한다. 변호인 접견교통권은 피의자나 피고인에게 허락된 기본권이며, 변호인에게 허락된 것이 아니다. 다만 국선변호인의 선임은 피고인에게만 인정된다(피의자에게는 구속적부심청구권에만 허용). 피의자에게도 국선변호인의 혜택을 받도록 하는 입법정

---

99) 피고인의 검찰에서의 자백이 그 범행동기도 다른 정황증거에 비추어 석연치 아니할 뿐만 아니라, 그 진술내용이 다른 정황증거와의 관계에서 저촉되거나 모순되는 점이 있고, 여기에 검사가 피고인의 수사기관에서의 자백에 근거하여 무려 60회에 걸친 범죄를 기소하였다가 그 대부분을 철회해 버린 점, 피고인의 학력, 경력, 생활환경 등을 보태어 보면, 그 진술의 진실성과 신빙성이 극히 의심스러워 믿을 만한 증명력을 갖추었다고 볼 수 없다고 한 사례(대법원 1995. 1. 24. 선고, 94도1476 판결)

100) 이에 대하여 대검찰청은 지난 1995. 4. 10.에 검찰제도개선 우선과제 추진안에 변호인 접견교통권 보장 지침을 만들었다. 그 주요 내용으로는 수사 중인 경우에도 일반적으로 접견교통을 방해하는 불필요한 소환·장기 방치를 금지, 적법절차에 의한 증거수집체제 정착 등이다.

책이 필요하다. 이에 대하여 대법원은 다음과 같이 판결하고 있다.

(1) 변호인의 조력을 받을 권리를 규정하고 있는 헌법 제12조 제4항 전문, 절차상 또는 시기상의 아무런 제약 없이 변호인의 피고인 또는 피의자와의 접견교통권을 보장하고 있는 형사소송법 제34조, 구속 피고인 또는 피의자에 대한 변호인의 접견교통권을 규정한 같은 법 제89조, 제90조, 제91조 등의 규정에 의하면 변호인의 접견교통권은 신체구속을 당한 피고인이나 피의자의 인권보장과 방어준비를 위하여 필수불가결한 권리로서 법령에 의한 제한이 없는 한 수사기관의 처분은 물론 법원의 결정으로도 이를 제한할 수 없다 할 것인바, 위 관계법령의 규정취지에 비추어 볼 때 접견신청일이 경과하도록 접견이 이루어지지 아니한 것은 실질적으로 접견불허가 처분이 있는 것과 동일시된다고 할 것이다(대법원 1991. 03. 28. 고지, 91모24 결정).

(2) 형사소송법 제34조가 규정한 변호인의 접견교통권은 신체구속을 당한 피고인이나 피의자의 인권보장과 방어준비를 위하여 필수불가결한 권리이므로, 법령에 의한 제한이 없는 한 수사기관의 처분은 물론, 법원의 결정으로도 이를 제한할 수 없고, 구치소에 구속되어 검사로부터 수사를 받고 있던 피의자들의 변호인으로 선임되었거나 선임되려는 변호사들이 피의자들을 접견하려고 1989. 7. 31. 구치소장에게 접견신청을 하였으나 같은 해 8, 9월까지도 접견이 허용되지 아니하고 있었다면, 수사기간의 구금 등에 관한 처분에 대하여 불복이 있는 경우 행정소송절차와는 다른 특별절차로서 준항고절차를 마련하고 있는 형사소송법의 취지에 비추어, 위와 같이 피의자들에 대한 접견이 접견신청일로부터 상당한 기간이 경과하도록 허용되지 않고 있는 것은 접견불허처분이 있는 것과 동일시된다고 봄이 상당하다[대법원 1990. 2. 13. 89모37 결정, 공872.1009(65)].

헌법상 보장된 변호인과의 접견교통권이 위법하게 제한된 상태에서 얻어진 피의자의 자백은 그 증거능력을 부인하는 유죄의 증거에서 실질적이고 완전하게 배제하여야 하는 것인바, 피고인이 구속되어 국가안전기획부에서 조사를 받다가 변호인의 접견신청이 불허되어 이에 대한 준항고를 제기 중에 검찰로 송치되어 검사가 피고인을 신문하여 제1회 피의자신문조서를 작성한 후 준항고절차에서 위 접견불허처분이 취소되어 접견이 허용된 경우에는 검사의 피고인에 대한 위 제1회 피의자신문은 변호인의 접견교통을 금지한 위법상태가 계속된 상황에서 시행된 것으로 보아야 할 것이므로 그 피의자신문조서는 증거능력이 없다(대법원 1990. 09. 25. 선고, 90도1586 판결). 헌법재판소는 다음과 같이 결정하고 있다. "헌법 제12조 제4항이 보장하고 있는 신체구속을 당한 사람의 변호인의 조력을 받을 권리는 무죄추정을 받고 있는 피의자. 피고인에 대하여 신체구속의 상황에서 생기는 여러 가지 폐해를 제거하고 구속이 그 목적의 한도를 초과하여 이용되거나 작용되지 않게끔 보장하기 위한 것으로 여기의 '변호인의 조력'은 '변호인의 충분한 조력'을 의미한다. 그리고 변호인의 조력을 받을 권리의 필수적 내용은 신체구속을 당한 사람과 변호인과의 접견교통권이며 이러한 접견교통권의 충분한 보장은 구속된 자와 변호인의 대화내용에 대하여 비밀이 완전히 보장되고 어떠한 제한·영향·압력 또는 부당한 간섭 없이 자유롭게 대화할 수 있는 접견을 통하여서만 가능하고 이러한 자유로운 접견은 구속된 자와 변호인의 접견에 교도관이나 수사관 등 관계공무원의 참여가 없어야 가능하다. 변호인과의 자유로운 접견은 신체구속을 당한 사람에게 보장된 변호인의 조력을 받을 권리의 가장 중요한 내용이어서 국가안전보장, 질서유지, 공공복리 등 어떠한 명분으로도 제한될 수 있는 성질의 것이 아니나[101][102], 행형법 제62조가 '미결수용자에 대하여 본법 또는 본법의 규정에 의하여 발하는 명령에 특별한 규정이 없는 때에는 수형자에 관한 규정을 준용한다.'라고 규정하여 미결수용자(피의자, 피고인)의 변호인 접견에도 행형법 제

---

101) 박종철 씨의 고문치사사건, 김근태 씨의 고문사건(1992. 1. 30. 서울민사지방법원 합의41부) 등에 대해서 우리 사법부가 과감하게 국가배상판결을 하고, 임의동행 형식의 영장 없는 불법구금을 불법행위로 못 박고, 변호인접견을 허용하지 않은 해 검찰이 작성한 구속피의자신문조서의 증거능력을 하급법원도 부인하고(1990. 1. 30. 서울형사지법 89고합118), 수사상 필요를 내세워 변호인접견권을 제한하는 것은 허용될 수 없다고 대법원이 결정(1990. 2. 17. 선고, 89모57 판결)하는 등 이른바 6공화국에 들어와서 꾸준히 계속되어 왔다.

102) 이 결정을 통하여 헌재는 헌법소원제도에 내포되어 있는 객관적 소송으로서의 의미와 기능을 분명히 밝힘으로써 헌법소원이 단순한 주관적 권리구제수단으로 끝나는 것이 아니고 객관적인 헌법질서의 보호기능도 함께하고 있다는 것이고, 인간존엄성의 보장에 뿌리를 두고 있는 무죄추정원칙은 헌법상의 기속원리로서 불구속수사와 불구속재판을 원칙으로 하고 구속수사와 구속재판은 어디까지나 불가피한 경우에만 예외적으로 인정되는 일이다. 또한 헌법이 보장하는 변호인의 도움을 받을 권리는 변호인의 충분한 도움을 받을 권리로 넓게 해석해야 하고 변호인접견교통권은 변호인의 도움을 받을 권리의 핵심적인 내용으로서 어떠한 이유로도 그 제한이 정당화 될 수 없다는 점이 이 결정을 통해서 이제는 판례로 굳어지게 되었고, 헌재는 이 결정에서 변호인의 도움을 받을 권리를 형사상 자기에게 불리한 진술을 강요당하지 않는 진술거부권의 실효성을 담보하기 위한 불가결한 전제조건으로 보고 있다. 이 결정에 힘입어 그동안 변호인의 피의자 또는 피고인과의 접견의 비밀을 침해하는 수사기관이나 교도소 등의 불법적인 행위는 현재 상당부분 없어지게 되어 교도소, 구치소 등에서는 변호인 접견실에 교도관이 참여하지 않고 있으며 경찰서 등에서도 수사관들과 떨어진 곳에 따로 자리를 마련하여 접견하여 하여 달라는 변호인의 요구가 관철되고 있는 것으로 보인다. 물론 위 결정이 내려진 직후 후기대 시험지 유출사건 피의자인 정계택 씨에 대한 이양원변호사의 접견을 부천경찰서가 방해하고 비밀을 침해한 사례 등을 비롯하여 아직도 접견을 방해하는 수사기관의 불법 행위는 많이 남아 있다. 허영, 변호인접견제도의 위헌성, 헌법재판자료 5집, 1992. 12.: 박승옥, 변호인 접견에서의 비밀침해에 관한 헌법재판소의 위헌결정의 의의, 법과 사회, 1992. 참고

18조 제3항에 따라서 교도관이 참여할 수 있게 한 것은 신체구속을 당한 미결수용자에게 보장된 변호인의 조력을 받을 권리를 침해하는 것이어서 헌법에 위반된다(헌법재판소 1992. 1. 28. 91헌마111 결정, 헌재판례집 4,92,51).”

6. 신속한 공개재판의 받을 권리

재판의 신속성은 공정한 재판의 중요한 요소가 된다.

(1) 헌법 제27조 제1항에서 규정하고 있는 헌법과 법률이 정한 법관에 의하여 법률에 의한 재판을 받을 국민의 권리에 모든 사건에 대해 상고법원의 구성 법관에 의한, 상고심절차에 의한 재판을 받을 권리까지 포함된다고 단정할 수 없을 뿐 아니라, 상고심절차에관한특례법 제4조 제1항은 상고이유에 관한 주장이 동조항 제1호 내지 제6호의 사유를 포함하지 아니한다고 인정되는 때에는 더 나아가 심리를 하지 않고 상고기각의 판결을 할 수 있다는 것에 불과하므로, 위 특례법 조항이 헌법 제27조 제1항에 위배된다고 볼 수 없다(대법원 1995. 7. 14. 자 95카기41 결정).

(2) 헌법 제27조 제1항은 “모든 국민은 헌법과 법률이 정한 법관에 의하여 법률에 의한 재판을 받을 권리를 가진다.”고 규정하고 있다. 헌법상 기본권으로 보장된 재판청구권에 의하여 모든 국민은 민사에 관하여 스스로 법원에 소를 제기할 권리를 가지고, 법원은 적법한 소의 제기가 있으면 민사에 관한 재판을 거부할 수 없다. 민사소송법 관련규정에 의하면, 국가의 소송제도를 이용하고자 하는 당사자는 특별한 사정이 없는 한 소가계산이 가능한 재산권에 기한 소송을 제기할 경우 소가의 5/1,000에 해당하는 인지를 첨부하여야 하고, 재판장은 소장 심사 후 위 요건이 충족되지 아니한 소장에 대하여는 보정명령을 거쳐 미보정을 이유로 명령으로 소장을 각하하도록 규정하고 있고, 인지대의 선납의 기능이 수익자 부담의 원칙에서 수수료 징수의 성격과 무분별한 남소를 억제시킴으로써 법원 기능의 효율성을 제고시킨다는 순기능을 고려한다 하더라도, 만약 인지대 액수가 법원 수수료라는 성격을 무색케 할 정도로 상당한 고액이어서 실질적으로 사인간의 분쟁에서 권리침해를 당한 경제적인 약자가 국가의 소송제도를 통하여 자신의 권리를 찾을 수 있음에도 인지대 선납이라는 부수적인 부담에 얽매여 법원에의 접근을 봉쇄 내지 제한받게 된다면 이는 모든 국민에게 보장된 헌법 제27조 제1항에 규정된 재판청구

권을 침해하는 것이라고 볼 수 있을 것이다. 왜냐하면 국가가 국민의 권리구제를 위한 민사소송제도를 설치하면서 개개의 소송수행에 필요한 경비를 소송제도를 이용하는 당사자의 부담으로 하는 수익자 부담의 원칙을 채택하고 형식적으로 법원의 문을 누구에게든지 개방하고 있다 하더라도 자력이 부족한 자에 대하여 법원 수수료를 납부하지 아니하여 그 소송제도를 이용할 수 없게 한다면 이는 그 비용을 지출할 자력이 부족한 자에 대하여 형식적으로만 헌법상의 재판청구권을 보장함에 그칠 뿐 사실상 소송에 의한 권리구제의 기회를 폐쇄하는 결과를 야기시키는 것이라고 할 것인데, 헌법 제27조 제1항에 의하여 보장되는 국민의 재판청구권은 국민 각자에 대하여 법원에 의한 권리구제의 길이 실질적으로 열려있을 것을 요청할 뿐만 아니라 무자력자나 자력이 부족한 자에 대하여 재판청구권이 차단된다면 이는 헌법 제11조 제1항에 의하여 보장된 평등의 원칙(법원 앞에서의 기회균등)에 위반된다고 보아야 할 것이기 때문이다(서울민사지방법원 제15부 위헌제청결정 94카기2622 위헌제청).

(3) 미결구금일수 중 일부 통산을 허용한 형법 제57조의 위헌 여부: 법원의 재량에 의하여 판결선고 전 구금일수 중 일부만을 통산할 수 있도록 한 형법 제57조의 규정이 헌법상의 평등원칙이나 피고인에 대한 무죄추정의 원칙 또는 재판을 받을 권리의 보장에 관한 원칙 등에 위배되는 것이라고 할 수 없다(대법원 1993. 11. 26. 선고, 93도2505 판결).

(4) 국가보안법 제7조(찬양·고무) 및 제10조(불고지)의 죄는 구성요건이 특별히 복잡한 것도 아니고 사건의 성질상 증거수집이 더욱 어려운 것도 아님에도 불구하고 국가보안법 제19조가 제7조 및 제10조의 범죄에 대하여서까지 형사소송법상의 수사기관에 의한 피의자구속기간 30일보다 20일이나 많은 50일을 인정한 것은 국가형벌권과 국민의 기본권과의 상충관계 형평을 잘못하여 불필요한 장기구속을 허용하는 것이어서 결국 헌법 제37조 제2항의 기본권 제한입법의 원리인 과잉금지의 원칙을 현저하게 위배하여 피의자의 신체의 자유, 무죄추정의 원칙 및 신속한 재판을 받을 권리를 침해한 것이다(헌법재판소 1992. 4. 14. 90헌마82 결정, 헌재판례집 4,92,194).

Ⅶ. 결어

우리 헌법학은 해석법학 내지 이론법학으로서만 그 의미를 다해 왔다. 우리의 헌법학의 방법론은 외국의 학설과 판례를 인용하여 우리의 현실을 그 틀에 맞추어 해석하고 우리 헌법현실에 적용시켜왔다. 헌법교과서의 순서가 일반적으로 외국의 입법례와 비교헌법학을 먼저 서술하고 마지막으로 우리 헌법전에 대한 해석을 하는 방법을 취하고 있다. 우리가 이제는 해석법학 내지 비교헌법학에서 벗어나서 우리 현실과 우리 헌법학의 자리를 확고히 세울 필요가 있다고 생각한다. 그 한 예로 헌재, 대법원, 하급심 판례를 연구하여 많은 논문이 나오게 된다면 그것이 우리 법원과 헌재의 발전도 함께 이룩할 수 있다고 본다. 현재 대법원에서 헌법에 대한 견해를 피력할 때에 합헌성에 대한 판단을 할 때에 이론과 현실적 근거를 제시하지 않은 채 헌법적 판단을 내리는 많은 판결을 내고 있다. 이러한 이유는 우리 학계의 대법원 판결에 대한 비판 내지 견해, 연구검토를 많이 하면 대법원도 이에 대해서 많은 연구를 통한 판결을 내리게 될 것이다. 헌법재판소에서 내는 결정들은 일반적으로 외국의 학설과 기존 우리 학계의 이론을 대변하는 듯한 결정이 많은 것 같다. 혹은 학계의 절충설이 결정의 내용으로 나오는 경우가 많은 것 같다. 신체의 자유에 대한 판례에 대하여 한 판례 한 판례마다 미국처럼 원고 v. 피고 사건명을 만들어서 중요한 판례에 대하여 많은 연구와 비판이 나타나게 하는 것이 우리 헌법학의 이론과 실제를 한 단계 끌어 올리는 게 아닌가 한다. 그리하게 되면 학계와 법조계의 교류가 활발히 진행되게 되어 판례와 이론의 갭이 많이 줄어들게 될 것이라고 생각한다. 이제 우리의 헌법학은 우리의 판례와 우리의 실정에서 판단하여 우리의 틀에 맞는 해석을 해야지 외국의 학설과 이론을 바탕으로 하는 우리의 헌법해석학을 만들어서는 안 된다. 다만 외국의 학설과 이론은 우리의 헌법학을 이해하는 보조 도구로서만 그 의미를 할 뿐이다. 지금 대법원은 1996년에 대법원 판결을 모두 공개하기 위하여 전산작업을 하고 있다. 이제 우리 헌법학도 모방헌법학의 단계에서 창조헌법학의 단계로 나아가야 하는 시점에 있다. 대법원 판례가 부실하고 그 근거에 대한 충분한 설명 없이 판결을 내리는 것에 대하여 우리 학계가 비판을 해야 할 의무라고 생각한다. 그것이 우리 헌법상의 기본권 보장을 더욱 철저히 하는 방법이기도 하다.

제3장 경제적 자유권

제1절 총설

자유로운 경제활동은 정신활동의 자유와 함께 근대사회에서 불가결한 구성요소이다. 근대헌법의 인권선언에서는 직업선택의 자유, 영업의 자유, 계약의 자유, 거주·이전의 자유, 재산권의 보장 등이 거론되고, 이것들의 자유가 경제적 자유로서 일괄되고 있다. 경제적 자유는 봉건적인 지배관계에서 탈피해서 자유로운 경제활동을 추구한 근대 부르주아지에 의해서 주장된 것이고, 영역적인 통일국가를 건설하려고 한 절대군주의 이익과 기본적으로 일치하는 것이었지만 절대군주의 정치권력이 타도된 시민혁명의 후에는 '신성불가침'의 권리로서 두텁게 보호받고, 시민사회의 법적 안정성에 이바지했다. 그러나 사적 경제활동의 자유를 원칙으로 하는 시민사회의 자율성은 소수의 자본가에의 부의 집중을 초래하는 한편 많은 빈곤자·실업자를 만들어 사회 내부에서 심각한 계급대립을 유도, 자유주의적 국가체제 그 자체를 동요시키기에 이르렀다. 이렇게 해서 자본주의의 고도화에 수반해서 더욱더 심각화하는 사회문제는 이미 사회가 자주적으로 해결할 수 있는 것은 아니고, 국가의 수중에 맡겨지고 그 사회정책·경제정책에 의해서 문제해결이 도모되게 되었다. 사회국가·복지국가원리에 근거한 20세기의 헌법은 자유로운 경제활동, 자유경쟁의 폐해를 시정하고, 실질적으로 평등한 권리·자유의 보장을 확보하기 위해서 인권의 목록으로 새롭게 사회권을 추가함과 함께 경제적 자유를 사회적으로 구속된 것, 사회적 공공의 견지에서 법률에 의해서 적극적으로 규제할 수 있는 것으로 하는 사고방식을 취하게 된 것이다.

제2절 거주·이전의 자유

헌법 제14조 모든 국민은 거주·이전의 자유를 가진다.

Ⅰ. 서설

1. 의의

거주·이전의 자유라 함은 자기가 원하는 곳에 주소 또는 거소를 정하거나 그곳으로부터 자유로이 이전하거나, 자기 의사에 반하여 거주지를 옮기지 아니할 자유를 의미한다.

2. 연혁

거주·이전의 자유에 관해서 법적 보장이 강구되게 된 것은 중세도시를 중심으로 시장경제가 발달하고, 화폐의 유통이 인간과 토지의 불가분성이라는 봉건적 경제질서의 근간을 동요하게 했다는 것과 관련을 가진다. 상·공업의 발달은 토지로부터 분리된 자유로운 노동력을 필요로 함과 더불어 동요되기 시작한 봉건적 경제질서를 다시 세우고, 지역의 영주권력을 넘어서 강대한 중앙의 국가권력이 직접적으로 농민의 이동을 규제하는 것을 요청하고, 여기에서 이른바 절대왕정이 성립한다. 그리고 절대왕정하에서는 국가입법에 의한 토지로부터의 해방과 그 법적 규제라는 이면적 정책이 취해졌다. 이것은 본래적으로 이동의 자유라는 것이 성립할 여지가 없는 중세봉건제하의 사태와는 질적으로 다른 것이고, 절대왕정하에서도 거주·이전의 자유가 실제로 보장되었다. 이 의미에서 토지로부터 해방, 거주·이전의 자유는 근대 시민혁명에 의해서 처음 획득된 것은 아니고 시민사회가 성립하는 기본적 전제로서 근대헌법의 제정에 앞서 사실상 형성되어 있었던 것이다.

3. 거주·이전의 자유의 헌법적 보장

상술한 연혁에서 시민이 스스로 근대화를 실현했던 선진제국에서는 거주·이전의 자유는 자명한 것이었고, 이것을 인권선언에 명기할 필요는 없었다.103) 이에 대해서 독일이나 일본처럼 근대화의 건설이 늦어지고, 따라서 국가에 의한 강력한 지도로 사회의 근대화가 이루어진 제국의 경우 자본주의화의 전제조건인 거주 · 이전의 자유는 '위에서부터' 법률상 인정되지 않으면 안 되었다. 그 때문에 19세기 중엽부터 20세기 초반에 제정된 이러한 국가들의 헌법전에는 거주 · 이전의 자유의 보장이 명기되게 된다. 게다가 이 자유는 자유주의적인 자본주의경제활동의 전제를 이루는 것이라는 점에서 이것은 직업선택의 자유 · 영업의 자유와 결합해서 '경제적 자유'의 내용을 이루는 것이 되었다.104)

그러나 제2차 대전 후의 헌법에서는 거주 · 이전의 자유를 직업선택의 자유, 영업의 자유 등의 경제적 자유에서 분리하여 독립적으로 이것을 보장하는 형식을 취하는 것이 나타났다. 예를 들면 독일기본법(1949)은 제11조에서 "모든 독일인은 연방의 모든 영역 내에서 이전의 자유를 가진다."고 하여 이전의 자유를 보장하고, 직업선택의 자유에 관해서 정한 제12조(모든 독일인은 직업, 노동의 장소 및 양성소를 자유롭게 선택할 권리를 가진다)와 구별해서 보장하고 있다. 또 이탈리아헌법(1947)은 이전의 자유를 '시민관계'의 장에 두고(제16조), '경제적 관계'의 장에 두고 있는 경제활동의 자유(제41조)와 구별해서 규정한다[세계인권선언(1948)도 이전 · 거주의 자유(제13조)와 직업선택의 자유(제23조 제1항)를 구별해서 보장하고 있다]. 이것은 오늘날 거주 · 이전의 자유를 단지 '경제적 자유'만으로 파악하는 것이 반드시 적절한 것은 아니라는 점을 보여 주는 것이다.

II. 법적 성격

1. 거주 · 이전의 자유의 복합적 성격

헌법 제14조는 거주 · 이전의 자유를 보장한다. 이는 형식상으로는 경제적 자유의 일환으로 보장되고 있다. 학설은 종래 이 형식을 중시해서 거주 · 이전의 자유를 직업선택의 자유와 함께 경제적 자유로 분류했다. 그러나 최근 그것은 단지 경제적 자유만이 아니라 신체의 자유, 표현의 자유, 인격형성의 자유라는 다면적 · 복합적 성격을 가지는 권리로서 다음과 같이 이해되고 있다.

---

103) 예를 들면 버지니아권리장전 1776, 미국헌법의 권리장전 1791, 프랑스 인권선언 1789에서는 이 자유의 명문규정은 두고 있지 않았다.

104) 예를 들면 프랑크푸르트헌법 제133조, 제158조(1849), 바이마르헌법 제111조(1919), 일본 명치헌법 제22조 참조.

1) 경제적 자유의 성질

근대 시민사회는 토지에서 분리된 인간의 자유로운 이동 없이는 성립할 수 없다. 그 의미에서 거주·이전의 자유는 직업선택의 자유, 영업의 자유 및 재산권의 보장과 나란히 사람과 물건의 자유로운 이동을 전제조건으로 하는 근대사회가 존립할 수 있는 불가결한 요소로서 경제적 자유의 성질을 가진다.

2) 인신의 자유로서의 측면

거주·이전의 자유는 경제활동의 목적만이 아니라 널리 인간의 이동의 자유를 보장하고, 그 의미에서 신체의 자유로서의 측면을 가진다. 그것은 신체의 자유는 소극적으로 구속당하지 않는다는 것만이 아니라 보다 적극적으로 자기가 좋아하는 곳으로 이동할 자유를 포함하는 것이라고 이해되기 때문이다.

3) 표현의 자유와의 관련성

이동의 자유는 더 나아가 표현의 자유와도 밀접한 관련을 가진다. 이것은 자유로운 이동의 제한이 사람들이 마주 대해서(face to face) 행하는 의사전달, 의견교환의 억제를 의미하고 또 집회·결사·집단행동 등의 자유에 대한 억압이 거주·이전의 제한이라는 형태를 취해서 행해질 수 있다는 것에서도 분명하다.

4) 개인의 인격형성의 기반

거주·이전의 자유는 인간의 활동영역을 확대함으로써 견문을 넓히고, 새로운 인적 교류를 가능하게 하는 것으로 인격형성에 필요불가결한 조건이 될 수 있다. 그것은 인격의 도야에 기여한다는 의미에서 인간존재의 본질적 자유로서의 의의를 가진다.

5) 소결

거주·이전의 자유는 우선 ① 인간존재의 본질적 자유로서의 성격으로 인간의 활동영역을 확대, 인간의 존엄과 가치를 유지시키고, ② 신체의 자유로서의 성격으로서 이동의 자유보장하고, 또한 ③ 정신적 자유(표현·집회)로서의 성격으로서 집회나 집단적 행동의 자유와 밀접한 관계를 갖고, 마지막으로 ④ 경제적 기본권으로서의 성격으로서 소유권의 보장, 직업선택 및 영업의 자유와 더불어 자본주의 존립의 불가결한 조건이 된다.

Ⅲ. 주체

거주·이전의 자유의 향유주체는 국민과 법인이고, 외국인의 경우에는 보장되지 않으므로 이를 허가받아야 한다고 보는 것이 다수설이다.

Ⅳ. 내용

1. 국내에서의 거주·이전의 자유

거주·이전의 자유란 자기가 원하는 곳에 주소 또는 거소를 정하고 혹은 그것을 변경할 자유 및 자기의 의사에 반해서 거주지를 변경하지 않을 자유를 의미한다.

이와 관련해서 여행과 같은 일시적인 이동이 '거주·이전의 자유'에 포함되는지 여부가 문제된다. 학설은 소극·적극의 두 가지로 나뉘어 있다. 소극설은 '거주·이전의 자유'를 국내의 임의의 장소에 주소 또는 거소를 정하고 그것을 이전할 자유라고 이해하여 여행의 자유는 여기에 포함되지 않는다고 하고, 이에 대해 적극설은 이 자유에는 엄밀한 의미에서 거주소를 변경할 자유만이 아니라 널리 여행할 자유가 포함되어 있다고 한다. 거주·이전의 자유가 단지 경제적 자유만이 아니라 정신적 자유, 인격형성과도 깊은 관련성을 가지는 점에서 여행의 자유를 포함한다고 하는 후설이 정당하다.

2. 국외 거주·이전의 자유

1) 외국이주의 자유

누구도 외국으로 이주하는 자유를 침해받지 않는다. 개인이 외국으로 주소를 옮길 자유, 즉 외국이주의 자유는 거주·이전의 자유 중에 포함된다. 외국이주의 자유의 취지는 공권력이 그것을 금지해서는 안 된다는 것을 의미한다. 그리고 여기서 외국이주의 자유는 해외로부터 귀국의 자유를 포함한다.

2) 해외여행의 자유

해외여행이란 넓게는 위의 국외이주도 포함하지만, 협의에서는 일시적인 외국여행을 의미한다. 여기서 해외여행의 자유는 대한민국의 통치권이 미치지 않는 곳으로 여행할 수 있는 자유로서 출국의 자유와 입국의 자유를 그 내용으로 한다(권영성).

그런데 외국여행 시에는 여권의 소지가 의무지워져 있다(출입국관리법 제3조). 이에 관련해서 여권법 제8조 제1항 제5호는 '대한민국의 이익이나 공공의 안전을 현저히 해할 상당한 이유가 있다고 인정되는 자'에 대하여는 여권발급을 거부할 수 있다고 규정한 것의 합헌성이 문제된다. 이에 대하여 학설은 다음 세 가지로 나뉘어 있다[105].

(1) 위헌설

이것은 여권법 제8조와 같은 '막연하고 불명확'한 기준으로 외국여행을 규제하는 것은 헌법상 권리를 정부의 자유재량으로 박탈해 버릴 가능성이 있고 위헌이라고 하는 것으로 다수설을 이루고 있다.

(2) 범죄행위한정설

이것은 외국여행은 성질상 국제관계의 견지에서 특별한 제한을 받음을 인정, '현저하고 직접 한국의 이익 또는 공공의 안전을 해하는 행위'를 원칙적으로 범죄행위, 예를 들면 내란죄, 외환죄, 국교에 관한 죄, 마약 및 향정신약단속법 등의 중대한 위반행위라고 한정적으로 해석하면서 신청자가 이러한 행위를 행할 가능성이 충분히 예측되는 경우에만 여권발급을 거부할 수 있다고 하는 것이다.

(3) 합리적 한정설

이것은 범위행위한정설과 같이 국제관계나 외교상의 견지에서 하는 제약을 인정하지만, 범위행위한정설과 같이 범죄행위에 한정하지 않고 '국가의 안전보장'이라는 여권거부의 입법목적과 합리적으로 관련 있는 행위를 발급거부의 근거로 해도 위헌의 문제는 생기지 않는다고 하는 것으로 법원의 심사를 처분의 합리성의 유무에 한정하는 설이다.

외국여행의 자유가 오로지 경제적 자유로서의 성질을 가지는 것이라고 이해하게 되면,

---

105) 여권발급거부사건
　　1. 1952년 2월 원참의원의원법족계가 모스크바에서 개최되는 국제경제회의에 출석하기 위한 여권을 신청했던바 외무대신이 그 발급을 거부한 사건으로 최고재판소는 여권법 제13조가 여권을 발급할 수 있는 경우로서 해외여행의 자유에 가해진 제약은 공공의 복지를 위해서 합리적인 제한을 정한 것이고, 위헌이 아니라고 했다(최대판 소화33년 9월 10일 민집 12권 13호 1969면).
　　2. 일반여권발급거부처분의 이유부기의 불비가 다투어진 사건으로 최고재판소는 거부이유로서 법 제13조 제1항 제5호에 해당한다고만 부기한 때는 법이 정한 이유부기의 요건을 흠결했다고 하였다(전게최판 소화60년 1월 22일).

특히 그것이 정신적 자유의 측면을 가지는 것이라고 하면 이와 같은 불명확한 법문에 근거한 제한은 범위행위한정설과 같이 한정해석을 할 여지는 없고, 문면상 무효의 의심이 강하다. 또 여권은 해외여행허가증의 성질을 가지는 것은 아니고 해외여행자와 여권소지자의 동일성을 공적으로 증명하고, 체재국에 보호를 의뢰하기 위해서 정부가 발행하는 신분증이라는 점에서 정책적 고려에서 하는 제약의 여지가 있는 (3)설은 설득력이 없다. 따라서 (1)설이 정당하다.

3. 외국인의 출입국의 자유

한국에 재류하는 외국인에게 한국헌법의 기본권보장이 미치는지 여부에 관해서는 학설·판례는 거의 일치해서 권리의 성질을 검토하여 가능하면 외국인에게도 기본권보장을 미치는 것으로 한다. 여기에서는 외국이주 내지 해외여행의 자유가 외국인에 관해서도 한국에의 출입국 또는 재입국의 자유로서 헌법상 보장받고 있는지 여부가 문제된다. 1) 외국인의 입국의 자유는 상당히 제한을 받고, 2) 외국인의 출국의 자유는 다음과 같다. 즉, 한국에서 출국할 자유에 관해서는 일반적으로는 - 입국의 경우와는 달리 - 외국인에게도 헌법상 보장되고 있다고 해석된다. 즉 소정의 절차를 거치면 출국할 수 있다. 그러면 그 헌법상 근거에 관해서는 ① 헌법 제14조의 거주·이전의 자유에 이것을 포함하는 설, ② 외국인의 출국의 자유는 헌법 제6조 제2항의 외국인은 '국제법과 조약'이 정하는 바에 의하여 그 지위가 인정된다는 설로 견해가 분류된다.

구체적인 문제와 관련해서 이러한 견해 사이에 특히 그 결론에 실질적인 차이가 생기는 것은 아니다. 그러나 사고방식으로서는 ① (ㄱ)설은 모두 출국의 자유를 헌법상의 권리라고 하여 입국의 자유를 국제관습법상 인정된 국가의 재량이라고 하는 점에서, 출국과 입국의 사이에 이론적 일관성을 결여한 문제가 있는 점, ② 헌법은 '모든 사람은 어떤 국가(자국을 포함)에서도 자유롭게 떠날' 권리를 보장하는 국제인권규약(자유권규약 제12조)을 제6조의 '한국이 체결한 조약'으로서 '성실하게 준수'해야 한다는 입장에 서는 점에서 (ㄷ)설이 타당하다.

4. 외국인의 재입국의 자유

통설·판례는 상술한 것처럼 외국인의 출국을 헌법 제22조에 의해서 보장된 권리라고 하지만, '출국'에는 '귀국'을 전제로 하는 것도 있다. 그래서 재류외국인의 '귀국', 즉 재입국이 헌법상 권리인가 아닌가가 다툼이 있다. 학설은 다음과 같이 대립한다.

1) 헌법 제14조설

이것은 재류외국인의 재입국은 헌법 제14조에서 헌법상 보장된 권리지만, 그 성질상 한국국민의 자유와 완전히 동일한 것으로서 헌법상 보장되어 있는 것은 아니고, 한국 국익을 침해할 '명백하고 현존하는 위험'이 존재하는 것과 같은 경우에 한해서 재입국을 허가하지 않는 것이 가능하다고 한다.

2) 헌법 제6조설

이것은 외국인의 입국이 헌법상 권리가 아닌 이상, 그 재입국도 헌법차원의 문제가 되지는 않고, 출국의 자유와 같이 조약 혹은 국제관습법에 따라서 결정되어야 할 것이지만, 재입국에 신규입국과는 다른 특별한 배려를 하고, 일본의 안전·국민의 복지에 위해가 미칠 가능성이라는 점을 고려해서 최저한도의 규제를 하는 것은 허용된다고 한다.

양설은 논리구조는 다르고 특히 '헌법 제6조설'을 채택하면 국가의 자유재량적 판단의 여지가 넓게 인정될 우려가 있을 것 같다. 그러나 재류외국인 중에서 특히 문제가 되는 한국에 영주권을 가지는 이른바 '정주외국인'의 경우에는 ① '헌법 제6조설'의 근거규정인 국제인권규약(자유권규약) 제12조 제4항의 '자국으로 귀국'의 규정은 '정주국에 귀국'하는 것의 보장을 포함하는 취지로 해석할 수 있는 점, ② 출입국관리법의 취지로 상기 규약에 적합하게 해석·적용하고, 정주외국인을 한국국민과 거의 같이 취급하도록 운용해야 한다는 점에서 실질적으로 거의 차이는 없는 것이라고 할 수 있다.

5. 亡命權

망명권이란 본국에서의 정치적 탄압이나 종교적·민족적 압박 등으로부터 벗어나고, 또는 그것을 피하기 위해서 어느 국가에 비호를 구하는 사람이 그 나라의 헌법 혹은 그 국가와의 조약에 의해서 보호를 받을 권리 또는 국가의 비호권(영역주권에 근거한 영역적 비호)하에 그 보호를 향수할 수 있는 이익이다. 한국헌법은 망명권에 관한 규정을 두지 않고, 또 종래 특별한 입법조치도 없었기 때문에 실정국내법상 명명권에 대한 보장은 없는 것이라고 되어 있었다. 그러나 1992년의 '難民의 地位에 관한 條約'과 '難民의 지위에 관한 의정서'에 가입함으로써 그 한도에서 망명권이 인정되게 되었다[106].

6. 國籍離脫의 自由

국적이란 특정국가의 구성원인 자격을 의미한다. 헌법 제14조는 국적을 이탈할 자유를 보장한다. 따라서 한국국민의 자기의 뜻에 따라서 외국국적을 취득한 때는 한국국적을 상실한다. 국적법은 외국의 국적을 가진 한국인에 관해서 일정조건하에서 국적을 상실케 하는 규정을 두고 이중국적의 해소를 도모하고 있다. 이 본인의 뜻에 대한 제약은 ① 헌법 제14조의 국적이탈의 자유에는 국제사회의 현상에서는 '세계시민'으로서 무국적에 의한 자유까지도 포함되지 않는다고 일반적으로 해석되고 있는 점, ② 국제적으로도 무국적의 적극적인 방지가 요구되고 있는 점, ③ 세계인권선언에서도 '국적을 변경할 권리(제15조 제2항)'을 규정하는 데 그친다는 점, ④ 국적유일의 원칙에서 유래하는 이중국적의 방지는 헌법 제6조의 '확립된 국제법규'로서 헌법상 준수되어야 할 것이라는 점 등의 이유에 의해서 헌법상 용인된다고 해석된다.

Ⅴ. 제한과 한계

거주·이전의 자유는 국가안전보장, 질서유지 또는 공공복리를 위하여 필요한 경우 제한될 수도 있다. 그리고 제한하는 경우에도 본질적인 내용은 침해할 수 없다.

제3절 주거의 자유

헌법 제16조 모든 국민은 주거의 자유를 침해받지 아니한다. 주거에 대한 압수나 수색을 할 때에는 검사의 신청에 의하여 법관이 발부한 영장을 제시하여야 한다.

---

106) 과거 우리나라 판례(대판 1984. 5. 22. 판결, 84도39)는 망명권을 인정하지 않고 있다. 그리고 일본 최고재판소도 "정치범죄인불인도의 원칙은 확립된 일반적인 국제관습법이라고는 말할 수 없다."고 하였다(최고재판소 소화51년 1월 26일 판타 334호 105면). 그러나 일본은 1981년의 '難民의 地位에 관한 條約'에 가입함으로써 입법조치에 의해서 일시 비호를 위한 상륙허가제도(출입국관리 및 난민인정법 제18조의2)가 마련되었으므로 그 한도에서 망명권이 인정되게 되었다.

Ⅰ. 의의

주거라 함은 사람이 거주하는 설비를 말하며 개인의 사생활을 영위하는 중심이 되는 장소를 의미한다. 따라서 주거의 자유란 공권력이나 제3자로부터 이러한 의미의 주거를 침해당하지 아니할 최소한의 자유를 의미한다.

Ⅱ. 내용

주거란 사람이 거주하는 설비로서 널리 사생활을 영위하는 장소를 의미하며, 민법상 주소와는 다른 개념이며 이에는 주택, 여관, 기숙사의 입실, 회사, 학교 등도 포함된다. 그리고 남편부재중 간통목적으로 처의 승락하에 주거에 들어간 경우와 대리시험 응시자의 시험장 입실의 경우에도 불법행위를 목적으로 들어간 것이므로 주거침입죄가 된다.

Ⅲ. 제한

헌법 제37조 제2항에 의하여 법률로 제한할 수 있으나 본질적 부분을 침해할 수 없음은 물론이고 목적달성을 위해 필요한 최소한의 범위에서만 가능하다(우편법, 소방법, 경찰관직무집행법, 국세징수법, 전염병예방법 등)

Ⅳ. 영장주의

1. 원칙

주거에 대한 압수·수색에는 그 목적과 대상을 명시한 영장을 필요로 한다. 따라서 수개의 압수·수색을 포괄적으로 허가하는 일반영장은 허용되지 않는다.

2. 예외

구속영장의 집행, 현행범인 체포, 긴급구속의 경우에는 합리적 범위 내에서 영장 없이 수색·압수할 수 있다(통설).

3. 행정절차에의 준용

영장주의가 행정절차에도 적용되는지 여부에 관하여는 순수한 행정목적, 긴급한 경우 외에는 인권보장과 행정목적달성 조화를 위하여 영장주의가 적용된다는 절충설이 다수설의 입장이다.

제4절 사생활의 비밀과 자유

헌법 제17조 모든 국민은 사생활의 비밀과 자유를 침해받지 아니한다.

I. 의의

사생활은 공생활과 구별되는 개념이며, 광의의 사생활의 자유는 인격권과 동일개념이며, 협의의 사생활의 자유는 Privacy이며, 최협의의 사생활의 자유가 헌법 제17조에서 규정한 사생활의 비밀과 자유를 의미한다. 또한 이는 사생활의 내용을 공개당하지 아니할 권리, 사생활의 자유로운 형성과 전개를 방해받지 아니할 권리와 자신에 관한 정보를 통제할 수 있는 권리 등을 포함한 기본권이다.

II. 법적 성질

1. 법적 성격

이는 인격권의 일종(정신적 고통구제)으로 국가권력 및 제3자에 대한 소극적·방어적 성격을 갖고 있으며, 일신전속적 권리이며 청구권적 성격(단순히 비공개라는 소극적인 개념뿐 아니라 자신의 정보를 관리한다는 적극적 개념도 포함한다고 보는 것이 다수견해이다)을 갖고 있다.

2. 보호법익

보호법익은 인격의 자유로운 발전과 법적 안정성이다.

Ⅲ. 주체

모든 인간, 그러나 사자의 경우나 정신적 고통은 이에 포함되지 않는다. 법인은 원칙적으로 주체가 되지 않는다. 다만 법인의 명칭, 상호 등이 타인에 의해 영리목적으로 이용되는 경우 논의 대상이 된다.

　※ 1. 사생활의 비밀과 자유: 정신적 고통만. 진실 여부 불문
　　 2. 명예훼손: 사람의 사회적 평가저하(요건), 진실이 증명 → 면책사유

Ⅳ. 내용

1. 사생활의 비밀의 불가침

사생활의 비밀은 침해당해서는 안 되며, 이는 소극적, 수동적 성격을 가진다. 따라서 사인의 난처한 사적 사항이나, 사인의 명예·신용을 훼손하는 공표행위, 변호사나 의사에 의해서 조사된 사항이 부당이 공표되어서는 안 된다.

2. 사생활의 자유의 불가침

이는 사생활의 평온이나 사생활의 자유로운 형성과 유지가 침해당하지 않을 권리를 말하며, 이는 적극적, 능동적 성격을 가진다. 그리고 이에는 사생활의 평온의 불가침과 자유로운 사생활의 형성과 유지의 불가침이 포함된다.

3. 자기정보통제권

자기정보통제권이란 자기에 관한 정보를 자의적 수집하거나 분석하는 경우 그 행위의

배제를 요구할 수 있는 권리를 의미한다. 이를 개인정보자기결정권이라고도 한다. 따라서 자신에 관한 정보가 오류가 있거나 허위인 경우 그 정정·보완요구를 요구하고, 열람을 요구하며, 그 정보의 무단공표·이용금지를 요구할 수 있다.

V. 효력

대국가적 효력과 제3자적 효력 모두를 가진다.

VI. 한계 및 제한

1. 한계

한계사항은 타인의 권리, 사회윤리, 헌법질서 등이 있다. 권영성 교수는 표현(언론)의 자유와의 관계에서 양 기본권이 충돌하는 경우 어느 것을 우선시키느냐가 문제된다고 하면서 다음과 같은 이론을 제시하고 있다.

1) 권리포기의 이론
일정한 사정하에서는 사생활의 비밀과 자유를 포기한 것으로 간주한다는 이론포기로 간주

2) 공익의 이론
국민의 알 권리의 대상이 되는 사항(보도·교육·계몽적 가치)은 국민에게 알리는 것이 공공의 이익이 된다는 이론

3) 공적 인물의 이론
사생활의 비밀과 자유가 침해되었다고 주장하는 자의 사회적 지위에 따라 사생활의 비밀과 자유의 한계가 결정되어야 한다는 이론

2. 제한

헌법 제37조 제2항에 의해서 제한할 수 있으나 그 본질적 내용은 침해할 수 없다. 그리고 수사권의 발동, 국정감사 및 조사권의 발동 시 법률의 규정에 따라 이의 침해가 허용될 수 있으나 그것도 합리적인 범위 내에서 필요한 최소한으로 한정되어야 한다.

제5절 통신의 자유

헌법 제18조 모든 국민은 통신의 비밀을 침해받지 아니한다.

I. 서설

1. 의의

통신의 자유란 개인이 그들의 의사나 정보를 자유롭게 전달·교환하는 경우에 그 내용이 공권력에 의해 침해당하지 아니하는 자유를 말한다(권영성). 그리고 여기서 '통신'이란 편지나 엽서만이 아니라 전보나 전화, 컴퓨터통신, 이메일 등을 포함하는 넓은 의미로 해석되고 있다.

통신은 특정인에의 의사전달을 내용으로 하는 하나의 표현행위이므로 '통신의 비밀'의 보장이 통신의 자유의 보장의 하나로서 의미를 가지는 것은 명확하지만, 그 주된 목적은 특정인간의 커뮤니케이션의 보호이므로 '통신의 비밀'은 사생활·프라이버시의 보호의 일환으로서의 의미가 중요하다.

통신의 자유의 보장범위는 그 보장의 취지를 프라이버시의 보호에서 구하는 입장에 의하면 통신의 내용만이 아니라 통신의 존재 자체에 관한 사항, 즉 '편지의 발송인·수취인의 성명·주소, 편지의 발신·수신장소·연월일 등 전보의 발신인 혹은 수신인 또는 시외통화의 통화신청자 혹은 상대방의 성명·주소, 발신 혹은 배달 또는 총화의 일시 등'에도 미치는 것이다.

2. 통신의 비밀의 의의

"통신의 비밀을 침해받지 아니한다."고 하는 것은 첫째로 공권력에 의해서 통신의 내용 및 통신의 존재 자체에 관한 사항에 관해서 조사의 대상이 되어서는 안 된다는 것(적극적 지득행위의 금지), 둘째로 통신업무종사자자에 의해서 직무상 알게 된 통신에 관한 정보를 누설해서는 안 된다는 것(누설행위의 금지)의 두 가지 면을 가지고 있다. 첫 번째 문제에 관해서는 우편법은 우편물의 검열을 금지하고(제8조), 편지의 비밀을 침해해서는 안 된다(제9조 제1항)고 규정하고, 또 전기통신사업법은 통신의 검열을 금지하고, 통신의 비밀을 침해해서는 안 된다(제4조 제1항)라고 규정하고 있다. 두 번째 문제에 관해서는 우편의 업무에 종사하는 자(우편법 제9조 제2항) 및 전기통신사업에 종사하는 자(전기통신사업법 제4조 제2항)는 각각 직무상 알게 된 타인의 비밀을 지켜야만 한다는 규정을 두고 있다. 통신업무종사자는 우편직원만이 아니라 일본전신전화주식회사나 국제전신전화주식회사의 사원도 우편직원에 준하는 것으로 하여 여기에 포함해서 이해해야 할 것이라고 하고 있다.[107) 통신업무종사자에게 금지된 누설행위의 상대방은 사인이나 공권력이냐를 불문한다.

II. 주체

통신의 자유의 향유주체는 자연인(외국인 포함)과 법인이다.

III. 법적 성격과 효력

이는 소극적인 방어권으로서 자유권에 속하고, 국가에 대한 기본권이나 대사인적 효력을 직접적 효력을 갖는 것은 아니다(김철수).

---

107) 좌등행, 헌법(제3판) 577면은 일본전신전화주식회사, 국제전신전화주식회사의 사원도 포함한 이유를 "회사는 강한 공익성을 가진 독점기업체이고, 공권력과 밀접한 관계를 가지며, 국민은 회사의 업무이용을 강제받는 관계에 있다고 하지 않으면 안 된다." 혹은 "법이 어떤 자를 코먼 캐리어인 통신업무종사자로 위치시킨 경우 헌법상의 '통신의 비밀' 불가침의 요청이 당연히 그 통신업무종사자에게 미친다."고 하는 쪽이 보다 정확한 것은 아닌가라고 설명하고 있다. 또 평송의, 통신의 비밀 호부타편, 백선1 103면은 사인에의 헌법의 적용근거는 "그것이 주식회사에 의해 운용되고 있어도 그 공공성, 이용의 강제, 프라이버시보호의 필요성 등에서 구하지 않을 수 없다."고 하고 있다.

Ⅳ. 내용

(1) 통신의 개념

협의의 통신이란 격지자 간의 의사전달을 의미하고, 광의의 통신이란 신서(봉서·엽서)·전화·전신과 그 밖의 모든 방법에 의한 격지자 간의 의사전달·물품수수도 포함된다.

(2) 불가침의 의미

이는 열람금지, 누설금지, 정보금지를 의미한다. 그리고 봉한 서신은 개봉 및 그 내용 등을 인지함을 금지하고, 봉하지 아니한 서신은 직무상 지득한 공무원이 제3자에게 누설하는 것을 금지하며, 관계공무원 강제, 그 지위 대행 금지한다. 또한 제3자적 효력을 인정하는 것이 통설의 입장이다. 부당·위법하게 타인의 통신의 비밀을 침해한 때에는 형사상의 비밀침해죄를 구성하거나 민사상 불법행위책임을 진다.

(3) 영장주의

명문의 규정은 없으나 형사소추를 위해 침해할 경우에는 영장주의가 적용된다.

(4) 도청허용

범죄목적에 이용 확실·범죄가 이미 행하여 또는 행하여지려고, 범죄수사상 필요하고 긴급성이 인정되는 경우에는 허용된다.

(5) 전화의 역탐지

전화의 발신장소를 탐지하는 것, 전화를 통한 협박 등의 현행범인의 발신장소에 대한 역탐지나 전화녹음은 영장 없이 가능하다고 본다.

(6) 전화교환수가 업무상 행위의 일환으로 감화과정에서 범죄에 관한 통화를 청취한 경우, 경찰에 통보하는 것은 허용된다고 본다.

Ⅴ. 제한과 한계

헌법제37조 제2항에 의하여 제한할 수 있다(통신비밀보호법·국가보안법·형사소송법·

전파관리법). 통신비밀보호법은 범죄수사를 위하여 불가피한 경우와 국가안전보장에 대한 위해를 방지할 필요가 있는 경우에는 법원의 허가를 얻어 우편물의 검열과 전기통신의 도청을 허용될 수 있다(통신비밀보호법 제5조, 제6조).

통신의 자유의 제한으로서 형사소송법은 우편물의 검열·제출명령·압수(제107조), 접견교통에 관련한 통신물의 검열, 수수의 금지, 압수를 인정하고, 관세법이 우편물의 압수를 인정하고 있다. 또 파산법은 파산자에 대한 우편물이나 전보에 관해서 파산관재인에의 배달이나 파산관재인에 의한 개피를 인정하고(제180조), 더 나아가 행형법 및 행형법시행규칙은 재소자의 신서의 발신·수신 등의 제한을 규정하고 있다(제18조).

이 중 특히 그 합헌성이 문제되고 있는 것은 형사소송법 제107조의 우편물의 압수이다. 즉 遞信官署 기타가 保管·所持하는 물건에 관해 '피고인이 발송한 것이나 또는 피고인에게 대하여 발송된 郵遞物 또는 전신에 관한' 것(제107조 제1항) 및 '피고사건에 관계가 있다고 인정할 수 있는 것에 한하여'(제107조 제2항) 압수할 수 있다고 하여 통상의 압수의 경우 '증거물 또는 몰수할 것으로 사료하는 물건'(제106조)이 아니라도 위의 요건을 충족했다고 하는 요건을 완화하고 있는 점을 문제로 하여 이 요건에서는 우편물에 대하여 필요 이상으로 광범한 압수를 허용하는 것이 되기 때문에 위헌의 의심이 크다고 한다.

제6절 재산권

Ⅰ. 財産權保障의 意味

1. 연혁

신성불가침의 권리에서 사회적 제약을 가진 권리로 근대 인권선언에 있어서 재산권은 '불가침한 신성한 권리(프랑스 인권선언 제17조)'가 되었다. 그러나 19세기의 자본주의의 고도화를 수반한 경쟁사회의 폐해증대에 대한 반성과 사회국가사상의 진전의 결과 20세기에 접어들면서 재산권은 "의무를 수반하고, 그 행사는 동시에 공공의 복지에 도움이 되어야 할 것이다(바이마르헌법 제153조 제3항)."라고 하고, 그것은 처음 사회적 제약을 받은 법률에 의한 광범한 규제에 따르는 권리라고 생각되게 된다. 그리고 제2차 대전 후에는 재산권의 공공성이 강조되고, 예를 들면 독일기본법 제15조가 "토지, 천연자원 및 생산수단은 사회화의 목적을 위해서 보상의 종류 및 정도를 규율하는 법률에 의해서 공유 또는 다른 공공경제의 형태로 이전할 수 있다."고 규정함으로써 사회화와 국유화에 의한 재산권의 제한까지 명문으로 규정되게 된다(이탈리아헌법 제43조, 프랑스 제4공화국헌법 전문 9항도 동지).[108]

모든 국민에게 재산권을 보장하는 것은 사유재산에 대한 주관적 공권의 성격과 객관적인 가치질서로서의 성격을 아울러 가진다.

---

108) 이러한 사고방식은 일본헌법의 제정과정에서도 보인다. 즉, 마카사초안에서는 "토지 및 일체의 천연자원에 대한 종국적 권한은 국민전체의 대표자로서의 자격을 가지는 국가에 있다. 토지 기타의 천연자원은 국가가 정당한 보상을 지불하고 그 보존, 개발, 이용 및 규제를 확보하여 증진하기 위해서 이것을 수용하는 경우에는 이와 같은 국가의 권리로 귀속시키는 것으로 한다."는 규정이 두어졌다. 일본정부는 이것을 토지국유로 정한 놀라운 과격한 규정이라고 인정 3월 2일 안에서 삭제했다. 원래 이것은 일본정부의 올해로 당해 규정은 당초부터 토지의 국유 등을 목적으로 한 것은 아니고, '공용'과 '보상'을 조건으로 하는 토지수용기능을 정한 것에 지나지 않았기 때문에 총사령부는 수용규정이 마련되면 충분하다고 하여 그 삭제를 쉽게 승인했다. 일본 헌법 제29조의 규정은 이렇게 해서 성립했다.

2. 재산권과 그 보장의 의미

1) ‘재산권’의 의미

‘재산권’이란 일체의 재산적 가치를 가지는 권리를 의미한다. 소유권 기타 물권, 채권 이외에 저작권·특허권·상표권·의장권 등 무체재산권, 광업권·어업권 등의 특별법상의 권리 등이 그 예이고, 공법적인 권리인 수리권·하천이용권 등도 재산권적 성격을 가지는 한 그것에 포함된다. 그러나 단순한 기대이익이나 반사적 이익 등은 재산권에 속하지 않는다.

2) 재산권 ‘보장’의 의미

헌법 제23조 제1항은 “모든 국민의 재산권은 보장된다.”고 하여 재산권의 보장을 명기하고 있다. 여기서 보장은 ‘침해받지 않는다’라는 의미이다. 그리고 이 표현에 특별한 의미는 없고, ‘침해받지 않는다’, ‘박탈되지 않는다’, ‘보장한다’고 한 문언에 구해받지 않고 헌법이 재산권의 존재를 인정하여 이것을 보장하는 점에 있어서 변함이 없다. 단지 본항이 현실로 개인이 보유하고 법률로 보호받는 구체적인 재산권을 보장하는 것을 의미하는 것인가, 자본주의적 사유제도의 보장을 의미하는 것인가, 그와 함께 개인의 생존 내지 인격적 자유에 불가결한 전제를 이루는 재산을 제도적으로 보장하는 것인가 하는 점에 관해서 학설상 다툼이 있다.

3) 법적 성격

이에 관하여 개인적 자유권설, 제도적 보장설(사유재산제), 권리·제도보장설이 대립하고 있으나 모든 국민의 재산권을 보장한다는 것은 사유재산을 허용하는 법률제도와 이 법률제도에 의하여 인정된 사유재산에 관한 구체적 권리를 함께 보장한다고 보는 권리·제도보장설이 다수설의 입장이다.

(1) 자유권설(법률상 권리보장설)

이것은 헌법 제29조 제1항의 규정은 “개개인이 재산권을 자연권적인 불가침의 권리로서 보장하고 있는 것처럼 보이지만, 이것을 이은 제2항에서 “재산권의 행사는 공공복리에 적합하도록 하여야 한다.”고 명시하고 있으므로 제1항·제2항을 종합적으로 이해하면 제1항은 제2항에 의해서 ‘공공복리’에 적합하도록 정해진 내용의 것을 ‘재산권’으로서 보장하고 있다고 이해하는 것이다. 다만 그 내용과 한계가 법률로 정하여지고 그 행사도 공공복리에 적합하여야 하는 고도의 사회적 의무성을 수반한다는 점에서, 다른 자유권에 대한 특색이 발견된다고 한다(권영성).

(2) 제도적 보장설

이것은 헌법 제23조 제2항의 규정에 관계없이 제1항은 법률에 의해서도 침해할 수 없는 재산권의 '핵'이 되는 것을 보장한다고 이해한다. 즉 제1항의 규정에는 각인이 재산권의 향유주체가 될 수 있는 능력의 객관적인 보장, 개인의 재산권을 제도로서 보장하는 의미가 있는 것으로 되는 것이다. 이 설에서는 사회국가적 견지에서 사유재산제에 대해서 각종 제한을 가하고, 재산권의 행사는 '公共福利'에 적합하도록 하여야 한다(제2항). 그러나 사유재산제를 근본적으로 부정하는 것은 허용되지 않고, '사유재산제가 보장된다고 하는 전제하에서 각 개인의 재산권이 기본권 내지 인권으로서 보장된다.'고 하는 것으로 이해한다.[109][110]

---

109) 일본 최고재판소도 또 삼림법의 공유분할제한규정(삼림법 제186조)을 위헌이라고 한 소화 62년 4월 22일 대법정 판결에 있어서 위의 통설적 견지에서 일본 헌법 제29조 제1항은 '사유재산제도를 보장'하는 것만이 아니라 '사회적·경제적 활동의 기초를 이루는 국민의 개개의 재산에 관해 이익을 기본적 인권으로서 보장하는' 것이라고 했다(민집 41권 3호 408면).

110) 일본에서는 위의 견해에 포함되어 있는 제도적 보장에 관해서 그 내용을 어떻게 이해하는가에서 학설은 다시 이분된다.
　1. 체제보장설
　이것은 ① 헌법이 - 다음의 '인간에게 가치 있는 생활보장설'처럼 - 단순히 개인의 생존에 불가결한 물적 수단만을 보장하는 취지라면 사회주의국가의 헌법(예를 들면, 1936년 소련헌법 제10조)과 같이 그 점을 명시했을 것이라는 점, ② 헌법 제22조에 의해서 '영업의 자유'가 보장되어 있는 점 등을 이유로 헌법 제29조 제1항이 제도로서 보장하는 것은 생산수단의 사유를 내용으로 하는 자본주의체제이고, 이에 대립하는 사회주의체제를 배제하는 것이라고 한다.
　2. 인간에게 가치 있는 생활보장설
　이것은 재산권보장의 궁극의 목표가 인간존중의 정신에서 유래하는 인간에게 가치 있는 생활의 보장에 있다는 입장에서 - '체제보장설'과 같이 - 제도적 보장 속에 생산수단의 사유까지 포함하는 것은 이유가 없다고 하고, 제도적 보장의 중핵으로서 남겨져 있는 것은 '인간이 인간으로서의 가치 있는 생활을 영위함에 필요한 물적 수단의 향유', 즉 '그 능력에 따라 획득하고, 그의 생활이익의 사용에 제공되어야 할 재산을 그 목적을 위해서 사용, 수익, 처분하는 것의 자유'라고 하는 견해이다. 이 견해는 의회를 통해서 일정한 사회화를 달성하는 것은 헌법상 가능하다고 한다.
　'체제보장설'은 의회에 의한 국유화정책의 수행에 대해서 자본주의적 소유제도를 방위한다고 하는 칼 슈미트의 제도적 보장론을 답습한 것이다. 이에 대해서 '인간에게 가치 있는 생활보장설'은 슈미트이론에 있어서 개인의 인권으로서의 성질을 상실해 버린 재산권 중 이른바 생존재산에 대한 권리를 다시 인간의 기본적 권리로서 회복하려고 한 것이다. 어느 설이 정당한가.
　'체제보장설'은 근대의 자본주의가 현대적인 것으로 변용하여 이른바 사회주의와의 구분이 불명확하게 되고, 게다가 구소련을 중심으로 하는 사회주의체제가 붕괴한 현재 제도적으로 보장되어 있다고 하는 '자본주의체제'의 구체적인 내용을 명확화할 필요가 있다. 만약 그것이 서구제국의 헌법이 인정하는 기간산업의 국유화·사회화를 일본헌법이 '사회주의'라고 하여 배제하는 것이라고 하는 취지라면 정당하

(3) 권리 · 제도 보장설(다수설)

이 설은 헌법상 재산권 보장은 국가가 개인의 재산권을 자의적으로 침해하는 것이 금지되는 권리로서, 그리고 개개인의 재산이 국유화를 금지하는 사유재산제를 보장한 것으로 본다.

(4) 기능

이는 국민의 경제적인 개성신장을 돕고, 자유로운 사회생활의 물질적 터전을 확보해 준다. 또한 자본주의 자유경제질서의 이념적 기초인 동시에 전제조건이다. 그리고 복지국가실현의 이념적인 바탕인 동시에 수단이다(허영).

(5) 재산권의 상대화

근대자본주의의 모순이 심화됨에 따라 경제적 불평등을 시정하기 위하여 1919년 바이마르헌법을 시발로 근세 초 신성불가침적 권리로 인정되었던 재산권에 대한 전국가성이 부인됨으로써 자연권에서 실정권으로 그 지위가 격하되었고, 국가의 국민경제에 대한 불간섭주의(소극주의)에서 간섭주의(적극주의)로 전환하였다.

II. 주체 · 객체와 효력

1. 주체

재산권의 향유주체는 모든 국민과 법인이고, 외국인은 국제법과 국제조약이 정하는 바에 따라 결정된다(상호주의).

지 않다. 이러한 일정한 국유화 · 사회화는 일본헌법의 경우에도 헌법 제29조 제3항의 정당한 보상을 조건으로 동 제2항의 '공공의 복지'를 실현하는 입법부의 재량에 맡겨져 있다고 해석할 수 있기 때문이다. 체제 여하를 묻지 않고 현대사회에 있어서 '국가의 중심에 편입되어 있는 개인은 개개인사이에, 즉 자유롭게 자기 책임적으로 생존할 수 있기 위해서 또 강대한 국가권력의 단순한 객체로 되지 않기 위해서 따라서 그 자유와 존엄을 위해서 재산이라는 법적으로 엄격하게 보장받는 영역을 필요로 한다.'라는 견지에 서면 제1항은 재산권을 인격적 자유를 위한 불가결한 전제로서 제도적으로 보장하고 있다고 생각된다. 이 의미에서 제1항에 의한 제도적 보장의 목적은 재산에 의해서 확보되는 개인의 자율적인 생활에 있고, 재산권에 대한 제한도 이 견지로부터 한정된 것이 된다. 따라서 '인간에게 가치 있는 생활보장설'이 정당하다.

2. 객체(재산권)

기술한 바와 같이 재산권이라 함은 사법상(민법상 소유권, 물권, 채권은 물론 특별법상 권리, 무체재산권) 또는 공법상(봉급청구권, 연금청구권) 경제적 가치가 있는 모든 권리를 포함한다.

3. 효력

재산권은 대국가적 효력과 대사인적 효력 모두가 인정된다.

Ⅲ. 재산권 보장의 내용

(1) 개인의 구체적 재산권의 보장

재산권의 내용과 한계는 반드시 법률로 정해야 하며, 개인이 누리고 있는 구체적 재산권을 국가권력이 침해할 경우 반드시 법률에 근거가 있어야 하며, 법률로서 개인의 구체적 재산권을 침해할 경우에도 그 법률은 헌법상의 제 원칙에 의한 제약을 받는다. 그리고 이는 입법자의 입법형성권에 속하는 문제이나 법률로 정하는 경우에도 사유재산제도를 부인하는 것은 재산권보장규정의 침해를 의미한다.

(2) 사유재산제의 보장

사유재산제를 부정하는 제도는 재산권보장에 관한 객관적 가치질서를 침해하는 것이 된다. 사유재산제가 보장되고 있는 헌법질서 내에서는 모든 생산수단의 전면적인 국유화와 공유화는 허용될 수 없으며, 상속제도를 부인하는 입법조치도 허용되지 않으며, 전면적인 계획경제체제의 도입도 허용되지 않는다.

또한 이는 생산수단의 소유를 중핵으로 하는 것이며 단순히 생존에 필요한 물적 수단의 보장을 의미하는 것은 아니다.

(3) 소급입법에 의한 재산권 박탈 금지(헌법 제13조 제2항)

(4) 무체재산권의 보장

당연히 포함되며, 헌법은 제22조 제2항(저작권, 특허권)에서 별도 규정을 두어 이를 보장하고 있다.

(5) '경제'의 장에 규정된 재산권보장의 내용

자유시장 경제질서, 경제에 대한 국가적 규제ㆍ조정, 광업권 등의 특허, 농지소작제의 원칙적 금지 등

Ⅳ. 재산권의 제한

1. 침해

1) 의의
재산권 침해란 공권력에 의하여 개인의 재산권이 제한 또는 박탈되는 것이다.

2) 목적
재산권은 국가안전보장, 질서유지, 공공복리를 위한 경우(헌법 제37조 제2항)와 공공필요(헌법 제23조 제3항)의 목적으로만 제한할 수 있다. 이때 공공필요는 공익사업을 시행하거나 공공복리를 달성하기 위하여 재산권의 제한이 불가피한 경우로서 공공복리의 개념보다는 넓고 적극적인 개념이라고 할 수 있다.

3) 형식
재산권의 제한은 형식적 의미의 법률과 이에 준하는 명령(헌법 제76조)에 의해서만 가능하고 법률의 위임에 의한 명령이나 조례로는 제한할 수 없다고 보는 것이 다수의 견해이다.

4) 유형

(1) 수용

공공필요를 위하여 국가·공공단체 또는 사업주체가 개인의 비대체적인 특정의 재산권을 법률에 의하여 종국적, 강제적으로 취득하는 것이다.

(2) 사용

공공필요를 위하여 국가·공공단체 또는 사업주체가 개인의 토지 기타의 재산권을 법률에 의하여 일시적·강제적으로 사용하는 것이다. 이는 공용제한의 일종으로서 공용사용권의 설정이 주목적이고, 이때 재산권에 대한 제한은 그 효과에 불과하다는 점에서 제한과 구별된다.

(3) 제한

공공필요를 위하여 국가·공공단체 또는 사업주체가 개인의 특정의 재산권에 대하여 과하는 공법상 제한으로서 물적 공용부담의 일종이다.

2. 조건(보상)

1) 이론적 근거

특정인에게 가해진 특별한 희생한 희생은 이를 전체의 부담으로 보상함이 정의와 공평에 맞는다.

2) 법적 근거

헌법 제23조 제3항은 프로그램적 규정에 불과하다는 입법방침설, 법률에 따로 규정이 없더라도 헌법규정만으로 손실보상을 청구할 수 있다는 직접효력규정설, 법률의 규정을 요하나 법률이 재산권침해를 규정하면서 이에 대한 보상을 규정하지 아니하면 그 법률은 위헌무효라는 위헌무효설로 견해가 나뉜다.

3) 보상기준

보상기준에는 완전보상설(타당), 상당보상설로 대립되어 있고, 보상방법은 금전보상과 현물보상이 있다. 보상기준에 대하여 상론하면 다음과 같다.

4) '정당한 보상'의 의미

헌법 제29조 제3항에서 말하는 '정당한 보상'의 의미에 관해서 학설은 다음 세 개로 대별된다.

(1) 완전보상설

이것은 '정당한 보상'이란 완전한 보상을 의미한다고 해석하는 것이다. '완전한 보상'의 내용에 관해서 다시 ① 보상대상이 된 재산이 일반시장에서 가지는 객관적인 경제가치를 가리킨다고 하는 것, ② 재산의 객관적 가치만이 아니라 부대적 손실을 포함하여 모든 손실을 가리킨다고 하는 것으로 나뉜다.

(2) 상당보상설

이것은 당해재산에 대하여 가해진 공공목적의 성질, 그 제한의 정도 등을 고려해서 산정된 합리적인 상당액이라면 그것이 시장가격을 하회하는 것이라도 시인되어야 한다는 것이다.

(3) 완전보상원칙설

이것은 '정당한 보상'에는 완전보상과 상당보상 양자가 있을 수 있다고 한 후에 전자를 손실보상의 원칙으로 해야 한다고 하는 견해이다.

(1)설과 (2)설의 대립은 제2차 대전 후의 농지개혁에 있어서 정부에 의한 농지매수가격이 통상 거래가격에 비해서 매우 저렴했던 것에서 그것이 제3항에서 말하는 '정당한 보상'이라고는 할 수 없는 것이 아닌가 하는 소송이 각지에서 제기되고, 법정에서 다투어진 것과 관련한다.

Ⅴ. 재산권의 한계

(1) 사유재산제의 한계

재산권의 내용과 한계는 법률로 정한다(헌법 제23조 제1항).

(2) 구체적 재산권의 한계

① 개별적 법률유보: 재산권의 행사는 공공복리에 적합하도록 하여야 한다(헌법 제23조 제2항).

② 공공복리 적합성: 구체적 재산권의 사회적 제약성, 재산권의 사회적 구속성을 의미하는 것으로 각 개인의 이익에 대한 사회 전체의 이익을 고려하는 사회적 법치국가사상에 바탕을 둔 것이다.

Ⅵ. 기타 문제

1. 재산권의 위법한 침해와 손실보상(수용유사침해이론)

재산권이 국가권력의 고의나 과실에 의하여 불법으로 침해된 경우에는 침해행위의 배제나 원상회복을 요구할 수 있고, 헌법 제29조 제1항에 따라 손실배상을 청구할 수 있다. 그러나 재산권제한의 적법요건을 구비하지 아니한 재산권의 제한은 재산권의 위법한 침해가 되며 이것에 대한 실정법 규정이 없기 때문에 문제가 된다. 다시 말하면 공공필요에 의하지 아니한 재산권의 제한은 재산권의 위법한 침해가 되며 이것에 대한 실정법 규정이 없기 때문에 문제가 된다. 다시 말하면 공공필요에 의하지 아니한 재산권 침해, 법률에 의하지 아니한 재산권침해, 보상에 관한 규정이 없는 법률에 의한 재산권침해, 과잉금지의 원칙에 위배되는 재산권의 침해 등은 위법한 재산권침해가 된다. 이런 경우에 고의나 과실이 없는 위법한 재산권침해에 대하여는 공법상의 손실보상이론을 확대 적용하여 수용유사침해의 이론에 따라 손실보상을 받을 수 있다(권영성). 대법원은 수용유사침해이론을 인정하지 않고 있다(대법원 1993. 10. 26. 선고, 93다6409 판결).

2. 生活補償

통상의 수용 등의 경우 필요한 완전한 보상의 내용은 수용의 대상이 된 재산의 시장가격의 보상 이외에 이전료나 영업상의 손실 등 부대적 손실을 포함하는 것이 원칙이다. 문제는 예를 들면 깊은 산속마을이 댐건설로 수몰, 移村·轉業을 부득이하게 되어 재산권제한에 따른 종래의 생활을 근본적으로 변경되어야만 하는 경우 부대적 손실을 포함하는 금전적 보상만으로 '정당한 보상'이 행해졌다고 할 수 있는가 하는 점이다. 이 경우 특별한 희생을 입는 사람에 대한 - 단지 금전보상을 넘어서 - 현물보상이나 생활재건조치가 문제된다. 이것이 '정당한 보상'에는 생활보상 내지 생활권보상이 포함된다고 하는 사고방식이다. 이 생활권보상은 단순히 입법정책상의 요청은 아니고 헌법 제23조 제3항의 '정당한 보상'을 생존권보장의 취지에 의해서 해석함으로써 도출되는 헌법상의 요청이지만, 그 구체적인 조치에 관해서는 정치부문의 재량에 맡겨져 있다.111)

3. 법률로 보상규정을 빠뜨리는 경우의 문제

공용수용을 정한 법률이 보상규정을 흠결하고 있는 경우에 직접 헌법 제23조 제3항에 근거해서 손실을 청구할 수 있는가 아닌가에 관해 학설은 일반적으로 이것을 지지하고 헌법 제29조 제3항은 사유재산을 공공을 위해서 사용한 경우의 구제규정이고, 당연히 헌법상 보상청구권이 생기는 것이라고 한다.

4. 재산권의 한계

1) 한계의 근거

헌법 제23조 제2항은 "재산권의 행사는 공공복리에 적합하도록 하여야 한다."고 하여 재산권의 행사는 '공공복리'에 적합하도록 한다고 하고 있다. 이것은 일반적으로 재산권의 행사의 사회적 구속성 내지 의무성을 규정하고 있는 것이다. 여기서 사회적 구속성이란 공공복리를 위하여 재산권의 주체가 그 재산에 관하여 무보상으로 일반적인·적절한

---

111) 일본 최고재판소는 하천부근지제한령위반사건의 판결에서 "손실보상에 관한 규정이 없다고 해도 모든 경우에 관해서 일체의 손실보장을 완전히 부정하는 취지로는 해석되지 않고, 본건피고인도 그 손실을 구체적으로 주장입증해서 별도 직접 일본 헌법 제29조 제3항을 근거로 해서 보상청구를 할 여지가 완전히 없는 것은 아니다."라고 판시하여 직접 일본 헌법 제29조 제3항에 근거해서 보상청구를 인정했다.

그리고 기대 가능한 갖가지 제한을 받게 되고 또 받게 될 수 있음을 의미한다(권영성). 이러한 재산권의 사회적 구속성이 인정되는 것은 평등의 관점에서 재산권제한이 개별적인 성격을 가져 특별한 희생이 되는 경우에는 보상이 되어야 한다는 재산권의 제한에 해당된다고 한다.112)

2) 한계의 성질과 그 심사기준

재산권에 관해서는 자유국가적 공공의 복지에 근거한 재산권에 내재하는 한계와 사회국가적 공공의 복지의 견지에서 하는 재산권에 대한 정책적 한계라는 두 가지 한계가 인정된다. 원래 이처럼 두 가지 한계가 인정될 수 있다고 해도 제23조 제2항이 특히 '공공복리'에 의한 한계를 명기하고 있는 취지는 '각인에게 인간적인 생존을 보장'하여 실질적인 공평을 도모하기 위해서 국가가 재산권에 대해서 소극적 규제에 그치지 않고 적극적인 규제를 가할 수 있는 것이 있다고 해도 좋다.

재산권 규제의 목적에는 '사회공공의 편의촉진, 경제적 약자의 보호 등 사회정책 및 경제정책상의 적극적인 것'에서 '사회생활에 있어서 안정의 보장이나 질서의 유지 등의 소극적인 것'에 이르기까지 다양한 것이 존재하고, 따라서 당해규제가 헌법 제23조에서 말하는 '공공복리'에 적합한 것인가 아닌가는 '규제의 목적, 필요성, 내용 그 규제에 의해서 제한되는 재산권의 종류, 성질 및 제한의 정도 등을 비교형향해서 결정해야 할 것'이다.

3) 한계의 내용

소극목적에 의한 재산권에 대한 규제의 예로서는 생명·건강 등에 대한 위해나 재해를 방지하기 위한 최소한도의 경찰적 규제(전염병예방법 제10조, 제19조의2, 식품위생법 제4조, 제4조의2, 제5조, 제6조, 소방법 제5조, 제29조 등)나 인접지와의 관련에서 토지소유권상호 간의 이해조정이나 권리남용의 방지 등을 목적으로 하는 상린관계상의 제 규제(민법 제209조 이하, 건축기준법 제10조, 제19조 등)가 있다. 또 적극목적에 의한 규제의 예로서는 독점금지법에 의한 사적 독점의 배제, 농지법에 의한 경작자보호를 위한 규제, 도시계획법에 의한 토지이용규제, 문화재보호법에 의한 문화재보호를 위한 규제, 자연환경보전법·자연공원법에 의한 자연환경보전을 위한 규제 등이 있다. 원래 이러한 규제에는 공해방지나 환경보전을 위한 규제입법에서 보이는 것처럼 소극·적극의 양자를

---

112) 이러한 이론은 특별희생이론이라고 하며, 이 밖에 사회기속성이론, 기대가능성이론, 상황기속성이론 등이 있다.

목적으로 하는 것도 적지 않다. 이 복합적인 규제입법의 심사에 있어서는 소극규제에 관한 엄격한 어프로치를 기초로 당해규제에 있어서 적극목적의 정도를 가미한 구체적인 판단이 요청될 것이다.113)

4) 학설상 다툼

또한 헌법 제23조 제2항에 의해서 재산권이 제한되는 경우 그 제한에 대하여 제3항의 보상을 요하는가 아닌가에 관해서는 학설상 다툼이 있다.

(1) 제2항 · 제3항분리설(통설)

이것은 ① 제1항에 있어서 사유재산제도와 함께 개인의 재산권이 함께 보장되어 있는 점, 따라서 ② 제2항에 의한 '재산권의 행사'에 대한 제한은 ⓐ 당해 권리의 박탈 내지 그것에 유사한 것이어서는 안 되고 게다가 ⓑ 특정 개인에게 불이익을 주는 것이 아닌 일반적인 성질을 가지는 것에 한정되는 점, 이에 대해서 ③ 제3항은 재산권에 특별한 희생이 가해진 경우 보상규정이라는 점으로 이유로 제2항에 의한 제한에는 제3항의 보장을 요하지 않는다고 하는 것이다.

(2) 제2항 · 제3항결합설

이것은 제1항이 개인의 재산권의 보장을 의미하는 것인 이상 제2항에 의한 재산권제한이 기특의 권익에 대하여 어떤 침해적 효과를 낳아도 어떤 보장을 필요로 하지 않는다고 하는 것은 곤란하다고 하여 제2항에 의한 일반적인 제한에도 동시에 그것이 제3항의 규정에 의해서 보상을 요하는 것이라고 이해되는 경우가 있을 수 있다고 하는 것이다.

---

113) 재산권의 대표적인 것이 되고 있는 토지소유권에 관해서는 종래 상린관계 혹은 경찰적인 규제에만 복종하고 그것을 넘는 제한은 인정되지 않는다고 하였다. 그러나 토지는 ① 인간생활에 불가결한 것임에도 불구하고 본래 유한하고 재생산할 수 없는 것인 점, ② 그 권리행사의 방법에 따라서는 타인에게 미치는 영향은 다른 재산의 경우와 비교해서 현격하게 큰 점, ③ 공업화 · 도시화에 따라 토지의 계획적 유효이용의 필요성이 고양된 점 등에서 근래 사회국가적 공공의 복지의 견지에서 토지에 대한 광범한 규제가 요청되게 되고, 토지기본법, 국토이용계획법, 국토종합개발법, 도시계획법, 대도시지역에 있어서 주택 및 주택지의 공급의 촉진에 관한 특별조치법, 도시녹지보전법 등 각종 토지규제입법이 제정되고, 토지의 계획적 · 합리적 이용정책이 실시되게 되었다.

제7절 직업선택의 자유

헌법 제15조 모든 국민은 직업선택의 자유를 가진다.

Ⅰ. 서설

1. 의의

직업선택의 자유란 자기가 종사해야 할 직업을 결정하는 자유를 의미한다. 이 '직업'이란 인간이 자기의 생계를 유지하기 위해서 하는 계속적 활동임과 동시에 분업사회에 있어서는 이것을 통해서 사회의 존속과 발전에 기여하는 사회적 기능분담의 활동인 성질을 가지고, 각인이 자기가 갖는 개성을 전유해야 하는 장소로서, 개인의 인격적 가지와 불가분의 관련을 갖는 것이다. 그리고 그것이 경제적·사회적 성질뿐만 아니라 개인의 인격적 발전과도 밀접하게 관련하는 성질을 함께 가진다.114)

따라서 직업이란 생활의 기본적 수요의 충족을 위한 계속적인 경제적 소득활동을 말하며, 자유란 사경제적 소득활동을 각자의 의사에 의거하여 자유로이 선택할 수 있는 것으로 영업의 자유를 포함한다(권영성). 따라서 직업선택의 자유란 자기가 선택한 직업에 종사하여 이를 영위하고 언제든지 임의로 전환할 수 있는 자유를 의미한다.

'직업선택의 자유'에는 자기가 종사해야 할 직업을 자유롭게 선택할 뿐만 아니라 선택한 직업을 수행하는 자유도 포함된다. 문제는 직업수행상의 제 활동 중 영리를 목적으로 하는 계속적·주관적인 활동인 '영업의 자유115)'도 이 '직업선택의 자유'에 포함되는가 하는 점에 있다. 영업의 자유의 헌법상 근거에 관해서 학설은 다음의 두 가지로 나뉜다.

---

114) 일본 최대판 소화 50년 4월 30일 민집 29권 4호 572면 참조.

115) 영업의 자유에 관해서는 그것이 기본권으로서의 성질을 가지는가 아닌가 하는 문제가 제기되고 있다. 그것은 영업의 자유가 ① 역사적으로 기본권으로서가 아닌 공서로서 추구되었던 것인 점, ② '국가로부터의 자유'를 본질로 하는 기본권과는 달리 사회적인 독점으로부터의 자유를 확보하기 위한 규제원리인 점, ③ 이것을 기본권이라고 보는 것은 독점자본의 자유를 용인하는 것이 되고, '독점으로부터의 자유'라는 본래의 의미가 부인되어 버리는 점 등을 이유로 이것을 직업선택의 자유와 구별해서 그 헌법상 기본권으로서의 성질을 부정하려고 하는 것이다. 영업의 자유가 다른 기본권과는 달리 역사적으로 공서로서 형성되고, 사회에 있어서 독점적인 경제활동을 규제해서 개인의 영업의 자유를 확보하는 규제원리로서 작용하는 것이라고 해도 거기에서 즉시 이것을 기본권이 아니라고 결론지울 수는 없다. 이것을 헌법상 보장된 개인의 자유권으로서 근거지우고 국가와의 관계에 있어서 구성하는 것은 헌법해석의 문제이다.

1) 헌법 제15조설

이것은 헌법 제15조의 '직업선택의 자유'는 자신이 선택한 직업을 수행할 자유 중에 영업의 자유도 포함된다고 하는 것이고 통설적 견해이다.[116]

2) 헌법 제15조·제23조설

이것은 개인의 영업활동이 자기의 능력을 발휘하는 장소의 자유로운 선택을 의미하는 것만이 아니라 재산권행사의 측면도 함께 가지는 것이므로 영업의 자유는 헌법 제15조와 제23조에 의해서 근거 지어져 있다고 하는 것이다. 즉 그것은 영업의 자유를 협·광의로 나뉘고, 헌법 제15조는 '개업의 자유, 영업의 유지·존속의 자유, 폐업의 자유'를 내용으로 하는 협의의 '영업하는 것의 자유'만을 보장하고, '무엇을 얼마나 팔 것인가 혹은 누구에게서 살 것인가'라는 광의의 영업활동의 자유는 재산권행사의 자유로서 헌법 제23조에서 도출되는 자유라고 한다.

2)설의 특징은 협의의 영업의 자유가 개인의 인격적 가치와 밀접하게 관련되는 것으로서 그 제한에 대해서는 신중한 배려를 요함에 비해서, 자본재의 자유로운 행사를 의미하는 광의의 영업활동에 대해서는 고도의 규제를 가하는 것이 가능하다고 하는 점에 있고, 영업에 대한 다양한 규제의 모습을 보여 주는 것으로서 주목할 가치가 있다. 그러나 ① 실제 영업활동이 '영업하는 것의 자유'와 '영업활동의 자유'의 어디에 속하는가를 결정하는 것은 용이하지 않은 점, ② 헌법 제15조의 '직업선택의 자유'에 관한 제약원리는 일의적인 것이 아니고 권리내재적인 제약과 함께 정책적인 그것도 함께 가지는 것이라는 점을 생각하면 1)설을 취해도 2)설과 같은 정도의 엄격한 규제를 영업활동에 대해서 가하는 것은 가능하고, 그 한에서 양 설 간에 구체적인 결과에 차이는 없다. 결론적으로 직업선택의 자유는 영업의 자유와 선택한 직업에 종사할 자유를 포함한다(김철수).

2. 연혁

봉건시대에는 계급제도로 인한 세습적 직업제도에 의하여 제약을 받아 왔기 때문에 근

---

116) 일본 최고재판소도 '일본 헌법 제22조 제1항은 국민의 기본적 인권의 하나로서 직업선택의 자유를 보장하고 있고 그래서 직업선택의 자유를 보장한다고 함에는 널리 일반적으로 이른바 영업의 자유를 보장하는 취지를 포함하고 있다는 것이라고 해석해야 할 것'이라고 한다(최대판 소화47년 11월 22일 형집 26권 9호 586면).

래에 이르러 개인의 평등과 존엄의 자각에 따라 직업선택의 자유를 인정하게 되었다. 그리고 바이마르헌법이 최초로 명문화하였으며, 오늘날 대부분의 나라에서 이를 보장하고 있다[117]. 우리 헌법에서는 제5차 헌법개정(제3공화국, 1962년)에서 처음으로 규정되었다.

3. 법적 성질

이는 통합적 기본권으로 파악될 수 있다. 즉 개인적 자유권, 객관적 법질서 구성요소(자유주의적 경제질서의 본질적 요소), 경제적 기본권, 사회권으로서의 성격을 가진다(권영성).

4. 주체

이의 향유주체는 국민이며, 원칙적으로 외국인은 그 주체성을 인정할 수 없다. 법인은 주체가 될 수 있으나 공법상 법인은 직업선택의 자유가 인정되지 않는다.

II. 내용

(1) 직업선택의 자유

직종결정, 전직, 무직업의 자유를 포함하며 직업교육장 결정의 자유를 포함(허영)한다. 근로의 의무는 윤리적 의무이므로 무직업의 자유와 모순되지 않는다.

(2) 직업수행의 자유

자기가 결정한 직업을 수행할 자유이며 개업, 영업, 폐업의 자유가 포함된다.

---

117) 미국 헌법에는 직업선택의 자유가 규정되어 있지 않다.

(3) 직업이탈의 자유

자신이 수행하고 있거나 종사하는 직업을 언제든지 자유로이 포기하거나 그 직업에서 이탈할 자유를 포함한다.

(4) 기업의 자유

기업의 자유는 헌법 제119조에서도 규정되어 있는바 직업의 자유로서도 보장된다(김철수).

(5) 자유경쟁의 포함 여부

헌법 제15조의 직업선택의 자유에는 자유경쟁이 포함되는가의 문제에 관해서는 긍정설과 부정설이 대립된다.

(6) 독점과의 관계

이 자유는 특정 직업, 직종 및 기업의 독점과 양립할 수 없다.

Ⅲ. 효력

대국가적 효력과 예외적인 경우에 제한된 범위 내에서만 제3자적 효력이 인정된다. 그리고 대법원은 영업상의 자유와 대사인적 효력을 인정하지 않고 있다.

Ⅳ. 제한

(1) 직업의 결정 및 이탈은 절대적 자유(내심작용의 보호대상)이고 그 수행은 법률에 의한다.

(2) 목적

국가안전보장, 질서유지, 공공복리를 위하여 필요한 경우이다.

(3) 유형과 방식

법률과 명령(제76조)에 의하여 필요한 경우에 최소한의 범위 내에서만 가능하다.

(4) 제한과 단계이론

독일 헌법재판소는 직업선택의 자유에 있어 3단계이론을 판시하고 있는데 이러한 단계를 어기는 경우에는 헌법 제37조 제2항의 과잉금지의 원칙에 어긋난다고 주장한다(허영). 3단계이론은 다음과 같다.

① 직업수행의 자유에 대한 제한(1단계): 직업의 자유에 대한 제한이 불가피 한 경우에도 개인의 개성신장에 대한 침해의 진지성이 더 적은 직업수행의 자유를 제한하는 방법으로 목적 달성을 모색해 보아야 한다(택시의 합승행위금지, 유흥업소의 영업시간제한 등).

② 주관적 조건에 의한 직업결정의 자유에 대한 제한(2단계): 이는 직업이 요구하는 일정한 자격(시험의 합격)과 결부시켜 직업결정의 자유를 제한하는 것으로, 직업의 성질상 일정한 기술성과 전문성 등이 필요한 경우에 제한을 가하는 것이다.

③ 객관적 조건에 의한 직업결정의 자유에 제한(3단계): 이는 기본권주체의 개인적 능력과 자격과는 무관한 객관적 조건을 이유로 직업결정의 자유를 제한하는 것이다(화약류 제조와 판매).

V. 제한의 한계

직업선택의 자유를 국가안전보장, 질서유지, 공공복리를 위하여 제한하는 경우에는 법률에 의하여야 한다.

직업선택의 자유의 한계의 내용은 다음과 같다.

(1) 제한의 근거

제한의 근거는 헌법 제37조 제2항에 의해서 한다.

(2) 제한의 합헌성판정기준

직업선택의 자유에 대한 법적 규제의 합헌성판정기준은 - 입법자가 평균인을 대표해서 합리적 판단을 하는 것을 전제로 - 입법부가 행한 판단에 일응의 합리성을 인정하고, 제한입법의 합헌성을 추인하는 '합리성의 기준'이다. 이것은 제한의 '목적'과 그것을 달성하는 '수단'의 쌍방에 관해서 법원이 위의 평균인의 입장에서 그 합리성의 유무를 판정하는 것이고, 정신적 자유의 규제입법에 대한 심사기준에 비해서 전체로서 보다 완화된 것이다.118)

---

118) 일본의 초기 판례는 제한목적에 일정한 합리성이 있으면 제한수단의 적부를 묻지 않고 즉시 해당 규제를 합헌이라고 했지만(예를 들면, 직업안정법의 유료직업사업금지규정을 합헌이라고 한 최대판 소화25년 6월 21일 형집 4권 6호 1049면), 다음으로 제한수단에 관해서도 '공공복지 · 국가안전보장 · 질서유지에 필요'한 제한인가 아닌가를 심사하게 되고(예를 들면, 무허가영업을 금한 고물영업법을 합헌이라고 한 최대판 소화28년 3월 18일 형집 7권 3호 577면), 공중욕장법의 거리제한규정에 관한 소화30년대의 합헌판결을 거쳐 소매시장개설을 지사의 허가를 받도록 한 소매상업특별조치법을 합헌이라고 한 소화47년 판결(전계최대판 소화47년 11월 22일)과 약사법상 약국개설거리제한규정을 위헌이라고 한 소화50년 판결(최대판 소화50년 4월 30일 민집 29권 4호 572면)에 이르고, 제한 목적을 적극 · 소극의 두 가지로 나누어 그 목적에 응해서 수단심사도 완화하는 것과 엄격한 것을 나누어 사용하는 방법이 취해졌다.
최고재 소화30년 1월 26일의 대법정판결(형집 9권 1호 89면)은 공중탕이 "다수의 국민의 일상생활에 필요불가결해서 다분히 공공성을 수반하는 후생시설이다."라는 점, 따라서 적정배치에 필요한 조치를 취하지 않을 때는 "그 편재에 의해서 다수의 국민이 실상 용이하게 공중탕을 이용하려고 하는 경우에 불편을 가져올 염려를 보호기 어렵고, 또 그 난립에 의해서 목욕탕경영에 무용의 경쟁을 생기는 그 경영을 경제적으로 불합리하고 욕장의 위생설비의 저하 등 좋지 않은 영향을 가져올 염려를 보증하기 어렵다."고 하여 '국민보건 및 환경위생'의 견지에서 하는 폐해방지를 공공의 복지의 내용으로 파악, 거리제한규정을 합헌이라고 판단했다. 또한 위의 거리제한규정에 관해서는 후술 소화50년 판결과 같이 이것을 소극목적에 맞는다고 하고, 입법사실의 접근에 근거한 엄격한 심사가 당해규정에 가해지게 되면 위헌이라고 판단될 가능성이 높다. 그러나 본판결 자체 그 규제목적을 '국민의 보건 및 환경위생'으로 하면서도 동시에 공중탕이 '다분히 공공성을 수반하는 후생시설'이라고 해도 근래 가정풍속의 보급에 의해서 공중탕의 경영이 어렵고 전폐업이 잇따라서 남은 공중탕이 자택에 욕실을 갖지 않는 사람들의 수요에 응한 공공시설로서의 성격을 일층 선명하게 하고, 특허기업적 성격을 가지는 것으로 되어 있는 바에서 해당규제의 합헌성은 유지되어 있는 것이라고 해석된다[통구타, 주석(상) 525면(중촌)]. 최고재판소는 평성원년의 판결에서 공중탕이 일상생활에 불가결한 공공시설이고, 그 경영안정화를 달성하기 위한 거리제한은 적극적 · 사회경제정책적 목적에서 하는 합리적인 규제라고 하여 이것을 합헌이라고 했다(최판 평성원년 1월 20일 형집 43권 1호 1면; 또한 최판 평성원년 3월 7일 판시 1308호 111면은 보건위생의 확보와 자가풍속을 가지지 않는 국민에 있어서 필요불가결한 후생시설의 확보라는 소극 · 적극 두 가지의 목적을 인정하고, 적정배치규제는 위 목적을 달성하기 위한 필요하고 합리적인 범위의 수단이라고 했다). 소화47년 판결은 경제활동에 관한 규제에는 사호공공의 안전과 질서의 유지를 목적으로 하는 소극적 규제와 복지국가적 이상하에서 사회경제정책의 실현을 목적으로 하는 적극적 규제와의 두 가지의 것이 있다는 것을 명확히 한 후에 후자의 사회경제정책의 분야에 있어서 법적 규제의 필요성과 규제수단의 합리성에 관해서는 '입법부가 그 재량권을 일탈해서 해당법적 규제조치가 현저하게 불합리한 경우에 한해서 이것을 위헌'이라고 한다고 하여 이른바 명백성의 원칙을 채용했다. 이것은 사회경제정책에 관한 입법의 합리성에 관해서는 그 성질상 정치부문의 정책적 · 전문기술적 판단에 맡겨지는 바가 많기 때문에 당해 규제입법에 강한 합헌성추정을 부여하고, 입법부의 판단을 최대한 존중하려고 하는 것이다. 그러나 위 판결에서는 적극적 규제와 구별되는 소극적 규제에 관해서 어떠한 판단기준이 적용되는 것인가, 명백하지 않았다. 소화

(3) 제한의 유형

직업선택의 자유에 대한 제한의 유형을 생각하는 경우에, 제한목적을 소극적인 것과 적극적인 것으로 나누어 생각하는 것이 편리하다. 또 제한수단으로서는 ⅰ) 계출제, ⅱ) 허가제, ⅲ) 자격제, ⅳ) 등록제, ⅴ) 특허제, ⅵ) 국가독점 등이 있다. 제한은 이 목적과 수단의 조합에 따라 유형화할 수 있다.

① 소극적 목적에 따른 규제의 유형: 이것은 이른바 자유국가적인 견지에서 국민의 생명 및 건강에 대한 위험을 방지하기 위해서 직업의 선택과 그 수행에 대해서 가해진 제한이고, 통상 경찰적 규제라고 불리고, 그 규제에 관해서는 이른바 경찰비례의 원칙이 타당한 것으로 되어 있다. 경찰적 제한의 가장 일반적인 것은 허가제이고, '국민의 건강', '선량한 풍속' 기타 경찰목적에서 일정한 직업을 수행함에는 행정청의 허가를 요하는 것으로 되어 있다(약사법 제5조, 식품위생법 제21조, 풍영법 제3조, 고물영업법 제2조 등). 허가제 이외에도 일정한 유자격자에 한해서 당해 직업에 종사할 수 있도록 하는 자격제(의사, 약제사 등), 행정청의 공부에 기재하는 것을 필요로 하는 등록제(건축업, 독물극물영업자 등), 계출을 요하는 계출제(이용업 등)에 따른 규제가 있다.119)

50년 판결은 이 소극적 규제입법에 관해서 소화47년 판결의 적극적 규제입법과는 다른 합헌성판정기준을 보였다. 즉 그것은 소극적 규제에 관해서 우선 입법목적의 '필요성과 합리성'을 심사하고, 이어서 규제수단이 입법목적과의 관련에서 '보다 제한적이지 않은 것인가 어떤가'를 검토하는 것이고, 적극적 규제의 심사기준이 된 '명백성의 원칙'보다도 엄격한 심사기준을 보인 것이다(최고재는 본건심사에 있어서 입법사실론의 어프로치를 채용하여 약국개설의 거리제한에 의한 지역적 규제의 입법사실이 된 "'지역적 규제가 존재하지 않는 경우' 경쟁의 격화 – 경영의 불안정 – 법규위반이라는 인과관계에 선 불량의약품의 공급위험이 약국 등의 단계에 있어서 상당 정도의 규모로 발생할 가능성이 있다고 하는 것은 단순한 관념상의 상정에 지나지 않고, 확실한 근거에 기초한 합리적인 판단이라고는 인정할 수 없다."고 하고, 더 나아가 불량의약품이 돌 위험성은 행정상의 단속강화에 의해서도 충분히 달성할 수 있다고 하여 당해 규제를 위헌이라는 판단을 도출했다). 학설은 대체로 소화47년 판결 및 소화50년 판결에서 보인 적극·소극 두 가지 규제유형에 대응한 심사기준의 구별을 지지한다. 그러나 적극목적·소극목적의 구별은 상대적인 것에 지나지 않고, 실제 공해규제나 건축규제 등에서 보이는 것처럼 종래 소극목적의 규제로 되었던 것에서도 적극적 규제도 동시에 목적으로 하는 입법이 증가하고 있기 때문에 규제의 목적만이 아니라 규제의 태양을 모두 고려할 필요가 있다고 하는 지적이 나오고 있다. 이와 같은 사고방식에 서면 시장에의 신규참여규제와 같은 직업선택의 자유 그 자체에 대한 제한으로 게다가 본인의 능력에 관계없이 제한이 가해지는 경우에는 규제목적을 불문하고 엄격한 심사가 요청되는 것이 될 것이다[호부, 헌법 205면. 또한 적극목적의 규제에 관해서도 그 규제내용·정도를 실질적으로 심사하고, 위헌이라고 해야 할 경우가 있는 점, 또 소극목적의 규제의 경우 국민의 건강·안전에 대한 위해를 방지하기 위해서 엄격한 법적 규제가 허용될 수 있는 것이므로 목적이분론에 근거한 위헌심사기준의 구분에는 충분한 이론적 근거가 찾아지지 않는다고 하여 이것을 부정하고, '입법사실의 검증을 통해서 당해규제조치의 필요성·합리성을 어느 정도 엄격하게 심사하는 것'의 중요성을 지적하는 견해도 있다. 헌법이론연구회편, 현대의 헌법이론 204면 (호파) 1990].

119) 일본 최고재판소는 고물영업의 허가제에 관해서 "장물의 상당수가 고물상으로 유입되는 현실에 비추어 그 유입을 저지하고 또 그 발견과 피해자의 보호를 도모함과 함께 범죄의 예방, 진압 내지 검거를 용이

② 적극목적에 의한 규제의 유형: 이것은 소위 사회국가적 견지에서 경제의 원만한 발전을 기하고 사회공공의 편의촉진 등을 위한 직업선택의 자유에 대한 경제정책적 규제이다. 이 종류의 규제에는 ⓐ 국가에 의한 우편사업의 독점이나 담배·소금의 전매처럼 가격안정·공평한 우편업무의 제공, 국가수입의 확보 등의 목적에서 각각 사인이 업무를 행하는 것을 금지하는 것(우편법 제5조, 구담배전매법 제2조), ⓑ 전기·가스·철도·버스 등과 같이 공중의 생활에 필수적인 것이지만 자유경쟁에 적합하지 않은 성질의 사업에 관해서 그 경영능력을 가지는 자에게 특허를 부여하는 것(전기사업법 제3조, 가스사업법 제3조, 철도사업법 제3조, 도로운송법 제4조 등), ⓒ 공급과잉의 방지·국가의 세수입확보·중소기업의 보호라고 하는 특정의 정책목적에서 허가제를 두고 시장에의 신규참여를 규제하는 것(석유업법, 주세법, 소매상업조정특별조치법) 등이 있다.120)

하게 하기 위해서 필요하고, 위는 국민생활의 안녕을 도모하는 이른바 '공공의 복지'를 유지한다."는 것으로 되어 있다(최대판 소화28년 3월 18일 형집 7권 3호 577면). 또 의사, 안마 마사지 지압사 등의 면허를 받지 않은 자가 의료유사행위를 업으로 행하는 것을 금지한 '안마사, 침사, 지압사 및 유도정복사법'에 관해서 동법이 의료유사행위를 금지하는 것은 '관련 업무행위가 인간의 건강에 해를 미칠 염려가 있기' 때문이고, 따라서 금지처벌의 대상이 되는 행위도 '인간의 건강에 해를 미칠 염려가 있는 업무행위에 국한하는 취지'라고 이해함으로써 법 제12조의 처벌규정은 일본 헌법 제22조에 반하지 않는다고 하였다(최대판 소화35년 1월 27일 형집 14권 1호 33면). 원래부터 관리매춘을 벌하는 매춘방지법 제12조처럼 반사회적 성격의 직업을 금하는 것은 '공공의 복지에 적합한' 것으로서 합헌이라고 한다(최판 소화36년 7월 14일 형집 15권 7호 1097면).

120) 일본 최고재판소는 ① 담배전매제에 관해서 재정상의 수입목적 및 공중에 대한 균등한 서비스를 이유로(최대판 소화39년 7월 15일 형집 18권 6호 386면), ② 유료직업소개사업의 금지(직업안정법 제32조)에 관해서 사업의 공공성·영리사업으로 된 경우의 폐해를 이유로(최대판 소화25년 6월 21일 형집 4권 6호 1049면), ③ 백타쿠영업의 금지(구도로운송법 제101조)에 관해서 도로운송사업의 적절한 운영 및 경쟁의 확보·도로운송의 실정을 이유로(최대판 소화38년 12월 4일 형집 17권 12호 2434면), ④ 생사의 수입제한조치에 관해서 국내생산업자보호를 위한 '적극적인 사회경제정책'이라는 점을 이유로(최판 평성2년 2월 6일 송무원롭 36권 12호 2242면), ⑤ 담배소매업의 적정배치규제에 관해서 영세경영자가 많은 점, 신체장해자의 개업에 특별한 배려가 주어진 점을 이유로(최판 평성5년 6월 25일 판시 1475호 59면), ⑥ 주세법의 주류판매면허제에 관해서 주세의 적정하고 확실한 부과징수를 이유로(최판 평성4년 12월 15일 민집 46권 9호 2829면) 각각 합헌이라고 했다. 원래 ⑥의 판결에서는 원부일부재판관의 보충의견과 판상수부재판관의 반대의견이 제기되어 주목받는다. 전자는 주세법의 재정목적에 의한 규제가 소극·적극의 어떤 규제와도 다른 것이라고 한 후에 주류판매업의 허가(면허)제가 기존업자의 권익보호를 위해서 이용된 것과 같은 경우에는 입법목적을 일탈하여 위헌이 될 수 있다고 한다. 또 후자는 입법목적과의 관련에서 주류제조업자를 면허제하에 두는 것은 필요하고 합리적인 조치이지만 그 판매업자에게까지 면허제를 적용하는 것은 필요성·합리성을 결여하여 일본 헌법 제22조 제1항에 반한다고 한다.

제8절 소비자의 권리

헌법 제124조 국가는 건전한 소비행위를 계도하고 생산품의 품질향상을 촉구하기 위한 소비자보호운동을 법률이 정하는 바에 의하여 보장한다.

Ⅰ. 개념

소비자는 물품 및 용역의 구입·사용에 있어서 거래의 상대방, 구입장소, 가격, 거래조건 등의 자유로이 선택할 권리를 가진다(헌재 1996. 12. 26. 결정, 96헌가18). 즉, 소비자권리란 소비자가 인간다운 생활을 영위하기 위하여 공정한 가격으로 양질의 상품 또는 용역을 적절한 유통구조를 통하여 구입·사용할 수 있는 권리를 말한다(권영성). 헌법은 소비자권리보장에 관한 직접적인 근거규정을 두고 있지는 않으나 소비자보호운동을 보장하여 간접적으로 규정하고 있다.

Ⅱ. 법적 성격과 주체

1. 법적 성격

이는 복합적 기본권, 즉 자유권, 경제적인 기본권, 청구권, 사회적 기본권으로서의 성격을 모두 가진다(권영성).

2. 주체

모든 소비자가 향유주체이며 내·외국인을 불문하고 법인도 포함된다.

Ⅲ. 내용

소비자호보법 제3조는 소비자의 기본권익을 보호하고 소비생활의 향상과 합리화를 기하기 위하여 국가·지방자치단체 및 사업자의 의무와 소비자의 역할 등을 규정함을 목적으로 제정되었다.

Ⅳ. 효력

대국가적 효력과 사업자를 개념상 필연적 전제로 하여 제3자적 효력을 가진다.

제9절 개인정보자기결정권

Ⅰ. 憲法上 自己決定權

1. 들어가는 말

헌법 10조 행복추구권을 근거로 보장되는 기본권의 하나인 자기결정권의 문제는 근래에 활발한 논의를 불러일으키고 있다. 이는 미국에서 임신 중절 권리를 둘러싼 재판[121]에서 여성의 인격 프라이버시권이 언급되어, 존엄사나 장기 이식 등의 의료상의 개인의 자기결정 논의가 활발해진 것에서 유래된다. 또한, 개인의 자유로운 생활양식이 존중되는 시대 풍조도 일조한다. 그런데, 자기결정권을 둘러싼 문제 중의 하나는 자기결정권의 범위의 문제, 즉 개인의 인격과 연관되지 않는 사항에 대한 자기결정까지를 보장하는가 여부에 대한 문제이다. 예를 들어, 성전환의 문제[122], 개인정보에 대한 자기결정의 문제, 학교에서의 학생의 머리 스타일, 복장의 제한, 오토바이 승차의 제한에 관해, '머리 스타일의 자유'나 '오토바이를 탈 권리'가 헌법상의 권리인가 아닌가가 문제되고 있다.

자기결정의 범위를 생각하는 데 있어서는, 그 전제로 헌법상의 기본권이란 무엇인가, 기본권의 보장이란 구체적으로 무엇을 의미하는가, 기본권이론이 전제로 하는 인간상은 어떤 것인가 등의 기본권론의 기본 문제에 대해서도 고찰할 필요가 있다. 본고에서는 이러한 문제에 관해서 충분히 논하는 것은 불가능하나, 자기결정권의 의의를 생각하는 단서의 의미로 이 문제를 포함한 자기결정권의 의의와 범위에 관해서만 논의하고자 한다.

---

* 대구사이버대학교 교수 · 법학박사

121) cf., Roe v. Wade, 410 U.S. 113 [1973].

122) 최근 '하리수' 사례가 대표적이라 할 수 있다.

2. 自己決定權의 意義와 範圍

일설에 의하면 자기결정권이란 자기의 사적인 일에 관해 자유롭게 결정할 수 있는 권리를 말하고, ① 피임, 중절 등의 아이를 낳는가, 낳지 않는가에 관한 사항(reproduction의 권리), ② 연명 거부, 존엄사, 장기 이식 등, 생명의 처분에 관한 사항, ③ 머리 모양, 복장, 등산, 수영, 흡연, 음주 등 개인의 생활양식이나 취미, 스포츠에 관한 사항 등에 대해, 개개인에게 자유로운 결정을 보장하는 것으로 정의되고 있다.

그중에도 ③의 개인의 인격과 연관되지 않는 행위까지도, 헌법의 보장하는가 않는가에 대해, 일본에서는 견해의 대립이 있다. 일반적인 자유설은, 자기결정권 내지 추구권이 개인의 자유로운 행동을 널리 보장하고 있다고 해석하는 반면, 인격적 이익설은, 자유 결정권의 내용은 개인의 인격적 생존의 불가결한 권리에 제한된다고 한다. 전자는 머리 모양의 자유도, 오토바이에 타는 자유도, 둘 다 헌법상으로 보장된다고 해석하는 것에 대해서, 후자는 머리 모양의 자유에 관해서는 적극, 소극 양설이 있지만, 오토바이에 타는 자유는 기본권에 포함되지 않는다고 한다.[123]

이 양 설에는 각각 문제점이 있다. 일반적 자유설에 대해서는 ① 헌법상의 자유를 광범위하게 하면, 기본권의 인플레이션이 생기지 않나? ② 기본권의 확대에 비례하여, 기본권 제한의 허용성도 커져서 기본권 보장이 전체적으로 약해지지 않을까라는 비판도 있고, 인격적 이익설에 관해서는 ① 기본권 보장의 범위가 너무 좁아지는 것은 아닌가? ② 자기결정권에 포함되지 않는 권리에 대해서도 보호 될 수 있다는 근거가 불명확하지 않는가라는 비판도 있다.[124].

3. 小結

본 논문에서는 자기결정권을 "개인의 존중은 개인이 일정한 사적 사항에 관해서 공권력에 의한 간섭을 받지 않고 스스로 결정할 수 있는 권리"로 정의하기로 한다. 이것은 인격형성에 관한 권리라는 점에서 인격권과는 개념적으로 구별할 수 있는데, 넓은 의미에서의 인격권에 포함되는 것으로 본다. 자유권의 보장은 개인의 자율적인 결정의 보장을 당연히 포함하기 때문에 개별적으로 보장된 자유권의 영역에 관해서는 자기결정권을

---

123) 이러한 일본의 논의에 대하여 우리나라에서는 거의 논의가 되고 있지 않다.

124) 독일에서 통설, 판례가 일반적 자유설을 취하고 있다.

거론할 필요도 없다. 따라서 문제되는 것은 그 이외의 영역이다. 포괄적 권리로서의 행복추구권은 그와 같은 자기결정권을 포괄적으로 포함하는 것이라고 해석할 수 있는데, 다만 어떤 사항에 관해서 어느 한도에서 인정할 수 있는가가 문제이다. 이러한 포괄적 권리로서 행복추구권을 기초로 자기결정권의 범위를 살펴보면, ① 자기의 생명·신체의 처분에 관련한 치료거부, 안락사, 자살 등, ② 세대의 재생산에 관련한 출산·불출산의 자유, 피임, 낙태, 아이들의 양육·교육의 자유 등, ③ 가족의 형성유지에 관련한 결혼, 이혼 등, ④ 그 밖의 복장, 옷차림, 외관, 성적 자유, 흡연, 음주, 스포츠 등 다양하게 관련되어 있다. ⑤ 특히 최근에는 자기에 관련된 개인정보에 대하여 수정, 삭제, 처리할 수 있는 권한인 개인정보자기결정권이 여기에 포함된다. 이러한 것 중에서는 그 가치가 높은 것에서 그렇지 않은 것까지 여러 가지 사항이 포함되어 있기 때문에 그 규제의 목적, 태양, 수단과 얽혀 있고 어디까지 자율을 인정해야 하는가가 판단되어야만 한다. 이 점은 학설에서 있어서 또 향후 검토과제의 단계에 머물고 있다.125) 이하에서는 먼저 프라이버시와 개인정보의 관계를 논의하고, 자기결정권의 하나인 헌법상 개인정보자기결정권에 대하여 상세히 논의하고자 한다.

II. 프라이버시와 個人情報의 關係

1. 프라이버시保護와 個人情報保護

한국에서는 근래 '프라이버시보호'라고 하는 단어보다 '개인정보보호'라는 단어가 더 많이 사용되고 있다. 그 원인은 개인정보보호를 목적으로 한 법률을 제정함으로써 개인정보보호에 관한 논의가 활발하게 이루어질 기회가 늘었으며, 프라이버시의 침해사례가 종래부터 존재하는 미디어의 보도와 출판에 의한 개인의 프라이버시 침해의 문제에 머물지 않고, 데이터베이스에 축적되어 있는 개인의 데이터 누출과 인터넷을 이용한 프라이버시 침해 등의 사례가 증가하여 프라이버시 침해행위의 모습이 변화하고 있는 데 있다.126)

이러한 논의과정에서 프라이버시와 개인정보라는 용어가 혼동되어서 사용되는 경우도 적지 않았다. 실제로는 양자가 같은 의미로 이용되는 경우가 많다. 예를 들면, 1974년의 미국의 프라이버시법, 1982년 캐나다의 프라이버시법, 1988년의 오스트레일리아의 프라

---

125) 졸저, 헌법학개론, 고시계, 2000. 참조.
126) 개인정보에 대한 상세한 것은 '백윤철, 인터넷과 개인정보보호, 신영사, 2002.'을 참조.

이버시법 등은 그 명칭은 '프라이버시법'이지만, 실제로 법적 보호의 대상은 '개인정보'이기 때문에, 프라이버시법이라는 명칭은 오해를 불러일으킬 수 있는 명칭이라고 지적하는 학자도 있다.127) 따라서 프라이버시와 개인정보라고 하는 단어에 관해서는 어느 정도 개념적인 상위점을 밝힌 후에 그 보호에 관하여 생각할 필요가 있다.

일반적으로 프라이버시라는 용어는 단순한 '프라이버시(privacy)'라고 하는 상태로부터, 프라이버시라는 법익을 보장하는 '프라이버시이익(privacy interest)'과 프라이버시 그 자체를 헌법상의 권리로 보장하는 '프라이버시권(right to privacy)'에 이르기까지 그 의미 내용은 굉장히 다양하게 포함되어 있다. 따라서 개인정보는 이와 같은 프라이버시 내지 프라이버시권과 개념적으로 구별되어야 한다.

2. 個人情報의 意義

개인정보는 정보화 사회에 있어서 보호가 필요한 정보의 하나로서 인식되고 있기 때문에 '개인정보보호'도 정보화 사회에 있어서 중요한 문제로 등장하고 있다. 개인정보보호의 문제에 관해서 논의할 때에는 '개인정보', '개인데이터', '개인식별정보' 등 여러 가지 용어가 사용되지만, 일본에서는 '개인정보'라는 개념이 최초로 이용된 것은 1975년에 사회당이 국회에 제출한 '개인정보보호기본법안' 및 '개인정보처리에 관한 전자계산기 등의 이의 규제에 관한 법률안'에서였다. 이후도 개인정보라는 용어는 널리 법률용어로서도 이용되게 되어, 지방공공단체의 조례와 1988년에 제정된 '행정기관이 보유하고 있는 전자계산기 처리에 관련된 개인정보의 보호에 관한 법률'에서도 개인정보라는 용어가 사용되고 있다. 또한 일본 판례에 있어서도 "개인에 관한 정보는 사상, 종교, 의식, 취미 등에 관한 정보, 심신의 상태, 체력, 건강 등에 관한 정보, 자격, 전과, 학교 등에 관한 정보, 직업, 교제관계, 생활기록 등에 관한 정보, 재산상황, 소득 등에 관한 정보 등 개인에 관한 모든 정보가 포함되었다고 해석해야 한다."는 정의가 내려져 있다. 이러한 일본의 사례에 따라 우리나라에서도 개인정보라는 개념이 법률명이나 학계에서 일반적으로 통용되고 있다.128)

그러나 다른 나라에 있어서는 사정은 약간 다르다. 다른 나라의 법률에서는 오히려 '개인데이터'라는 용어가 일반적으로 이용되어 법률명칭이 일반적으로 '데이터보호법' 또

---

127) DAVID H. FLAHERTY. PROTECTING PRIVACY IN SURVEILLANCE SOCIETIES, 367(1989).
128) 이러한 우리나라 개인정보보호의 입법화에 대해서는 다음 장에서 상세하게 다루기로 한다.

는 ‘개인데이터보호법’이라고 명명되고 있다.

또한 국제기관 등의 가이드라인에 있어서도 ‘개인정보’보다는 오히려 ‘개인데이터’라는 용어가 사용되고 있는 경우가 많다. 실례를 보면, OECD의 프라이버시 가이드라인의 제1조 (b)에 있어서는, “개인데이터란 식별되어진 또는 식별될 수 있는 개인(데이터주체)에 관한 모든 정보를 의미한다.”고 정의되어 있고, 같은 형태로, 1985년에 발효된 유럽평의회의 ‘개인데이터의자동처리관한개인보호에관한조약’129)의 제2조의 (a)에서는 “개인데이터란 식별된 또는 식별될 수 있는 개인(데이터주체)에 관한 모든 정보를 말한다.”라고 정의되어 있다. 그리고 유럽연합의 2000년 12월 18일 ‘역내기관및조직에의한개인데이터처리에관한개인의보호및해당데이터의자유로운이동에관한유럽의회및이사회의No45/2001(EC)규칙’130) 제2조 (a)에 따르면, “개인데이터란 식별된 또는 식별될 수 있는 자연인(데이터주체)에 관한 모든 정보를 의미하고, 식별 가능한 인물이란 특히 신분증명번호 또는 해당인물고유의 신체적, 생리적, 정신적, 경제적, 문화적 혹은 사회적인 존재를 증명하는 요소 중의 하나 또는 복수를 조합함으로써 직접 또는 간접적으로 식별할 수 있는 인물의 데이터를 말한다.”고 정의되어 있다.

우리나라의 ‘정보통신망이용촉진및정보보호등에관한법률’ 제2조 제1항 제6호에 의하면, ‘개인정보’라 함은 “생존하는 개인에 관한 정보로서 성명·주민등록번호 등에 의하여 당해 개인을 알아볼 수 있는 부호·문자·음성·음향 및 영상 등의 정보(당해 정보만으로는 특정 개인을 알아볼 수 없는 경우에도 다른 정보와 용이하게 결합하여 알아볼 수 있는 것을 포함한다)를 말한다.”고 규정하고 있고, ‘공공기관의개인정보보호에관한법률’ 제2조 제2호에서는 ‘개인정보’라 함은 “생존하는 개인에 관한 정보로서 당해 정보에 포함되어 있는 성명·주민등록번호 등의 사항에 의하여 당해 개인을 식별할 수 있는 정보(당해 정보만으로는 특정개인을 식별할 수 없더라도 다른 정보와 용이하게 결합하여 식별할 수 있는 것을 포함한다)를 말한다.”고 규정하고 있다.

이러한 법적 규정에 비추어 보면, 개인정보의 ‘주체’는 자연인이며, 법인이나 사자(死者)는 개인정보의 주체가 될 수 없다. 그리고 개인정보의 범위는 당해 개인을 직접 알아볼 수 있는 식별정보와 당해 정보만으로는 특정 개인을 알아볼 수 없는 경우에도 다른

---

129) Convention for the protection of Individuals with regard to automatic processing of personal data. ETS N0.108
    <http://www.coe.fr/eng/legalixt/108e.htin>.

130) Regulation(EC N04.5/2001 of the European Parliament and of the Council of 18 December 2000 on the protection of individuals with regard to the processing of personal data by the Community institutions and bodies and on the free movement of such data, Official Journal L8, 12/Ⅰ/2001.

정보와 용이하게 결합하여 알아볼 수 있는 비식별정보로 분류하고, 식별정보에는 자연인의 주민등록번호, 운전면허증과 같은 것들이 있고, 비식별정보로는 성명, 주소 등이 있다. 이러한 현행 법률상의 개인정보는 헌법상의 개인정보자기결정권의 개념과는 일치되지 않는다. 즉, 헌법상 개인정보자기결정권에서 개인정보는 법률상 개인정보보다 넓은 개념으로 이해하는 데 반하여, 이들 법률에서는 좁은 개념으로 이해하고 있다. 그리고 현행법상 개인정보의 주체를 자연인에 한정하고 있으나, 정보화시대에 있어서 개인정보의 침해는 자연인뿐만 아니라 법인에게도 발생하므로 개인정보의 주체를 법인까지 확대해야 된다고 생각한다. 그리고 보호가치 있는 정보란 어떠한 정보를 의미하는가? 프라이버시가 '비밀'로 해석되는 것과 같이 다른 사람에게 알려지고 싶지 않은 과거의 사건이나 사실과 같은 것이다. 한 판례에서는 전화번호라도 자신이 공개되고 싶지 않다고 주장하면 프라이버시에 관련된 개인정보로서 판단하고 있다. 따라서 타인이 문제없다고 생각한 정보라도 본인이 공개되기를 원치 않는다고 생각하면 그것은 보호되어야 하는 개인정보가 된다.131)

3. 個人識別情報

'개인식별정보'라는 용어를 특히 '개인정보'와 구별해서 사용하는 경우도 있다. 다른 나라의 법률과 국제기관의 가이드라인에 있어서는 "개인정보란 개인을 식별 또는 식별 가능한 정보"와 같은 정의가 내려져 있는 경우가 적지 않다.

'개인정보'에 관하여 상세한 정의를 내리고 있는 것으로는 자율규제에 의해 개인정보 보호를 촉진하고, 적절한 조치를 하고 있는 것을 제3자가 인증함으로써 마크 등을 부여하는 '마크 또는 실 프로그램 제도'를 들 수 있다. 실 프로그램의 취득요건에 정해져 있는 '개인식별정보'의 정의를 보면, 일본의 JIS Q 15001의 1.a에 있어서는, 그 정보는 '개인에 관한 정보'를 말하고, "해당 정보에 포함된 이름, 생년월일 그 외의 자료 또는 개인별로 정해진 번호, 기호, 그 외의 부호, 화상 또는 음성에 의하여 해당 개인을 인식할 수 있는 것(해당 정보만으로는 식별할 수 없지만, 다른 정보와 쉽게 조합하는 것이 가능하여 이에 따라 해당 개인을 식별할 수 있는 것을 포함한다)"으로 정의되어 있다.

TRUSTe의 라이선스 계약서 제5.02판132)의 별표 A의 프로그램 요건 제1조 A에서는,

---

131) 김연수, 개인정보보호, 사이버출판사, 2001. 7면. 참조.
132) TRUSTe License Agreement Rev 5.02
   <http://v~w.truste.org/webpublishers/pub_agreement. html>.

"개인식별정보란 해당 정보의 귀속주체인 인물을 식별하거나 접촉하고 또는 소재를 확인하기 위한 이용이 가능한 모든 정보를 말한다. 해당 정보에는, 이름, 주소, 전화번호, 팩스번호, e - 메일 어드레스, 금융거래정보, 사회보장번호, 신용카드 번호뿐만이 아니라, 다른 정보와 결합하여 또는 다른 개인식별정보를 용이하게 도출하는 것이 가능한 정보도 포함된다. 개인의 이력, 식별징표, 생체정보 및 IP 어드레스 등의 특정한 정보(해당 정보 자체는 개인식별정보에 해당하지 않는다)가 개인식별정보와 관련되는 경우에는, 해당 정보도 개인의 식별정보로 간주한다. 개인식별정보에는 익명(예를 들어, 개인이용자를 식별하지 않는 경우) 또는 식별 가능한 개인과 연결되지 않는 통계 정보는 포함되지 않는다."고 정의되어 있다.

또한 BBBOnLine의 프라이버시·실·프로그램[133])의 제1조의 B에서는 '개인식별정보'란, (a) 개인에 대한 관련성을 정하는 경우에 인물을 식별하는 데에 이용되는 것, (b) 조직의 온라인 웹상에서 자발적 또는 수동적인 데이터 수집에 의해 개인으로부터 얻어 낸 것, (c) 조직이 통상의 업무에 있어서 수집하는 것이 가능한 정보로 정의하였으며, '개인식별정보'에 포함되지 않는 것으로는 (d) 조직이 온라인상에서 개인으로부터 수집하지 않는 정보, (e) 통상의 업무의 범위 내에서 개인의 이름, e - 메일 어드레스 또는 유사한 특정 식별징표를 이용하여 웹사이트상에서 수집하는 것이 불가능한 정보, (f) 네트워크에 접속할 때에 사용되는 컴퓨터를 특정하는 것으로 개인을 특정하는 것이 아니고, 온라인의 이용 시마다 다른 가입자와 식별하는 것만을 목적으로 하는 컴퓨터와 관련된 IP 어드레스, (g) 이름 또는 유사한 특정의 식별징표와의 관련이 없는 열람 또는 클릭에 의해 수동적으로 수집되어진 데이터로 정의되어 있다.

이상과 같이, 자율규제에 의한 실·프로그램의 취득요건에 있어서는 개인식별정보에 관하여 상세히 정의되어 있는 것이 많다. 이러한 정의를 요약하면, 개인을 '식별'하는 것이 가능한 정보가 '개인식별정보'이고, 이에 따라 사회적으로 특정개인을 식별하는 것이 가능한 정보를 가리키는 것이라고 말할 수 있다.[134])

이러한 세계적인 추세에 발맞추어 우리나라에서도 이와 같은 실제도 내지 마크제도를 도입하고 있다. 즉, '정보통신부 중장기 정보보호 기본계획'(안)을 보면, 민간 차원의 개인정보보호 활동을 활성화하기 위하여 개인정보보호(ePrivacy) 마크제도의 활성화 및 실

---

133) BBBOnLine Participation(License) Agreement
<http://bbbonline.org/download/license. PDF>.

136) 주요 국외 개인정보보호마크 현황

효성을 강구하고 있으며, 이를 위해 마크 취득 업체에 대한 공신력의 제고를 위하여 '개인정보분쟁조정위원회'의 모니터링 및 피해구제를 강화하고 있으며, 일본 외에 미국 등의 개인정보보호마크와 국가 간 상호 인정을 확대하여 국내에서 마크를 취득한 사업자의 해외시장 진출을 지원할 계획이다. 또한 민간자율로 체계적인 개인정보보호 활동이 전개될 수 있도록 지역별·업종별 '개인정보관리책임자협의회'의 구성을 추진하고, 개별 사업장에서 개인정보보호를 책임지는 '개인정보관리책임자지정제도'를 연차적으로 강화하고, 장기적으로 개인정보관리책임자의 신분상의 독립성을 보장하여 사업주에 의한 프라이버시 침해가 최소화되도록 '개인정보감사(Audit)'제도 도입을 검토·추진한다고 한다.

4. 인터넷과 個人情報保護

인터넷에서 개인정보보호문제가 중시된 배경에는 인터넷 등을 이용한 전자상거래의 보급이 커다란 영향을 미쳤던 사실이 있음은 말할 필요도 없다. 즉, 소비자가 전자상거래를 이용할 때에 종래의 거래과정과는 다른 다양한 방법으로 개인정보가 취득되고, 특정 개인을 식별하는 방법도 실제의 사회에서의 그것과는 전혀 다르다는 점에서, 다양한 문제가 생기게 되었고, 식별한 다음에 취득 또는 이용되는 개인정보의 종류나 그 양도 종래와는 비교되지 않을 정도로 상세하고 또 대량인 점에서, 앞으로 새로운 문제가 발생할 것은 자명하다.

근래 이용하게 된 마케팅 수법의 많은 부분에 대하여도, 특정 개인을 대상으로 효율적인 마케팅을 실현하기 위하여, 소비자로부터 다양한 정보를 취득하여 소비경향 등을 분석한 다음, 각 소비자에 따른 서비스를 제공하는 것을 목적으로 하는 경우가 일반화되어 있다. 그 때문에, 소비자로서는, 개별적인 필요(need)에 적합한 서비스 등이 제공되는 기회가 증가하고, 다양화하는 소비활동에 부합하여 다양한 혜택을 향유할 수 있게 되었다.

국가	미국		일본	
명칭	TRUSTe 마크	BBB프라이버시마크	개인정보보호마크	프라이버시마크
추진기관	TRUSTe	BBB On-line	데이터통신협회	정보처리개발협회
마크				

※ BBB on-line 마크와 일본 프라이버시마크는 상호인증 협약을 체결하는 등 자율규제의 국제화도 추진(2000. 5.)

한편, 사업자 측에 있어서는, 특정 개인을 대상으로 효율적인 마케팅을 행하는 것이 가능하게 된 점에서, 광고비용의 절감을 비롯한 경비의 절감과 관련됨과 동시에, 고객이 익성의 향상에 의한 수익의 증가를 예상할 수 있게 되었다.

그중에서도, 소비자에 관한 정보를 데이터베이스화할 뿐만 아니라, 구매이력도 포함하여 계속적으로 소비자에 관한 정보를 축적하고, 개인의 소비형태를 파악하여 장래의 수요활동의 분석까지 행하는 CRM(Customer Relationship Management) 등을 도입하는 사업자가 증가하고 있고, 대량으로 취득되는 구매이력을 특정의 소비자에게 정확하게 결부시킴으로써, 마케팅의 효율은 비약적으로 향상되었다.

그 때문에, 이들 마케팅 수법의 도입사례나 성공사례 등, 사업자 측에서의 장점이 강조되는 경우가 많은데, 그 반면, 소비자로부터 취득한 구매이력 등의 정보가, 본래의 소유자인 정보주체에 귀속하는 것이라는 인식은 희박하다고 말하지 않을 수 없다.

네트워크를 이용하여, 개인의 소비활동에 관한 정보를 취득하고, 그것들을 실사회에서 이미 구축하고 있는 데이터베이스에 결합시킴으로써, 더욱 효율적인 마케팅을 실현하고자 하는 움직임도 눈에 띄며, 인터넷이 상당히 보급되어 있는 현재, 네트워크를 이용한 소비자정보의 취득이, 앞으로도 증대할 것은 의문의 여지가 없을 것이다.

Ⅲ. 인터넷과 憲法上 個人情報自己決定權

1. 프라이버시와 個人情報自己決定權의 槪念 및 關係

1) 프라이버시와 個人情報自己決定權의 意義

(1) 프라이버시의 意義

프라이버시는 영어로 privacy이고, 이것은 private의 명사형으로 라틴어에서는 '떼어놓다', '격리시키다'라는 의미를 가지고 있다. 또한 영어사전을 보면 privacy는 개인의 비밀이라든가 그대로 프라이버시라고 설명되어 있다. 매스미디어가 급속하게 발달한 19세기 후반의 미국에서는 신문이나 잡지의 기자가 유명인이나 저명인을 쫓아다니면서 그 사생활에 관한 행동을 보도하는 것이 유행이 되었다. 이것이 현재의 와이드쇼나 사진보도 잡지보다도 더 심하여 보도한 폭로였다. 통상적으로 기자나 카메라에 의해 쫓겨지는 사람으로 보이고 있는 상태에서는 사람은 편안하지 않을 뿐만 아니라 고통일 것이다. 이것이 사회문제가 되었다. 이러한 개인의 사생활에 대하여 행하는 과도한 보도를 규제하기 위하여 타인이나 카메라에 타인이나 카메라에 의해 쫓기는 것이 아니라 혼자되는 것은 인간에게 부여된 권리라는 주장이 제기되기 시작했다. 이러한 권리는 프라이버시라고 불렸다.[135] 이런 배경에서 처음에 프라이버시권은 '혼자 있을 권리'라고 정의되었다.[136]

(2) 個人情報自己決定權의 成立背景

현대사회에서는 국가활동의 증대와 복잡화로 행정기관이 수집·축적하는 정보가 비약적으로 증가하고 있으며, 또한 민간기업이나 기타의 조직도 정보를 수집·축적·관리하는 경향이 있다. 사회의 발전과 함께 이와 같이 정보의 유통·축적량이 증대하고 있는 것은 불가피하며, 특히 그러한 정보의 컴퓨터관리가 행해지는 것으로 되고 있는 것이 현대사회의 큰 특징이다. 이 이점으로서는 문서량의 절약, 관리의 용이, 처리의 신속성, 데이터의 검색이나 결합의 용이성 등을 들 수 있지만, 문제는 이러한 정보 중에 상당한 범위에서 이른바 개인정보로 불리는 것이 포함되어 있다. 특히 컴퓨터에 의한 관리는 그 합리성·효율성이 있는 반면, 정보의 누설이나 다른 목적이용의 용이함이라는 문제가 있으며, 적절한 관리와 보호의 필요성이 나타나고 있다.[137]

개인정보보호를 하기 위한 개인정보자기결정권과 국민의 알 권리를 충족시켜 주기 위한 표현의 자유가 충돌하는 경우, 이를 어떻게 해결하느냐 하는 문제는 중요한 헌법과제가 되고,[138] 그리고 개인정보보호는 개인에 관한 정보가 외부로 유출되는 것을 방지한다

---

135) 藤野剛士, 個人情報保護, JMAM, 2000. 70－72面.

136) 일본에서 개인정보의 근원이 되는 프라이버시권리가 일본의 재판소에서 인정된 것은 연회의 그림자사건에 관한 東京地裁判決(소39·9·28 판시 385호 12면)이다. 사건은 동경도지사선거의 후보자였던 인물과 그의 처 간의 애정문제를 묘사한 삼도유기부의 소설 연회의 그림자를 둘러싸고 소설의 모델이 된 전외무대신이 프라이버시 침해를 이유로 손해배상과 사죄광고를 청구한 것이다. 판결은 프라이버시권을 사생활을 함부로 공개되지 아니할 법적보장 내지 권리라고 정의하고 그 불법한 침해에 대하여 법적구제가 부여함에 있어서 가장 중요한 인격적인 이익으로 위자료의 지불을 명하였다. 여기에서 권리침해의 요건으로 공개된 내용이 ① 사생활상의 사실 또는 사생활상의 사실이라고 할 수 있는 것, ② 일반인의 감수성을 기준으로 한다면 공개를 원하지 아니할 것이 인정되는 것, ③ 공지된 것이 아니고 공개로 보다 실제적으로 불쾌, 불안감을 느끼는 것을 들 수 있다.

137) cf. Delta, Matsuura, Law of the Internet, Aspen Law, 1999.

138) 이 문제의 해결은 침해 회피의 원칙, 익명성의 원칙, 비교형량의 원칙에 따라 해결하면 된다고 본다. 즉, 우선 개인정보를 一般人의 개인정보와 公人의 개인정보로 나누어서 해결하고자 한다. 일반인의 개인정보에 대해서는 국민의 알 권리를 충족시켜 주기 위한 정보공개와 개인정보 간에 충돌하는 경우, 우선 여기서는 침해 회피의 원칙이 적용되지 않고, 바로 익명성의 원칙과 비교형량의 원칙이 적용된다. 즉, 개인의 이름을 삭제하고 정보를 공개하는 경우에는 공개를 허용하고, 개인의 이름이 삭제되지 않거나 개인의 이름을 삭제하더라도 그 의미가 없는 경우, 개인정보의 사익과 정보공개라는 공익을 비교형량하여 공개 여부를 결정하여야 한다. 公人인 경우에는, 일반적으로 일반인보다 개인정보의 공개 범위가 폭넓게 인정

라는 점에서, 정보를 가능한 한 널리 알린다고 하는 정보공개제도의 사고방식에 일견 대립적인 것으로 보이지만, 그러한 제도의 기초에서는 정보에 대한 개인의 지배권을 강화한다라는, 공통의 발상이 있다는 것에 주의할 필요가 있다. 또 개인정보의 개시 내지 열람은 개인정보보호를 둘러싼 논쟁이 제기되는 것이다. 그 의미에서는 개인정보보호의 제도와 헌법상 표현의 자유의 한 내용인 정보공개제도의 사이에는 밀접한 관련이 있다고 할 수 있다.139)

프라이버시의 권리는 미국에서 등장하여, 주로 불법행위법상의 권리로서 발전해 왔다. 이 때문에 프라이버시의 문제가 이야기되기 시작한 것은 초기의 불법행위법상의 제 판례에서 시작되었으나, 당초에는 사진과 초상, 편지 등의 공개금지를, 재산권 개념을 기초로서 인정되고 있었다. 즉, 현재와 같이, 헌법상의 프라이버시의 권리와 불법행위법상의 인격권이라고 하는 개념에 의해 개인정보를 보호하는 것이 아니라 개인정보를 나타내는 유체물에 대한 재산권에 관한 주장으로서 인정되고 있는 것이다.

예를 들면, 재산권의 보호라고 하는 형태로 개인의 편지의 출판을 규제했던 영미불법행위법상의 사례140) 등은, 개인의 편지의 재산적 가치의 보호를 직접적인 목적으로 하고 있긴 하나, 이에 의해 보호되어지는 이익은, 개인의 프라이버시다라고 말할 수 있을 것이다.141)

된다. 공적 인물이론에 따르면 공인은 일반인의 알 권리를 충족시켜 주기 위하여 개인정보에 대해서 많은 부분을 포기해야 한다. 공인은 유명인사와 공무원으로 나눌 수 있는데, 우선 공인으로서 유명인사는 일반적으로 언론에 의해 주목을 받고 있는 자로서 저명인사, 연예인, 운동선수 등을 의미한다. 이러한 유명인사인 공인은 내밀영역과 비밀영역을 제외하고는 국민의 알 권리를 충족시켜 주기 위하여 개인정보를 포기한 것으로 본다. 즉, 공인의 내밀영역과 비밀영역은 개인정보로 보호된다. 그리고 공무원은 유명인사인 공인보다는 개인정보를 더 두텁게 보호받는다. 즉, 공무원은 공직수행에 관련된 범위 내에서만 그 개인정보에 관한 보도가 허용된다. 박용상, 언론과 개인 법인, 조선일보사, 1997. 참조.

139) 변재옥, 정보화사회의 프라이버시와 표현의 자유, 커뮤니케이션북스, 2000. 87-112면 참조.

140) Gee v. Pritchard, 36 Eng. Rep. 670(1818).

141) 한편, 일본에 있어서도, 미시마 유키오(三島由紀夫)의 私信을 실명소설로 공개했던, 후쿠시마 지로(福島次郎) '三島由紀夫-劍と寒紅'(文芸春秋)에 관한 동경지방법원 2000년 10월 18일 判時 1692호 24항 判タ 1017호 255頁, 동경 고등법원 판결 2000년 5월 23일(이 이후, 最一小判 2000년 11월 9일 판례집 미등재로 하여 상고기각)에 있어서, 소설의 출판금지, 손해배상의 지불 및 명예회복을 위한 광고게재를 인정하는 판결이 내려졌다. 본건에서는, 처음으로 편지를 저작물로 인정하여, 미시마 유키오의 미공개의 편지와 엽서를 게재한 서적의 발행은 복제권의 침해에 해당한다고 하여 저작권법 제60조에 위반하여 공동불법행위를 구성한다고 하였다. 이것은 사적인 편지를 저작권법상의 저작물로 판단하는 것에 의하여 개인의 재산적 이익을 보호하는 것에 의해, 결과적으로 개인의 프라이버시가 보호된 사례로서 생각할 수 있다. 그러나 일본에서는 편지를 저작물로서 인정하여, 재산권의 보호라고 하는 형태로 편지의 출판을 금하기 이전에, 편지를 보낸 사람의 허락 없이 편지를 수취인이 사진으로 편지를 찍어서 책에 넣어서 출판하는 행위가 프라이버시에 대한 권리를 침해한다고 하여서 손해배상책임(損害賠償責任)을 인정한 高松高判 平成8년 4月 26日 判タ 926号 207面이 존재하는 것에서 일본에 있어서 프라이버시에 대한 권리의 변천은, 영미불법행위법상에서 프라이버시에 대한 권리의 발전과정과는 다른 점이 많다.

이상과 같이, 프라이버시에 대한 권리가 법적 권리로서 등장해서 발전하는 과정은, 미국과 한국과는 다른 과정을 밟고 있다. 그러나 컴퓨터의 등장에 의해 대량의 정보가 처리되게 되어, 대량의 개인정보가 수집되어지는 시대가 도래함에 따라, 프라이버시에 대한 권리도 커다란 변화를 보이게 되었다.

즉, 이 같은 정보화의 파도는, 미국뿐만이 아니라, 한국도 포함해서 세계규모로 진행되고 있다. 이러한, 데이터정보사회의 도래의 기초가 된 것은, 제2차 세계대전 종결 직후인 1946년, 세계최초의 컴퓨터인 ENIAC이 펜실베이니아대학에서 만들어진 것에서 시작된다.

1960년대 이후가 되면, 컴퓨터의 활용이 본격화되어, 사회 곳곳까지 컴퓨터가 이용되는 사회, 즉 "컴퓨터정보화사회"의 도래가 예상되기에 이르렀다. 그 결과, 컴퓨터 내부에 개인정보가 대량으로 데이터베이스화 되어 축적되어, 개인정보 누설 등의 위험성이 증대할 것이라는 것을 자각하게 되기에 이르렀다. 소위, "데이터정보사회"로 불리는 사회를 말하는 것이다.

이 같은 인식은, 미국에서는 1965년의 락루즈 보고서에 기초한 '내셔널데이터정보구상'에서 정점에 달한다. 이것은 당시의 예산국에 의한 컴퓨터를 사용한 미연방내의 기관이 보유하고 있는 개인정보의 집중관리에 대한 구상이었으나, 미국 국민의 강력한 반발에 부딪혀, 이 구상은 결국 폐기되었다.

이 같은 배경에서, 종래와 같이, 재산권 개념에 기초한 프라이버시의 보호와, '혼자서 있을' 권리로 정의되는 초기의 프라이버시에 대한 권리개념으로는, 개인의 프라이버시를 보호하기에 충분하지 않는 것이 지적되기에 이른다.

여기에서, 대량의 개인정보가 컴퓨터에 의해 처리되는 데이터정보사회에 있어서, 개인의 프라이버시를 보호하기 위한 권리개념이 필요하게 되었다. 이러한 필요에 응해서 주장되어진 것이 '개인정보자기결정(컨트롤)권'으로 정의되는 프라이버시에 대한 권리개념이다. 즉, '개인정보자기결정권'설이 제창되게 된 배경에는 컴퓨터의 출현에 의한 데이터정보사회에 대한 염려가 존재하고 있는 것이다.

이것은, 종래의 '매스미디어 프라이버시'로 불리는 매스미디어에 관련된 프라이버시 개념을 전제로 한 전통적인 '혼자서 있을 수 있는'이라고 하는 개념이 아닌, 보다 적극적으로, 프라이버시에 대한 권리를 '자신에 대한 정보를 컨트롤할 권리(Individual's right to control the circulation of information)'로서 파악하는 것이다. 즉, 일방적으로 대량으로 수집·이용·축적된 개인정보를, 본래의 정보의 주인인 정보주체가 일정한 범위에서 컨트롤하는 것에 의하여, 자신의 손으로 자신의 프라이버시를 지키는 것이 개인정보자기결정권의 목적인 것이다.

(3) 個人情報自己決定權의 確立

개인정보자기결정권이라는 개념이 등장한 것은, 1967년에, 알렌 F. 웨스틴 교수가, 프라이버시에 대한 권리란 "개인, 그룹, 또는 조직이, 자기에 관한 정보를, 언제, 어떻게, 또, 어느 정도로 전달할지를 자신이 결정할 수 있을 권리"라고 정의한 저서 『프라이버시와 자유』에서이다.[142]

웨스틴 저서에서는, 프라이버시에 대한 권리의 주체로서, 개인 이외에도 '그룹 또는 조직'이 포함되어 있다. 이에 대해서, 미러가 1971년에 발표한 저서 『프라이버시에 대한 공격』에서는, '개인정보자기결정권'을 지지하면서도, 권리의 주체는 개인으로 한정되어져 있어 이 저서가 발표되어진 때 이후로는, 미러와 같이 주체를 개인으로 한정시켜서 생각하는 방식이 주류를 이루어 간다.

이 '개인정보자기결정권'으로 불리는 견해는, 미국의 실정법에 있어서는 '1970년의 공정신용보고법'에서 겨우 실질적으로 도입되었으나, 데이터정보 사회구상에 대한 반대의견을 배경으로 하여, 서독(당시) 헷센 주에서 1970년에 데이터보호법이 성립되어, 1973년에는 스웨덴에서도 데이터법이 만들어졌다.

미국으로 이야기를 되돌리면, 이러한 흐름을 기본으로 하여, 공적기관이 보유하는 개인정보의 자기결정권을 인정한 '1974년 프라이버시법'이 제정되기에 이른다.[143]

한편, 일본에 있어서, '자신에 관한 정보를 제어할 권리'라고 하는 학설을 최초로 제창한 것은, 사토 고지(佐藤行治) 교수이고, 이처럼 정의된 프라이버시에 대한 권리는, '단순히 타인이 자신에 관한 정보를 가지지 않는다고 하는 상태'를 말하는 것이 아니라, '타인이 자신에 관하여 어떠한 정보를 가지고 어떠한 정보를 가지면 안 되는지에 대하여 컨트롤할 수 있을' 권리로서 표현되고 있고, 데이터정보사회에 있어서 프라이버시의 보장을 주된 목적으로 한 권리개념으로서, 현재에 이르기까지 학설상 통설로 인정되고 있다.

전술한 바와 같이, 개인정보자기결정권이 주장되게 된 배경에는, '혼자서 있을' 권리라고 하는 전통적인 프라이버시에 대한 권리개념에서는, 현대의 정보화 사회 및 적극국가

---

142) ALAN_ F. WESTIN. PRJVACYAND FREEDOM (1967).

143) 이 법률은, 미합중국법전의 제5편 '정부조직 및 직원(Tit1e5.Government Organization and Employees)' 제5장 '행정수속(Chapter5. Administrative Procedure)' 중 제522조 a(Sec. 552a. Records maintained on individuals)로서 포함되어 있다. 또한, 역시 동장에 포함된 제522조(Sec.552. Public information; agency rules, opinions, orders, records, and proceedings)는 '정보의 자유법'으로 불리어 온 것이고, 정부기관을 감시한다고 하는 목적에 의하여 정부기관에의 정보공개청구를 인정하는 것이다.

에 있어서 개인의 프라이버시에 대한 권리보장에 대하여, 충분한 해답을 줄 수 없다는 의견이 존재하고 있다.

즉, 컴퓨터의 처리능력의 급속한 향상 등이 개인의 프라이버시가 침해될 가능성 및 거기에 동반한 침해정도의 중대성을 강조하여, 프라이버시의 권리개념의 타당한 위상과 실질적인 보장내용의 해명에 중점을 두기보다는 오히려, 정보화 사회에 있어서 현실에서 생기고 있는 문제 및 그 사회에 있어서 개인의 프라이버시에 있어서 가장 중요한 요소인 '개인정보'에 착안하여, '개인정보'의 보호만이 정보화 사회에 있어서 프라이버시의 보호의 가장 중요한 핵심적인 문제로 하는 것이 개인정보자기결정권을 주장하는 견해들의 특징이다.

즉, 개인정보의 보호는, 프라이버시에 대한 권리보장, 더욱이, 개인정보자기결정권 개념에 기초한 프라이버시에 대한 권리의 분장의 문제로서 논의되어 왔다. 또, 개인정보자기결정권에서 말하는 '개인정보'란, 정보주체로부터 본 개념이기 때문이다.

프라이버시에 대한 권리가, 법적 권리로서 등장하였던 초기단계에 있어서는, '혼자서 있을' 권리라고 하는 권리개념에도 보이는 것처럼, 타인으로부터의 간섭을 받지 않는 상태를 보장받을 권리로서, 이 권리성은 소극적인 것이었다. 그러나 위에서 살펴본 바와 같이, 컴퓨터의 출현에 의해, 대량의 개인정보가 수집 및 축적되어, 이것들이 일상적으로 이용되는 데이터정보사회에 대한 염려가 현실로 다가오게 되었다.

이러한 배경에서, '혼자서 있을 수 있는'이라고 하는 소극적인 권리개념으로서는 충분한 개인의 프라이버시에 대한 권리를 보장할 수 없기 때문에, 헌법상 권리로서 개인정보자기결정권이 등장하게 된 것이다. 즉 정보화 사회에 있어서 프라이버시에 대한 권리보장은, 개인이 사회생활을 영위하는 데 있어서, 개인을 식별하는 징표로서의 개인정보의 보호가, 가장 중요한 과제가 된 것이다.

결론적으로 프라이버시에 대한 권리란, '혼자서 있을 수 있는' 권리라고 하는 소극적인 의미파악으로 불법행위법상의 권리로서 논의되어 왔기 때문에, '개인정보자기결정권'이라는 보다 적극적인 권리로서의 인터넷의 권리는 변하여 왔다. 그래서 정보화뿐만 아니라, 인터넷으로 대표되는 네트워크가 구축됨에 따라, '개인정보자기결정권'으로서의 프라이버시의 권리의 중요성은 높아지고, 이 보호의 대상으로서 다양한 논의가 이루어지고 있는 것이 바로, '개인정보'이다.

따라서, 인터넷사회에 있어서 프라이버시에 대한 권리의 가장 중요한 과제가, '개인정보보호'의 문제라고 말할 수 있을 것이다.

2) 擴大된 프라이버시權으로서 個人情報自己決定權

최근에 이루어진 컴퓨터의 발달로 개인의 다양한 정보가 컴퓨터에 저장되게 되었다. 축적될 수 있는 데이터의 양이나 그것을 인출하기 위한 속도도 비약적으로 향상되어 전 국민의 데이터를 관리하는 것도 기술적으로 가능하게 되었다. 이러한 시대적 배경을 기초로 원래 혼자 있을 권리라는 소극적인 권리였던 프라이버시권리는 자기정보 내지 개인정보에 관한 정보의 흐름을 통제하는 개인의 권리라는 적극적인 위치를 갖게 되었다. 이러한 상황에서 자신에 관한 정보가 자유로이 인출되어 악용될 수 있다는 걱정을 많은 사람들이 갖게 되어 왔다. 이와 같이 개인정보의 누설·악용을 방지하기 위하여 프라이버시권은 보다 넓은 의미를 가지게 되는 것으로 확대되어 왔다. 이 확대된 권리는 자신과 관계된 정보의 흐름을 통제하는 권리(individual right to control the circulation of information relating to oneself)로 정의되고, 이것이 바로 개인정보자기통제관리권, 개인정보자기지배권, 개인정보관리권, 또는 개인정보자기통제권, 개인정보자기결정권 등으로 불리게 되었다. 재산에 관한 소유권처럼 개인정보를 본인의 독점적 사용, 수익, 처분에 맡겨질 수 있는가는 논외로 하고, 적어도 정보가 재산적 가치를 지니는 경우, 관리·수익의 대상으로 된다는 생각한다. 여기에서는 '개인정보'나 '통제'의 의미가 반드시 명확하지 않다라는 문제가 있다고 하여도 그 배경에 자기에 관한 정보가 타인에 의하여 함부로 이용되지 않는 것이, 개인의 행복의 추구를 위하여 불가결하다라는 인식이 있으며, 또 그것이 현대의 정보화 사회에서 대부분의 인간의 의식으로 받아들여지는 것은 부정할 수 없을 것이다.144)

그리고 개인정보는 이름이나 주소, 전화번호 등의 기본적인 정보로부터 과거 경력이나 구입한 물건 등이 있다. 말하자면 또 한 사람의 자신이라 할 수 있는 다양한 정보가 공개되거나 어떤 기업으로부터 다른 기업으로 옮겨지는 정보의 교환을 자신 스스로 관리하는 권리라고 말할 수 있다.145)

3) 憲法上 私生活의 秘密과 自由와 Privacy 및 個人情報自己決定權과의 關係

사생활은 공생활과 구별되는 개념이며, 광의의 사생활의 비밀과 자유는 인격권과 동일 개념이며, 협의의 사생활의 자유는 Privacy이며, 최협의의 사생활의 자유가 헌법 제17

---

144) 藤野剛士, 前揭書, 74 - 75面.

145) cf Fred H. Cate, Privacy In the Information Age, Brooking Institution Press, 1997 ; Jerry Kang, Information Privacy in Cyberspace Transactions, Stanford Law Review Vol 50, April 1998.

조[146)]에서 규정한 사생활의 비밀과 자유를 의미한다. 또한 일설에 의하면 사생활의 자유와 비밀은 사생활의 내용을 공개당하지 아니할 권리, 사생활의 자유로운 형성과 전개를 방해받지 아니할 권리와 자신에 관한 정보를 통제할 수 있는 권리 등을 포함한 기본권으로 본다. 그리고 이러한 사생활의 자유의 내용에는 ① 사생활의 비밀의 불가침, ② 사생활의 자유의 불가침, ③ 개인정보자기결정권 등이 있다고 본다.[147)] 그러나 이 견해에 의하면 개인정보자기결정권은 개인정보 보호 범위가 좁게 될 염려가 있다. 따라서 개인정보자기결정권을 사생활의 비밀과 자유에 들어 있는 하나의 권리로 이해해서는 안 된다. 즉, 개인정보자기결정권은 사생활의 비밀과 자유를 포괄하는 권리로 이해해야 한다. 즉 개인정보자기결정권은 헌법 제10조의 행복추구권을 기초로 한 일반적 인격권과 헌법 제16조, 제17조, 제18조의 프라이버시를 보충적으로 적용하는 기본권으로서 헌법 제17조보다는 광의의 개념이다.

4) 個人情報自己決定權의 憲法上 理論的·實定法的 根據 및 法的 性質

개인정보자기결정권의 이론적·실정법적 근거에 대한 학자의 견해는 헌법상 "개인정보자기결정권"의 인식에 매우 긍정적이나 그 근거에 대하여 헌법 제10조의 인간존엄과 가치를 통하여 보장된다는 견해[148)]와 헌법 제17조의 사생활의 자유와 비밀의 내용 중에 하나로 개인정보자기결정권을 이해하는 견해,[149)] 헌법 제10조와 제17조를 종합하여 이해하는 견해 등으로 나뉜다.[150)] 이에 비하여 대법원 판례는 헌법 제10조에 보장된 인격권과 헌법 제17조에 보장된 "사생활자유"의 적극적 해석하여 개인정보자기결정권의 도출해 내고[151)] 헌법재판소의 경우에는 개인정보자기결정권의 헌법상 근거나 그 내용 등에 관하여 구체적으로 설명하고 있지는 않다.

---

146) 헌법 제17조 모든 국민은 사생활의 비밀과 자유를 침해받지 아니한다.

147) 권영성, 헌법학원론, 법문사, 2001. 426-431면 참조

148) 김철수, 헌법학개론, 박영사, 2001. 375면 참조.

149) 권영성, 앞의 책, 427면 참조.

150) 김일환, "정보자기결정권의 헌법상 근거와 보호에 관한 연구", 「정보사회와 개인정보보호」, 한국공법학회 제94회 학술발표회, 2001. 5. 19. 참조.

151) 헌법 제10조는 "모든 국민은 인간으로서의 존엄과 가치를 가지며, 행복을 추구할 권리를 가진다. 국가는 개인이 가지는 불가침의 기본적 인권을 확인하고 이를 보장할 의무를 진다."고 규정하고, 헌법 제17조는 "모든 국민은 사생활의 비밀과 자유를 침해받지 아니한다."라고 규정하고 있는바, 이들 헌법 규정은 개인의 사생활 활동이 타인으로부터 침해되거나 사생활이 함부로 공개되지 아니할 소극적인 권리는 물론, 오늘날 고도로 정보화된 현대사회에서 자신에 대한 정보를 자율적으로 통제할 수 있는 적극적인 권리까지도 보장하려는 데에 그 취지가 있는 것으로 해석된다(대법원 1998. 7. 24. 선고, 96다42789 판결).

개인정보자기결정권은 역사적으로는 '혼자 있을 권리'로부터 시작하여 헌법상 프라이버시권으로 발전하였다. 이러한 헌법상 프라이버시권은 소극적 권리로 국가로부터 사생활을 침해당하지 않을 권리로 이해하다가, 정보사회 내지 인터넷시대에 들어서서는 이러한 프라이버시권이 소극적 권리뿐만 아니라 적극적 권리로서 개인정보에 대하여 자기가 결정할 수 있는 권리로 발전하였다. 그리고 현재 이러한 개인정보자기결정권은 프라이버시권보다는 광의의 개념으로 이해해야 한다. 즉, 개인정보자기결정권은 헌법상 제10조 규정에 의해서 직접 보장되고, 간접적으로 제16조, 제17조, 제18조에 의해서 보장된다고 보아야 한다. 왜냐하면 개인정보자기결정권에서 개인정보의 개념이 프라이버시권에 한정된 개념으로 이해해서는 안 되기 때문이다. 즉 개인정보는 프라이버시보다는 넓은 개념으로 이해해야 되기 때문이다.

그리고 이러한 개인정보자기결정권은 소극적인 방어권으로서 권리뿐만 아니라 타인이 보유하고 있는 자기 자신의 정보에 대하여 열람·삭제·정정·차단을 할 수 있고, 잘못된 정보로 야기된 결과를 제거를 요구할 수 있는 적극적인 권리인 참가권으로 성질을 갖는다.

2. 個人情報自己決定權의 內容

개인정보자기결정권으로서의 프라이버시의 권리는 타인에게 알리고 싶지 않다고 생각하는 것이 정당한 일정한 사적인 개인정보에 관하여, ① 개인정보의 수집·취득, ② 개인정보의 보유·이용, ③ 개인정보의 열람·제공의 각각의 단계에서 정보주체에 의한 통제의 권리보장을 요구함과 동시에, 이러한 권리를 실효적으로 확보하기 위하여, ④ 개인정보의 열람청구권·정정청구권을 도출한다.

이러한 개인정보자기결정권이 권리로 인정된다고 하는 것은 그 권리침해에 대하여 법원에 소송을 제기하여 구제를 요구할 수 있다는 것을 의미한다. 다만, 프라이버시의 권리는 그 성격상 일단 침해되어 버리면 회복하는 것이 곤란하다. 그러한 까닭에, 프라이버시의 권리를 진정으로 보호하기 위해서는 프라이버시의 권리가 침해되지 않도록 하는 보호조치를 취할 것이 요구된다. 또한, 프라이버시의 권리의 대상인 타인에게 알리고 싶지 않다고 생각하는 것이 정당한 사적인 개인정보의 범위는 미묘하다. 그러한 까닭에, 프라이버시의 권리의 침해라고까지는 말할 수 없어도, 개인정보에 관하여 보호조치를 취하는 것이 법정책적으로 중요하다. 그리하여, 요구되는 것이 개인정보보호제도이다.

특히 현대사회와 같이 정보화 사회가 되어 컴퓨터로 대량의 개인정보가 집적되고, 대량의 정보가 순식간에 송신되는 시대에 있어서는 이러한 개인정보보호의 필요성은 더욱 절실하다. 미국이나 유럽에서 프라이버시보호나 개인정보보호의 조치를 취하고 있는 것은 그 때문이다. 한국도 물론 예외는 아니다. 그런 까닭에, 한국에서도 신속하게 개인정보보호의 법제를 정비할 것이 필요하다.

이미 서술한 바와 같이, 실제로는 개인을 식별할 수 있는 개인정보 모두가 프라이버시 권리에 타당한 개인정보(이른바 프라이버시 정보)는 아니다. 프라이버시 권리를 보다 실효적으로 보호하기 위하여, 모든 개인정보보호가 필요하다. 다만, 당연히 개인정보를 보호하는 경우에는 프라이버시 권리에 타당한 개인정보와 그에 부수하는 개인정보에서는 보호의 필요성 정도도 다르고, 특히 개인정보보호를 위하여 국민의 권리 자유를 제한하는 경우에는 권리 조정의 존재방식이 다르다. 게다가 프라이버시 정보 중에도 성질에 차이가 있으며, 사상·종교나 사회적 신분에 관한 정보 등, 이른바 핵이 되는 정보(센서티브 정보 내지 고유정보라 불린다)와 그 이외의 것(주변정보라 불린다)에서는 필요한 보호의 정도가 다른 것이라 생각되고 있다. 게다가 개인의 성명과 같이, 개인을 식별하는 정보이면서, 다른 한편으로 사회에 있어서 타인과 관계를 갖기 위하여 필요한 정보(이른바 인덱스 정보 내지 디렉토리 정보)의 경우, 프라이버시 정보로서의 성격을 갖는 경우가 있는데, 개인정보라는 것만으로 모두 그 이용을 엄격히 제한할 수는 없다. 그러한 의미에서, 모든 개인정보에 관하여 신중한 취급은 필요하지만, 핵이 되는 프라이버시 정보와 주변적인 프라이버시 정보, 나아가 개인을 특정하기 위하여 사회적으로 이용되는 정보를 동일하게 취급하는 것은 타당하지 않다.

따라서, 개인정보보호의 본래의 목적이 프라이버시 권리의 보호에 있다는 사실을 간과한다면, 개인정보보호의 이름 아래 부당하게 국민의 권리 자유가 제약될 위험성이 있다.

3. 個人情報保護의 國內 立法化

우리나라는 1989년 12월 개인정보보호법시안을 마련하고 과도기적 조치로 1991년 5월 "전산처리되는개인정보보호를위한관리지침"(국무총리훈령 제250호)을 제정·시행하다가 예방적 차원의 개인정보보호대책을 법제도적으로 마련하고 행정에 대한 신뢰성을 확보한다는 취지에서 공적 부문에서는 "공공기관의개인정보보호에관한법률", "공공기관의정보공개에관한법률" 및 "행정정보의공동이용에관한규정" 등을, 민간부문에서는 "금융실

명거래및비밀보장에관한긴급재정경제명령”, “신용정보의이용및보호에관한법률”, “통신비밀보호법”, “전기통신사업법”, “정보화촉진법”, “전자서명법”, “전파법” 및 2000년11월에 개정되어 정보통신서비스 이용관계에 있어서 개인정보의 기본법으로 기능하는 “정보통신망이용촉진및정보보호등에관한법률” 등을 각각 제정·시행하였다. 그 밖에 1995년 12월 29일 개정된 형법은 사이버스페이스의 범죄행위를 컴퓨터 범죄로 명명하고 컴퓨터 등 사용사기, 업무방해(동법 제347조의2, 제314조 제2항) 등을 처벌하는 규정을 두고 있다. 이러한 현행법을 기술한 OECD가이드라인과 OECD가이드라인을 좀 더 상세화한 EU지침, 그리고 선진제국의 개인정보보호법을 비교하여 검토하여 보면 다음과 같다.

우선 개략적으로 보면 공적 부문에서는 개별 법률들은 인터넷시대에 부응하는 입법적 미비사항들이 많이 존재하며, 특히 민간부분에서의 정보통신망이용촉진및정보보호등에관한법률은 인터넷과 전자거래에 대응하여 개인정보보호장치를 마련함에 있어서 정보사회에서 인터넷과 전자상거래를 활성화시키기 위한 조건을 마련한 적절한 입법적 대응이기는 하나, 개인의 명예나 재산상의 피해를 최소화하기 위한 개인정보의 차단요구권이 보장되지 않은 점, 규율대상인 정보통신서비스제공자의 개념을 영리를 목적으로 하는 통신사업자에 한정시킨 점, 사업자 측의 위험설명의무 등이 규정되지 않은 점은 문제점이라고 할 수 있다.152)

우리나라의 개인정보보호는 ‘공공기관의개인정보보호에관한법률’과 ‘정보통신망이용촉진및정보보호등에관한법률’이 가장 대표적인 법률로서 이 두 법률에 의하여 개인정보보호가 이루어지고 있다고 보아도 무방하다. 전자는 공공기관에 한정되고, 후자는 정보통신서비스제공자에 한정된다. 특히 전자는 개인정보자기결정권을 실제적으로 체계화한 법률로서 의미를 지니고 있다. 즉, 인터넷시대에 각종 컴퓨터범죄와 사생활 침해 등 부작용을 수반하게 되었고, 이에 대한 대처로 1994년 1월 법률 제4734호로 동법을 공포하였다. ‘공공기관의개인정보보호에관한법률’에서의 프라이버시의 보호는 개인정보의 보호를 의미하고, 동법은 OECD의 가이드라인의 일반원칙을 그대로 수용하고 있다. 그리고 ‘정보통신망이용촉진및정보보호등에관한법률’은 민간부문에서의 정보통신 이용자의 개인정보를 효과적으로 보호하기 위하여 시행되었다. 동법은 OECD의 개인정보보호원칙에 맞춰 인터넷 등 가상공간에서의 개인정보를 보호하기 위하여 이용자의 동의에 기초한 적절한 개인정보 수집·이용·처리·제공 및 이용자의 권리보장을 규정하고 있다.153)

---

152) 상세한 것은 졸고, 헌법상 개인정보자기결정권에 관한 연구, 법조, 2002. 5., 173 – 208면 참조.

153) 최근에 개인정보에 관련된 입법이 있었는데, 그 주요 내용은 다음과 같다. 우선, 통신비밀보호법안은 긴

정보통신기술의 급속한 발전은 현대 정보사회를 눈부시게 변화시키고 있다. 이러한 흐름은 개인정보보호의 영역에서도 마찬가지로 적용된다. 우리나라는 1990년대 이후 개인정보보호를 위한 법제적 노력을 계속해 왔지만, 급속하게 변화하는 환경에 대응하기가 쉽지 않았다. 앞에서 본 것처럼 공공부문과 민간부문으로 나뉘어 시행되어 온 개인정보보호를 위한 관련법만으로 개인정보를 보호하는 것은 어려웠다. 그래서 국회는 개인정보보호를 위한 종합적이고 통합된 단일법 제정을 위한 노력을 2000년대 중반부터 시작하였다. 그렇지만 제17대 국회는 노회찬의원안과 여·야안 등 제출된 여러 개인정보보호법안을 놓고 논란만 벌이다가 임기의 종료로 폐기하였다.154) 그러다가 개인정보의 대량유출사고가 빈번하게 발생하니까 제18대 국회는 다시 개인정보보호법안에 대하여 논의를 시작하였고,155) 그 결과 국회의 여·야안과 정부안 등이 절충되어 단일화된 개인정보보호법안이 2010년 가을 국회의 관련 상임위원회를 통과하였고, 2011년 3월 국회 본회의를 통과하였다.

2011년 9월 말 시행되는 '개인정보보호법'은 민간부문뿐만 아니라 공공부문까지 망라한 개인정보보호를 위한 통합법으로 시행되는데, 중요한 내용은 다음과 같다.

먼저 같은 법의 적용대상은 제2조에서 공공·민간부문의 모든 개인정보처리자이다. 즉 헌법재판소와 대법원 및 국회 등 모든 국가기관과 지방자치단체 및 공공기관, 그리고 비영리단체 등 업무상 개인정보파일을 운용하기 위하여 개인정보를 처리하는 자는 모두 이 법에 따른 개인정보 보호규정을 준수해야 한다. 따라서 그 동안 개인정보 보호 관련 법률 적용을 받지 않았던 사각지대를 해소될 것이다.

급감청의 남용을 막기 위해 정부기관이 긴급감청에 착수하면 즉시 법원에 허가청구를 하도록 하고 36시간 내에 영장을 받지 못하면 감청을 중지하도록 했다. 감청 시엔 30일 내에 본인에게 서면 통지하도록 했으며, 현행 통신비밀보호법은 긴급감청 시 영장발부 시한이 48시간 내이며, 본인에 대한 통보의무 조항이 없고, 또 불법감청 행위자와 그 내용을 공개·누설한 자에 대해 종전 7년 이하의 징역에서 10년 이하의 징역 및 5년 이하의 자격정지로 처벌을 강화했다. 그리고 금융실명제법 개정안은 금융기관이 수사기관 등에 거래정보를 제공한 경우 제공한 날(통보유예 경우에는 통보유예기간 종료일)로부터 10일 이내의 명의인에게 서면통지하도록 규정되어 있고, 금융거래 정보를 요구할 때에도 요구의 법적근거, 사용목적, 요구하는 거래정보 내용 등 종전의 자료 외에 거래기간을 명시하도록 되어 있고, 요구하는 기관의 담당자 및 책임자의 인적사항도 기재토록 하는 등 요구조건을 엄격하게 규정하였다. 또한 신용카드사가 개인정보를 보험사 등 다른 기관에 제공할 경우 반드시 본인의 서면동의를 받도록 하는 신용정보보호법 개정안이 국회 재경위를 통과하였다.

154) 제17대 국회에서는 노회찬 의원안, 여당안(당시 이은영 의원안), 야당안(당시 이혜훈 의원안)이 각각 발의되었고, 변재일 의원은 이 법안들을 통합한 합의안을 추진하였다. 당시 이 법안들은 개인정보보호를 위한 세부 정책과 추진체계에 있어서 차이가 있었지만 개인정보감독기구가 특정 행정부처로부터 독립되어 있다는 점에서는 공통적이었다.

155) 제18대 국회에서는 이혜훈 의원안, 변재일 의원안, 정부안(행정안전부) 등 3개 법률안이 제출되어 논의되었다.

그다음은 개인정보가 기록된 문서와 관련하여 전자적으로 처리되는 개인정보 외에도 오프라인상 수기(手記) 문서까지도 개인정보의 보호범위에 포함됨으로써 온라인과 오프라인을 구분하지 않고 개인정보가 담긴 문서는 보호의 범위에 속하게 되었다.

개인정보보호법은 과거의 개인정보보호를 위한 관련법들과 달리 제7조와 제8조에 개인정보 보호 기본계획, 법령 및 제도 개선 등 개인정보에 관한 주요 사항을 심의·의결하기 위하여 대통령 소속으로 위원장 1명, 상임위원 1명을 포함한 15명 이내의 위원으로 구성하는 개인정보보호위원회를 설치하고 그 산하에 사무국을 두도록 되어 있다. 개인정보보호위원회의 위원 15인은 입법부·사법부·행정부에서 각 5인씩 구성하도록 되어 독립성과 정치적 중립성을 유지하도록 되어 있다.

그리고 개인정보보호법은 제15조부터 제22조까지 개인정보를 보호하기 위하여 단계별로 기준을 규정하여 개인정보를 수집, 이용하거나 제3자에게 제공할 경우에 정보주체의 동의를 얻도록 하였다. 또한 개인정보의 수집·이용 목적이 달성되어 불필요하게 된 때에는 지체 없이 개인정보를 파기하도록 규정하였다. 이는 개인정보의 수집, 이용, 제공, 파기 등 각 단계별로 개인정보처리자가 준수하여야 할 처리기준을 구체적으로 규정하여 개인정보가 안전하게 처리되도록 명문화한 것이다.

또한 개인정보보호법은 법령을 통하여 개인에게 부여된 주민등록번호의 경우 개인을 고유하게 구별하기 위한 고유식별번호라는 점에서 원칙적으로 그 처리를 금지하고, 별도의 동의를 얻거나 법령에 의한 경우 등에 한하여 제한적으로 예외를 인정하도록 제2조에 규정하였다. 그래서 대통령령으로 정하는 개인정보처리자는 홈페이지 회원가입 등의 경우 주민등록번호 외의 방법을 반드시 제공하도록 의무화하였다.

개인정보보호법은 영상장치에 의한 개인정보의 문제도 규정하고 있는데, 제25조에 CCTV 등 영상정보처리기기의 설치 등에 관하여 규정하면서 기기 운영자에게 일반적으로 공개된 장소에서 범죄예방 등 특정 목적으로만 영상정보처리기기를 설치할 수 있도록 하였다. 그리고 법 제33조에서는 개인정보의 침해로 인한 피해발생을 사전에 예방하기 위하여 개인정보 영향평가제도를 도입하였다. 이는 개인정보의 침해로 인한 피해의 경우 원상회복 등 사후 권리구제가 어렵다는 점을 고려하여 영향평가를 실시함으로써 위험요인을 미리 파악하여 분석하고 이를 조기에 제거하여 개인정보 유출 및 오·남용 등의 피해를 효과적으로 예방하기 위한 것이라 할 수 있다. 이 개인정보 영향평가제도는 민간부문에서는 자율적으로 수행하고, 공공부문에서는 정보주체의 권리침해 우려가 큰 일정한 사유가 있는 경우 의무적으로 영향평가를 수행하도록 하였다.

나아가 개인정보보호법은 제34조에 개인정보의 유출사실에 대하여 정보주체에게 통지하고, 일정 규모 이상의 개인정보가 유출된 때에는 전문기관에 신고하도록 규정하였다. 또한 법 제35조부터 제39조까지는 정보주체의 권리를 보다 명확하게 규정하여 개인정보자기결정권을 구체화하고 있다. 즉 정보주체에게 개인정보의 열람청구권, 정정·삭제 청구권, 처리정지 요구권 등을 부여하고, 그 권리행사 방법 등을 규정함으로써 정보주체가 보다 용이하게 자신의 정보권을 실현할 수 있도록 하고 있다.

개인정보보호법은 정보통신망이용촉진및정보보호등에관한법률에 규정되어 있던 개인정보분쟁조정위원회를 옮겨 제40조부터 제50조까지 개인정보분쟁조정제도에 대하여 상세히 규정하면서 집단분쟁조정제도를 도입하는 등 그 권한과 대상을 확대하였다. 이는 개인정보분쟁조정위원회의 조정결정에 재판상 화해의 효력을 부여하여 분쟁사건을 신속하고 공정하게 처리하게 하고, 개인정보의 피해가 대부분 대량·소액 사건인 점을 고려하여 집단분쟁조정제도를 통하여 신속하게 해결하려는 것이다.

그뿐만 아니라 법은 제51조부터 제57조까지 개인정보로 인한 분쟁사건에서 동일·유사한 개인정보소송에 따른 사회적 비용을 절감하기 위하여 단체소송제도를 도입하였다. 이는 개인정보처리자가 개인정보를 수집·이용·제공하는 등에 있어서 준법정신과 경각심을 높이고자 하는 데 있다. 그러나 이 경우 단체소송의 남발을 막기 위하여 단체소송 전에 반드시 집단분쟁조정제도를 거치도록 의무화하고, 단체소송의 대상을 권리침해행위의 중단·정지청구소송으로 제한하였다.

그 외에도 법 제62조는 개인정보처리자로부터 권리 또는 이익을 침해받은 자가 행정안전부장관에게 그 침해사실을 신고할 수 있도록 하고, 행정안전부장관은 신고 접수 및 업무처리 지원을 위해 개인정보 침해신고센터를 설치·운영하도록 규정하였다. 또한 개인정보의 침해에 대하여 처벌을 강화하였는데, 개인정보의 불법유출 등 침해행위에 대하여 형사처벌이 5년 이하 징역, 5,000만 원 이하 벌금 등으로 대폭 강화되었다.

이렇게 개인정보보호법이 제정되어 2011년 9월 말부터 시행됨으로 인하여 과거보다 정보주체의 권리를 강화하였고, 개인정보처리자에 대한 의무가 훨씬 강하게 부과되고 있으며, 분쟁해결수단도 집단분쟁조정제도나 단체소송 등이 도입됨으로써 분쟁처리에 있어서 효율성이 강화되었다. 그 외에도 제재와 처벌이 강화됨으로써 개인정보보호에 새로운 전기가 마련되었다고 볼 수 있다.

Ⅳ. 結語

　　지금까지 자기결정권과 개인정보자기결정권에 관한 일반적 내용에 대하여 알아보았다. 개인정보라는 것은 재산적 이익과 달리, 인격적 속성을 대상으로 하는 이익으로, 이 이익은 사법적으로 보호되어지는 것 이외에, 공법적으로 헌법 제10조의 행복추구권과 헌법 제16조, 제17조, 제18조에 의해서도 보장된다. 구체적으로는 신체, 성명, 초상 프라이버시 등의 이익도 이에 포함된다. 그리고 정보를 처리하고 소유한 자가 개인정보를 유출하거나 삭제를 하는 경우, 그 침해는 상상할 수 없을 정도로 그 위험의 정도가 과거에 비하여 크다고 할 수 있다. 따라서 개인이 갖고 있는 정보에 대한 헌법상 권리가 무엇이냐를 규명하는 것이 현대에 와서 무엇보다 중요할 수 있다. 이러한 헌법상 권리인 개인정보자기결정권의 국내외의 연구상황과 동향을 종합하여 보면 다음과 같은 문제점이 생긴다. 우선 개인정보와 관련한 개인정보보호 기본원칙을 모든 부문에서 관철시킬 수 있는 일반법으로서 개인정보보호법이 우리나라에는 없고, 이러한 면에서 인터넷과 기술의 발전에 따른 개인정보 유출가능성에 대한 개인의 정보를 보호할 만한 적극적인 규정이 없는 실정이다. 따라서 인터넷 기술발전은 개인정보의 유출가능성을 기하급수적으로 늘려가고, 이러한 개인정보유출은 범죄적 행위로 발전하여 개인의 피해는 매우 커질 것이다. 특히 현대사회와 같이 정보화 사회가 되어 컴퓨터로 대량의 개인정보가 집적되고, 대량의 정보가 순식간에 송신되는 시대에 있어서는 이러한 개인정보보호의 필요성은 더욱 절실하다. 미국이나 유럽에서 프라이버시보호나 개인정보보호의 조치를 취하고 있는 것은 그 때문이다. 한국도 물론 예외는 아니다. 그런 까닭에, 한국에서도 신속하게 헌법상 개인정보자기결정권의 이론적 근거와 개인정보보호의 법제를 정비할 것이 필요하다고 생각한다.

◉ 개인정보에 관련된 판례

판례 1

대법원 2006.12.7. 선고 2006도6966 판결【공직선거법위반 · 공공기관의개인정보보호에관한법률위반】[공 2007.1.15.(266), 159]

판시사항

[1] 개인정보 처리업무를 담당하는 공공기관 직원으로부터 개인정보를 건네받은 타인이 공공기

관의 개인정보보호에 관한 법률 제23조 제2항 위반죄의 주체가 되는지 여부(소극)

[2] 개인정보 처리업무를 담당하지 않는 군청 직원이 그 담당하는 직원으로부터 건네받은 개인
    정보를 부당하게 이용한 경우, 공공기관의 개인정보보호에 관한 법률 제23조 제2항, 제11
    조에 의하여 처벌할 수 있는지 여부(소극)

판결요지

[1] 공공기관의 개인정보보호에 관한 법률 제11조의 문리해석상 '개인정보의 처리를 행하는'이
    라는 문언과 '공공기관의'라는 문언은 함께 '직원이나 직원이었던 자'를 수식하는 것으로 해
    석하여야 할 것이고, 한편 위 조문은 개인정보의 처리를 행하는 공공기관의 직원 등이 직무
    상 알게 된 개인정보를 누설하는 등의 행위를 하는 것을 금지하고 있을 뿐 그러한 자로부터
    개인정보를 건네받은 타인이 그 개인정보를 이용하는 행위를 금지하는 것은 아니므로, 결국
    같은 법 제23조 제2항은 개인정보의 처리를 행하는 직원 등이 개인정보를 누설하거나 타인
    에게 이를 이용하게 하는 행위를 처벌할 뿐이고, 개인정보를 건네받은 타인이 이를 이용하는
    행위는 위 조항에 해당하지 않는다.

[2] 개인정보 처리업무를 담당하지 않는 군청 직원이 그 담당하는 직원으로부터 건네받은 개인
    정보를 부당하게 이용한 경우, 공공기관의 개인정보보호에 관한 법률 제23조 제2항, 제11
    조에 의하여 처벌할 수 없다.

판례 2

- 대법원 2003. 12. 26. 선고 2003도5791 판결【통신비밀보호법위반 · 정보통신망이용촉진및
  정보보호등에관한법률위반(개인정보누설 등) · 신용정보의이용및보호에관한법률위반 · 폭력행위
  등처벌에관한법률위반】
- [공 2004.2.1.(195), 313]

판시사항

정보통신망이용촉진및정보보호등에관한법률 제62조 제2호 전단 위반죄가 성립하기 위해서는 그
행위자가 그 개인정보를 같은 법 제2조 제3호 소정의 '정보통신서비스 제공자'나 같은 법 제58
조 소정의 '재화 또는 용역을 제공하는 자'로부터 제공받아야 하는지 여부(적극) 및 그 입증책임
의 소재(＝검사)

판결요지

정보통신망이용촉진및정보보호등에관한법률 제62조 제2호 전단은, 같은 법 제24조 제2항의 규정에 위반하여, 같은 법 제2조 제3호가 규정하는 '정보통신서비스 제공자'나 같은 법 제58조가 규정하는 '재화 또는 용역을 제공하는 자'로부터 이용자의 개인정보를 제공받은 자가, 당해 이용자의 동의를 얻거나 법률의 특별한 규정에 근거함이 없이, 그 개인정보를, 제공받은 목적 외의 용도로 이용하거나 제3자에게 제공하는 것을 처벌하는 규정이므로, 이 죄가 성립하기 위해서는 먼저 그 행위자가 그 개인정보를, 같은 법 제2조 제3호에 규정된 '정보통신서비스 제공자'나 같은 법 제58조에 규정된 '재화 또는 용역을 제공하는 자'로부터 제공받았어야 하고 이 점은 검사가 입증하여야 하며, 이에 해당하지 않는 사람으로부터 제공받은 개인정보를 이용하거나 제3자에게 제공한 것만으로는 위 조항에 의하여 처벌할 수 없다.

판례 3

- 서울중앙지법 2007.7.6. 선고 2006가합22413 판결 【정보게시금지 등】 : 항소〈로마켓 변호사 승소율 제공 사건〉
- [각공 2007.8.10.(48), 1590]

판시사항

[1] 헌법상 보장되는 자기정보통제권의 범위.

[2] 개인정보가 국민의 '알 권리'의 대상에 포함될 수 있는지 여부(한정 적극) 및 그 경우 개인의 자기정보통제권의 보호범위가 제한되는지 여부(한정 적극).

[3] '알 권리'의 대상이 되는 개인정보에 대한 평가, 의견 개진 등이 허용되는지 여부(적극).

[4] 특정 개인정보가 국민의 '알 권리'의 대상이 되어 그에 대한 개인의 자기정보통제권이 제한되는지 여부의 판단 기준.

[5] 변호사의 직업적 개인정보가 일반 법률 수요자들의 '알 권리'의 대상이 되는지 여부(적극).

[6] 변호사 정보 제공 웹사이트의 운영자가 변호사들의 개인신상정보를 재처리하여 변호사들 사이의 인맥 지수 서비스를 제공한 사안에서, 위 인맥 지수의 산정 근거자료가 일반 공개의 대상이 되는 개인신상정보인 점, 위 서비스 제공으로 인하여 특정 법조인의 인격이나 명예가 훼손되었다고 보기는 어려운 점 등을 고려할 때, 위 제공이 허용된다고 본 사례.

[7] 소송에 대한 사건정보를 변호사별로 재처리함으로써 변호사의 소송수행 내역을 나타내는 정보로서의 식별력을 지니게 된 경우, 그 재처리된 정보가 변호사들의 개인정보에 해당하는지 여부(적극) 및 변호사의 구체적인 사건수임 내역에 관한 정보에 공공성·공익성이 당연히 인정되는지 여부(소극).

[8] 특정 변호사의 승소율이나 특정 사건 분야에 있어서 변호사의 전문성에 관한 정보를 일반인에게 제공하는 형태의 서비스가 허용되는지 여부(한정 적극).

[9] 변호사 정보 제공 웹사이트의 운영자가 대법원 홈페이지에서 제공하는 사건검색 서비스를
통해 수집한 소송정보를 독자적인 방식으로 평가하여 변호사들의 승소율, 전문성 지수 등을
제공한 사안에서, 위 정보를 수집하는 과정에서 위법성이 인정되고 변호사의 승소율이나 전
문성 지수를 산정하는 과정에서 부당성이 인정되는 점 등을 고려할 때, 위 서비스의 제공은
변호사들의 자기정보통제권을 침해하는 것으로서 허용될 수 없다고 한 사례.

[10] 개인정보의 이용으로 인하여 그 개인에게 정신적 손해가 발생하였는지 여부의 판단 기준.

판결요지

[1] 헌법 제10조, 제17조의 규정은 개인의 사생활이 타인에 의해 침해되거나 함부로 공개되지
아니할 소극적인 권리는 물론, 자신에 대한 정보를 자율적으로 통제할 수 있는 적극적인 권
리까지도 보장하려는 데에 그 취지가 있는 것으로 해석되므로, 개인은 헌법상 보장되는 인격
권의 일종으로서 자신에 대한 정보를 스스로 통제할 수 있는 적극적인 권리(자기정보통제권)
를 가지고, 이에는 국가 및 사인에 대하여 자신의 정보에 대해 수집 금지, 열람·정정을 청
구할 수 있는 권리 외에 자신의 동의 없는 개인정보 이용행위에 대해 삭제·이용중지 등 금
지를 청구할 수 있는 권리 역시 포함된다.

[2] 국민의 '알 권리', 즉 정보에의 접근·수집·처리의 자유는 자유권적 성질과 청구권적 성질
을 겸유하는 것으로서 자기정보통제권과 마찬가지로 헌법 제21조에 의하여 직접 보장되는
권리인바, 개인에 관한 정보라 하더라도 그 정보의 성질상 공공성·공익성이 인정되는 경우
라면 예외적으로 알 권리의 대상에 포함될 수 있는 것이고, 이처럼 두 기본권의 충돌이 일어
나는 경우 규범의 조화로운 해석을 위하여 알 권리가 인정되는 한도 내에서 개인의 자기정
보통제권의 보호범위는 불가피하게 제한되는 것으로 해석하여야 한다.

[3] 사상 또는 의견의 자유로운 표명은 자유로운 의사의 형성을 전제로 하는 것이고 이와 같은
자유로운 의사의 형성은 정보에의 접근이 충분히 보장됨으로써 비로소 가능한 것이므로, 알
권리는 표현의 자유와 표리일체의 관계에 있고, 어떠한 개인정보가 '알 권리'의 대상이 되는
이상, 나아가 이러한 개인정보에 대한 평가, 의견 개진 등도 역시 표현의 자유의 일환으로서
허용될 수 있다.

[4] '알 권리' 및 이를 기초로 한 표현의 자유 역시 헌법 제21조 제4항의 규정에 따라 타인의
명예나 권리 또는 공중도덕이나 사회윤리를 침해하여서는 안 되는 한계를 갖고 있으므로, 결
국 어떠한 개인에 대한 정보가 국민의 알 권리의 대상이 되어 그에 대한 개인의 자기정보통
제권이 제한되는지 여부는 해당 개인이 공적인 존재인지 여부, 개인정보의 공공성 및 공익
성, 개인정보 수집의 목적·절차·이용형태의 객관성 및 공정성, 개인정보 이용의 필요성,
개인정보 이용으로 인해 침해되는 이익의 성질 및 내용 등의 제반 사정을 종합적으로 고려
하여 두 기본권의 보호에 의하여 달성되는 가치를 비교형량하여 판단하여야 한다.

[5] 변호사는 공공성을 지닌 법률전문직으로서 기본적 인권을 옹호하고 사회정의를 실현함을 사

명으로 하여 그 직업의 성격상 공익적·공공적 성격을 본질적으로 지니고 있고, 또한 용역을 선택함에 있어 필요한 지식 및 정보를 제공받을 권리는 소비자의 기본적 권리로 인정되는 바이기도 하므로, 일반 법률 수요자들은 자신에게 맞는 변호사를 선택하기 위하여 변호사들에 대한 최소한도의 개인적 및 직업적 정보에 대하여 알 권리가 있고, 변호사들은 알 권리의 대상이 되는 정보의 공개에 대하여 수인할 의무가 있다.

[6] 변호사 정보 제공 웹사이트의 운영자가 변호사들의 개인신상정보를 독자적인 방식으로 재처리하여 변호사들 사이의 인맥 지수 서비스를 제공한 사안에서, 헌법상 표현의 자유는 타인의 권리나 명예, 공중도덕, 사회윤리를 침해하여서는 안 되는 한계를 가지고 있으므로, 그 평가 기준이 심하게 왜곡되어 그로 인해 산출된 인맥 지수 결과가 변호사로서의 개인의 인격이나 명예를 훼손하거나 변호사 수임시장의 공정한 질서를 훼손하는 정도에 이르게 된다면 이는 허용될 수 없으나, 위 인맥 지수의 산정 근거자료가 일반 공개의 대상이 되는 개인신상정보인 점, 위 서비스 제공으로 인하여 특정 법조인의 인격이나 명예가 훼손되었다고 보기는 어려운 점, 변호사 시장의 공정한 수임질서가 해쳐질 위험이 있다는 이유만으로 헌법상의 표현의 자유 내지 영업의 자유를 제한하는 것은 기본권에 대한 과도한 제한인 점 등을 고려할 때, 위 인맥 지수 서비스의 제공이 허용된다고 본 사례.

[7] 소송에 대한 기본적인 사건 정보(사건번호, 사건명, 소송대리인, 종국 결과 등)는 법원에 제기된 소송사건에 관한 객관적인 정보로서 원칙적으로 공적인 영역에 속하는 정보이지만, 이러한 정보라 하더라도 이를 변호사별로 재처리함으로써 변호사의 개인적인 소송수행 내역을 나타내는 정보로서의 식별력을 지니게 되는 경우 그때부터 변호사들에 대한 개인정보로서의 성격 역시 지니게 되고, 변호사가 직업적으로 일반적 공공성을 지니고 있어 그에 대한 직업적 개인정보가 공개될 수 있다고 하더라도, 변호사가 의뢰인으로부터 사건을 의뢰받아 수행한 구체적인 사건 내역 자체는 변호사와 소송의뢰인 사이의 개인적·사적 영역에 속하는 문제이므로 이에 관한 정보가 당연히 공공성·공익성을 지닌다고 볼 수 없다.

[8] 특정 변호사의 승소율이나 특정 사건 분야에 있어서 변호사의 전문성을 일반인에게 제공하는 형태의 서비스 자체가 일반적으로 금지된다고 볼 수는 없을 것이나, 위와 같은 정보들은 일반인이 변호사를 선택함에 있어서 결정적인 역할을 할 수 있고 이에 따라 그 변호사의 사회적·직업적 평가 역시 크게 좌우될 수 있는 매우 민감한 정보이므로, 이를 일반인에게 제공함에 있어서는 합리적이고 객관적이면서도 사회적으로 상당성을 지니고 있을 뿐만 아니라 보편적으로 받아들여지고 있는 평가 기준에 의할 것이 요구된다.

[9] 변호사 정보 제공 웹사이트의 운영자가 대법원 홈페이지에서 제공하는 사건검색 서비스를 통해 수집한 소송정보를 독자적인 방식으로 평가하여 변호사들의 승소율, 전문성 지수 등을 제공한 사안에서, 이러한 수임내역정보는 변호사들에 대한 개인정보로서의 성격을 지니게 되므로 원칙적으로 해당 변호사들의 동의 없이는 그 이용이 허용될 수 없는 점, 대법원의 사건검색 서비스는 정당한 이해관계인에 한하여 정보를 제공하고자 함에 근본 취지가 있고 누

구에게나 제한 없이 공개함을 그 취지로 하지 않는 점, 위 정보를 수집하는 과정에서 위법성
이 인정되는 점, 변호사의 승소율이나 전문성 지수를 산정하는 과정에서 부당성이 인정되는
점 등을 고려할 때, 위 서비스의 제공은 변호사들의 자기정보통제권을 침해하는 것으로서 허
용될 수 없다고 한 사례.

[10] 현대사회에 이르러 특히 인터넷 사용이 활발해짐에 따라 각종 개인정보를 수집·분석·처
리하는 행위가 다양한 주체들에 의해 다수 행하여지고 있는 현실을 고려할 때, 개인의 정보
가 명시적 동의 없이 타인에 의해 수집되었다는 사실만 가지고 곧바로 그 개인에게 정신적
손해가 발생하였다고 단정하기는 어렵고, 그 수집된 개인정보의 성격, 정보수집주체가 수집
된 정보를 이용한 방식 및 규모 등 제반 요소를 고려하여 개인정보의 이용으로 인하여 그
개인에게 정신적 손해가 발생하였다는 사정이 구체적으로 입증되어야 한다.

판례 4

- 대전지법 2007.6.15.자 2007카합527결정 【운영중단가처분】: 확정 〈철도공사 코비스시스
  템 사건〉
- [각공 2007.8.10.(48), 1507]

판시사항

한국철도공사가 소속 근로자들의 개인정보를 전사적 자원관리시스템(ERP)에 집적하여 관리하는
행위가 근로자들의 행복추구권, 사생활의 비밀과 자유를 침해받지 않을 권리, 자기정보관리·통
제권 등을 침해한다고 인정하지 아니한 사례.

판결요지

한국철도공사가 소속 근로자들의 개인정보를 전사적 자원관리시스템(Enterprise Resource
Planning)에 집적하여 관리해 온 사안에서, 사용자가 인사노무관리를 행함에 있어 협조할 근로
계약상의 의무를 부담하고 있는 근로자들이 보유하는 자기정보관리·통제권은 일반 국민이 공
공기관에 대해 갖는 자기정보관리·통제권보다 제한적일 수밖에 없고, 제반 사정상 위 시스템에
집적되어 있는 개인정보가 불필요하다거나 시스템의 보안이 취약하여 개인정보 유출의 위험성이
크다고 볼 수 없으므로, 위 시스템에 의한 개인정보의 집적·관리행위가 근로자들의 행복추구권,
사생활의 비밀과 자유를 침해받지 않을 권리, 자기정보관리·통제권 등을 침해한다고 인정하지
아니한 사례.

판례 5

판시사항

[1] 정보통신서비스 이용자에게 보장되는 자기정보통제권 및 이용자들의 개인정보를 수집 · 관리하는 정보통신서비스 제공자가 부담하는 주의의무의 내용.

[2] 이메일 주소가 정보통신망이용촉진및정보보호등에관한법률 제2조 제1항 제6호에 정한 '개인정보'에 해당하는지 여부(적극).

[3] 정보통신서비스 제공자가 서비스 이용자들에게 이메일을 발송하는 과정에서 실수로 이용자들의 성명, 주민등록번호, 이메일 주소 등 개인정보를 수록한 텍스트 파일을 첨부한 사안에서, 개인정보보호에 관한 주의의무 위반을 이유로 개인정보가 누출된 이용자들에 대한 위자료 지급책임을 인정한 사례.

판결요지

[1] 헌법 제10조, 제17조의 규정은 개인의 사생활 활동이 타인으로부터 침해되거나 사생활이 함부로 공개되지 아니할 소극적인 권리는 물론, 오늘날 고도로 정보화된 현대사회에서 자신에 대한 정보를 자율적으로 통제할 수 있는 적극적인 권리까지도 보장하려는 데 그 취지가 있으므로 정보통신서비스 이용자들은 자신들의 의사에 반하여 개인정보가 함부로 공개되지 아니할 권리를 가지고, 위와 같이 헌법에 의하여 보장된 기본권을 보호하기 위해 제정된 정보통신망이용촉진및정보보호등에관한법률에 따라 이용자들의 개인정보를 수집 · 관리하는 정보통신서비스 제공자로서는 이용자들의 개인정보가 누출되지 않도록 필요한 관리적 조치를 다하여야 할 주의의무를 부담한다.

[2] 이메일 주소는 당해 정보만으로는 특정 개인을 알아볼 수 없을지라도 다른 정보와 용이하게 결합할 경우 당해 개인을 알아볼 수 있는 정보라 할 것이므로 정보통신망이용촉진및정보보호등에관한법률 제2조 제1항 제6호에서 정한 '개인정보'에 해당한다.

[3] 정보통신서비스 제공자가 서비스 이용자들에게 이메일을 발송하는 과정에서 실수로 이용자들의 성명, 주민등록번호, 이메일 주소 등 개인정보를 수록한 텍스트 파일을 첨부한 사안에서, 개인정보보호에 관한 주의의무 위반을 이유로 개인정보가 누출된 이용자들에 대한 위자료 지급책임을 인정한 사례(성명, 주민등록번호, 이메일 주소가 누출된 이용자: 각 10만 원, 성명과 이메일 주소가 누출된 이용자: 각 7만 원).

판례 6

판시사항

온라인게임 운영업체가 게임 서버의 업데이트 과정에서 이용자들의 개인정보인 아이디와 비밀번호가 암호화되지 않은 상태에서 로그파일에 저장되도록 함으로써, 컴퓨터에 관한 상당 수준의 전문지식이 있는 사람이라면 누구라도 그에 접근하여 이용자들의 아이디와 비밀번호를 알 수 있는 상황을 발생시킨 사안에서, 개인정보 유출의 위험에 처한 이용자들에 대한 온라인게임 운영업체의 손해배상책임을 인정한 사례.

판례 7

판시사항

택배회사와 택배위수탁계약을 체결하고 위 회사로부터 위탁받은 택배화물을 고객들에게 운송하는 일을 담당한 공소외인이 위 회사가 관리하는 개인정보를 유출한 사안에서, 위 공소외인은 정보통신망이용촉진및정보보호등에관한법률 제66조에 정한 '법인의 사용인이 법인의 업무에 관하여' 위반행위를 한 것이고, 위 회사가 위 공소외인의 위반행위를 방지하기 위하여 당해 업무에 대하여 상당한 주의와 감독을 하였다고 보기 어려워 위 회사 역시 형사책임을 면할 수 없다고 한 사례.

판례 8

판시사항

가. 서울특별시 교육감 등이 졸업생의 성명, 생년월일 및 졸업일자 정보를 교육정보시스템(NEIS)에 보유하는 행위의 법률유보원칙 위배 여부(소극).

나. 위 행위가 그 정보주체의 개인정보자기결정권을 침해하는지 여부(소극).

가. 개인정보자기결정권을 제한함에 있어서는 개인정보의 수집·보관·이용 등의 주체, 목적, 대상 및 범위 등을 법률에 구체적으로 규정함으로써 그 법률적 근거를 보다 명확히 하는 것이 바람직하나, 개인정보의 종류와 성격, 정보처리의 방식과 내용 등에 따라 수권법률의 명확성 요구의 정도는 달라진다 할 것인바, 피청구인 서울특별시 교육감과 교육인적자원부장관이 졸업생 관련 제 증명의 발급이라는 소관 민원업무를 효율적으로 수행함에 필요하다고 보아 개인의 인격에 밀접히 연관된 민감한 정보라고 보기 어려운 졸업생의 성명, 생년월일 및 졸업일자만을 교육정보시스템(NEIS)에 보유하는 행위에 대해서는 그 보유정보의 성격과 양(量), 정보보유 목적의 비침해성 등을 종합할 때 수권법률의 명확성이 특별히 강하게 요구된다고는 할 수 없으며, 따라서 "공공기관은 소관업무를 수행하기 위하여 필요한 범위 안에서 개인정보파일을 보유할 수 있다."고 규정하고 있는 공공기관의개인정보보호에관한법률 제5조와 같은 일반적 수권조항에 근거하여 피청구인들의 보유행위가 이루어졌다 하더라도 법률유보원칙에 위배된다고 단정하기 어렵다.

나. 개인정보의 종류 및 성격, 수집목적, 이용형태, 정보처리방식 등에 따라 개인정보자기결정권의 제한이 인격권 또는 사생활의 자유에 미치는 영향이나 침해의 정도는 달라지므로 개인정보자기결정권의 제한이 정당한지 여부를 판단함에 있어서는 위와 같은 요소들과 추구하는 공익의 중요성을 헤아려야 하는바, 피청구인들이 졸업증명서 발급업무에 관한 민원인의 편의 도모, 행정효율성의 제고를 위하여 개인의 존엄과 인격권에 심대한 영향을 미칠 수 있는 민감한 정보라고 보기 어려운 성명, 생년월일, 졸업일자 정보만을 NEIS에 보유하고 있는 것은 목적의 달성에 필요한 최소한의 정보만을 보유하는 것이라 할 수 있고, 공공기관의개인정보보호에관한법률에 규정된 개인정보보호를 위한 법 규정들의 적용을 받을 뿐만 아니라 피청구인들이 보유목적을 벗어나 개인정보를 무단 사용하였다는 점을 인정할 만한 자료가 없는 한 NEIS라는 자동화된 전산시스템으로 그 정보를 보유하고 있다는 점만으로 피청구인들의 적법한 보유행위 자체의 정당성마저 부인하기는 어렵다.

피청구인들이 보유하는 정보는 우리나라와 같이 학력이 중시되는 사회에서는 그 정보주체의 인격상 추출에 대단히 중요한 역할을 할 수 있는 학력에 관한 정보이므로 자신의 동의 없이 타인에게 알리고 싶지 않은 민감한 정보가 될 수 있고, 이러한 정보를 NEIS와 같이 컴퓨터와 인터넷망을 이용하는 고도로 집중화된 정보시스템에 보유하면서 그 근거를 정보수집·처리의 목적특정성이 현저히 결여된 공공기관의개인정보보호에관한법률 제5조의 일반조항에 둘 수 있는지 의문이다. 졸업증명서 발급이라는 민원업무 처리를 위하여 시·도 교육감, 나아가 교육인적자원부 차원에서 관련 개인정보들을 전산시스템에 집적하여 관리할 필요성이 무엇인지, 그로 인하여 추구되는 진정한 공익이 과연 존재하는지 의문을 품지 않을 수 없는바, 개인정보보호법제도 완비되지 않은 상황에서 그 보유목적의 정당성과 보유수단의 적정성을 인정하기 어려운 가운데 결코 가벼이 취급할 수 없는 개인정보를 피청구인들이 NEIS에 보유하고 있는 행위는 그 정보주체의 개인정보자기결정권을 침해하는 것이다.

❍ 개인정보 침해 사례

1. 개인정보수집과 관련된 개인정보 침해 사례

[초고속 인터넷 개통 시 본인 확인 미비로 명의 도용된 경우의 손해 배상 요구 건]

:: 사실관계

신청인 L 씨는 자신의 주소지와 다른 주소지에서 2003년 11월부터 2006년 10월까지 (주)H의 초고속 인터넷 서비스 요금이 자신의 은행계좌에서 인출된 것을 알고 이는 명백한 명의 도용으로, 피신청인이 서비스 개통 시 본인 확인 절차를 소홀히 한 결과라고 주장하며, 정신적 물질적 손해 배상을 요구하는 분쟁 조정을 신청.

:: 조정 결과

사실 조사결과, 피신청인은 명확한 본인 확인 절차 없이 서비스 개통확인서의 서명만으로 인터넷 서비스를 개통해 신청인 명의가 도용되지 않았다는 사실을 입증하지 못하였고, 신청인에게도 이의 제기의 타당성이 결여되어 있다고 판단되는바, 신청인이 입은 경제적, 정신적 피해에 대한 손해 배상금 ×××원을 지급.

:: 결론

본건에서 피신청인은 명확한 본인 확인 절차 없이 가입자 본인인지 여부를 확인하지 않고 서비스 개통확인서의 서명만으로 인터넷서비스를 개통함으로써 신청인 명의가 도용되지 않았다는 사실을 입증하지 못하였고, 신청인에게도 이의 제기의 타당성이 결여되어 있다고 판단되는바, 피신청인은 신청인이 명의 도용으로 인하여 입은 경제적 피해액의 50%인 712,636원(35개월분의 사용료의 50%)과 정신적 피해에 대한 손해배상금 ×××원을 지급함이 타당하다고 판단된다.

2. 목적 외 이용으로 인한 개인정보 침해 사례

[유선전화 서비스 가입 신청 시 수집한 개인정보를 제3자에게 제공한 건]

:: 사실관계

신청인은 일반전화 서비스 가입신청 시 사용한 휴대전화로 가입신청 후 약 30분 후에 (주)** 관련 상품 마케팅 전화가 온 것으로 미루어, 피신청인이 자신의 개인정보를 제3자에게 제공한 것이라고 주장하면서 피신청인의 사과 및 시정을 요구하며 본 위원회에 분쟁조정을 신청.

:: 조정결과

조사결과, 피신청인이 신청인의 동의 없이 개인정보를 제3자에게 제공함으로써 원하지 않는 광고 전화를 수신하는 등 이용자의 동의 없는 제3자 제공을 금지한 정보보호법 제24조 제1항 위반으로 판단되어 피신청인은 신청인에게 각각 ×××원의 배상금을 지급도록 결정.

:: 결론
- 피신청인이 신청인의 동의 없이 개인정보를 제3자에게 제공함으로써 원하지 않는 광고 전화를 수신하는 등 이용자의 동의 없는 제3자 제공을 금지한 정보보호법 제24조 제1항 위반으로 판단되어 피신청인은 신청인에게 각각 ×××원의 배상금을 지급하도록 하였다.
- 또한, 피신청인에 대해 일반전화 서비스 가입신청 시 반드시 개인정보 수집, 이용목적 등을 고지하도록 하고 가입자 정보가 하부유통망 등에 유출되거나 제공되지 않도록 필요한 관리적, 기술적 조치에 만전을 기하도록 개선을 권고하는 것이 바람직하다.

3. 개인정보 훼손, 누출로 인한 개인정보 침해 사례

[인터넷쇼핑몰 운영자가 자사 공개게시판을 통해 고객의 개인정보를 누출시킨 사건]

:: 사건개요

2001년 12월 8일 신청인 A 씨는 피신청인이 운영하는 인터넷쇼핑몰에서 의류를 구입하였다. 2001년 12월 10일 신청인은 배달된 의류의 실제 소재가 표시된 것과 차이가 있다는 의심이 들어, 피신청인의 웹사이트 Q & A게시판에 이를 항의하는 글을 게재하였다. 같은 날 피신청인은 신청인에게 의류의 소재는 표시사항과 동일한 것이라고 답변하였으나, 신청인은 이에 대해 다시 이의를 제기하였다. 이에 화가 난 피신청인은 자사의 공개 Q & A게시판에 신청인의 이름, 성별 등이 기재된 상품주문서를 공개한 사건이다.

:: 주요 쟁점

- 신청인의 주민등록번호 및 계좌번호 등 개인정보가 기재된 상품주문서를 불특정 다수인이 열람하는 게시판에 공개한 피신청인의 행위가 "직무상 알게 된 개인정보를 훼손·침해 또는 누설하여서는 아니 된다."고 규정하고 있는 정보보호법 제24조 제4항에 위반되는지 여부.

:: 조정결정

피신청인은 자사 Q & A 게시판에 공개한 이름, 성별, 전화번호 등 신청인의 개인정보를 포함한 상품주문서를 이 조정안을 통보받은 즉시 삭제하고, 개인정보공개 및 인격모독으로 인해 신청인에게 끼친 정신적 피해에 대한 보상으로 신청인에게 조정 성립 후 7일 이내에 금 ×××원을 지급해야 한다. 다만 본 조정안의 내용 이외의 다른 경제적 피해가 야기된 경우는 제외한다.

:: 조정결정 이유

피신청인은 신청인이 자사 웹사이트에서 의류를 구매하는 과정에서 피신청인을 음해하고자 하는 의도로써 피신청인의 Q & A 게시판에 불만을 제기하였기에 이를 제재하기 위한 목적으로 신청인의 개인정보를 공개하였다고 하나, 신청인이 피신청인의 웹사이트를 음해하고자 하는 의도가 있었다는 증거가 없으며 설사 그 같은 의도가 있었다 하더라도 피신청인이 신청인의 개인정보를 무단으로 게시판에 공개할 권한은 없다고 할 것임. 따라서 피신청인의 공개 행위는 직무상 알게 된 개인정보를 훼손·침해 또는 누설하여서는 아니 된다고 규정하고 있는 정보보호법 제24조 제4항에 위반되는 것으로 판단됨.

:: 결론

2001년 12월 10일 피신청인은 타인에 의해 악용될 우려가 있는 신청인의 개인정보를 불특정 다수인이 드나드는 공개게시판에 게시하고, 더구나 "억지 부리는 인간을 경멸한다."는 모욕적인 표현을 사용하여 미성년자인 신청인의 인격을 공연히 모욕함으로써 신청인에게 정신적 피해를 야기한 것으로 판단된다.

따라서 피신청인은 자사 게시판에 공개한 신청인의 개인정보를 조정안을 통보받은 즉시 삭제하고, 신청인의 정신적 피해에 대한 보상으로 신청인에게 금 ×××원을 지급함이 타당하다고 판단된다. 다만, 본 조정안의 내용 이외의 다른 경제적 피해가 야기된 경우는 제외함이 타당하다.

4. 기술조치 미비로 인한 개인정보 침해 사례

[인터넷 통신사업자의 기술적 관리적 조치 위반에 대한 손해 배상 요구건]

:: 사실관계

신청인은 피신청인의 관련 업체에서 TM을 받고 피신청인에게 TM거부 고객으로 등록하여 줄 것을 요청했으나 이후에도 피신청인 관련 상품 TM을 받았다고 주장하면서 피신청인을 상대로 정신적 손해에 대한 배상과 피신청인 초고속 인터넷서비스의 할인액 반환 면제를 청구하는 분쟁조정을 신청.

:: 조정결과

조사결과, 피신청인은 하부영업점에 대한 기술적·관리적 조치를 소홀히 하여 필요한 조치를 취하지 않음으로써 정보보호법 제28조 제1항을 위반하였다고 판단돼 신청인이 입은 정신적 피해에 대한 배상액으로 금 ×××원을 지급토록 결정.

:: 결론

• 본 사건에서 피신청인의 행위로 인하여 신청인이 입은 경제적 피해는 없다.

• 그러나 본건에서 피신청인은 하부영업점에 대한 기술적, 관리적 조치를 소홀히 하여 필요한 조치를 취하지 않음으로써 정보보호법 제28조 제1항을 위반하였다고 판단된다.

• 이러한 사실을 종합적으로 고려하여 볼 때, 피신청인은 신청인이 입은 정신적 피해

에 대한 배상액으로 금 ×××원을 지급함이 타당하다고 판단된다.

5. 개인정보 미파기(未破棄)에 의한 개인정보 침해 사례

[온라인게임 사업자가 회원 탈퇴한 이용자의 사진을 파기하지 않아 사진이 누출된 건]

:: 사건개요

신청인 A 씨는 2001년 피신청인 ×사가 운영하는 온라인게임 사이트에 회원으로 가입하여 이용하다가 2002년 8월 2일 회원에서 탈퇴하였다. 당시 신청인은 '○○호랑이'라는 ID를 사용하면서, 자신의 '포토앨범'에 자신의 사진 등을 직접 게재한 바 있다.

청구외 B 씨는 2002년 8월 말 ×사에 회원가입을 하고 신청인이 사용하던 ID인 '○○호랑이'를 발급받았는데, 당시 ID '○○호랑이' 포토앨범에는 신청인이 예전에 게재한 사진이 그대로 노출되어 있었다.

2002년 12월 신청인은 자신이 예전에 사용하던 ID가 타인에 의해 사용되고 있을 뿐만 아니라 당해 ID의 포토앨범에 자신의 사진이 그대로 게재되어 있는 사실을 알게 되었다. 게다가 '방명록'에는 포토앨범에 게재된 신청인의 사진을 보고 성적 수치심을 느끼게 하는 다수의 글이 게재되어 있는 것을 발견하게 되었다.

한편 피신청인은 신청인의 회원 탈퇴 이후 6개월이 경과한 시점까지 신청인의 주민등록번호, 해지일시 등을 보유하고 있는 것으로 확인되었다. 이에 신청인은 피신청인이 자신의 회원 탈퇴 이후에도 주민등록번호, 사진 등 개인정보를 파기하지 않고 보유하고 있을 뿐만 아니라, 피신청인이 관리를 소홀히 하여 자신의 사진 등 개인정보를 타인에게 누출시킴으로써 성적 수모를 받게 하였다며 피신청인에게 공개 사과와 함께 자신이 입은 정신적 피해에 대한 배상으로 금 500만 원을 요구하였다.

:: 주요 쟁점
- 피신청인이 고지 또는 명시한 범위를 넘어 신청인의 개인정보를 파기하지 않고 보유하였는지 여부.
- 피신청인이 기술적·관리적 조치를 미비하여 신청인의 개인정보를 누출하였는지 여부.

:: 결론

피신청인은 자사 개인정보보호정책에 개인정보 보유기간을 "해지 신청 후 3주까지"라고 명시하고 있음에도 불구하고 신청인이 탈퇴한 지 3주가 경과한 이후에도 신청인의 주민등록번호, 해지일시, 사진 등을 파기하지 않고 보유하였는바, 이는 정보보호법 제30조 제3항 위반으로 판단된다.

또한 피신청인이 기술적·관리적 조치를 미비하여 신청인의 사진 등을 청구 외 B의 '포토앨범'을 통해 누출시킨 것은 정보보호법 제28조 위반으로 판단된다.

따라서 피신청인이 고지 또는 명시한 범위를 넘어 신청인의 개인정보를 파기하지 않고 보유하다가 이를 타인에게 누출시킨 점, 이로 인해 신청인의 사생활의 자유와 초상권이 침해된 사실 및 신청인이 입은 성적 모욕감 등을 종합적으로 고려하여 신청인이 입은 정신적 피해에 대한 배상으로 금 ×××원을 지급함이 타당하다.

6. 동의철회 불응으로 인한 개인정보 침해 사례

[모바일 폰팅서비스 사업자가 고객의 동의철회 요구 등에 불응한 건]

:: 사실관계

신청인 A 씨는 × 폰팅서비스사업자의 회원으로 가입하였다가 탈퇴하였으나 × 폰팅서비스사업자가 자신의 동의철회 요구에 불응하고 자신의 개인정보를 제3자에게 제공함으로써 음란전화·문자 등을 수신하게 되어 피해가 발생했다고 주장하면서, 이를 배상할 것을 요구하는 분쟁조정을 신청함.

:: 조정결과

피신청인 × 폰팅서비스사업자가 신청인의 동의철회 요구에 불응하였는지의 여부가 입증되지 아니하고, 또한 피신청인이 동의 없이 신청인의 개인정보를 제3자에게 제공하였다고도 볼 수 없으므로, 신청인의 손해배상청구를 기각함.

:: 결론

피신청인이 신청인의 동의철회 요구에 불응하였는지 여부는 확인되지 아니하며, 또한 피신청인이 신청인의 동의 없이 개인정보를 제3자에게 제공하였다고도 판단할 수 없으므로, 신청인의 손해배상청구는 기각함이 타당하다.

7. 아동의 개인정보 침해 사례

[보습학원 운영자가 법정대리인의 동의 없이 아동의 개인정보를 수집한 건]

:: 사실관계

신청인은 자신의 아들이 × 초등전문학원에 등록한 적이 없음에도 불구하고 동 학원이 홍보 우편물을 보낸 것을 발견하고, × 초등전문학원이 자신의 아들의 개인정보를 무단 수집하여 이용하고 있다고 주장하며 이에 대한 손해배상을 요구하는 분쟁조정을 신청.

:: 사건개요

신청인 A(남)는 × 초등전문학원에서 자신의 아들(만 9세, 초등학교 4학년) 앞으로 보낸 홍보 우편물을 발견하였다. 그런데 신청인은 자신의 아들이 × 초등전문학원에 등록·수강한 적이 없었으므로 × 초등전문학원에 아들의 개인정보 수집경위를 질의했으나 × 초등전문학원은 명확한 답변을 하지 아니하였다. 이에 신청인은 피신청인이 자신의 아들의 개인정보를 동의 없이 수집하여 광고성 우편물 발송에 활용했다고 주장하며 이로 인한 손해배상을 요구하는 분쟁조정을 신청하였다.

:: 주요 쟁점
- 피신청인이 정보통신망법의 적용대상 사업자인지의 여부.
- 피신청인이 아동의 개인정보를 수집하거나 이용할 경우에 법정대리인의 동의를 얻도록 규정한 정보통신망법 제31조 제1항을 위반했는지의 여부.

:: 조정결과

피신청인 × 초등전문학원은 신청인의 아들(만 9세)의 개인정보를 수집·이용하면서 법정대리인인 신청인의 동의를 받지 않았음이 인정되는바, 이로 인하여 신청인이 입은 정신적 피해에 대한 보상으로 금 ×××원을 지급하도록 결정.

[만 14세 미만 아동이 아버지의 성명 및 주민등록번호를 이용해 온라인게임 사이트 회

원으로 가입한 사건]

:: 사건개요

신청인 A 씨는 자신의 자 B(만 12세)가 자신의 동의 없이 피신청인이 운영하는 온라인게임 사이트에 회원으로 가입, 유료 콘텐츠를 이용하여 관련 요금이 청구된 것을 발견하여 피신청인에게 관련 요금의 환불 및 회원 탈퇴를 요구하였다. 그러나 신청인의 자녀는 회원가입 시 부모의 주민등록번호로 가입된 것으로 확인된바, 피신청인은 관련 요금의 환불을 거부하였다.

이에 신청인은 자신의 자녀가 만 12세의 미성년자로서 판단능력이 부족하여 부모의 주민등록번호로 피신청인이 운영하는 게임 사이트에 가입, 요금을 결제한 것이라면서 관련 요금의 환불 및 회원 탈퇴를 요구하며 분쟁조정을 신청하였다.

:: 주요 쟁점

- 신청인의 자가 피신청인이 운영하는 온라인게임 사이트에 회원으로 가입할 당시, 자신의 주민등록번호가 아닌 부모의 성명 및 주민등록번호로 가입한 경우 신청인의 요구가 정당한지 여부.

:: 조정결정

만 12세인 신청인의 자녀가 신청인의 성명 및 주민등록번호로 피신청인이 운영하는 게임 사이트에 가입하여 결제한 요금에 대한 환불을 요구하는 신청인의 주장은 이유 없는바, 신청인의 요구를 기각한다.

:: 조정결정 이유

피신청인이 운영하는 게임 사이트가 만 14세 미만 아동의 회원가입을 금지하거나 현저히 어렵게 하고 있지 않음에도 신청인의 자녀가 부모의 성명 및 주민등록번호로 피신청인의 게임 사이트에 가입한 행위는 정보보호법 제31조 제1항이 규정하고 있는 법정대리인 동의 없는 만 14세 미만 아동의 개인정보 수집으로 볼 수 없음. 또한 민사상으로도 신청인은 자신의 자녀에 대한 감독의무를 게을리 한바, 피신청인의 요금 청구에 대하여 책임을 면할 수 없다고 판단된다.

따라서 신청인의 자녀가 피신청인의 게임 사이트에서 결제한 요금의 환불을 요구하는 신청인의 주장은 이유 없어 신청인의 주장을 기각함이 타당하다.

제4장 정신적 자유권

제1절 양심의 자유

헌법 제19조 모든 국민은 양심의 자유를 가진다.

Ⅰ. 서설

1. 연혁

양심의 자유는 근대인권선언의 중심을 이루는 권리의 하나이고, 특히 양심의 자유는 구미제국에서 신교의 자유와 불가분한 것으로서 주장되었다. 미국에서는 합중국 헌법성립 이전의 각 지방의 제 헌법 중 1776년 버지니아헌법이 "모든 인간은 양심이 명하는 바에 따라서 자유롭게 종교를 믿을 평등한 권리를 가진다(제16조)."고 규정한 것을 시발로 기타의 제 헌법에서도 양심의 자유가 보장되었는데, 1788년 합중국헌법에서는 1791년의 수정 제1조의 신교의 자유보장조항 속에 양심의 자유가 흡수되게 되었다. 유럽에서는 우선 1789년 프랑스인권선언에서 "누구도 그 의견의 표명이 법률에 의해서 정해진 공공질서를 어지럽히지 않는 한, 예컨대 종교상의 것이라도 그 의견에 관해서 불안해하지 않아도 된다(제10조).", "사상 및 의견의 자유로운 전달은 인간의 가장 귀중한 권리의 하나이다(제11조)."라고 규정되고, 프랑스에서는 양심의 자유는 신교의 자유나 표현의 자유와 밀접불가 분의 것으로 파악되고 있다.156) 독일에서는 1919년 Weimar헌법에서 '신

---

156) 프랑스의 대표적인 기본적 인권의 체계서인 J. Rivero, Les libertes publiques, t.2, 1980, 2ed., p.131 에서 '사상의 자유(liberte de la pensee)' 속에서 어떤 영역이라도 진실을 선택할 자유인 '의견의 자유(liberte d'opinion)'와 윤리 및 종교에 대한 인간의 태도를 대상으로 한 '양심의 자유(liberte de conscience)'가 포함되는 점, 또 사상의 외부적 표명과 전달에 신교의 자유, 표현의 자유, 교육의 자유 등이 대응하는 것이 명백하게 되어 있다.

앙 및 양심의 완전한 자유(제135조)'가 보장되고, 더 나아가 현행 독일기본법에서는 '신앙, 양심의 자유와 함께 종교 및 세계관의 고백의 자유는 불가침이다(제4조 제1항)'라고 규정되어 있는 것처럼 양심의 자유가 독자의 조항에서 보장되고 있는 것이다.

일본에 있어서 명치헌법에서는 사상·양심의 자유를 특별히 보장했던 규정은 존재하지 않았다. 사상의 자유의 보장은 1945년 7월 26일에 서명된 포츠담선언 속에서 '언론, 종교 및 사상의 자유와 함께 기본적 인권의 존중은 확립된 것(제10항)'이라고 규정되어 있었다. 그리고 일본헌법에서는 '사상 및 양심의 자유는 이것을 침해받아서는 안 된다(제19조)'라고 하여 사상·양심의 자유가 독자의 조문으로 보장된 것이다. 일본헌법에서 사상·양심의 자유를 명기한 것은 '종래 일본에서는 천황이 정치적 세계에서 절대적 권위였던 것만이 아니라 정신적·도덕적 세계에 있어서도 절대적 권위를 가진다고 생각되고, 인간의 내심에 대해서도 강한 영향력을 인정받았다'는 것에 대하여 '이와 같은 천황의 정신적·도덕적 권위를 부정하는 바에 특별한 의의가 있다'는 점 때문이다.

양심의 자유는 처음에는 종교의 자유의 내용으로 보았으나(Preußen), 근대 일본, 바이마르헌법에서 독립되어 규정하였다. 우리 헌법도 제헌헌법에서 신앙과 양심을 한 조문에서 다루었으나 제3공화국헌법부터 신앙과 양심을 분리하여 규정하였다.

2. 양심의 의미

이에는 종교적 신앙설, 도덕적 윤리설, 사상설, 정신적 관조설 등이 대립하나, 우리 헌법상 사상의 자유에 관한 규정이 없으므로 양심은 도덕적 윤리적 판단의 사상을 포함한다고 본다. 사상이 논리적 측면의 사고인 점에서 윤리적 측면의 양심과 구별되고, 헌법 제46조 제2항, 제103조에서 규정한 국회의원과 법관의 직업적 양심과도 구별된다. 그리고 양심은 인간의 윤리적·도덕적 영역에 속하는 문제인 점에서 인간의 본질을 고차원적으로 이해하고자 하는 형이상학적인 사고체계인 신앙과 구별된다.

3. 양심의 자유의 의의

양심의 자유는 각자의 판단이나 가치관으로서의 확신을 외부에 표명하도록 강제당하지 않을 자유와 양심에 반하는 행위를 강요당하지 아니할 자유를 말한다.

4. 법적 성격

절대적 기본권으로 내면적 정신작용의 자유를 보장하는 고전적 자유권이다.

5. 주체

양심의 자유의 주체는 국민, 외국인이며, 성질상 법인의 제외된다.

Ⅱ. 내용

1. 양심형성의 자유

이는 도덕적 윤리적 판단에 따라 양심을 결정할 자유로, 국가권력이나 개인이 결정을 방해하거나 일정한 양심상의 결정을 하도록 강제를 할 수가 없다.

2. 양심결정의 표현의 자유

양심상 결정을 외부에 표현하거나 그에 따라 행동할 자유까지 보장되는지의 문제

1) 긍정설
양심실현의 자유를 빼버린 양심의 자유는 큰 의미가 없다.

2) 부정설
내면적 자유에 국한시킴으로써 양심결정을 실현시키거나 구체적인 행동을 할 자유를 제외시킨다.

3) 내심의 자유의 절대성
대개 인간의 내심에는 국가권력이 개입할 수 없다는 것은 근대민주주의국가의 기본적 이념에 근거한 것이라고 하고, 또 인간의 정신활동이 내심에 머무는 한 다른 이익과 저촉하는 것은 있을 수 없기 때문에 헌법 제19조에서 보장된 사상·양심의 자유는 '헌법

상 가장 강하게 보장받는 것이고, 절대적 자유라고 해도 좋다'는 것이다. 그러나 인간의 내면의 정신적 활동은 외부적 행위와 밀접불가분이기 때문에 외부적 행위의 규제를 통해서 내심의 자유에 대한 침해가 문제되는 것이다.

3. 양심을 지키는 자유

양심의 표현을 강제당하지 않을 자유

1) 침묵의 자유

양심의 자유는 인간의 내심의 표명을 강제받지 않는 침묵의 자유를 포함하는 것이다. 따라서 국가권력이 사상조사를 하거나 강호시대에 기독교신자를 적발하기 위해서 행해진 십자가밟기와 같은 정신적인 의미를 가지는 발언이나 행위를 강제하는 것은 그 자체가 헌법 제19조에 위반하는 것이 된다.

사상·신조 그 자체가 아니라 예를 들면 단체가입이나 학생운동참가의 사실 유무의 명시를 요구하는 것은 사상·신조의 자유위반의 문제가 될 수 있는가 하는 문제가 있다.157)

학설에서도 예를 들면 특정 사상단체에의 소속이라든가 학생운동경력 등의 신고를 강제하는 것은 사상내용의 표명의 강제와 동일한 것이기 때문에 양심의 자유의 침해가 되는 것이라고 이해되고 있다. 이에 대해서 반드시 양심과 관련하지 않는 단순히 지식이나 사실의 지·부지에는 원칙적으로 양심의 자유의 침해가 되지 않는다. 그래서 재판에서 증인으로 자기가 알고 있는 사실에 관해서 증언의무를 부여해도 헌법 제19조위반의 문제는 생기지 않는 것이 된다.158)

---

157) 최고재삼릉수지사건판결(최대판 소화48년 12월 12일 민집 27권 11호 1536면)은 노동자의 고용 시 기업주가 근로자에 대하여 재학 중 단체가입이나 학생운동참가의 사실유무에 관해서 신고를 요구하는 것은 '그 사람의 종업원으로서의 적격성의 판단자료가 되는 것이 당연한 과거의 행동에 관한 사실을 알기 위한 것이고, 직접 그 사상, 신조 그 자체의 명시를 구하는 것은 아니지만, 그렇다고 해도 그 사실이 그 사람의 사상, 신조와 전혀 관계없는 것이라고 하는 것은 상당하지 않다'고 하고, 더 나아가 '원래 인간의 사상, 신조와 그 사람의 외부적 행동과의 사이에는 밀접한 관계가 있고, 특히 본건에 있어서 문제되고 있는 학생운동에의 참가야말로 행동은 반드시 항상 특정 사상, 신조에 결부되어 있는 것은 아니라고 해도, 많은 경우 어떤 사상, 신조와 관련을 갖고 있는 것을 부정할 수는 없다.'고 판시하여, 사상·신조에 관련하는 외부적 행동에 관한 사실의 공개를 구하는 것이 사상·신조의 자유위반의 문제가 될 수 있음을 인정하고 있다. 또한 동 판결은 헌법의 인권규정의 사인 간에 있어서 효력의 문제에 관하여 소극적인 간접적용설의 입장을 취하고[본서 제5장 제5절 (1) 참조], 노동자의 사상, 신조의 자유보다도 기업자의 경제활동의 자유의 일환으로서의 자유를 우선시키고, '기업자가 특정 사상, 신조를 가지는 자를 그것을 이유로 고용하는 것을 거절해도 그것을 당연히 위법이라고 할 수 없다.'고 판시하고 있다.

158) 일본에서 공무원의 복무선서에 관해서 국가공무원법 제97조에 근거해서 공무원의 복무의 선서에 관한

2) 양심추지금지

십자가밟기, 충성선언 등의 의무적 행위를 하게 함으로써 양심을 추정하는 것을 금지하는 것

3) 증언거부 및 신문기자의 취재원에 관한 묵비권

4) 사죄광고를 명하는 판결

양심의 자유를 침해하는 것(헌법재판소 결정)

5) 양심상 집총거부

대법원판례는 인정하지 않고 있다.

6) 사상을 이유로 한 불이익한 취급의 금지

특정 사상을 이유로 불이익한 취급을 하는 것은 헌법 제19조에 의해서 금지된다.

헌법 그 자체를 부인하거나 헌법의 기본이념인 민주주의를 부정하는 양심도 양심의 자유에 의해서 보장되어야 하는가 어떤가의 문제가 있다. 민주제는 그 자신을 부정하는 자에 대해서까지 관용을 베푸는 것은 아니고, 그것을 공격하는 자로부터 스스로를 지켜야만 한다고 하는 '방어적·투쟁적 민주주의'의 사상이 나치즘을 경험한 제2차 대전 후 독일에서 생겼다. 독일기본법 제18조는 표현의 자유 등 기본권에 관해서 "자유롭고 민주적인 기본질서에 적대하기 위해서 남용하는 자는 이러한 기본권을 상실한다."고 규정해서, '방어적·투쟁적 민주주의'의 사상을 구체화하고 있다. 한국 헌법하에서는 사상 그 자체는 절대적으로 보장되는 것이 당연하고, 예컨대 헌법의 근본원리인 민주주의를 부정하는 양심이라도 양심에 그치는 한 제한을 가할 수 없다고 해석하는 것이 통설이다. 원래부터 양심의 표명으로서의 외부적 행위가 현실적·구체적인 해악을 초래하는 경우에는 당해 행위를 규제할 수 있지만, 그 경우에 있어서도 당해 행위가 일정한 사상의 표명이라고

정령(소화41년 정령 14호)은 "나는 국민 전체의 봉사자로서 공공이익을 위해서 근무할 책무를 깊이 자각하고, 일본헌법을 준수함과 동시에 법령 및 상관의 직무상 명령에 따라 불편부당하고 공정하게 직무수행에 임할 것을 엄숙히 선서합니다."라는 양식으로 복무선서를 부과하고 있다. 공무원은 헌법수호의무를 부담(헌법 제99조)하므로, 공무원에게 헌법의 존중·수호를 선서시키는 것은 직무의 성질상 오히려 본질적 요청이 되고 있다. 단지 특정 헌법해석을 내용으로 하는 선서나 인간의 정치적 관계나 신조를 추지할 수 있는 것은 허용되는 정치적 신조를 범위로 그것에 따른 행동을 강요하는 내용의 선서는 헌법 제19조위반이 된다고 해석되고 있다.

하는 점을 이유로 규제하는 것은 허용되지 않고, 어디까지나 양심내용과 관련한 것이 하니 현실적 · 구체적 해약의 발생을 이유로 하는 것이지 않으면 안 된다.

Ⅲ. 효력

1. 대국가적 효력

이는 대국가적 효력을 가지며 자유권으로서 소극적인 침해배제청구권으로서 기능한다.

2. 대사인적 효력

대사인 간의 효력을 가지며, 기업활동 목적이 본질적으로 일정한 정치신조와 결부되어 있는 경향기업에 있어서는 특정한 상상 · 신조를 고용의 조건으로 할 수 있다.

Ⅳ. 한계

양심의 자유는 내재적 한계설, 절대적 무제약설, 내심무한계설의 견해 대립이 있으나 생각건대 양심의 외부적 표현의 자유의 한계에 관한 이론이 적용되어야 할 것이며 내면의 자유인 경우에는 그 제한은 불필요할 뿐 아니라 불가능하므로 내면적 무한계설이 타당하다.159)

---

159) 일본의 사죄광고에 관한 사건: 헌법 제19조에서 보장된 사상 · 양심의 자유의 범위는 인간의 내심활동 일반인가 일정한 내심활동에 한정된 것인가가 문제된다. 최고재판소사죄광고사건판결 중에서 이 점이 논의되고 있다.
　　*사죄광고사건(최대판 소화31년 7월 4일 민집 10권 7호 785면): 명예훼손의 민사사건에 있어서 명예를 회복함에 적당한 처분(민법 제723조)으로서 판결에 의한 신문상에 사죄광고의 게재를 명령받은 피고가 양심의 자유를 치해하는 것으로서 상고한 사건이다. 다수의견은 공표사실이 허위이고 부당했던 것을 언론기관을 통해서 발표하도록 한 원판결은 상고인이 가지는 윤리적인 의사, 사상의 자유를 침해하는 것이 아닌 합헌이라고 판단했다. 또 전중경태랑재판관의 보충의견은 "헌법 제19조의 '양심'이라는 것은…… 종교상의 신앙에 한하지 않고 널리 세계관이나 주의 · 사상 · 주장을 갖는 것"인데, "사죄의 의사표시의 기초로서의 도덕적 반성이라든가 성실성이라는 것을 포함"하지 않고 본건은 헌법 제19조와 무관하다고 판단했다. 이에 대해서 등전팔랑재판관의 반대의견은 '양심의 자유'란 '단지 사물에 관한 시비변론의 내심적 자유만이 아니라 관련한 시비변론의 판단에 관한 사항을 외부에 표현할 자유 및 표현당하지 않을 자유를 포함하는 것이라고 이해'해야 하고, '본건과 같이 인간의 본심에 반해서 사물의 시비선악의 판단을 외부에 표현시키고 마음에도 없는 사죄의 생각을 표명시키는 판결을 명할 때에는' 바로 헌법 제19조에 위반한다고 판단했다. 또 수수극기재판관의 반대의견은 '사죄', '여기에서 사죄의

학설은 한정설과 광의설로 이분되어 있다. 한정설에서는 사죄광고는 헌법 제19조의 문제가 아니고, 헌법위반이 문제된다고 해도 헌법 제21조의 소극적 표현의 자유＝침묵의 자유나 헌법 제13조의 개인의 존엄의 문제라고 주장됨에 대해서, 광의설에서는 사죄광고는 바로 헌법 제19조의 양심의 자유의 문제에 관련하는 것이라고 이해되고 있다.

한정설의 입장에 선 대표적 학설은 '인간의 내면적 활동은 다양하고, 그 내용은 매우 넓지만 세계관, 인생관, 사상체계, 정치적 의견 등과 같이 인격형성에 도움이 되는 내심의 활동이 여기에 해당하고, 단순히 사실의 지·부지와 같은 인격형성활동에 관련 없는 내심의 활동은 제19조가 보장하는 바는 아니다.'라고 이해하괴이등, 헌법(제3판) 257 - 258면], 사상·양심의 자유에서 보장되는 것은 인간의 내심의 활동 전부가 아니고, 인격형성활동에 관련이 있는 내심의 활동에 한정하고 있다. 이와 같이 양심의 범위를 한정하는 것은 인격형성활동에 관련이 없는 내심의 활동을 포함할 때는 '사상·양심의 자유의 높은 가치를 희박하게 하여 그 자유의 보장을 약화시키는 것이다.'라는 이유에서이다.

광의설은 사상·양심의 자유는 '인간의 내심에 있는 견해 내지 사고방식의 자유', 따라서 '내심의 자유일반'을 보장하는 것이라고 이해하고 있대통구타, 주해1 376면(포부)]. 이와 같이 넓게 이해하는 이유는 한정설에서는 보장의 대상이 되는 것과 그렇지 않는 것과의 명백한 구별이 불가능하다는 점, 헌법 제19조가 외부적 행위가 아닌 인간의 내면적 태양 그 자체를 대상으로 하는 것인 이상 원리적 보장으로서의 의미를 강하게 갖는 것이고, 그 보장대상은 오히려 광범하고 포괄적으로 파악되어야 하는 것이 당연하다고 하는 것이대통구타, 주해1 377면].[160)

의사를 표시합니다.'라는 문언을 사용한 부분은 '본인의 신조에 반하고, 그가 바라지 않을지도 모를 의사표명의 공표를 강제하는 것으로' 헌법 제19조에 위반한다고 판단했다. 다수의견은 양심의 자유의 범위에 관하여 명백한 판단을 보이고 있지 않다. 전중재판관의 보충의견은 양심의 자유가 '종교상의 신앙에 한하지 않고 세계관과 주의·사상·주장을 가지는 것'이지만, '도덕적 반성이라든가 성실성'을 포함하지 않는다는 한정설을 취하고 있다. 이에 대해서 등전재판관의 반대의견은 '사건의 시비선악의 판단' 내지 윤리적 판단을 양심의 자유의 범위에 포함하는 광의설의 입장을 명확히 하고 있다.

160) post notise명령의 합헌성
노동조합법은 사용자에 의한 노동기본권에 대한 일정한 침해행위를 부당노동행위로서 노동위원회에 구제명령을 발할 권한을 인정하고 있다(제7조 제27조). 이 구제명령의 하나로서 post notise명령은 사죄광고를 명하는 것이기 때문에 양심의 자유에 반하는지 여부가 문제된다. 최고재판소 평성2년 3월 6일 판결(판시 1357호 144면)은 당해 post notise년 3월 6일 판결(판특일 삼오야 칠호일사혈)은, 해당 post notise명령이 노동위원회에 의해 부당노동행위라고 인정된 것을 관계자에게 철저하게 주지시키고, 동종행위의 재발을 억제하려는 취지의 것이라는 점은 명백하고, '깊이 반성한다.', '서약합니다.' 등의 문언이 사용되고 있는 것은 '동종행위를 되풀이하지 않는다는 뜻의 약속문언을 강조하는 의미를 가지는 데 불과한 것이고, 상고인에 대하여 반성 등의 의사표명을 요구하는 것은 위 명령의 본래의 뜻으로 하는 바는 아니라고 해석된다.'는 것으로, '위 명령은 상고인에 대하여 반성 등의 의사표명을 강제하는 것이라는 견해를 전제로 하는 헌법 제19조위반의 주장은 그 전제를 결여한 것이라고 할 것이다.'라고

제2절 종교의 자유

> 헌법 제20조 ① 모든 국민은 종교의 자유를 가진다.
> ② 국교는 인정되지 아니하며, 종교와 정치는 분리된다.

Ⅰ. 서설

1. 연혁

종교의 자유는 양심의 자유와 함께 구미에 있어서 종교적 자유를 추구하는 항쟁에 기원을 두고, 근대헌법사에 있어서 정신적 자유권의 기반을 이루는 것으로 이해되고 있다. 종교적 자유가 확립되는 발단은 종교개혁에 의해서 주어졌다고 할 수 있지만, 종교적 자유의 헌법적 보장은 각국마다 다른 형태를 취하고 있고, 미국에서는 종교의 자유가 각 支邦諸憲法典의 인권선언을 탄생시킨 큰 원동력이 되었다. 그리고 1791년에 성립한 미국합중국헌법수정 제1조는 "연방의회는 국교를 수립하고 또는 종교상의 행위를 자유롭게 행하는 것을 금지하는 법률을 제정해서는 안 된다."고 규정하여 종교의 자유를 정교분리의 원칙과 나란히 보장하고 있다. 프랑스에 있어서는 종교의 자유에 관해서는 1789년의 인권선언 제10조에서 인정되었지만, 정교분리의 원칙에 관해서는 1905년의 정교분리법에 의해서 처음 법적으로 승인되고, 현행 1958년 헌법에서는 프랑스는 "비종교적 공화국이다(제2조)."라고 하여 헌법상 승인되고 있다. 독일에서는 1919년의 바이마르헌법은 '신앙 및 양심의 완전한 자유'와 함께 '방해되어서는 안 될 종교적 행사'의 자유(제135조)를 보장하고, 더 나아가 "국교회는 존재하지 않는다(제137조)."라고 하여 정교분리를 정함과 함께 공법상의 단체로 된 종교단체는 과세권을 가진다(제137조 제6항)는 등 일정한 권한을 종교단체에 인정하고 있다. 현행 독일기본법은 신앙의 자유(제4조 제1항)를 보호함과 동시에 정교분리에 관한 바이마르헌법의 제 규정(제137~139조, 제141조)이 "이 기본법의 구성부분이다(제140조)."라고 규정하고 있다. 그리고 일본헌법은 종교의 자유(제20조 제1항 전단·제2항)를 보장하는 동시에 "어떤 종교단체도 국가로부터 특권을 받고, 또는 정치상의 권력을 행사해서는 안 된다(제20조 제1항 후단).", "국가 및 그 기관은 종교교육 그 밖의 어떤 종교적 활동도 해서는 안 된다(제20조 제3항)."라고 하고 더 나아가

판시하여 헌법 제19조위반의 주장을 물리쳤다.

"공금 기타 공적 재산은 종교상의 조직 혹은 단체의 사용, 편익 혹은 유지를 위해……
이것을 지출하고 또는 그 이용에 제공해서는 안 된다(제89조)."라고 하여 정교분리의 원
칙을 상세히 정하고 있는 것은 국가와 신도와의 결합으로 종교의 자유가 현저하게 침해
된 경험을 반영한 것이다.

2. 종교의 의의

종교의 자유 및 정교분리의 원칙을 통해서 '종교'의 의의가 문제된다. 학설에서는 종교
의 자유와 함께 정교분리의 원칙도 철저하게 보장하고 있기 때문에 '종교'의 개념을 넓
게 파악해야 할 것이다. 즉, '초자연적, 초인간적 본질(즉 절대자, 조물주, 지고의 존재
등, 그중에서도 신, 부처, 영혼 등)의 존재를 확신하고 畏敬崇拜하는 심정과 행위'를 말
하고, 개인적 종교든 집단적 종교든 또는 발생적으로 자연적 종교든 창설적 종교든 불문
하고 모두 이것을 포함하는 것이다. 또 '종교'의 의의를 종교의 자유의 경우와 정교분리
원칙의 경우는 다르다고 하여 전자의 '종교'는 넓게 이해해야 할 것이지만, 후자의 '종
교'는 '무엇인가 고유의 교의체계를 갖춘 조직적 배경을 가지는 것'과 보다 좁게 해석하
는 견해도 유력하다. 본서에서는 종교란 신과 피안의 세계에 대한 내적 확신을 의미한다
고 본다(김철수).

3. 종교의 자유

이는 교권과 결합된 국가권력과의 투쟁을 통하여 획득한 자유권으로 자기가 원하는 종
교를 자기가 원하는 방법으로 신봉할 자유를 말하며, 내심의 작용인 신앙의 자유가 핵심
이 된다.

4. 주체와 효력

1) 주체
종교의 자유는 국민의 자유가 아니라 인간의 권리이므로 자국민과 외국인 모두 인정된다.

2) 효력

대국가적 및 제3자적 효력이 인정된다.

II. 내용

종교의 자유의 내용은 다음과 같은 내용을 갖고 있다.

1. 신앙의 자유(내심 작용 - 절대적 자유)

내심에 있어서 종교상의 신앙의 자유이다. 이것은 헌법 제19조의 양심의 자유가 종교의 면으로 나타나 있는 것이다. 특정 종교를 신봉할 자유(신앙선택), 그 신앙을 변경할 자유(개종) 및 모든 종교를 믿지 않을 자유가 여기에 포함된다(무신앙). 신앙을 가지는 자에 대하여 그 신앙의 고백을 강제하거나 신앙을 갖지 않는 자에 대하여 신앙을 강제하는 것이 금지된다. 이 밖에 신앙고백, 신앙불표현의 자유를 포함한다.

2. 종교적 행위의 자유

예배, 기원 기타 종교상 행위, 축전, 의식 또는 행사를 행하고 또는 참가하고 혹은 이와 같은 행위를 하지 않을 자유를 말한다. 헌법 제20조 제2항은 누구도 이와 같은 행위를 강제받지 않는 것을 명문으로 정하고 있다. 종교를 선전할 자유(포교의 자유)도 종교적 행위의 자유에 포함된다.

3. 종교적 집회 · 결사의 자유

종교상 집회 · 결사의 자유이다. 신앙을 같이 하는 사람이 종교단체를 설립하고 활동할 자유, 종교단체에 가입할 자유 및 종교단체에 가입하지 않을 자유가 포함된다.

4. 선교활동과 종교교육의 자유(사립학교 인정)

종교의 자유에는 자신이 신봉하는 종교를 선전할 수 있는 자유와 신자를 규합하기 위한 선교의 자유가 포함된다. 선교의 자유에는 다른 종교를 비판하거나, 개종권고의 자유가 포함된다(권영성). 그리고 종교의 자유에는 종교교육의 자유가 포함된다. 여기서 종교교육을 할 수 있는 기관은 사립학교만 인정되고, 국 · 공립학교는 인정되지 않는다.

Ⅲ. 한계와 제한

내심에 있어서 신앙의 자유는 사상 · 양심의 자유와 같이 절대적으로 보장된다고 해석되고 있다. 따라서 예컨대 어느 종교가 저질의 사교에 해당해도 국가권력이 그 종교를 사교 · 의사종교라고 하여 금지하는 것은 허용되지 않고, 국민의 양식에 맡겨져야 하는 것이다. 그러나 종교는 내심의 신앙에 그치지 않고 외부적 행위를 수반하는 것이므로 외부적 행위가 다른 사람의 권리 · 이익이나 사회에 구체적 해악을 미치는 경우에는 국가권력에 의한 규제의 대상이 될 수 있다. 단 이와 같은 경우에도 당해 행위가 초래하는 해악이 아니라 그것이 기초하는 신앙 그 자체를 악으로서 당해 행위를 규제하는 것은 허용되지 않고 또 외부적 행위는 내심의 신앙과 밀접불가분의 관계에 있으므로 종교에 대해서 중립적인 규제라도 그 적용에 있어서는 종교의 자유의 침해에 미치지 않도록 신중한 배려가 요구되는 것이다.

대법원은 승리제단 교주에 대한 사건에서 사기죄를 인정하고 있으며, 믿음의 깊이는 헌금의 다과에 의하여 판단된다는 설교를 한 세칭 박장로사건에서 사기죄를 인정하고 있다. 또한 종교를 이유로 병역의무를 거부할 수 없으며, 국기에 대한 경례를 종교상의 우상숭배라 하여 거부한 학칙위반학생에 대한 제적처분은 정당하다고 판시하고 있으며, 수혈을 거부한 어머니에게 유기치사죄를 인정하고 있다.

Ⅳ. 국교부인과 정교분리의 원칙

1. 序

종교의 자유는 전통적인 인권으로서 각국의 헌법에서 보장되고 있지만, 국가와 종교와의 관계는 국가마다 또 시대마다 달리한다. 비교헌법적에서 보면 헌법에서 국교부인과 정교분리원칙을 선언한 국가는 그 수가 많지 않다. 주요 국가를 보아도 ① 국교제도를 원칙으로 하여 국교 이외의 종교에 관해서 광범한 종교적 관용을 인정, 실질적으로 종교의 자유를 보장하는 것(영국), ② 국가와 종교와는 각각 그 고유의 영역에서 독립한다는 점을 인정, 교회는 공법인으로서 헌법상 지위를 부여하고 그 고유의 영역에 관해서는 독자적으로 처리하여 경합사항에 관해서는 화친조약을 체결하고 이에 근거해서 처리해야 할 것이라고 하는 것(이탈리아, 독일), ③ 국가와 종교를 분리하는 것(미국, 프랑스)의 세 가지 형태로 분류할 수 있다. 한국과 일본 헌법은 제3의 유형을 채택하고 있는 것이다. 정교분리원칙을 채용하는 경우에 있어서도 그것이 엄격하게 적용되는가 그와 함께 완화해서 적용해야 하는가는 국가마다 다르고 또 각각의 국가에서 헌법해석이 나뉘어 있다. 한국에서도 정교분리의 원칙이 엄격하게 적용되어야 하는지 여부가 법원의 판결이나 행정실례에서 활발하게 논의되고 있다.

2. 의의

이는 국가가 특정종교를 국교로 지정하는 금지하는 국가의 비종교성과 국가와 종교의 결별은 물론 국가나 정치에 대한 종교의 중립과 국가에 의한 모든 종교의 동등한 처우를 말한다. 종교의 자유가 개인을 위한 주관적 공권을 의미하는데 대하여 이는 국가와 종교 단체의 상호관계에 관한 제도적 보장을 의미한다(권영성)

3. 국교부인과 정교분리원칙의 성격

국교부인과 정교분리원칙의 성격에 관해서 제도적 보장설이 학설상 일반적으로 주장되고 있다. 헌법은 종교의 자유의 보장을 강화하기 위한 수단으로서 정교분리를 제도로서 보장한 것이라고 해석되고 있다.161)

학설에서는 제도적 보장론 그 자체가 처음 제도의 중핵부분과 주변부분을 구별하고 제도의 중핵이 아닌 주변부분은 입법권에 의해서 변경할 수 있다고 하는 이론이라는 점에서 정교분리규정을 제도적 보장의 규정이라고 보는 한 정교분리의 완화와 결합한다고 하

---

161) 그런데 일본 최고재판소는 진지진제소송판결(최대판 소화52년 7월 13일 민집 31권 4호 533면)에 있어서 정교분리규정이 "이른바 제도적 보장의 규정이고 종교의 자유 그것을 직접 보장하는 것은 아니고 국가와 종교의 분리를 제도로서 보장함으로써 간접적으로 종교의 자유의 보장을 확보하려고 하는 것이다."라는 입장에서 국가와 종교와의 분리에도 스스로 일정한 한계가 있고 국가와 종교와의 관련이 "종교의 자유의 보장의 확보라는 제도의 근본목적과의 관계에서 어떤 경우에 어떤 한도로 허용되지 않는 것이 되는가가 문제되지 않을 수 없다."고 판시했다. 즉 최고재판소는 정교분리규정이 제도적 보장의 규정이라는 점에서 정교분리원칙을 엄격하게 적용할 수 없다는 입장에 섰던 것이다.

는 바판에서 출발하여 정교분리규정을 종교의 자유를 강화 내지 확대하는 인권보장조항
이라고 파악하는 견해도 주장되기에 이르고 있다.

인권설에 대해서는 정교분리가 제도적 보장인가 아닌가의 문제와 정교분리가 엄격한
분리인가 완화된 분리인가 하는 문제는 직접 결합하지 않는다고 하여 개별적으로는 첫째
로 종교의 자유와는 다른 독자의 인권으로서 어떠한 내용의 권리인가, 어떤 경우에 인권
침해가 해당되는가, 누가 어떤 경우에 인권침해의 제거를 청구하는 소송을 제기할 수 있
는가 등 인권으로서의 정교분리의 구체적 내용이 명확하지는 않은 점, 둘째로 헌법 제20
조 제2항을 보면 정교분리의 요청은 국가에 대한 금지명령이라도 기본권의 근거로 함에
충분하지 않다는 점, 셋째로 정교분리를 인권이라고 해석한 경우에 종교의 자유와는 다
른 독자의 기본권성은 어떠한 점에 인정되는 것인가 불명확하다는 점이 지적되고 있다.
정교분리의 원칙에 관한 가장 중요한 문제는 절대적 분리(엄격한 분리)인가 상대적 분리
(완화된 분리)인가라는 분리의 정도문제와 정교분리위반의 판정기준으로서 어떤 기준을
사용해야 할 것인가 하는 문제이다.

4. 목적효과기준

국가와 종교와의 사이에 일정한 관계가 있다는 점을 전제로 하여 국가와 종교와의 관
계가 정교분리원칙에 위반하는가 아닌가를 판정하는 기준으로 하여 목적효과기준이 있다.
목적효과기준은 미국의 판례에서 확립한 사고방식으로 미국의 판례이론에 있어서는 다음
세 가지 요소에서 성립해 있는 것으로 되어 있다(호부, 판례 173면). 첫째로 국가의 행위
목적이 세속적인 것, 둘째로 국가행위의 주요한 효과가 어느 종교를 원조, 조장하고 또는
억압하는 것은 아니라는 점, 셋째로 국가행위와 종교와의 사이에 과도한 관련이 없는 점
이다162).

---

162) 일본의 최고재판소는 진지진제소송판결에 있어서 "정교분리규정의 보장대상이 되는 국가와 종교와의
분리에 저절로 일정한 한계가 있음을 면할 수 없고, 정교분리원칙이 현실의 국가제도로서 구현된 경우
에는 각각의 국가의 사회적·문화적 제 조건에 비추어 국가는 실제상 종교와 어느 정도 관련을 가지지
않을 수 없다."고 하여 국가와 종교와의 관련을 갖지 않는 사례로서 종교계사립학교에의 조성이나 문
화재보호를 위한 종교단체에의 보조금의 지출을 들면서 '종교와 관련을 가지는 행위의 목적 및 효과에
비추어 그 관련이 위의 제 조건에 비추어 상당하게 되는 한도를 넘은 것이라고 인정되는 경우에 이것
을 허용되지 않는다고 하는 것'으로 '당해 행위의 목적이 종교적 의의를 가지고 그 효과가 종교에 대한
원조, 조장, 촉진 또는 압박, 간섭 등이 되는 행위'가 헌법 제20조 제3항에 의해서 금지되는 종교적 활
동에 해당한다고 해석되고 있다. 그리고 목적과 효과의 판단에 있어서는 외형적 측면만이 아니고 "당
해 행위가 행해진 장소, 당해 행위에 대한 일반인의 종교적 평가, 당해 행위자가 당해 행위를 행하는
의도, 목적 및 종교적 의식의 유무, 정도, 당해 행위의 일반인에게 주어지 효과, 영향 등 제반사정을 고

5. 내용

1) 종교의 정치간섭 금지

헌법 제20조 제2항에 종교가 정치에 간섭하거나 종교단체가 정치활동하는 것은 금지된다. 여기서 말하는 '정치상의 권력'의 의미에 관해서는 다음과 같은 두 가지 설로 대별된다.[163]

2) 국가에 의한 종교교육, 종교활동 금지

헌법 제20조 제2항은 '국가 및 그 기관'에 대하여 '종교교육 기타 어떤 종교적 활동'도 해서는 안 됨을 규정하고 있다. 종교교육에 관해서는 국공립학고에서 특정 종교를 위한 종교교육을 하는 것은 금지되어 있지만, 종교의 사회생활상의 의의를 명확히 하고 종교적 관용을 키우는 것을 목적으로 하는 교육은 헌법상 금지되어 있지 않다.[164]

려하여 사회통념에 따라서 객관적으로 판단하지 않으면 안 된다."고 하고 있다. 본판결의 채용한 목적효과기준은 자위관합사소송판결(최대판 소화63년 6월 1일 민집 42권 5호 277면)에 있어서 승계되고 있다. 최고재판소판례의 목적효과기준에 대하여 학설에서는 다음 두 가지 방향에서 검토가 가해지고 있다. 첫째는 목적효과기준 그 자체가 애매한 기준인 점에서 복지국가적 관점에서의 국가의 재정원조의 경우에는 유효하지만, 진지진제소소의 사안처럼 국가가 주체가 되어 종교적 행위를 행한 경우의 기준으로서는 타당하지 않다고 하는 견해이다. 둘째는 목적효과기준 그 자체는 상당 엄격한 기준이고 다양한 요소를 형량해서 국가와 종교와의 관계를 최소한도에 그치는 기준으로서 유효한 기준이라는 점을 인정하면서 최고재판소판례가 목적효과기준을 완화해서 적용한 점을 비판하고 미국과 같이 엄격하게 적용해야 한다고 하는 견해이다. 이 견해에 따라 목적효과기준을 엄격하게 적용한 하급심판결이 몇 개 나와 있는 점이 주목된다[기면충혼비소송 제1심판결(대판지판 소화57년 3월 24일 행집 33권 3호 564면); 애매정국소송 제1심판결(송산지판 평성원년 3월 17일 판시 130호 26면); 암수정국소송 공소심판결(선대고판 평성3년 1월 10일 판시 1370호 3면)].

163) 일본에서 통설은 '정치상의 권력'이란 입법권, 과세권, 재판권, 공무원의 임면권 등 국가가 독점해야 할 통치적 권력을 의미한다고 해석하고 있다(A설). 이에 대하여 '정치상의 권력'의 의미를 '정치적 권위의 기능'[좌등, 본헌법(상)(신판) 308면]이라고 해석하는 입장(B1설) 및 '적극적인 정치활동에 있어서 정치에 강한 영향을 주는 것'[전상양치, 종교에 관한 헌법상의 원칙, 지궁타편, 헌법강좌(2) 139면]이라고 이해하는 입장(B2설)이 소수설로 주장되고 있다. B설은 역사적으로는 A설이 말하는 '정치상의 권력'을 종교단체가 행사했던 것이지만, 현대에는 통상 예상되지 않는다는 점을 전제로 하여 '특히 과거에 있어서 국가신도가 정치권력과 결합해서 군국주의정책의 종교적 기초를 이루는 기능을 했던 점'(B1설) 내지 "동일 신앙에 의해서 결집한 종교단체의 정치활동은 다른 정치단체가 그 신앙에 귀의하지 않는 한 용이하게 타협을 허용하지 않는 성격을 가지므로 민주정치가 자유로운 토론에 의해서 일치점을 찾고, 그 결정에 있어서 소수의견이 다수의견에 따르기 위한 전제로서의 동질성에 반한다."는 점(B2설)을 이유로 들고 있다. B설에 대한 A설에서의 반론은 "종교단체가 오늘날 통치적 권력을 갖지 않는 점은 자명한 바이지만, 독일과 같이 종교단체가 조세징수권을 가지는 예가 있는 것에 유의할 필요가 있을 것이다."[좌등행, 헌법(제3판) 501면]라고 하는 것이 있고, 더 나아가 B2설에 대해서는 종교단체의 정치활동의 자유나 종교단체의 정치활동을 금지하는 것은 종교를 이유로 차별하는 것이 된다고 하는 헌법상의 의문(교본, 일본국헌법 235면)이 제기되고 있다.

164) 무엇이 '종교적 활동'에 해당하는가에 관해서는 일본 최고재판소 판례처럼 목적효과기준을 채택하는 입장에서는 그 전형적인 것은 헌법 제20조 제3항에서 예시된 '종교교육과 같은 종교의 포교, 교화, 선전 등의 활동'이지만 그 외에 '종교상의 축전, 의식, 행사 등'이라도 '당해행위의 목적이 종교적 의의를 가

3) 특권부여의 금지

헌법 제20조 제1항 후단은 종교단체에 대한 국가의 특권부여를 금지하고 있다. '특권' 이란 일체 우대적 지위·이익을 이루고, 특정 종교단체에 특권을 부여하는 것이 허용되지 않는 것만이 아니라 종교단체 모두에 대해 다른 단체로부터 구별해서 특권을 부여하는 것도 금지된다.165)

4) 국가에 의한 특정 종교의 우대와 차별 금지

단, 크리스마스, 석가탄신일의 공휴일제는 습속으로 인식되기 때문에 무방하다.

제3절 표현의 자유

표현의 자유란 "인간의 내심에 있어서 정신작용을 방법의 여하를 불문하고 외부에 공표할 정신활동의 자유를 말한다."고 해석되고 있다. 표현되는 것은 엄밀한 의미에서의 사상에 한정되지 않고, "표현자의 의견·주장은 물론 생각하고 있는 것이나 느끼고 있는 것 모두를 포함한다."고 되어 있다.

표현의 자유를 뒷받침하는 사회적 가치로서 ① 개인이 언론활동을 통해서 자기의 인격을 발전시킨다고 하는 개인적인 가치(자기실현의 가치)와 ② 언론활동에 의해서 국민

지고 그 효과가 종교에 대한 원조, 조장, 촉진 또는 압박, 간섭이 되는 것과 같은 행위'인 한 종교적 활동에 포함되게 된다[전게최고재진지진제소송판결(최대판 소화52년 7월 13일)의 다수의견]. 이에 대하여 국가와 종교와의 철저한 분리에서 목적효과기준을 채택하지 않는 입장에서는 '종교적 활동에는 종교교의의 선포, 신자의 교화육성 등의 활동은 물론이고 종교상의 축전, 의식, 행사 등을 행하는 것도 그 자체에 당연히 포함되는 것이라고 할' 것이라고 하는 것이 된다(최고진지진제소송판결의 등림재판관오재판관의 반대의견).

165) 일본에서 문제되는 것은 종교법인에 대한 비과세조치가 '특권'의 부여가 되는지 여부이다. 학설에서는 비과세조치는 실질상은 면세액에 상당하는 공금을 보조함과 같은 것으로 헌법상 의문이 있다고 하는 견해도 유력하게 주장되고 있다[이등, 헌법(제3판) 486면; 신정용일, 재정에 있어서 헌법문제 65면 1965; 북야홍구, 헌법과 재정법 292면 1983]. 이에 대하여 다수설은 종교법인에 대한 비과세조치를 합헌이라고 해석하고 있다. 합헌이라고 한 이유에 관해서는 공익법인이나 사회복지법인과 함께 종교법인에도 면세하고 있으므로 '특권'에 포함되지 않는다고 해석하는 견해[궁택(호부보정), 전정헌법 240면; 좌등, 본헌법(상)(신판) 308면; 호부편, 헌법2 351면(종곡); 호부신희, 정교분리원칙의 내용, 법교152호 105면 1993 등]과 헌법은 종교의 사회적 가치를 승인하는 입장에 서 있으면서 국가재정이나 종교법인의 경제력 등을 감안해서 입법정책상 면세조치가 허용되는 것으로 '특권'에 해당하지 않는다고 이해하는 견해(소도, 강화 208면; 대석진, 종교와 재정을 둘러싼 헌법문제, 공법 52호 107면 1990)로 나뉘어 있다. 후설에 의하면 예를 들면 이른바 거대종교법인에의 과세나 고정자산세의 비과세에 대신하는 경감세율화 등이 입법정책상 가능해지는 것이다.

이 정치적 의사결정에 관여한다는 민주정치에 이바지하는 사회적인 가치(자기통치의 가치)가 있고, 이것에 의해서 표현의 자유의 우월적 지위가 도출되는 것이다. 표현의 자유의 의의로서 더 나아가 각인이 자기의 의견을 자유롭게 표명하고 경쟁함으로써 진리에 도달할 수 있다고 하는 '사상의 자유시장'이 거론되고 있다. '사상의 자유시장론'은 미국의 연방대법원 홈즈 판사가 "진리의 최선의 판단기준은 시장에서 경쟁을 통해 스스로 용인되는 힘을 가지고 있는가 어떤가이다."라고 말했던 것으로, 미국에 있어서 표현의 자유의 '우월적 지위'론의 발전에 큰 영향을 주었던 것이다. '사상의 자유시장론'에 대해서는 "진리는 궁극적으로 승리할 보장은 있는가라는 원리적 의문과 함께 원래 자유시장이라는 실제상 존재하고 있는 것인가, 오히려 매스미디어의 소수자에의 집중이 일층 강해지고, 논설이나 보도의 획일적 경향이 강화되고 있는 것이 실상이 아닌가 하는 현실기능면에 관한 의문이 제기되고 있다."는 점은 확실하지만, '사상의 자유시장론'은 오늘날 기본적으로 타당한 이론이다. 표현의 자유의 '우월적 지위'의 이론에서 위헌심사기준으로서의 이중기준론이 도출되는 것이다.

제4절 언론·출판집회·결사의 자유

> 헌법 제21조 ① 모든 국민은 언론·출판의 자유와 집회·결사의 자유를 가진다.
> ② 언론·출판에 대한 허가나 검열과 집회·결사에 대한 허가는 인정되지 아니한다.
> ③ 통신·방송의 시설기준과 신문의 기능을 보장하기 위하여 필요한 사항은 법률로 정한다.
> ④ 언론·출판은 타인의 명예나 권리 또는 공중도덕이나 사회윤리를 침해하여서는 아니된다. 언론·출판이 타인의 명예나 권리를 침해한 때에는 피해자는 이에 대한 피해의 배상을 청구할 수 있다.

Ⅰ. 언론·출판의 자유

1. 서설

1) 연혁과 규정

영국의 인민협정에서 선언되고 검열법의 폐지로 확립되었고, 그 후에 세계 각국의 헌법에 규정되었다.

2) 의의

이는 자기의 사상이나 지식을 언어나 문자 등으로 외부 내지 불특정다수인에게 표현하는 자유를 의미한다. 그리고 헌법 제21조 제1항은 집회·결사의 자유와 함께 '언론·출판 기타 일체의 표현의 자유'를 보장하고 있다. '언론'은 구두에 의한 표현행위를 또 '출판'은 인쇄물에 의한 것을 가리키지만 '표현의 자유'의 보장은 구두나 인쇄물에 의한 것에 한하지 않고 회화, 사진, 영화, 음악, 레코드, 연극, 라디오, 텔레비전 등 사상·의견을 발표하는 수단이면 어떤 것도 불문한다.

언론, 출판 기타 언어적 매체에 의하지 않고, 예를 들면 전쟁에 반대해서 공중 앞에서 징병카드나 국기를 태우는 행위와 같이 자기의 의견이나 사상을 상징하는 행동에 의한 표현활동을 미국에서는 일반적으로 '상징적 표현(symbolic expression)'이라고 부르고 있다. 한국에서도 이와 같은 상징적 표현은 언론의 자유의 보장대상에 포함된다고 해석되고 있다. 이런 종류의 표현은 다른 사람의 권리 등과 충돌하기 쉽고, 또 과격한 형태를 띠기 쉬운 것이지만, 다른 한편 매스미디어를 통해서 표현할 기회를 갖지 못하고, 언어적 성숙을 결여한 혹은 시간적 여유가 없는 자에 의해서는 거의 유일하고 최후의 수단적 표현방법인 바이므로 헌법상 보장의 정도가 순수한 언론의 경우와 동일한가 아닌가가 문제되는 것이다.[166]

영리적인 목적으로 이루어진 이른바 영리광고가 표현의 자유의 보장대상이 되는가 아닌가가 문제된다. 영리광고의 헌법상 보장에 관해서 학설은 다음의 3설로 분류할 수 있다.

(1) A설

A설은 영리광고를 언론의 자유의 내용을 이루는 것과 경제적 자유로서 보장되는 순수한 영리광고로 이분하는 견해이다. 즉 A설은 영업에 관련한 광고를 상품지식의 계몽을 목적으로 한 것, 정보전달을 주로 한 것, 더 나아가 이른바 의견광고가 가미된 것 등 무엇인가 표현행위에 관한 광고와 순수한 영리광고로 나누어 전자에 관해서는 언론의 자유의 내용을 이루지만, 후자에 관해서는 사상의 자유시장과 관계가 없는 것으로 우월적 지

---

166) 일본 최고재판소는 동경도공안조례사건판결(최대판 소화35년 7월 20일)에서 '집단행동에 의한 사상 등의 표현은 단순한 출판 등에 의한 것과는 달리 현존하는 다수인의 집합체 자체의 힘'에 의해서 지지되고 있는 점을 특징으로 한다는 점을 근거로 '순수한 의미에 있어서 표현이라고 할 수 있는 출판물 등에 관한 사전규제인 검열이 헌법 제21조 제2항에 의해서 금지되고 있음에도 불구하고 집단행동에 의한 표현의 자유에 관한 한' 필요최소한도의 사전규제를 행할 수 있다고 판시하고 있다. 순수한 언론에 의한 표현과 집단행동에 의한 표현 간에 헌법상 보장의 정도에 차이가 있다고 하는 사고방식에 최고재판소는 서 있는 것이다.

위를 자치하는 자유라고 보는 것은 적당하지 않고, 오히려 경제적 자유권의 행사화의 관련이 강해 합리적인 목적에 의한 제한을 받는다고 이해하는 것이다.

(2) B설

B설은 영리광고의 자유는 표현의 자유로서의 측면과 경제활동의 자유의 두 가지 측면을 가지기 때문에 다른 표현의 경우보다도 넓은 규제를 가할 수 있다고 이해하는 견해이다.

(3) C설

C설은 영리광고도 표현의 자유의 보장에 포함되고 그 제약에 관해서는 일반의 언론의 자유와 같은 엄격한 기준이 적용되어야 한다는 견해이다. C설은 A설에 대해서는 순전한 영리광고와 정신활동적 요소를 포함하는 것과의 구별이 확실하지 않고, 또 순수한 영리광고도 소비자 측에서 보면 하나의 중요한 생활정보로서의 의미를 가지기 때문에 소비자의 '알 권리'의 관점에서 표현의 자유의 보장밖에 두는 것은 의문이 있다고 비판하고 있다. 또한 영리적 광고의 자유를 표현의 자유의 보호 아래 둘 가치가 있다고 하면서, 표현의 자유의 중점은 자기통치의 가치에 있기 때문에 영리적 표현의 자유의 보장정도는 비영리적 표현의 자유보다도 낮다고 이해하는 견해는 기본적으로는 C설의 입장에 서면서 실제상의 결과는 B설에 가깝다.[167]

3) 기능

각자의 인격형성을 위한 자유, 민주정치체제의 활성화 - 적극적 권리로 변모

4) 개념

(1) 언론: 구두의 형식에 의한 사상, 의견 발표

---

[167] 일본 최고재판소는 안마사, 침술사 및 유도정복사법 제7조가 정한 광고제한(현재의 안마마사지지압사, 침술사 등에 관한 법률 제7조, 유도정복사법 제24조 참조)의 합헌성에 관하여 광고를 제한하는 이유는 '허위과대로 흘러 일반대중을 유혹할 우려가 있고, 그 결과 적시 적절한 치료를 받을 기회를 잃어버릴 결과를 초래하는 것을 염려했기 때문'이어서, 이와 같은 폐해를 미연에 방지하기 위한 일정사항 이외의 광고를 금지하는 것은 "국민의 보건위생상의 견지에서 공공복지를 유지하기 위한 부득이한 조치로서 시인되지 않으면 안 된다."고 판시하여 헌법 제21조 등에 위반하지 않는다고 판단하고 있다. 본판결에 대해서는 "허위과대광고의 제한과는 달리, 광고내용의 금지는 언론을 직접 막는 것이므로 단순히 합리적 근거가 없고 정당성의 근거가 충분히 보여질 필요가 있다.", "본건 광고규제는 허위과대광고뿐 아니라 적응증 등 진실의 광고를 금지하는 것이라고도 해석되는 한에서 과도하게 광범한 규제라고 보아야 할 것이다."라는 비판이 가해지고 있다(최대판 소화36년 2월 15일 형집 15권 2호 347면).

(2) 출판: 출판물에 의한 의견 발표

(3) 협의의 언론·출판의 자유: 사상 또는 의견을 언어, 문자 등으로 불특정다수인에게 발표하는 자유를 의미한다.

(4) 광의의 언론·출판의 자유: 알 권리(정보공개청구권), 엑세스권(언론기관에의 접근과 그 이용권), 반론권, 언론기관설립권, 언론기관의 취재의 자유, 편집·편성권, 내부적 자유 등을 포함하는 것이다.

5) 성격

(1) 법적 성격

개인적 자유권설, 제도적 보장설이 대립하나 개인적 자유권성과 제도적 보장으로서의 성격을 동시에 갖는다고 본다.

(2) 타 기본권과의 관계

① 집회·결사의 자유가 집단적 표현의 자유임에 반하여, 언론·출판의 자유는 개인적 표현의 자유를 의미한다.

② 양심·종교·예술·학문의 자유가 언론·출판의 자유에 대한 특별법적 규정이기 때문에 우선적으로 적용되고, 개인 간의 일상적인 대화나 통신은 사생활비밀의 자유, 통신의 자유로 보호받는다.

2. 주체 및 효력

1) 주체

외국인의 정치적 표현의 자유는 제한될 수 있고 신문사나 통신사 등의 법인에게도 적용된다.

2) 효력

국가기관을 구속하며 사인 간에는 사법상 일반조항을 통해 적용된다.

3. 내용

1) 의사표현의 자유

이는 자기의 의사이나 의견을 외부에 표명하거나 전달하는 자유를 말하며, 여기서 의사는 평가적 의사설과 가치판단에 사실전달까지 포함하는 사실전달포함설로 이분된다.

2) 알 권리

(1) 序

인간이 자기의 사상·의견을 형성하기 위해서는 정보를 자유롭게 얻을 수 있어야만 한다. 그러한 점이 오늘날 국민에 있어서 필요한 정보는 국가기능의 증대와 함께 정부 또는 집중화·독점화한 매스미디어에 집중하는 경향이 현저해지고 또 개인은 자신에게 필요한 정보를 수집하는 것이 곤란하게 되어 있다. 그래서 정보를 가지는 주체에 대하여 정보의 공개를 요구할 권리를 인정하는 것이 표현의 자유의 보장에 있어서 불가결하게 되었던 것이다. 표현의 자유는 단순히 표현을 보내는 자의 자유만이 아니라, 표현을 받는 자의 자유도 포함하는 것이고, 이 표현을 받는 자의 자유가 '알 권리'로서 파악되고 있는 것이다. 알 권리는 국민인 정보를 수집하는 것을 국가에 의해서 방해받지 않는다는 자유권으로서의 성격을 가지는 데 그치는 것이 아니라 국가에 대하여 적극적으로 정보의 공개를 요구할 청구권적 성격을 가지고, 더 나아가서는 개인은 여러 가지 사실이나 의결을 앎으로써 정치에 효과적으로 참가할 수 있다고 하는 의미에서 참정권적인 역할을 담당하는 권리로서 지위가 부여되고 있는 것이다.

(2) 의의와 기능

이는 모든 정보원으로부터 의사형성에 필요한 정보를 수집할 수 있는 권리를 말한다. 그리고 알 권리의 기능은 의사표현의 선행조건이며 민주정치에서 인격의 자유로운 발전과 행복추구, 발전의 전제조건이다(허영).

(3) 법적 성격

알 권리는 자유권인 동시에 청구권이다(김철수).

(4) 법적 근거

이에 관하여 헌법 제21조에서 찾는 견해, 헌법 제10조와 제21조에서 찾는 견해, 국민
주권원리에서 찾는 견해 등이 있다. 우리 헌법재판소는 헌법 제10조와 헌법 제21조에서
그 근거를 찾으면서 헌법 제21조를 더 강하게 그 근거를 제시하는 것 같다(김철수).

(5) 내용

① 정보공개청구권: 헌법 제21조에 의해서 정부에 대해 정보의 공개를 요구할 권리가
보장되고 있다고 해도 개개의 국민이 재판상 정보공개청구권을 행사하기 위해서는 공개
의 기준이나 절차 등에 관해서 법률에 의한 구체적 정함이 필요하고, 헌법 제21조는 추
상적인 청구권을 인정한 것이라고 해석되고 있다. 국가의 수준의 '정보공개법'과 지방자
치단체수준에서의 정보공개조례가 최근 상당수 제정되어 있다. 정보공개제도는 알 권리
를 구체화하는 취지에서 제정된 것이고, 정보공개제도에 의해서 정보공개청구권은 구체
적 권리가 되고 사법상 구제를 받는 것이다.

② 액세스권

ⓐ 序: 국민의 알 권리는 신문·방송이라는 매스미디어가 국민에 대한 정보제공기능
을 충분히 수행하고 있지 않는 경우에 매스미디어에 대해서 적용된다. 매스미디어에 대
한 알 권리의 주장은 '액세스권'으로서 표현된다. 액세스권이란 일반적으로 "매스미디어
에 대한 알 권리, 결국 정보를 받는 자인 일반국민이 정보를 보내는 자인 매스미디어에
대하여 자기의 의견발표의 장소를 제공할 것을 요구하는 권리(구체적으로는 의견광고나
반론기사의 게재, 지면·프로그램에의 참가 등)의 의미로 사용되는 것이 많다."고 되고
있다. 액세스권은 매스미디어의 표현의 자유와 충돌하는 것이기 때문에 액세스권을 법적
권리로서 인정하는 것은 매스미디어에 대한 광범한 공권적 규제에의 길을 열어 주는 것
은 아닌가 하는 비판이 제기되고 있다[168].

---

168) 일본의 산케이신문 의견 광고사건
　　소화48년 12월 2일 산케이신문상에 산경신문사가 자유민주당을 광고주로 한 일본공산당의 강령에 관
　한 의견광고를 게재했던바, 일본공산당은 명예훼손을 당했다고 주장하여 반론문의 무료게재를 요구하
　는 가처분을 신청했다. 가처분신청이 각하되었기 때문에(동경재결 소화49년 5월 14일 판시 739호 49
　면), 본안소송이 제기되었지만 제1심판결(동경지판 소화52년 7월 13일 판시 857호 30면), 항소심판결
　(동경고판 소화55년 9월 30일 판시 981호 43면) 모두 청구를 기각했다. 최고재 소화62년 4월 24일 판
　결(민집 41권 3호 490면)은 반론문의 제도는 신문을 발행·판매하는 자에 있어서는 반론문의 게재를
　위해서 지면을 할애해야만 하는 등의 부담을 지고 있는 것이어서 이러한 부담이 특히 공적 사항에 관
　한 비판적 기사의 게재를 시켜 헌법이 보장하는 표현의 자유를 간접적으로 침해할 위험에 연결될 염려
　가 다분히 존재하므로 구체적인 성문법이 없음에도 반론권을 인정하는 등 반론문게제청구권을 쉽게 인
　정하는 것은 불가능하다고 하고 있다.

ⓑ 의의: 이는 언론매체에 대한 접근이용권을 말한다. 이에는 일반국민이 자신의 의사를 언론기관에 표현할 수 있는 광의의 액세스권과 자기에게 관련되는 불이익에 대하여 해명과 반박할 수 있는 협의의 액세스권으로 구분된다(허영).

ⓒ 기능과 특색: 그 기능은 민주적인 여론정치형성과 개인의 인격의 자유로운 발전과 행복추구 발전의 전제조건이다. 그리고 그 특색은 국민 대 국가와의 사이에서 발생하는 문제가 아니라 국민 대언론기관 사이에서 발생 문제이다.

ⓓ 내용: 그 내용으로 반론보도청구권(반론권, 반박권)과 추후보도청구권(해명권)에 관한 규정(정기간행물의등록에관한법률 제16조, 제20조)을 들 수 있다. 여기서 반론권이란 피해자가 원문보도에 대하여 반론내용의 게재를 요구하는 권리를 의미하고, 원문보도가 허위일 것을 요하지 않는다. 그리고 해명권이란 정기간행물이나 방송에 의하여 범죄혐의가 있다거나 형사상 조치를 받았다고 보도 또는 방송된 자는 그에 대한 형사절차가 무죄판결 또는 이와 동등한 형태로 종결된 때에는 그 날로부터 1월 이내에 서면으로 발행인 등에게 이 사실에 관한 해명보도의 게재를 청구할 수 있는 권리를 의미한다.

3) 언론기관의 자유

(1) 의의

언론기관은 신문, 잡지, 방송 등을 말하며 언론기관의 자유는 언론 출판의 자유의 내용이 된다.

(2) 언론기관의 자유

언론기관 설립의 자유, 의사발표와 보도 및 논평의 자유, 취재의 자유, 보급의 자유, 그 밖의 보조활동의 자유(언론기본법 제11조, 제16조, 제17조 등)

① 언론기관의 공공적 기능(여론형성)과 특권, 국가기관에 대한 정보청구권, 보도내용이 진실이고 오로지 공익을 위한 것인 경우에는 명예훼손의 경우라도 면책을 인정(통설)한다. 허위보도인 경우 형사상 처벌 면제, 취재원에 대한 진술 거부권, 인정 못함.

② 언론기관의 자유: 보도 · 논평, 출간시기 결정, 편집활동 등 보조활동, 취재의 자유(일정한 한계 내)

③ 언론기관의 내부적 자유: 편집 · 편성 자유

④ 언론의 책임(방송법)과 의무(진실보도의무)

(3) 책임

언론·출판은 타인의 명예나 권리 또는 공중도덕, 사회윤리를 침해해서는 안 된다(제 21조 제4항). 그리고 방송은 공적 책임이며 공정성, 공공성을 지켜야 한다(방송법 제5조).

4. 제한

표현의 자유에 대한 제한의 합헌성을 판단하는 기준은 이중의 기준론에 의해 엄격할 것이 요청된다. 표현의 자유의 '우월적 지위'라는 것에서 이 영역에서는 통상 합헌성의 추정원칙이 배제되고 오히려 위헌성의 추정원칙이 타당하다고 할 것이다. 여기에서 말하는 합헌성의 추정원칙의 배제 내지 위헌성의 추정원칙은 기본적으로는 절차법상의 거중책임의 전환과 같은 엄격한 의미에서가 아니라 어디까지나 제약이 예외이고, 표현의 자유를 제한하는 법령을 적용하는 국가 측에서 당해 법령의 합헌성에 관해서 법원을 설득하는 데 족하다는 논의를 적극적으로 전개해야만 한다는 정도의 의미라는 데 주의해야만 한다.

1) 사전억제금지이론

(1) 서

그 근거 표현에 대한 공권력에 의한 사전규제를 배제한다는 사전억제금지의 이론은 표현의 자유보장의 중요한 내용을 이루는 것이다. 사전억제는 ① 표현이 '시장'에 나오기 전에 공권력이 그것을 억제하는 점에서 모든 사상은 여하튼 공개되어야 한다는 '사상의 자유시장'의 관념에 반한다는 점, ② 사전억제에 관련한 표현행위의 모두가 우선 공권력의 판단을 받게 되고 그것 때문에 소추를 받는 특정한 표현행위에 관해서만 판단이 이루어지는 사후억제에 비해서 공권력에 의한 규제범위가 일반적으로 광범하다는 점, ③ 일반적으로 사전억제는 행정의 광범한 재량권하에서 간이한 절차에 의해서 행해지고, 절차상 보장이나 실제의 억지적 효과의 점에서도 사후억제의 경우에 비해서 문제가 많다는 점을 근거로 사전억제의 원칙적 금지의 법리가 도출되는 것이다.

(2) 사전억제의 금지와 검열의 금지와의 관계

헌법 제21조는 제1항에서 표현의 자유를 일반적으로 보장함과 동시에 제2항에서 허가와 검열을 금지하고 있다. 그래서 사전억제의 금지가 제21조 제2항의 허가와 검열의 금지와 같은 의미의 것인가, 그와 함께 사전억제의 금지는 제21조 제1항의 표현의 자유의 일반적 보장으로부터도 도출되는 것인가가 문제된다. 학설은 다음 2설로 대별할 수 있다.

A설은 사전억제를 두 가지 유형으로 나누어 광의에서는 "표현행위가 이루어짐에 앞서 공권력이 어떤 방법으로 이것을 억제하는가 및 실질적으로 이것과 동일시할 수 있는 영향을 표현행위에 미치는 규제방법을 말한다."고 정의하여 광의의 사전억제금지의 법리는 헌법 제21조에 당연히 전제되어 있다고 해석함에 대해서, 사전억제 중 "표현행위에 앞서 행정권이 그 내용을 사전에 심사하여 부적당하다고 인정하는 경우에 그 표현행위를 금지하는 것이다."라고 정의되는 검열에 관해서는 헌법 제21조 제2항에서 절대적으로 금지된다고 해석하는 견해이다.

B설은 헌법 제21조 제2항의 검열의 금지의 원칙이 사전억제의 금지의 이론을 정한 것이라고 해석하는 견해이다. B서의 대표적 학설은 검열의 개념에 관해서 첫째로 검열의 주체는 행정권에 한하지 않고 공권력이라고 하고, 둘째로 검열의 대상은 종래 '사상내용'이라고 이해했지만 현대사회에 있어서는 널리 '표현내용'이라고 해석하는 것이 타당하다고 하고, 셋째로 검열의 시기는 사상내용의 발표 전후에 판단되었지만, 표현의 자유를 알 권리를 중심으로 구성하는 입장을 취하면 오히려 사상·정보의 수령시를 기준으로 하여 수령전의 억제나 사상·정보의 발표에 억지적 효과를 미치는 사후억제도 검열이라고 해석하는 것이 타당하다고 하고 있다.

A설과 B설의 차이는 A설이 헌법 제21조 제2항의 검열을 비교적 협의로 해석해서 절대적으로 금지되는 것이라고 하고, 예를 들면 법원에 의한 사전금지와 같은 검열 이외의 사전억제에 관해서는 원칙적 금지라고 하여 예외가 허용되는 것으로 해석함에 대하여 B설은 검열을 넓게 해석하여 법원에 의한 사전금지도 검열의 문제로서 파악하는 점에 있다. B설에 있어서도 법원에 사전금지의 경우는 그 절차가 공정한 법의 절차에 의한 것이므로 행정권에 의한 검열과는 달리 예외적인 경우에는 엄격한 요건하에서 허용되는 것도 있다고 하게 되기 때문에 검열의 주체의 점에서 A설과 B설에서 실제상 결론이 반드시 다른 것만은 아니다.

결론적으로 A설이 타당하다. 즉 헌법 제21조 제1항의 사전억제의 원칙적 금지라는 의미는 표현행위에 대한 사전억제가 예외적으로 허용될 수 있는 경우가 있다고 하는 점에서 그 요건으로서 ① 규제의 기준이 명확할 것, ② 법원에 의한 적정하고 신속한 권리구제가 존재하고 있을 것을 들 수 있다. A설에서는 구체적인 사전규제가 어떤 유형에 속하는가가 중요한 문제가 된다. 분류에 있어서는 규제의 주체인 공권력이 행정권이든 그와 함께 법원이든 규제의 대상이 되는 표현이 단순히 언론·출판에 의한 것이든가 그와 함께 신체적 행동을 수반하는 집단행동에 의한 것이든 표현의 매체가 책·잡지든지 그와 함께 영화·방송이든지 규제가 표현의 내용의 심사에 미치든가 그와 함께 받는 측의 수령제한에 그치는가 등의 제점을 종합적으로 판단하는 것이 될 것이다.

(3) 허가제·검열제 금지

허가제 금지란 등록 신고는 허용되나 이를 허가와 같은 제한을 의미하도록 운용하면 위헌이라는 것이다. 검열제 금지란 사상이나 의견이 발표되기 이전에 국가기관이 그 내용을 심사, 선별하는 것을 금지하는 것을 의미하며, 언론·출판의 검열은 금지되나 문제는 영화 예술의 겸열금지이다. 이에 관하여 강제적 검열은 금지되나 예술인들 자신에 의한 자율적 임의적 권고적 사전검열은 가능하다고 본다.

2) 사후제한

언론·출판의 자유에 대한 제한은 사후적 통제가 원칙이다. 또한 제한을 하는 경우에도 과잉금지 원칙에 따라 필요 최소한의 제한만이 허용되고 명백하고 현존하는 위험에 처하는 경우만 가능하다. 또한 명확성의 원칙이 지켜져야 한다.

(1) 명백하고 현존하는 위험의 원칙

명백하고 현존하는 위험의 원칙은 미국판례를 통해서 확립된 것으로 그 성립은 1919년의 Schenck 사건에서 홈즈 대법관이 근접성과 정도의 문제로 주장하였다. 그 내용으로 명백이란 표현과 해악의 발생 사이에 긴밀한 인과관계를 말하고, 현존이란 해악 발생이 시간적으로 근접함을 의미하며, 위험이란 공공의 이익에 대한 위협(해악 발생)을 말한다. '명백하고 현존하는 위험'의 기준은 ① 가까운 장래 실질적 해악을 야기할 개연성이 명백한 것, ② 실질적 해악이 중대한 것 결국 중대한 해악의 발생이 시간적으로 절박해 있는 것, ③ 당해 규제수단이 해악을 피하는 데 필요불가결한 것의 세 가지 요건이 인정되는 경우에는 표현행위를 규제할 수 있다고 하는 위헌심사기준이다. 이 기준은 원래는 표현행위를 금지하는 법령을 해석적용하는 경우에 어느 특정한 표현이 금지되는가 어떤가를 판단하는 기준이었던 것이 그 후 법령 그 자체의 합헌성판단기준으로서 사용되게 된 것이다.169)

이의 이론적 역할은 언론제한 합리화, 언론자유의 최대한 보장하는 데 있다. 그리고 1951년 해악이 중대한 것이면 위험이 절박한 것이 아니더라도 언론을 억제할 수 있는 것으로 수정되었다.

(2) 보다 制限的인 代替措置

표현의 자유를 규제하는 법령에 관해서 입법목적은 정당해도 규제수단이 입법목적을 달성하기 위해서 '보다 제한적인 대체조치(less restrictive alternatives)'을 이용하는 것이 가능하다고 판단되는 경우에는 당해 규제입법을 위헌으로 하는 기준이다. 이는 일반적으로 LRA의 기준이라고 약칭되고 있다. 이 기준은 특히 표현의 시기·장소·방법의 규제의 합헌성을 검토하는 경우에 유용하다. 이것은 과잉금지의 원칙을 표현의 자유에 적용한 것이다.

(3) 명확성의 이론

기본권의 목록 중에서 우월적 지위를 가지는 표현의 자유에 대하여 애매·불명확한 법률에 의해서 규제를 가하면 위축적 효과[170]가 생기기 때문에 법문상 불명확한 법률은 원칙적으로 무효가 된다. 명확성의 이론은 형벌법규에 대해서 적용되는 것만은 아니고, 표현의 자유에 사전억제를 가하는 입법에 대해서도 중요한 의미를 가지고 있다[171]. 일본 최고재판소는 표현의 자유는 "헌법이 보장하는 기본권 중에서도 특히 중요시되어야 할 것이어서 법률로써도 표현의 자유를 규제하는 것에 관해서는 기준의 광범, 불명확하기 때문에 당해규제가 본래 헌법상 허용되어야 할 표현에까지 미쳐서 표현의 자유가 부당하게 제한된다고 하는 결론을 초래하지 않도록 배려할 필요가 있고, 사전규제적인 것에 관해서는 특히 당연하다고 할 것이다."라고 판시하고 있다[172].

---

169) 일본에서는 하급심판결에서 이 기준을 적용한 것이 보이지만, 최고재판소판례에서는 채택되어 있지 않다.

170) '위축적 효과'라는 것은 영어의 **chilling effect**에서 나온 말로 어떤 행위를 하면 표현의 자유를 규제하는 법률에 저촉되는가 하는 것이 불명확하다면 국민 측은 자신의 의견을 발표하는 것을 기다리다 끝나 버리고, 그러한 상태에서 표현활동이 폐쇄상태에 빠져 민주주의의 붕괴를 초래할 위험성이 있다고 하는 것이다.

171) 헌법재판소는 국가보안법 제7조에 대한 위헌심판(헌재 1990. 4. 2.자 89헌가113 결정), 국가보안법 제9조 제2항에 대한 헌법소원(헌재 1992. 4. 14.자 89헌가113 결정), 군사기밀보호법 제6조 등에 대한 위헌심판(헌재 1992. 9. 25.자 89헌가104 결정) 등에서 이를 채택하고 있다.

172) 최대판 소화59년 12월 12일.

(4) 그 밖의 기준

법익형량이론[173], 규제입법의 합헌성 추정 배제, 거증책임전환이론, 당사자적격요건의 완화 등이 있다.

3) 예외적 제한

언론·출판의 자유는 긴급권에 의해 예외적으로 제한된다.

5. 한계

본질적 내용은 침해할 수 없다. 허가제, 검열제 도입, 모든 정보원의 독점 등을 침해할 수 없다.

II. 집회·결사의 자유

1. 서설

1) 의의

이는 다수인이 공동의 목적을 가지고 회합 또는 결합하는 자유를 말하며, 집회·결사의 자유는 언론출판의 자유에 대한 보완적 기능을 한다. 이를 규제하고 있는 법률로 집회는 집회 및 시위에 관한 법률이고 결사에 관하여는 사회단체 신고에 관한 법률이다.

2) 법적 성질

법적 성질에 관하여는 자유권과 제도보장이 결합된 것으로 보는 견해(김철수)와, 주관적 권리로 보는 견해(인격발전), 정치적이고 민주적 기본권(의사형성, 의견발표 위한 집단적 형태의 정보교환, 시위보호)으로 보는 견해, 집회의 자유에 대하여는 공권으로서의 성격만 인정하고 결사의 자유에 대하여는 공권과 제도보장이 함께 인정되는 것으로 보는 견해(허영) 등이 있다.

---

173) 이는 표현이 자유의 한계를 판단하는 수단으로서 법률문언이 모호한 경우에 그것과 상반되는 이익과 형량하여 판결을 하여야 한다는 이론을 말한다. 즉, 표현의 자유를 제한하는 경우, 표현의 자유라는 법익보다 더 큰 공익을 유지하기 위하여 필요한 경우라야 한다(권영성).

2. 집회의 자유

1) 집회의 개념

집회란 다수인이 공동의 목적을 가지고 일정한 장소에서 일시에 집합하는 행위를 말한다. 따라서 집회가 성립하려면 최소한 3인 이상이 모여야 한다. 그리고 다수설에 의하면 집단적 시위, 행진은 움직이는 집회로서 집단적 의사표시의 한 형태이며, 집회의 개념에 포함된다.

2) 주체

자연인 외에 법인도 제한된 범위 내에서 가능한 경우 주체가 될 수 있다. 그리고 외국인은 내국인에 비해 그 제한이 가중될 수 있다.

3) 내용

이의 내용은 적극적으로 집회를 개최하는 자유, 집회를 사회 또는 진행하는 자유, 집회에 참가하는 자유와 소극적으로 집회 개최 않을 자유, 집회에 참가하지 않을 자유가 포함된다. 그리고 집회에서의 연설, 토론은 언론의 자유로서 보장되는 것이 아니라 집회의 자유로서 보장된다(특별법적 성격).

4) 효력

대국가적 효력, 제3자적 효력을 모두 가진다.

5) 한계와 제한

언론 · 출판의 자유보다 더 많은 제한을 받는데, 이는 집단적이며 공공질서에 대한 영향력이 직접적이기 때문이다.

(1) 한계

평화 · 비폭력 · 비무장에 의해 집회 또는 시위가 이루어져야 한다. 집시법 제5조 제1항은 절대로 금지되는 집회 및 시위를 규정하고 있다.

(2) 제한: 신고와 금지통고

3. 결사의 자유(일반적 결사)

1) 결사의 개념

결사란 다수의 자연인 또는 법인이 공동의 목적을 위하여 계속적인 단체를 형성하는
것을 말하고, 그 특징으로 조직적 의사에 복종하는 것을 말한다.

 - 정치적 목적(헌법 제8조), 종교적 목적(헌법 제20조), 학문과 예술의 자유(헌법 제22
   조), 근로조건(헌법 제33조)이 1차적으로 적용된다.

2) 주체

인간이면 누구나 그 주체가 될 수 있다. 외국인의 경우는 정치적인 것을 목적으로 하는
경우 국민에 비해 제한받는다. 법인 등도 자기결정권을 가지므로 그 주체가 될 수 있다.

3) 구체적 내용

이는 적극적으로 단체결성, 단체존속, 단체활동, 결사에의 가입 · 잔류할 자유와 소극적
으로 탈퇴의 자유, 가입하지 않을 자유로 이루어진다(그러나 공법상 결사의 경우 강제가
입인정: 변호사회, 의사회 등).

4) 효력

대국가적 효력, 제3자적 효력을 모두 가진다.

제5절 학문의 자유

헌법 제22조 ①모든 국민은 학문과 예술의 자유를 가진다.

Ⅰ. 서설

1. 연혁

근대 시민혁명을 일찍 경험했던 영국, 프랑스, 미국의 권리장전이나 인권선언 중에는 '학문의 자유'를 보장한 조항은 존재하지 않는다. 미국이나 영국에 있어서는 시민적 자유(사상의 자유, 사상의 표현·교환의 자유)가 보장되면 그 결과로서 연구의 자유도 당연히 보장되는 것이라고 생각되고, 대학교수 기타 연구자에게 일반시민이 향유하지 못하는 특별한 자유를 주는 것은 민주주의의 원리에 반한다고 생각되는 경향이 있었기 때문에 원래는 학문의 자유의 보장이라는 발상은 없었다. 그런데 19세기 제4·4반세기 이후 대학관리체질의 변화 ─ 산업가, 실업가이사의 비중의 증대 ─ 에 따라서 대학교수 등 연구교육기관에 있어서 피용자로서 연구교육을 행하는 자가 이사기관으로부터의 부당한 간섭을 받지 않고 그 전문적 기능을 자유롭게 수행할 수 있는 것을 보장해야 할 것이라는 바에 중점을 두고 '학문의 자유(academic freedom)'의 보장이 논의되었던 것이다.174) 프랑스에서는 '대학의 자유(libertes universitaires)' 내지 '대학의 자치(franchises universitaires)'는 헌법상의 권리라는 것이 인정되고,175) 또 학설에 있어서 초등교육에서 고등교육까지 통해서 적용되는 '교육의 자유(libertes de l'enseignement)' 중에 위치되고 있다.176)

이에 대해서 '학문의 자유(akademische Freiheit)'의 관념을 일찍 발전시켰던 것이 독일이다. 시민혁명이 미완성으로 시민적 자유가 충분히 보장되지 않았던 독일에 있어서 학문의 자유는 대학교수에 대하여 대학교수이기 때문에 주어진 특권으로서 불가결한 것이라고 생각되었던 것이다. 그 대신으로 학문연구와 실천활동이나 현실정치와의 관련이 배제되고, 학외활동에 관해서는 대학교수는 일반시민과 같이 정치적 부자유를 받아서는 안 된다는 것이다.177) 독일에 있어서 학문의 자유는 1810년의 베를린대학의 설립에서 보

---

174) 현대의 미국법에서는 학문의 자유 그 자체가 독립한 헌법상의 권리라고는 이해되고 있지 않지만 헌법 수정 제1조와 적법절차조항에 의한 표현의 자유가 학문의 자유에 적용되고, 신분보장의 권리, 학부(교수단)자치의 권리, 학생참가 기타 영역에서 헌법상 보장을 확장하려고 해석되기에 이르고 있다. 더 나아가 학문의 자유는 고등교육만이 아니라 초등중등교육에도 적용되는 것으로서 파악되게 되고, 교직원 단체가 교육위원회의 교육정책결정에 참가할 수 있는 근거가 되고 있는 '학교자치(school autonomy, school self-government)'의 주장을 기초로 하고 있다.

175) 1984년 1월 20일 헌법원판결은 일반적으로는 교원 및 연구자의 표현의 자유와 독립을 개별적으로는 대학교수의 독립을 1958년 헌법전문에서 보장된 권리로서 인정하고 있다.

176) Jean Morange, Libertes publiques, 1995, 3ed, p.341은 대학의 자치의 가장 중요한 점이 객관성과 관용의 의무에만 따르는 교수가 향유하는 완전한 표현의 자유에 존재한다고 하고 있다.

인 것처럼 근대독일의 대학의 성립과 함께 주장되었다. 헌법상의 권리로서는 1849년의 프랑크푸르트헌법 제152조에서 '학문 및 그 교수는 자유이다.'라고 하여 최초로 보장되고, 이 규정은 1850년의 프로이센헌법 제20조에서 그대로 계승되었다. 20세기에 들어오면서 1919년의 바이마르헌법 제142조는 '예술, 학문 및 그 교수는 자유이다. 국가는 이라한 것을 보호하고 또 그 육성에 참여한다.'고 규정하여 한편으로는 학문의 자유를 예술의 자유와 함께 보장하고, 다른 한편에서는 학문의 자유의 보장에 대한 국가의 적극적 의무를 선언하고 있다. 현행의 독일기본법 제5조 제3항에서는 "예술 및 학문, 연구 및 교수는 자유이다. 교수의 자유는 헌법에 대한 충성을 면제하는 것은 아니다."라고 규정하여 학문의 자유를 보장하고 있다.

2. 의의

학문적 활동에 관하여 공권력의 간섭 혹은 방해받지 아니하는 자유를 말하며 헌법상 규정된 것은 1848년 프랑크푸르트헌법이 처음이었고 연혁상 독일에서의 대학의 자유에서 유래하나 오늘날에는 대학의 기본권뿐 아니라 모든 국민의 기본권으로 발전하였다.

3. 법적 성질

개인의 주관적 방어권이며 객관적인 제도보장 또는 가치판단으로서의 성격을 가진다.

4. 주체

학문의 자유의 주체는 모든 국민(외국인도 포함)이며, 집단적 권리성을 가지므로 대학과 그 밖의 단체도 주체가 될 수 있다.

---

177) 정치적 금욕주의 · 비정치주의 · 정치적 중립주의야말로 독일의 대학교수 · 학문의 자유의 전통적 유산이 되었던 것이라고 평가되고 있다.

II. 내용

1. 序

  학문의 자유의 내용에 관해서 종래의 통설적 견해는 ① 학문연구의 자유, ② 학문연구 결과의 발표의 자유, ③ 대학에서의 교수의 자유, ④ 대학의 자치를 들고, ①에 관해서는 헌법 제19조의 사상 및 양심의 자유, ②에 관해서는 헌법 제21조의 표현의 자유의 보장에 포함되지만, 그 위에 학문의 자유를 보장하는 것은 "학문의 연구라는 것은 언제나 종래의 사고방식을 비판하고 새로운 것을 만들려는 노력이므로 그것에 대해서는 특히 높은 정도의 자유가 요구되기 때문일 것이다."라고 하는 설명을 가하고 있다. 이 중 오늘날 특히 문제되고 있는 것은 ③에 관해서 학문의 자유에서 도출되는 교수의 자유가 대학에 있어서 교수의 자유에 한정되는 것인가, 이를 인정하지 않는 것이 통설이다. 즉 초등중등교육기관의 교육의 자유는 없다.

2. 내용

  협의로는 연구와 강학의 자유를 의미하며, 광의로는 연구결과 발표와 공동연구 및 발표를 위한 집회·결사의 자유도 포함한다. 최광의로는 대학의 자유(자치)까지 포함하며, 이것이 학문의 자유에 관한 다수설이다.

1) 연구의 자유
  이는 진리탐구행위를 말하며 학문의 자유의 본질인 동시에 중핵을 이룬다.

2) 연구결과 발표의 자유
  연구결과를 외부에 공표하는 자유를 말하며, 대학강의실(강학의 자유), 대학강의실 이외의 집회나 학술잡지와 저서로서 발표하는 것을 의미한다.

3) 강학의 자유(교수의 자유)
  연구의 자유의 연장선상에 있는 것으로 대학이나 고등교육기관에 종사하는 교육자가 자유로이 교수하거나 강의할 자유로서 일반국민에게는 인정되지 않는다(학설의 자유).

4) 학문을 위한 집회·결사의 자유

일반적인 언론·출판의 자유와 집회·결사의 자유보다 고도로 보장된다.

3. 효력

대국가적 효력과 제3자적 효력을 모두 가진다.

4. 한계와 제한

(1) 연구의 자유
외부와의 연계성이 적으므로 고도의 헌법적 보장을 받는다.

(2) 그 외의 경우에는 헌법 제37조 제2항에 따라 본질적인 부분을 침해하지 않는 범위 내에서 최소한의 제한을 받는다.

제6절 예술의 자유

헌법 제22조 ②저작자·발명가·과학기술자와 예술가의 권리는 법률로써 보호한다.

1. 의의

이는 미를 추구할 자유를 의미한다.

2. 성격

이는 학문의 자유와 마찬가지로 개인의 주관적 공권이며 객관적 가치판단 내지 제도보장(예술보호·장려)의 성격을 가진다.

3. 주체

전문가로서의 예술가에게만 인정되는 자유가 아니라 모든 인간에게 보장되는 자유

4. 내용

이는 예술창작, 예술표현, 예술적 집회·결사의 자유를 포함한다. 그러나 이 중 예술적 비판은 언론의 자유에 속하기 때문에 이 자유에는 포함되지 않는다.

5. 제한과 한계

(1) 학문의 자유에 준한다.

(2) 특히 영화, 연극은 대중성, 오락성, 직접성 때문에 질서유지를 위해 다른 예술활동보다 강한 규제를 받는다.

6. 저작자, 발명가, 과학기술자 및 예술가의 권리

헌법 제22조 제2항에 의하여 '법률로써 보호한다.'

제7절 인터넷과 표현의 자유

1. 인터넷 시대에서 표현의 자유

1) 정보주권, 정보기본권 그리고 헌법

18세기부터 19세기에 이르러 확립된 기본권(fundamental human rights)이라든가 자유 (freedom)의 보장이라는 근대법 이념이 더욱 추진되어, 21세기 인터넷시대에는 개인의

정보주권자로서의 위치와 그 실질적 평등이 지도원리가 될 것이다. 인터넷 세계에 있어서는 '소비자'라는 관념 그 자체가 정보관계적으로 변경되고, 바뀌어서 등장하는 것이, 있어야 할 모습으로서는 정보주권자(informational sovereign)이다. 이 의미는, 인터넷 세계에 있어서는, 정보의 홍수현상이 더욱 발달되고, 그중에서 효율적으로 정확하고 필요한 정보에 접근하여 취득·전달하는 능력이 사람에 따라서 크게 다르며, 이념으로서는 정보주권자인 사람들이, 현실적으로는 정보처리능력에서 열등한 정보약자가 될 수 있다는 것이다. 정보의 홍수현상은 인터넷 세계의 시민(netizen)을 삼켜 버리고, 편중된 방향으로 netizen을 흘려 넣을 위험이 있다. 여기에서의 정보처리능력이라 함은, 그러한 정보의 홍수현상에 저항할 만큼의 지력과 자율성을 의미한다. 개인 존중에 필요한 것은 정보의 홍수현상이 아니라, 개인이 필요로 하는 정확하고 적절한 정보를 알고, 제어할 수 있는 것이다. 모든 시민(netizen)이 이 의미의 '정보기본권(fundamental right to information)'을 갖기 위해서는, 각자가 올바른 정보처리능력을 몸에 붙일 권리와 의무를 가질 것이 필요하다. 그 의미에서 소비자교육과는 다른, 인터넷시민적 교육(netizenry education), 정보주권자[information sovereign, holder of (fundamental human) rights to information]에 적합한 자율성이 중요하다. 그와 같이 자율성, 주체성을 보지하는 인터넷 세계의 주민(netizen)이, Net상에서 사회적으로 적극적으로 발언하고, 주장하고, 행동한다면, 그곳에 원시성운과 같은 대단한 에너지를 갖는 정보사회가 창조될 것이다. 모든 발신의 근원을 포함시킨 Net상의 정보량은, 진정 천문학적인 규모에 달하는 것이다. 정보에 관한 자유의 정도는 정말로 '폭발한다'고 하여도 좋을 것이다.

그리고 인터넷과 헌법의 문제에서 논의되고 있는 주제는 다음과 같다. 우선 사이버 공간이 영토, 영해, 영공에 이은 제4의 영역이 될 수 있느냐는 문제이다. 이러한 문제는 관할권 문제가 제기된다. 특히 인터넷은 국경이 없는 공간이기 때문에 이러한 문제를 해결하는 것은 쉽지가 않다. 그리고 인터넷과 기본권 문제로서 제기되는 것은 표현의 자유, 개인정보자기결정권 문제, 교육권, 소비자의 권리, 재판청구권문제, 그리고 전자적 민주주의라는 주제로 논의되는 정치적 표현과 선거운동의 자유 및 인터넷투표가 실시되는 경우에는 선거권과 국민투표권, 인터넷정당 등이 문제로 제기된다.178) 일반적으로 전자민주주의(teledemocracy)란 전자매체나 인터넷을 통한 국민의 직접·간접민주주의를 의미한다. 최근에 이러한 전자민주주의는 인터넷선거 내지 사이버선거나 전자투표 등의 형태로 나타나고 있다. 여기서 인터넷선거란 인터넷 통한 선거프로그램을 통하여 투·개표를 하는

---

178) 윤명선, 헌법학, 대명출판사, 2002, 267-276면 참조.

등 일련의 선거절차를 말한다. 이러한 인터넷선거의 장점으로는 시간·장소의 한계 극복, 인적·물적 선거관리비용의 절감, 투표참여의 제고, 장애인 등 소외계층의 투표편의 제공, 해외부재자(재외국민 포함) 투표 용이, 개표의 신속·정확 등이 있는 반면에, 보안성(해킹), 사용자 확인 작업의 정확성, 개인정보보호, 초기 비용의 과다 등의 문제를 안고 있다. 우리는 이에 대하여 순차적 도입과 법·제도의 개혁을 시급하게 추진하여야 한다.179) 그리고 인터넷과 통치권의 문제는 새로운 통치권 행사라는 인터넷 거버넌스의 문제가 제기된다. 과거의 헌법과 통치권의 문제는 현실국가를 기초에 두고 있지만, 인터넷과 통치권의 문제는 새로운 논의를 제기하게 된다. 이하에서는 인터넷과 헌법 중에 가장 문제가 되는 인터넷과 표현의 자유를 중심으로 논의를 전개하고자 한다.

2) 인터넷과 표현의 자유

전통적 의미의 표현의 자유란 "인간의 내심에 있어서 정신작용을 방법의 여하를 불문하고 외부에 공표할 정신활동의 자유를 말한다."고 해석되고 있다. 표현되는 것은 엄밀한 의미에서 사상에 한정되지 않고, "표현자의 의견·주장은 물론 생각하고 있는 것이나 느끼고 있는 것 모두를 포함한다."고 되어 있다.180)

고전적인 표현의 자유의 법리는 구두의 표현인 언론과 인쇄에 의한 표현인 출판을 전제로 구성되었다. 그리고 실제로는 표현의 자유의 중심적인 문제는 신문, 잡지, 서적 등의 인쇄미디어를 둘러싸고 다투어져 왔다고 할 수 있을 것이다.181)

인터넷상의 표현행위는 과연 신문 등 고전적인 미디어에 가까운 것인가, 그렇지 않으면 무선에 의한 방송에 가까운 것인가 아니면, 인터넷은 신문도 방송도 아닌 독자의 미디어로서 위치하여야만 하는가가 문제이다.182)

---

179) 박기수, 사이버헌법론, 『사이버 선거에 관한 소고』, 조세통람사, 2001, 183 - 223면 참조.

180) 표현의 자유에 대한 일반 논의는 졸저, 헌법학개론, 고시계, 2000, 214 - 216면 참조. 박용상, 언론과 개인 법인, 조선일보사, 1997. 박용상, 표현의 자유, 현암사, 2002. 참조.

181) 졸고, 사이버空間과 表現의 自由, 고시계, 2002. 9. 110 - 123면 참조.

182) 이 점에 관하여 대법원은 아직 판단을 내리고 있지 않다. 학설에 의해서도 명확한 결론을 엿볼 수 없다. 그러나 미연방대법원은 레니 대 미국자유인권협회사건판결에서 전통적인 신문과 방송의 구별은 유지하고 인터넷에는 주파수의 희소성은 타당하지 않아 방송으로서의 법리는 타당하지 않다고 판단하고 있다. 게다가 신문의 경우 다수의 국민은 단지 독자로서의 지위, 즉 표현의 수령자로서의 지위밖에 갖고 있지 않지만 인터넷의 경우 국민은 쉽게 액세스하여, 표현활동을 행하는 것이 가능하다. 이 의미에서는 고전적인 표현의 자유의 법리가 전제된 사상의 자유시장이라고 생각이 보다 강하게 나타난다고 말할 수 있을 것이다. 미연방대법원은 이러한 인터넷의 특색을 고려하여, 인터넷상의 표현행위에 고전적인 표현의 자유의 법리를 그대로 적용하였다.

원래 케이블 텔레비전이나 위성방송의 보급과 디지털화에 의해 무선, 즉 지상파의 주파수의 유한성 내지 희소성은 무의미하게 되어, 현재 신문과 지상파의 방송과 구별하는 논거가 있는가 하는 의문은 있으나, 적어도 인터넷에는 주파수의 유한성이 없는 이상 인터넷을 방송과 동일하게 취급하여야만 할 이유는 없다. 즉, 인터넷상의 표현행위에 관해서는 헌법 제21조의 표현의 자유의 고전적인 법리가 그대로 적용되어야 하고, 경우에 따라서는 신문의 경우보다도 강하게 보호를 부여하는 것을 인정하여야만 할 것이다.

2. 인터넷과 표현행위의 규제

1) 전기통신사업법상 불온통신의 규제

전통적인 전신, 전화 등의 통신은 통신의 비밀보장과 관련하여 전달되는 정보의 내용에 대한 개입은 원칙적으로 허용되지 아니하였다. 그러나 통신산업의 기술적 발전으로 전신, 전화 등이 사적인 커뮤니케이션을 담는 데 그치지 않고 불특정 다수인에 대한 정보전달매체로서의 기능을 갖게 됨에 따라 그 영향력에 대한 규제가 불가피하게 되었다 하지 아니할 수 없다. 따라서 전기통신사업법상 불온통신에 대한 방송통신위원회 위원장의 취급거부·정지·제한명령제도는 전통적인 통신수단인 유선전화 내지 무선전화를 통해 유통되는 정보뿐만 아니라, 이른바 피시(PC)통신이나 인터넷 등 '온라인매체'를 통해서 유통되는 정보를 규제하는 주요 수단으로 기능하고 있었다.[183]

표현의 자유에 대한 제한은 사후적 통제가 원칙이다. 또한 제한을 하는 경우에도 과잉금지원칙에 따라 필요 최소한의 제한만이 허용되고 명백하고 현존하는 위험에 처하는 경우만 가능하다. 또한 명확성의 원칙이 지켜져야 한다. 표현의 자유는 애매·불명확한 법률에 의해서 규제를 가하면 위축적 효과[184]가 생기기 때문에 법문상 불명확한 법률은 원칙적으로 무효가 된다. 명확성의 이론은 형벌법규에 대해서 적용되는 것만은 아니고, 표현의 자유에 사전억제를 가하는 입법에 대해서도 중요한 의미를 가지고 있다.[185]

---

183) 헌재 2002. 6. 27. 99헌마480 결정 참조.

184) '위축적 효과'라는 것은 영어의 chilling effect에서 나온 말로 어떤 행위를 하면 표현의 자유를 규제하는 법률에 저촉되는가 하는 것이 불명확하다면 국민측은 자신의 의견을 발표하는 것을 기다리다 끝나버리고, 그러한 상태에서 표현활동이 폐쇄상태에 빠져 민주주의의 붕괴를 초래할 위험성이 있다고 하는 것이다.

185) 헌법재판소는 국가보안법 제7조에 대한 위헌심판(헌재 1990. 4. 2.자 89헌가113 결정), 국가보안법 제9조 제2항에 대한 헌법소원(헌재 1992. 4. 14.자 89헌가113 결정), 군사기밀보호법 제6조 등에 대한 위

이러한 표현의 자유에 대한 규제원리에 비추어 보게 되면 불온통신을 규제했던 전기통신사업법 제53조, 같은 법 시행령 제16조는 명확성의 원칙과 과잉금지의 원칙을 침해하는 것으로 볼 수 있다. 이러한 취지에서 헌법재판소도 공공의 안녕질서 또는 미풍양속을 해하는 내용의 전기통신을 금하고 전기통신에 대하여 방송통신위원회 위원장이 전기통신사업자에게 그 취급을 거부, 정지 또는 제한할 수 있도록 한 전기통신사업법 제53조, 같은 법 시행령 제16조는 명확성의 원칙, 과잉금지원칙, 포괄위임입법금지원칙에 위배하여 표현의 자유를 침해함으로써 헌법에 위반된다는 결정을 선고하였고, 또한 헌법재판소는 공공의 안녕질서, 미풍양속이라는 것은 매우 추상적인 개념이어서 어떠한 표현행위가 과연 이를 해하는 것인지 여부가 명확하지 않고, 법 집행자의 통상적 해석을 통하여 그 의미내용을 객관적으로 확정하기도 어려워 이러한 불온통신의 개념을 전제로 하여 규제를 가하는 것은 필연적으로 규제되지 않아야 할 표현까지 다 함께 규제하게 되어 과잉금지원칙에도 위배된다고 한다.186)

2) 외설적 표현과 음란물

외설적 표현은 인터넷상에서 약간 다른 문제를 제기한다. 먼저, 외설적인 표현을 타인의 홈페이지에 마음대로 써 넣은 것과 같은 경우 이것이 기업의 홈페이지라면 전자기록등손괴업무방해죄187)의 성립 가능성이 있다. 실제 일본의 조일방송의 날씨예보화상을 외설적 화상으로 바꾸어 놓아서 유죄로 된 사례가 있다. 우리나라의 경우에도 정보제공업체의 로그파일 등을 삭제하여 입건된 사례가 있다.188)

이에 반하여 개인의 개인적인 홈페이지의 경우에는 외설적 표현을 써 넣은 것을 업무방해죄로 묻는 것은 곤란하다. 그러나 기입을 행한 것을 후술하는 음화전시죄로 물을 가능성이 있다.189) 또한 마음대로 표현이 기입된 사람은 현저한 고통을 느낄지도 모른다. 그 때문에 경우에 따라서는 불법행위로서, 민법 제750조에 의해, 외설적인 표현을 한 사람에 대하여 손해배상을 구하는 것도 생각할 수 있다.

다음으로, 자신의 홈페이지에 외설적인 화상을 게재하여, 다른 사람으로부터 액세스를

헌심판(헌재 1992. 9. 25.자 89헌가104 결정) 등에서 이를 채택하고 있다.
186) 헌법재판소 2002. 6. 27. 99헌마480 결정 참조.
187) 형법 제314조.
188) 연합뉴스, 2000. 8. 23.
189) 朝日新聞 1998년 11월 6일.

인용한 경우, 이 행위는 형법 제175조의 음화전시죄에 해당할 가능성이 있다. 또한 정보통신망이용촉진및정보보호에관한법률 제65조는 정보통신망을 통하여 음란한 부호·문언·음향·화상 또는 영상을 배포·판매·임대하거나 공연히 전시한 자를 처벌하고 있다. 현재 정보통신망이용촉진및정보보호에관한법률이 제정되었다 하더라도 정보통신망을 통한 경우라는 요건만 다를 뿐 나머지 요건은 같아 해석상의 문제가 제기된다.

실제 인터넷을 통하여, 국내에 있는 서버에 홈페이지용의 데이터와 음란한 영상을 축적하여 제3자로부터의 액세스를 인용하고 있었던 데 대하여 음화전시죄로 적발된 사례가 있다.[190]

그리고 국내 서버에 음란한 영상을 축적하여 제3자로부터의 액세스를 허용한 경우에는 그 음란한 영상과 함께 컴퓨터 하드디스크 자체를 음란물이라 하는 것이 가능하지만 그 행위가 공연전시에 해당하는가 어떤가가 문제가 된다. 이 점에 관해서는 아직 대법원의 판단은 나타나지 않고 하급심의 경우에도 형법상 음화전시죄의 성립을 인정하지 아니하는 판례가 보인다.[191] 일본의 경우에는 하급심의 경우에는 이를 인정하는 입장이 일반적이다.[192]

인터넷상의 외설적인 표현에 형법 제243조의 적용이 있는 경우 이 적용은 헌법 제21조의 표현의 자유보장에 반하지 않는가의 문제가 생길 수 있다. 우리나라의 경우 이에 관한 헌법재판소의 판례는 없지만 일본 최고재판소는 일본 형법 제175조의 음란한 표현의 금지는 최소한도의 성도덕을 유지한다는 공공복리를 위한 것으로서, 헌법 제21조에 반하는 것은 아니라고 하고 있다.[193] 이 판례의 입장에서 본다면 인터넷상의 음란한 표현에 형법 제243조나 정보통신망법을 적용하여도 전혀 헌법 제21조에 반하는 것은 아닌 것으로 된다.

인터넷상에 음란한 표현이 유통되는 경우, ISP[194]도 책임을 물을 가능성이 있다. 음란한 표현에 액세스할 수 있는 것을 영업상 적극적으로 이용하였던 것과 같은 경우에는 ISP 자신이 음화전시죄에 문제될 가능성이 있으며 음란한 표현이 있는 것을 알고도 방

---

190) 인터넷상에 이승희 누드사진을 게재한 사건으로 음화전시죄는 무죄판결을 받았고, 전기통신기본법상 처벌을 받았다. 서울지법 1999. 7. 22. 98노10222.

191) 서울지법 1999. 7. 22. 98노10222.

192) 예를 들면 베크아메사건 東京地判 1996(平成8年) 4月 22日 判例タイムズ 929호 226面 등.

193) 챠타레 부인의 애인사건 最高裁判所1957(昭和32)年 3月 13日 刑集 11권 3호 997面.

194) ISP(Internet Service Provider: 인터넷 서비스 제공사업자)란 개인이나 기업체에게 인터넷 접속 서비스, 웹사이트 구축 및 웹호스팅 서비스 등을 제공하는 회사를 말한다. 때로는 IAP(Internet Access Provider)라고 부르기도 한다. 한국에 대표적인 ISP는 아이네트·채널아이·넷츠고·네띠앙 등이 있다.

치한 경우에는 방조죄로 문제될 가능성도 있다.

음란한 표현에 관해서는 형법 제243조 및 정보통신망법 제65조의 구성요건의 해당성을 둘러싸고 중대한 문제가 있지만 표현의 자유의 입장에서 본다면 원래 형법 제243조가 헌법 제21조에 반하는가 어떤가 하는 문제가 제기된다.195) 이것은 동 조의 금지를 정당화하는 이익과 이를 위한 수단이라는 양자 사이에 의문이 있기 때문이다.

확실히 음란한 표현을 수령하고 싶지 않은 사람을 보호하는 것, 청소년을 음란한 표현으로부터 보호하는 것은 피할 수 없는 정부이익으로서 이 범위에서 음란한 표현을 규제하는 것은 허용된다. 실제 미국에서도 통신품위유지법의 18세 미만의 상대방에 대하여 외설적 메시지의 송신금지규정의 합헌성은 문제되지 않았다. 그러나 외설적인 표현이 성범죄를 일으킨다는 충분한 증거는 아니므로 음란한 표현 전부를 성범죄로 가져오는 것이라고는 할 수 없다. 즉, 성범죄의 조장을 이유로 외설적 표현 전부를 금지할 수 없다. 최고재판소에서 말하는 것과 같이 성도덕을 유지한다는 것은 표현의 자유의 제약을 정당화하지 않는다고 하여야 한다.

그 때문에 인터넷상의 외설적인 표현에 관해서도 수신을 희망하지 않는 이용자에 외설적인 화상을 보내는 행위 등이 있다면 금지하는 것이 가능하고, 외설적인 표현을 청소년에게 송신하는 것을 금지하는 것까지 가능할지도 모르지만 이것을 초월하여 외설적인 표현 자체를 금지하는 것은 헌법 제21조에 반하는 것이라 할 것이다. 이 점에서 인터넷상의 외설적인 표현에의 형법 제243조의 적용에는 문제가 있고 정보통신망이용촉진법 제65조도 같은 문제점이 제기된다 할 것이다.

역시 아동포르노에 관해서는 미국에서도 금지의 합헌성이 지지되고 있다.196) 한국에서도 자녀 등을 보호하기 위해 필요불가결한 범위에서의 금지가 있다면 헌법상 허용되어야만 할 것이다. 이에 따라 우리나라에서는 청소년 보호법, 풍속영업법 등의 법률을 통하여 청소년을 보호하고는 있으나 아동에 관한 특별 보호는 없는 실정이다.

---

195) 이에 대한 상세한 내용은 졸고, 인터넷과 음란물의 규제, 현대공법학의 과제, 최송화교수화갑기념논문집, 2002, 358－381면 참조.

196) 1998년 10월에 제정된 아이들을 성적 침해자로부터 보호하는 법률도 아동포르노로부터 자녀들을 보호하기 위해 규제를 가하고 있다.

• 사례1 •

제목: [늑대] 흐흐흐…… 오늘 앤 조으는 힘이 형편 없더라…….
올린 시각: 97/09/20 00:39 읽음: 1036 관련 자료 없음

하이!
오늘 그 애와 3번째 만남을 가졌는데…… 첨엔 소주 한잔 걸치고…… 두 번째 비됴방 가서 스킨십 나누고…… 세 번째 드뎌 집에 데려 왔다…… . 흐흐흐…… 앤 이미 나의 뛰어난 외모와 말솜씨…… 글고 상상을 초월한 손 기술과 혀 놀림에 꽤나 뻑이 가 있었던 상태…… 거기서 가벼운 분위기로 맥주 한잔을 걸치며…… 꽤나 야한 비됴를 함께 감상했쥐~~ 흐흐흐…… 그리곤 타이밍을 잡아 어깨에 손을 걸치곤…… 웃옷을 조심스럽게 내렸지…… 흐흐, 뒤는 말 안 해도 알겠쥐…… 흐흐, 20분이 넘게 애무와 손놀림으로 서비스를 베푼 뒤…… 열씨미 그 짓을 시작했는데…… 잉 앤 왜 이리 기본기가 없어! 쉬이팔~~ 눈 꼭 감고 그러면 누가 귀여워서 데리고 살 줄 아나? 젠장…… 기분 잡쳤지만 예의를 지켜 최선을 다해 줬지 뭐……. 몇 번 위기가 있었지만…… 잘 넘겼다……. 그리 헐겁지 않았는데……. 조으는 힘이 왜 그래 앤…… 젠장 다른 애나 찾아 나서야제…… 흐흐흐…… 우우~~ 우우~~ 우웅~~~ 여우씨 우리 언제 만나기를…… 진짜……(나우누리, Y대 통신연구회 익명 게시판에 실린 내용의 일부임).

• 사례2 •

번호: 2173/2173 등록자: PJNHO 등록일시: 94/10/20 길이: 16줄
제목: 야~~~설 6,000원에 모십니다.
………………………………………………………………………………………………
##주소: 부산시 남구 남천동
##이름: 박XX
##전화번호: *** – *** – ****
………………………………………………………………………………………………
**거래를 원할 경우 위 인적 사항을 확인하시고 알뜰시장 **
**77번 이용 안내를 참조 바랍니다. **
메일 주세요. 정말 야함. 그리고 매우 많다. 이거 다 볼려면 아휴…… 본전은 확실히 뺀다는 것을 느낄 겁니다. 그럼 6,000원 없으십니까? 이 정도 투자는 아무것도 아닙니다.

• 사례3 •

컴퓨터 실력을 갖춘 일부 지식층에서 인터넷을 비롯한 이른바 사이버 공간을 돈벌이에 이용하는 풍조가 퍼지고 있다. 이들은 특히 청소년의 성적 호기심을 이용해 음란물 장사를 벌여 말썽을 빚고 있다. 서울지검 정보범죄수사센터는 4월 인터넷에 음란물 사이트를 만들어 유료 회원을 모집한 혐의(음화전시)로 D건설 직원 정씨를 구속했다고 밝혔다. 국내에서 자신의 인터넷 홈페이지에 많은 사람이 접속하도록 음란물을 올린 사례는 있지만 영리를 목적으로 음란물 사이트를 만들었다 적발된 것은 이번이 처음이다. 검찰에 따르면 H대 공대를 나온 정씨는 지난 2월 인터넷에 알몸 등 음란한 사진을 볼 수 있는 성인용 사이트를 만든 뒤 다달이 10달러씩을 신용카드로 회비로 내는 조건으로 회원을 모은 혐의를 받고 있다. 검찰은 회원 수가 정확히 드러나지는 않았지만 지금까지 이 게시판에 접속한 횟수가 1만 1천 번에 이른다고 밝혔다.

"……내가 소리를 지르자 이모는 더욱 울기 시작했다. 집 안 사람들이 들을 꺼 같아서 난 입을 막았다. 그런데 이모의 몸을 만지게 되자 자꾸 어제 일이 생각났다. 그래서 난 또 이모를 넘어뜨리고 위에 올라탔다. '으…… 윽…… 읍…… 읍' 이모는 말을 하지 못하고 내가 옷을 벗기는 대로 꿈틀거렸다. 이모는 몸을 감고 내게 몸을 맡겼다. 체념한 듯이……. 털을 쓰다듬으며 난 이모의 몸을 더듬었다. 이모의 xx를 헤치고 손가락 두 개를 집어넣었다. 그리고 클리토리스를 만지며 나의 xx를 그곳에 집어넣었다. 이모는 허리를 뒤로 뺐지만 난 엉덩이를 잡고 앞으로 땡겼다. 그리고 내 xx를 거 깊이 집어넣었다. 이미 이모의 xx가 음액으로 젖어 있었다……." 재밌게 보셨는지요? 원래 조금 야한 소설이긴 하지만…… 그래도 재밌죠……? 히히히히. 그럼 재미있으면 메일 주세요. 언제나. 그리고 참 저하구 야한소설 교환하실 분 계세요?
전 소설 많은데……. 그럼…… 안녕히 계세요(PC통신망에 오른 야한 소설의 일부).

○ 음란물

판례 1

- 서울중앙지법 2006.5.16. 선고 2006노435 판결 【정보통신망이용촉진및정보보호등에관한법률위반(음란물유포 등)】 : 상고
- [각공 2006.7.10.(35), 1618]

판시사항

[1] 비디오물에 대한 음란성 판단의 최종적인 주체

[2] 같은 내용의 동영상을 비디오물로 제작·출시하는 경우와 정보통신망을 통하여 제공하는 경우의 음란성 판단 기준의 차이

[3] 일본 성인영화의 판권을 소유하는 회사의 대표가 인터넷 포털사이트의 VOD관에 성인영화의 동영상을 제공한 사안에서, 위 동영상이 DVD용 또는 VHS 비디오용으로 이미 영상물등급위원회에서 18세 관람가로 등급분류를 받았다 하더라도 음란성이 인정된다고 한 사례.

판결요지

[1] 영상물등급위원회가 등급분류 과정에서 음란성 여부에 관한 판단을 하였다 하더라도 영상물등급위원회의 등급분류 또는 등급분류 보류에 관한 결정에 대하여 이의를 신청하거나 행정소송을 제기할 수 있는 점에 비추어 그 판단은 중간적인 것에 불과하고, 음란성 판단의 최종적인 주체는 어디까지나 당해 사건을 담당하는 법관이라 할 것이므로, 음반·비디오물 및 게임물에 관한 법률상 영상물등급위원회가 18세 관람가로 등급분류를 하였다 하여 무조건 음란성이 부정되는 것은 아니고, 법관은 음란성을 별도로 판단할 수 있다.

[2] 영상물등급위원회의 심사를 받아 비디오물로 제작·출시하는 것은 일정한 연령대에 속해 있
　　는 사람들을 대상으로 시청을 제한하는 것이 가능하기 때문에 영상물등급위원회의 심사결과
　　를 존중하여 음란성 인정에 보다 신중을 기하여야 할 것이나, 인터넷을 통하여 유포하는 것
　　은 그 시청자의 범위를 제한하는 것이 용이하지 아니하므로, 같은 내용의 동영상이라 하더라
　　도 제한된 연령대의 사람만 시청이 가능하도록 비디오로 제작·출시하느냐, 혹은 연령에 제
　　한 없이 비교적 자유로운 시청이 가능하도록 인터넷에 공개하느냐에 따라 음란성의 판단 기
　　준을 달리할 수 있는 것이다.
[3] 일본 성인영화의 판권을 소유하는 회사의 대표가 인터넷 포털사이트의 VOD관에 성인영화
　　의 동영상을 제공한 사안에서, 위 동영상이 DVD용 또는 VHS 비디오용으로 이미 영상물등
　　급위원회에서 18세 관람가로 등급분류를 받았다 하더라도 음란성이 인정된다고 한 사례.

판례2

판시사항

인터넷 신문상의 특정 기사에 댓글형식으로 그 기사에 등장하는 특정인에 대하여 경멸의 의사를
표시하는 글을 게재하는 행위가 모욕죄에 해당한다고 한 사례.

판결요지

인터넷 신문상의 특정 기사에 댓글형식으로 그 기사에 등장하는 특정인에 대하여 경멸의 의사를
표시하는 글을 게재하는 행위가 모욕죄에 해당한다고 한 사례.

3) 청소년 보호와 불건전한 언어

　미성년자도 국민인 이상 표현의 자유를 향수하며, 헌법상 읽고 싶은 것을 읽고, 보고
싶은 것을 볼 권리를 가지고 있다고 생각한다. 그러나 성인과 비교하여 판단능력이 미숙
한 청소년에 관해서는 이 발달을 저해하는 것과 같은 표현에의 액세스를 규제하는 것도
허용되어야 한다고 생각된다. 그래서 우리나라는 청소년보호법을 제정하여 '청소년유해매
체물'을 규제하고 있다. 동법은 인터넷상에 있어서의 청소년 보호를 위하여 제정된 것이
다. 이 경우 형법 제243조의 음란한 표현에 해당되지 아니하여도 규제가 인정된다. 일본
의 경우 각 지방단체가 청소년 보호조례를 제정하고 있고 일본최고재판소는 이러한 청소

년 보호조례에 의한 유해도서의 규제는 헌법 제21조에 반한 것은 아니라고 하고 있다.197) 인터넷상에 청소년의 건전한 육성을 저해하는 정보를 유통시킨 것으로 이 청소년 보호법으로 된 사례가 발생하고 있다. 서울지법 형사11단독은 16일 인터넷 성인방송국을 개설, 음란동영상을 내보낸 혐의로 구속 기소돼 징역 2년 6개월이 구형된 모 인터넷TV 대표 고 모 씨(30)에 대해 청소년 보호법 위반죄 등을 적용, 징역 1년에 집행유예 3년을 선고하고 120시간의 사회봉사명령을 내렸다. 또한 일본에서도 여성이 옷을 벗는 게임소프트에 관하여 이 플로피를 유해도서로 지정한 것을 지지하는 하급심판결198)이 있고, 이러한 정보 그 자체에 관해서도 조례의 적용이 주장될 가능성이 있다.

그리고 컴퓨터를 모르는 부모들은 자녀의 컴퓨터 음란물 접근을 사실상 통제하기가 어렵다. 이러한 특징을 지니고 있는 컴퓨터 음란물들이 윤리적으로 문제가 될 수 있는 데에는 적어도 다음의 세 가지 이유가 있다. 첫째, 음란물들은 대개 성을 상품화함으로써 성윤리를 극도로 타락시키고 있다는 점이다. '인터넷 홍등가'라는 표현이 있을 정도로 오늘날 인터넷 웹사이트 가운데 상당수는 성을 상품화하고 있다. 남녀가 서로 자신을 증여하는 헌신적인 영육의 표현이며, 상호 완성에 이르기 위한 상보성을 요구하는 행위로서의 성이 단순한 판매 대상으로 평가 절하되고 있다는 점이다. 이렇듯 음란물은 성을 단순한 쾌락의 추구 수단으로 변질시킴으로써 우리의 성윤리를 타락시키는 주된 원인이 되고 있다.

인터넷상의 표현에 관해서도 판단능력이 미숙한 청소년을 보호하기 위해서 일정규제를 가하는 것은 헌법 제21조에 반하지 않는다. 현재 제정되어 있는 청소년보호법에 의해 유해도서규제에는 각종의 문제점이 있어 이것을 그대로 인터넷상에 적용하는 것은 매우 의문이다. 설사 청소년의 보호를 위하여 규제가 필요하여도, 그 때 기본으로 해야 할 것은 보호자에게 결정권을 맡기는 규제를 행하여야만 한다. 예를 들자면 성인화상을 수신하는 것에 있어서 보호자가 그것을 막을 수 있는 시스템을 작성하는 것, 이를 위하여 인터넷상에서 제공되는 정보에 대상연령 설정이나 과격도의 순위를 붙일 것을 요구하는 것 등이 그 사례이다.

일부의 청소년들은 PC통신 대화방에서 자신들끼리만 통하는 은어를 사용하여 불법 복제한 음란 CD나 음란 게임소프트웨어까지 매매하고 있다. 이는 저작물에 대한 침해이다. 그리고 아무리 익명이 보장되는 가상공간이라고 할지라도 가급적 정확한 우리말을 사용

---

197) 最3小判 1989년 9월 19일 刑集 43권 8호 785면.
198) 융기지판 1994(평성6)년 1월 24일 판례.

해야 하며, 비속어나 무분별한 외래어를 사용해서는 안 된다. PC통신 사용자들은 자신들의 입장을 옹호하기 위하여 가상공간에서 짧고, 즉흥적이며, 직접적이고도 생생한 문체로 부담 없이 쉽게 글을 쓸 수 있다는 긍정적인 측면을 부각시킬 수도 있다. 그러나 그러한 측면 못지않게 우리는 이지적으로 사고하는 논리와 문법을 갖추면서도 상황에 맞는 언어와 문자를 쓰는 것을 필요로 하고 있다. 이것은 언어공동체 속에 살고 있는 우리들의 기본적인 약속과 같은 것이다. 통신 이용자들은 가상공간에서의 자신들만의 약속어를 사용함으로써 자신들만의 유대를 긴밀히 하는 장점이 있을지도 모르나, 그러한 언어를 알아듣고 이해해야만 동료의식을 갖게 되는 비정상적인 계층의식을 형성하는 수단이 될 수도 있는 것임을 명심해야 한다. 또, 우리는 하나의 도덕공동체 속에서 살고 있는 것이며, 이러한 공동체 속의 구성원들은 서로 언어를 통하여 도덕적인 의사소통을 하고 있는 것이다. 기술한 바와 같이 우리의 성숙된 시민의식을 갖고, 인터넷상에서 윤리의식을 갖고 있을 필요성이 있다.

❍ 불건전한 언어의 표현과 명예훼손에 관한 사례

· 사례1 ·

대화방에 들어가는데 정신이 없었죠. 방 제목부터 '고딩어방(고등학생만 모이는 방)', '야자방(말 올림 없이 서로 트고 대화하자는 방)'이니 생소하던데요. 하나를 선택해서 들어갔더니 '안뇽', '안냐세요(안녕하세요)', '어솨요(어서 오세요)' 등이 쏟아져서 정신을 못 차렸다. 그러더니 초보라고 놀리면서 서로 대화를 하는데 완전히 딴 세상이더라구요. 생전 처음 본 기호들도 보이고 말들의 받침이 거의 없어요. 가령 '아라쌔(알았지)', '젬없서(재미없어)'. 등은 양반이고 서로 호칭도 '스칼렛'인 '니케'니 하면서 별명을 부르는데 완전 별천지처럼 느껴져서 당황했다.

· 사례2 ·

'에블바디 방가(방갑다는 뜻)' '하이 2(나도)' 최근 컴퓨터를 구입한 초등학교 5학년 K 군은 컴퓨터 통신 대화방에서 이야기를 나누면서 무슨 말인지 몰라 말뜻을 물어보았다가 웃음거리가 되고 말았다. 만 13세 이하의 어린이만 사용할 수 있는 이 대화방에 참가하던 사용자들이 '그것도 모르냐'는 식으로 비아냥댔다. "학교에서도 이런 말을 모르면 말이 안 통한다고 따돌림당해요. 이제는 저도 능숙하게 '초딩생(초등생)들과' 즐팅(즐거운 채팅)을 즐기는 수준이 됐지요.

4) 인터넷 중독과 게임 중독

사전적 의미로 중독이란 특정한 기호나 습관에 스스로 빠지거나 자신을 내맡기는 상태를 의미한다. 전통적 중독이란 일반적으로 도박, 알코올 중독, 담배 중독 등이 있으나, 현대 사회에서는 인터넷과 게임에 몰입되어 가정이나 사회로부터 격리되어, 가족관계나 사회관계에서 소외되는 것을 의미한다. 특히 인터넷이나 게임은 24시간 접속이 가능하고, 흥분을 가능하게 하고, 끝없는 과정을 만들어 내서 이러한 중독 현상을 만들게 되는 것이다. 일반적으로 인터넷 중독과 게임 중독은 빠져들기, 대리만족, 현실탈출이라는 과정을 거친다.

이러한 중독은 내성(耐性)과 금단(禁斷)현상이 일어나고, 인터넷과 게임을 사용하는 시간이 지속적으로 증가되고, 일상생활에 장애와 신체적 증상이 발생된다.

인터넷 중독에는 채팅 중독, 게임 중독, 사이버섹스 중독[199] 등이 있고, 현재 이러한 중독을 검사하려면 한국정보문화진흥원의 인터넷 중독 자가진단검사가 있다.[200]

이러한 중독에 대한 가장 중요한 치료법은 규칙적인 운동, 대인관계의 확대, 목적 없는 웹서핑 금지 등이다.

[상식] 쿠키는 수동적인 텍스트 파일이니 능동적인 컴퓨터 프로그램이 아니다. 즉, 사용자의 컴퓨터 안에서 자동적으로 실행될 수 없고, 어떤 정보들을 스스로 모을 수 없다. 반면에 스파이웨어(spyware)는 사용자의 컴퓨터에 숨겨져서 자동으로 어떤 행동을 하고, 능동적으로 사용자 컴퓨터 자료를 수집하여 유출할 수 있다.

3. 표현행위와 명예훼손

1) 인터넷상 표현의 자유와 명예훼손

근래 들어 인터넷 게시판에 타인의 명예를 훼손한다든지, 심한 욕설을 게시하는 글은 줄어들고 있으나, 자신과 견해를 달리하는 사람을 지나치게 모욕하는 일은 계속 증가하고 있다.[201] 이런 시기에 ISP업체가 명예를 훼손하는 글에 대해 책임져야 한다면 큰 부담이 아닐 수 없고, 이를 우려한 ISP업체가 게시물 관리 차원에서 게시된 글을 삭제하여 그 권한을 남용해, 결과적으로 표현의 자유를 위축할 수도 있다. 이러한 시기에 다음과

---

199) 이것에는 음란물 보기, 성적인 대화 나누기, 자위행위하기, 폰섹스하기 등이 있다.

200) 한국정보문화진흥원 홈페이지 참조. 본 홈페이지에는 한국형 인터넷 중독 자가진단 문항지가 소개되어 있다.

201) 이에 대한 상세한 것은 졸고, 사이버헌법론, 『사이버 공간과 법률에 관한 제 문제』, 조세통람사, 2001. 363-397면 참조.

같은 사례가 서울지방법원에서 나왔다. 인기가수 모 연예인의 팬클럽 회원인 갑은 H사의 전자게시판에서 모 연예인을 험담한 A 씨를 상대로 지난 99년 1월 "더 이상 이런 글을 올리면 고소하겠다." 등 자제를 요청하는 반박하는 글을 게시한 데 대해, A 씨가 오히려 "갑은 저질 스토커 경향이 다분하다. 자기 영웅적 심리에 도취, 병적 열광상태에 있다." 등 인신공격성 글을 계속 올렸다. 그러나 H사는 A 씨에게 경고메일을 보냈을 뿐 5개월 동안 A 씨의 글을 그대로 방치했다. 이에 갑은 A 씨와 H사를 상대로 각각 소송을 냈다. 원심에서 갑은 A 씨와 H사를 상대로 손해배상 소송을 내 A 씨에 대해서는 200만 원의 손해배상 확정판결을 받아냈고, H사에 대해서는 "ISP사의 책임까지 인정되지는 않는다." 는 이유로202) 패소했다. 이러한 원심판결에 대하여 2심 법원203)은 판결문에서 "플라자에 게재된 소외 A의 글들은 위 정보서비스 이용약관 제21조 소정의 '다른 이용자 또는 제3 자를 비방하거나 중상모략으로 명예를 손상시키는 내용인 경우'에 해당하고, H사로서는 갑과 정보통신윤리위원회의 시정조치 요구에 따라 그러한 글들이 플라자에 게재된 것을 알았거나 충분히 알 수 있었다고 할 것인데, 그럼에도 불구하고 무려 5~6개월가량이나 이를 삭제하는 등의 적절한 조치를 취하지 아니한 채 그대로 방치하여 둠으로써 갑으로 하여금 상당한 정신적 고통을 겪게 하였을 것임은 경험칙상 명백하므로, H사는 특별한 사정이 없는 한 갑에게 위와 같은 전자게시판 관리의무 위반행위로 인한 손해배상책임을 진다."고 밝혔다.204)

2) 법원판단의 해설

본 판결은 ISP업체에 첫 배상책임을 인정한 사례로, 비방성 글이 통신망에 오른 것을 알 고도 삭제하지 않은 통신회사에 대해 법원이 처음으로 손해배상 책임을 인정한 판결이다. 이 판결에서 ISP에 책임을 지우게 하기 위해서는 ISP업체가 얼마나 주의의무를 다했느냐 를 보고 책임을 지우게 한다. 즉, 즉시 문제 된 게시물을 삭제하거나 폐쇄하는 등 적절한 조치를 취한 경우에는 주의의무를 다했다고 볼 수 있을 것이다. 또한 대법원은 더 나아가 타인을 비방하고 중상모략하거나 명예를 훼손하는 컴퓨터통신 게시물을 삭제하거나 전용게 시판 서비스를 일시 중지시킨 ISP업자의 행위가 불법행위로 되지 않는다고 본다.205)

---

202) 서울지방법원 동부지원 1999. 8. 18. 선고 99가소83281.

203) 서울지방법원 2001. 4. 27. 99나74113 손해배상.

204) 상세한 것은 졸고, 표현의 자유와 인터넷상 명예훼손과 ISP업체의 책임, 고시계 2001. 08. 58면 이하 참조.

3) 각국의 상황

인터넷상의 이른바 유해한 표현 내지 명예훼손에 관하여 한국과 일본에서는 이것을 포괄적으로 규제하는 법률은 존재하지 않는다. 여러 외국에서도 마찬가지 문제를 안고 있으며, 독일에서는 1997년에 이른바 멀티미디어법(정보서비스 및 통신서비스를 위한 대체적인 조건의 규율을 위한 법률)이 성립되어 전자상거래와 함께 표현행위에 관해서도 규제가 이루어지게 되었다. 이에 대하여 미국에서는 품위를 잃은 표현이나 명백하게 불쾌한 표현을 청소년에게 송신하는 것을 금지하는 통신품위유지법(CDA)이 제정되었는데, 연방대법원에 의하여 표현의 자유를 보장한 수정 제1조에 반한다고 하여 무효가 되었고, 현재에는 자주규제에 의한 방향으로 향하고 있다.206) 그리고 통신품위유지법은 ISP의 명예훼손 책임을 면제하는 근거조항을 마련했고 이에 따라 인터넷 사업자의 책임을 전면 부인한 '제란(Zeran)' 판결 등이 나왔다. 그러나 1998년 제정된 '디지털 밀레니엄 저작권법'은 저작권 침해행위를 통보할 경우 ISP는 적절한 조치를 취하도록 의무화하고 했다.

일본에서도 우정성은 포괄적인 법 규제를 구상하여 왔는데, 통산성은 민간주도의 발전을 주장하여 관청 간에 의견이 조율되지 않았고, 결국 자주규제 노선을 취하게 되었다. 그 때문에 현재에는 업계단체인 텔레콤서비스협회가 작성한 가이드라인 등에 의한 자주규제에 크게 의존하고 있다.207)

4) ISP의 법적 책임과 소결

현행법제 아래에서 ISP는 전기통신사업법의 적용을 받는 '전기통신사업자'로 되어 있다. 전기통신사업법은 주로 전신·전화를 중심으로 하는 커먼 캐리어208)를 염두에 두고

---

205) 대체로 타인을 비방하고 중상 모략하거나 명예를 훼손하며 불법적인 노조활동을 선동하거나 교사하는 등 사회질서를 해하는 내용과 건전한 미풍양속을 해할 염려가 많은 상스럽고 저질스러운 표현을 담고 있는, 노조활동과 관련된 컴퓨터통신 게시물을 삭제하거나 그 전용게시판 서비스를 일시 중지시킨 컴퓨터통신 사업자의 행위가 채무불이행 또는 불법행위가 되지 않는다고 본다(대법원 1998. 2. 13. 선고, 97다37210 판결).

206) 다만, 1998년 10월에 어린이를 온라인상 보호하는 법률(COPA)이 제정되어 다시 법적 규제가 이루어지고 있다.

207) 또한 일본은 1998년에 개정된 풍속영업법은 성인 영상을 인터넷을 통하여 송신하는 것에 대하여 규제를 강화하고 있다.

208) common carrier란 운수 및 통신산업에서 불특정한 일반 공중에 대한 운송·전송 서비스의 제공을 업으로 하고 합리적인 요금과 고객에 대한 차별적 취급을 인정받지 못하고 있는 사설 운송업을 의미한다. 이에 대치되는 개념은 컨트렉트 캐리어(contract carrier)로서 특정한 고객과의 개별 계약에 의하여 운

만들어진 법률이다. 그렇다면 ISP도 이 법률의 적용을 받는 것으로서 커먼 캐리어의 성질을 갖는다고 이해하여야 할까? ISP가 제공하는 이메일 서비스는 우편과 유사하며, 그 내용에 관계없이 어떠한 정보든 운반(전달)한다는 점에서 커먼 캐리어로서의 성질을 갖는다는 것은 분명하다. 이와 마찬가지로, 인터넷에의 접속 서비스의 경우에도, 업자는 그 곳을 흐르는 정보의 내용에는 전혀 관여하지 않으므로, 커먼 캐리어의 성질을 갖는다고 생각할 수 있을 것이다. 그러나 ISP가 제공하는 서비스는 이메일 또는 인터넷상의 접속에 한하지 않고, 그 밖에 게시판, 리얼 타임 콘퍼런스, 데이터베이스 이용, 홈페이지용 서버 등등 다양한 형태의 서비스가 존재하며, 그들 대부분은 커먼 캐리어와는 다른 성격을 갖고 있다.209)

ISP가 게시판이나 홈페이지에 관하여 표현내용에 대하여 편집권을 갖는다고 이해하더라도, 인쇄미디어나 방송미디어의 경우와 같이 항상 표현자 본인과 동일한 책임을 진다고 이해하여서는 안 된다. 현실적인 문제로서, 다수의 이용자(회원)를 가지고 있는 ISP의 경우, 포럼에 기입된 양도 방대하고, 그 모두에 항상 주의를 기울여서 부적절한 내용을 검토하여야 한다고 하면, 많은 업자에 있어 비용이 증대되어 채산이 맞지 않을 것이다. 그리하여 만약 다수의 업자가 공존하여 이용자의 수요에 따른 다양한 서비스를 제공하면서 서로 경쟁하는 상태가 바람직한 모습이라면, 그것을 가능하게 하기 위하여 ISP의 법적 책임을 어느 정도 경감할 필요가 있을 것이다. 물론, 어느 정도 경감하는 것이 적절한지를 정책적으로 판단하는 것은 곤란한 문제이다. 지나치게 가벼우면 피해자의 보호가 희생되는 일이 될 것이다. 피해자 측에서 보면, 표현자보다는 재력에서 우월한 ISP를 상대로 하는 편이 구제를 쉽게 받을 수 있는 경우도 많을 것이기 때문이다. 게다가, 책임이 경감되면, ISP로 하여금 위법한 내용을 보다 용이하게 조절할 수 있는 시스템이나 소프

송업무 등을 행하는 것이다. 커먼 캐리어는 영국, 미국에서 15 · 16세기 이후 확립되었다.

209) ISP가 게시판이나 홈페이지에 관하여 커먼 캐리어와는 달리 표현내용에 대하여 편집권을 갖는다고 이해하더라도, 인쇄미디어나 방송미디어의 경우와 같이 항상 표현자 본인과 동일한 책임을 진다고 이해하여서는 안 된다. 현실적인 문제로서, 다수의 이용자(회원)를 가지고 있는 ISP의 경우, 포럼에 기입된 양도 방대하고, 그 모두에 항상 주의를 기울여서 부적절한 내용을 검토하여야 한다고 하면, 많은 업자에 있어 비용이 증대되어 채산이 맞지 않을 것이다. 그리하여 만약 다수의 업자가 공존하여 이용자의 수요에 따른 다양한 서비스를 제공하면서 서로 경쟁하는 상태가 바람직한 모습이라면, 그것을 가능하게 하기 위하여 ISP의 법적 책임을 어느 정도 경감할 필요가 있을 것이다. 물론, 어느 정도 경감하는 것이 적절한지를 정책적으로 판단하는 것은 곤란한 문제이다. 지나치게 가벼우면 피해자의 보호가 희생되는 일이 될 것이다. 피해자 측에서 보면, 표현자보다는 재력에서 우월한 ISP를 상대로 하는 편이 구제를 쉽게 받을 수 있는 경우도 많을 것이기 때문이다. 게다가 책임이 경감되면, ISP로 하여금 위법한 내용을 보다 용이하게 조절할 수 있는 시스템이나 소프트웨어의 개발을 행하게 하는 인센티브를 잃게 하여, 통신제도 전체의 발전에 있어 득보다는 오히려 실이 된다는 지적도 있다.

트웨어의 개발을 행하게 하는 인센티브를 잃게 하여, 통신제도 전체의 발전에 있어 득보다는 오히려 실이 된다는 지적도 있다. 따라서 인터넷의 현상과 장래 목표의 방향을 고려하면서 미묘한 밸런스를 유지하여 갈 것이 필요하다. 어떻든, 현행법상 ISP의 책임을 규정하고 있는 특별한 명문의 규정은 없으므로, 저작권법·형법·민법의 일반적인 법 원칙의 테두리 안에서 해석에 따라 대응하여 나갈 수밖에 없다. 즉, 행위의 작위·부작위 여부를 두고, 작위인 경우에는 저작권법 제93조와 민법 제760조에 의한 공동불법행위 책임에 따라 그 책임을 묻고, 부작위인 경우에는 민법 제750조에 근거하여 위험방자의무로 그 책임 등을 추궁할 수 있다.

그리고 인터넷상에서 명예훼손으로 침해를 받은 개인과 ISP사업자 간의 재판은 사전에 정보통신윤리위원회의 심의를 거치고, 이러한 과정에서 개인과 ISP사업자 간에 화해를 할 수 있도록 위 위원회는 유도하고, ISP사업자는 위 위원회의 심의결과를 반영할 수 있는 시간적 여유를 갖도록 한다든지 등, 이에 대한 조치를 할 수 있도록 제도화하는 방안이 필요하다고 생각한다.

결론적으로 인터넷상에서 한 개인의 명예를 훼손하는 글을 게시하는 일이 없도록 하기 위해서는, 사전적으로 국민에게 사이버상에서 윤리의식에 대한 교육이 철저히 이루어져야 하고, 사후적으로는 기술한 제도와 법 정비가 필요하다고 생각한다. 통신 인프라에서 이용자 간 공평의 확보나 표현의 자유 및 통신비밀의 확보는 물론이고, 소비자보호적인 발상에서의 규율이 필요하다고 본다. 그리고 그러한 규율 내지 책임을 논하는 경우, 통신 사업자에 대하여 이른바 커먼 캐리어로서의 성격이 정면으로 대두되지 않을 수 없다. 한편으로는 양질·염가의 다양한 서비스를 확보함과 동시에, 다른 한편으로는 카르텔적인 상황(이러한 상황과 이를 온상으로 하여 발생하는 사회적 압제)을 단절하여야 한다. 이를 위해서는 가능한 한 많은 공급자의 참여를 촉진할 필요성도 있고, 적절한 인센티브를 확보할 필요성도 생긴다. 게다가 더 나아가 사업자의 경영판단의 여지를 남기고, 판단이 곤란한 사례에 관해서는 일정한 요건하에 면책을 인정함으로써 경영상의 위험을 회피시켜 줄 필요성도 생기는 것이다.

판례

- 서울중앙지법 2006.3.10. 선고 2006고정885 판결 【모욕】 : 항소
- [각공 2006.4.10.(32), 1165]

인터넷 신문상의 특정 기사에 댓글형식으로 그 기사에 등장하는 특정인에 대하여 경멸의 의사를 표시하는 글을 게재하는 행위가 모욕죄에 해당한다고 한 사례.

범죄사실

1. 피고인 갑은

2004. 7. 22. 21:23경 아이디 myunggil2000으로 로그인하여 인터넷신문 조선닷컴에 '통일의 꽃 임수경 씨 9살 아들 필리핀서 익사'라는 제목의 기사를 읽고 댓글란에 "통일, 통일하지 마라! 통일에 책임지지도 못할 빨갱이들이 민족이니 통일이니 입에 붙이고 다닌다. 임수경의 경우 사고 체계가 왜곡되어 있으니 정상적인 결혼 생활이 가능할 수 없다……."는 글을 게재하여 공연히 피해자 임수경을 모욕하고.

2. 피고인 을은

2004. 7. 22. 21:21경 아이디 leehg21로 로그인하여 인터넷신문 조선닷컴에 '통일의 꽃 임수경 씨 9살 아들 필리핀서 익사'라는 제목의 기사를 읽고 댓글란에 '인과응보, 사필귀정'이라는 글을 게재하여 공연히 피해자 임수경을 모욕하고.

3. 피고인 병은

2004. 7. 23. 02:35경 아이디 ljslim82로 로그인하여 인터넷신문 조선닷컴에 '통일의 꽃 임수경 씨 9살 아들 필리핀서 익사'라는 제목의 기사를 읽고 댓글란에 "ㅋ 이혼한 여자가 통일의 꽃?! 통일의 하이에나겠지, ㅋ 죽은 애는 안 되었지만 수경이한테는 인과응보, ㅋ 미국을 웬쑤로 여기더니 영어연수는 왜?! 분명 하늘도 분노한거야, ㅋ 이혼녀가 돈이 많나?! 영어연수 보내게. 남자 쪽박 채웠겠구만!! ㅋ 나라법도 무시하고 몰래 북에 간 여자가 가정인들 무사하겠어!! 하여튼 수경이한테 고소하다. ㅋ 얼굴은 지금도 그때처럼 표독스럽다. 에그 소름끼쳐……."라는 글을 게재하여 공연히 피해자 임수경을 모욕하고.

4. 피고인 정은

2004. 7. 23. 13:55경 아이디 036510으로 로그인하여 인터넷신문 조선닷컴에 '통일의 꽃 임수경 씨 9살 아들 필리핀서 익사'라는 제목의 기사를 읽고 댓글란에 "애 잘 죽었다. 존경하고 우리의 안보를 책임지고 있는 미국 싫다고 미군 철수하라하고 어린것이 북한에서 돌아올 때 미국 나가라고 구호 외치는 꼴을 우리는 보지 않았는가, 조국을 등진 채 행복을 모르더니 이혼도 김정일 찬양하고 남편에게 잘난 체하니까 무서워서 남편이 도망갔을 것이다, 통일의 꽃 좋아하네, 조선일보 기자 놈아 표현도 좀 가려서 해라, 임수경 같은 모 밑에서 자라느니 잘 죽었다, 임수경"이라는 글을 게재하여 공연히 피해자 임수경을 모욕하였다.

제5장 정치적 기본권

제1절 총설

1. 정치적 기본권의 개념

정치적 기본권은 국민이 국가권력의 형성·행사에 직접·간접으로 참여하는 권리이며, 이는 민주정치에서 필수불가결한 권리(참정권, 정치권, 참정권적 기본권)이다.

2. 정치적 기본권의 유형

(1) 정치적 자유

① 정치적 의견의 자유로운 표명
② 정치적 사상의견의 자유로운 출판
③ 정치적 집회 시위의 자유
④ 정치적 결사의 자유
※ 대국가적 방어권(국가적 간섭통제배제)

(2) 참정권

국민이 국정에 참여하거나 국가기관을 구성하는 권리(= 국민의 능동적 지위에 도출)

(3) 정치적 활동권

① 고전적 의미: 정치적 표현의 자유 + 참정권
② 현대적 의미: 정당과 관련된 권리, 투표·선거에 영향을 미치는 활동권 등
③ 시민운동권과 저항권

제2절 참정권

1. 의의(意義)

참정권이란 국가의 의사형성, 정책결정에 직접 참여, 그 방법은 선거나 투표에의 참여를 의미하며, 자신이 공무원으로 선임될 수 있는 권리이다.

2. 법적 성격

(1) 특성

① 국가내적인 국민의 권리, 실정법상 권리
② 일신전속권: 대리행사 불인정

(2) 의무성의 수반 여부

① 권리설과 권리 · 의무설의 대립
② 헌법상 기본권으로 선언, 참정권의 행사 · 불행사의 자유인정: 권리설이 타당(다수설)

3. 주체

(1) 국민의 권리: 외국인은 제외된다.

(2) 실정법상 권리이므로 그 자격요건을 법률로 강화 또는 완화가 가능하다.

4. 직접참정권

(1) 직접민주제적 요소: 간접민주제의 보완기능

(2) 국민발안권(國民發案權)

① 국민이 헌법개정안이나 법률안의 제안

② 미국의 주헌법, 스위스헌법, 독일기본법 채택

③ 우리나라: 1962년 헌법 제119조 제1항 명문규정

(3) 국민표결권(國民表決權)

① 중요한 법안 또는 정책을 국민이 투표로 결정

② 레퍼랜덤(협의의 국민표결)

ⓐ 국민이 일정한 중요사항을 투표로써 직접 확정하는 것

ⓑ 헌법안에 대한 것(헌법 제130조), 법률안에 대한 것

ⓒ 필수적 레퍼랜덤, 임의적 레퍼랜덤

③ 플레비지트(국민결정)

ⓐ 신임제 국민투표

ⓑ 헌법 제72조: 국가안위에 관한 중요정책에 대한 국민표결권

④ 국민소환권(國民召還權): 국민이 공직자를 임기만료 전에 해직시킬 수 있는 권리

5. 간접참정권

국가기관의 구성에 참여, 국가기관의 구성원으로 선임될 수 있는 권리

(1) 선거권(選擧權)

① 국민이 각종의 공무원을 선임할 수 있는 권리

② 공무원의 범위: 최광의의 공무원

③ 대통령선거권(제67조), 국회의원선거권(제41조), 지방자치단체의 장·의원선거권(제
118조)

④ 선거권의 법적 성격

ⓐ 주관적 공권설: 개인을 위한 주관적 권리

ⓑ 공의무설: 국가가 부여한 공무수행

ⓒ 권한·자격설: 선거인으로서의 권한 또는 자격

(2) 공무담임권(公務擔任權)

① 모든 국가기관의 공직에 취임할 수 있는 권리
② 피선거권＋공직취임권
③ 선거에서의 당선, 임명에 필요한 자격구비, 선발시험 등에의 합격

6. 참정권의 제한과 한계

(1) 일반적 법률유보에 의한 제한

① 국가안전보장, 질서유지, 공공복리
② 본질적 내용의 침해금지, 과잉금지의 원칙 존중

(2) 소급입법에 의한 참정권제한의 금지

① 현대 민주국가에서의 보편적 원리
② 반민족행위자처벌법(제헌국회), 반민주행위자공민권제한법(4. 19.)
③ 정치활동정화법(5. 16.), 정치풍토쇄신을위한특별조치법(1980. 11.)

제6장 청구권적 기본권

제1절 총설

1. 의의(意義)

    (1) 청구권이란 국민이 국가에 대하여 특정한 행위를 적극적으로 요청할 수 있는 권리를 의미한다.

    (2) 국가의 보호를 청구할 수 있는 주관적 공권이며, 기본권보장을 위한 기본권, 권리보호청구권, 구제권적 청구권, 전통적 수익권이다.

2. 법적 성격

(1) 고전적 기본권 중 하나로 다른 권리나 이익을 확보하기 위한 수단적 성질

(2) 적극적 성질의 기본권

(3) 국가적 행위나 급부를 청구함을 내용으로 한다.

(4) 구체적 권리: 행사절차에 관한 구체적 입법이 있을 때 행사 가능

3. 다른 기본권과의 비교

(1) 자유권: 국가로부터의 자유 v. 국가에 적극적 요구

(2) 생존권: 새로운 유형의 기본권 v. 고전적 기본권

(3) 참정권: 능동적 권리 v. 적극적 권리

제2절 청원권(請願權)

1. 의의(意義)

(1) 개념

청원권이란 국가기관에 대하여 의견이나 희망을 진술할 수 있는 권리를 의미한다.

(2) 연혁

영국의 권리장전(1689년)에서 최초로 성문화

(3) 기능

① 국민의 관심사와 고충처리(국민의 신임획득, 유대관계 지속)
② 국회의 대정부통제기능 수행에 보조수단
③ 편리한 권리구제수단

2. 법적 성격

(1) 자유권설

자신의 의견 관심사를 국가기관에 자유로이 진술

(2) 청구권설

자유로운 진술을 국가가 수리 심사할 것을 청구할 수 있는 권리(다수설)

(3) 이중적 권리설

자유권과 청구권의 성격을 동시에 가진다.

(4) 복합적 권리설

자유권, 청구권, 참정권 등의 성격을 모두 갖는 기본권

3. 주체(主體)

(1) 자연인(내외국인 불문)
(2) 법인: 국내법인, 국내법에 의해 인정된 외국법인
(3) 특별권력관계에 있는 자: 직무와 관련된 청원, 집단적 청원은 원칙상 불가

4. 내용(内容)

(1) 청원사항(청원법 제4조) - 예시적 사항

① 피해의 구제, 공무원의 비위의 시정 또는 공무원에 대한 징계나 처벌 요구
② 법률 명령 규칙의 제정 개정 또는 폐지, 공공의 제도 또는 시설운영, 기타
③ 예외: 재판에 간섭, 국가원수의 모독, 타인모해를 목적으로 한 허위사실의 적시

(2) 청원의 대상기관

① 국가기관, 지방자치단체의 기관
② 그 밖의 공공단체

(3) 청원의 방법과 절차

① 문서주의: 청원인의 성명 직업 주소의 기재, 서명날인, 이유와 취지명시 등
② 국회와 지방의회에의 청원을 하는 경우에는 의원의 소개가 있어야지 할 수 있다.
③ 청원사항을 주관하는 관서에 제출
④ 이중청원의 금지

5. 청원의 효과

(1) 적극적 효과

① 헌법 제26조 제2항: 청원의 수리 · 심사의무
② 청원법 제9조 제4항: 그 결과의 통지의무

헌재 2000. 6. 1. 2000헌마18
헌법 제26조는 모든 국민은 법률이 정하는 바에 의하여 국가기관에 문서로 청원할 권리를 가지며 국
가는 청원에 대하여 심사할 의무를 진다고 하여 모든 국민의 청원권을 보장하고 청원을 수리한 국가
기관은 청원에 대하여 심사하여야 할 의무를. 청원법과 국회법 제123조 이하는 청원의 처리결과에 대
하여 통지하여야 할 의무를 각 규정하고 있는데, 청원에 대한 심사 및 통지의무는 재판청구권 및 기타
준사법적인 구제청구와 그 성질을 달리하므로 이러한 의무는 청원을 수리한 국가기관이 이를 성실, 공
정, 신속히 심사 · 처리하여 그 결과를 청원인에게 통지하는 이상의 의무를 요구하는 것은 아니다.

(2) 소극적 효과

청원을 이유로 차별대우나 불이익의 강요 금지(청원법 제11조)

6. 청원의 제한과 한계

(1) 헌법 제37조 제2항
(2) 본질적 내용의 침해금지, 과잉금지원칙의 위반금지

제3절 재판청구권(裁判請求權)

1. 의의(意義)

(1) 개념

독립된 법원에 의해 정당한 재판을 받을 권리를 의미한다.

(2) 연혁

① 전제군주의 자의적 재판으로부터 국민의 자유와 권리의 보장 위함
② 영국의 대헌장, 프랑스인권선언, 프랑스헌법(1791: 최초 성문화), 미국연방헌법
③ 우리: 재판받을 권리(제헌헌법), 무죄추정(8차), 형사피해자공판정진술권(9차)

2. 법적 성격

(1) 청구권설

재판이라는 국가적 행위를 청구할 수 있는 권리(다수설)

(2) 이중적 성격설: 청구권적 성격 + 자유권적 성격

3. 주체(主體)

(1) 자연인(내외국인 불문)
(2) 법인(사법상 결사 포함)

4. 내용(内容)

(1) '재판'을 받을 권리

① 요건
ⓐ 재판을 청구할 자격이 있는 자(당사자적격)
ⓑ 법적 판단을 구하기에 적합한 사건(권리보호사건)
ⓒ 소를 제기할 이익(소의 이익)
② 유형: 민사재판청구권, 형사재판청구권, 행정재판청구권, 헌법재판청구권
③ 군사재판을 받지 않을 권리: 일반국민은 군사법원의 재판을 받지 않을 권리를 가진다.

(2) '헌법과 법률이 정한 법관에 의한' 재판을 받을 권리

① 헌법과 법률이 정한 법관
ⓐ 자격·임명절차가 헌법(법률)에 따라 행해짐
ⓑ 신분보장과 직무상 독립이 보장된 법관
ⓒ 법원조직법
② 즉결심판, 보호처분, 약식절차
ⓐ 헌법과 법률이 정한 법관의 재판
ⓑ 정식재판청구권 보장
③ 배심재판: 배심원이 법률심이 아닌 사실심에만 관여하면 합헌
④ 군사재판
ⓐ 법관에 의한 재판 아님(군판사, 현역군인에 의한 재판)
ⓑ 헌법상 특별법원으로서 군사법원 인정
ⓒ 상고심은 대법원의 관할
⑤ 통고처분: 불응 시에 정식재판의 절차가 보장되면 합헌
⑥ 행정기관에 의한 재결 결정: 재판의 전심절차로 허용되고, 정식재판의 길이 허용

(3) '법률에 의한' 재판을 받을 권리

① 법관의 주관적 恣意에 의한 재판 배제
② 실체법과 절차법이 합헌적 법률로써 정해진 재판

	형사재판	**민사, 행정재판**
실체법	형식적 의미의 법률	일체의 성문법+불문법
절차법	형식적 의미의 법률	
예외	긴급명령, 국세법	긴급명령, 긴급재정명령, 대법원규칙, 헌법재판소규칙

5. 재판청구권의 제한

(1) 법률에 의한 제한(제37조 제2항): 법원조직법, 형사소송법, 행정소송법

(2) 군사법원에 의한 재판

① 군인, 군무원, 예비군
② 신분적 재판에 해당하는 것으로 재판을 받을 권리의 제한: 일반국민 → 법률이 정한 경우, 비상계엄 선포 시(제110조)

(3) 상고의 제한

① 사실심의 상고제한은 합리적 이유가 있을 때에는 가능
② 법률심의 상고제한은 재판을 받을 권리 침해로서 위헌

(4) 제소기간의 한정(행정소송법 제20조)

① 행정상 법률관계의 조속한 확정필요성에서 인정
② 합리적 이유 있는 제한이므로 합헌

(5) 예외적 제한

비상사태 시 대통령이 법원의 권한에 특별조치를 하는 경우

제4절 형사보상청구권(刑事補償請求權)

1. 의의(意義)

(1) 개념

① 구금되었던 형사피의자 · 형사피고인 → 불기소처분, 무죄판결
② 정신적 물질적 손실의 보상을 국가에 청구할 수 있는 권리

(2) 연혁

① 프랑크푸르트헌법에서 최초규정
② 제헌헌법(형사피고인의 경우), 9차(형사피의자까지 확대)

2. 법적 성격

(1) 청구권 or 재산권

① 18C 재산권보장, 국가배상책임은 19 · 20C 이후부터 입법화
② 주관적 공권으로 양도나 압류의 대상이 아님: 공권적 청구권

(2) 본질: 손실보상(헌법규정에 의해 직접 효력 발생)

3. 주체(主體)

(1) 형사피고인, 형사피의자
(2) 상속인: 본인이 사망한 경우, 사형집행
(4) 외국인

4. 내용(内容)

(1) 성립요건

① 형사피의자(공소제기가 없는 자), 형사피고인(공소제기당한 자)
② 구금: 미결구금 + 형집행
③ 불기소처분: 범죄불성립, 증거가 없어 기소하지 않은 경우
④ 무죄판결(피고인보상)
⑤ 무과실책임: 국가기관의 고의 · 과실 불문

(2) 절차

① 청구기간: 무죄판결 확정, 불기소처분 통지를 받은 날로부터 1년 이내
② 청구기관
ⓐ 불기소처분(불기소처분을 한 검사소속의 지방검찰청 피의자보상심의회)
ⓑ 무죄판결(무죄판결을 한 법원)
③ 보상금지급청구
ⓐ 불기소처분(검찰청에 청구)
ⓑ 무죄판결(보상결정을 한 법원에 대응한 검찰청)
④ 보상금지급청구권의 양도 및 압류금지
⑤ 불복신청
ⓐ 피의자보상(법무부장관의 재결을 거쳐 행정소송 제기)
ⓑ 피고인보상(보상결정에 불복신청 불가, 단 청구기각에 대한 즉시항고)

5. 형사보상의 내용

(1) 정당한 보상

① 1일 5,000원 이상 대통령령이 정하는 금액 이하의 비율
② 국가배상청구도 청구 가능

(2) 형사보상결정의 공시제

제5절 국가배상청구권(國家賠償請求權)

1. 의의(意義)

(1) 개념

① 공무원의 직무상 불법행위로 손해를 입은 국민
② 국가(지방자치단체)에 손해의 배상을 청구할 수 있는 권리

(2) 연혁

① 대륙법계(바이마르헌법을 시초로 국가책임 인정)
② 영미법계(20C 중엽 이후 일정 범위 내에서 인정)

2. 법적 성격

(1) 재산권과는 구별되는 청구권

(2) 공권적 청구권: 양도나 압류의 대상이 안 됨.

(3) 근거법인 국가배상법은 공법(公法)

3. 주체(主體)

(1) 모든 국민 및 법인

(2) 외국인: 상호보증이 있는 경우 인정(국가배상법 제7조)

4. 내용(內容)

(1) 배상청구의 유형

① 공무원의 직무상 불법행위로 인한 배상
② 영조물의 설치·관리의 하자로 인한 배상

(2) 성립요건

① 공무원: 공무를 위탁받아 실질적으로 공무수행을 하는 자 모두
② 직무의 범위
ⓐ 권력행위＋관리행위
ⓑ 판례는 유동적
③ 직무를 집행함에 당하여: 직무행위 자체＋외형상 관련 있는 모든 행위
④ 불법행위
ⓐ 공무원의 고의과실로 인한 법령위반행위
ⓑ 입증책임은 피해자가 부담
⑤ 타인: 가해공무원＋직무행위 가담자 이외의 자 모두
⑥ 손해발생: 가해행위로 인해 발생된 모든 불이익(정신적·물질적 불문)

5. 국가배상책임의 본질

(1) 대위책임설

피해자구제를 위해 공무원 대신 국가가 책임부담(행정법학계)

(2) 자기책임설

공무원은 국가의 기관으로 사용한 국가의 자기책임(헌법학계)

(3) 절충설

고의·중과실일 때는 대위책임, 경과실일 때는 자기책임

6. 국가배상청구의 상대방

(1) 국가에 대한 청구권 – 선택적 청구권 인정 여부

국가(공공단체)만 v. 국가와 가해공무원 중 선택 가능
※ 손해배상의 만전을 기하기 위해 선택적 청구 불가

(2) 배상책임자 – 선임감독자와 비용부담자가 다른 경우

① 선택적 청구 가능
② 내부관계에서 손해배상책임 있는 자에게 구상권 행사

7. 배상청구의 절차와 배상의 범위

(1) 절차

배상심의회의 결정을 거친 후에 국가배상청구소송 제기 가능

(2) 배상범위

가해행위와 상당인과관계에 있는 모든 손해

8. 국가배상청구권의 제한

(1) 이중배상금지

① 군인, 군무원, 경찰공무원 기타 법률로 정한 자
② 전투, 훈련 등 직무와 관련하여 받은 손해
③ 법률이 정하는 보상 외에 공무원의 직무상 불법행위로 인한 배상청구 불가

(2) 법률에 의한 제한

① 헌법 제37조 제2항
② 철도법, 우편법, 우편물운송법 등

제6절 손실보상청구권(損失補償請求權)

1. 의의(意義)

(1) 적법한 공권력의 행사로 재산상 특별한 희생을 당한 자

(2) 재산적 손실의 전보를 국가에 청구할 수 있는 권리

손실보상청구권	손해배상청구권	형사보상청구권	범죄피해자구조청구권
합법침해(재산권)	위법침해(재산, 자유)	인신구속의 결과책임	타인의 범죄행위
헌법 제23조 제3항	헌법 제29조 제1항	헌법 제28조	헌법 제30조

2. 법적 성격

(1) 현실적 권리성: 헌법 제23조 제3항의 직접효력 규정

(2) 공권성

(3) 수단적 권리성: 헌법 제23조 제1항을 보장하기 위한 수단

3. 주체(主體)

(1) 개인(자연인과 법인 포함)

(2) 외국인과 외국법인: 우리나라에서 재산권을 향유하는 자

4. 성립요건

(1) 재산권: 사법상 또는 공법상 경제적 가치 있는 모든 권리

(2) 공공필요: 재산권의 제한이 불가피한 경우

(3) 공권력에 의한 침해

① 침해: 재산권에 대한 일체의 훼손

② 공권력: 국가 또는 공공단체의 권력적 작용

③ 헌법 제23조 제3항의 재산권의 수용, 사용, 제한: 침해유형의 예시

(4) 특별한 희생

① 특정인 또는 일정범위의 국민에게만 불균형적으로 과해진 권익박탈

② 재산권 자체의 소멸이나 효용의 방해

5. 손실보상의 방법과 기준

(1) 공용침해와 보상의 결부: 공용침해법률의 유효요건
(2) 공용침해의 적법성
① 형식적 의미의 법률
② 긴급재정경제처분·명령, 비상계엄
(3) 보상규정을 결한 공용침해
① 위헌무효로 보아 국가배상법상 손해배상청구 가능
② 수용유사적 침해이론 적용
(4) 손실보상의 기준 – 정당한 보상 → 완전보상

6. 손실보상의 내용

(1) 방법: 금전보상의 원칙
(2) 결정방법: 원칙적 당사자 간 협의, 협의 불성립 시 재결
(3) 지급방법: 선불, 일시불과 개별불

7. 손실보상청구권의 제한(制限)

재산권에 대한 제약이 특별한 희생의 정도에 이르지 않은 경우

제7절 범죄피해자구조청구권(犯罪被害者救助請求權)

1. 의의(意義)

(1) 개념

① 타인의 범죄행위로 생명　신체의 피해를 입은 자

② 국가에 대해 경제적 구조를 청구할 수 있는 권리

(2) 연혁: 현행 헌법에서 신설(범죄피해자구조법 제정: 1988년)

2. 본질(本質)

사회국가의 이념에 바탕을 둔 사회보장적 차원의 피해구조(사회보장설: 다수설)

3. 법적 성격과 주체

(1) 생존권적 성질을 띤 청구권적 기본권
(2) 주체
① 국민(타인의 범죄행위로 피해를 입은 국민, 그 유족)
② 외국인(상호보증이 있는 경우)

4. 성립요건

(1) 적극적 요건

① 타인의 범죄행위: 정당행위, 정당방위, 과실에 의한 행위는 제외
② 생명·신체에 대한 피해: 사망 또는 중장해
③ 가해자의 불명 또는 무자력과 피해자의 생계유지가 곤란한 때

(2) 소극적 요건: 친족 간 범죄, 피해자의 귀책사유, 기타

5. 내용(內容)

(1) 범죄피해구조금의 청구와 지급
(2) 구조금의 종료: 유족구조금(사망자), 장해구조금(중장해자)

(3) 국가배상법 기타 법률에 의한 지급이 가능한 경우에는 구조금 불지급

6. 지급방법과 절차

(1) 지급방법: 원칙적으로 일시불
(2) 지방검찰청 소속의 범죄피해구조심의회에 신청
(3) 범죄피해의 발생을 안 날로부터 1년, 범죄피해가 발생한 날로부터 5년 이내
(4) 구조금수령권의 양도·압류·담보제공 금지

제8절 재판청구권의 절차적 보장

Ⅰ. 序說

국가가 국민의 기본권을 침해한 경우, 그 구제 방법은 다양하다. 그러나 국민이 개인으로서 권리구제를 받을 수 있는 최후의 기회는 '재판'이라는 장소밖에 없다고 할 수 있다. 즉, 국민이 법원과 헌법재판소에게 청구할 수 있는 裁判請求權은 국민의 최후 권리구제 수단인 것이다. 이러한 의미에서 보면 헌법을 수호하고 기본권을 보호해야 할 의무를 지고 있는 법원과 헌법재판소는 최후에 국민의 기본권을 보호하는 국가기관이 되는 것이다.210) 또한 이러한 재판청구권은 조약에 의한 국제적인 절차규제이다. 특히 국제인권규약 중 '시민적 및 정치적 권리에 관한 국제규약211)' 제14조 제1항은 다음과 같이 정하고 있다. "모든 사람은 재판소 앞에서 평등하다. 모든 사람은 그 형사상 범죄의 결

＊ 慶熙大 國際法務大學院 敎授·法博

212) 본 논문의 주요한 일본 참고문헌은 다음과 같다. 藤井俊夫, 事件性と司法權の限界, 成文堂, 1992.; 中野貞一郎, 民事裁判と憲法, 講座民事訴訟①, 新堂幸司編, 弘文堂, 1984; 大野 正男, 刑事裁判における人權保障機能, ジュリスト 469號; 紺谷浩司, いわゆる審問請求權とはなにか－そのような觀念を認める實益を考察せよ, 法學敎室 <二期>1號, 有斐閣, 1973; 千種遠夫, 裁判所において裁判を受ける權利, 判例時報233號; 三け月章, 裁判を受ける權利, 民事訴訟法研究 第7卷, 有斐閣, 1978; 刑事裁判の機能と將來の方向(人權保障機能について), 判例タイムズ (臨時增刊) 現代の裁判 18卷4號; 內野正幸, 裁判を受ける權利と裁判公開原則, 法律時報 66卷 1號; 戶波江二, 裁判を受ける權利, ジュリスト, 1089號 1996. 5.; 和田英夫, 裁判を受ける權利, 上野裕久敎授退職記念, 憲法の科學的考察, 法律文化社, 1988.

211) 1979년 조약 7호. 이른바 B규약.

또는 민사상 권리 및 의무의 쟁송에 대한 결정에 있어 법률에서 규정한 권한이 있는 독립된 공평한 법원에 의한 공정한 공개심리를 받을 권리를 가진다. 보도기관 및 공중에 대하여는 민주적 사회에 있어서 도덕, 공공질서 또는 국가의 안전을 이유로 당사자의 사생활의 이익을 위해 필요한 경우에 있어서 또는 그 공개가 사법의 이익을 해하게 되는 특별한 상황에 있어 재판소가 진실로 필요로 한다고 인정되는 한도에서 재판의 전부 또는 일부를 공개하지 않을 수 있다. 다만 형사소송 또는 다른 소송에 있어 확정된 판결은 소년의 이익을 위해 필요가 있는 경우 또는 당해 절차가 부부간의 쟁송 또는 아동의 후견에 관한 것인 경우를 제외하고는 외부에 공개한다."고 규정하고 있다. 이러한 측면에서 재판청구권은 헌법상 국민의 기본권을 보장하기 위한 절차의 규제원리라는 것을 알 수 있다. 이하에서는 재판청구권의 의의와 법적 성질 등을 간단히 알아보고, 절차의 규제원리로서 헌법상 재판청구권의 절차적 보장에 대해서 상론하고자 한다.

II. 裁判請求權

1. 意義

(1) 헌법 제27조 제1항에 의하면 "모든 국민은 헌법과 법률에 의하여 재판을 받을 권리를 가진다."고 규정되어 있다. 이 규정은 재판에의 접근을 보장함에 주된 목적이 있다. 즉 자기의 권리 또는 이익이 불법하게 침해되었다고 하는 사람은 누구든지 헌법상 사법권을 행사할 수 있는 법원으로 하여금 그 주장의 당부를 판단하고 구제에 필요한 조치를 취할 것을 요구할 수 있는 권리를 부여하고 있는 것이며, 반대로 말하면 법원에 대한 '재판의 거절' 금지이다. 그리고 재판을 받을 권리는 '법의 지배'를 실현하기 위하여 불가결의 수단으로서 의의를 가지며, 그 의미에서 '기본권을 확보하기 위한 기본권'이라고 부를 수 있다.[212] 그렇기 때문에 '재판청구권'의 내용도 헌법상의 다른 기본권규정이나 사법규정을 종합해서 명확히 할 필요가 있다.[213]

국제인권B규약 제14조 제1항에서 말하는 '법률로 설치된 권한 있고 독립된 공평한 법원에 의한 공정한 공개심리를 받을 권리'는 헌법 제27조의 '재판을 받을 권리'와 같은

---

212) 芦部信喜編, 憲法 Ⅲ 人權(2), 有斐閣, 昭56, 275면. '기본권을 확보하기 위한 기본권'의 관념에 관해서는 鵜飼信成, 憲法, 岩波書店, 昭31, 153면 이하 참조.

213) 中野貞一郎, "民事裁判と憲法", 講座民事訴訟①, 新堂幸司編, 弘文堂, 1984., 5면 참조.

것이라고 할 수 있다.

(2) 재판에의 접근은 헌법전상의 형식적 선언만으로는 충분하지 않고, 그 실효성이 확보되어야만 한다. '재판을 받을 권리'는 재판비용을 부담할 수 없다는 이유로 박탈되어서는 안 되는 것이다. 그러므로 재판에 필요한 비용이 적절한 수준이어야만 하고, 그 비용을 부담할 수 없는 자에 대하여 필요한 원조가 있어야만 한다. 訴訟救助나 法律扶助制度는 적어도 '일정한 범위에서는' 헌법상의 요청이라고 해야 할 것이다.214) 통상 절차에서는 재판에 필요한 비용을 지급하지 않는 소액사건의 재판제도에 관해서도 동일하다고 할 수 있다.

(3) 헌법 제27조의 '재판청구권'과 민사소송법학상의 '소권'과의 관계에 대하여는 견해가 나누어져 있다. 특히 양자는 발상의 기초를 달리한다고 보는 峻別說215)과 헌법 제27조는 소권을 보장한 것에 지나지 않는다는 同一說216)이 대립하고 있지만,217) 양자는 내용적으로 중첩하고 그 한도에서 헌법과 민소법이 결합되면서 병존한다고 할 것이다.218)

---

214) 小島武司, 民事裁判における憲法的保障, 竹下守夫 = 谷口安平編, 民事訴訟法を學ぶ[제2판], 有斐閣, 昭56, 13면 以下. 이 '일정범위'는 추상적으로는 기본적 인권의 보장이 직접적으로 문제되고 또 재판에 의하지 않으면 적절한 구제가 이루어질 수 없는 경우라고 할 것이다.

215) 三ケ月, 硏究Ⅷ 16면 以下. 소송이론의 체계화를 위한 도구를 만드는 데 지나지 않는 소송내재적 관념인 재래적인 모습에서의 '소권'과 재판절차의 태양을 외부로부터 규제하는 외재적 지표인 제도적·역사적인 실천개념인 '재판을 받을 권리'의 분리가 타당하다고 설명한다.

216) 齊藤秀夫, '訴權と憲法との架橋' 石田文次郎先生古稀紀念論文集(同刊行會, 昭37) 261면 以下, 同 '民事訴訟法槪論'(有斐閣, 昭44), 46면(新版 42면 以下). 소권은 사법행위청구권이고, 소송외의 국법상의 권리로서 구성하는 것이 헌법과 소송법을 결합하는 개념형식으로서 이론적 가치와 함께 국민의 국무요구권으로서의 적극적인 수익권적 측면을 발휘시킬 수 있다고 설명한다.

217) 양설의 평가를 포함해서 소권론의 의의에 관해 新堂, 民訴 168면 以下, 鈴木正裕, '訴權論の現況とその現代的意義' 法學敎室<第二期>1號, 67면 以下 參照.

218) 일본에서 실체법상의 소구권개념의 확립과 그것에 의한 실체법체계의 정비에 촉구되어 발전한 공법적 소권론에서는 소송 이외로 성립하는 소권과 소제기에 의해 발생하는 소송법률관계의 하나의 내용으로서 국가의 재판의무(당사자의 재판청구권)를 별개로 생각하고[권리보호청구권설을 대표하는 Hellwig도 예외는 아니다. Vgl. Hellwig, Lehrbuch des Deutschen Zivilprozeßrechts, Bd. Ⅱ, 1907, S. 30f.], 사권을 전제로 하여 권리보호청구권을 인정하는 구체적 소권설이 일반적이었던 상황하에서 국가의 재판의무는 구체적 소권에 가려져 있다. 그 후에 대두된 사법청구권설은 확실히 민사소송법학상의 소권론의 연장으로서 나타나고, 독일에 있어서 통설적으로 받아들여졌지만, 여기에서의 소권[사법청구권설에 관해 中野貞一郎, '訴權', 法セ64號 58면 以下 參照. 이 설을 정립한 Groh는 국가의 사법작용의 행사를 구하는 공권으로서의 사법청구권의 관념이 실체법과 절차법의 필요한 결합을 설명하는 필요하고 충분하면 구체적 소권·추상적 소권의 모든 구성과 그러한 것 사이의 절망적인 논쟁에 종지부를 찍는 것이라고 설명하고 있다. Groh, Der Anspruch auf Rechtspflege, ZZP 51. Bd. s. 146f.]은 소의 수리에서 판결에 이르기까지 소송법에 따른 절차의 실시를 구하는 국법상의 청구권이며, 내용적으로 헌법 제27조의 '재판청구권'와 공통된다. 그러나 그렇다고 하더라도 헌법 제27조가 있는 이상은 소권의 내용

(4) 헌법재판소는 법관에 의한 재판을 받을 권리의 의미에 대하여 "법관에 의한 재판을 받을 권리를 보장한다고 함은 법관이 사실을 확정하고 법률을 해석·적용하는 재판을 받을 권리를 보장한다는 뜻이고, 그와 같은 법관에 의한 사실확정과 법률의 해석적용의 기회에 접근하기 어렵도록 제약이나 장벽을 쌓아서는 아니 되며, 만일 그러한 보장이 제대로 이루어지지 아니한다면 헌법상 보장된 재판을 받을 권리의 본질적 내용을 침해하는 것으로서 우리 헌법상 허용되지 아니한다.[219]"고 한다. 이러한 재판청구권은 독립된 사법부와 헌법재판소에서 신분이 보장된 법관에 의하여 재판을 받을 권리인 실체적 보장과 적법한 절차에 따르고 공정한 재판을 받을 권리를 포함하는 것으로 해석하는 것이 통설이다.[220] 이하에서는 이러한 헌법재판소의 견해를 기초로 재판을 받을 권리의 적극적 이해와 법적 성격에 대하여 알아보고자 한다.

2. 裁判을 받을 權利의 積極的 理解

裁判請求權은 헌법규정상 '裁判을 받을 權利'라고 규정되어 있으므로 종래 '裁判을 받을 權利'로 사용하여 왔고, 裁判請求權이라고 사용하는 견해가 적었으나,[221] 재판을 받을 권리라고 하면 이는 수동적 위치에서 국민이 국가에게 재판을 요구할 수 있는 기본권의 의미가 강하게 제기되는 데 반하여, 裁判請求權이라고 하면 이는 국민이 능동적 지위에서 국가에 권리구제를 적극적으로 요구하기 위하여 법원의 심리와 판결을 청구할 수 있는 기본권을 의미하게 된다. 이러한 개념적 측면에서 이해하게 되면 헌법 제27조를

에 관해 사법청구권설을 취할 필요가 있다는 이론은 성립하지 않고 적어도 구체적 소권설과의 병존은 가능하다. 또한 내용적인 공통점이 있다고 보아도 실정헌법상의 '재판을 받을 권리'에 대하여는 그 침해, 헌법 제27조의 위반이 특별상고·특별항고의 이유로 될 수 있음에 대해 소권의 침해는 그렇지 않다. 나아가 강학상으로는 소권만이 아니라 민사집행이나 파산·화의의 절차까지도 포함하는 사법청구권의 관념을 필요로 하는 데 대해 헌법 제27조의 '재판을 받을 권리'는 재판에 속하지 않는 집행처분 등에는 미치지 않는 것이다. 동조의 입법에 재차 종래의 소권론은 무관한 것이고, '재판청구권'의 내용이 소권론과는 전혀 무관하므로 일본 최고재판소판례에 의하여 구체적으로 구성된 것이 峻別說이며 양자를 동일하다고 볼 수 없다.

219) 헌재 2000. 6. 29. 99헌가9
220) 김철수, 헌법학개론, 박영사, 2001. 3., 773면; 윤명선, 헌법학, 대명출판사, 2000. 581 - 582면 참조.
221) 헌법 제27조를 재판을 받을 권리라고 하는 견해와 재판청구권으로 보는 견해로 분류할 수 있다. 즉, 재판을 받을 권리라고 하는 학자로는 丘秉朔, 신헌법원론, 박영사, 1997., 626면; 文鴻柱, 한국헌법, 1994., 335면, 朴一慶, 신헌법, 법경출판사, 1994., 309면; 姜京根, 헌법학, 법문사, 1997., 781면이 있고, 재판청구권으로 보는 학자로는 金哲洙, 같은 책, 771 - 775면; 윤명선, 같은 책, 581면;성낙인, 헌법학, 법문사, 2001., 570면; 權寧星, 헌법학원론, 법문사, 2001, 554 - 557면; 安溶敎, 한국헌법, 고시연구사, 1994., 598면 등이 있다.

재판을 받을 권리로 이해하기보다는 裁判請求權으로 이해하는 것이 바람직하다. 또한 역사적 측면에서도 보게 되면 우리 헌법의 '재판을 받을 권리'는 일본 헌법의 영향을 받은 것으로, 일본 헌법상 재판을 받을 권리는 일본의 입헌군주시대에 군주의 恣意的인 裁判으로 시작하여 법률이 정한 재판관의 '재판을 받을 권리'로 발전하여 오늘날에 이르고 있다.222) 歷史的ㆍ比較法的으로 보게 되면 군주의 권력에 의한 恣意的 裁判의 대항개념에서 발전된 '법률이 정한 재판관의 재판을 받을 권리'는 현대에서는 그 의미하는 바가 적다고 할 수 있다. 따라서 재판을 받을 권리를 적극적으로 이해하여 현행 헌법규정을 裁判請求權으로 이해하는 것이 바람직하다고 생각한다. 또한 입법론적으로 '재판을 받을 권리'를 '재판을 청구할 수 있는 권리'로 개정하는 것이 바람직하다고 생각된다.

3. 裁判請求權의 法的 性質

(1) 主觀的 公權性과 制度的 保障

재판청구권은 주관적으로는 개인을 위한 주관적 공권을 의미하지만, 객관적으로는 국가의 가치질서로서 제도보장으로서의 성격을 갖는다. 즉, 재판청구권은 사법제도의 존재를 전제로 하기 때문에 국가 또는 헌법질서에 의하여 비로소 형성된 실정법상의 기본권이라고 할 수 있다. 그러나 자연권적 성질을 인정하지 아니한다하여 그 기본권의 구체적 내용, 효력이 정의의 원칙과 유리되어 입법자의 전단에 내맡겨져 있다는 것을 의미하는 것은 아니다. 자연권인가 실정권인가 하는 문제가 어느 기본권이 헌법질서에 선재하는가 여부에 관한 것이라면, 주관적 공권인가 제도적 보장인가의 문제는 헌법질서상 인정되는 규범적 내용의 헌법적 구성에 관한 것이다. 재판청구권은 주관적 공권으로서 성격을 갖고 있다.223)

그리고 재판청구권은 재판상의 독립과 공정한 재판이 보장되는 司法制度에 대한 근거

---

222) 일본 현행 헌법에서는 '재판을 받을 권리'라는 표현을 사용하고 있다. 이러한 일본 헌법에 영향을 받아서 우리 헌법은 재판을 받을 권리라는 표현을 사용하고 있는 것 같다. 즉, 일본 명치헌법은 "日本臣民은 법률이 정하는 재판관의 '裁判을 받을 權利'를 박탈되지 않는다(제24조)."고 정하고 있었다. 그러나 이 권리의 실질적 보장은 명치헌법하에서는 매우 불충분했고 원래 행정사건의 재판은 通常法院의 계열에 속하지 않는 行政法院의 권한에 속하고, 게다가 출소사항이 엄격하게 한정되어 있었다. 그리고 현행 일본헌법 제32조는 "누구도 法院에 있어서 '裁判을 받을 權利'를 박탈당하지 않는다."고 정하고 있지만, 이 권리는 역사적으로 확립된 근대적 재판제도를 전제로 해서 거기에서의 裁判을 받을 權利를 인권으로서 보장한 것이다. 그리고 그 재판제도에 관해서는 일본 헌법 제76조 이하에서 상세하게 규정하고 있다.

223) 성낙인, 같은 책, 571면 참조.

규정이 되고, 또한 例外法院 금지의 근거가 된다. 재판청구권은 이로써 '실효성 있는 權利保護'를 보장한다고 본다. 따라서 해석론상 가능한 한 효과적인 개인영역의 보호가 이루어지도록 해석하지 않으면 안 된다. 따라서 法院에 대하여 그 재판에 대한 執行의 권리와 의무를 부여한다. 또한 임시적 보전을 위한 가처분이 허용되어야 하고, 취소행정소송에 따른 행정처분의 효력정지의 길이 열려 있지 않으면 안 되게 된다. 이러한 의미에서 재판청구권은 제도보장으로서의 성격도 갖게 된다.

(2) 請求權的 基本權

헌법 제27조 제1항 소정의 재판을 받을 권리 즉, 재판청구권은 公權으로서 국가에 대하여 재판을 청구하는 것을 내용으로 하는 청구권적 기본권에 속한다. 분류방법에 따라서는 수익권이나 기본권을 보장하기 위한 기본권이라고 명하기도 한다. 재판을 받을 권리는 청구권적 기본권의 성격과 아울러 자유권적 기본권의 성격도 갖는다고 보는 견해가 있다.224) 이는 재판청구권이 헌법과 법률에 의하지 않은 재판에 대하여 이를 거부하고 방해배제를 구할 권리를 수반하는 데 착안한 것이고 연혁적으로도 이 점이 중요한 것은 사실이다. 본래 자유권과 청구권의 구별은 G. Jellinek의 지위이론에서 비롯된 것으로서, 이는 국가를 국민과는 유리된 별개의 완성물이라고 생각하여 국민의 국가권력에 대한 관계나 지위만을 중요시하는 실증주의에서 출발하므로 이러한 기본권 분류의 실효성에 의문이 없지 않다. 학계는 재판청구권이 자유권적 기본권과 청구권적 기본권의 양 성격을 함께 갖추었다는 이중적 성격론이 있으나,225) 기본권의 이중적 성격은 원래 기본권의 권리로서의 성격과 객관적 가치질서로서의 성격을 해명하기 위하여 등장한 개념인데, 이를 자유권과 청구권의 이중성을 나타내는 데 사용하는 것이 실익이 있는지 의문이다. 일본에 있어서는 재판을 받을 권리의 법적 성격을 민사, 행정사건에 관하여는 수익권으로, 형사사건에 관하여는 자유권으로 파악하는 견해가 있다. 일본 헌법은 조문 자체가 "누구도 재판소에서 재판을 받을 권리를 박탈당하지 아니한다."고 규정하고 있어 그 문언상 자유권으로 파악할 가능성이 있으나, 이를 우리 헌법해석에 도입하는 것이 타당한지 의문이다. 재판청구권이 헌법에 의하여 인정된 주관적 공권이므로 침해를 당하지 아니하도록 보호받는 것은 주관적 공권의 속성상 당연한 것이지 이를 이유로 들어 자유권으로 파악할 필요까지는 없다고 할 것이다. 만일 이러한 점을 들어 자유권이라고 한다면 모든 기

---

224) 權寧星, 같은 책, 555면.
225) 위 책, 555면 참조.

본권은 자유권이라는 기이한 결론에 도달하게 된다.226)

그러므로 재판청구권은 재판제도에의 접근과 공정한 재판을 요청할 수 있는 청구권적 기본권이라고 할지언정 자유권으로서의 성격을 갖고 있다고 볼 필요는 없다. 이러한 논의는 절차적 기본권의 주체 문제와 관련하여 실익이 있다. 실체적 기본권에 대하여는 주체성이 인정되지 않는 국가 또는 공법인에게도 절차적 기본권이 귀속될 수 있는지가 별도로 검토되어야 하는 것이다.227)

(3) 節次的 基本權

재판청구권은 실체적 기본권의 실현을 위한 절차적 기본권이다. 절차적 기본권의 확고한 보장이 없이는 실체적 기본권은 장식물로 전락할 위험성을 갖게 된다. 절차적 기본권의 중요성과 함께 고려해야 할 점은 절차적 기본권의 인플레이션 현상이다. 사법절차의 헌법화라는 명분 아래 소송법적 문제가 헌법문제로 전환될 가능성이 있는데, 재판에 대한 헌법소원을 인정하는 독일에 있어서 절차적 기본권 침해가 헌법소원 사유의 절대 다수를 차지함으로써 헌법재판소에게 과부담을 안겨 준 주범이 되었다는 경험은 시사해 주는 바가 크다. 따라서, 실정헌법의 엄밀한 해석 아래 신중하게 절차적 기본권의 인정 여부 및 인정 범위를 검토하지 않으면 안 될 것이다. 이하에서는 이러한 취지에서 재판청구권의 보장 중 절차적 보장을 중심으로 상론하고자 한다.

III. 裁判請求權의 節次的 保障

1. 節次 諸原則과 憲法

(1) 소의 제기에서 판결에 이르는 과정을 어떻게 구성하는가에 대해서는 여러 가지 가능성이 있으며 소송의 역사에서 다양한 시도가 이루어져 왔다. 진실과 정의에 합치하는 재판을 하기 위하여 그것만이 시공을 초월하여 절대적으로 바람직한 절차방식이 있는 것은 아니고, 개개의 사건이 가지는 개성도 무시할 수 없다. 그러나 개별의 소송에서 절차를 담당하는 법관이 적절하게 결정할 수 있다고 하는 것은 결정된 절차 자체에서 나타나는 재판도

---

226) 張哲朝, 公正한 裁判을 받을 권리 – 법적 청문청구권을 중심으로, 재판자료 76집, 법원도서관, 1997., 489, 513면.

227) 김철수, 같은 책, 772면: 윤명선, 같은 책, 582면 참조.

다르고 실체법의 객관적·통일적인 실현을 해하고, 근대사회에서 필수인 재판의 예측가능성을 결여한다. 증거방법의 한정 하나에서도 소송의 승패는 전혀 반대로 될 수 있다. 여기에서 법률로서 절차를 엄격하게 구성하고 법관을 구속(헌법 제103조)한다. 그것에 의하여 개개 규정은 의미를 부여받게 되고, 세부적으로 운영의 당부도 결정될 수 있는 것이 된다. 이와 같이 재판청구권의 절차적 보장의 정립은 특별히 법정책적인 판단에 의하지만, 이러한 절차적 보장은 어디까지나 헌법 자체에 의해 보장되고 있는 것이다.228)

현행의 소송절차는 그 기본원칙이 어느 정도 범위에서 헌법상 고정되어 일반 법률에 의한 개폐변경은 허용되지 않고, 어디까지 변경할 수 있는가를 생각해 볼 필요가 있다.

재판은 공정한 것이어야만 한다. 재판의 공정성은 재판의 개념 자체에 내재하는 것229)이고, 따라서 공정한 재판을 받을 권리는 헌법 제27조의 '재판을 받을 권리'에 의해서 보장되고 있다고 해석된다. 헌법 제27조가 규정하고 있는 절차적 보장으로서 재판이 공정하다고 할 수 있기 위한 요건으로서 '공정한 법원에 의한 재판', '법적 청문권', '신속한 재판', '공개재판' 등을 요구하고 있다.

(2) 헌법상 신속한 재판과 공개의 원칙에 관해 명문(헌법 제27조)의 규정을 두고 있을 뿐, 다른 절차적 보장에 관해서는 규정하고 있지 않다. 또한 재판청구권의 절차적 보장에 대해서 학설 중에서도 아직 거의 논해지고 있지 않다. 그러나 독일에서는 재판청구권과 절차제원칙의 다수를 헌법상의 요청으로 보아 연방헌법재판소에 의한 통제(control)를 인정하려고 하는 견해230)가 있고, 그 영향은 이미 우리에게도 보이고 있다.

(3) 아직 시론에 불과하지만 기술한 바와 같이 '공정한 법원에 의한 재판'이라는 대전제하에 법적 청문권, 절차상 평등의 원칙 및 신속한 재판, 공개의 원칙 등을 헌법상 재판청구권의 절차적 보장의 기본원리로 들고자 한다. 어쨌든 기본적인 추상적 원칙이고, 개개의 소송법규가 그러한 것을 구체화해서 정립시키고 있는 한도에서는 직접적으로는 그러한 것의 법규의 위배가 문제되는 데 지나지 않지만, 법규가 없는 곳에서는 헌법상의 원칙이 법원이나 소송관계인의 행동상의 지도이념이 되고, 혹은 그러한 행동에 대한 평

---

228) 中野貞一郎, 前揭論文, 12面.

229) 재판도 정의도 영어로는 모두 justice라고 표현된다.

230) Stürner, Verfahrensgrundsätze des Zivilprozesses und Verfassung, Festschrift für F. Baur, 1981, S. 647ff. 심문청구권, 무기평등의 원칙 등 이외에 처분권주의, 석명의무, 공개주의, 구두주의, 직접주의를 헌법상의 요청이라고 보고 있다.

가기준으로서 기능하는 것이다. 이하에서는 재판청구권의 절차적 보장의 내용을 알아보기로 한다.

2. 公正한 法院에 의한 裁判

헌법 제27조 규정에 의한 '공정한 법원'에 의한 재판을 직접 규정하고는 있지 않지만 해석상 이를 보장하고 있다. 즉, 헌법 제27조는 '공정한 재판'을 직접 보장한 규정은 아니라고 이해되고 있다. 헌법재판소는 공정한 재판이란 "절차의 적법성뿐만 아니라 절차의 적정성까지 보장되는 적법절차주의에 위반되는 않는 실체법과 절차법에 따라 규율되는 재판으로 보고, 이의 구체적 보장으로 피고인이 형사소송절차에서 공소사실에 대한 주장과 답변 및 입증·반증 등 공격과 방어의 기회가 충분히 보장되고, 단순한 처벌대상이 아니라 형사소송절차를 형성·유지하는 당사자로서 지위를 향유하며, 검사의 공격에 대하여 실질적인 무기평등이 이루어진 재판을 받을 권리고 보고 있다.231)" 이러한 헌법재판소의 견해에 의하면 공정한 재판이란 피고인의 절차적·실체적인 권리라고 설명되고 있다. 그러나 재판청구권은 특히 피고인으로서의 권리로서 중요하지만, 이는 모든 국민, 법인, 외국인에게도 인정되는 포괄적 기본권으로 해석되어야 한다.

이러한 헌법재판소의 견해에 기초로 재판청구권을 피고인의 권리로 이해할 경우, 무엇이 '공정한 법원'인가는 피고인의 입장에서 볼 필요가 있다. 피고인에게 있어서 '공정한 법원'이란 소추자(訴追者) 측의 이익에 치우친 재판을 할 우려가 없는 법원일 것이다. 법원이 소추자 측에 치우친 재판이라고 할 수 있는 경우로서 ① 법원이 재판의 결과에 대해서 소추자와 같은 이해를 가지고 있는 경우, ② 법원이 소추자 측에 종속하고 있는 경우, ③ 법원이 사건에 관해 예단(豫斷) 혹은 편견을 가지고 있는 경우가 생각될 수 있다. 따라서 피고인의 사건을 재판하는 법원은 기술한 사례에 해당하지 않은 경우가 공정한 재판이라고 할 수 있다.232)

이러한 공정한 재판은 다음과 같이 추상적·구체적으로 실현될 수 있다고 본다. 우선 추상적인 실현으로 정태적 측면으로서의 조직구조의 모습과 동태적 측면으로서의 재판과정·절차의 구조의 모습으로 구별해 볼 수 있다. 정태적인 측면에서 공정한 재판이란 우

---

231) 헌재 1997. 11. 27. 94헌마60

232) 일본의 판례는 공정한 법원이란 '구성 기타에 있어서 편견의 우려가 없는 법원'라고 설명하고 있다(최고재판소 소화23년 5월 5일 형집 2권 5호 447면 참조).

선 첫째로 법원은 기구상, 소추기관과는 별개 독립의 조직이어야만 한다. 둘째로 법원은 외부의 압력으로부터 독립한 것이지 않으면 안 된다. 이러한 추상적인 조직원리의 문제는 헌법상은 제101조 이하의 제 규정에 의해서 해결되고 있다고 보아야 할 것이고, 법원이 이러한 규정에 따라서 조직되어 있다면 헌법이 요구하는 '공정한 재판'은 정태적 측면에 관해서는 실현되고 있다고 이해해야 할 것이다.

동태적 측면에서는 당사자주의와 구두변론주의가 '공정한 재판'에 요구하는 절차의 기본구조인가 하는 점이다. 공정한 법원의 구체적 모습은 상당히 광범한 입법재량에 맡겨져 있다고 이해해야 하므로 당사자주의나 구두변론주의를 빠뜨렸다고 즉시 헌법에 위반이 되는 것은 아니다. 당사자주의와 구두변론주의를 철저히 하는 것이 헌법이 구현하려고 하는 형사절차의 이념적 구조에 적합한지는 의문의 여지가 있지만, 우리 헌법은 당사자주의에 기초한 직권주의를 적절히 가미하고 있는 형사절차적 구조를 갖고 있다고 할 것이다.

3. 法的 聽聞權의 保障[233][234]

(1) '법원에서 재판을 받을 권리'는 재판에 즈음해서 법적 청문을 받을 권리를 수반한다. 재판을 받는 자는 재판사항에 관해 미리 자기의 견해를 표명하고 청취할 기회를 제공받을 것을 요구하는 권리(법적 청문권)를 헌법상 보장받고 있다. 법원은 원칙적으로 당사자가 그와 같은 기회를 갖지 않았던 사실이나 증거에 근거해서 재판할 수 없다.[235]

---

233) 일본에서는 법적 청문권을 審尋請求權이라는 용어로 사용하고 있다.

234) 법적 청문권에 관한 우리나라의 논의는 많지 않은 것 같다. 이에 대한 상세한 논의는 "장석조, 공정한 재판을 받을 권리 – 법적 청문 청구권을 중심으로, 헌법문제와 재판(중), 법원도서관, 1997."와 "변종필, 형사소송에서 진실개념, 고려대학교 대학원 박사학위논문, 1996. 6." 등이 있다. 그리고 일본의 審尋請求權에 관해서는 특히 鈴木忠一, '非訟事件に於ける正當な手續の保障' 同 '非訟·家事事件の研究'(有斐閣, 昭46) 259면 참조.

235) 법적 청문권에 관한 일본 문헌은 다음과 같다. 紺谷浩司, いわゆる審問請求權とはなにか. そのような觀念を認める實益を考察せよ, 法學敎室 〈第二期〉 第1號, 有斐閣(1973), 東京, 135面.; 山田晟, ドイツ法律用語辭典, 有斐閣{昭和 57(1982)}, 東京.; 橋本公亘, 憲法原論(昭和 41).; 三ケ月章, 裁判を受ける權利, 民事訴訟法研究 第7卷, 有斐閣{昭和 53(1978)}, 東京, 12面.; 有紀 新, 非訟手續における審問請求權 – その法的根據に關する一考察, 民事訴訟雜誌21, 法律文化社(1975), 京都, 162面.; 독일문헌 A. Kaufmann u. W. Hassemer, Grundprobleme der zeitgenossischen Rechtsphilosophie und Rechtstheorie, 1971, Athenaum Verlag GmbH, Frankfurt / M.; Axel Azzola / Richard Baumeln / Rudolf Wassermann, Kommentar zum Grundgesetz fur die Bundesrepublik Deutschland(Reihe Alternativkommentare), 2. Aufl., 1989, Hermann Luchterhand Verlag, Neuwied (zitiert als AK – GG – Wassermann, 2. Aufl.).; Adolf Arndt, Das rechtliche Gehor, NJW 1959, 6(6).; Albrecht Zeuner, Rechtliches Gehor, materielles Recht und Urteilswirkungen, 1974, C. F.

이는 재판절차에서 일정한 결정으로 인해 영향을 받게 될 소송당사자 내지 소송관계인들에게 자신을 위하여 의견을 진술할 수 있는 기회를 제공하는 것을 의미한다. 이는 재판절차에서 소송당사자에게 소송과정에 적극적으로 참여할 수 있는 자격을 부여해 준다.236)

독일 기본법 제103조 제1항은 "누구든지 법정에서 법적 진술권을 가진다."고 규정함으로써 명문으로 법적 청문을 인정하고 있다. 또한 1948년 유엔 인권선언과 1950년 유럽 인권조약도 법적 청문을 기본권으로 보고 있다.

우리나라에서는 법적 청문권에 대한 논의가 활발하지는 않다. 또한 독일처럼 명문으로 이를 인정하지 않고 다만 법률의 개별조항과 헌법재판소 결정에 의해 인정되었을 뿐이다.237) 이 법적 청문권은 재판청구권 중의 한 내용인 절차적 기본권으로서 헌법상의 권리로 해석해야 된다.238) 즉, 법적 청문권을 강조한 명문규정은 한국헌법상에는 없지만 해석상 이것을 긍정할 수 있다. ① 모든 국민은 개인으로서 존중된다. 그가 가지는 사적 권리의무에 관한 재판상의 절차에 있어서도 단지 절차의 객체로서 다루어지는 것은 허용되지 않고 각인을 절차의 주체로서 존중하고 그 주체성을 전개할 기회를 부여할 것이 요구되고 있다. ② 재판에 임해서 재판을 받는 자의 주장을 미리 청취할 기회를 가져야 한다는 것은 근대국가의 성립이나 한국헌법의 제정 그 이전부터 전통적인, 오히려 현대에는 자명한 법원칙(쌍방심문주의)으로 확립되어 있고, '재판이 재판이라고 할 수 있는 기본적인 요소는 여기에 있다.239)' '재판을 받을 권리'가 전제로 하는 '재판'도 당연히 위와 같은 법원칙에 지지된 상식적인 의미의 재판과 다르지 않다. ③ 모든 재판관은 그 양심에 따라 독립해서 그 직권을 행하지만, 재판은 재판관의 독단적인 사고작업에 그치는 것이 아니고 또 헌법 및 법률에 구속되는 이상, 사실에의 법의 적용을 위해서 관계 당사자로부터 직접 사실상태·법률상태에 관한 각각의 견해를 청취할 기회를 결여해서는 안

Muller Juristischer Verlag, Karlsruhe.; Armin Draber, Schutz des sozial Schwachen und Gebot der Unparteilichkeit, DRiZ 1987, 348.

236) 변종필, 형사소송에서 진실개념, 고려대학교 대학원 박사학위논문, 1996. 6., 217－221면 참조.

237) 현행 민사소송법과 형사소송법에는 법적 청문권에 대한 일반조항이 없고, 다만 민사소송법 제126조 제4항과 형사소송법 제286조 규정 등을 통하여 개별적으로 법적 청문을 인정하고 있다. 변종필, 앞의 논문, 219－920면 참조.

238) 이러한 헌법상의 권리가 서울형사지방법원의 형사재판참고자료집에서는 "형사소송법 제286조에서 의무화하고 있는 피고인의 진술기회의 보장이 '원칙적으로 허용하지 아니하되 법원의 판단에 따라 허용할 수도 있다.'고 하고 있다[서울형사지방법원, 형사재판참고자료집(제1집), 7면]. 이는 헌법상의 권리를 보호해야 할 의무가 있는 사법부가 헌법상 권리를 침해한 사례로 볼 수 있다.

239) 新堂幸司, '民事訴訟の目的からなにを學ぶか(17)' 月刊教室 1982年 2月號 62면. 절차 내 절차보장을 겨우 마련했을 때 마지막으로 남는 것은 '재판관 앞에서 양당사자가 자신의 이야기를 주장할 수 있는 기회를 평등하게 부여받는다는 것'이라고 한다.

된다. 소송의 제도면에서의 재판관의 독립과 더불어 소송의 절차면에서의 법적 청문권이 적정한 재판을 확보한다고 할 '법적 청문권은 당사자에 따라서는 절차적 정의의 헌법상의 보장의 중심이고, 동시에 소송의 법치국가성의 본질적 구성부분이다240)' ④ 국제인권B규약 제14조 제1항은 민사상의 권리·의무의 다툼에 관한 재판을 위해서 '공정한 재판을 받을 권리'를 인정하고 있는데,241) 재판소에 대해서 당사자 각각이 견해를 표명할 기회를 확보하지 않는 한 심리는 공정하다고 할 수 없을 것이다.

(2) 헌법에 있어서 법적 청문권의 보장은 국가의 법원의 권한에 속하는 모든 재판절차에 미친다. 소송절차와 비송절차를 불문하고 판결절차와 결정절차를 불문하며 구두절차와 서면절차를 불문하고 변론주의·직권탐지주의 등의 절차원칙의 차이도 관계가 없다. 법적 청문권을 가지는 자는 원칙적으로 재판을 받는 각 당사자(및 보조참가인)에 한하고,242) 자연인, 법인, 권리능력 없는 사단·재단을 불문한다.

(3) 법적 청문권에 있어서 법적 청문의 대상은 재판을 함에 실체법적 또는 소송법적으로 문제되는 사실 및 법적 사항에 한한다. 그러한 것에 관해서 당사자는 자기의 견해를 (스스로 또는 대리인에 의해) 표명할 기회, 즉 주장·입증·진술 등을 행할 기회를 부여받아야 하고, 법원은 어떠한 사실이나 증거조사의 결과도 당사자에게 견해표명의 기회를

---

240) Stein－Jonas－Leipold, ZPO, vor §128 BⅡ Rdnr. 12.

241) 이미 1948년의 세계인권선언 제10조가 모든 사람은 자기의 권리 및 의무가 결정됨에 있어서 독립되고 공평한 재판소에 의한 '공정한 공개의 심리를 받는 것에 관해서 완전히 평등의 권리를 가진다 (Everyone is entitled in full equality to a fair and public hearing……).'고 정하고 있다. 이것에 이어서 1950년의 유럽인권규약 제6조도 '공정한 방법'으로 청문을 받을 권리를 보장했다. 최근 독일연방헌법재판소의 재판례 중에는 헌법상의 '공정절차실시청구권(Anspruch auf faire Verfahensfürung)'의 침해를 이유로 민사재판을 취하한 예가 적지 않은데 그 실체 내지 의의, 혹은 다른 절차기본권과의 관계를 둘러싸고 학설은 다양하다. Vgl. Vollkommer, Der Anspruch der Parteien auf ein faires Verfahren im Zivilprozeß, Gedächtnisschrift für R. Bruns, 1980, S. 195ff.; Schumann, ZZP 96, Bd. S. 166ff.; Stein, Jonas Leipold, ZPO vor §128 BⅡ Rdnr. 14, BⅢ Rdnr. 65, 66 u.a. 여기에서는 깊이 다루지 않고 이것을 법적 청문권과 결부해서 절차경과에 있어서 부여되어야 할 법적 청문의 기능·내용에 관한 법치국가적 요청을 보고 특히 민소법상 절차형성이 재판소의 재량에 맡겨져 있는 경우의 의의를 가진다고 설명하는 위 Leipold의 견해에 따른다.

242) 증인이나 감정인도 증언거절·선서거절의 당부의 재판이나 제재의 결정에 관해서는 법적 청문권을 가진다. 더 나아가 자기의 권리의무에 관해서 재판을 받을 자에게 견해표명의 기회를 부여해야 한다고 하는 견해를 억압하면 대세효를 가지는 신분판결에 관해서 이미 절실한 논의가 있는 것처럼 절차상의 당사자가 아니라도 재판의 효력에 의해서 그 법적 지위에 영향을 받는 자에게는 오히려 견해표명의 기회가 주어져야 할 것이고, 제3자의 필요적 고지 혹은 제3자의 강제참가의 제도에의 전망으로 이어진다. 이 점에 관해 특히 吉村德重, '判決の效擴と張手續權保障' 山木戶還曆下 118면 以下 參照.

(원칙적으로 사전에) 부여함이 없이 재판의 기초로 해서는 안 되며, 직권으로 탐지한 사실, 직무상 현저하거나 일반공지의 사실, 조사촉탁의 결과와 같은 것도 예외는 아니다. 견해표명의 기회가 부여되어 있으면 족하고, 그 기회를 이용하는가 어떤가는 당사자의 자기책임에 속한다.243)

그러나 기회가 부여되었다고 하기 위해서는 당사자는 그것을 이용하여 자기의 견해를 쉽고 적절하게 표명함에 충분한 정도의 시간이 포함되어야 할 필요가 있다. 그러므로 기일의 지정이나 기간의 재정에 재판소나 재판관의 재량이 소송법상 인정되어 있어도 당사자의 준비나 태도결정을 위한 시간이 단축된 때에는 법적 청문의무의 위반이 되어야 하고, 신청이나 상대방의 주장·입증에 대한 견해표명을 위한 기일이나 기간이 정해지지 않은 경우에는 그것에 부합하는 기간의 경과를 기다려 재판을 해야만 한다.

법적 청문권의 침해가 되는지 여부는 개개의 구체적인 사정에 따라 판정된다.244) 예를 들면 항고신청 시 항고인이 항고이유는 추가해서 서면으로 제출하는 취지를 예고한 경우, 재판소는 적당한 기간을 기다리거나 또는 기간을 정하여 서면제출을 촉구해야 하는 것으로, 이와 같은 조치를 취하지 않고 기록에 근거해 심사하여 항고를 기각한 것은 항고인의 법적 청문권의 침해이다.245) 서면제출의 예고가 없는 경우 그 제출을 촉구할 필요는

---

243) 中野貞一郎, 前揭論文, 15面 參照.

244) 독일연방헌법재판소가 법적 청문권의 침해를 인정해서 원재판을 취소한 결정은 다음과 같다.
　① 1978년 10월 25일 결정(BVerfGE 50, 1): 우편지연으로 공소이유서가 제출기간(독일민소법 519조) 만료 다음 날 재판소에 도착하여 공소는 각하되었다. 추완의 신청도 당시 그 우체국의 조직변경에 의한 우편지연은 미리 알 수 있었다는 이유로 각하되었다. 독일 기본법 제19조 제4항·제103조 제1항에 근거 소송행위의 추완에 관해 우편배달의 지연을 국민의 책임으로 돌려야 할 사유로 할 수 없다는 것이 헌법재판소의 판례라고 했다.
　② 1980년 2월 27일 결정(BVerfGE 53, 219): 증인의 이주로 소환할 수 없었고, 재판소는 기간을 정해서 당사자에게 정정서의 제출을 구했는데 그 기간 내에 제출되었지만 재판관에게 도달하지 않아 그 증인을 심문하지 않은 채 판결이 내려졌다. 헌법재판소는 기본법 제103조 제1항은 재판소에 소송관계인의 진술을 듣고 고려하는 것을 의무로 부여되어 있다고 하는 것이 확립된 판례이고, 책임을 돌려야 할 사유의 유무는 문제가 아니라고 했다.
　③ 1980년 10월 7일 결정(BVerfGE 55, 95): 임료청구소송의 판결에 있어서 이미 지불한 금액의 충당 인정으로 영향을 받는 것과 같은 원고작성의 상신서의 내용의 일부를 피고에게 견해표명의 기회를 주지 않은 채 참작한 것은 기본법 제103조 제1항에 위반한다고 했다.
　④ 1982년 2월 9일 결정(BVerfGE 59, 330): 구두변론이 열리지 않은 항고심에서의 새로운 사실의 주장에 관해 시기가 늦은 공격방어방법의 각하규정(독일 민사소송법 제296조)의 준용의 가부가 문제되었던 사안이다. 학설상은 양설이 있고 원심고등재판소는 적극설을 취했지만, 헌법재판소는 항고심에 있어서 새로운 사실·증거의 제출을 인정한 독일민소법 570조는 헌법상의 법적 청문권에 입법자가 형태를 부여하는 것이고, 법으로 복수의 해석이 가능한 경우 의문이 있으면 기본권규범에 가장 강력한 효력을 부여하는 해석을 채택해야 한다고 하여 소극설을 합헌해석으로 했다.

245) 鈴木(忠), 前揭書 309면. 또한 항고심에 있어서 법적 청문권의 보장에 관해 本間義信, '抗告審の審理方式' 新實務民訴(3) 265면 以下 參照.

없다고 해도 역시 어느 정도의 기간은 항고인으로부터 신청 등을 기다려야 한다. 항고장을 송달한 후 상대방에게 주장·입증의 여유를 주지 않은 채 조급하게 항고를 인용한 경우에도 마찬가지로 법적 청문권의 침해가 된다.[246]

(4) 법적 청문의무에 반하여 행해진 재판은 그것만으로 당연히 무효가 되지는 않는다. 법적 청문권의 침해는 하나의 절차상의 하자이고 소송절차의 내부에서 통상의 상소 내지 특별상고·특별항고에 의해 이를 주장하고, 재판의 취소·변경·파기를 구할 수 있다. 다만 상소에 의한 주장·입증의 기회가 원심에 있어 법적 청문 흠결을 보충·보완할 수 있는 경우에는 하자의 치유를 인정할 수 있다.

4. 節次上 平等의 保障

(1) 법 앞의 평등을 규정한 헌법 제11조는 실체법뿐만 아니라 소송법에도 그 효력을 미친다. 한국 헌법하에서는 소송법상의 무기평등의 원칙도 평등원칙의 소송적 구현으로서 헌법상 보장된다.[247]

평등원칙은 소송절차 중 모든 주체에 대하여 소송 외적인 지위나 관계에도 불구하고, 대등한 조건하에서는 대등하게 취급할 것을 요구하고 입법자 및 사법기관에 대해 정의에 반하거나 합리적인 이유가 없는 자의적인 처우를 금지한다. 평등원칙이 기본적 인권에 포함됨으로써 소송법의 제 규정에 관해서도 그것이 평등원칙에 적합한가 아닌가의 검토를 필요로 하고 또한 그러한 규정의 해석에 있어서도 평등원칙이 참작되어야 한다.[248]

(2) 민사소송법은 대립하는 양 당사자에게 평등하게 신청·주장·거증·진술·상소 등의 권능을 부여하고 소송위험의 균등한 배분을 도모하고 있다. 필요적 구두변론이나 소송절차의 중단·중지 등의 제도는 그 대표적인 예이다. 그러한 실정제도를 평등원칙에 비추어 말할 여지는 실제상 적을 것이다. 그러나 소송수행상의 기회가 형식상 평등하게

---

246) 독일연방헌법재판소 1982년 4월 21일 결정(BVerfGE 60, 313)은 소송비용의 재판에 대한 즉시항고장의 상대방에의 도달로부터 항고인용의 재판이 이루어지기까지 2일의 유일을 제외 실제상 1일 반의 간격밖에 없었던 사례에 관해 법적 청문권의 침해가 있다고 하여 인용결정을 취소하고 환송했다.

247) '모든 사람은 법률 앞에 평등하다.'고 하는 독일연방공화국 기본법 제3조 제1항의 해석으로서 同旨 Stein-Jonas, ZPO, 20. Aufl., 1979~1983, Einl. Rdnr. 506(Schumann) vor §128 Rdnr. 62, 63(Leipold) u.a.; 일본 헌법 제14조 제1항도 같은 취지임.

248) 中野貞一郎, 前揭論文, 17面.

부여되어도, 그것만으로는 반드시 법적 지위나 능력 등이 동등하지 않은 양당사자가 평등하게 소송상의 공격방어를 할 수 있도록 보장함에 충분하지 않고, 나아가 현실의 소송운영상 양 당사자의 평등을 실질적으로 확보하는 노력이 요청된다.249) 그 한도에서 평등원칙은 절차상의 중요한 지도이념으로 되는 것이다.250) 특히 현행의 소송절차규정에 있어 제반 사항의 처리를 법원이나 법관의 재량으로 위임하고 있는 국면이 적지 않다.

구체적인 절차에 있어 그러한 재량권의 행사에 있어 양 당사자가 불평등하게 취급되고, 정의에 반하거나 합리적인 이유를 결한 자의적인 처우를 발생시킬 가능성이 존재한다. 재량권의 부여도 자의를 허용하는 것은 아니고, 평등원칙을 규준으로 하는 위헌심사를 면하는 것은 가능하지 않을 것이다.

5. 迅速한 裁判251)

(1) '재판청구권'(헌법 제27조)은 신속한 재판을 받을 권리이다.

재판의 지연은 때와 장소를 불문하고 보편적으로 나타나는 현상이고, 재판이 사법의

---

249) 上田徹一郎, '當事者의 訴訟上의 地位' 本講座第3卷 1면 이하에 있어서 '형식적 당사자평등주의원칙'과 '실질적 당사자평등원칙'과의 구별이 나타난다. 또한 헌법과의 관련에 관해 同 28면 以下 參照.

250) 평등원칙을 이유로 하는 독일연방헌법재판소의 견해를 보면 다음과 같다. ① 1980년 4월 29일 결정(BVerfGE 54, 117): 피고가 제출한 상계의 항변은 뒤에 이루어진 것으로(독일민사소송법 제296조 제1항) 판결에서 참작되지 않고 배척되었는데 그 제출 이전에 일부의 증거조사나 피고의 답변이 있고, 그 단계에서의 원고의 주장과의 관계상 상계의 항변을 제출하는 것은 피고에 의해서 꾀해지지 않았던 것으로 원고가 소원인을 보조적으로 변경한 후에 제출되었다는 사정하에서는 재판소가 상계의 항변을 배척한 것은 자의적이고, 기본법 제3조 제1항이 정한 소송관계자의 평등취급의무에 위배한다고 판시하여 판결을 파기 환송했다.
② 1981년 1월 28일 결정(BVerfGE 56, 139): 원고는 임금소송의 제기에 관해 수구권의 부여를 받았는데 청구액을 넘는 채권부분에 관한 화해에도 수구권의 부여를 신청해서 각하되었다. 그 화해에 기초해서 강제집행에 관해 더 나아가 수구권부여의 신청이 있었던바 재판소는 그 요건의 심사에 들어가지 않고 이미 그 화해의 수구권부여는 부정되어 있다고 하여 각하하였다. 연방헌법재판소는 수구대상이 다르고, 실질적 이유를 이룬 임자산자에게 불이익을 주는 것으로서 평등원칙위배를 인정했다.
③ 1981년 4월 7일 결정(BVerfGE 57, 39): 제3자에게 한 것이 명백한 피고의 편지를 원고에게 한 것이라고 오인하여 피고의 항변을 배천하여 금전지불을 명한 판결을 자의적이라고 하고, 평등원칙위배를 인정했다.
④ 또한 직접적으로는 법적 청문권에 관한 기본법 제103조 제1항 위배를 인정한 것인데 1978년 11월 8일 결절(BVerfGE 50, 32)은 재판소가 충돌자동차의 손상에 관한 원고의 감정신청을 소액에 대해 '매우 불경제적'이라고 하여 배척한 후 다른 증거에 의해서 청구의 일부인용판결을 한 것을 위헌이라고 하고, 1982년 4월 20일 결정(BVerfGE 60, 250)은 노상에 둔 원동기자전거를 넘어뜨려 손상케 했다고 하여 손해배상을 청구한 원고가 4인의 증인을 신청했음에도 재판소가 어떤 법적 근거도 없이 그중 1인만을 채용하고 이것과 피고신청의 증인(피고의 처)을 심문해서 피고에 의한 가행의 증거가 없다고 하여 청구를 기각한 것은 위헌이라고 했다.

251) Kloepfer, Verfahrensdauer und Verfassungsrecht, JZ 1979, S. 209ff.

형식에서 행해지고 있다는 점에서는 사실확정 및 적용되어야 할 법의 발견에 필요한 상당한 시간적 경과는 불가피하다고 할 수 있다. 그러나 그를 위한 소요시간이 무제한이라고는 볼 수 없다. 이미 형사사건에 대하여 우리나라 헌법은 피고인에게 신속한 재판을 받을 권리를 인정하는 명문의 규정(헌법 제27조 제3항)을 두고 있다. 심리의 현저한 지연이 있는 경우, 이 규정을 적용하여 면소판결을 해야 한다.252)

민사사건에 있어서도 심리가 현저하게 지연될 때는 당사자로서는 유형무형의 불이익을 받을 뿐만 아니라 권리의 행사에 여러 가지 장해가 생기는 것을 피하지 못하고 나아가서는 법을 적정·신속하게 적용 실현한다는 목적을 달성할 수 없는 것이 된다는 점에서 기본적으로 다른 점은 전혀 없다.253)

민사소송의 목적을 권리보호, 법질서유지 또는 분쟁해결이 어떻게 요구되든지 간에 목적의 실현은 시간적 요소를 제외하여서는 생각할 수 없다. 재판절차가 너무 장기에 걸치는 경우에는 시효의 제도적 기초를 이루는 것처럼 사실관계의 해명불능을 발생시키고 법의 정확한 적용은 기대할 수 없다. 당해 생활관계에 장기간의 세월이 지나면서 재판이 이미 어떤 작용을 발휘할 수 없는 상태에 이르게 되면 형식적인 재판은 무의미하다. 더구나 부당하게 지연된 절차경과 자체가 실체권행사의 제한이나 소송비용 등을 수반하고 재산권의 불가침(헌법 제23조)에 반하는 것으로 된다. 절차 내에서의 불복신청이나 사법행정상의 감독권의 행사 또는 국가배상청구의 가능성은 반드시 부당한 장기절차에 대한 충분한 구제가 될 수 없다. 따라서 민사·형사를 불문하고 헌법은 그 보장하는 재판에 시기적인 요청을 두고 있다고 보아야 한다.254)

---

252) 이에 대하여 일본의 이른바 高田事件의 최고재판결(最高裁判所 判決, 昭和 47년 12월 20일, 刑集 26권, 10호, 631면)은 일본 헌법 제37조 제1항이 "신속한 재판을 일반적으로 보장하기 위하여 필요한 입법상 및 사법행정상의 조치를 취하여야 할 것을 요청함에 그치지 않고 나아가 개개의 형사사건에 대하여 현실적으로 위 보장에 명확하게 반하고 심리가 현저히 지연된 결과 신속한 재판을 받을 피고인의 권리가 해치게 된다고 인정된 이상한 사태가 생긴 경우에는 이에 대처하여야 할 구체적 규정이 없더라도" 심리중지의 비상구제수단이 취해져야 할 것을 인정하고 있는 취지의 규정이라고 하고 다음과 같이 말한다. "형사사건에 대하여 심리가 현저하게 지연하는 때는 피고인으로서는…… 혼자서 유형무형의 사회적 이익을 받지 못할 뿐만이 아니고…… 방어권의 행사에 여러 가지 장해가 생겨나는 것을 피하지 못하고 나아가서는…… 형벌법령을 적정하고 신속하게 적용 실현한다는 목적을 달성할 수 없는 것이 된다. 상기 헌법의 신속한 재판의 보장조항은 관련 폐해발생의 방지를 그 취지로 하는 것에 지나지 않는다."라고 한다. 그러나 위와 마찬가지의 사정은 성질상 다소 차이는 있지만 민사사건에도 공통적으로 존재한다는 것을 간과하여서는 안 된다.

253) 中野貞一郎, 前揭論文, 19面.

254) 1950년 11월 4일의 유럽인권규약(Konvontion zum Schütze der Menschenrechte und Grundfreiheiten) 제6조 제1항 제1문은 "모든 인간은 자기의 사건에 관해 공정한 방법으로 공적으로 또 적절한 기간 내에(innerhalb einer augemessenen Frist), 게다가 민사법상의 청구권 및 의무에 관해서 또는 자기에 대해 제기된 형사공소의 당부에 관해서 재판해야 할 독립하고 공평한 법률에 근거한 재판소의 심문을 구

(2) 물론 재판이 언제나 신속하면 좋다는 것은 아니고, 신속함으로 인하여 재판이 잘못되어 권리침해가 영속하여서는 안 된다는 것을 의미하고, 신속한 재판이란 신속하고도 신중한 심리를 요한다는 의미이다. 개개의 사실에 즈음하여 그 구체적 결정은 당연히 사실의 다양성에 따라 허용범위가 넓게 존재할 것이다. 또한 절차의 지연을 발생시키는 원인에도 많이 있고 실질상 재판의 거부와 동일하게 부당한 재판지연이 존재한다고 할 수 있는가는 소송의 종류나 유형, 지연을 생기게 한 원인, 재판소의 사건처리상황, 사건의 규모, 사실의 법적 내지 사실적인 난이도 등 제반 상황을 종합적으로 판단하여 결정하여야 한다. 이러한 이유로 인하여, 헌재는 국민의 재판청구행위에 대하여 법원이 헌법 및 법률상으로 신속한 재판을 해야 할 작위의무가 존재하는지 여부에 대하여 소극적 입장이다.255)

또한 지연의 원인이 당사자나 증인 기타 관계인에게 있는 경우, 국가가 그에 대해 적절한 지연방지수단을 소송법에 규정하는 것도 신속한 재판의 보장의 문제로 된다. 또한 국가는 기본적으로 재판이 재판으로서 실효를 가질 수 없을 만큼 부당하게 지연되지 않도록 재정상 가능한 범위 내에서 재판소의 인적 및 물적 설비를 갖추어서 신속한 재판의 보장을 확보하여야 하며, 뿐만 아니라 절차법제를 정비하는 것도 헌법상 의무256)로 해석하여야 할 것이다.

(3) "재판의 지연은 재판거부와 같다."고 하는 법언이 있는 것처럼, 신속한 재판의 필요성은 과거에서부터 널리 인식되어 왔다.257) 재판의 신속성이 요청되는 이유는 다음과 같은 점에 있다. 우선 국가 측(소추자 측)에서 보면 첫째로 범죄를 증명하기 위한 증거가 소멸해 버리는 것을 피하기 위해서, 둘째로 범죄의 일반예방의 관점에서는 범행 후 신속하게 처벌하는 것이 효과적이라는 점이다, 셋째로 신병을 구속하지 않는 경우에는 도망, 재범, 증인협박의 가능성이 적다는 점이다. 다른 한편으로 재판의 신속성이 요청되는 이유를 피고인 측에서 보면 첫째로 자기에게 유리한 증거 인멸을 방지하기 위해서, 둘째로

할 청구권을 가진다."고 규정한다.

255) "법원은 민사소송법 제184조에서 정하는 기간 내에 판결을 선고하도록 노력해야 하겠지만, 이 기간 내에 반드시 판결을 선고해야 할 법률상의 의무가 발생한다고 볼 수 없으며, 헌법 제27조 제3항 제1문에 의거한 신속한 재판을 받을 권리의 실현을 위해서는 구체적인 입법형성이 필요하고, 신속한 재판을 위한 어떤 직접적이고 구체적인 청구권이 이 헌법규정으로부터 직접 발생하지 아니하므로, 보안관찰처분들의 취소청구에 대해서 법원이 그 처분들의 효력이 만료되기 전까지 신속하게 판결을 선고해야 할 헌법이나 법률상의 작위의무가 존재하지 아니한다(헌재 1999. 9. 16. 98헌마75)."

256) Vgl. Kloepfer, a.a.O., S. 212, 216.

257) 1215년 마그나 카르타 제40조 참조.

미결의 신병구속이 장기화되지 않기 위해서, 셋째로 소추로 만들어지는 심리적·물리적 부담을 최소화하기 위해서 신속한 재판이 요청된다. 이와 같이 재판이 신속하게 행해지는 것에 관해서, 국가측도 피고인 측도 이해관계가 있지만 헌법 제27조 제3항 전단에서 보장하는 신속한 재판은 피고인의 권리로서의 신속한 재판이고, 국가 측의 이익은 여기서 문제가 되지 않는다.

여기에서 말하는 신속한 '재판'이란 기소 전의 과정도 포함한다. 따라서 기소부터 판결 확정까지의 기간이 신속해도 기소 전의 기간이 부당하게 장기화한 경우에는 신속한 재판의 요청에 반한다.

6. 公開의 原則

헌법상 공개재판이란 국민이 자유롭게 방청할 수 있는 재판을 말한다. 방청을 허가하지 않는 밀실재판, 비밀재판에서는 자의적(恣意的)으로 정치적인 재판이 이루어질 수 있다는 것이 역사가 증명하기 때문이다. 그래서 헌법 제27조 규정은 피고인이 공정한 재판을 받기 위해서 공개재판을 피고인의 권리로서 보장한 것이다.

헌법상 공개의 원칙은 헌법 제109조의 '재판의 심리와 판결은 공개한다.'와 헌법 제27조 제3항에서 형사피고인만의 권리인 것처럼 규정되어 있다. 소송절차에 있어 그 핵심부분의 일반공개를 원칙으로 한 것으로서 민사소송의 변호에서는 소송물인 권리관계에 대하여 당사자에 그 주장을 다하도록 공격방어의 원활한 전개를 도모하기 위해 구두주의·직접주의를 필수로 하고 구두주의와 결부하여 공개원칙이 효용을 발휘한다.258) 이러한 면에서 보게 되면 공개의 원칙은 모든 재판에 원용된다고 할 수 있다.

법원은 법원의 결정으로 국가의 안전보장 또는 안녕질서를 방해하거나 선량한 풍속을 해할 염려가 있을 때(헌법 제109조 단서)가 아니더라도 당사자의 프라이버시보호를 위해 필요한 경우(국제인권B규약 제14조 제1항) 비공개로 구두변론을 실시할 수 있을지가 문제가 된다. 이에 대해 여러 가지 견해가 있을 수 있다.259) 공개원칙은 그 자체로서 목적이 아니고 수단이다. 공개의 규정은 비밀재판을 배제한 재판을 국민 전체가 자유로이 방청하고 이에 의해 일종의 감시를 할 수 있는 상태에 둠으로써 재판(사법)에 대한 국민의

---

258) 재판에 있어서 공개원칙의 기초와 한계에 관해서는 鈴木(忠), 前揭書 264면 以下에 상세한 논의가 있다.
259) 이에 대하여 우리나라에서는 활발한 논의가 없다. 이에 대한 일본의 논의는 鈴木重勝, '國際人權規約と民事裁判の公開制限' 小林敎授還曆記念 '現代法の諸領域と憲法理念'(學陽書房, 昭58) 502면 以下, 특히 512면 以下 參照.

신뢰를 보장하는 데 있다. 감시작용으로서의 공개원칙은 민사소송에 있어서는 형사소송에 비하여 그 의미가 적다. 따라서 만일 민사소송에 있어서 공개가 도리어 정의의 요구에 합치하지 않거나 소송당사자 내지 관계인의 사적 생활의 비밀을 부당하게 폭로하는 것으로 되고, 인격의 존중, 정당한 활동의 보호, 자유로운 진술 또는 증거의 제출에 의한 적정 보장 등과 비교교량을 할 경우, 공개의 원칙은 기본적 인권, 개인의 존엄의 보장, 정의의 요구 등에 자리를 위임하여야 한다. 그것이 차라리 국민의 司法信賴를 보장하는 것으로 되기 때문이다. 대체로 이러한 이해관계를 고려하지 않고 공개의 원칙을 고집한다면 도리어 공개의 원칙으로 재판이 국민의 신뢰를 상실하게 되기 때문이다.260)

일반적으로 재판이라는 것은 형사재판이든 민사재판이든 국가권력의 작용이므로 민주주의하에서는 국민의 감시 속에서 행해지는 것이 필요하다. 그러한 요청에 따르기 위해서 헌법 제109조는 "재판의 심리와 판결은 공개한다."고 규정하고 있다. 그래서 통상 헌법 제27조 규정의 공개재판은 제109조가 정한 공개원칙을 형사재판에 관해서 피고인의 권리라는 측면에서 규정한 것이라고 이해하고 있다. 따라서 헌법 제27조가 요구하는 공개의 범위는 심리와 판결에 한정되고, 재판관의 합의에는 미치지 않고, 헌법 제109가 규정한 공개 제도는 헌법 제27조에도 적용된다. 그러나 헌법 제27조의 공개재판과 헌법 제109조의 공개재판은 기본적으로는 일치해야 하지만 한편으로는 피고인의 권리의 관점에서, 다른 한편에서는 재판제도의 관점에서의 보장이어서, 보장의 취지가 다르므로 문제에 있어서는 어느 쪽의 관점에서 보는가에 따라 미묘한 차이가 생길 가능성도 없지는 않다. 따라서 헌법 제109조에 반하지 않으면 헌법 제27조에도 반하지 않는다고 생각해서는 안 된다.

IV. 結語

본 논문에서 '기본권'을 실현하기 위한 '절차적 권리'로서의 '재판청구권'의 중요성에 대하여 상론하였다. 우리 헌법학에서 논의되는 재판청구권은 주로 소송요건·소송유형을 중심으로 재판청구권을 논의하려는 경향이 있다. 이러한 견해에 의하면 재판청구권의 실체적 보장을 중심으로 재판청구권을 논의한다. 국민이 최후에 권리구제를 요구할 수 있는 국가기관은 법원과 헌법재판소일 것이다. 기본권이 실효성을 수반한 법적 권리이기 위해서는 실체적 기본권을 침해당한 자가 제소적격 및 적절한 판결형식을 포함해서 재판적 구제가 보장되어야 한다. 또 만일 이와 같이 헌법이 실체적 기본권을 실효적인 것으

---

260) 鈴木(忠), 앞의 책, 279, 502, 512, 514면 참조.

로 하여 보장하고 있다면, 개별실체적 기본권 및 '재판청구권'의 헌법해석을 통하여 제소적격 및 판결형식이 존재해야 한다. 그러나 이러한 요건을 엄격하게 해석하는 경우, 헌법이 예상하지 못한 경우에는 기본권보장이 유명무실하게 될 여지가 있다. 따라서 기술한 바와 같이 법원과 헌법재판소는 헌법 제27조의 재판청구권의 절차적 보장을 적극적으로 해석하고, 이에 따라 국민의 기본권을 최후까지 보호할 수 있도록 헌법해석을 해야 한다.

마지막으로 '裁判請求權'을 민주주의의 하나의 실현방법으로서 적극적으로 이해해야만 한다고 생각한다. 다만 실제로는 이와 같이 문제를 국민의 권리·이익의 측에서 보는 것이 아니고, 오히려 법원의 기능론261)의 측에서 보아야 한다. 그러나 여기서는 우선 일반론으로서 ① 구제에 가치만큼의 권리, 이익이 있는가, ② 구제의 구체적인 법적 의의는 있는가, 즉 예를 들면 행정사건소송에서 보면 행정청 측의 '위법성'의 의심이 있는가, ③ 구제를 위하여는 어떠한 소송형태가 필요한가라는 방향에서, 어디까지나 국민의 권리·이익의 구제의 방법을 탐구하는 방향에서 생각되어야 할 것이라는 점을 강조하고자 한다. 이러한 재판청구권을 좀 더 실효성 있는 보장을 받기 위해서는 기술한 헌법상 절차적 보장의 제 원리가 보장되어야 한다.

현실과 헌법이념과의 거리를 파악할 때, 헌법은 절차개혁의 원동력으로서 나타난다. 헌법은 기존 가치의 옹호를 위한 受身의 방어도구에 그치는 것이 아니고, 理想의 민사재판제도를 창조하기 위하여 도전의 원리로서 그 본래의 영역을 발휘한다. 절차의 개혁으로서 헌법은 입법자의 자유로운 완력을 가한 것이 아니고, 나아가 헌법에 풍부해진 기본적 諸價値의 실현을 민사재판에 의뢰하는 것으로서, 그 때문에 입법노력의 강력한 지주로 된다.

---

261) 이는 외견적인 것이고 그 내용에는 민주주의론이 존재하는 것이다.

제7장 사회적 기본권

제1절 총설

1. 의의(意義)

(1) 개념

국민의 인간다운 생활을 위해 국가적 급부와 배려를 요구할 수 있는 권리

(2) 연혁

① 자본주의 발전에 따른 사회적 병폐현상의 극복, 시민적 자유권의 보완 내지 수정
② 바이마르헌법의 사회적 기본권조항(시초)

2. 법적 성격

(1) 프로그램규정설(입법방침규정설): 입법의 가이드라인, 국회의 입법조치가 있어야
    효력 발생
(2) 추상적 권리설: 구체적 권리를 부여한 것이 아니라 국가가 추상적 의무부담, 입법
    조치를 통해 구체화
(3) 구체적 권리설: 국가에 대한 구체적 권리를 직접 부여, 재판규범으로서의 효력

3. 생존권의 재판규범성

(1) 자유권적 측면: 대국가적 직접효력(교육을 받을 권리, 근로3권, 환경권)
(2) 재판규범성: 사회권을 구체화하는 입법이 있는 경우 그에 대한 침해 시 위법성 다
    툼 가능

(3) 입법의 부작위

① 구체적 입법이 없는 경우: 헌법소원 긍정

② 불완전한 입법이 있는 경우: 헌법소원 부정

4. 자유권과 사회권의 관계

	자유권	사회권
이념	소극적·방어권, 인간의 권리	적극권, 국법상 권리, 국민의 권리
주체	원칙(자연인), 예외(법인과 외국인)	국민(자연인)
권리내용	개인의 자유로운 생활영역 확보	인간다운 생활을 위한 급부와 배려
효력	직접 국가권력 구속, 헌법규정만으로 재판규범, 제3자적 효력이 많음.	구체적 입법 시 재판규범, 입법기관구속, 예외적으로 제3자적 효력
법률유보	직접 국가권력 구속, 헌법규정만으로 재판규범, 제3자적 효력이 많음.	권리형성적 법률유보
제한기준	국가안전보장, 질서유지(소극적 목적)	공공복리(적극적 목적)

5. 양 기본권의 조화

(1) 동전의 양면과 같은 관계
(2) 생존권은 자유권을 실질화해 주는 보충관계

제2절 인간다운 생활권

1. 의의

(1) 인간의 존엄성에 상응하는 건강하고 문화적인 생활을 영위할 권리
(2) 헌법 제10조를 보완하는 규정

2. 법적 성격

입법방침설, 추상적 권리설, 구체적 권리설 대립

3. 주체

국민(자연인에 한정)

4. 내용(內容)

(1) 인간다운 생활의 의미와 수준

① 인간의 존엄성 유지에 상응하는 건강하고 문화적인 생활
② 최저생계수준

(2) 사회보장에 의한 인간다운 생활 보장: 건강하고 문화적인 생활을 보장하기
위한 제 급여제도

① 사회보험
ⓐ 국민의 생활안정, 위험의 분산을 위한 공공적 보험제도
ⓑ 의료보험, 연금보호, 재해보상보험, 실업보험 등
② 공적부조: 생활불능, 생계유지 곤란자에게 무상으로 최저생계유지를 위한 급여
③ 사회보상: 국가유공자 등의 생활보장을 위한 제도
④ 사회복지: 요보호자의 자립에 필요한 지원을 위한 국가적 활동

5. 효력(效力)

직접 국가권력을 구속

6. 침해와 구제

청원권, 선거권의 행사

제3절 사회보장권

Ⅰ. 社會保障權의 意義

1. 意義

헌법상 사회보장권이란 사회적 위험으로 말미암아 요보호상태에 있는 개인이 인간의 존엄에 상응한 인간다운 생활을 영위하기 위하여 국가에 대해 일정한 내용의 적극적 급부를 요구할 수 있는 권리를 의미한다. 그리고 사회보장법상 사회보험, 사회보상, 공공부조, 사회복지복지를 받을 권리를 의미한다. 이에 대한 우리 헌법은 인간다운 생활의 보장 방법의 일환으로 제34조 제2항에서 국가가 사회보장·사회복지의 증진에 노력할 의무를 규정하고 있다. '사회보장'이라 함은 불의의 사고·질병·실직·노령·사망 등의 사회적 위험으로 인해 보호상태에 있는 개인이 인간다운 생활을 누릴 수 있도록 국가에 대하여 일정한 급부를 청구할 수 있는 제도를 말한다. 국가나 공공단체는 그 경비의 전부 또는 일부를 부담하며, 국민은 국가의 사회보장을 실시할 의무에 대응한 사회보장을 받을 권리, 즉 사회보장권을 가진다. 이 권리는 모든 국민들이 인간다운 생활을 위해 누리는 것이지, 사회적·경제적 약자에게만 인정되는 권리가 아니다. 이 권리는 사회적 기본권 중에서 가장 핵심이 되는 권리이다. 사회보험은 그 권리형성의 원인관계에 있어서 반대급부를 전제로 하고 있기 때문에 그 재산권적 보호를 논의할 정도로 권리성이 강하다. 국가·지방자치단체는 최저생계비와 최저임금을 고려하여 사회보장급여의 수준을 정하되, 국가는 모든 국민이 건강하고 문화적인 생활을 유지할 수 있도록 사회보장급여 수준의 향상에 노력해야 한다.

또한 자유권 사상을 기초로 한 시민법 모순과 한계를 드러내게 됨에 따라 국민 대다수의 사회권을 확보하기 위해서 노동법, 사회보장법, 사회복지서비스법이 입법되었다. 이러한 사회관계법체계가 확립됨으로써 사회보장권이 법적 청구권으로 인정받게 되었다. 현대 사회에 있어서 거의 모든 국가는 사회보장권을 법적 권리로 인정하고 있고 이를 보장하기 위하여 입법조치를 강구하고 있다.

2. 法的 性質

사회보장권의 법적 성질에 관하여 과거에는 추상적 권리설이 다수설이었으나, 현재는 구체적 권리로 보는 것이 지배적인 견해이다. 이에 대하여 사회보장권은 주관적 공권이 아니라 일차적으로 기본전제를 형성하라는 입법자에 대한 구속적인 헌법위임규정으로 보는 견해가 유력하다. 입법위임규정은 입법자에게 구체적 입법의무를 부과하는 헌법규정을 의미하는 것으로, 국가목표규정보다 더 강하게 입법자를 구속하며, 입법부작위가 있을 경우 헌법소원이 마련되어 있다는 점에서 차이가 있다. 헌법재판소의 대체적인 견해는 추상적 권리설을 취하고 있다.

결론적으로 현재 헌법재판제도가 완비되어 있는 점에 비추어 사회보장권은 구체적 권리설이 타당하다고 본다. 그리고 사회보장권은 공법 주체인 사회급여 관리운영 주체와 수급권자에 존재하는 사회법 관계에서 발생하는 사회복지급여의 지급을 청구할 수 있는 권리로서 공법상의 쟁송방법을 통하여 실현할 수 있는 수급권자의 개인적 공권이다. 즉 사회보장권의 법적 성질은 공법상의 쟁송방법을 통하여 실현할 수 있는 법적 청구권인 것이다. 사회보장권은 하위법규를 통해서 헌법에 규정된 사회권을 구체적으로 실현하는 것이다. 즉 구체적 사회권의 보장은 헌법의 하위 법인 각종 법률이나 명령, 규칙 등에 규정되어 있는 행정행위에 의해서 실현되는 것이다. 그런데 사회보장권의 성격에서 볼 때 사회권은 자기의 생활유지라고 하는 수급자의 사적 이익에 관한 측면이 대사회적 청구권으로서의 공적 성격이 결합되어 있는 것이다. 그러므로 사회보장권은 이러한 이중성으로 인하여 사적 측면에서는 사회보장행정의 재량권의 소극적인 특성으로 인하여 권리의 확보를 방해하고 있다.

사회보장권은 헌법에 명시되어 있는 사회권, 혹은 협의의 복지권을 실현함으로써 궁극적으로는 현대 자본주의사회에서 스스로 자신의 생활을 유지하지 못하는 사회적 취약계층을 포함하여 모든 국민의 인간다운 생활을 보장하는 수단이라고 할 수 있다. 이런 점에서 사회보장법상의 수급권과 헌법상의 사회권은 내적으로 상호 연결되어 있다.262)

---

262) 상세한 것은 백윤철 · 김한양, 사회복지법제, 형설출판사, 2004. 참조.

3. 주체와 상대방

(1) 주체

이는 자연인만이 주체가 될 수 있고, 외국인이나 법인은 그 주체가 될 수 없다.

(2) 상대방

사회보장권의 상대방은 원칙적으로 국가이지만, 사회보장매개기관이나 사인도 될 수 있다.

4. 사회보장권자의 권리와 의무

1) 사회보장권자의 권리

사회보장기본법에서 사회보장권을 권리로서 인정하고 있는 가장 중요한 이유는 사회권에 입각하여 인간다운 생활의 보장이 현대사회 복지국가의 존립의 근거가 되고 있다는 점과, 현대사회에 있어서의 국민전체의 사회권 보장은 국가사회의 보편적, 기본적 가치가 되고 있다는 점과, 국민전체의 경제적, 사회적 생활보장은 사적 부양이 아닌 공적인 사회적 책임이라는 점이다.

2) 사회보장권자의 의무

사회복지 대상의 전 국민으로 확대되고 사회보장정책이 보편적으로 실시되는 현대사회에서는 사회보장권은 권리로서의 성격도 강하지만 그에 따른 의무도 중요한 문제로 부각되고 있다. 특히 국민기초생활보장법과 같이 최근에 제정 또는 개정된 법률은 의무조항이 강화되고 있는 실정이다. 구체적으로 살펴보면 신고의무와 협조의무 등이 바로 그것이다.

II. 社會保障權의 內容

1. 社會保障權의 意義

사회보장권 내지 사회보장청구권은 개인이 현실적인 사회보장급여를 해당 사회보장법에 따라 청구할 수 있는 실체적이고 구체적인 권리이다. 이러한 사회보장권은 사회권 중에 인간다운 생활을 할 기본권의 구체적 보장으로 실체적 권리와 절차적 권리로 분류할수 있다.

1) 실체적 사회보장권

실체적 권리에서 사회보장 청구권이란 사회보장을 받을 권리를 구체화하는 입법이 제정되었을 때 해당 사회보장법률에 의하여 현실적인 사회보장급여를 청구할 수 있는 구체적 권리이며, 이에는 사회보험, 공공부조, 사회보상, 사회복지 청구권이 있다.

사회보험이라 함은 경제적 약자에게 인간다운 생활을 위협받을 정도의 질병, 사망 기타 상당한 재산상 부담이 되는 사고가 발생한 경우에, 그 위험부담을 국가적인 보험기술을 통하여 다수인에게 분산시킴으로써, 경제적 약자의 인간다운 생활을 사회보장적 작용을 의미하여, 그 유형은 의료보험, 연금보험, 산업재해보상보험, 고용보험청구권 등으로 분류된다.

그리고 공공부조의 의미는 생계의 유지가 곤란한 사람에게 국가가 최종적으로 최저생활비를 지급하는 것을 의미하고, 사회보상은 국가와 민족을 위하여 활동한 국가유공자가 상해 또는 사망하거나 노동능력을 상실한 경우, 본인이나 유족의 생활을 보장하는 것을 의미하고,263) 마지막으로 사회복지264)라 함은 공공부조대상자, 아동, 장애자 등 기타 요보호자가 자립의 생활능력을 계발하는 데 필요한 수용보호, 생활지도, 갱생보도 등을 하는 국가적 활동을 의미한다.265)

2) 절차적 사회보장권

절차적 권리인 사회보장수급은 사회보장쟁송권, 사회보장행정참여권, 사회보장입법청구권이 있다. 사회보장쟁송권이란 위법 또는 부당한 행정기관의 조치에 의해서 침해되었을 때, 이의 구제를 신청할 수 있는 권리이다. 사회보장 행정참여권은 사회보장행정이 전문적, 기술적으로 행정기관의 재령에 의하여 급여수준의 결정 등에 있어 불공평한 경우가 있을 때 사회보장 행정절차에 지역주민이나 이해 당사자가 참여를 청구할 수 있는 권리이다. 그리고 사회보장 입법청구권은 사회보장을 실현할 구체적 법률이 제정되지 않았거

---

263) 이에 해당하는 법률이 국가유공자등예우및지원에관한법률이 있다.
264) 사회복지에는 사회복지서비스와 사회복지 관련제도로 분류된다.
265) 이에는 아동복지법, 노인복지법, 사회복지사업법 등이 있다.

나 또는 제정된 법률이 불충분한 경우 사회보장의 입법 또는 그 개정을 청구할 수 있는 권리이다. 다음에서는 이에 대한 개략적인 설명을 하기로 한다.

2. 社會保險

1) 意義

사회보험은 사회정책을 위한 보험으로서 국가가 사회정책을 수행하기 위해서 보험의 원리와 방식을 도입하여 만든 사회경제제도이다. 이러한 의미에서 사회보장기본법 제3조 제2호에 의하면, "사회보험이라 함은 국민에게 발생하는 사회적 위험을 보험방식에 의하여 대처함으로써 국민건강과 소득을 보장하는 제도를 의미한다."라고 정의하고 있다. 구체적으로 살펴보면 사회보험은 국민을 대상으로 질병·사망·노령·실업 기타 신체장애 등으로 인하여 활동 능력의 상실과 소득의 감소가 발생하였을 때에 보험방식에 의하여 그 것을 보장하는 제도라고 할 수 있다. 이와 같이 사회보험은 운영과 방법론에서 보험 기술과 보험원리를 따르고 있다는 점에서 공공부조와 상이하다. 사회보험은 사회의 연대성과 강제성이 적용되며, 사보험과는 다른 주요한 특성을 다음과 같이 갖고 있다.

구분	사회보험	사보험
제도의 목적	최저생계 또는 의료보장	개인적 필요에 따른 보장
보험가입	강제	임의
부양성	국가 또는 사회부양성	없음.
수급권	법적 수급권	계약적 수급권
독점/경쟁	정부 및 공공기관의 독점	자유경쟁
공동부담여부	공동부담의 원칙	본인부담위주
재원부담	능력비례부담	개인의 선택
보험료 부담방식	주로 정률제	주로 소득정률제
보험료수준	위험률 상당 이하요율	경험률
보험자의 위험선택	불필요	필요
급여수준	균등급여	기여비례
인플레이션 대책	가능	취약
보험사고대상	인보험	인. 物보험
성격	집단보험	개별보험

사회보험에서 다루는 보험사고로는 업무상의 재해, 질병, 분만, 폐질(장애), 사망, 유족,

노령 및 실업 등이 있으며, 이러한 보험사고는 몇 가지 부문으로 나뉘어 사회보험의 형태를 이루게 된다. 즉 업무상의 재해에 대해서는 산업재해보상보험, 질병과 부상에 대해서는 건강보험 또는 질병보험, 폐질·사망·노령 등에 대해서는 연금보험, 그리고 실업에 대해서는 고용보험제도가 있으며 이를 4대 사회보험이라 한다.

사회보험은 사회보장제도 중에서 규모가 가장 큰 프로그램이다. 사회보험은 중세 유럽 길드의 임의보험제도에서 등장하여 19세기 말과 20세기 초에 유럽국가에 뿌리를 내렸고, 그 후 미국에 도입되었다. 사회보험은 주로 소득보장을 위한 것이다. 그리고 미국위험보험협회(American Risk and Insurance Association)는 피보험자가 어려움을 겪을 때 현금, 서비스 급여를 제공하도록 법에 규정된 기관에 사회적 위험을 맡김으로써, 위험을 공동관리하는 제도가 사회보험이라고 보고 있다.266)

2) 社會保險의 運營方式

정부가 사회보험제도를 관리, 감독하지만 정부가 사회보험업무를 반드시 운영하는 것은 아니다. 사회보험제도는 다음과 같은 세 가지 방식으로 운영될 수 있다. 첫째, 민간기관이 운영하는 방식이 있다. 독일의 의료제도와 연금제도가 이 방식을 채택하고 있다. 둘째, 공공기관과 민간 계약자가 합동으로 운영하는 방식이 있다. 미국의 노인의료 프로그램인 Medicare가 이 방식을 채택하고 있다. 셋째, 공공기관이 직접 운영하는 방식이 있다. 앵글로 색슨 계열 국가의 연금 프로그램이 이 방식을 채택하고 있다. 그러나 민간영역이 사회보험 프로그램을 운영하는 경우에도 공공영역이 엄격하게 감독하고 있다.267)

3) 社會保險의 分類

사회보험의 분류에 있어서 가장 중요한 것은 사회보험을 대상에 따라서 분류하는 것이다. 그러므로 사회보험을 일반보험(general insurance)과 사회보험(social insurance)[또는 직업적, 전문적(occupational/professional) 사회보험]으로 나눌 수 있다.

(1) 일반보험

일반보험은 모든 거주민의 사회적 위험을 보호한다. 여기서 거주민은 실제로 특정 위치에 살고 있거나 실제 연관 관계를 보여 주어야 한다. 따라서 일반보험을 신청할 경우

---

266) 노병일, 사회보장론, 대학출판사, 2001., 131면 참조.
267) 노병일, 전게서, 137면 참조.

에는 거주증명을 제시해야 한다.

(2) 사회보험

전문적 사회보험은 직업적 또는 전문적 근거에 의한다. 모든 노동인구층을 취급하는 전문적 사회보험은 드물고, 대개는 노동인구층 내에서 특정 집단별로 전문보험제도가 있다.

3. 公共扶助

공공부조는 나라마다 상이하게 표현되고 있다. 우리나라와 일본, 미국에서는 법률상 공공부조 또는 공적부조(Public Assistance)로, 영국에서는 국가부조(National Assistance)로, 프랑스에서는 사회부조(Social Assistance)로 표현한다.

사회보장기본법 제3조 제3호에 의하면, "공공부조라 함은 국가 및 지방자치단체의 책임하에 생활유지 능력이 없거나 생활이 어려운 국민의 최저생활을 보장하고 자립을 지원하는 제도를 의미한다."라고 정의하고 있다.

종래에는 '공적부조'라는 용어를 사용하였으나, 1995년 12월 30일 제정된 사회보장기본법에서 '공공부조'라는 용어로 변경하였다.

공공부조에 대한 또 다른 협의의 개념은 자본주의 사회의 모순이 심화됨에 따라 그 구조적 산물로서 빈곤이 발생됐다는 역사적 인과관계를 인정하여 국가의 책임하에 일정한 법령에 따라 공공비용으로 경제적 보호를 요구하는 자들에게 개인별 보호 필요에 따라 주게 되는 최저한도의 사회보장을 일컫는데 이 역시 사회보장의 일환으로 이해되고 있다. 이와 같이 공공부조는 빈자의 생활보호 기능에서 그 의의를 찾아 볼 수 있는데 생활보호는 최저한의 수준에 그쳐야 하며 이를 국가최저(National Minimum) 또는 사회최저(Social Minimum)원칙이라 부른다.

공공부조제도는 사회보험계획을 추진하는 과정에서 대상자 적용에 문제가 발생하는 경우에는 이를 보완하기 위하여 사용할 수 있다. 따라서 공공부조가 지니는 제한점에도 불구하고 빈곤퇴치 대책의 일환으로 이를 적용하게 된다. 공공부조와 관련해서는 국민기초생활보장법 등이 적용되고 있다.

4. 社會補償과 社會福祉

사회보상은 국가와 민족을 위하여 활동한 국가유공자가 상해 또는 사망하거나 노동능력을 상실한 경우, 본인이나 유족의 생활을 보장하는 것을 의미하고,268) 마지막으로 사회복지라 함은 공공부조대상자, 아동, 장애자 등 기타 요보호자가 자립의 생활능력을 계발하는 데 필요한 수용보호, 생활지도, 갱생보도 등을 하는 국가적 활동을 의미한다.

여기서 사회보상은 제대군인, 상이군경, 전몰군경의 유족 등 전투 기타 특별한 사유로 인하여 생활상의 장해부담자에 대한 원호이며, 범죄피해에 대하여 국가가 보상을 해야 하는데, 이 두 가지를 사회보상이라 한다. 즉, 독립유공자(국가유공자)와 범죄피해자에 대한 보상을 사회보상이라 한다.

사회복지서비스의 대상은 정상적인 일상생활의 수준에서 탈락, 낙오되거나 또는 그러한 우려가 있는 불특정 개인 또는 가족이며 구체적으로 빈곤, 질병, 범죄, 또는 도덕적 타락으로 나타나게 되는데 이러한 내용을 E. F. Devine은 3D[Destitution(빈곤), Disease(질병), Delinquency(비행)]로 설명하기도 한다. 그러므로 사회복지서비스의 목적은 정상적인 일반생활의 수준에서 탈락된 상태의 사회복지서비스 대상자에게 '회복 · 보전'하도록 도와 주는 것을 말하며 이는 개별적 · 집단적으로 보호 또는 처치를 행하게 된다.

사회보장기본법 제3조 제4호에는 "사회복지서비스라 함은 국가 · 지방자치단체 및 민간부문의 도움을 필요로 하는 모든 국민에게 상담, 재활, 직업소개 및 지도, 사회복지시설 이용 등을 제공하여 정상적인생활이 가능하도록 지원하는 제도를 의미한다."라고 정의하고 있으며 종래의 사회보장체계에서 일반적으로 사회복지로 불리던 것이 사회복지서비스로 변경하였다. 사회복지서비스와 관련해서는 모부자 · 장애인 · 아동 · 노인복지법, 사회복지사업법 등이 적용되고 있다.

사회복지 관련제도는 사회복지와 관련된 복지제도 등을 규정한 법이다. 사회복지 관련제도란 보건, 주거, 교육, 고용 등의 분야에서 인간다운 생활을 할 수 있도록 지원하는 각종 복지제도이다. 예를 들면 사회복지공동모금회법, 재해구호법, 청소년보호법, 고용정책기본법, 근로복지기본법 등이 그것이다.

---

268) 이에 해당하는 법률이 국가유공자등예우및지원에관한법률이 있다.

Ⅲ. 制限과 限界

1. 制限

사회보장권도 무제한적으로 인정되는 것은 아니다. 따라서 사회보장권도 헌법 제37조 제2항에 의하여 제한될 수 있다. 사회보장수급권은 헌법상 보장된 인간다운 생활을 영위할 수 있도록 하는 것이므로 근본 목적에 어긋나면 일정한 제한을 가할 수 있다. 사회보장법의 목적은 스스로 사회생활을 유지할 수 없는 상태에 처한 사회적 약자에게 인간다운 생활을 영위할 수 있도록 사회가 보호하는 데 있다. 그러나 사회보장급여가 정상적으로 이루어지지 않아 본래의 목적을 달성하지 못할 경우에는 평등의 원칙에 의해 제한을 하여야 한다. 이와 같은 사회보장권의 제한은 여러 가지 사정에 의하여 수급권이 적정하지 않다고 인식될 때 여러 가지 형식으로 제한을 하여야 한다. 공공부조수급자의 경우 수급조건에 따른 의무를 성실하게 이행하여야 하는데 공공부조수급 사유 및 조건을 고의 또는 악의 있는 행위를 통해 발생시키거나 수급사유 및 조건이 허위로 판명된 경우 등은 수급권을 제한하거나 금지한다.

2. 限界

헌법 제34조 제2항 및 제6항은 국가에 대하여 사회보장의 실현의무를 규정하고 있는데, 즉, 국가는 ① 사회보장·사회복지를 증진시킬 의무, ② 생활무능력자에 대한 생활보호의 의무, ③ 노인과 청소년의 복지향상을 위한 정책실시의무와 ③ 재해예방과 위험으로부터의 보호의무를 지고 있다. 인간다운 생활을 할 권리는 국가의 이와 같은 의무의 이행을 통해서만 보장될 수 있다. 그러나 국가가 모든 국민의 인간다운 생활을 할 권리를 보장·실현하는 데에는 일정한 한계가 있다. 첫째, 국가의 재정능력이 미흡한 경우에 실제로 건강하고 문화적인 생활을 영위할 수 있는 수준의 생활보호를 할 수 없다. 둘째, 국가의 생활보호는 보호대상자가 자신의 생활유지·향상을 최대한 노력하는 것을 전제로 자활이 불가능할 때 보충적으로 생활보호를 하는 것이다. 후기산업사회에서 고복지의 요청에 따른 고부담으로 복지국가가 위기에 처하여 있으므로 '자조정신'에 입각한 '적정선'의 복지제도가 채택되어야 한다.

Ⅳ. 結語

국민연금과 관련하여 지적되는 문제점은 크게 세 가지로 볼 수 있다. 첫째, 국민연금의 재정 불안정 문제로서 국민연금이 적자가 나서 빈 깡통이 되어, 나중에는 연금도 받지 못하게 될 것이라는 우려이고, 둘째, 자영업자 및 영세사업장 근로자 등에 대한 소득파악미비로 소득파악이 용이한 근로자가 손해 보게 되어 있다는 것이다. 셋째, 새로이 부각되는 문제점으로 국민기초생활보장법의 도입으로 인해 상당수의 연금급여 대상자가 국민기초생활보장법에 의한 생계보호대상자로 전락되어 공적연금으로서 역할을 크게 상실하였다는 것이다.269)

이러한 문제점에 대하여 최근 여론 조사에 의하면 연금에 대해 '불만족스럽다'는 의견이 80%나 됐다. 이에 반해 '만족한다'는 응답은 불과 3.7%에 불과해 국민 대부분이 연금을 불신하는 것으로 조사됐다. 연금의 필요성에 대해선 47.7%가 '불필요하다'고, 44.7%는 '필요하다'는 입장을 밝혔다. 사실상의 연금 폐지론이 두터운 지지 여론을 형성하고 있음을 반증하는 대목이다. 이에 부가하여 현재 우리나라 의료보험제도는 시행초기의 정착을 위한 초기형태에 머물고 있어 낮은 부담과 낮은 급여의 형식을 취하고 있는 한계점을 극복하여 보험급여수준의 향상과 본인부담률의 하향조정을 통한 적정급여로 전환하는 과정에 있으며 이를 위한 지정부담에 있어 적정화하는 작업이 이루어져야 한다.270)

---

269) 김태성 외 1인, 사회보장론, 청목출판사, 2004., 239－240면 참조.

270) 오늘날 우리의 건강보험제도는 많은 문제점에 봉착해 있다. 당장 치명적인 결함으로 재정위기가 지적된다. 2001년에 시작된 '재정 파탄'은 보험료 인상과 국고 지원 확대로 겨우 수습되어 2006년에 가서야 흑자 구도를 찾을 것으로 예견된다. 또한 건강보험제도에서 보장되는 의료서비스의 폭이 아직 충분치 못하다는 점도 지적된다. 각종 비급여 항목에 의해 국민들의 호주머니는 병원 문턱을 나오면서 더욱 얇아지게 마련이다. 여기에 보험료 상승폭은 너무 커 실질적인 연간 보험료 상승률이 최근 들어 계속 두 자리 숫자라고 볼멘소리가 도처에서 들린다. 1990년을 100으로 할 때 2003년의 보험료는 직장가입자가 542, 지역가입자가 476에 이르렀으니 결코 엄살이 아니다. 전체 진료비 총액의 증가폭도 만만치 않다. 의약분업이 실시되기 이전인 90년대 국민들의 진료비 총액은 매년 16.03%씩 증가하였고, 의약분업 실시 직후인 2001년 상반기는 무려 46.2%나 폭증하여 재정 파탄을 불러일으킨 바 있다. 이러한 총 진료비의 증가는 한편으로는 국민들이 누린 진료서비스의 양이 늘어난 것을 반영한다고 하지만 과연 의료서비스와 약품 가격이 제대로 책정되어 있는 것인가에 대한 의문도 여전히 제기되고 있다. 국민들은 건강보험제도가 '질병에 대한 공포'를 해소시키기에는 부족한 상태이면서 경제적인 부담은 크다고 느낌으로써 제도에 대한 불신의 눈길을 거두지 않고 있다. 이러한 신뢰의 위기가 지속되는 한 제도의 성숙은 기대할 수 없다. 이를 극복하기 위한 훌륭한 방책의 하나는 건강보험공단의 역할을 정상화하는 것이다. 지금까지 국민에게 각인된 공단의 모습이란, 수긍할 수 없는 과다한 보험료를 부과하고 징수해가는 짜증나는 기관 정도라 할 수 있다. '보험료 징수 기관'의 모습이지 '서비스 기관'이 아니었던 것이다. 하지만 의료에 있어 공급자인 의사와 수요자인 환자 사이에 정보가 비대칭적임은 상식이다. 공급자가 얼마든지 문외한인 수요자로부터 의료수요를 만들어 나갈 수 있는 도덕적 해이의 여지가 있는 영역이 바로 의료 부문이다. 따라서 공단은 가입자인 국민을 대리하여 의료기관을 평가하고 그에 대한 정보를

고용보험제도가 존재했기 때문에 **IMF** 관리체제 이후 대량실업 사태에 직면하면서도 그 위기상황에 대처할 수 있었는데 제도 시행의 성과를 살펴보면 다음과 같다.271) 우선 실업에 대한 사회의 전망의 근간 구축, 사업주의 고용조정 및 근로자의 고용안정 기여를 하였으며, 평생직업능력개발체제 구축의 기반 조성 등을 들 수 있다. 그리고 이러한 성과에 비하여 다음과 같은 문제들이 발생하였다. 우선, 적용범위와 수급요건상의 문제점이다. 고용보험법은 적용범위에 있어서 임의적용사업장과 적용제외근로자의 개념을 도입하여 그 적용범위를 제한하고 있다. 이러한 적용범위는 고용보험의 효율성과 합리적 행정 관리 능력이라는 현실적 요인과 사회보험으로써 고용보험을 고려해 볼 때 문제점으로 지적해 볼 수 있다.

마지막으로 산재보험에 있어 개선되어야 할 사항은 산재보험료율 산정방식의 개선과 급여체계의 현실과 그리고 급여의 연금화에 따른 재정방식의 개선, 그리고 산재예방활동 및 재활사업의 강화를 들 수 있다.272)

결론적으로 기술한 사회보장의 성공 여부는 국민의 성실한 소득신고와 이에 따른 형평 부과에 있다고 생각한다. 따라서 정부는 국민의 소득, 특히 자영업자의 소득에 대한 형평 부과에 힘을 써야 한다고 생각한다.

알려 주며 의료서비스나 약품의 가격이 적절한 선에서 결정되도록 강력한 협상력을 발휘할 수 있어야 한다. 또한 공단은 국민건강의 직접적인 보호자 역할을 해야 한다. 공단에 수집되는 각종 자료를 통하여 만성질환자에게는 질병관리법을, 많은 의료비를 지불해야 하는 사람에게는 평소의 예방적 대응법을 알려 주며 건강과 의료에 대한 각종 상담을 제공함으로써 국민 개개인의 건강 파수꾼 기능을 하여야 한다. 여기에 보험료 결정 과정은 투명하게 진행되어 국민들이 받을 의료서비스 수준과 적정 가격에 의해 산정된 진료비 총액만큼 가입자 대표들의 동의를 바탕으로 하여 결정되면 된다. 그러나 현실은 보험자인 공단의 존재는 미미하고 관리책임자인 보건복지부의 위상만 커다랗게 보인다. 국민들이 공단을 가입자의 대변자라기보다는 정부의 하급기관의 하나로 보는 시각을 거두지 않는 한 제도에 대한 국민 신뢰는 그만큼 멀어진다. 건강보험을 살리는 길, 이것은 공단이 국민의 대리자면서 동시에 보호자 역할을 수행하는 것에서 시작된다.

271) 김태진, 사회보장론, 대구대학교출판부, 2003., 219 - 221면 참조.

272) 김태성 외 1인, 전게서, 310 - 312면 참조.

제4절 교육을 받을 권리

1. 의의(意義)

(1) 개념

① 능력에 따라 균등하게 교육을 받을 수 있는 권리(수학권)
② 교육을 받을 수 있도록 국가의 적극적 배려를 요구할 수 있는 권리

(2) 기능

① 능력개발을 통한 개성신장의 수단
② 생존을 위한 필수조건
③ 민주국가 실현을 위한 수단

2. 법적 성격

자유권적 측면 + 사회권적 측면

3. 주체(主體)

국민(법인과 외국인 제외)

4. 내용(內容)

(1) 능력에 따라 교육을 받을 권리: 정신적 육체적 능력에 상응한 적절한 교육
(2) 균등하게 교육을 받을 권리
① 교육에서의 차별금지
② 균등한 교육을 받을 수 있는 교육시설, 장학정책 등의 시행

(3) 교육을 받을 권리

① 학교교육, 가정교육, 공민교육 등

② 평생교육

③ 무상의 의무교육(교육을 받게 할 의무)

ⓐ 권리의 주체는 취학연령의 미성년자, 의무의 주체는 학령아동의 보호자

ⓑ 무상의 범위: 취학필요비무상설

5. 효력(效力)

(1) 사회권적 측면: 대국가적 효력

(2) 자유권적 측면: 대국가적 효력 + 제3자적 효력

제5절 근로의 권리

1. 의의(意義)

(1) 개념

① 근로자의 의사와 능력, 취미에 따라 근로관계 형성·유지

② 근로의 기회를 얻지 못한 경우 근로기회의 제공을 국가에 청구

(2) 법적 성격

사회권이며 구체적 권리

(3) 주체

자연인인 국민에 한정

2. 내용(內容)

(1) 본질적 내용

① 근로기회청구권 v. 생활비지급청구권
② 근로능력을 가진 자가 근로의 기회제공을 요구할 권리

(2) 보충적 내용

① 국가의 고용증진 의무: 사회정책 및 경제정책에 의한 고용기회의 확대
② 적정임금의 보장
ⓐ 적정임금: 근로자와 그 가족이 건강하고 문화적인 생활을 유지할 수 있는 임금수준
ⓑ 무노동 무임금: 파업기간, 근로시간 중 노조활동, 노조전임자에의 임금의 미지급
ⓒ 최저임금제: 법적 강제력에 의해 부여된 임금의 최저한도
ⓓ 동일노동에 대한 동일임금
③ 근로조건기준의 법정주의
ⓐ 계약자유의 원칙에 대한 수정 내지 제한
ⓑ 임금과 그 지불방법, 취업시간과 휴식시간, 재해보상 등(근로기준법)
④ 여자와 연소자의 근로의 특별보호
⑤ 국가유공자 등의 근로기회우선보장

3. 근로의 권리의 효력과 제한

(1) 효력: 대국가적 효력(직접 적용), 제3자적 효력(간접 적용)

(2) 제한

① 헌법 제37조 제2항
② 긴급명령, 비상계엄

제6절 근로3권

1. 의의(意義)

(1) 개념

① 근로조건의 향상을 위해
② 근로자가 자주적 단결, 단체교섭, 단체행동을 할 수 있는 권리

(2) 연혁

① 바이마르헌법에서 근로권의 최초 규정
② 프랑스헌법, 이탈리아헌법, 일본헌법 등에서 규정

(3) 법적 성격: 자유권＋사회권의 성격 포함(혼합권설)

2. 주체(主體)

(1) 노동의 대가로 생활하는 자
(2) 내·외국인 불문(실업자도 포함)

3. 단결권(團結權)

(1) 의의

근로조건의 향상을 목적으로 단체를 자주적으로 구성할 권리

(2) 주체

① 1차(근로자 개개인)
② 2차(그들의 집단도 포함)

(3) 단결권의 유형과 내용

① 주체별: 개인적 단결권과 집단적 단결권
ⓐ 개개 근로자가 노동조합 등 단체의 결성, 유지
ⓑ 근로자 집단이 단결체를 구성할 수 있는 권리
② 영속성: 일시적 쟁의단, 노동조합
③ 성질별: 적극적 단결권, 소극적 단결권
ⓐ 노동조합의 결성과 가입, 그 구성원으로서 활동할 수 있는 권리
ⓑ 단결하지 않은 권리, 단체불가입의 자유
• 일반적 행동의 자유, 헌법 제37조 제1항
• 단결강제의 한 유형인 유니언숍 인정

4. 단체교섭권(團體交涉權)

(1) 의의

단결체의 이름으로 사용자나 사용자단체와 자주적으로 교섭할 권리

(2) 주체: 노동조합과 상대방

(3) 내용

① 경영권, 인사권 및 이윤취득권에 속하는 사항은 단체교섭의 대상이 아니다.
② 사용자가 정당한 이유 없이 단체교섭을 거부하면 부당노동행위가 된다.
③ 단체교섭의 결과 협약 불성립시 노동위원회의 중재·조정 후 단체행동권으로 이행

5. 단체행동권(團體行動權)

(1) 의의

노동쟁의가 발생한 경우에 쟁의행위 등을 할 수 있는 권리

(2) 주체: 근로자(개개인은 물론 그 조직된 단체 포함)

(3) 단체행동의 유형

① 근로자 측: 파업, 태업, 보이콧, 생산관리, 피케팅
② 사용자 측: 직장폐쇄, 임금공제, 위법쟁의행위에 대한 책임추궁

(4) 내용

① 대국가권력: 형사상 책임추궁을 당하지 않는다.
② 대사용자: 채무불이행 또는 불법행위를 이유로 민사상 책임추궁을 당하지 않는다.
③ 해고나 기타 불이익을 받지 않는다.

(5) 단체행동권의 한계

① 목적상: 근로조건의 향상을 위한 노사 간의 자치적 교섭의 조성
② 수단·방법: 사용자의 재산권과 조화를 이루어야 한다.

6. 근로3권의 효력

제3자에 대한 직접적 효력 – 사인 간에 직접 적용되는 대표적 헌법규정

7. 근로3권의 제한

(1) 헌법 제33조에 의한 제한

① 공무원, 주요방위산업체의 근로자
② 기능직과 고용직 공무원 예외(정보통신부, 철도청, 국립의료원)

(2) 헌법 제37조 제2항에 의한 제한

① 근로3권의 본질적 내용을 침해할 수 없다.
② 노동조합및노동관계조정법, 노동위원회법, 근로자참여및협력증진에관한법률 등

제7절 환경권(環境權)

1. 의의(意義)

(1) 개념

쾌적하고 맑고 건강한 환경 속에서 인간다운 생활을 누릴 수 있는 권리

(2) 연혁

① 1960년대 이후 산업화에 따른 공해의 폐해와 싸우기 위한 개념
② 8차 개헌에서 신설

2. 법적 성격 - 종합적 기본권성

(1) 인간의 존엄성존중, 행복추구권, 사회적 기본권의 성격

(2) 사회적 기본권성에 주안점이 있다.

3. 주체

모든 자연인(현재 · 미래의 자연인 모두 포함)

4. 내용(內容)

(1) 환경권의 대상

① 자연환경: 자연의 생태
② 생활환경: 사람의 일상생활과 관련된 환경

(2) 환경권의 구체적 내용

① 공해예방청구권
ⓐ 국가, 공공단체, 사인의 개발 · 사업 · 공사
ⓑ 환경영향평가, 환경훼손행위규제 등 예방적 조치 강구의 요구권
② 공해배제청구권
ⓐ 수인한도를 넘는 환경침해를 국가가 방지해 줄 것을 요구할 권리
ⓑ 공공복리, 타인의 권리와의 조화범위 내에서 결정
③ 쾌적한 주거생활권
ⓐ 의의: 쾌적한 주거생활 확보를 위해 국가에 일정한 배려 · 급부를 요구할 수 있는
   권리
ⓑ 법적 성격: 청구권적 기본권＋사회적 기본권
ⓒ 내용: 주택정책의 수립요구, 쾌적한 환경조성, 환경권보장을 위한 국가적 노력의 의무

5. 환경권의 효력

(1) 대국가적 효력: 모든 국가권력을 직접 구속
(2) 제3자적 효력: 직접적용(권) v. 간접적용(김, 허)

6. 환경권의 제한과 한계

(1) 헌법 제37조 제2항
(2) 상린관계성에 따른 개별구체적으로 판단

7. 환경권의 침해와 구제

(1) 국가권력: 청원권, 국가배상청구, 행정소송, 헌법소원

(2) 사인: 민사상 손해배상청구, 소유권 점유권에 기한 물권적 청구권 행사

(3) 환경소송
① 수인한도론(피해자의 수인한도의 범위를 넘어야 위법성 인정)
② 개연성이론(침해행위와 손해발상 사이에 인과관계 존재의 상당한 가능성)
③ 원고적격(공해와 직접 관련 있는 모든 자)

제8절 환경권과 오염의 관계

Ⅰ. 序說

1. 環境과 産業의 發展

현대사회에 있어서 과학과 기술의 발달에 따른 경제성장은 그와 비례해서 자연환경의

오염과 파괴를 가져왔다. 인간은 자연과의 조화를 이루면서 문명을 발전시켜야 함에도 불구하고, 오로지 환경을 이용·소비·파괴하였을 뿐 이를 관리·보전·보호하는 데 소홀히 하였다. 그리하여 지구는 生態的 循環能力이 의심될 정도로 '위태로운 서식처'로 변해 인간의 생존위기의 의식이 높아지게 되었다.273)

그러나 이와 같은 환경의 오염과 파괴에 대한 종래의 市民法原理는 무기력할 뿐만 아니라 그 고식적인 수정만으로는 환경문제에 철저하게 대처할 수 없게 되었다. 여기에 공해와 환경파괴로부터 생명과 신체의 안전을 기하고 나아가 環境保全을 통해 인간다운 생활을 누릴 수 있는 制度的 裝置가 긴요하게 되었으며, 따라서 환경권을 '새로운 기본권'의 하나로 요청하기에 이르렀다.

한국의 경제는 원래 1960에서 1970년대가 되면서 고도의 성장을 이루고, 그것은 물질면에서는 국민의 생활수준의 향상을 가져왔지만, 그 반면 대단히 많은 유해산업폐기물의 방치와 무단방류가 이루어져 환경오염을 초래했다. 또 도시화·공업화에 따른 대규모적인 무분별한 개발은 귀중한 자연이나 문화환경을 파괴하게 되었다. 그러나 경제우선정책을 추진하는 역대정부는 그와 같은 사태에의 진지한 대처를 게을리 해 왔었다. 그 때문에 전국각지에서 환경의 오염이나 파괴가 광대하게 진행하고, 다종다양한 공해사건이 일거에 대량으로 발생하기에 이르렀다. 이에 대해서 반공해의 여론도 급속히 확산되고, 각지에서 반공해의 주민운동이 활발화하여 공해소송이 잇따라 제기되게 되었다.

2. 立法例

1960년대에 들어와서 환경문제가 심각한 사회적 과제로 등장함에 따라 환경권사상이 法制化되기 시작하였다. 미국에서는 1969년에 국가환경정책법이 제정되어 환경권리장전으로 간주되고 있으며,274) 나아가 환경권이 헌법상의 권리로 인정되기에 이르렀다.275)

---

273) **대구대학교 교수, **대구사이버대학교 교수
　　환경의 문제는 과거 순수한 환경의 문제로 시작하여, 현재는 순수한 자연환경, 문화적 환경과 사회적 환경까지 그 영역이 확대일로에 있다.

274) 그 후 이에 따른 環境關係立法이 다수 제정되었다. 예를 들면, Clean Air Amendment of 1970, Resource Recovery Act of 1970, Water Quality Improvement Act of 1970, National Land Use Policy Act of 1971, Federal Environmental Pesticide Control Act of 1971 등이 있다.

275) 그 근거로는 Privacy 권리를 인정한 것과 같은 논리에 의해 수정헌법 제5조·제14조의 '實質的인 適法節次', 수정헌법 제5조·제6조·제8조·제1조 9항 등의 '半影權'(penumbra), 수정헌법 제9조의 '憲法에 열거되지 아니한 權利' 등을 들고 있다.

독일에서도 1970년대에 들어오면서 환경권의 개념이 대두되어 환경권이 '憲法 레벨의 權利'276)로 주장되었고, 1972년에는 환경의 보호를 위한 연방헌법의 개정이 이루어졌다.

우리나라에서도 1963년에 처음으로 공해방지법이 제정되었으나 그 실효를 거두지 못하였고, 1971년에는 적극적인 환경대책을 마련하기 위해 이 법을 대폭 수정·강화하였다. 1977년에는 해양오염방지법과 함께 환경보전법이 제정되었지만, 環境權의 성격에 관하여는 견해의 대립이 있었고 施行上의 여러 문제점이 야기되었다. 1980년의 헌법개정과 함께 비로소 환경권이 憲法上의 權利로 규범화되었다. 그 후 1983년에는 환경오염방지사업단법이 제정되었고, 1990년에 환경정책기본법 등이 채택됨에 따라 환경보전법은 폐지되었다. 나아가 대기·수질·소음 등 개별분야에서 이들을 규제하기 위한 單行法들이 제정되고 있다.277) 그러나 그 노력은 결코 적극적이라고는 말할 수 없고, 그 사이에도 환경오염과 파괴는 쉼 없이 진행되었다. 게다가 그와 같은 사태는 한국만이 아니라 세계적 규모로도 진행하고, 생태계를 위협하여 지상의 전 인류의 장래에 큰 불안을 안겨 주었다.278)

3. 環境權의 主體

환경권의 주체는 모든 '國民'이다. 여기에는 자연인만이 포함되는가 또는 법인, 권리능력 없는 사단도 포함되는가에 관하여는 견해가 대립되고 있다. 일설은 환경권의 본질이 어디까지나 생존권이라는 점에 있으므로 그 주체는 自然人에 국한된다고 한다(다수설). 다른 입장은 환경은 만인의 共有에 속하고 적극적으로 좋은 환경을 향유할 권리를 인정할 것이 요망되므로 법인이나 권리능력 없는 사단도 그 주체가 될 수 있다고 한다. 그러나 환경권은 그 성질상 자연인인 個人 또는 團體만이 향유한다고 보는 것이 타당하

---

276) 1973년 1월 18일 당시 Brandt 首相은 연방의회에서 인간은 모든 인간에 적합한 환경에 대한 기본적 권리를 가지며, 이를 '憲法 레벨의 權利'라고 하였다.

277) 일본도 1970년(소화45년)에는 공해대책기본법의 개정을 시초로 몇몇 공해규제입법을 제정하고, 그 다음 해에는 환경청을 총리부의 외국으로 발족시키는 등 공해대책에 몰두했다.

278) 일본에서 환경권은 1970년(소화45년) 대판변호사회 소속 변호사 유지에 의해 최초로 제창되었다. 이것에 의하면 '환경권'이란 '좋은 환경을 향유하고 이것을 지배할 수 있는 권리'이다. '환경에 대한 지배의 기능을 거기에 사는 지역주민의 공유에 속하는 것이고', 따라서 '그 공유자의 한 사람에 지나지 않는 가해기업이 독점적으로 이것을 지배하는 것은 허용되지 않는 것이고, 만약 그와 같은 필요가 있을 때는 공유자인 지역주민의 동의를 필요로 한다고 생각해야 할 것이다. 그와 같은 동의 없는 침해에 대해서는 지역주민은 환경권의 공유자로서 이것을 침해하려고 하는 다른 공유자에 대하여 침해의 예방을 청구하고 또는 이것을 금지할 권리를 가진다.'고 한 것이다(대판변호사회환경연구회편, 환경권 54면, 1973).

다고 본다.

환경권은 현실적으로는 특정한 환경에 대해 일정한 이해관계를 가지는 모든 국민 - 즉, 오염된 환경으로 피해를 입은 모든 주민 - 이 그 주체가 된다. 이와 같이 환경권이 '集團的 權利'로서 보장받는 경우에도 환경소송에 있어서는 누가 그 제소권을 가지는가, 즉 당사자적격 - 원고적격 - 의 문제가 일어난다. 환경권의 경우에는 오히려 집단적 보장이 효율적이므로 '集團訴訟(class action)'을 제도화하여 이들의 권리주체성 - 原告適格 - 을 인정하는 것이 바람직하다고 본다.279) 또한 환경권은 현재 생존하고 있는 세대에 국한하여 보장되는 것이 아니라 未來世代를 위한 기본권으로서의 성격이 중요시되어야 하며, 따라서 깨끗한 환경을 자손들에게 남겨 주기 위해 이를 보전 · 개선할 의무가 충실하게 이행되어야 한다.

4. 環境權의 內容

환경권은 건강하고 쾌적한 환경에서 생활할 권리를 말하며, 이를 보장하기 위해 깨끗한 環境의 保全과 公害의 排除를 그 내용으로 한다. 환경권의 객체인 '環境'은 인간을 둘러싼 모든 주위, 즉 총체적인 실체를 의미한다. 그러나 그 개념은 상대적인 것으로 특정한 시대와 사회에 있어서 과학적 지식과 사회적 통념에 따라 그 내용은 결정될 것이다. 일반적으로 환경은 자연적 환경, 인공적 환경 및 사회적 환경으로 대별된다. 自然的 環境이란 대기, 물, 토양, 산림, 일광, 경관, 지형 등과 같은 자연상태로 있는 환경을 말한다. 人工的 環境이란 공원, 도로, 교량, 학교, 전기 · 가스, 상 · 하수도, 그 밖의 후생시설과 같이 기술과 자본이 투자되어 조성된 환경을 말한다. 社會的 環境이란 경제적 · 정치적 · 문화적 또는 교육적 환경 등을 포괄해서 말한다. 환경권의 대상이 되는 환경에는 일반적으로 자연적 환경과 인공적 환경만을 포함시키고 사회적 환경은 포함시키지 않는 것이 종래 지배적 견해이었다.280) 그런데 최근에 와서는 환경권에 社會的 環境도 포함시키고 있는데, 그 헌법적 근거로서 제35조 제3항의 쾌적한 住居生活의 보장조항에서 찾고 있다.281) 따라서 모든 국민은 널리 건강하고 쾌적한 환경 - 자연적 · 인공적 · 사회

---

279) 미국에서는 環境訴訟에 있어서 이른바 '集團訴訟(class action)'을 인정하고 있다.

280) 우리 환경정책기본법(제3조)은 環境이란 자연환경과 생활환경을 말한다고 하여 그 개념을 좁은 의미로 파악하고 있다.

281) 권영성 교수는 '生活環境'이라는 용어를 사용하고 있다. 권영성, 헌법학원론, 법문사, 2004., 686 - 687면 참조.

적 환경 - 에서 생활할 권리를 가지고 있다고 하겠다. 우리 헌법처럼 환경권을 헌법의 차원에서 명문으로 규정한 입법례는 그리 흔하지 아니하다.282)

종래 環境保全法은 모든 환경문제를 규율하기 위해 제정되었지만, 점차 복잡해지는 환경문제를 효과적으로 대처할 수 없게 되었다. 1990년에 와서 '環境政策基本法'을 제정하여 환경보전정책의 기본이념과 시책방향을 제시하고, 각종의 환경문제를 효율적으로 규율하기 위해 單行法들- 대기환경보전법, 소음·진동규제법, 수질환경보전법, 유해화학물질관리법, 자연환경보전법- 을 제정하였다. 또한 環境汚染으로 인한 피해조사와 분쟁조정을 위한 알선·조정·재정의 절차 등을 규정한 '환경분쟁조정법'(1997. 8. 28. 제정)이 채택되었다.

환경권은 일련의 공해재판, 환경재판이라고 불리는 소송에 있어서 원고 측이 주장하는 바가 되고 있다. 이러한 소송의 가능성 여부는 환경권의 법적 성질을 어떻게 볼 것인가가 중요한데, 이에 대하여 상론하면 다음과 같다.

5. 社會權으로서 環境權의 法的 性質

이하에서는 사회권의 법적 성질에 대하여 학설과 판례의 견해를 상세히 논의하고자 한다.

1) 學說

헌법 제34조 제1항은 "모든 국민은 인간다운 생활을 할 권리를 가진다."고 규정하고 있다. 사회권에는 국민 각자가 스스로 건강하고 문화적인 최저한도의 생활을 유지할 자유를 가지고, 국가는 그것을 저해해서는 안 된다고 하는 자유권적 측면과 국가에 대해서 그와 같은 영위의 실현을 구하는 사회권적 측면이 있지만 논의의 중심은 물론 후자의 법적 성격 쪽에 있다. 이 점에 관한 학설은 대별하면 다섯 가지 입장으로 나뉜다. 이러한 논의는 환경권의 법적 성질에 그대로 연결이 된다.

(1) 프로그램규정설

우선 프로그램규정설은 헌법 제34조 제1항은 단순한 프로그램이고, 국가에 대한 정치

---

282) 환경권을 헌법에서 명문으로 규정한 나라로는 스위스(1971년 헌법 제24조 제7항), 그리스(1975년 헌법 제24조), 스페인(1978년 헌법 제45조 제1항) 등이 있다.

적 의무 이상의 것은 정하고 있지 않다고 이해한다.283) 이 설에 의하면 사회권에 관한 헌법규정은 모든 국민들의 인간다운 생활을 실현하기 위한 국가의 사회정책적 목표 내지 입법의 방향을 선언한 것으로 그 권리성을 부인하고 단지 국가에 대하여 이것을 구체화할 정치적·도덕적 의무를 선언한 프로그램적 규정이라고 한다.284) 따라서 국가의 의무는 단지 개인의 생존을 보장하기 위한 입법을 할 정치적·도덕적 의무에 불과하며, 구체적 입법이 없으면 그 권리를 재판을 통해 주장할 수 없고, 입법을 하지 않는다고 입법부작위에 대한 위헌확인소송을 제기할 수 없다.285)

물론 헌법이 명문으로 프로그램으로 규정한 사회권들의 경우에는 그 프로그램성을 인정해야 되는데, 예를 들면 헌법 제34조 제6항의 "국가는 재해를 예방하고, 그 위험으로부터 국민을 보호하기 위하여 노력해야 한다."는 규정과 헌법 제35조 제3항의 "국가는 주택개발정책 등을 국민을 통하여 모든 국민의 쾌적한 주거생활을 할 수 있도록 노력하여야 한다.", 헌법 제31조 제5항의 "국가는 평생교육을 진흥하여야 한다."는 규정과 같은 것이다.286)

(2) 抽象的 權利說

이에 대해서 추상적 권리설은 이것은 입법자에 대해서 입법 기타의 조치를 요구할 권리를 규정한 것이고, 그에 대응해서 국가에 법적 의무를 부여하고 있다고 이해한다. 이 설 중에서도 다양한 뉘앙스를 가지는 것이 있지만 사회권은 헌법상 이미 구체적 권리로서 인정되고 있는 권리는 아니기 때문에 직접 헌법 제34조 제1항을 근거로 국가의 입법이나 행정의 부작위의 위헌성을 재판으로 다투는 것까지는 인정되지 않지만 이 규정을 구체화하는 법률의 존재를 전제로 하여 그 법률에 근거한 소송에 있어서 헌법 제34조 제1항 위반을 주장하는 것은 허용된다는 점에서 공통된다.287) 그리고 이 설에 의하면 사

---

283) 法協編, 註解(上) 488面 參照.

284) 바이마르시대의 프로그램규정說은 日本과 우리나라에도 그대로 도입되어 종래 헌법학의 통설로 되어 왔다. 日本의 경우 헌법 제25조의 '社會權'을 비롯한 일련의 社會權的 基本權 규정은 "국가가 社會權 실현의 필요한 立法이나 적당한 시설을 행하지 않는 때에는 아직 국가에 대하여 구체적인 請求權을 인정할 수 없고, 또한 그 立法의 태만이 헌법위반이라 하더라도 법원의 法令審査權으로 시정할 수 없으나, 社會權의 自由權的 측면에 있어서는 그것을 적극적으로 침해하는 立法·行政은 법원에 의해 效力이 否定될 수 있다." 그리고 프로그램규정설을 日本에 최초로 도입한 학자인 我妻榮, 基本的 人權(1947), 民法硏究 Ⅷ(1970), 85면 참조.

285) 윤명선, 헌법학, 대명출판사, 2000., 521면 참조.

286) 김철수, 헌법학개론, 박영사, 2003., 657면 참조.

287) 橋本, 憲法(改訂版) 392面; 橫川博, 社會權의 保障, 淸宮他編, 憲法講座(2) 219面 以下 等.

회권이 헌법에서 명시적으로 규정되고 있는 이상 '법적 권리'이며, 국가는 입법 등을 강구할 법적 의무를 가진다고 한다. 사회권의 경우에 그 보장수단이 불완전하다는 점에서 '불완전한 권리'라고 할 수 있지만, 그 권리성마저도 부정하는 것은 부당하다. 이 학설도 구체적인 입법이 없는 한 재판상 청구할 수 없다고 하고 다만 소극적·자유권적 효과만을 인정하는 점에서는 프로그램적 규정설과 동일하다고 볼 수 있다. 다만 사회권은 구체적인 입법을 통하여 비로소 보장·실현될 수 있는 '추상적 권리'라고 한다.288)

(3) 具體的 權利說

구체적 권리설은 헌법 제34조 제1항의 권리내용은 헌법상 행정권을 구속하는 정도는 명확하지 않지만 입법부를 구속하는 정도는 명확하고 그 의미에서 구체적인 권리를 정한 것이고 이것을 실현하는 방법이 존재하지 않는 경우에는 헌법재판소의 부작위입법의 위헌성을 확인하는 소송을 제기할 수 있다고 주장한다. 그리고 이 설에 의하면 사회권을 보장·실현하기 위한 구체적인 입법이 없는 경우에도 현실적으로 국가에 대하여 일정한 급부를 청구할 수 있는 '구체적 권리'이며, 국가는 이를 적극적으로 보장할 법적 의무가 발생한다고 한다. 즉 사회권을 구체화하기 위한 입법이 없더라도 현실적으로 효력을 가지는 '완전한 권리'라고 본다. 사회권을 구체적 권리로 이해하는 한 이것은 자유권적 기본권과 마찬가지로 구체적 입법이 없이도 헌법규정 그 자체에 의해 재판상 구제받을 수 있는 권리가 되어야 한다.289)

(4) 不完全한 具體的 權利說

불완전 구체적 권리설에 의하면 사회적 기본권이 오늘날에는 불완전하나마 구체적 권리로서의 성격을 지니고 있고 또 사회적 기본권, 특히 인간다운 생활을 할 권리가 정신적 자유에 못지않게 중요한 의미를 가지고,290) 이러한 사회적 기본권은 다음과 같은 특징을 갖는다. 첫째, 모든 헌법규정은 공동체구성원들의 헌법생활과정에서 그 내용이 반드시 실현되어야 할 재판규범이라는 점이다. 어떠한 헌법조항은 재판규범이고, 어떠한 헌법조항은 프로그램규정이라는 해석은 헌법에 그에 관한 명문의 규정이 존재하지 아니하는 한 독단적·자의적 해석일 수밖에 없기 때문이다. 둘째, 경제적으로 열악한 상황에 처한

---

288) 김철수, 전게서, 658면 참조.

289) 윤명선, 전게서, 522면 참조.

290) 사회적 기본권의 헌법적 실현가능성과 보장형식에 관해서는 특히 한병호, 인간다운 생존의 헌법적 보장에 관한 연구, 서울대학교 박사학위논문(1993), 129면 이하 참조.

절대빈곤층291)과 사회적 빈곤층에게는 자유권적 기본권이나 정치적 기본권보다 사회적 기본권의 실질적 보장이 더욱 절실한 의미를 가지기 때문이다. 셋째, 우리나라와 같이 사회국가의 원리를 지향하는 사회국가적 성격을 가진 국가의 경우에는, 국가의 과제와 목표는 무엇보다도 사회적 기본권의 실현에 중점을 두는 것이 아니면 아니 되기 때문이다. 국가적 성격을 사회국가로 규정하고 국가목적을 사회국가원리의 구현이라고 규정하면서, 사회적 기본권을 프로그램적인 것 내지 추상적인 권리로 이해한다는 것은 논리적 모순이 아닐 수 없다. 넷째, 헌법재판제도가 확립된 경우에는 헌법재판이라는 방법을 통하여 헌법불합치 · 입법촉구결정을 하는 것이 헌법규범구조상 반드시 불가능하지 않다고 보기 때문이다.292)

(5) 憲法的 委任說

헌법적 위임설에 의하면 우리 헌법에 규정되어 있는 사회적 기본권은 주관적 공권이 아니라 일차적으로 기본전제를 형성하라는 입법자에 대한 구속적인 헌법위임규정으로 이해할 수 있다. 그러나 개별적 사회권들이 입법위임규정 외에도 다른 것을 뜻하는지는 구체적인 경우를 따져 개별적으로 판단하여야 할 것이다.

입법위임규정은 입법자에게 구체적 규율정립의 의무를 부과하고 있는 헌법규정을 말한다. 입법위임규정은 특수하고 구체적으로 표현되기 때문에 국가목표규정보다 더 강하게 입법자를 구속한다. 곧 입법위임규정은 국가목표규정보다 더욱 법정립을 의무화시키며 그 이행을 더욱 잘 감시할 수 있다. 뿐만 아니라 부분적이긴 하지만 우리 법에는 그에 대한 헌법적 통제수단이 마련되어 있다. 곧 입법자가 내용과 범위가 정해져 있는 법정립에 대한 명시적인 헌법위임을 이행하지 않을 뿐만 아니라 또한 이러한 위임이 특정범위의 사람들의 개인적 이해관계와 관련이 있는 경우 개별시민은 입법부작위에 대하여 헌법소원을 제기할 수 있다. 또 헌법재판소는 그러한 헌법소원에 대한 판결에서 입법자에게 헌법적으로 요구되는 법률을 정립할 기간을 정하거나 그 기간이 지나도 입법이 행해지지 않으면 요구되는 법률을 정립할 기간을 정하거나 그 기간이 지나도 입법이 행해지지 않으면 법원이 입법부를 대신하여 헌법명령을 집행할 수 있다.293)

---

291) 1999년 12월 1일의 보건복지부 발표에 의하면 1인당 월 최저생계비는 26만 8천3백8원이고, 1997년 현재 월 10만원 생계비지급대상자는 37만 2천 명이라고 한다.

292) 권영성, 헌법학원론, 법문사, 2002., 593 – 595면 참조.

293) 홍성방, 헌법(2), 현암사, 2001., 183 – 184면 참조.

2) 소결

이를 정리하면 다음과 같다. 우선 추상적 권리설에 의하면 인간다운 생활권은 사회보장 기타 국가의 적극적 시책에 의하여 실현될 권리이나, 인간다운 생활에 필요한 비용을 청구할 구체적인 청구권은 아니라고 보고, 구체적 권리설에 의하면 모든 국민의 물질적, 문화적으로 국가에 대하여 적극적인 조건정비를 요구할 사회권적 기본권이라고 보아 구체적 청구권이 발생한다고 본다.294)

이에 대하여 현 헌법재판소제도를 갖고 있는 시점에서 인간다운 생활을 할 권리를 침해당하게 되면, 헌법재판소에 헌법소원이나 위헌법률심사제도를 이용하여 권리구제가 가능하다고 보면 구체적 권리설이 타당하다고 본다.295)296)

따라서 사회권적 기본권은 법적 권리이지만 그 권리의 내용이 직접 헌법규정에 의해 구체화되는 것이 아니라 그 헌법규정을 구체화하는 법률에 의해 확정되는 추상적 권리성을 특질로 하고 있다. 따라서 국가는 사회권적 기본권을 구체화할 입법의무를 지고 있으며, 그 구체화입법에 의해 비로소 사회권적 기본권은 현실적으로 실현되는 것이다. 그러나 만일 사회권을 구체화하는 立法이 존재하지 않거나 불충분한 경우에 현행법상 어떠한 구제방법으로 그 권리를 실현시킬 것인가가 문제된다. 우선 우리 헌법은 헌법의 실현을 보장하기 위한 헌법재판소제도를 채택하고 있으므로 헌법소송적 구제방법을 생각할 수 있다. 현행헌법은 공권력의 행사 또는 불행사에 의한 국민의 기본권침해에 대한 헌법소원을 인정하고 있으므로 사회권에 관한 입법부작위에 의하여 국민의 사회권이 침해된 경우에는 헌법소원을 통하여 입법부작위 위헌확인을 구할 수 있으며, 나아가 헌법재판소는 입법자로 하여금 사회권을 구체화하기 위한 법률을 제정하도록 입법촉구결정을 할 수 있다고 본다. 그리고 사회권을 구체화하는 입법이 존재하나 그 내용이 불충분한 경우에도 헌법소원을 통해 당해 법률의 헌법불합치결정과 입법촉구결정을 내릴 수 있다고 하겠

---

294) 신현직, 교육기본권에 관한 연구, 서울대학교 박사학위논문, 1990. 참조.

295) 교육을 받을 권리는 문화적 사회권이나 예를 들어 교육의 자유는 학문의 자유, 수학권은 인격형성권·행복추구권, 교육시설요구권은 청구권적 기본권, 균등교육은 평등권, 정치교육에 관한 권리는 참정권, 교육의 자치는 자치제도보장, 사학교육의 보장 등은 제도보장으로 분리해서 보아야 한다. 이 모든 것을 통합하여 교육기본권이라고 할 수는 있겠으나 헌법 제34조가 이 모든 것을 다 포용하고 있다고는 할 수 없다.

296) 안용교 교수도 구체적 권리설을 취하고 있다. "교육에 필요한 재정의 공여, 시설·제도의 정비 등 교육의 외적 제 조건의 정비를 국가에 요구할 수 있는 구체적 권리를 보장하고 있다는 구체적 권리설이 있다. 구체적 권리설이 타당하다. 왜냐하면 인간다운 생활권은 입법권·사법권에 대하여 직접 그 규범의 작위명령의 내용을 실현하도록 의무지우는 것, 즉 입법권은 그 규범내용에 적합한 입법·예산조치를 하고 사법권은 그 규범을 재판기준으로 유지할 것을 헌법상 의무지우고 있다고 생각되기 때문이다."

다. 또한 사회권을 구체화하는 충분한 내용의 법률이 존재하는 경우에는 국민은 헌법과 법률에 따라 구체적 권리를 주장할 수 있다. 따라서 국가는 당해 법률에 의하여 보장되는 권리에 대응하는 구체적 의무를 이행하여야 하며 그 행정권의 행사 또는 불행사로 인한 권리의 침해에 대하여는 행정쟁송에 의하여 그 구제를 구할 수 있다.297) 이러한 취지에서 사회권을 이해하게 되면 환경권도 구체적 권리로 보아야 한다고 생각한다.

이하에서는 사회권으로서 환경권을 구체적 권리로 보아 환경권 중에 한 내용인 폐기물 관리와 이에 대한 재활용의 문제점과 개선점에 대하여 구체적으로 논의를 하고자 한다.

Ⅱ. 廢棄物管理

폐기물을 적정하게 처리하여 자연환경 및 생활환경을 청결히 함으로써 환경보전과 국민생활의 질적 향상에 이바지함을 목적으로 폐기물관리법이 제정되어 있다. 폐기물은 제거도 중요하지만 더욱이 중요한 것은 재활용도 중요하다. 여기서 폐기물이란 쓰레기, 연소재, 폐유, 폐산, 폐알칼리, 동물의 사체 등으로서 사람의 생활이나 사업활동에 필요하지 아니하게 된 물질을 의미한다.298)

폐기물은 대부분이 인간과 동물들의 활동으로 발생한 부산물로서 더 이상 경제적 가치가 없는 물질들을 의미한다. 이러한 폐기물은 인구증가, 소비생활, 생활습관 등에 의한 양적 증가와 생활과학의 급격한 변화와 발달에 따른 질적 다양화를 가져와 폐기물의 관리와 처리처분에 있어 그 심각성이 날로 심화되고 있을 뿐만 아니라 폐기물의 처리와 법적 규제로 제품의 원가를 상승시켜 제조업의 생산 활동을 제약하고 있는 것이 현실이다. 따라서 폐기물의 처리 및 재활용 기술은 환경이라는 사회간접자본의 보호수단에 그치지 않고 점차 생산 활동의 사활을 좌우하는 요소기술로 전환되어 가고 있다.

이러한 폐기물중 건설공사의 수행과정에서 필연적으로 발생되는 건설폐기물은 발생량이 급격히 증가하고 있으므로 그 관리와 재활용에 대하여 점차적으로 관심이 집중되고 있다. 건설폐기물은 일반적으로 다른 산업폐기물에 비하여 유해성은 상대적으로 적은 것으로 인식된다. 그러나 건설폐기물은 체적·중량이 크고, 특히 발생시기가 특정 기간에 집중되는 특성을 지니고 있어 처리와 재활용 과정의 어려움이 매우 크다고 할 수 있다. 또한 일반 재활용품과는 달리, 건설폐기물의 재활용은, 부실시공의 원인이 될 수 있기 때

---

297) 정만희, 社會權的 基本權의 法的 性格, 考試研究 1995. 10. 27－34면 참조.
298) 홍정선, 행정법원론(하), 박영사, 2004., 774면 참조.

문에 재활용시 안전문제가 최우선적으로 고려되어야 한다는 사실, 그리고 재활용 정책이 해당 산업에 미칠 수 있는 긍정적 · 부정적 파급효과 매우 크다는 사실이 다른 폐기물과 차별되는 부분이다.[299]

건설폐기물은 폐기물인 동시에 자원이다. 건설폐기물은 다른 폐기물과 함께 폐기물관리법에 의해 관리되고 있다. 폐기물관리법은 자원의 절약 및 재활용촉진에 관한 법률과 함께 건설 폐기물을 비롯한 우리나라 폐기물의 관리와 재활용 시책의 중추가 되어 온 모법이다. 자연환경 보전 및 국민 생활환경의 질적인 향상을 도모하기 위해 제정된 법이며, 폐기물 관리에 관한 총론적 사항을 다루고 있다. 이 법률의 취지는 폐기물의 배출 억제와 환경보전 및 쾌적한 생활환경의 조성이며, 그것을 위한 폐기물의 안전보관 · 처리에 관한 규정을 담고 있다. 지금까지 각종 폐기물의 재활용 정책의 근간이 되어 왔음에도 불구하고, 일반법이이기에 총론적인 규정밖에 담을 수 없으며, 개별 폐기물의 특수성을 고려한 시책을 담는 데 한계가 있는 것도 사실이다.

본 연구에서는 건설폐기물의 관리와 재활용을 중심으로 문제점과 개선방안을 조사하고자 한다. 폐기물관리법에서의 건설폐기물의 위상, 그 관리와 재활용의 문제점, 그리고 제도적 개선방안을 중심으로 논의하게 될 것이다.

Ⅲ. 建設廢棄物에 대한 내용

1. 건설폐기물의 발생 및 처리현황과 특성

국내의 건설폐기물의 발생량과 발생폐기물의 가연성, 불연성 성분의 성상별 특성은 환경부의 자료에 따르면 <표 1>에 나타난 바와 같다. 건설폐기물은 가연성 성분이 6~7%로 일부분이고, 불연성 성분이 약 93~94%를 차지하며, 그중에서 콘크리트나 아스팔트 콘크리트, 토사와 같은 건설 폐재류가 약 90%에 가까운 수치를 보이는 것을 알 수 있다.

---

299) 한국자원재생공사, 건설폐기물 재활용가이드라인 설정 및 재활용 촉진방안, 1995.

표 1. 조성에 따른 건설폐기물 발생량[300]

(단위: 톤/일)

연도별 \ 구분	총계	가연성				
		소계	종이류	나무류	폐합성수지류	기타
1998	47,963 (100%)	3,148 (6.6%)	348 (0.7%)	1,547 (3.2%)	655 (1.4%)	598 (1.2%)
1999	62,221 (100%)	4,425 (7.1%)	613 (1.0%)	2,063 (3.3%)	968 (1.6%)	781 (1.3%)
2000	78,777 (100%)	5,207 (6.6%)	591 (0.8%)	2,367 (3.0%)	1,311 (1.7%)	938 (1.2%)
2001	108,520 (100%)	6,749 (6.2%)	557 (0.5%)	3,111 (2.9%)	1,821 (1.7%)	1,260 (1.2%)
2002	120,141 (100%)	6,052 (5.0%)	506 (0.4%)	2,632 (2.1%)	1,800 (1.4%)	1,113 (0.9%)

불연성								
소계	건설폐재류					금속류	유리류	기타
	계	토사	콘크리트	아스팔트	기타			
44,545 (92.9%)	42,445 (88.5%)	4,881 (10.2%)	28,165 (58.9%)	7,867 (16.4%)	1,532 (3.2%)	818 (1.7%)	127 (0.3%)	1,155 (2.4%)
57,796 (92.9%)	56,212 (90.3%)	4,727 (7.6%)	39,819 (64.0%)	9,317 (15.0%)	2,849 (4.6%)	661 (1.1%)	174 (0.3%)	749 (1.2%)
73,570 (93.4%)	71,063 (90.2%)	5,579 (7.1%)	49,352 (62.6%)	11,388 (14.5%)	4,744 (6.0%)	1,087 (1.4%)	181 (0.2%)	1,239 (1.6%)
101,771 (93.8%)	98,660 (90.9%)	8,210 (7.6%)	66,051 (60.9%)	13,700 (12.6%)	10,699 (9.9%)	1,316 (1.2%)	304 (0.3%)	1,491 (1.4%)
114,088 (94.9%)	101,991 (84.9%)	7,427 (6.1%)	72,526 (60.3%)	14,729 (12.2%)	7,309 (6.0%)	1,323 (1.1%)	430 (0.3%)	10,344 (8.6%)

표 2. 처리방법별 건설폐기물 처리내역

(단위: 톤/일)

구분	연도별	계	매립	소각	재활용
건설폐기물	1998	47,693(100.0)	7,112(14.9)	1,007(2.1)	39,574(83.0)
	1999	62,221(100.0)	10,600(17.0)	1,278(2.1)	50,343(80.9)
	2000	78,777(100.0)	10,021(12.7)	2,071(2.6)	66,685(84.7)
	2001	108,520(100.0)	12,943(11.9)	2,424(2.2)	93,153(85.8)
	2002	120,141(100.0)	17,462(14.5)	2,463(2.0)	100,209(83.4)

---

300) 환경부, 전국 폐기물 발생 및 처리현황, 1999 - 2003.

<표 2>에 나타난 바와 같이 건설폐기물의 처리현황은 재활용·매립·소각으로 처리되고 있고, 소각비율이 낮은 원인은 건설폐기물의 성분이 대부분 비가연성 물질이기 때문이다. 매립비율은 감소하는 반면에 재활용 비율은 큰 폭으로 상승하는 추세인 이유는 건설폐기물의 처리에 있어서 건설업이나 중간 및 최종 처리업에 종사하는 당사자들이 과거와 같이 매립에 의존하기보다는 재활용하는 방향으로 의식전환이 이루어져 건설폐기물의 재활용에 대한 인식이 증가하고 있는 것으로 설명될 수 있으나, 실제로는 재활용이란 용어 정의에 불명확함으로 인하여 재활용 수치가 높아진 측면도 있다. 건설폐기물에 대한 소각비율이 낮은 원인은 건설폐기물의 성분이 대부분 폐콘크리트류, 폐토사, 금속류와 같은 비가연성 물질이기 때문이다. 또한 매립의 비율이 낮아지고 재활용의 비율이 점점 증가하는 것은 건설폐기물의 처리에 있어서 건설업이나 중간 및 최종 처리업에 종사하는 당사자들이 과거와 같이 매립에 의존하기보다는 재활용하는 방향으로 의식전환이 이루어져 건설폐기물의 재활용에 대한 인식이 증가하고 있는 것으로 설명될 수 있으나, 실제로는 재활용이란 용어 정의에 불명확함으로 인하여 재활용 수치가 높아진 측면도 있다.[301]

건설현장에서 건설폐기물의 처리실태를 살펴보면 이물질이 소량 포함된 토사의 경우 등과 같이 기존현장이나 타 현장에서 바로 재활용 하는 경우와 폐목재와 같은 가연성폐기물과 같이 재활용되는 일부분을 제외하고는 중간처리업자에 위탁하여 소각처리 하는 경우 및 기타 폐콘크리트와 같은 건설폐재류 등과 같이 해당 중간처리업자에 위탁하여 재활용을 하거나 매립처분하고 있는 경우가 많다.

건설폐기물은 다른 산업폐기물과는 성상, 발생량, 발생단계 등의 특성이 다르다. 건설폐기물은 부피와 중량이 매우 커서 운반이나 매립 시 막대한 수송·매립비용이 필요하고, 발생시기가 연중 일정하지 않고, 재건축 등이 시행되는 특정시기에 집중적으로 대량 발생한다. 그리고 철거·해체 공사 시 발생되는 폐기물은 단기간에 집중적으로 발생되고, 그 종류가 단순하여 분리선별 등 관리가 비교적 용이한 반면, 공사 중 발생되는 폐기물은 다양한 폐기물이 장기간에 걸쳐 소량씩 발생되므로 관리에 어려움이 있다. 또한 건설폐기물은 건설공사가 진행되기 직전에도 발생하고 건설공사 중에도 발생되고 있는 점을 고려할 때 건설폐기물의 재활용은 그 자체가 건설공사의 공정의 일부라는 점을 인식하여야 한다. 즉 품질에 관한 기준과 시공지침, 공법 등이 적절히 마련되는 것이 전제조건이며, 제정된 각종 기준에 대한 지속적인 검증과 보완을 수행하는 것이 중요한 것이다.

---

301) 한국자원재생공사, 건설폐기물의 적정처리 및 재활용방안, 1996.

2. 건설폐기물의 관리와 재활용을 위한 법률체계

국내에서 폐기물은 그림 1에 나타난 바와 같이 '폐기물관리법', '자원의절약과재활용촉진에관한법률', '폐기물처리설치촉진및주변지역지원등에관한법률', '폐기물의국가간이동및그처리에관한법률' 등에 의하여 관리되고 있다.

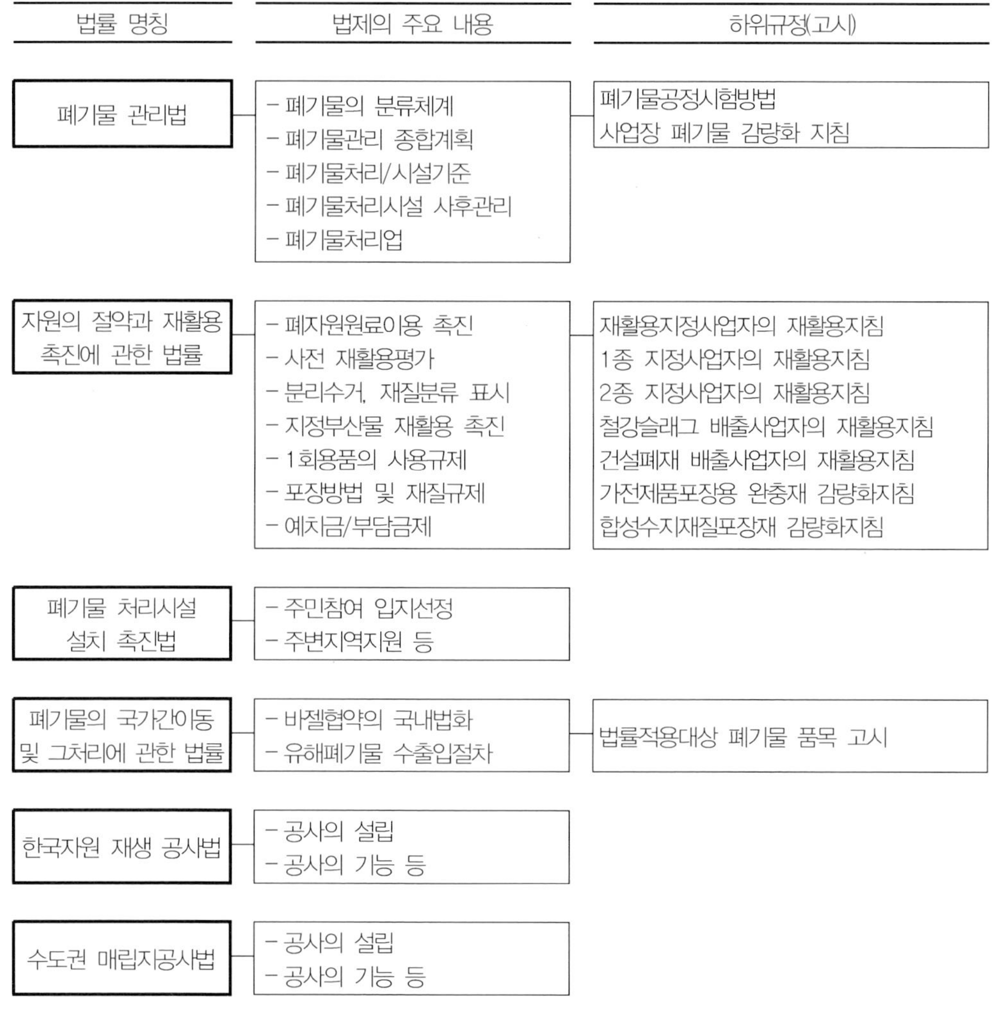

그림 1. 국내 폐기물 관련 법령체계

국내에서 건설폐기물은 일반폐기물로 분류되며, 건설폐기물의 관리와 재활용 역시 '폐기물관리법'과 '자원의절약과재활용촉진에관한법률'에 근거한 '건설폐재배출사업자의재활용지침'에 의하여 관리와 재활용이 이루어지고 있다. '자원의 절약과재활용촉진에관한법률 시행령'에서는 지정부산물로 철강슬래그, 석탄재, 토사(토석 포함), 콘크리트, 아스팔트콘크리트, 벽돌 및 건축 폐목재 등을 규정하고 있으며, 건설폐재 배출사업자 재활용지침에서는 토사(토석 포함), 콘크리트, 아스팔트콘크리트 등을 건설폐재로 통칭하고 있다.

건설폐기물의 처리방안으로서는 현재 매립처리가 큰 비중을 차지하고 있다. 폐기물관리법에서 건설폐기물의 매립처리 조건을 완화시켜 놓았기 때문이다. 고비용의 처리 및 재이용보다는 매립을 통한 처리가 주로 행해지고 있는 것이다. 그러나 최근에 들어 토지의 유효이용에 따른 공간면적의 감소와 지역이기주의 때문에 폐기물의 매립지 및 최종처분장 등의 확보는 상당히 곤란한 상황이며, 이에 따른 건설폐기물의 처리 단가의 비용 증가로 일부 불법매립 및 투기에 대한 우려가 높아지고 있는 실정이다.

3. 폐기물관리법의 문제점과 대책

현행 '폐기물관리법'과 '자원의절약과재활용촉진에관한법률'에 의해 관리·활용되고 있는 건설폐기물의 현황과 실태를 바탕으로 한 문제점은 다음과 같다.

1) 재활용 통계와 현실의 차이

건설폐기물은 표 1에 나타난 바와 같이 매년 발생량이 증가하고 있으며, 통계적으로는 80% 이상 재활용되는 것으로 파악되고 있다. 그러나 2001년 건설현장 및 건설폐기물 중간처리업체를 대상으로 조사를 한 결과, 그림 2와 3에 나타난 바와 같이 건설현장 및 중간처리업체에서는 적절한 재활용이 이루어지지 않는 것으로 조사되고 있다.[302]

---

[302] 김애식, 건설폐기물 재활용실태 및 개선방안에 대한 연구, 석사학위논문, 경남대학교 산업대학원, 2002.

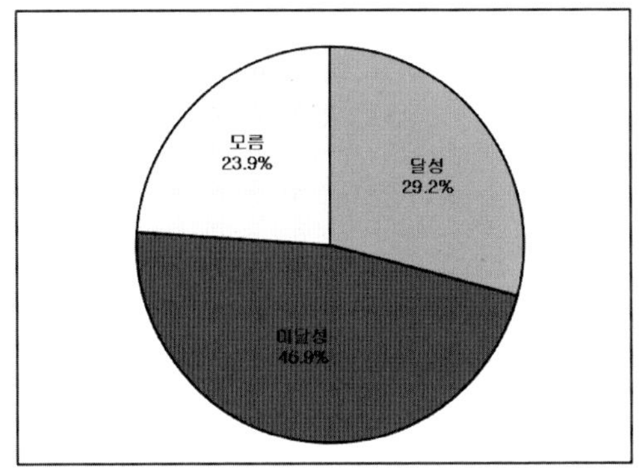
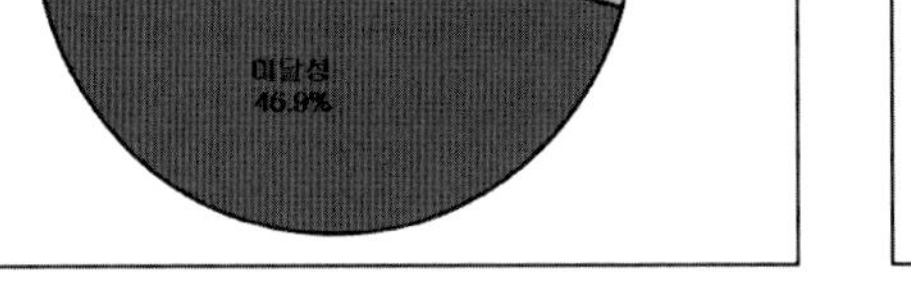

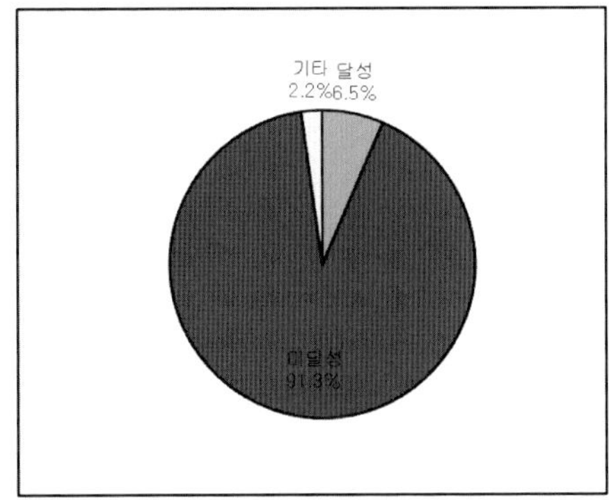

그림 2. 재활용 목표 달성 여부   그림 3. 재활용 목표율 달성 정도

'폐기물관리법 제24조'에서는 건설폐기물과 같은 사업장폐기물에 대하여 배출자는 적
정처리 및 기술개발 재활용 등의 방법으로 그 발생을 억제하도록 규정하고 있고, '자원
의절약과재활용촉진에관한법률'에서는 재활용을 규정하고 있다. 그러나 그림 3에 나타난
바와 같이 실적과 건설현장의 상황이 큰 차이가 있는 조사되었으므로 실질적인 재활용
비율에 대한 조사를 신중하게 검토할 필요가 있다고 판단된다. 따라서 재활용 통계기준
의 명확한 설정과 더불어 실질적인 재활용을 유도할 수 있는 정책의 변화와 추진이 필요
하다.

2) 건설폐기물 발생 실태, 분리배출 및 적정 처리비용

'폐기물관리법 제24조'에서는 건설폐기물과 같은 사업장폐기물의 배출자에게 폐기물의
종류, 발생량 등을 신고하도록 규정하고 있으나 건설현장을 운용하고 있는 건설사를 중
심으로 건설폐기물의 발생 실태의 파악여부를 조사한 결과, 그림 4와 같이 대부분의 현
장이 폐기물 발생 실태에 대하여 개략적인 파악은 하고 있으나 건설폐기물의 발생성상별
로 정량적인 파악은 이루어지지 않는 것으로 나타났다.

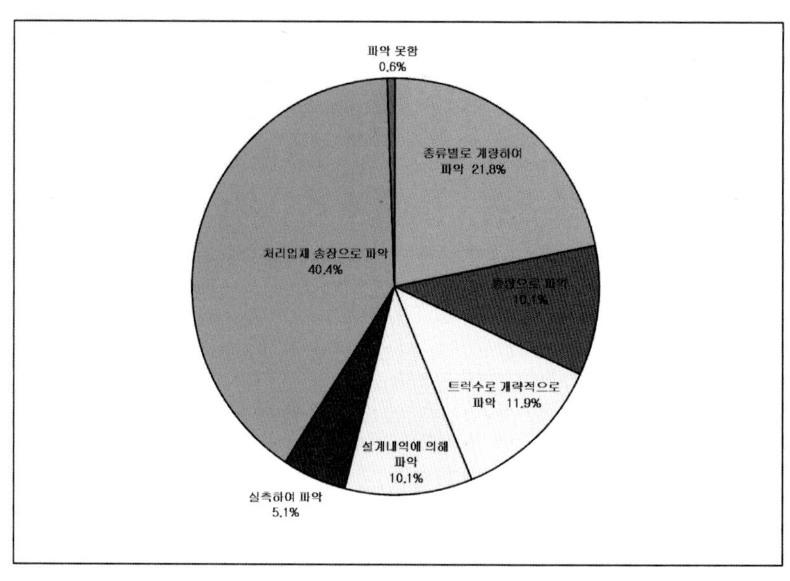

그림 4. 건설현장의 건설폐기물 발생상황 파악 여부

현행 '폐기물관리법 제12조(폐기물의 처리 기준)와 시행령 제6조'에 의하여 배출되는 폐기물은 종류별, 성상별로 재활용 가능성 여부 등에 따라 구분하여 수집·운반·보관하도록 규정하고 있다. 그러나 국내 상당수의 현장에서는 폐기물관리법상의 지정폐기물을 제외하고는 대부분이 대충 분리하거나 처리업체에 일임하고 있는 것으로 나타나 건설폐기물이 성상별로 분리배출이 이루어지지 못하는 것으로 조사되고 있다. 따라서 건설폐기물의 처리는 발생성상에 따라 적정한 처리비용과 단가가 별도로 책정, 지급되어야 하지만 건설현장에서는 대부분 '선처리 후 송장으로 파악'하는 방법에 의존함으로서 적정비용을 계상치 못하고 있으며 그에 따른 건설사 및 수집, 운반, 중간처리업체의 비용에 대한 과소논쟁이 끊이지 않고 있으며, 높은 혼합폐기물의 비율로 인하여 적정한 건설폐기물의 처리 및 재활용이 이루어지지 못하고, 불법투기 등의 부정적 처리가 발생되고 있는 실정이다.

적절한 처리비용을 책정하는 것은 건설공사의 경제성 확보와 환경산업 육성차원에서 매우 중요한 일이다. 건설폐기물의 재활용이 원활히 이루어질 수 있도록 처리비용을 적절히 계상할 필요가 있다. 그러므로 현장의 분리·배출에 대한 관리절차 및 기술적 지침 등의 마련을 통하여 건설폐기물의 발생 실태를 파악할 수 있는 절차와 제도의 보완 및 적정처리비용과 재활용 소요비용의 계상이 필요하다고 판단된다.

3) 폐기물관리법의 품질기준

폐기물관리법 시행규칙에 규정된 품질기준에 대한 검토가 필요하다. 예를 들어, 현행 폐기물관리법 시행규칙에서는 건설현장에서 발생되는 폐콘크리트 등 건설폐재류를 성토재, 복토재, 도로기층재, 보조기층개로 재활용하고자 할 경우, 100mm 이하 이물질 함유량 1% 이내로 처리를 규정하고 있다. 그런데 '건설폐재 배출사업자의 재활용 지침'의 성토, 복구용, 기층 및 보조기층의 규정을 살펴보면 한국산업규격(KS) 또는 설계 및 시공지침에서 제시한 방법에 의하도록 규정하고 있다. 이는 폐기물관리법의 품질기준과 상충되는 내용으로, 양 규정을 비교할 때 최대 파쇄입경을 획일적으로 규정하고 있는 폐기물관리법의 품질기준은 사용 용도별로 필요한 기준의 범위를 인정하지 않고 있다고 판단된다.

건설폐기물의 재활용을 위한 품질기준은 지극히 기술적인 영역이다. 그 기준의 제정이나 기술발달에 따른 개정 등 기준의 관리는 안전과 직결되는 문제이므로 관리주체의 전문성이 무엇보다 중요하다. 그런데 이러한 전문성이 필요한 기술관련 기준을 폐기물관리법에서 규정함으로써 오히려 합리적인 재활용에 장애요인이 되고 있다는 논란, 혹은 법률 구성상 부적절하다는 논란이 일고 있는 것이다.[303] 건설폐기물의 안전하고 원활한 재활용을 위해서는 최우선적으로 재생골재의 품질기준을 확실히 정립하는 것이 중요하다. 그리고 그 기준은 실험과 검증을 통해 활용성·안전성·기술수준, 그리고 불법매립 방지를 고려하여 각종 기술지침, 시방서 등을 정비하여 담는 것이 바람직하다고 판단된다.

표 3. 건설폐재 용도별 한국사업규격 등 관련규격 및 설계·시공지침

용도	관련규격 및 규격 번호
1. 도로기층용·보조기층용 골재	한국사업규격KS F 2357과 KS F 2358에 의한 품질검사기준에 적합한 경우에 한함.
2. 콘크리트 제조용	한국산업규격 KS F 4000
3. 콘트리트 제품 제조용	한국산업규격 KS F 4001 등 제품별 해당 KS규격
4. 아스팔트혼합물	한국산업규격 KS F 2337, KS F 2349
5. 도로포장용 아스팔트	한국산업규격 KS M 2201
6. 도로기층용·보조기층용	도로포장설계시공지침(국토해양부)에서 제시한 방법과 순서에 따름.
......	
10. 성토용. 복구용	인·허가된 건축 토목공사의 설계 시공지침 등에서 제시한 방법과 순서에 따름.
11. 매립시설의 복토용	폐기물관리법 및 관련지침에 의한 기준에 적합한 경우에 한함
12. 건설폐재를 이용하여 재활요하는 용도가 한국산업규격 등으로 추가로 지정되는 경우에는 해당규격을 적용	

---

303) 서울시정개발연구원, 건축물 폐재류의 적정처리 및 재활용 방안, 1998.

4. 건설폐기물 재활용 촉진을 위한 제도 개선 방안

1) '관리 중심'에서 '재활용 중심'의 폐기물정책

폐기물에 대한 사회적 관심이 적고, 발생량이 많지 않았던 과거에는 폐기물 전체를 정부 1개 부처에서 담당하는 것이 정책의 일관성 확보 및 목표 달성 측면에서 바람직하였던 것이 사실이다. 그러나 현재는 폐기물의 발생량이 기하급수적으로 증가하고 있고 그 종류도 다양해 졌다. 또한, 환경이 국가 경쟁력의 중요한 요소로 자리 잡기 시작했고, 2020년에는 현재보다 약 4~5배가량 더 많은 건설폐기물이 발생할 것으로 예측되고 있다. 따라서 정부 각 부처들도 폐기물 관리와 재활용의 중요성을 인식, 관련된 시책을 추진하려 하고 있다. 이제는 관리와 재활용을 추진하는 주체가 해당 폐기물에 대하여 전문성을 갖고 시책을 마련하도록 제도를 정비해야 하는 시기에 다다른 것이다.

표 4. 건설폐기물의 관리 · 재활용을 위한 부처별 업무영역

구분	환경부(관리업무)	건설교통부(건설분야 재활용)
업무영역	국내 폐기물 전반의 기본정책, 통계, 업계의 관리	건설폐기물 재활용 촉진을 위한 정책, 제도, 기준
관리대상	폐기물 처리업체	건설업체

이제는 전체 폐기물을 관장하는 '폐기물관리법'과 '자원의절약과재활용촉진에관한법률'로는 건설폐기물에 대한 강력한 재활용을 유도하기에는 어려움이 많다. 즉, 과거의 규제 강화 시책만으로는 건설폐기물의 재활용을 활성화시킬 수 없는 것이다. 따라서 각종 인센티브 부여 등을 통한 다양한 재활용 시책을 병행하고, 재활용 건설자재의 실수요자인 건설업체와 발주처로 하여금 안심하고 자발적으로 재생건설자재를 사용하도록 유도하여야 한다. 이를 위해서는 재활용 과정에서의 안전성보장 · 부실시공방지를 위한 각종 기술적 품질기준 역시, 전문성을 가지고 제정하고 지속적으로 관리해야만 한다. 결국, 강력한 재활용 정책의 추진을 위해서는 1개 부처가 폐기물 일반을 다루는 법률로 시책을 추진하기보다는 폐기물 전체를 관장하는 1개 전문부처가 정책방향을 결정하고 전문성을 갖춘 해당부처가 그것을 실천할 구체적인 시책을 마련하는 식의 역할분담이 필요하다는 결론에 이르게 된다.304) 이러한 폐기물 관리 · 재활용 정책기조의 변화는 일본의 사례에서 찾아볼 수 있다.

---

304) 조성준, 건설폐기물 처리와 재활용에 관한 연구, 박사학위논문, 한양대학교 환경대학원, 2002.

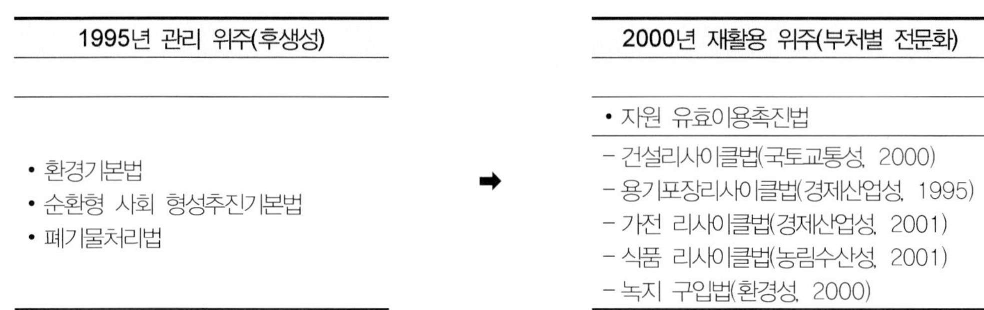

그림 5. 일본의 재활용 정책 기조 변화

1995년까지 일본의 건설폐기물 재활용 정책의 주요 내용은 적정처리를 통한 폐기물의 관리였으며, 환경기본법과 폐기물처리법을 통해 후생성이 시책을 추진하였으나, 폐기물 정책의 기조가 관리로부터 재활용으로 변화하면서 2000년도까지 부처별 전문화를 주친, 각종 리사이클법이 제정되면서 건설리사이클법이 제정되어 건설폐기물의 분리 및 재활용이 유도되었다. 그림 5는 1995년 관리 위주의 정책에서 2000년 재활용위주의 정책으로 변화된 일본의 법률체계변화를 나타내고 있다.

표 5. 건설폐기물 재활용을 위한 관련주체의 역할

주체	관련 사항
국가	• 폐기물의 종합적 관리계획 수립 및 정책 추진(환경부) • 건설폐재의 연차별 재활용 계획의 수립 및 시행(국토해양부) • 지침 및 기준정비를 통한 중점관리대상 건설업체의 지도, 점검과 재정 및 기술지원
지방자치단체	• 지자체단위의 생활폐기물 수집, 운반의 처리 주체 • 지자체 단위의 연차별 건설폐재 재활용 계획의 수립 및 시행 • 자체 단위의 처리지침 제정 및 운영, 관련 행정사항 처리(다량 배출자 신고서 접수 및 감독, 처리업체 허가 업무 처리)
건설업체 (건교부)	• 사업장 단위로 발생하는 건설폐기물의 처리주체로서 공사현장에서 발생된 건설폐기물 가 처리 또는 위탁처리 형식으로 처리하거나 재활용 • 정부가 제시하고 있는 재활용 목표율에 준해 건설폐재 재활용 추진(현장 재활용 및 위탁 재활용 포함)
폐기물처리업체 (환경부)	• 폐기물관리법의 준수 및 적정처리 노력

<표 5>는 재활용 중심의 정책변화를 통하여 건설폐기물의 재활용을 위한 국내 관련부처의 역할분담을 제시하고 있다. 폐기물의 재활용은 정부의 각 부처 업무와 직간접적으로 관련되어 있어, 폐기물의 일반정책을 담당하는 부처와 해당 폐기물의 재활용을 전문

적으로 담당하는 부처가 유기적으로 협력해야 한다고 판단된다. 국내에서는 기존의 '관리 중심'에서 '재활용 중심'으로 기본정책의 변화가 필요하며, 이를 위해서는 폐기물 전반에 대한 기본적인 관리에 대한 정책은 '환경부에서 담당'하고 많은 폐기물 가운데 재활용이 가능한 건설폐기물에 대해서는 '국토해양부를 중심'으로 재활용에 대한 정책과 기준, 지침 등의 개발과 시행이 이루어지는 것이 바람직하다고 생각된다.

2) 건설폐기물 재활용 촉진을 위한 법률 체계 개선방안

법률 체계의 개선방안으로는 다음과 같은 4가지 사항이 제안된다.

첫째, 법제 정비 방안으로 기존 법령을 보완하는 것이 바람직하다.

발주자 등에 대하여 재생골재의 사용을 의무화 등의 조항을 '건설기술관리법'이나 '자원의절약과재활용촉진에관한법률' 등 기존 법령의 규제를 일부 강화하거나 새로운 규제 조항을 신설하여 대응하는 것이 가능하다고 판단된다. 만약, 일본의 '건설리사이클법'과 같이 독립적인 법령을 제정하고자 할 경우에는 현재 추진되고 있는 재생골재 위주의 규제에서 벗어나 건설폐기물의 재활용에 관한 통합 법령으로서 위치할 필요성이 있다. 현행 '폐기물관리법', '자원의절약과재활용촉진에관한법률', '건설기술관리법', '건설폐재배출사업자의재활용지침' 등에서 규정하고 있는 사항을 통합하여 일원화하고, 이를 신규 입법안에 반영하는 것이 필요하다. 또한 재생골재뿐만이 아니라 폐아스콘·폐목재·건설오니 등 다양한 건설폐기물의 재활용과 연관된 법령 체계를 구축하는 것이 필요하다.

또한, 신규 법안에는 해체 공사 또는 건설폐기물의 감량화에 대한 규제가 포함될 필요성이 있고, 건설폐기물의 관리를 위한 규제는 기존의 '폐기물관리법' 체제를 유지하도록 하고, 건설폐기물의 재활용 분야를 중심으로 구성하는 것이 바람직하다.

둘째, 특정 공사의 발주자를 대상으로 재생골재사용을 의무화하는 것이 바람직하다.

모든 발주자를 대상으로 재생골재의 사용을 의무화하는 것은 재생골재의 생산량이나 건설공사 종류별 특성을 고려할 때 비효율적이며, 따라서 특정한 발주자를 대상으로 재생골재의 사용을 의무화하는 것이 필요하다.

셋째, 콘크리트 제조용으로 사용을 위한 적합한 기준과 철저한 관리가 필요하다.

도로 노반재나 보조 기층재 또는 테트라포트 등 콘크리트 2차 제품류를 지정하여 재생골재의 사용을 의무화하는 것은 바람직하고, 또한 KS규격에서 정하고 있는 '콘크리트용 골재'로서 갖추어야 할 적합한 품질(예: 흡수율 3% 이하 등)을 만족하는 경우에는 레미콘용으로 사용하는 것이 가능하도록 하는 제도가 필요하다. 그러나 품질 기준을 정하

여 규제한다고 하더라도 원가 절감을 위하여 무분별한 사용이 이루어질 가능성이 높으며, 이 경우 부적격한 재생골재가 사용되면서 부실 공사에 대한 우려가 증가하게 되므로 이에 대한 철저한 관리가 필요하다.

넷째, 재생골재의 사용을 일률적으로 규제하기보다는 우선 사용을 규정하는 것이 바람직하다.

기존 법령 체계 내에서 건설폐기물의 재활용을 촉진하기 위해서는 건설공사의 발주자와 건설업자에 대하여 직접적인 규제가 용이하다고 볼 수 있는 '건설기술관리법'이나 '자원의절약과재활용촉진에관한법률'을 개정하여 재생자재의 사용 의무화와 관련된 규정을 강화하거나 새로운 규제를 신설하는 것이 바람직하다. 다만, 모든 공공 공사를 대상으로 재생골재의 사용을 일률적으로 규제하기보다는 기술적인 검토를 통하여 재생골재를 우선 사용하도록 규제하는 것이 바람직하다.

IV. 結論

환경권이 헌법상 사회적 기본권으로 규정되고 있는 경우에도 법원을 통해 현실적으로 구제받을 수 있기 위해서는 구체적 권리성－이른바 裁判規範性－이 인정되지 않으면 안 된다. 抽象的 權利說에 의하면, 환경권은 추상적 권리에 불과하므로 구체적인 입법이 없는 한 법원에 소구할 수 있는 권리가 아니어서 그 권리성이 약하다고 하겠다. 그러나 具體的 權利說은 환경권에 대해서도 재판규범성을 인정하고, 적어도 입법부작위위헌확인소송－학자에 따라서는 부작위위법확인소송과 작위의무이행소송도 포함－을 수용하고 있다. 환경권의 충분한 보장을 위해서는 이와 같은 방향으로 발전하여 裁判規範性을 널리 인정해야 할 것이며, 법원은 환경소송에 있어서 司法積極主義를 지향하는 적극적인 자세전환이 요망된다. 이러한 헌법적 이론을 기초로 하여 건설폐기물은 단순한 폐기물이라기보다 잠재적인 자원이다. 다른 폐기물에 비해 재활용 가능성이 높고, 사회적·기술적 파급효과도 크다. 현재의 매립지 부족문제와 골재채취로 인해 발생되는 경관문제를 해결하기 위해서 건설폐기물의 적절한 관리와 재활용은 범국민, 범정부적인 차원에서 적극적으로 대응해야 한다. 또한, 우리나라에서 건설폐기물에 대한 관리와 재활용이 활성화될 경우 건설업의 새로운 환경산업이 창출될 수 있으리라 판단된다. 폐기물을 단순히 폐기물이 아닌 자원으로 인식하기 위해서는 이에 대한 관리와 재활용의 전문화의 중요성역시 주목해야 한다. 폐기물 관리위주의 법률로부터 세분화되고 전문화된 재활용위주의 법률제도로 변화는 일본의 사례에서 보듯이 세계적인 추세로 판단된다.

　이제는 건설폐기물을 어떻게 적정하게 처리하고 관리하는가의 문제보다는 자원으로서의 건설폐기물을 어떤 방법으로 재활용할 것인가를 고민해야 할 것 같다.

제8장 국민의 기본적 의무

제1절 의의

1. 의의

(1) 개념

① 통치권의 대상으로서의 국민의 지위에서 부담하는 의무
② 특히 헌법에 규정된 의무

(2) 연혁

① 의무규정의 입법화: 1791년 프랑스헌법
② 납세, 국방의무: 18~19세기에 확립
③ 교육, 근로, 환경의무: 20세기에 확립

2. 법적 성격

(1) 인간의 의무인지 국민의 의무인지 여부

① 인간의 의무설

ⓐ 고전적 의무: 국민의 의무

ⓑ 현대적 의무: 인간의 의무

② 국민의 의무설: 헌법과 법률에서 의무로 규정된 것만이 국민의 의무

(2) 전국가적 의무인지 실정법상의 의무인지 여부

① 전국가적 의무

ⓐ 무제한의 의무를 의미

ⓑ 법치국가의 원리에 위반

② 실정법상 의무(다수설): 국가공동체를 형성, 유지하기 위한 국민의 실정법상 의무

3. 기본적 구조

(1) 헌법이론적 의무

① 헌법상 명문규정은 없지만 민주주의 원리상 당연히 인정되는 의무
② 조국에의 충성의무, 헌법준수의무, 헌법옹호의무, 민주적 기본질서 존중의무

(2) 헌법상 의무

① 근대적, 고전적 의무

ⓐ 국가의 유지를 목적으로 하는 의무

ⓑ 납세의무, 국방의무

ⓒ 특징: 국가권력의 남용억제, 국가권력의 발동제한(소극적, 방어적 성격)

② 현대적 새로운 의무

ⓐ 사회적 환경변화에 따라 새로이 관심의 대상이 되기 시작한 의무

ⓑ 교육의무, 근로의무, 환경보전의무, 재산권행사의 공공복리적합의무

ⓒ 특징: 권리와 의무가 혼합된 형태

※헌법상 4대 국민의무: 납세, 국방, 교육, 근로의무

제2절 납세의 의무

1. 의의

(1) 국가활동의 재정적 기초 = 조세
(2) 국가 또는 지방자치단체가 반대급부 없이 일방적, 직접적으로 부과하는 경제적 부
담을 지는 의무

2. 법적 성격

(1) 소극적, 방어적 성격

국민의 재산권보호를 위하여 국가권력을 제한

(2) 적극적, 구성적 성격

국가의 존립과 활동의 경제적 비용을 주권자인 국민이 부담

3. 주체

(1) 국민(자연인 + 법인)
(2) 외국인
① 국내에 재산이 있거나 과세대상이 되는 행위를 한 경우 인정
② 치외법권자, 조약에 특별한 규정이 있는 경우 제외

4. 내용

(1) 조세의 개념

반대급부 없이 국가가 부과하는 일체의 강제적, 일방적인 경제적 부담

(2) 과세의 원칙

① 조세공평주의 ＝ 헌법 제11조
② 조세법률주의 ＝ 헌법 제59조
ⓐ 과세요건법정주의
ⓑ 과세요건명확주의

제3절 국방의 의무

1. 의의

(1) 국가의 독립유지, 영토의 완전성 보장을 목적
(2) 외적의 침략행위에 대한 국토방위의 의무

2. 법적 성격

(1) 소극적 성격

국가의 자의적 징집으로부터 국민의 신체의 자유보장

(2) 적극적 성격

주권자인 국민이 국가의 보존, 방위 담당

(3) 일신전속적 성격

타인에 의한 대체적 이행 불가능

3. 주체

(1) 국방의 의무: 원칙적으로 자국민

대법원 1996. 8. 23. 95누18185 병역면제부결처분취소 등
구 병역법 제24조 제2항 규정의 취지는 일본국 등 국외에서 대한민국 국적으로 영주권을 얻은 자에 대하여는 당연히 병역을 면제한다는 뜻으로 해석할 것이고, 같은 법 시행령 제44조 및 같은 법 시행규칙 제53조에 의한 본적지 지방병무청장의 병역면제처분 규정은 구 병역법 제24조 제2항에 의하여 병역이 면제된 자에 대한 단순한 사후 정리절차를 규정한 것에 불과하다고 할 것이다(대법원 1974. 8. 20. 선고, 73누248 판결 참조).

(2) 방위의 의무: 병역법 제2조에 따라 남자인 국민

4. 내용

(1) 국방의 의무의 범위

① 협의설: 병역제공의무
② 광의설: 병역제공＋방공, 방첩, 전시근로동원 등 국방에 필요한 모든 의무(다수설)

(2) 국방의 의무의 법률주의

병역법, 향토예비군설치법, 민방위기본법, 전시근로동원법 등

(3) 병역의무의 이행으로 인한 불이익처우금지(제39조 제2항)

① 병역의무이행으로 인한 불이익금지
② 국민개병제의 확립과 군복무의식의 고취

제4절 교육을 받게 할 의무

1. 의의

친권자나 후견인이 보호하는 자녀에게 적어도 초등교육과 법률이 정하는 교육을 받게 할 의무

2. 법적 성격

윤리적 의무설과 법적 의무설(다수설) 대립

3. 주체

학령아동의 친권자 또는 후견인

제5절 근로의 의무

1. 의의

(1) 개념

국민이 노동(육체적 노동＋정신적 노동)을 통하여 국가의 부를 증식시키는 데 기여할 의무

(2) 입법례

프랑스 제4공화국 헌법에서 최초 등장

2. 법적 성격

(1) 법적 의무설

국가가 공공필요에 의해 근로할 것을 명하는 경우 이에 복종할 의무

(2) 윤리적 의무설(다수설)

① 근로능력 있는 자가 근로를 하지 않는 자에 대해 가해지는 윤리적, 도의적 비난
② 근로의 의무의 내용과 조건을 법률로 정한 때에만 법적 의무

3. 주체

(1) 국민(자연인)
(2) 법인, 외국인의 주체가 될 수 없다.

4. 내용

법률로써 내용과 조건을 민주주의의 원칙에 따라 규정

제6절 환경보전의 의무

1. 헌법규정

"국가와 국민은 환경보전을 위하여 노력하여야 한다(헌법 제35조 제1항 후단).”

2. 법적 성격

(1) 윤리적, 도덕적 의무설

"……노력하여야 한다.”는 헌법규정에 근거

(2) 법적 의무설(다수설)

환경권에 대응하는 불가결한 의무(권리대응적 의무)

3. 주체

(1) 인류의 의무: 국민, 외국인, 무국적자 포함
(2) 법인: 의무의 주체에는 포함되나 권리의 주체에서는 제외

4. 내용

(1) 환경을 오염시키지 않을 의무
(2) 공해방지시설을 할 의무
(3) 주택개발정책을 수립하여 쾌적한 주거환경을 조성할 의무

제7절 재산권행사의 공공복리적합의무

1. 헌법규정

"재산권의 행사는 공공복리에 적합하도록 하여야 한다(헌법 제23조 제2항)."

2. 법적 성격

(1) 윤리적 의무설(재산권제한설)

재산권행사의 내용을 이루는 단순한 윤리적 의무

(2) 법적 의무설(재산권행사의무설, 다수설)

① 재산권에의 사회적 제약성 내포를 근거
② 헌법적 의무이며 법률로 강제 가능

(3) 헌법원리설

재산권에 당연히 수반되는 재산권의 내재적 제약을 명문화한 것

3. 내용

(1) 토지를 적극적으로 이용, 개발할 의무
(2) 재산권을 남용하지 않을 의무

제4편 통치기구론

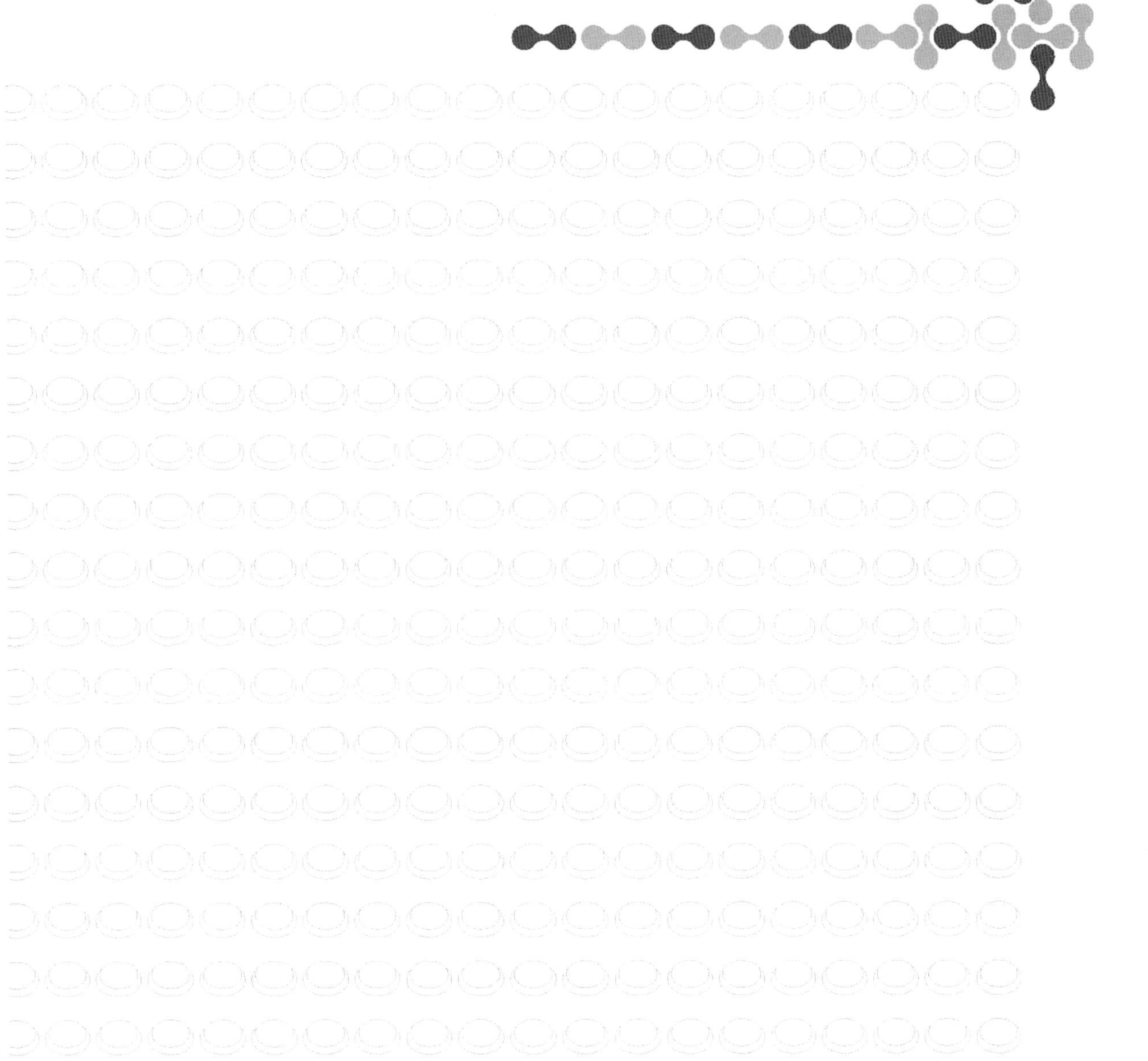

제1장 통치기구 일반론

제1절 대의제의 원리

Ⅰ. 대의제의 의의

　　대의제의 원리라 함은 근대입헌주의 통치구조에 있어서 그 중심을 이루는 것으로 주권자인 국민이 대표기관을 선출하고, 그 대표기관으로 하여금 국가의사를 결정하게 하게 하는 정치원리를 말한다. 물론 정치사회의 통치나 외교의 기본방침을 회의체에서 심의·결정하는 방식은 이미 고대사회에도 존재했었지만, 국민으로부터 선거된 대표자가 다수결에 따라 정책결정을 행하도록 하는 정치방식인 대의제는 근대의 입헌민주정과 불가분의 관계를 맺으면 성장해 왔다. 근대국가의 형성과 함께 18세기 이후 의회제는 급속하게 전파되고, 특히 19세기는 의회의 세기라고 불릴 정도로 꽃을 피웠다. 그러나 현대에 들어오면서 뒤에서 살펴보는 바와 같이 의회제는 많은 국가에서 심각한 실망과 회의의 대상이 되면서 그 기능의 검토와 제도의 근본적 수정이 문제되고 있다. 따라서 민주적 정치기구의 문제를 이해하기 위해서는 우선 이 대의제의 원리와 전제조건을 살펴볼 필요가 있다.

> 헌법재판소 1996. 3. 28. 96헌마9 결정
> 대의제민주주의에 바탕을 둔 우리 헌법의 통치구조에서 선거제도는 국민의 주권행사 내지 참정권행사의 과정으로서 국가권력의 창출과 국가 내에서 행사되는 모든 권력의 최후적 정당성을 국민의 정치적인 합의에 근거하게 하는 통치기구의 조직원리이다.

Ⅱ. 대의제의 본질

1. 기관구성권과 의사결정권의 분리

　　대의제는 치자인 국민의 대표기관과 피치자로서의 국민을 구별할 수 있음을 전제로 하여, 피치자에게는 국가기관을 구성하는 권한과 통제권을 유보하고, 치자에게는 국가의사나 정책을 결정할 수 있는 권한과 책임을 부여하는 통치기관의 구성원리이다.

2. 국가의사와 국민의사의 불일치

따라서 대의제에 있어서는 국민의 대표기관이 내린 결정을 국민의 의사로 간주하기 때문에 국가의사와 주권자인 국민의 의사가 현실적으로 일치되지 않는다. 이와 같은 국가의사와 국민의사의 불일치는 국민대표기관의 임기를 정해 놓고 차기선거에서 국민의 선거권행사를 통한 선택으로 어느 정도 간격이 좁혀질 수 있도록 허용하고 있다.

3. 자유위임관계

대의제에 있어서 치자와 피치자의 관계는 선거구민에 의하여 선출되었다고 하여 그들에게 구속되는 강제적 위임관계를 가지는 것이 아니라, 일단 선출되고 나면 국민 전체의 대표자로서 독립성과 자율성을 가진다. 헌법 제46조 제2항이 국회의원은 국가이익을 우선하여 양심에 따라 직무를 행한다고 규정한 것도 치자와 피치자 사이의 자유위임관계를 전제로 하여 대의기관이 내린 결정을 국민의 구체적·경험적 의사로 간주하는 자유위임의 관계에 있음을 보장하는 것이다.

Ⅲ. 대의제에 있어서 대표관계의 법적 성질

대의제에 있어서 주권자인 국민과 대표기관 사이의 관계가 어떠한 성질의 것인가에 관해서는 여러 견해가 대립되고 있다.

1. 위임대표설

이 견해는 주권은 국민에게 있으나 국민이 그 권한의 행사를 대표기관인 국회에 위임한 결과 국민과 국회 사이에 위임대표관계가 형성된다고 본다. 따라서 국회는 국민의 위임대표기관이 되며, 이때 위임은 강제위임이 아니라 대표위임이라고 한다.

2. 법정대표설

이 견해는 민법상의 법정대리의 이론을 유추한 것으로, 본래 의사능력이 없는 국민의 대표기관인 국회가 표명하는 의사가 국법상 국민의 의사로 간주되므로 대표기관과 국민 사이에는 법정대표가 존재한다고 주장한다.

3. 헌법적 대표설

이 견해는 헌법 제1조 제2항에서 "모든 권력은 국민으로부터 나온다."는 규정을 근거로, 국회가 국민대표기관이라는 것은 단순한 정치적 슬로건이 아니라 헌법적 규범력을 갖는 것이고, 이는 국회가 국민으로부터 부여받은 민주적 정당성 또는 국민의 신임을 상실했을 때에는 국민의 청원권·위헌법률심판 등 권리행사 또는 선거를 통하여 그 의사결정을 박탈할 수도 있다는 것을 의미한다. 이러한 의미에서 국회는 국민의 헌법적 대표기관이라고 한다. 이러한 해석하에서만 국민의 자유위임관계에 있는 국회의원의 국가이익 우선의무도 이해될 수 있다고 한다.[305]

4. 정치적 대표설

이 견해는 국민대표의 개념이 법적 개념이 아닌 단순한 정치적·이데올로기적 개념에 불과하다고 주장한다. 즉 국민은 선거를 통해서 스스로 대표자를 선출함에 그치는 것이 아니라 여론이라는 형태로 자신들의 의사를 형성하고 이를 국회를 통해서 국정에 영향력을 행사한다. 이에 대하여 의원은 자신의 정치적 의사에 근거하여 전 국민을 위해 국회에서 발언·표결에 참가함으로써 국민의 의사나 여론에 응답한다. 이러한 의사소통의 과정이 헌법이 기대하는 '대표관계'라고 한다. 따라서 국민의 의사와 의원의 의사가 일치하지 않는다고 할지라도 그 법적 효력에는 아무런 영향이 없고 정치적 책임만을 진다고 한다. 이 견해가 우리나라의 다수설이다.

---

[305] 김철수, 전게서, 411면; 문홍주, 전게서, 435면; 안용교, 전게서, 671 - 672면.

5. 판례

　헌법재판소는 헌법 제7조 제1항, 제45조, 제46조 제2항의 규정들을 근거로 국민과 대표기관과의 관계를 자유위임의 원칙에 입각하고 있다고 봄으로써(憲法裁判所 1994. 4. 28. 92헌마153) 대의제의 법적 성격을 자유위임관계로 파악하였다.

헌법재판소 1994. 4. 28. 92헌마153 결정
전국구의원이 그를 공천한 정당을 탈당할 때 의원직을 상실하는 여부는 그 나라의 헌법과 법률이 국회의원을 이른바 자유위임(또는 무기속위임)하에 두었는가, 명령적 위임(또는 기속위임)하에 두었는가, 양 제도를 병존하게 하였는가에 달려 있는데, 자유위임하의 국회의원의 지위는 그 의원직을 얻은 방법, 즉 전국구로 얻었는가, 지역구로 얻었는가에 의하여 차이가 없으며, 전국구의원도 그를 공천한 정당을 탈당하였다고 하여도 별도의 법률규정이 있는 경우는 별론으로 하고 당연히 국회의원직을 상실하지는 않는다.

6. 소결

　대의제의 원리하에서 국민과 대의기관과의 관계는 일반적으로 첫째, 대의기관은 선거로 선발되는 한 모든 국민을 대표하는 자이고, 자신의 선거구의 선거인이나 자신이 속하는 정당이나 단체의 대표자는 아니라는 점, 둘째, 국회의원은 선거구민이 요구하는 개개의 구체적인 지시에 법적으로 구속되는 것은 아니라 자신의 양심에 근거해서 자유롭게 의견을 표명하고 표결을 할 권리를 가진다는 점으로 설명된다. 이것은 신분제의회인 등족회의의 구성원이 소속 집단의 지시에 구속되는 명령(강제)위임으로 인하여 독립적 회의체로서의 기능을 수행하지 못했다는 점에 착안하여 근대 시민혁명으로 성립된 국민대표의회의 구성원의 바람직한 모습을 수립하기 위하여 자유위임 내지 대표위임을 근대의 회제의 기본원리로 채택한 것이다. 따라서 대표관계의 성질은 이론상 헌법적 대표설이 타당하나 그 실효성을 확보할 수 있는 국민소환제도와 같은 것이 마련되어 있지 않은 현행 헌법 하에서는 정치적 대표설을 취할 수밖에 없다고 생각한다.

Ⅳ. 현대국가에 있어서 대의제의 원리

　대의제의 원리는 대의적 기능과 합의적 기능을 포함하는 것이다. 이를 극대화하기 위해서는 선거과정이 공정하여야 하고, 국민적 감시와 통제가 철저하여야 하며, 의사결정과정이 국민에게 공개되어야 하고, 토론과 다수결의 원리에 따르는 의회제도가 확립되어야 한다.

현대국가에서의 대의제의 원리는 직접민주제적 요소와의 조화를 추구하고 있으며, 대의제의 보완책으로 국민표결, 국민발안, 국민소환 등 직접민주제의 요소를 가미하는 것을 현대형 대의제라고 한다.

문제는 20세기 초두부터 현저히 보이는 것처럼 된 조직적 대중정당의 발달, 정당국가화의 진전으로 정당의 지원과 함께 당선된 의원이 국회에 있어서 발언·표결에 관해서 소속정당의 당의나 지도에 구속되는 것이 된 사실을 '자유위임' 원칙과의 관련에서 어떻게 보아야 하는가 하는 점이다. 즉 정당에 의한 의원의 구속이 자유위임원칙과 모순하는 것이라고 이해해야 하는가 아닌가 하는 문제이다. 이 문제에 관해서는 특히 독일에서 기본법상 현대적인 정당국가원리에 근거해서 정당조항["정당은 국민의 정치의사의 형성에 협력한다(제21조 제1항).")과 함께 "의원은 전 국민의 대표자여서 위탁 및 지시에 구속되는 것은 아니고 그 양심만에 따른다."고 하는 고전적 국민대표원리에 근거한 규정이 되어 있는 점에서 양자의 정리적 해석을 둘러싸고 논의가 끊이지 않는다. 학설 중에서는 위의 두 가지 규정은 역사적 성격을 달리하는 것이어서 원리적으로 결합되지 않는다고 하는 견해도 있지만 그러나 일반적으로는 정당의 일원으로서 행동하는 것과 의회의 의원이라는 점은 상호 모순·대립하는 것은 아니고 오히려 의원은 "국민의 정치적 의사의 형성에 협력한다." 정당의 일원이라는 점에 의해서 국민대표로서의 임무를 보다 잘 수행할 수 있는 것이라고 이해되고 있다. 일본헌법의 경우 독일기본법과 같은 정당조항이 존재하지 않는다는 점에서 - 후술의 비례대표선출의원의 제명 등을 둘러싼 문제를 제외하고 - 그 정도 심각한 논의의 대립은 보이지 않지만 헌법 제43조의 의원은 "전 국민을 대표한다."는 것을 의미한다. 정당국가적 현실하에서는 독일의 통설적 견해와 같이 통상의 경우 모순·대립하는 것은 아니라고 이해해야 할 것이다.

Ⅴ. 현행 헌법상 대의제의 원리

현행 헌법상 대의제의 원리는 정당국가이념과 직접민주제의 여러 요소를 가미시킨 현대국가에 있어서의 대의제의 원리를 채택하고 있다. 즉 정당조항을 마련함은 물론 국민에 의해 직선된 의원들로 구성된 대의기관이 독자적인 판단 하에 책임정치를 행하도록 하고, 이를 위하여 국회의원의 국가이익우선의무(제 46조 제2항)와 면책특권(제45조)을 부여하고 있다. 또한 대의제의 전제조건인 선거의 공정성을 담보하기 위하여 선거관리(제114조 내지 제116조)에 관한 규정을 두고 있다. 뿐만 아니라 대의제의 원리를 보완하기 위하여 중요정책에 대한 임의적 국민투표제(제72조)와 헌법개정안에 대한 필수적 국민투표제(제130조 제2항)를 채택하여 직접민주제와의 조화를 꾀하고 있다.

제2절 권력분립의 원리

Ⅰ. 권력분립의 원리의 의의

1. 의의

권력분립의 원리라 함은 국민의 자유와 권리를 보장하기 위하여 국가권력을 입법·행정·사법으로 나누고, 이들 기관들이 서로 견제와 균형을 이룬 상태를 유지함으로써 권력남용을 방지케 하는 통치조직의 원리를 말한다.

권력남용으로부터 국민의 자유를 보호하기 위해서 권력집중을 방지하는 제도적 장치는 고대 그리스·로마시대에 있어서도 존재했었다.

2. 특성

권력분립의 원리는 이념상 자유주의에 기초하여 권력의 집중과 남용을 억제하기 위하여 채택되었다. 이것은 한편으로 권력은 행사하는 인간은 권력남용의 유혹에서 벗어나기 어렵다는 회의적·비관적 인간관에 기초함과 동시에 다른 한편으로 억제와 균형의 기구를 통해서 권력의 부당한 남용을 방지할 수 있다는 점에 그 특성이 있다. 따라서 이는 국가활동의 능률을 증진시키기 위한 적극적인 원리가 아니라, 권력의 남용이나 자의적 행사를 방지하기 위한 소극적인 원리인 것이다.306)

---

306) 권력분립의 원리를 국가권력의 적극적인 창설원리로 보는 반대 견해도 있다. 허영, 전게서, 431면.

II. 권력분립의 원리의 이론적 근거

1. 로크의 권력분립론

로크의 시민정부이론은 공장제수공업이라는 자본주의적 생산방식과 인본주의를 바탕으로 하는 자연법사상의 영향을 받으면서 성립하였다. 즉 개개인은 인간으로 존재하기 위한 전제조건으로서 국가나 사회가 성립하기 이전의 자연상태에서 생명·자유·재산에 대한 소유와 권리를 가진다. 그리고 자연상태에서 가지는 제 권리를 보다 잘 보호하기 위해서 인간은 시민사회(civil society)를 형성하였고, 이를 제도적으로 뒷받침하기 위해서 정부(government)가 조직되었다. 개개인은 시민사회 속에서 자연상태에서 가지는 권력을 포기하고 자신의 권리보호를 정부에 위임함으로써 사회의 구성원으로서 시민이 된다. 따라서 시민의 주된 관심사는 정부가 정당하게 시민의 권리를 보호할 수 있도록 구성되고 기능하는지 여부에 있는 것이고, 군주와 의회를 대립시키는 권력분립론이나 압제에 대한 저항권은 결국 시민의 권리를 옹호하기 위한 수단으로 보았다.

로크는 이와 같은 개인의 자연상태에서 가지는 소유·권리를 옹호하기 위해 자연법사상을 기초로 국가권력을 기능적으로 법률을 제정하는 입법권(Legislative power), 법률을 집행하는 집행권(Executive power), 대외관계를 처리하는 연합권(Federative power)으로 나누었다. 이러한 3권 중 입법권은 정부가 존속하는 한 항상 어떤 경우에도 최고의 권력이고, 집행권과 연합권은 보조적이고 종속적인 권력에 지나지 않는다고 보았다. 즉 자연상태에 있어서 자연적 권리를 보장하기 위한 자연적 권력은 사회계약에 의해서 정부에 신탁되고 그 결과 개인의 자연적 권리는 공식적으로 정부에 의해서 보장된다. 이러한 기능은 입법기관이 구성됨으로써 가능하게 되고, 이때 입법부의 설치와 누구에게 입법권을 부여할 것인가 하는 통치형태의 결정권은 시민이 행사하는 것으로 보았다. 따라서 로크의 사회계약에 있어서 첫 번째 과제가 되는 것이 입법권의 설정에 있었고, 이러한 입법부의 성립은 실제 사회에서 유일한 최고의 권력은 아니지만 일단 성립하면 신성하고 '불변의 권력'을 가진 구성체로 파악하였다.307)

---

307) John Locke, Two Treatises of Govenment, 1690.

2. 몽테스키외의 권력분립론

존 로크의 사상은 프랑스의 18세기 계몽사상에 큰 영향을 주었고 그중에서도 몽테스키외의 권력분립론을 통해 루소의 사회계약론에 많은 영향을 주었다. 영국에서 로크가 휠머(Filmer)의 왕권예찬론을 비판하였던 것처럼, 프랑스에서 몽테스키외는 보쉐의 왕권신수설을 비판하면서 프랑스혁명에 큰 영향을 주었다. 그러나 그가 왕권신수설을 비판했다고는 해도 그의 신분이 귀족이었기 때문에 귀족주의적 사상이 그 이론의 기초를 이루었다는 점을 간과할 수 없다.

몽테스키외의 사상은 그의 유명한 저서인 『법의 정신』에 잘 나타나 있는데, 여기서 그의 주된 관심사는 다양한 국가활동의 영역을 균형 있게 나눔으로써 정치적 자유를 확보할 수 있는가에 있었다. 이에 관하여 그는 '영국의 헌법에 관해서'라는 부분에서 '권력을 가진 모든 자는 그 권력을 남용하려 한다. 그는 자신에게 부여된 권한의 한계에 이르기까지 이를 행사하려 한다. 이러한 권력을 남용하지 않게 하기 위하여 권력이 권력을 차단하는 장치가 필요하다.'고 역설하면서 정치적 자유가 보장되기 위해서는 영국에서 실현되고 있는 것과 같은 권력분립이 이루어질 때 이 문제가 해결될 수 있다고 보았다. 이때 그 권력은 입법권, 만민법에 관한 사항의 집행권, 시민법에 관한 사항의 집행권으로 구성된다고 보았다.

먼저 입법권은 일반적·추상적인 규범을 제정하고, 그것을 개정·폐지하는 작용을 말한다. 이때 입법작용을 수행하는 조직구성은 국민에게 귀속시키는 것이 당연하지만 프랑스와 같은 대국가에서는 불가능하기 때문에 대표제를 취할 수밖에 없다고 보고, 그 구성원리로서 대표제와 양원제를 주장하였다. 즉 입법조직은 국민에게 귀속시키는 것(직접민주정적 구조)이 당연하지만 대국가에서는 불가능하기 때문에 대표제를 취할 수밖에 없다고 보았다. 또 입법기관 내부도 귀족원과 서민원의 양 원으로 구성하고, 각 원의 독립성과 동등한 권한을 부여함으로써 군주와 서민 외에 귀족의 3자의 세력균형을 유지하려고 했다. 만민법에 관한 사항의 집행권은 강화 또는 전쟁을 수행하고, 대사를 파견 또는 접수하며, 치안을 유지하여 침입에 대비하는 권력을 의미한다고 보았기 때문에 로크의 연합권과 유사한 것이라고 할 수 있다. 이 권력은 즉각적인 행동을 필요로 하는 것이기 때문에 다수보다는 1인이 관리하는 것이 적당하다고 보아 군주에게 귀속되는 것이라고 보았다. 시민법에 관한 사항의 집행권은 범죄를 벌하고, 개인 간의 법률관계에서 발생하는 분쟁을 재판하는 권력으로서 민사 및 형사에 관한 사법권 및 재판권이라고 한다. 로크의 집행권에 대응되는 것이다. 더욱이 그 사법작용을 행하는 법원은 법률이 정하는 방법에 따라서 조직되고, 일시적으로 국민들 중에서 선임되고 필요한 기간 동안만 법원을 구성하는 사람들에 의해서 행사되어야 한다고 보았다. 특히 형사재판은 개인의 자유에 중대한 영향을 끼칠 수 있는 것이므로 상설적·직업적인 법원이 아니라 영국의 배심제에 따름으로써 자유를 보장하려고 했던 것이다.

이와 같이 몽테스키외는 입법권의 우위를 인정하지 않고, 三權을 엄격하게 분리하였고, 그 3권은 각각 다른 기관에 맡겨져야 할 뿐만 아니라 동일한 사람이 다른 권력기관을 겸하는 것도 금지했다. 또 몽테스키외는 각각의 영역 내에서 권력남용을 방지하기 위한 방법으로서 상호 억제와 균형을 이룰 것을 주장했다.

3. 뢰벤슈타인의 동태적 삼분론

뢰벤스타인은 고전적 권력분립이 정치권력의 분할적·상호견제적 행사의 필요성에 대한 고전적 표현형식 이외에는 아무런 의미도 없다는 점을 밝히면서 현대의 다원적 대중사회의 환경에 알맞은 권력동태의 분석방법으로서 정치적·형성적 결정 또는 정책결정, 정책집행과 정치적 통제라는 새로운 3분법을 주장하였다.

1) 정책결정권

이는 현재는 물론 경우에 따라서는 미래에 있어서 공동사회구성에 대해서 방향지시적이고 기초적이 될 공동체적 결단(대내·외 문제를 포괄)을 말한다. 즉 입헌군주제를 택하느냐 또는 공화제를 택하느냐의 문제, 의회제 또는 대통령제 중 어느 것을 택하느냐의 문제와 같이 국민이 자기들의 정치체계와 그 정치체계 내에서 자기들이 살고 싶어 하는 특별한 통치유형의 선택이 그것이다. 그리고 자유무역과 보호무역 간의 선택, 국가와 교회의 분리 또는 종파별 학교와 같은 종교제도에 대한 국가의 태도, 인도주의적인가 또는 현실주의적인가 또는 이 양자 간에 균형을 취할 것인가의 문제와 같이 교육제도에 부여할 방향지시 등의 문제들도 여기에 포함된다.

2) 정책집행권

이는 국가활동의 전영역과 관련을 가지는 것으로 정치적 결정을 현실 속으로 전환하는 것을 말한다. 입법권의 행사결과인 법률은 거기에 선행하는 정치적·형성적 결정을 공동사회생활에 적용하기 위한 도구로서 또는 단순히 사회관계의 통상적인 과정을 규율하는 성격을 가지는 것이다. 그리고 일상생활에서 가장 많이 나타나는 정책결정의 집행분야인 행정도 정책결정과 실정법규정을 공동생활의 제 요소에 적용함을 의미한다. 뿐만 아니라 사법기능도 그 기술은 다르지만 행정이 행하는 것과 아주 유사한 방법으로 법률을 집행하기 때문에 권력과정에서 독립적인 기능을 수행하는 것은 아니다. 따라서 정책결정의 집행이라는 기능도 정책결정과 같이 여러 권력보유자들 사이에 분할되는 것이다.

3) 정책통제권

뢰벤스타인의 3분법의 가장 핵심적인 부분을 이루는 것이 바로 이 권한이다. 정치권력의 통제는 다양한 국가기능을 완전히 자율적이고, 자기 책임하에 정치권력을 행사하지만 종국적으로는 더 효과적인 국가의사를 도출시키기 위해서 협조하지 않을 수 없는 상이한 권력보유자 또는 국가기관에 귀속시키는 것이 가장 효과적이다. 이때 이 통제기능이 어떻게 행사되는가는 통치유형에 따라 차이가 날 수밖에 없지만 현대국가에 있어서는 모든 권력보유자, 즉 정부·의회와 선거민이 된다.308)

4. 케기(Kägi)의 포괄적 권력분립론

케기는 국가기능을 중시하고 다원주의적 입장에서 권력의 분립과 결합을 주장하였다. 이 권력의 분립과 결합은 결국 자유의 질서를 바로잡는 데 그 원리를 두고 있다. 그의 권력분립론의 요점을 간추리면 헌법의 제정권 및 개정권과 일반 입법권의 이원화, 입법부의 양원제, 집행부 내부의 권력분립, 국가기능담당자의 임기제한, 복수정당제와 여야의 대립, 자연인의 권력과 국가권력의 분화, 연방제와 지방자치제의 수직적 권력분립국가와 의회의 이원화, 민사권과 군사권의 분리 등을 제시하고 있다.

III. 권력분립의 원리의 현대적 의의

권력분립의 원리의 사상적 기초인 자유주의사상이 퇴조하면서 권력분립의 원리는 처음의 기대와는 달리 점점 형해화되었다. 뿐만 아니라 오히려 인권보장에 역행하는 이데올

---

308) K. Loewenstein, Verfassungslehre, S. 39ff.

로기로서 의도적으로 이용되는 경우까지 등장하였다. 권력분립의 원리는 현대국가가 당면한 곤란한 상황 속에서 재검토를 강요당하고, 그것을 현실로 어떻게 구체적으로 기능시켜 갈 것인가가 오늘날에는 가장 중요한 관심사라고 할 수 있다.

(1) 국민주권주의에 대한 도전

권력분립주의는 적극적 입장에서 권력의 통일성을 요청하는 국민주권주의와 상용될 수 없다

(2) 비상사태의 항상화

(3) 위헌법률심사제로 인한 사법국가화

(4) 복지국가 실현 등 국가적 과제 기능 확대

근대 입헌주의하에서 행정은 의회가 제정한 법률을 단순히 집행하는 것이라고 보았으나, 사회권의 보장이나 경제정책의 달성을 위하여 국가가 국민의 사회경제생활에 깊이 개입하게 되었다. 그 결과 행정권의 역할이 커지면서 적극적으로 사회ㆍ경제적 계획을 입안하기 위하여 국가적 과제와 기능의 확대로 인한 행정입법의 증대와 처분적 법률의 출현은 권력분립의 원리를 상대적인 것으로 만들고 있다.

(5) 정당국가의 발달

선거권자의 확대와 정당제도가 발달하면서 국회에서 국회의원들의 행동이 정당단위로 행해지고, 그 이해관계의 대립이 그대로 국회 내에 반영되는 결과 국회에서 의사형성이 곤란을 받게 되는 경우가 있다. 정치적 결사인 정당을 매개로 하여 권력의 통합현상이 나타났다. 의원내각제를 채택한 국가에서는 국회 내의 다수파와 행정부가 동일정당에 의해서 차지되는 것이 보통이므로 국회와 행정부 간의 억제와 균형이라는 기능은 기대할 수 없다. 대통령제를 채택한 국가에서도 정당을 매개로 국회에 행정부가 마련한 법률안의 제출될 수 있다.

정당국가의 경향은 정치기관으로서 정당을 매개로 하여 권력의 통합현상을 추구하고 있다.

Ⅳ. 우리나라 헌법상 권력분립의 원리

1. 권력분립의 원리의 변천과정

우리나라에서 권력분리의 원리는 제헌헌법 당시 미국의 대통령제를 기본으로 하면서 의원내각제 요소를 가미하였다. 제2공화국헌법에서는 내각책임제로서의 균형형을 취하였으며, 제3공화국헌법에서는 비교적 전형적인 미국식 대통령제로서 행정부에 우월한 지위를 부여하는 3권분립제를 채택하였다. 제4공화국헌법에서는 대통령이 3권에 우월한 영도적 대통령제로서 권력집중형태를 취하였으며, 제5공화국 헌법에서는 유신헌법에 비해 대통령에의 권력집중이 완화되었으나 여전히 행정부의 절대적 우월성을 바탕으로 하는 권력분립제를 취하였다.

2. 현행 헌법상 권력분립의 원리

현행헌법상 권력분립은 권력 상호 간의 견제와 균형을 전제로 하는 고전적 권력분립과 권력 상호 간의 기능적 권력통제를 도모하는 현대적 권력분립의 원리를 채택하고 있다. 그 구체적인 내용은 각 장별로 살펴보기로 하고 그 대강만을 개관해 보면 다음과 같다.

1) 국회의 정부와 법원에 대한 견제권

(1) 정부에 대한 견제권

국회는 국정감사 및 국정조사권, 국무총리 및 국무위원의 해임건의권, 긴급명령, 긴급재정경제처분의 승인권 및 계엄해제요구권, 헌법 제60조에 명시된 조약의 체결·비준에 대한 동의권, 예산안의 심의확정권, 국회의장의 법률안공포권, 행정각부의 설치에 관한 법률제정권을 행사함으로써 정부를 견제한다.

(2) 법원에 대한 견제권

국회는 국정감사 및 국정조사권, 예산심의ㆍ확정권, 탄핵소추권, 대법원장 및 대법관임명에 대한 동의권, 국회의원의 면책특권 및 불체포특권, 법원의 설치조직에 관한 법률제정권을 통해 법원을 견제한다.

2) 정부의 국회와 법원에 대한 견제권

(1) 국회에 대한 견제권

정부는 법률안제출권, 위헌정당해산제소권, 대통령의 법률안공포권, 법률안거부권, 예산안편성ㆍ제출권, 대통령의 긴급재정경제처분 및 명령권, 정부의 행정입법권을 통해 국회를 견제할 수 있다.

(2) 법원에 대한 견제권

대통령이 대법원장ㆍ대법관에 대한 임명권을 행사하며, 사면ㆍ감형ㆍ복권에 관한 권한, 예산안편성ㆍ제출권을 통해 법원을 견제한다.

3) 법원의 국회와 정부에 대한 견제권

(1) 국회에 대한 견제권

법원은 재판의 전제가 된 법률이 헌법에 위반되는지 여부에 관해 헌법재판소에 위헌법률심사제청권을 가지며, 국회규칙심사권과 대법원규칙제정권을 가짐으로써 국회에 대한 견제권을 행사한다.

(2) 정부에 대한 견제권

국회는 행정입법권의 행사에 대한 심사권 및 행정재판권을 통해 정부에 대한 견제권을 행사한다.

제3절 정부형태(권력분립이 실현된 상태)

Ⅰ. 정부형태의 의의와 분류

1. 정부형태의 의의

정부형태라 함은 넓은 의미에서는 권력분립의 원리가 국가권력의 구조에 있어서 어떻게 적용되고 있는지 여부, 즉 입법·사법·행정의 국가통치기구의 조직과 권력배분, 권력행사 등의 구조를 말한다. 이에 대해 좁은 의미에서는 행정부의 조직과 작용의 형태만을 말한다. 일반적으로는 넓은 의미에서의 정부형태를 가리킨다.

2. 정부형태의 분류

1) 전통적 분류
(1) 의원내각제(내각책임제): 의존성의 원칙(협력과 공화관계), 의회의 내각불신임권·내각의 의회해산권(법적으로 대등한 지위)
(2) 대통령제: 엄격한 권력분립(독립성의 원칙)
(3) 의회정부제(회의제): 집행부에 대한 의회의 절대적 우위를 유지하며, 의회는 언제나 집행부 불신임가능이 가능하며, 집행부는 의회 해산을 못한다.

2) 현대적 분류

(1) 뢰벤슈타인의 분류

뢰벤스타인은 그의 저서인 현대헌법론에서 크게 전제주의적 정부형태와 입헌주의적 정부형태로 나누어 설명하고 있다.

① 전제주의적 정부형태는 소극적으로는 각각 독립적인 여러 권력보유자에 권력을 분배하지 않고, 적극적으로 어떤 헌법적 제한에도 따르지 않는 유일한 권력보유자에게 전체권력이 집중되어 있는 것을 특징으로 하는 정부형태를 말한다. 이러한 대개념의 하위에는 다시 유일한 권력보유자, 즉 한 개인 또는 독재자, 의회, 위원회 또는 정당이 정치권력을 독점하고 권력복종자에 대해서 어떠한 실효성 있는 국가의사형성에의 참여권을

부여하지 않는 정치체제인 권위주의체제와 국가통태의 전체 정치적 · 사회적 · 도덕적 질서와 관련성을 가지는 것으로 단순한 통치장치만을 의미하는 것이 아니라 생활형태를 의미하는 전체주의체제로 분류된다.

② 입헌주의적 정부형태는 일률적으로 정의하기는 곤란하나 일반적으로 다수의 독립적인 권력보유자가 존재하면서 이들 다수의 권력분립자들 간에 헌법이 정치권력의 행사를 분배하고, 또 이들은 헌법상의 규정된 특정절차에 따라서 국가의사형성에 협조하게 하는 정치체제이다. 이에는 선거민으로 조직된 국민이 우월적인 권력보유자가 되는 "직접민주제", 의회가 국민의 대표로서 우월적인 권력보유자가 되는 "회의제", 정부의 의회로의 통합을 통하여 의회와 정부라는 두 독립적인 권력보유자 간의 균형을 도모하려고 노력하는 "의회주의", 독립적인 권력보유자인 정부와 의회가 분립되어 있지만, 헌법상 국가의사구성에 있어서 협조할 의무를 가지고 있는 대통령제, 헌법학자들에 의해 하나의 독특한 유형으로 분류되는 것으로 통치의 회의제적 구조를 띠는 "스위스정부제"로 나누고 있다.[309]

(2) 뒤베르제

정치체제를 자유민주주의체제와 권위주의체제로 구분한다.[310]

(3) Crick

역사적 단계로 전제주의적, 공화주의적, 전체주의적 정부형태

II. 정부형태의 기본적 유형

1. 의원내각제

1) 의의와 유형

(1) 의의

의원내각제라 함은 정부가 의회에 의해 구성되고 의회에 책임을 지는 내각을 중심으로

---

309) Loewenstein, a.a.O.,

310) 김병규 역, 정치제도와 헌법, 삼영사(1979), 20면 이하.

국정이 운영되어 정부와 의회가 공화·협력관계를 유지하면서 의회가 정부를 민주적으로 통제할 수 있으며(의존성의 원리) 행정부가 대통령(또는 군주)과 내각으로 구성되는 2원적 구조를 가지는 정부형태를 말한다. 이는 영국의 명예혁명을 전후로 의회의 국왕에 대한 투쟁의 과정에서 성립된 것으로 영국의 정치적 발전과정에 그 기원을 둔다.

(2) 유형

① 고전적 의원내각제: 제도적으로는 집행권이 대통령과 내각에 이분되어 있으나 대통령은 의례적인 권한만을 가지고 내각의 수반인 수상이 사실상 모든 행정권을 행사하는 의원내각제로 강한 의회와 약한 정부를 특징으로 하는 의회우위형 의원내각제를 말한다.

② 통제된 의원내각제: 의회우위의 고전적 의원내각제와는 달리 특히 의회의 내각에 대한 통제권이 제한됨으로써 내각의 의회에 대한 안정성이 확보되어 있는 의원내각제를 말한다. 의회의 내각에 대한 통제권의 중심요소는 내각불신임권인데 이를 행사함에 있어 그 기간·방법이 제한되어 있는 것으로 독일의 건설적 불신임제를 채택한 독일의 의원내각제가 대표적인 예이다. 건설적 불신임제는 정국의 불안정을 방지하기 위하여 차기 수상을 선임하지 않고는 현 수상을 불신임할 수 없도록 하는 것이다.

③ 내각책임제: 의원내각제의 모국인 영국에서 산업사회화에 따른 입법수요의 증가 및 전문입법의 필요성에 따라 입법분야에서의 내각의 주도권과 발언권이 강화되고, 국가기능의 확대로 인한 행정권의 강화와 정당제의 발달로 통치권력의 중심이 의회로부터 다수당의 간부회의의 성격을 가지는 내각으로 옮겨 감으로써 모든 중요한 정책결정은 실질적으로 내각에서 행해지는 의원내각제를 말한다.

2) 기본원리

(1) 정부의 이원적 구조

의원내각제하의 정부는 명목적·의례적·상징적 지위를 가지는 국가원수로서 대통령(또는 군주)과 실질적인 행정권의 담당자인 수상 또는 총리를 중심으로 하는 내각으로 구성되는 이원적 구조를 가진다. 의례적이며 상징적인 국가원수는 의회와 정부의 통합을 지속시키고 갈등을 건설적인 방향으로 유도하는 기능을 수행하기 때문에 의원내각제의 불가결한 요소인 것이다.

(2) 내각불신임권과 의회해산권에 의한 권력적 균형

의원내각제에 있어서 입법부와 행정부는 각각 내각불신임권과 의회해산권을 통해 평등과 균형을 이룬다. 즉 양 기관은 이들 권한을 통해서 국가의 기본정책의 수립 및 집행에 공동으로 참여할 뿐만 아니라 상호 간의 정치적 통제에 있어서도 균등한 지위를 가진다. 이 점에서 주로 조직과 기능의 분리라는 독립성의 원리를 전제로 하는 대통령제와 차이가 있다.

(3) 의회와 정부 간의 공화·협조관계

의원내각제 정부형태는 제도상으로는 입법부와 집행부인 내각이 분리·독립되어 있으나 내각의 성립과 존속이 의회에 의존한다는 점에서 밀접한 공화·협조관계에 서 있다. 따라서 국회의원이 정부각료를 겸직할 수 있음은 물론 정부각료가 의회에 대해 출석·발언권을 가지고, 정부가 법률안제출권을 가질 뿐만 아니라 정부각료의 구성체인 내각은 헌법상 필수기관임과 동시에 의결기관으로서의 지위가 부여되어 있다. 이와 같이 의원내각제는 내각이 의회에 대해 정치적 책임을 지며 의회의 신임을 내각존립의 전제조건으로 하기 때문에 입법부와 정부의 강력한 독립성을 요구하는 대통령제와 구별된다.

3) 장단점

(1) 장점

① 내각이 국민의 대표기관인 의회의 의사에 따라 성립과 존속이 결정되어 의회에 책임을 지기 때문에 민주적 요청과 책임정치를 구현할 수 있다.

② 내각불신임권과 의회해산권을 통해 의회와 내각의 정치적 대립을 신속하게 해결할 수 있고, 이때 국가원수인 대통령이나 군주가 중립자적인 지위에서 중재역할을 수행한다.

③ 유능한 정치적 인재를 등용할 수 있다.

(2) 단점

① 군소정당이 난립하는 경우 정국의 불안정이 초래된다.

② 내각의 존속이 의회에 달려 있으므로 소신 있는 정책의 수립과 집행이 불가능하고, 내각이 의회다수당과 결합하게 되면 독점정치의 우려가 있다.

③ 의회가 정권획득을 위한 정쟁의 장소가 될 수 있다.

2. 대통령제

1) 의의와 유형

(1) 의의

대통령제라 함은 엄격한 권력분립에 입각하여 행정부의 수장인 대통령이 의회로부터 독립하여 임기동안 행정권을 행사할 수 있도록 허용하는 정부형태를 말한다. 대통령제는 미국이 독립과정에서 영국의 정치형태에 대한 불신과 자유수호를 위한 제한된 정부를 추구하기 위하여 몽테스키외의 권력분립의 원리를 현실정치에 엄격하게 적용하면서 탄생한 정부형태이다.

(2) 유형

① 고전적 대통령제: 대통령제의 발상지인 미국의 대통령제를 말하며, 엄격한 권력분립에 입각한 대통령제를 말한다. 이때 대통령 개인의 정치적 역량이나 의회의 대정부통제권의 정도에 따라 해밀턴형, 매디슨형, 제퍼슨형으로 운영된다.[311]

② 의원내각제에 유사한 대통령제: 대통령제에 의원내각제적 요소를 가미한 대통령제를 말한다.

③ 후진국의 대통령제: 형식적으로는 미국식 대통령제의 외형을 갖추었으나 실질적으로는 집행부가 다른 국가기관에 우월한 권위주의적 대통령제를 말한다. 뢰벤스타인의 대통령제 분류방식 중 신대통령제나 바이메 · 벨로프 · 뒤베르제의 반대통령제가 여기에 속한다.

2) 기본원리

(1) 집행부의 일원적 구조

대통령제하의 정부는 국가원수로서 지위와 실질적인 행정권의 행사를 대통령 1인이

---

[311] 해밀턴형은 비상사태의 극복이나 급속한 경제개발이 필요한 경우로서 의회에 대한 집행부의 우월성을 특징으로 하고, 매디슨형은 평상시에 무능한 대통령이 재직하고 있는 경우로서 집행부에 대한 의회의 우월성을 특징으로 하며, 제퍼슨형은 다수지배의 원리와 책임정치의 원리가 구현되는 안정된 정치가 유지되는 유형으로 양 기관이 균형을 이루는 형태를 말한다(이홍재 외 8인 공역, 미국형 대통령제, 17 - 41면).

행사할 수 있도록 하는 일원적 구조를 가진다.

(2) 성립 · 존속 · 기능상의 독립

대통령은 국민으로부터 직접 선출되며, 정부도 국회의원이 아닌 자 중에서 대통령이 독자적으로 구성하며, 따라서 정부각료는 국회의원의 직을 가질 수 없고 국회출석발언권이 인정되지 않고, 의회도 정부각료에 대한 출석요구 및 질문을 할 수 없다. 그리고 국회의 정부에 대한 불신임권이나 정부의 국회에 대한 해산권이 인정되지 않기 때문에 상호 존속에 있어서 독립성이 보장된다.

(3) 견제와 균형

대통령제하에서는 집행부가 법률안제출권을 갖지 못하므로 대통령이 법률안거부권을 통하여 의회입법에 관여할 수 있도록 하고, 임시의회의 소집 및 특별한 경우에는 폐회시기를 결정할 수 있도록 함으로써 의회와의 사이에 권력적 균형을 유지한다.

이에 대하여 의회도 집행부에 대하여 조약에 대한 비준동의권, 고위직 공무원에 대한 임명동의권, 입법 및 예산편성권, 하원에 탄핵소추권과 상원에 탄핵결정권을 부여함으로써 권력적 균형을 유지한다.

3) 장단점

(1) 장점

① 대통령이 의회의 신임 여부와 관계없이 재직하므로 대통령의 임기 동안 집행부가 안정되고 정책의 일관된 집행이 보장된다.

② 대통령이 법률안거부권을 가지므로 의회다수파의 횡포로부터 소수자의 이익을 보호하고 졸속입법을 방지할 수 있다.

(2) 단점

① 대통령이 재임기간 동안 의회에 대해 책임을 지지 않으므로 독재화할 우려가 있다.

② 입법부와 행정부가 충돌할 경우 이를 조정할 수 있는 방법이 없기 때문에 정국이 불안정할 수 있다.

3. 이원정부제

1) 의의와 유형

(1) 의의

이원정부제라 함은 원칙적으로 평상시에는 내각수상이 행정권을 행사하며 국회에 대하여 책임을 지는 의원내각제 형식으로 운영되나 위기 시에는 대통령이 행정권을 전적으로 행사하는 정부형태를 말한다.

(2) 유형

① 바이마르헌법의 이원정부제: 바이마르헌법상 대통령은 국민에 의해 직선되었으며 국가긴급권, 국회해산권, 국회의결법률의 국민투표회부권, 수상임명권 등 강력한 권한을 부여받았고, 의회는 국민의 직접·보통·평등선거에 의해 선출되는 민선의원으로 구성되고 정부불신임권과 강력한 입법권을 행사할 수 있었다.

② 드골헌법의 이원정부제: 프랑스 제5공화국 헌법상 대통령은 국민에 의해 직선되고, 수상임명권, 비상대권, 국회해산권, 중요법률에 대한 국민투표회부권 등 강력한 권한을 부여받았다. 의회는 국민회의와 원로원의 양원제를 채택하고, 의회의 활동기간을 단축하면서 정부불신임권에 대한 제한을 가하였다.

2) 이원정부제의 특성

이원정부제의 특성은 대체로 다음과 같은 내용으로 요약할 수 있다.

(1) 대통령은 국민으로부터 직선되므로 의회로부터 독립되어 있다. 그리고 대통령은 수상을 지명할 수 있으나 의회의 동의가 있어야 임명한다. 의회의 내각불신임권에 대하여 대통령은 국회해산권을 가진다.

(2) 내각은 의회에 대하여 책임을 지며 불신임의결이 있으면 사임하며, 연대책임을 진다.

(3) 국가비상시 대통령은 부서 없이 행정권을 행사할 수 있다. 또한 수상을 해임할 수 있고 국무회의를 주재하기 때문에 대통령의 권한이 확대되고 수상의 권한이 약화된다.

3) 장단점

(1) 장점

평상시에 의원내각제로 운영되므로 입법부와 행정부의 마찰을 피할 수 있고, 위기 시에는 대통령의 강력한 통치로 신속하고 안정된 정국을 유지할 수 있다.

(2) 단점

대통령의 국가긴급권에 대한 내각과 의회의 견제수단이 약하여 독재화할 우려가 있고, 대통령이 위기를 이유로 국가긴급권을 빈번하게 발동하면 의회의 권한이 제한·축소되어 국민주권주의에 충실하지 못할 가능성이 있다.[312]

4. 회의제

회의제 또는 의회정부제라 함은 일반적으로 국민의 대표기관인 입법부가 모든 권력을 독점하고 집행부는 입법부에 종속되어 있는 정부형태라고 한다. 스위스의 집정부제나 중국·북한의 인민회의제 정부형태가 여기에 속한다.

회의제의 특징으로는 의회는 단원제로 구성하는 것이 원칙이며, 통상 국가원수는 존재하지 않지만 있다고 해도 의례적·명목적 존재일 뿐이다. 행정부는 의회에 의해 구성되고 의회에 대해 책임을 지는 결과 의회가 해산되면 행정부도 퇴진한다. 의회는 상설기관으로서 선거민에 대해서만 책임을 진다는 점이다.[313]

Ⅲ. 한국 헌법상의 정부형태

1. 정부형태의 변천과정

1) 제1공화국의 정부형태

제헌헌법상 정부형태는 대통령제를 원칙으로 하면서 의원내각제의 요소를 가미한 절충형 정부형태 내지 변형된 대통령제였다. 의원내각제적 요소로는 ① 대통령과 부통령을

---

312) 김철수, 전게서, 489면 참조.
313) 권영성, 전게서, 490면 참조.

국회에서 선출하고, ② 국무총리의 임명에 국회의 동의를 얻도록 하였으며, ③ 국무원을 중요한 국가정책을 심의·의결하는 기관으로 하였다. ④ 대통령의 국무수행에 국무총리와 관계국무위원의 부서를 요하게 하였고, ⑤ 국무총리와 국무위원이 국회의원을 겸직할 수 있도록 하였으며, ⑥ 정부는 국회에 법률안을 제출할 수 있었고, ⑦ 대통령·국무총리·국무위원은 국회에 출석·발언하거나 書翰으로 의견을 표시할 수 있었다. 그 후 제1차 개헌에서는 대통령직선제를 채택하고, 국무위원의 임명 시 국무총리가 제청하도록 하였고, 국무총리와 국무위원에 대한 연대책임 또는 개별책임을 지게 하여 의원내각제 요소를 강화하였으며 제2차 개헌에서는 반대로 국무총리제를 폐지하고, 국무위원에 대한 연대책임제를 개별적 불신임제로 바꿈으로써 의원내각제의 요소를 대폭 삭제하고 대통령제의 요소를 더욱 강화하였다.

2) 제2공화국의 정부형태

고전적 의원내각제를 채택하였다. 그 제도적 내용을 보면, 첫째로 집행부는 의례적이고 명목적 권한만을 가지는 대통령과 의결기관인 국무원에 실질적 행정권을 부여하는 이원적 구조를 취했다. 둘째로, 국무총리와 국무위원의 2분의 1 이상은 반드시 국회의원 중에서 임명하도록 하고, 정부는 법률안을 국회에 제출할 수 있으며, 국무총리·국무위원·정부위원은 국회에 출석·발언할 수 있도록 함으로써 행정부와 국회의 공화를 위한 제도적 장치를 두었다. 셋째로 집행부와 입법부가 권력균형을 유지할 수 있도록 국회해산권과 국무원에 대한 불신임권을 부여하여 견제와 균형의 수단을 인정하였다. 이때 민의원해산은 민의원으로부터 불신임을 받은 경우, 법정기일 안에 신년도 예산안이 민의원에서 통과되지 않은 경우, 민의원이 조약비준을 거부한 경우 등에만 행사할 수 있게 하였다.314) 국무원은 국무총리가 궐위되거나 민의원 총선거 후 처음으로 집회한 때에는 총사직하도록 하였다. 내각은 실제로 민의원에 대해서만 책임(연대책임)지는 일원적 의원내각제였다.

3) 제3공화국·제4공화국·제5공화국의 정부형태

대통령제를 기본적인 정부형태로 취하면서 의원내각제적 요소를 가미하였다. 대통령은 각각 직선제 → 통일주체국민회의에 의한 간선제 → 대통령선거인단에 의한 간선제의 선

---

314) 이것이 국무원의 의회해산권을 소극적으로 만듦으로써 결국 내각을 의회에 종속시키게 되었다는 비판도 있다(安溶敎, "우리나라의 정부형태", 고시계, 1990. 11., 37면).

출방법이 취해졌고, 헌법상 대통령의 권한도 입법부와 사법부에 비해 우월한 지위를 차지할 수 있도록 부여받았다. 다라서 각 공화국별로 대통령제의 평가도 대통령중심제의 절충형 정부형태 내지 변형된 대통령제[315] → 대통령에게 입법·행정·사법을 통괄할 수 있는 지위가 부여된 영도적·전제적·절대적 대통령제 → 제4공화국에 대한 반동형태로서 대통령의 권한이 약화되기는 하였으나 여전히 대통령이 다른 국가기관에 대해 우월적 지위를 차지하고 있는 권위주의적 정부형태로 변하였다.

의원내각제적인 요소로서는 대통령의 명을 받아 행정각부를 통할하고, 국무위원임명에 대한 제청권을 가지는 국무총리제를 채택하고, 국무회의의 위상을 의결기관에서 심의기관으로 격하시켰으며, 정부의 법률안제출권과 국무총리와 국무위원의 국회에의 출석·발언권을 부여하여 현재에 이르고 있다. 국회의 국무총리 또는 국무위원의 해임에 관해서는 국회의 해임에 대한 대통령에의 건의권→ 국회의 해임의결권과 국무총리해임시의 연대책임제→ 국회의 해임의결권을 부여하는 변화를 가졌다.

2. 현행 헌법상 정부형태

현행 헌법은 제5공화국 헌법과 비교하면 대통령의 지위를 상대적으로 약화시키고 반대로 국회의 지위를 향상시킴으로써 미국식 대통령제에 가까운 정부형태를 채택하고 있다.

1) 대통령제의 요소
(1) 대통령은 국가원수임과 동시에 행정부수반으로서의 지위와 권한을 가진다.
(2) 대통령은 국민의 보통·평등·직접·비밀선거에 의하여 직접 선출되는 직선제를 취하였다.
(3) 대통령의 임기는 5년으로 단임이며, 임기동안 탄핵소추를 제외하고는 국회에 대해 전혀 정치적 책임을 지지 아니하며 국회도 대통령에 대한 불신임결의를 할 수 없다.
(4) 대통령은 법률안거부권을 통하여 국회의 입법권남용을 견제할 수 있다.

2) 의회내각제의 요소
(1) 헌법상 필수기관으로서 국무회의를 설치하여 대통령의 국법상 행위의 거의 대부분을 심의토록 하고 있다.

---

315) 安溶敎, "우리나라의 정부형태론", 고시계, 1990. 11., 20면.

(2) 국무총리의 임명에 국회동의를 얻도록 하고 있다.

(3) 국무총리와 국무위원에 대해 국회가 해임건의권을 가지고 있다.

(4) 정부는 국회에 대해 법률안제출권을 행사할 수 있다.

(5) 국무총리·국무위원 또는 정부위원은 국회나 그 위원회에 출석하여 발언할 수 있고, 국회도 국회에 출석시켜 답변을 요구할 수 있다.

(6) 대통령의 국법상 행위에는 국무총리와 관계국무위원의 부서가 있어야 한다.

(7) 국회의원과 국무위원의 겸직이 가능하도록 하고 있다.

제2장 국가기관으로서의 국민

Ⅰ. 국가기관

1. 의의

국가기관이라 함은 일반적으로 국가의 목적달성을 위하여 국가권력을 행사하는 기관으로서 국가의사의 실현자를 의미한다. 국가는 하나의 법인격으로서 권리능력을 향유하나 국가 스스로 의사결정능력이나 행위능력을 갖지 못하기 때문에 이를 현실화하기 위하여 조직된 기관이 필요하다. 이러한 필요성에 응하기 위해서 헌법제정권자가 위임한 국가권력을 행사하기 위해서 조직된 것이 국가기관이고 따라서 국가기관은 언제나 주권자의 의사를 존중하고 현실화하도록 노력해야만 한다.

2. 국가기관의 종류

1) 원시기관과 대표기관

원시기관이란 자기를 위하여 직접 행동하는 기관(Jellinek의 1차 기관, 국민, 군주)을 말하며, 대표기관이란 원시기관의 의사를 표현하기 위하여 기관을 의미한다(Jellinek의 2

차 기관, 국회, 대통령).

2) 직접기관과 간접기관

이는 헌법에 의해서 직접 구성되는가 간접 구성되는가에 따른 구분으로 직접기관은 국가통치의 기본을 이루는 것으로 국민에 의하여 선출되거나 헌법에 의해 구성된 기관(국회, 대통령, 능동적 지위에서의 국민)을 말하며, 간접기관은 직접기관에 의하여 개별적으로 설치되는 기관(행정관청, 공무원 등)을 말한다.

3) 최고기관과 종속기관

이는 국가의 최고의사를 결정할 수 있는 권한을 가지고 있는지 여부를 기준으로 하는 분류이다. 직접기관 중 헌법변경, 선전포고, 국가의 최고정책을 결정할 권한을 가진 기관(절대군주국에서의 군주, 입헌공화국에서의 대통령이나 국회·대법원)이 최고기관이며, 행정각부와 같이 정책집행기능을 수행함에 불과한 기관이 종속기관이다.

4) 단독기관과 합의기관

이는 기관구성원의 수에 따른 분류이며 기관구성원의 수가 1인인 대통령과 같은 국가기관이 단독기관이며, 국회와 같이 다수의 기관구성원을 가진 국가기관을 합의기관이라고 한다.

II. 국가기관으로서의 국민

1. 의의

국가기관으로서의 국민이라 함은 통치권의 행사자로서 헌법상 국가기관인 대통령·국회의원 등을 창설하는 실체를 가진 유권자 전체를 의미한다.

주권자로서의 국민이 대한민국의 국적을 가진 전체국민으로서 이념적 통일체를 의미하는 반면, 국가기관으로서의 국민은 선거권자 또는 투표권자 전체로 구성되는 실체를 가진 유권자 전체를 의미하며 합성기관으로서의 성격을 가진다.

2. 국가기관으로서의 국민의 자격

국가기관으로서의 국민의 자격은 법률의 규정에 의하여 부여되는바, 투표인단과 선거인단의 구성원이 될 수 있는 자격요건은 국민투표법과 공직선거및선거부정방지법에 규정되어 있다.

1) 투표인단의 구성원이 될 수 있는 자격

투표인단의 구성원으로서의 국민의 자격은 대한민국 국적을 가지고 국민투표일 현재 20세 이상인 자가 가진다(국민투표법 제7조·제8조).

그러나 다음에 해당하는 자는 투표권이 없다. 즉 ① 금치산 또는 한정치산의 선고를 받은 자, ② 금고 이상의 형의 선고를 받고 그 집행이 종료되지 아니하거나, 그 집행을 받지 아니하기로 확정되지 아니한 자, ③ 선거범으로서 10만 원 이상의 벌금형의 선고를 받은 후 2년을 경과하지 아니한 자나 금고 이상의 형의 선고를 받고 그 집행을 받지 아니하기로 확정된 후 또는 그 형의 집행이 종료되거나 면제된 후 4년을 경과하지 아니한 자, ④ 법원의 판결에 의하여 선거권이 정지 또는 상실된 자 등이다(동법 제9조).

2) 선거인단의 구성원이 될 수 있는 자격

선거인단의 구성원으로서의 국민의 자격은 20세 이상의 국민으로서 선거인명부작성일 기준 현재 대한민국 국민이거나 당해 지방자치단체의 관할구역 안에 주민등록이 되어 있는 자가 국회의원·대통령·지방의회의원·지방자치단체의 장의 선거권을 가진다.

그러나 선거일 현재 다음의 사람에게는 선거권이 인정되지 않는다. 즉 ① 금치산선고를 받은 자, ② 금고 이상의 형의 선고를 받고 그 집행이 종료되지 아니하거나 그 집행을 받지 아니하기로 확정되지 아니한 자, ③ 선거범으로서 100만 원 이상의 벌금형의 선고를 받고 그 형이 확정된 후 5년 또는 형의 집행유예의 선고를 받고 그 형이 확정된 후 10년을 경과하지 아니하거나 징역형의 선고를 받고 그 집행을 받지 아니하기로 확정된 후 또는 그 형의 집행이 종료되거나 면제된 후 10년을 경과하지 아니한 자, ④ 법원의 판결에 의하여 선거권이 정지 또는 상실된 자 등이다.

3. 국가기관으로서의 국민의 권한

국가기관으로서의 국민은 첫째 국회가 의결한 헌법개정안은 국회의원선거권자 과반수의 투표와 투표자 과반수의 찬성을 얻어 확정되므로 헌법개정에 대한 확정권을 가진다. 둘째 대통령은 필요하다고 인정하는 경우 외교·국방·통일 기타 국가안위에 관한 중요정책을 국민투표에 붙일 수 있고, 이 경우 이에 대한 표결권을 행사한다. 셋째 국회의원을 선거함으로써 국회의 구성권을 가지고 국가원수인 동시에 정부의 수반인 대통령선출권을 가진다.

제3장 국회

제1절 의회주의(대의제의 핵심)

Ⅰ. 의의

의회주의라 함은 주권자인 국민에 의해서 선출된 대표자로 구성되는 의회에서 국가의 사가 결정되고 의회를 중심으로 국정이 운영되는 정치원리 내지 방식을 말한다. 이와 같은 의회주의는 정치원리이므로 권력분립의 실현형태인 의원내각제와 구별되며, 의원내각제로 지칭되는 의회민주주의와도 구별된다.

Ⅱ. 연혁

의회주의는 유럽대륙에서 오랜 역사를 거치면서 근대적인 형태로 확립되기에 이르렀다. 그 선구적인 형태는 중세봉건국가의 등족회의까지 거슬러 올라간다. 13세기 말 영국의 모범의회(Model Paliament)가 봉건사회의 각 신분층을 결집시키면서 발달하고 서유럽의 전근대적 지배체제 속에서 귀족·승려·시민 등 신분대표자가 국정에 참여하여 국왕의 권력에 제약을 가하는 역할을 수행했다. 그리고 명예혁명 이후 의회가 입법권 이외에 국가의 중심기관으로 자리를 잡게 된다. 영국의회가 군주주의와의 투쟁의 역사 속에서 만들어진 것이라면, 유럽의 다른 나라에 있어서 의회는 자유주의를 실천에 옮기고 군주와의 투쟁을 위하여 영국의 의회주의를 수입하여 만든 것이라는 점에서 차이가 있다.

근대의회주의의 전신은 중세 유럽사회에서 널리 존재했던 등족회의(신분제의회)라고 불리는 것이다. 이 형태는 당시 전쟁 등 왕국 전체의 이익에 관련한 문제가 생겼을 때 국왕에 의해서 소집되었던 의회를 말하며, 주로 성직자·귀족 및 시민이 '스스로 혹은 그 대표자를 통해서' 이에 참가하였으며, 전쟁비용 등 긴급하게 필요한 재원을 마련하기 위해서 구성되었다. 이는 왕권이 확대되면서 상설화되었고, 그 동의는 '왕국 전체의 동의'를 의미하는 것이 되었다. 그런데 16, 7세기경부터 국왕의 권력은 더욱 강화되고 점차 근대적인 행정 내지 징세기구가 정비되게 되면 국왕은 등족회의를 소집할 것까지도 없이 자유롭게 국가경영에 필요한 자금을 조달할 수 있게 되고—또 국왕은 주권자로서 자신의 권위에 근거해서 입법을 할 수 있다고 하는 절대왕권의 사상이 보급됨과 더불어—각지의 등족회의는 점점 쇠퇴해 갔다. 단지 영국에서는 등족회의가 과세동의기간으로서 국제(constitution)상의 지위를 차지하게 되고, 절대왕권 하에서도 소멸하지 않고 존속하고, 왕권과의 투쟁으로 극복하고 중세의 신분제적인 벽을 넘어 모든 국민을 대표하는 근대적인 의회로 진전했다. 이에 대해서 프랑스에서는 등족회의는 1614년의 소집 후 절대왕정 하에서 오랫동안 열리지 않았지만 재정파탄으로 174년에 걸쳐 재개된 1789년의 의회가 제3신분의 대표자를 중심으로 신분제적 구성을 타파하고, '전 국민의 대표'체로 스스로 변신하여 근대의회의 체재를 취하게 되었다. 이렇게 해서 입법의회는 '국민의 대표자'가 되었던 것이다. 이후 근대국가의 의회는 성문헌법에서 명기되었는가 아닌가에 관계없이 '국민대표기관'으로서 이해되게 되었다.316)

Ⅲ. 의회주의의 기본조건

의회주의는 국민이 선출한 대표자의 토의기관을 통해서 국민에 의한 정치실현을 꾀하는 이다. 말할 필요도 없이 이러한 제도의 이념은 일정한 전제 위에서 성립하는 것이고 그 현실화에는 일정한 사회적 조건이 요구된다.

20세기가 의회주의의 애도의 시대라고 일컬어지는 것도 의회제가 본래 예정하였던 조

---

316) 구병삭, 의회제도의 발전과 그 대표성, 고시계(1982. 8.), 38면 이하.

건과 함께 기대되었던 기능을 상실했기 때문이다. 그렇다고 하면 국회중심의 대의제를 채택한 헌법체제를 이해하고 이를 유효하게 기능화하기 위해서는 제도의 형체에 앞서 그 전제조건이 되는 것을 명확하게 해야만 한다. 그러한 것 중 특히 중요한 것으로서 다음 세 가지를 지적할 수 있다.

1. 대표관계의 정당한 구성

국회가 국민의 '대표자'로 구성되는 합의체로서 국가의사를 결정하는 중추기관이 되는 이상 그 구성원과 국민과의 사이에는 정당하다고 인정될 수 있는 대표관계가 성립해야만 한다. 민주적 의회는 무엇보다도 자유롭고 공정한 선거를 통해서 구성된다고 생각되어 왔다. 그 의미에서 올바른 대표관계라고 하는 전제는 특히 선거제도의 문제와 관계를 가지고 있다. 적어도 선거의 공정성이 권력이나 금력 그 밖의 어떤 원인으로 왜곡당하고, 그 결과 의회에 있어서 대표구성이 국민의 의견이나 사회의 실태와 괴리현상을 보이는 경우에는 의회는 그 본래의 이념에 반함으로써 국민의 신뢰를 받을 수 없다.

이 점에서 다음과 같은 조건이 중요한 의미를 가질 수 있다. 첫째로 선거는 권력의 부당한 간섭 하에서 행해져서는 안 되고, 그에 대한 규제는 부정한 경쟁 등을 막기 위한 최소한도로 그쳐야 하며, 반대로 선거의 자유는 가급적 광범하게 보장되어야 할 것이다. 둘째로 금력에 의한 선거의 오염은 대표구성의 왜곡을 야기할 뿐만 아니라 정치체제를 부패시키는 원인이 되며 의회정치에의 불신을 불가피하게 초래하게 된다. 선거의 정화는 권력에 의한 간섭의 배제와 함께 건전한 대표의회를 만들기 위한 기본조건이 된다. 셋째로 선거구구획의 공정성이나 선거구수의 평등화도 정당한 대표구성을 유지하기 위해서 불가결한 전제라고 할 것이다. 넷째로 올바른 대표관계가 민의를 의회에 가능한 한 정확하게 반영시키는 것이라고 하면 이른바 비례대표제가 문제된다.

그런데 위의 제 조건은 필요최소한의 범위에 속하는 것이고, 이들 조건을 충족해도 충분하다고 할 수 없다. 가령(仮りに) 공정한 선거를 통해서 의회를 가장 정확하게 민의를 반영시킬 수 있는 구도로 만드는 데 성공했다고 해도, 중요한 민의 자체가 예컨대 정보관리에 의해서 진실로 자율적인 판단에 의한 것이 아니라거나 혹은 다원적 분열이나 정치적 무관심으로 공적 통치의 가능성을 상실한 경우에는 의회제는 민주적으로 기능할 수 없을 것이다. 건전한 의회정치를 지탱하는 것은 자유롭고 활기에 찬 풍부한 민의가 표출되는 것이고, 이를 만들어 낼 수 있는 개방적인 사회임을 잊어서는 안 된다.

2. 의회에 있어서 이성적 토의

대의제의 가장 본질적인 요소가 '토론'에 있다는 것은 말할 필요도 없다. 의회에서 최종적인 의사결정은 다수결에 의하는 것이 일반적인데 다수결은 그 전제로서 구성원 상호 간의 토론을 통한 어느 정도까지의 상호의 이해와 설득의 가능성을 예정하고 있는 것이다. Parliament는 원래 '토론(parler)'이라는 어원에서 나온 것이다. 그런데 이성적인 토의가 행해질 수 없는 경우에는 의회제는 제 기능을 발휘할 수 없게 된다. 의견의 다원성이나 반대의견과의 교섭을 인정하지 않은 채 다수결이라는 제도만을 고집하게 되면 '수의 정치'가 '이의 정치'를 누르게 된다. 국회의 제제도의 세부사항을 검토하는 경우에도 이 대전제는 늘 염두에 둘 필요가 있다.

이와 같은 의미에서의 이성적 토의는 항상 소수의견의 존중을 동시에 내포하고 있는 것이다. 이성적으로 대화한다는 것은 민주적인 룰에 따라 냉정하게 정책을 토의하는 것만이 아니라 자기의 주장으로 상대방을 설득하는 것 및 반대자의 의견을 듣고 필요한 타협을 행한다고 하는 관계를 만드는 것이다. 정치의 장에 있어서 타협은 특히 소수자의 의견을 존중한다는 측면에서 중요한 의미를 가진다. 물리적인 사람의 수로써 소수의견을 억압하여 지배하게 되면 의회는 단지 다수파의 지배를 정당화하기 위한 메커니즘에 지나지 않게 된다. 의회의 주된 기능이 정치적 투쟁을 비폭력화하고, 모든 정치문제를 토론과 교섭의 장으로 이끌어 내는 것인 이상 그에 상응하는 원칙이 지켜져야만 한다.

3. 정권교체의 가능성

위에서 설명한 두 가지와 관련해서 의회 내에서 세력분포의 교체가능성, 더 나아가 민의의 변화에 따른 대표의회의 탄력적인 교감이 존재해야만 한다. 대표관계가 선거인인 국민의 의견의 차이를 비교적 정확하게 반영하면 민의와의 교감은 동시에 국민 측에서의 의견의 변화가능성을 의미하는 것이라고 할 수 있다. 그것은 소수의견과 다수의견의 교체가능성이고, 의원내각제를 취하는 경우에는 의회의 의석분표의 변동과 함께 내각이 교체되는 통로를 의미한다. 어느 시기의 소수의견이 동시에 다수의견으로서 정책결정의 열쇠를 쥘 수 있다고 하는 것이 아니어서는 대표민주제는 실질상 고정화된 일당독재의 시스템과 다르지 않게 된다. 선거가 독재제를 정당화시키는 의식으로 추락하지 않기 위해서 가변적인 세론을 반영하여 평화적인 방법으로 정권을 교체시키는 점이야말로 민주적인 대표의회가 기능하는 조건이 있다. 건전한 '평화적 변경'을 가능케 하는 의회제의 메리트가 없게 되면 동맥경화에 빠진 의회추의는 추락을 면치 못하기 때문이다.

Ⅳ. 의회주의의 위기와 대책

1. 의회주의의 위기

근대의회주의의 기능과 조건은 제1차 대전 이후 크게 변화하였다. 즉 정당의 조직화로 의회가 정당 간의 정쟁을 위한 무대가 되었고, 의원은 토론의 결과에 따른 표결보다는 미리 정해진 당론에 구속되어 표결하게 되었다.

1) 정당국가경향

당총재의 의견을 중시하여 합의제 기능이 약화되며, 상임위원회의 권한이 강화됨으로써 공개와 자유로운 토론이 위협받게 되고, 의원의 인물선거로 인한 질적 저하가 우려된다. 이의 극복방안으로서 정당내부의 민주화 내지 당내 민주화가 요구되며, 선거구제도의 개편을 통하여 직능대표제와 비례대표제 등의 보완이 필요하다.

2) 합의체적 기관의 성격

무제한적 자유토론으로 인하여 의사운영이 비효율적이며, 시민사회에서 다원적 이익사회로 변모함에 따라 계층 간의 대립이 의회에서 조차 타협이 어렵고, 토론과 설득의 과정이 생략되어 다수의 횡포가 생기게 된다. 이에 대한 극복방안으로서 상임위원회제도를 통한 의회운영의 효율성을 제고시켜 하며, 직접민주제적 요소를 도입하여야 한다.

*직접민주제적 요소
1. 국민표결: 중요한 법안·정책을 국민투표로 결정하는 것을 말하며, 이는 국민투표(referendum)와 신임투표(plebiscite)의 방식이 있다. 전자는 헌법제도화된 것에 관한 투표이고, 후자는 전제적 지배의 위장수단 사용되는 경우도 있다.
2. 국민발안: 일정 수 유권자가 법안이나 의안을 제안하는 것
3. 국민소환: 문제가 있는 공직자에 대하여 국민 의사로써 임기만료 전에 해직 내지 파면하는 제도

3) 복지국가 경향

집행부가 비대화되므로 의회의 대정부 통제가 한계를 갖고, 의원의 전문성 결여로 의회기능이 한계가 나타나게 되었다. 이에 대한 극복방안으로서 직능대표나 전문위원회의 적극적 활용을 통하여 의회를 전문의회로 개편하여야 할 것이다.

집행권의 비대화로 인해 의회의 상대적 지위가 저하되었다. 이는 현대 복지국가로 가는 경향에서 나온 것이다.

제2절 국회의 헌법상 지위

Ⅰ. 국회의 헌법상 지위

1. 국민대표기관으로서의 지위

국회는 국민의 대표기관으로서의 지위를 가진다. 그러나 대표관계의 법적 성격에 관해서는 앞에서 살펴본 바와 같이 정치적 대표설(다수설), 헌법적 대표설 등이 대립되고 있다.

2. 입법기관으로서의 지위

국회의 지위와 권한은 각국의 상황에 따라 상이하지만 입법기관을 가장 본질적인 지위로서 부여받고 있다는 점에는 차이가 없다. 그러나 현대국가에 들어서면서 복지국가의 지향과 그에 따른 국가기능의 질적·양적 변화에 따른 입법대상의 범위가 확대되고, 국회입법의 시간적 제약성 및 탄력성의 저하는 현대사회의 위기의 항상화에 따른 신속한 입법의 필요성을 충족시키지 못함으로써 국회는 이미 결정된 법률을 통과시키는 통법부로 그 지위가 변질되었다.

그렇지만 오늘날에도 민의의 전당인 국회가 국가의 주요정책과 법률을 토의함으로써 주권자인 국민들의 여론을 형성·반영하고 입법의 민주적 정당성 확보하는 입법기관이라는 점에 의문의 여지는 없고 이러한 의미에서 국회의 존재의의는 여전히 남아 있다.

3. 국정(정책)통제기관으로서의 지위

국회의 헌법상 지위 중에서 종래 중심적 지위로 파악되었던 국민대표기관으로서의 지위와 입법기관으로서의 지위는 상대적으로 약화되어 있는 데 반하여 국정통제기관으로서 집행부와 사법부의 활동을 감시·비판하는 기능은 상대적으로 강조되고 있다. 이것은 오늘날 행정부에 의한 실질적 입법형식이 증대하고 있어 입법기관성이 약화되었기 때문이고 특히 행정부통제가 그 중심을 이루고 있다. 다만 국회의 행정부·사법부 통제는 수직적 통제가 아니라 대등기관 사이에서의 수평적 통제를 의미한다.

구체적으로 국회의 행정부통제수단으로서 현행 헌법이 인정하고 있는 것으로는 국정감사 및 조사권, 국무총리와 국무위원에 대한 국회출석·답변요구권, 국무총리·국무위원에 대한 해임결의권, 탄핵소추권, 대통령의 긴급재정·경제처분 및 명령승인권, 계엄해제요구권, 예산안 심의·확정권이 있다. 그리고 국회의 사법부통제수단으로서는 국정감사 및 조사권, 법원설치·조직에 관한 법률제정권, 탄핵소추권, 대법원장·대법관의 임명동의권, 국회에서 행한 발언과 표결에 관한 면책특권, 현행범이 아닌 한 회기 중 불체포특권, 법원예산안의 심의·확정권을 부여하고 있다.

4. 국가의 최고기관성 여부

일본헌법 제41조와 같이 국회가 국권의 최고기관이라는 명문의 규정을 두고 있지 않은 현행 헌법하에서 국회가 국가의 최고기관으로서의 지위를 가질 수 있는가 하는 점이 문제된다. 일본과 같은 의원내각제를 취하는 국가에서는 명문의 규정이 있든 없든 국회가 입법권뿐 아니라 내각의 진퇴를 결정할 수 있으므로 국회가 국가최고기관으로서의 지위를 가진다. 그러나 현행 헌법은 대통령제를 채택하여 국회와 대통령 모두 국민에 의해서 직선되는 국민의 대표기관이므로 국회를 국가의 유일한 최고기관이라고 할 수는 없고, 정부·법원·헌법재판소와 같이 국가의 최고기관 중 하나로서의 지위를 가진다(통설).

II. 국회의 구성과 조직

1. 국회의 구성

1) 국회의 구성원리

(1) 양원제

① 의의: 양원제라 함은 의회가 상호 독립성을 가지는 두 개의 합의체로 구성되고, 두 합의체가 각각 독립하여 결정한 의사가 일치한 경우에 이를 의회의 의사로 간주하는 의회제도를 말한다. 이는 의회제도의 모국인 영국에서 14세기 귀족원과 평민원의 양원제를 채택한 이래 오늘날 미국, 독일, 프랑스, 일본, 이탈리아 등에서 채택하고 있다.

② 존재의의: 양원제의 의의와 기능에 관해서는 많은 논의가 이루어졌다. 특히 민주제를 전제로 하는 이상 동일한 국민대표형의 상원을 둘 필요는 없다는 점에서 양원제의 존재의의에 의문을 제기하는 견해도 있었다. 그러나 양원제는 계급적 사회조직을 반영하고, 입법부 내부에서 하원의 행동을 시정하고 '數의 정치'에 대한 '이성의 정치'에 따른 억제, 상원의 '양식'에 의한 정정의 기회부여 등 견제·균형의 원리를 확립하며, 군주국가·연방국가 등 특수한 정치상황을 반영할 수 있다는 점에서 그 존재의의가 있다.

③ 유형: 양원제의 의회는 통상 하나의 합의체가 국민으로부터 공선된 의원으로 구성(하원)되고, 다른 합의체(상원)는 다양한 방식에 의해서 구성된다. 그리고 양원제의 모습은 후자의 조직의 차이에 따라 여러 형태로 나눌 수 있고, 크게 단일국가형과 연방국가형으로 나눌 수 있다.

ⓐ 단일국가의 양원제

- 귀족원형: 귀족·다액납세자·정부가 임명하는 상층계급의 대표자 등으로 상원이 구성되는 형태이며, 등족회의에서 발전한 것으로 민주적인 하원에 대립하여 이를 억제한다는 보수적 기능을 담당하는 점에서 실질적으로 보수대표형이라고 불린다. 19세기 독일의 支邦의 상원이나 일본의 명치헌법하의 귀족원, 오늘날 이탈리아의 상원 등이 여기에 속한다.
- 민선형: 하원과는 다른 선거방식·선거구·의원의 임기 등에 의해서 조직하는 형태이며, 상원의 議員이 공선되고 하원에 대하여 경고 또는 조언을 하는 기능을 가진다는 점에서 참의원형이라고도 한다. 프랑스 제3공화제나 미국의 諸州의 상원, 일본

의 참의원 등이 여기에 해당한다.

- 직능대표형: 민선형의 한 형태이다. 양원 모두 민선방식을 취하면서 각 직능분야에서 다른 제 이익을 대표시키고, 이해 조정을 이룰 것으로 목적으로 직능대표형으로 구성되는 경우도 있다. 예컨대 1946년의 바이에른헌법하의 양원제가 그 예이다.

ⓑ 연방제국가의 양원제: 연방제국가에서 각 지방을 대표하는 의원으로 상원을 구성하는 형태를 취한다. 이는 연방주의와 주권주의의 요구를 조화시킨다는 목적을 가지는 것이므로 단일국가형과는 다른 의의와 기능을 가지고 있다. 미국의 상원[317] (Senate)이 전형적인 형태이며, 스위스나 오스트리아 등 연방제국가들도 이러한 양원제를 취하고 있다.

④ 장단점: 양원제는 의안심의를 신중·공정하게 할 수 있고 의회나 원내 다수파의 전제와 횡포를 방지할 수 있으며 정부와 하원이 충돌하는 경우 상원이 이를 조정할 수 있다는 장점이 있는 반면, 국정의 지연과 국고낭비, 책임전가와 정부에 대한 의회의 지위가 약화될 수 있다는 단점도 가지고 있다.

⑤ 兩院의 관계: 양원제에서 양원의 지위와 기능은 각국의 역사적·정치적 상황 등에 따라 다르게 나타난다. 양원이 완전히 대등·독립성을 가지는 양원제와 하나의 합의체가 다른 합의체에 비해 열세한 위치에 있는 양원제가 있다. 후자의 경우는 민선되는 하원이 국민으로부터 보다 먼 거리에 있는 상원에 대해 우위를 차지하는 형태를 취하는 것이 보통이다. 양 의원의 의사의 합치에 의해서 의회의 의사가 결정되는 양원제는 양원 상호간의 균형·억제의 관계와 함께 긴밀한 협력관계가 예정되어 있다.

ⓐ 조직독립의 원칙: 양원제의 목적은 각원으로 하여금 독립된 의견을 제시하는 데 있으므로 상·하 양원은 조직을 달리 구성한다. 따라서 한 사람이 동시에 양원의 의원자격을 겸할 수 없다.

ⓑ 의결독립의 원칙: 양원은 상호 독립하여 회의를 개최한다. 의사진행도 독자적으로 행하며 각 원은 타원에 대하여 관여할 수 없고, 양원의 교섭은 서면방식으로 한다. 다만 양원의 의견이 충돌하는 경우 또는 대통령선거 등의 경우 양원합동으로 회의를 개최한다.

ⓒ 동시활동의 원칙: 양원의 의사가 일치하는 경우에만 의회의 의사로 인정하므로 양

---

317) 미국의 상원은 각주로부터 그 인구의 많고 적음이나 주의 크기에 상관없이 2명씩 선출한 100명의 의원으로 구성되며 임기는 6년이고 매 2년마다 3분의 1씩 교체하는 것으로 하고 있다. 상원의 피선거권은 30세 이상 9년 이상 시민권보유자에게 부여하고 있다. 그리고 상원은 조약비준권, 고급공무원임명동의권, 부통령결선권, 탄핵재판권을 보유함으로써 상원우위의 현상을 보이고 있다.

원은 동시에 집회, 개회, 폐회하며, 하원이 해산되면 상원은 폐회한다.

(2) 단원제

① 의의: 단원제라 함은 국회가 민선의원으로 구성되는 하나의 합의체인 의회제도를 말한다. 이는 국민의 대표기관으로서 국회는 적어도 민주주의국가에서는 민의를 대표하는 하나의 합의체로 족하다는 이론에 근거한 것이다.

② 제도적 의의: 이론적으로는 동일 사항에 관하여 국민의 총의가 두 가지로 존재할 수 없으므로 민주주의국가에서는 국민의 대표기관은 하나면 족하다는 점에서 그 근거를 두고 있다. 프랑스혁명 당시 지도적 이데올로기의 주창자였던 시에예스가 "귀족원은 평민원과 일치하면 무용지물이고, 평민원에 대항하면 유해하다."고 했던 유명한 말은 단원제의 존재가치를 대변하는 말이다. 따라서 단원제는 국회가 정부를 견제하고 신속한 국정처리를 행할 수 있고, 정부에 대한 의회의 지위를 강화할 수 있고, 의회의 책임소재를 분명하게 할 수 있다.

③ 장단점: 단원제의 장점으로는 국정의 신속한 처리, 국회의 경비절감, 정부에 대한 국회지위강화, 국민의사를 직접적으로 반영, 책임소재를 분명히 할 수 있는 반면에 단점으로는 국정심의의 경솔, 국회의 정부에 대한 횡포, 국회와 정부의 충돌 시 조정이 곤란하다는 점을 들 수 있다.

2) 헌법상 국회의 구성

(1) 국회구성원리의 변천

역대 헌법상 국회구성의 원리는 제2공화국 헌법상 양원제의 채택에 따라 민의원(임기 4년)과 참의원(임기 6년 매 3년마다 2분의 1씩 개선)을 구성했던 경우를 제외하고는 단원제 국회를 취하고 있다. 물론 1차 개헌과 2차 개헌에서 양원제를 채택하였으나 참의원이 구성되지 않아 단원제로 운영되었다.

건국헌법상 국회는 신속한 의안처리를 위하여 지역구출신의원들로 구성된 단원제를 채택하였다. 제3공화국 헌법상의 국회는 지역구출신 국회의원과 전국구출신 국회의원으로 구성되는 단원제를 취하였으며, 제4공화국 헌법상 국회는 지역구출신 국회의원과 통일주체국민회의에서 선출된 국회의원(정수의 3분의 1)으로 구성된 단원제를 채택하였다. 제5공화국 헌법상 국회는 지역구출신 국회의원들로 이루어진 단원제를 구성하였다.

(2) 현행 헌법상 국회의 구성

> 제41조 ① 국회는 국민의 보통·평등·직접·비밀선거에 의하여 선출된 국회의원으로 구성한다.
> ② 국회의원의 수는 법률로 정하되, 200인 이상으로 한다.
> ③ 국회의원의 선거구와 비례대표제 기타 선거에 관한 사항은 법률로 정한다.

현행 헌법상 국회의 구성은 단원제로 하고 있다. 국회의원은 국민의 보통·평등·직접·비밀선거에 의하여 선출되며, 비례대표제에 의한 전국구출신 국회의원들을 포함하여 현재 299인으로 되어 있다.

2. 국회의 조직

1) 국회의장과 부의장

> 제48조 국회는 의장 1인과 부의장 2인을 선출한다.

국회의장은 국회를 대표하고 의사정리와 질서유지, 사무감독을 행하며, 부의장은 국회의장이 사고가 있을 때 그 의장의 직무를 대리하며 2인을 둔다. 국회의장과 부의장은 2년의 임기로 국회에서 무기명투표로 선출하며 재적의원 과반수의 득표로 당선된다. 다만 보궐선거에 의하여 당선된 의장 또는 부의장은 전임자의 잔임기간 중 재임한다.

국회의장이 당적을 가질 수 있는지에 관하여 1960년 국회법에서는 명문으로 당적 보유를 금지하였으나 현행법에서는 이에 관한 규정이 없어 당적 보유가 가능하다고 본다.

2) 위원회

(1) 의의

위원회라 함은 본회의의 의안심의를 원활하게 할 목적으로 전문적 지식을 가진 소수 議員들로 하여금 의안을 예비적으로 심사케 하는 소회의제를 말한다. 국회법은 국회운영에 관해 '상임위원회중심주의'와 '본회의결정주의'를 채택하여 위원회가 실질적으로 국회기능을 대행하고 있다는 의미에서 위원회를 소국회 또는 소입법부라고도 한다.

오늘날 위원회가 국회의 기능 중 가장 중요한 부분을 차지하는 기관으로서 활동하고 있는 이유는 첫째, 본회의는 많은 인원 때문에 상세하고 신중한 심의에 적합하지 않다는 점, 둘째, 입법부의 임무가 양적으로 확대되고, 안건이 많아지면서 충분히 심의할 시간이 부족하다는 점, 셋째, 사회의 복잡화로 입법작업도 질적으로 전문화·세분화되면서 개개 의원들이 전문기술적 지식을 요구하는 모든 분야에서 심의·판단할 능력을 갖고 있지 못하다는 점을 들 수 있다.

(2) 종류

① 상임위원회: 상임위원회는 대부분 각 중앙행정기관과 대응한 소관분야별로 상설화된 위원회를 말하며 상임위원의 임기는 2년으로 현재 16개의 상임위원회가 설치되어 있다. 이러한 상임위원회중심주의에 대해서도 첫째, 심의가 분화된 위원회중심으로 행해지기 때문에 어느 안건에 관한 지식이 당해 위원들에게 편중되는 결과 다른 의원이 그 내용을 잘 알기 곤란하다는 점, 둘째, 본회의에서의 결정이 의원수에 따른 형식적인 절차로 전락됨으로써 토의와 이해조정의 장이 되어야 할 국회의 기능이 형해화할 수 있다는 점, 셋째, 의원 대부분이 이러한 분화에 따라 국정 전반을 도외시한 근시안적인 정책결정이 행해질 우려가 있다는 점, 넷째, 위원회에서의 심의가 비공개로 행해지면 국민의 감시 밖에 놓여 압력단체나 행정부와의 담합의 가능성도 내포하고 있다는 결함이 지적되고 있다.

② 특별위원회: 국회에서 특히 필요가 있다고 인정한 안건 또는 수개의 상임위원회의 소관사항과 관련되는 안건을 심사하기 위해서 본회의의 의결로 설치되는 위원회를 말한다. 이와 별도로 국회법상 설치가 허용된 특별위원회가 규정되어 있다. 국회법 제45조의 예산안과 결산을 심사하기 위하여 예산회계법이 정하는 결산의 국회제출 시한일인 매년 9월 2일에 구성되는 예산결산특별위원회, 동법 제46조의 의원의 자격심사·윤리심사 및 징계에 관한 사항을 심사하기 위한 윤리특별위원회, 동법 제47조의 여성의 복지와 권익의 향상에 관한 사항을 심사하기 위한 여성특별위원회가 그것이다. 이들 중 윤리특별위원회와 여성특별위원회는 상설적으로 설치·운영되고, 예산결산특별위원회는 그 설치가 법률상 강제된다는 점에서 일반특별위원회와 구별된다.

③ 연석회의: 연석회의는 소관위원회가 다른 위원회와 의견을 교환하기 위하여 여는 회의체를 말한다. 다만 협의하여 열고 의견을 교환할 수 있다. 그러나 표결은 할 수 없다.

3) 교섭단체

교섭단체란 원칙적으로 동일정당의 소속의원 20인 이상으로 구성되는 원내정당을 말한다. 이는 정당소속의원들의 원내행동의 통일을 기함으로써 정당의 정책을 의안심의에 최대한 반영시키는 창구의 역할을 하는 반면 의원의 자유위임적 원내 활동과 갈등을 일으키는 요인이 되기도 한다.[318)

교섭단체의 구성은 20인 이상의 소속의원을 가진 정당이 하나의 교섭단체를 구성하고, 정당과는 무관하게 다른 교섭단체에 속하지 아니하는 20인 이상의 의원으로 따로 교섭단체를 구성할 수 있다.

Ⅲ. 국회의 운영과 의사절차

1. 국회의 운영

> 제47조 ① 국회의 정기회는 법률이 정하는 바에 의하여 매년 1회 집회하며, 국회의 임시회는 대통령 또는 국회재적의원 4분의 1 이상의 요구에 의하여 집회된다.
> ② 정기회의 회기는 100일을, 임시회의 회기는 30일을 초과할 수 없다.
> ③ 대통령이 임시회의 집회를 요구할 때에는 기간과 집회요구의 이유를 명시하여야 한다.

1) 입법기와 회기

(1) 입법기(의회기)

입법기라 함은 국회가 동일의원들에 의하여 형성되고 존속하는 기간, 즉 의원의 임기를 기준으로 한 국회의 활동기간의 단위를 말한다.

(2) 회기

회기라 함은 입법기 내에서 국회가 실제 활동하는 기간을 말하며 정기회와 임시회의 두 종류가 있다. 국회가 실제 활동할 수 있는 기간을 한정한 것은 국회가 상설화되면 정부의 활동을 부당하게 방해할 우려가 있고 의사능률을 저하시킬 우려가 있다는 점에서 찾을 수 있다.

국회의 회기는 소집일로부터 폐회일까지이다. 이때 소집이란 의원을 일정 기간 동안 집회시켜 회기를 개시함으로써 국회가 활동능력을 갖도록 하는 행위를 말하며, 국회는 집회일에 개회식을 행하도록 하고 있으므로 소집 당일부터 회기가 기산된다. 또한 국회

---

318) 허영, 전게서, 면.

는 의결로써 회기 중에 일시 활동을 중지할 수 있는바, 이를 휴회라고 한다. 국회의 휴회 중이라도 대통령의 요구가 있을 때, 의장이 긴급한 필요가 있다고 인정할 때 또는 재적 의원 4분의 1 이상의 요구가 있을 때에는 회의를 재개한다.

2) 정기회와 임시회

(1) 정기회

정기회는 매년 1회 정기적으로 소집되는 회기를 말하며, 국회법상 매년 9월 10일에 집회하며 그 날이 공휴일인 때에는 그 다음 날에 집회하는 것으로 규정하고 있다. 정기 회의 활동기간은 100일을 초과하지 않는 범위 내에서 정해진다. 휴회 중인 경우 대통령 이나 국회의장이 긴급한 필요가 있다고 인정될 때 재적4분의 1의 요구가 있으면 회의를 재개한다.

(2) 임시회

임시회는 필요에 따라 대통령과 재적의원 4분의 1 이상의 요구에 의해서 소집되는 회 기를 말하며 일반적으로 임시국회라고 불린다. 임시회는 집회기일 3일전에 의장이 공고 하고, 회기는 30일을 초과할 수 없다. 다만 국회의원총선거 후 최초로 소집되는 임시회 는 의원의 임기개시 후 7일에 집회하며, 처음 선출된 의장의 임기가 만료되는 때가 폐회 중인 경우에는 늦어도 임기만료일 5일 전에 집회한다. 그러나 그 날이 공휴일인 때에는 그 다음 날에 집회한다(국회법 제5조).

2. 의사절차

1) 의사절차의 원칙

(1) 議事公開의 원칙

제50조 ① 국회의 회의는 공개한다. 다만, 출석의원 과반수의 찬성이 있거나 의장이 국가
의 안전보장을 위하여 필요하다고 인정할 때에는 공개하지 아니할 수 있다.
② 공개하지 아니한 회의내용의 공표에 관하여는 법률이 정하는 바에 의한다.
국회법 제75조(회의의 공개) ① 본회의는 공개한다. 다만, 의장의 제의 또는 의원 10인 이

상의 연서에 의한 동의로 본회의의 의결이 있거나 의장이 각 교섭단체대표의원과 협의하
여 국가의 안전보장을 위하여 필요하다고 인정할 때에는 공개하지 아니할 수 있다.
② 제1항 단서에 의한 제의나 동의에 대하여는 토론을 하지 아니하고 표결한다.

국민의 대표기관인 국회의 활동을 주권자인 국민의 감시와 비판을 받도록 하는 것은
의회제의 본질에서 나오는 당연한 것이다. 현행 헌법도 제50조 제1항에서 '국회의 회의
는 공개한다.'고 규정하여 이를 확인하고 있고, 예외로서 출석의원과반수의 찬성이 있거
나 의장이 국가의 안전보장을 위하여 필요하다고 인정할 때에는 비공개로 할 수 있도록
하고 있다.

헌법 제50조에서 말하는 '회의'는 본회의를 말하나, 국회법 제71조의 규정에 따라 위
원회의 議事에도 원칙적으로 적용된다고 할 것이다. 또한 '공개'는 방청의 자유, 국회의
사록공표, 보도의 자유 등을 모두 포함하는 것이다. 회의가 공개되는 한 그 충실한 보도
는 누구라도 행할 수 있고 민사상·형사상 책임을 부담하지 않는다.

(2) 회기계속의 원칙

제51조 국회에 제출된 법률안 기타의 의안은 회기 중에 의결되지 못한 이유로 폐기되
지 아니한다. 다만, 국회의원의 임기가 만료된 때에는 그러하지 아니하다.

회기계속의 원칙이라 함은 회기 중 의결되지 못한 의안이라고 해도 다음 회기에 계속
심의할 수 있다는 원칙을 말하며 헌법 제51조에서 명문으로 규정하고 있다. 이것은 하나
의 총선거에서 다음 총선거까지 국회가 일체성을 가진다는 것을 의미하는 것이다. 다만
국회의원의 임기가 만료된 경우에는 국회의 동일성이 변경되기 때문에 이 원칙이 적용되
지 않는 것으로 하고 있다.

(3) 일사부재의의 원칙

국회법 제92조(일사부재의) 부결된 안건은 같은 회기 중에 다시 발의 또는 제출하지
못한다.

국회에서 한번 의결한 문제에 관해서는 동일회기 중에 다시 이를 심의하지 않는다는
원칙이 있다. 이를 일사부재의의 원칙이라고 하며 국회법 제92조에 명문으로 규정하고
있다.

일사부재의의 원칙을 채택한 취지는 국회 내에서 議事를 중복시키거나 불필요한 혼란,
비능률을 배제해야 한다는 점, 국회의 의사결정은 신중하고 명확성을 기해야 하는데 하

나의 회기 내에서 동일사항에 관해 국회의 의사를 변경하는 것은 이 요청에 반한다는
점, 그리고 소수파에 의한 의사방해를 배제한다는 점에서 찾을 수 있다.

그러나 이 원칙을 너무 강조하면 사회적·경제적 환경의 변화가 심한 현대에 있어서
필요한 사항의 논의를 오히려 저해할 수 있다. 따라서 외형상으로는 동일문제라고 해도
그 목적·방법·수단 등이 다르면 이 원칙을 적용하지 않는 것이 합리적이다. 예컨대 ①
일단 의제가 된 것일지라도 철회되어 의결되지 않은 경우, ② 동일의안일지라도 전 회기
에 의결한 것은 다음 회기에 다시 발의·심의하는 경우, ③ 동일인물에 대한 해임건의안
이라도 새로이 발생한 다른 사유로 제안하는 경우, ④ 위원회의 의결을 본회의에서 다시
심의하는 경우에는 일사부재의의 원칙이 적용되지 않는다.

2) 정족수

제49조 국회는 헌법 또는 법률에 특별한 규정이 없는 한 재적의원 과반수의 출석과
출석의원 과반수의 찬성으로 의결한다. 가부동수인 때에는 부결된 것으로 본다.

국회법 제54조(위원회의 의사·의결정족수) 위원회는 재적위원 5분의 1 이상의 출석
으로 개회하고, 재적위원 과반수의 출석과 출석위원 과반수의 찬성으로 의결한다.

국회법 제73조(의사정족수) ① 본회의는 재적의원 5분의 1 이상의 출석으로 개의한다.

② 의장은 제72조의 규정에 의한 개의 시로부터 1시간이 경과할 때까지 제1항의 정족
수에 달하지 못할 때에는 유회를 선포할 수 있다.

③ 회의 중 제1항의 정족수에 달하지 못할 때에는 의장은 회의의 중지 또는 산회를
선포한다.

국회법 제109조(의결정족수) 의사는 헌법 또는 이 법에 특별한 규정이 없는 한 재적의
원 과반수의 출석과 출석의원 과반수의 찬성으로 의결한다.

(1) 의의

회의체가 의사를 열고 의결을 함에는 일정한 출석자를 필요로 한다. 회의체가 의사 및
의결을 하기 위해서 필요로 하는 일정한 수를 정족수(quorum)라고 한다. 의회의 정족수
는 경우에 따라 다를 수 있지만 특히 의결정족수의 경우에는 과반수로 하고 있는 예가
많다.319)

---

319) 미국 헌법 제1조, 이탈리아 헌법 제64조 제3항, 독일 기본법 제42조 제2항·제53조 제3항·제121조,
벨기에헌법 제38조 등.

(2) 종류

정족수의 종류는 국회가 의사를 여는 데 필요한 수인 의사정족수와 의결을 하는 데 필요한 수인 의결정족수의 두 가지가 있다. 전자에 관해서는 국회법 제73조 제1항에서 재적의원 5분의 1 이상의 출석으로 개의함을 규정하고 있고, 후자는 다시 일반의결정족수와 특별의결정족수의 두 종류로 나눌 수 있다.

일반의결정족수는 국회의 의결이 유효할 수 있기 위하여 필요한 출석자의 법정수를 말하며 헌법 또는 법률에 특별한 규정이 없는 경우 재적의원 과반수의 출석과 출석의원과 반수의 찬성에 의한다.[320] 특별의결정족수는 그 사안의 중요성에 비추어 신중한 처리를 담보하기 위하여 의결에 필요한 출석자의 수를 가중해 놓은 것으로 헌법과 국회법상 개별적으로 규정되어 있다.[321]

(3) 정족수를 결여한 의사 또는 의결의 효력

헌법 또는 국회법상 요구하는 정족수를 결여한 의사 또는 의결은 위헌·위법으로서 무효라고 할 수 있다. 그러나 회의에서 정족수를 충족시켰는지 여부의 판단은 원칙적으로 국회만이 가능하므로 국회가 정당한 의결이라고 인정하는 한 다른 국가기관은 그 합법·위법을 다툴 수 없다고 할 것이다.[322]

---

320) 법률안·예산안의결권, 조약동의, 일반사면, 공무원임명, 의원체포 및 석방동의, 예비비에 대한 사후승인 등이 그 예이다.

321)

재적 $2/3$ 이상 찬성	헌법개정안, 대통령탄핵소추의결, 의원제명·의원자격상실 결정
재적 $1/2$ 과반수 찬성	헌법개정안·대통령탄핵소추발의, 국무총리·국무위원 해임건의 국회의장선출, 계엄해제요구, 긴급명령승인 － 명문규정 없음.
재적 $1/3$ 이상 찬성	해임건의발의, 일반탄핵소추발의, 국정조사발의, 위원회의사정족수
재적 $1/2$ 출석과 $2/3$ 찬성	법률안재의결, 국무회의의 의결정족수

322) 권영성, 전게서, 604면; 안용교, 전게서, 800면.

제3절 국회의 권한

I. 입법에 관한 권한

1. 입법(권)의 의의와 특성

1) 입법권의 개념

헌법 제40조는 "입법권은 국회에 속한다."고 규정하고 있다. 이때 입법권의 전제개념 인 입법이 무엇을 의미하는가가 문제된다. 이에 관해서는 크게 실질설과 형식설, 절충설 의 견해가 대립된다.

(1) 실질설

실질설은 입법이란 국가기관이 일반적이고 추상적인 성문의 법규범을 정립하는 작용을 입법이라고 봄으로써 그 형식보다는 내용에 중점을 두는 견해이다. 이는 다시 법규범의 범위와 관련하여 일반적으로 국민의 권리의무에 관련된 사항을 규율하는 법규만을 가리 킨다고 보는 견해와 널리 법규뿐만 아니라 헌법개정·명령·규칙·자치법규 등 기타의 법규범을 포함하는 것이라고 보는 견해로 나뉜다.

(2) 형식설

형식설은 내용보다는 형식에 중점을 두고 입법을 국회가 헌법이 정하는 법률제정절차 에 따라 정립되는 형식적 의미의 법률이라고 보는 견해이다. 그 결과 국회는 국민의 권 리와 의무에 관한 법규 이외에도 헌법이 인정하는 한 많은 입법사항을 규정할 권리를 가 지는 것으로 본다. 다만 대통령에게 부여된 긴급명령, 긴급재정경제명령은 헌법 자체가 인정하는 입법사항의 예외이며, 위임명령, 집행명령은 법률에 의한 보충명령이라고 한다.

(3) 절충설

절충설은 입법의 개념에 관한 실질설과 형식설의 대립이 입법과 국회만의 입법 내지 입법권을 동일시하는 점에 문제가 있다고 비판하면서, 입법은 매우 포괄적인 개념으로서 모든 법규범의 정립작용이며 법률·명령·규칙·조례제정이 모두 입법의 범위에 포함된 다고 본다.323)

(4) 소결

그러나 전자는 권리와 의무에 직접 관계가 없는 사항에 관한 법률제정권은 입법권의 범위에 포함되지 못하는 문제점이 내포되어 있고, 후자는 국회가 모든 실질적인 입법권을 독점하게 되는 결과 정부의 행정입법권의 행사에 관해서 설명할 수 없게 되는 문제점을 가지고 있다. 그러나 이에 대해서도 헌법이나 규칙 등은 법률이 아니기 때문에 국회의 헌법개정에 관한 권한이나 국회의 규칙제정권에 관한 설명에 어려움이 있게 되며, 법규사항을 형식적 의미의 법률이 아닌 명령으로도 규율할 수 있다는 비판을 받고 있다.

2) 입법의 특성

(1) 입법의 일반성 · 추상성
(2) 처분적 법률

2. 입법권의 주체

1) 국회중심입법의 원칙

국회가 입법권을 가진다는 것은 모든 법규범의 정립작용을 국회만이 행사할 수 있다는 것을 의미하는 것은 아니다. 현대국가에 있어서 국회가 입법의 중심기관이므로 헌법에 규정된 법률사항에 대한 입법은 국회가 독점하며, 국회 이외의 기관이 법률을 제정하지 못한다고 하는 것이 국회중심입법의 원칙이라고 한다(통설). 따라서 헌법이 정책적 이유에서 다른 국가기관에 법규범을 정립할 수 있는 권한을 부여하고 있는 경우, 즉 행정입법, 자치입법권, 사법입법(대법원 · 헌법재판소) 선거 · 정당사무에 관한 입법, 조약체결권, 긴급명령권, 긴급재정 · 경제명령과 같은 경우는 국회가 행사하는 입법권의 범위에 속하지 않는다.

2) 국회단독입법의 원칙

국회단독입법의 원칙이라 함은 법률의 제정에 있어 본질적인 부분인 심의와 의결은 국회가 단독으로 행한다는 원칙을 말한다. 다만 이에 대한 예외로서 정부의 법률안제출권, 대통령의 법률안거부권 · 법률안공포권이 그것이다.

---

323) 허영, 전게서, 507면.

3. 입법권의 범위

1) 헌법개정에 관한 권한

국회는 재적의원 과반수의 발의로 헌법의 개정을 제안할 수 있다. 제안된 헌법개정안은 대통령이 20일 이상의 기간 동안 이를 공고하고, 공고한 날로부터 60일 이내에 국회의 의결을 거쳐야 한다. 이때 의결은 재적의원 3분의 2 이상의 기명투표에 의한 찬성을 얻어야 하며, 수정통과는 공고제도에 위배되므로 허용되지 않는다.

2) 법률제정권

> 제52조 국회의원과 정부는 법률안을 제출할 수 있다.
> 제53조 ① 국회에서 의결된 법률안은 정부에 이송되어 15일 이내에 대통령이 공포한다.
> ② 법률안에 이의가 있을 때에는 대통령은 제1항의 기간 내에 이의서를 붙여 국회로 환부하고, 그 재의를 요구할 수 있다. 국회의 폐회 중에도 또한 같다.
> ③ 대통령은 법률안의 일부에 대하여 또는 법률안을 수정하여 재의를 요구할 수 없다.
> ④ 재의의 요구가 있을 때에는 국회는 재의에 붙이고, 재적의원 과반수의 출석과 출석의원 3분의 2 이상의 찬성으로 전과 같은 의결을 하면 그 법률안은 법률로서 확정된다.
> ⑤ 대통령이 제1항의 기간 내에 공포나 재의의 요구를 하지 아니한 때에도 그 법률안은 법률로서 확정된다.
> ⑥ 대통령은 제4항과 제5항의 규정에 의하여 확정된 법률을 지체 없이 공포하여야 한다. 제5항에 의하여 법률이 확정된 후 또는 제4항에 의한 확정법률이 정부에 이송된 후 5일 이내에 대통령이 공포하지 아니할 때에는 국회의장이 이를 공포한다.
> ⑦ 법률은 특별한 규정이 없는 한 공포한 날로부터 20일을 경과함으로써 효력을 발생한다.

(1) 법률의 개념

법률이라 함은 넓은 의미로는 성문법·불문법을 포함해서 법규범 일반을 의미하며, 좁은 의미로는 국민 상호 간 또는 국가와 국민 간의 관계를 규율하는 법규를 가리키는 경우가 있다. 이와 같은 실질적 의미의 법률에 대해서 형식적 의미의 법률이라 함은 국법의 한 형식으로서 특히 '법률'로서 국회가 헌법상의 일정한 입법절차에 따라 심의·의결하고, 대통령이 서명·공포함으로써 성립하는 것을 말한다. 여기에서 법률이라고 하는 것은 후자를 의미한다.

이와 같은 형식적 의미의 법률은 법치주의 하에서는 국민이 선출한 대표자로 구성되는 국회의 심의·의결을 필요로 하고, 헌법을 제외하면 가장 강력한 형식적 효력을 인정받고 있는 것이다.

(2) 법률의 유형

① 의의: 처분적 법률이라 함은 집행이나 사법을 매개로 하지 않고 직접 국민의 권리나 의무를 발생하게 하는 법률을 의미한다. 이는 오늘날 사회적 법치국가 하에서 국가기능의 확대와 비상적 위기상황의 항상화로 일반적 법률만으로는 국민의 생존과 복지국가적 요청에 대처할 수 없는 경우가 빈발함으로써 직접 구체적·개별적 사건을 그 대상으로 처분적 법률의 필요성이 인정되고 있다.

② 처분적 법률 유형

ⓐ 일정한 범위의 소수의 국민만을 규율의 대상으로 하는 개별인적 법률

ⓑ 개별적·구체적 상황 또는 사건만을 규율의 대상으로 하는 개별사건적 법률

ⓒ 적용기간이 한정된 한시적 법률

③ 처분적 법률의 유효성 여부

(3) 법률의 규율사항

원칙적으로 실질적 의미의 입법은 법률로 구성된다. 즉 추상적 법규의 정립은 일반적으로 법률의 전속적인 관할사항이라고 이해된다.

현행 헌법은 일정한 사항 국민의 자격, 교육의무 노동기준, 재산권의 내용 납세의무, 죄형법정주의 등에 대해서 법률의 소관사항이라고 한 점을 특히 명문으로 규정하고 있다. 법률의 규율사항은 명령 기타 하위의 형식으로 규정하는 것은 허용되지 않는다.

(4) 법률제정절차

① 법률안제출권자: 현행 헌법상 법률안은 국회의원과 정부가 제출할 수 있다. 이때 정부가 법률안을 제출할 때에는 국무회의의 심의를 거쳐야 하고, 의원이 법률안을 발의할 때는 의원 20인 이상의 찬성을 얻어 의장에게 제출하여야 한다. 다만 예산상의 조치가 수반되는 법률안 기타 의안의 경우에는 예산명세서를 첨부하여야 한다(국회법 제79조). 그리고 국회법은 소관사무와 관련해서 상임위원회에 법률안제출권을 부여하고 있고, 제출자는 위원장이 된다(동법 제51조).

② 심의와 의결: 법률안이 제안되면 국회의장은 법률안을 인쇄하여 의원에게 배부하고, 본회의에 보고하며, 소관 상임위원회에 회부한다. 상임위원회는 이 법률안을 심의·토의·가결한 후 법제사법위원회에서 자구수정을 거친 후 본회의에 상정하여 심사보고하며 재적의원과반수의 출석과 출석의원 과반수의 찬성으로 의결한다.

③ 정부이송: 법률안이 본회의에서 의결되면 정부에 이송된다. 정부는 국무회의의 심의에 회부하여 공포할 것인가 거부할 것인가를 결정한다.

④ 법률의 성립과 공포: 국회에서 의결된 법률안이 정부에 이송되고, 정부가 그 법률안에 대하여 이의를 가지지 아니할 때에는 국무회의의 심의를 거쳐 대통령이 이에 서명하고, 국무총리와 관계 국무위원이 부서한다. 이로써 법률은 성립하고 이를 대통령이 이송일로부터 15일 이내에 공포하게 된다. 다만 정부에 이송된 법률안이 15일 이내에 공포되지 않거나 재의요구도 없어서 법률이 확정되거나 재의결 후 5일 이내 대통령이 공포하지 않는 경우에는 국회의장이 법률을 공포한다.

⑤ 거부권행사와 재의: 대통령은 법률안에 이의가 있는 경우 15일 이내 이의서를 첨부하여 재의를 요구할 수 있고 폐회 중에도 같다(환부거부). 대통령이 거부권을 행사한 경우 국회에서 재의에 붙여 재적과반수의 출석과 출석 3분의 2 이상의 찬성으로 재의결되면 법률로 확정된다.

⑥ 법률의 효력발생: 법률에 특별한 규정이 없는 한 법률은 공포한 날로부터 20일이 경과함으로써 효력을 발생한다. 그리고 국민의 권리제한 또는 의무부과와 직접 관련되는 법률·대통령령·총리령 및 부령은 긴급히 시행하여야 할 특별한 사유가 있는 경우를 제외하고는 공포일로부터 적어도 30일이 경과한 날로부터 시행되도록 하여야 한다(법령등공포법률 제13조의2).

3) 조약의 체결·비준에 대한 동의권

> 제60조 ① 국회는 상호원조 또는 안전보장에 관한 조약, 중요한 국제조직에 관한 조약, 우호통상항해조약, 주권의 제약에 관한 조약, 강화조약, 국가나 국민에게 중대한 재정적 부담을 지우는 조약 또는 입법사항에 관한 조약의 체결·비준에 대한 동의권을 가진다.

헌법 제60조 제1항에 규정된 조약을 대통령이 체결·비준함에는 국회의 동의를 얻어야 한다. 이러한 조약들은 국민의 권리·의무에 관련되는 사항이거나 그 밖의 입법사항을 내용으로 하는 것이므로 국내법과 동일한 효력을 가지는 것이기 때문에 국민의 대표기관인 국회의 통제하에 둠으로써 대통령의 전단을 방지함에 그 제도적 의의가 있다. 그리고 이들 조약의 체결·비준에 대한 동의는 실질적으로 법률의 의결과 그 성질이 동일하다.

4) 국회의 규칙제정권

국회의 독립성 및 자율성을 보장하기 위하여 국회가 법률에 저촉되지 아니한 범위 안에서 의사와 내부규율에 관한 규칙을 제정할 수 있는 권한을 가진다(후술하는 국회의 자율권의 내용 참조).

4. 입법권의 한계

1) 국회가 행사하는 입법권의 한계

(1) 헌법상 기본원리와 기본질서

입법권은 헌법에 의해서 국회에 부여한 권한이므로 법률은 헌법의 하위규범에 해당한다. 따라서 입법권의 행사는 현행 헌법상의 기본원리나 기본질서, 기본제도에 위배되거나 이를 부정할 수 없다. 뿐만 아니라 개별적·구체적인 헌법규정에 반하거나(합헌성의 원칙), 국민의 자유와 권리의 본질적 내용을 침해하는 입법권을 행사할 수 없다.

(2) 국제법상의 일반원칙

헌법 제6조 제1항은 국제질서존중주의를 천명하고 있으므로 국제법상의 일반원칙을 정면으로 부정하는 법률을 제정할 수 없다.

(3) 기본권의 본질적 내용

법률에 의하여 기본권을 제한하는 경우에도 기본권의 본질적 내용을 침해하는 것이어서는 안 된다.

(4) 입법재량의 기속성

국회는 헌법에 위배되지 않는 범위 내에서 입법형성의 자유(입법재량권)를 가진다. 그러나 이 재량은 헌법에 기속된 재량이므로 법률을 제정함에 있어 그 재량권행사는 적법절차의 원칙, 비례와 공평의 원칙, 과잉금지의 원칙, 자의금지의 원칙, 신뢰보호의 원칙, 명확성의 원칙 등 헌법상 일반원칙에 위배되어서는 안 된다.

2) 한계를 벗어나 제정된 법률의 효력

국회가 입법권의 한계를 넘어 제정한 법률은 헌법위반으로 무효가 된다. 다만 어떤 법률이 과연 입법권의 한계를 벗어난 것이며 따라서 무효인가의 여부는 당해 법률이 재판의 전제가 되어 법원이 위헌법률심판제청을 하거나 국민이 위헌심사형 헌법소원심판제청을 하면 이에 대하여 헌법재판소가 개별적 판단을 내림으로써 결정된다.

5. 입법권에 대한 통제

1) 국회의 자율적 통제

헌법은 국회의원 20인 이상의 찬성을 얻어 법률안을 제출할 수 있도록 하고, 제출된 법률안을 소관 상임위원회의 심의를 거치도록 하였으며, 헌법개정안에 대해서는 재적의원 3분의 2 이상의 찬성과 기명투표의 방식을 채택함으로써 국회 내부에서의 통제절차를 마련하고 있다.

2) 대통령에 의한 통제

헌법은 국회의 경솔·부당한 입법을 방지하고 권력상호간의 견제와 균형을 실현하기 위하여 대통령에게 법률안거부권을 부여하고 있다. 따라서 대통령은 법률이 헌법에 규정된 의결절차와 의결정족수를 무시하고 제정된 때, 헌법의 기본원리나 개별규정에 위배된다고 판단되는 경우나 그 내용에 불만이 있는 경우에는 그 법률안에 대하여 거부권을 행사할 수 있다. 그밖에도 법률안제출권, 헌법개정안제안권, 조약체결권을 통해서도 입법권에 대한 제약을 가할 수 있다.

3) 법원과 헌법재판소에 의한 통제

법원은 재판의 전제가 법률이 헌법에 위반되는지 여부가 문제되는 경우 헌법재판소에 위헌법률심판을 제청하고 그 결정에 따라 재판을 할 수 있으므로 입법권에 대한 통제를 가할 수 있다. 그리고 헌법재판소는 법원에 의한 위헌법률심판의 제청이 있거나 입법에 대한 헌법소원심판이 제기되는 경우 이를 최종적으로 심사할 권한을 가지고 있으므로 입법권에 대한 통제가 가능하다.

4) 그 밖의 통제수단

국회가 악법을 제정한 경우 국민은 그에 대한 청원권을 행사할 수 있으며, 여론에 의한 시민불복종운동을 전개함으로써 국회의 입법권에 대한 통제가 가능하다.

II. 재정에 관한 권한

1. 재정입법권

재정이라 함은 국가가 그 활동목적을 유지하기 위해서 필요한 재화를 조달하고 관리하며 사용하는 작용을 말한다. 이와 같은 국가의 재정작용은 형식적으로는 행정의 영역에 속하지만 국민의 생활에 직접적이고 중대한 영향을 미치기 때문에 국회의 강력한 통제를 받도록 하고 있다. 그것은 역사적으로 근대헌법의 성립에 밑거름이 되었던 근대 시민혁명들이 국왕의 징세권에 대한 투쟁과 구체제의 재정문란에 대한 격분에 기인해서 일어났고, 그 결과 시민들의 재산권에 대한 제약은 자신들의 대표자들이 제정하는 법률에 근거해서만 가능하게 되었다는 데 그 이유를 찾을 수 있다.

따라서 재정에 대해서는 통상의 법치행정의 원리 이상으로 엄격한 국회의 감독이 이루어진다. 그것은 재원조달에 있어서 권력적 성격이 허용될 뿐만 아니라 그 처리 결과는 국민의 생활에 직접·간접으로 중대한 영향을 미치기 때문에 재정의 올바른 집행이 국가 및 국민의 최대관심사인 것이다. 이와 같이 국가의 수입과 지출이 모두 국민생활에 깊이 관련되는 이상 민주주의헌법이라면 당연히 재정민주주의의 실현을 기본목표로 추구할 수밖에 없다. 즉 국가의 재정은 국민으로부터 나오는 것이고, 국민의 의사에 기초해서 처리되어야 하며, 국민전체의 이익과 행복을 위해서 운영되어야만 한다는 것이다. 이러한 근본원칙에서 재정에 있어서의 국회중심주의가 나오는 것이고, 현행 헌법이 국가의 수입과 지출 양면에 관해서 국회의 철저한 감독이 이루어지도록 조세법률주의뿐만 아니라 예산의결·결산심사권, 정부의 주요한 재정행위에 대한 동의·승인권을 부여한 것도 이러한 원칙을 구체화하는 데 그 목적이 있는 것이다.

2. 조세법률주의

제59조 조세의 종목과 세율은 법률로 정한다.

1) 조세법률주의의 의의

국가수입의 측면에서 가장 중요한 지위를 차지하는 조세는 국민에게 직접적인 경제상의 부담으로 나타나기 때문에 국회의 전면적인 통제를 받아야만 한다. 여기에서 조세의 종목과 세율은 법률로 정한다고 하는 조세법률주의가 인정된다. 조세는 한편으로는 국민의 헌법상의 의무임과 동시에 그 중요성과 강제징수의 성질에 비추어 국회의 입법권으로 하고 있는 것이다.

헌법 제59조는 근대입헌주의 헌법상 "대표 없으면 과세 없다(No taxation without representation)."는 사상에 기초한 것이지만, 오늘날에는 본조의 규정이 없다고 해도 법률에 의하지 않는 조세부과는 허용되지 않는다는 점에 의문의 여지는 없다. 그 이유는 조세법률주의가 과세요건을 법률로 규정하여 국민의 재산권을 보장하고, 과세요건을 명확하게 하여 국민생활의 법적 안전성과 예측가능성 및 공평한 납세의무를 부여하고자 하는 데 있기 때문이다.

헌법재판소 1989. 7. 21. 89헌마37 결정

조세법률주의는 조세평등주의와 함께 조세법의 기본원칙으로서, 법률의 근거 없이 국가는 조세를 부과·징수할 수 없고, 국민은 조세의 납부를 요구받지 않는다는 원칙이다.……(중략)…… 조세법률주의의 이념은 과세요건을 법률로 규정하여 국민의 재산권을 보장하고, 과세요건을 명확하게 규정하여 국민생활의 법적 안정성과 예측가능성을 보장하겠다는 것이다.

2) 조세법률주의를 구체화하는 제 원칙

(1) 과세요건법정주의

과세요건법정주의란 조세가 국민의 재산권 보장을 침해하는 것이 되기 때문에 납세의무를 성립시키는 납세의무자·과세물건·과세표준·과세기간·세율 등의 과세요건과 조세의 부과·징수절차를 모두 국민의 대표기관인 국회가 제정한 법률로 규정하여야 한다는 원칙을 말한다.

(2) 과세요건명확주의

과세요건명확주의란 과세요건을 법률로 규정하였다고 하더라도 그 규정내용이 지나치게 추상적이고 불명확하면 과세관청의 자의적인 해석과 집행을 초래할 염려가 있으므로 그 규정 내용이 명확하고, 일의적이어야 한다는 원칙을 말한다.

(3) 소급과세금지의 원칙

소급과세금지의 원칙이란 조세법규의 효력발생 전에 종결된 사실을 소급하여 과세요건으로 삼아 과세하지 못한다는 원칙을 말한다. 이는 헌법 제13조 제2항에서 모든 국민은 소급입법에 의하여 재산권을 박탈당하지 않는다는 소급입법금지의 원칙에서 파생되는 당연한 원칙이며, 국세기본법 제18조 제2항 역시 "국세를 납부할 의무가 성립한 소득·수익·재산·행위 또는 거래에 대하여는 그 성립 후의 새로운 세법에 의하여 소급하여 과세하지 아니한다."고 하여 이를 명시하고 있다.

(4) 유추금지의 원칙

유추금지의 원칙이란 납세의무자에게 불리하게 세법을 확대해석하거나 유추해석하여 적용해서는 안 된다는 것을 말한다. 다만 납세자에게 유리하게 유추해석하는 것은 가능하다.

(5) 신뢰보호의 원칙

신뢰보호의 원칙이란 행정기관의 어떤 언동에 대하여 국민이 그것의 정당성·존속성을 신뢰한 경우에 그 신뢰가 보호할 가치가 있으면 그 신뢰를 보호해 주어야 한다는 원칙을 말한다. 국세기본법 제18조 제3항은 "세법의 해석 또는 국세행정의 관행이 일반적으로 납세자에게 받아들여진 후에는 그 해석 또는 관행에 의한 행위 또는 계산은 정당한 것으로 보며, 새로운 해석 또는 관행에 의하여 소급하여 과세하지 아니한다."고 하여 이 원칙을 명시하고 있다.

3) 조세법률주의의 내용

(1) 조세

일반적으로 조세는 국가 또는 지방자치단체가 과세권에 근거해서 반대급부 없이 강제적으로 국민에게 부과하는 금전급부를 말한다. 헌법 제59조가 직접적으로는 조세만을 명시하고 있으나 실질적으로 조세와 동일한 의미를 가지는 강제적으로 부과·징수되는 준조세에 대해서도 본조가 적용되어야 한다고 본다.[324] 예컨대 국가나 지방자치단체가 제공하는 공공역무나 영조물의 이용 등에 대한 대가로서의 수수료, 국가나 지방자치단체가

---

324) 동지 김철수, 전게서, 561면.

독점하는 사업 혹은 공기업이 행하는 사업의 요금, 전매품의 가격 등이 여기에 속한다.

(2) 법률주의

조세를 부과·징수할 수 있는 근거인 법률의 지속력에 관한 입법주의에는 조세부과와 징수를 위해 매년 그에 관한 법률을 제정하는 일년세주의와 국회가 일단 조세에 관한 법률을 제정하면 그 법률에 따라 국가나 지방자치단체가 계속해서 조세를 부과·징수할 수 있도록 하는 영구세주의가 있다. 우리나라의 경우 법률은 제정되고 나면 별도의 규정이 없는 한 그 효력은 영구적인 것으로 보기 때문에 법률주의도 후자를 채택한 것이라고 보는 견해가 통설이며 타당하다고 본다.

(3) 법률에 의한 규제대상

조세법률주의의 내용으로서 헌법 제59조는 조세의 종목과 세율만을 규정하고 있다. 뿐만 아니라 납세의무자·과세물건·과세표준·세율·과세절차까지 포함된다는 것이 통설이자 헌법재판소의 입장이다.

> 헌법재판소 1989. 7. 21. 89헌마37 결정
> 조세법률주의는 이른바 과세요건 법정주의와 과세요건 명확주의를 그 핵심적 내용으로 삼고 있는바, 먼저 조세는 국민의 재산권 보장을 침해하는 것이 되기 때문에 납세의무를 성립시키는 납세의무자·과세물건·과세표준·과세기간·세율 등의 과세요건과 조세의 부과·징수절차를 모두 국민의 대표기관인 국회가 제정한 법률로 규정하여야 한다는 것이 과세요건 법정주의이고, 또한 과세요건을 법률로 규정하였다고 하더라도 그 규정내용이 지나치게 추상적이고 불명확하면 과세관청의 자의적인 해석과 집행을 초래할 염려가 있으므로 그 규정 내용이 명확하고, 일의적(一義的)이어야 한다는 것이 과세요건 명확주의라고 할 수 있다.
> 헌법재판소 1992. 2. 25. 90헌가69 등
> 헌법 제38조는 "모든 국민은 법률이 정하는 바에 의하여 납세의 의무를 진다."라고 규정하고, 제59조는 "조세의 종목과 세율은 법률로 정한다."라고 규정하였는데 위 두 개의 규정은 조세행정에 있어서의 법치주의(조세법률주의)를 선언하는 규정이다. 조세행정에 있어서의 법치주의 적용은 조세징수로부터 국민의 재산권을 보호하고 법적 생활의 안전을 도모하려는 데 그 목적이 있는 것으로서, 과세요건법정주의와 과세요건명확주의를 그 핵심적 내용으로 하는 것이지만 오늘날의 법치주의는 국민의 권리·의무에 관한 사항을 법률로써 정해야 한다는 형식적 법치주의에 그치는 것이 아니라 그 법률의 목적과 내용 또한 기본권보장의 헌법이념에 부합되어야 한다는 실질적 법치주의를 의미하며 헌법 제38조, 제59조가 선언하는 조세법률주의도 이러한 실질적 법치주의를 뜻하는 것이므로 비록 과세요건이 법률로 명확히 정해진 것일지라도 그것만으로 충분한 것이 아니고 조세법의 목적이나 내용이 기본권보장의 헌법이념과 이를 뒷받침하는 헌법상의 제 원칙에 합치되지 아니하면 아니 된다.

4) 조세법률주의의 예외

(1) 조례에 의한 지방세의 세목규정(지방세법상의 특례)

지방세에 관해서는 지방자치법 제126조와 지방세법 제3조에서 법률에 의한 위임으로 조례로써 정하도록 하고 있다. 이것은 지방세가 국민의 재산권에 중대한 영향을 미치는 것이지만 중앙정부가 모든 것을 획일적으로 확정하는 것은 지방자치제도의 본래의 취지를 살릴 수 없고, 지방세부과에 관한 조례는 주민의 대표로 구성되는 지방의회의 의결을 거치므로 조세법률주의에 반하지 않는다는 것이 통설이다.

헌법재판소 1995. 10. 26. 94헌마242 결정

지방세법 규정들의 합헌성문제는 지방자치를 제도적으로 보장하고 있는 헌법의 규정과 연관시켜 이해하여야 할 것이다.……(중략)…… 지방자치법 제126조는 "지방자치단체는 법률이 정하는 바에 의하여 지방세를 부과·징수할 수 있다."라고 하고, 지방세법 제3조는 지방세의 부과와 징수에 관하여 필요한 사항은 지방자치단체가 "조례"로써 정하도록 하고 있다. 이렇게 지방세법이 지방세의 부과와 징수에 관하여 필요한 사항을 조례로 정할 수 있도록 한 것은 지방세법은 그 규율대상의 성질상 어느 정도 요강적 성격(要綱的 性格)을 띨 수밖에 없기 때문이라고 해석된다. 왜냐하면 비록 국민의 재산권에 중대한 영향을 미치는 지방세에 관한 것이라 하더라도 중앙정부가 모든 것을 획일적으로 확정하는 것은 지방자치제도의 본래의 취지를 살릴 수 없기 때문이다. 더구나 지방세법의 규정에 의거하여 제정되는 지방세부과에 관한 조례는 주민의 대표로 구성되는 지방의회의 의결을 거치도록 되어 있으므로 법률이 조례로써 과세요건 등을 확정할 수 있도록 조세입법권을 부분적으로 지방자치단체에 위임하였다고 하더라도 조세법률주의의 바탕이 되고 있는, "대표 없이는 조세 없다."는 사상에 반하는 것도 아니다.

(2) 조약에 의한 협정관세율

외국과의 조약에 기초해서 관세의 세율이 협정되는 경우가 있다. 이것은 헌법 제6조에서 조약의 형식적 효력에 대해 국내법과 동일한 효력을 가진다고 인정하고 있기 때문에 헌법 제59조 위반의 문제는 발생하지 않는다는 것이 통설이다.

(3) 긴급재경·경제명령에 의한 예외

대통령은 중대한 재정·경제상의 위기극복을 위하여 법률의 효력을 가지는 명령을 발할 수 있으며, 이러한 긴급재정·경제명령은 조세법률주의에 대한 예외를 규정할 수 있다. 그러나 이것은 국회의 승인을 얻어야만 효력을 가질 수 있다.

3. 예산의 심의·확정권

1) 예산의 의의

예산이라 함은 하나의 회계연도에 있어서 국가의 세입·세출예정계획을 정한 것으로 정부의 재정에 관한 행위를 규율하기 위하여 국회의 의결로써 성립하는 법규범 일종을 말한다.

2) 예산의 법적 성질

예산의 성립을 예산안과는 별도의 법률의 형식으로 할 것인가 또는 예산안 그 자체로 성립시키는가에 관해서는 각 나라마다 상이하나 우리나라의 경우에는 예산안 그 자체를 의결하여 성립시키므로 예산비법률주의(예산·법률구별주의)를 취하고 있다.

예산과 법률이 별도의 형식으로 성립된다면 법률과의 관계에서 그 성질을 어떻게 파악할 것인가가 문제이다. 이에 관해서 예산은 국회가 정부에 대하여 세출의 사전승인을 해 줌으로써 정부의 지출책임을 해제하여 주는 것이라고 보는 승인설(법규범부인설)325)과 예산은 국회에서 예산안 그 자체로써 성립되지만 법률과 병립하는 국법의 한 형식이라고 보는 법규범설(법형식설)326)이 대립된다. 생각건대 예산은 단순히 세입세출의 견적표를 의미하는 것이 아니라 국가의 재정행위의 준칙이 되는 것이라는 점을 고려한다면 법규범의 일종으로 보는 다수설이 타당하다고 본다.

그리고 예산은 법률과 같이 국법의 한 형식으로서 법규범의 일종으로서 의결권자가 국회이고, 재적의원 과반수출석과 출석의원 과반수찬성으로 의결한다는 점에서 동일하지만, 다음과 같은 차이점이 있다.

---

325) 박일경, 전게서, 412면.
326) 문홍주, 전게서, 467면; 김철수, 전게서, 면; 권영성, 전게서, 면; 안용교, 전게서, 면; 허영, 전게서, 면.

기준	예산	법률
형식	법률과는 별개의 국법형식	입법의 형식
제안	정부	국회의원 · 상임위원회 · 정부
시간적 효력	당해 회계연도	폐지 시까지
구속력	국가기관만	국민과 국가기관 모두 구속
수정	삭감가능, 증액 · 신설불가	자유
제출 시한	회계연도 개시 90일 전	제한 없음.
대통령거부권	없음.	있음(환부거부).
공포	별도 절차 없이 의결로써 효력 발생	공포가 효력발생요건임.

이와 같은 차이점에도 불구하고 예산과 법률은 상호 밀접한 관계를 가진다. 즉 법률을 시행함에 있어서 예산의 뒷받침을 필요로 하는 경우가 많고, 예산도 그 수입과 지출을 가능케 하는 근거법률을 필요로 하기 때문에 양자는 상호 의존관계에 있지만, 어느 정도 는 상호 구속적인 관계를 형성한다.

3) 예산의 내용

예산의 대상이 되는 것은 예산회계법 제2조에 따라 매년 1월 1일에 시작하여 12월 31 일에 종료하는 하나의 회계연도에 있어서 국가의 재정행위이다.

예산회계법 제19조는 예산의 내용으로 예산총칙 · 세입세출예산 · 계속비 · 명시이월비 및 국고채무부담행위를 규정하고 있다. 그 내용은 다음과 같다.

(1) 예산총칙

예산총칙은 세입세출예산 · 계속비 · 명시이월비와 국고채무부담행위에 관하여 총괄적 인 내용을 규정한 부분을 말한다. 이외에도 국채 또는 차입금의 한도액 · 재정증권의 발 행과 일시차입금의 최고액 · 기타 예산집행에 관하여 필요한 사항을 규정하여야 한다(예 산회계법 제26조).

(2) 세입세출예산

제55조 ② 예비비는 총액으로 국회의 의결을 얻어야 한다. 예비비의 지출은 차기국회의 승인을 얻어야 한다.

세입세출예산은 예산의 실질적 내용을 이루는 부분으로서 한 회계연도의 모든 수입은 '세입'으로, 모든 지출은 '세출'로 하여 예산에 계상한 부분을 말한다. 세입 · 세출예산은 필요한 때에는 계정으로 구분할 수 있고, 중앙관서의 조직별로 구분한다(동법 제20조).

세입세출예산에는 예측할 수 없는 예산외의 지출 또는 예산초과지출에 충당하기 위하여 상당하다고 인정되는 금액으로 예비비를 계상할 수 있다(동법 제21조). 즉 예비비는 예산편성 시에 전혀 예견하지 못한 사건으로 금전지출이 필요하게 된 경우 또는 예산편성 시 계상된 금액과 집행시의 사정변경으로 부족분이 발생한 경우에 지출하기 위한 경비를 말하며 총액으로 국회의 의결을 얻어야 한다. 따라서 일반예산과는 달리 그것이 어떤 목적으로 어떻게 사용되었는가는 행정부의 재량에 속하기 때문에 그 개별적 · 구체적 지출을 차기국회의 승인을 얻도록 하고 있다. 다만 차기국회의 승인을 얻지 못한 경우라도 지출행위 그 자체에는 아무런 영향이 없으나 정부에 정치적 책임을 물을 수 있다.

(3) 계속비

제55조 ① 한 회계연도를 넘어 계속하여 지출할 필요가 있을 때에는 정부는 연한을 정하여 계속비로서 국회의 의결을 얻어야 한다.

계속비는 완성에 수 년도를 요하는 공사나 제조 및 연구개발사업에 충당하기 위하여 경비로서 그 총액과 연부액을 정하여 미리 국회의 의결을 얻은 범위 안에서 수 년도에 걸쳐서 지출할 수 있도록 한 예산을 말한다. 계속비로써 국가가 지출할 수 있는 연한은 필요하다고 인정하여 국회의 의결을 거쳐 그 연한을 연장하지 않는 한 당해 회계연도로부터 5년 이내로 한다(동법 제22조). 계속비는 보정예산의 한 종류로서 예산 1년주의의 원칙의 예외에 해당하는 것이다.

(4) 명시이월비

명시이월비는 세출예산 중 경비의 성질상 연도 내에 그 지출을 끝내지 못할 것이 예측될 때, 특히 그 취지를 세입세출예산에 명시하여 미리 국회의 승인을 얻어 다음 연도에 이월하여 사용할 수 있는 경비를 말한다(동법 제23조).

(5) 국고채무부담행위

국고채무부담행위는 법률에 의한 국고채무부담행위와 세출예산금액 또는 계속비의 총액의 범위 안의 행하는 것 이외의 목적으로 미리 예산으로 국회의 의결을 얻은 범위 안에서 국가가 채무를 부담하는 경우 또는 재해복구를 위하여 필요한 경우 매 회계연도마다 미리 예산으로서 국회의 의결을 얻은 범위 안에서 채무를 부담하는 행위를 말한다(동법 제24조). 국고채무부담행위는 사항마다 그 필요한 이유를 명백히 하고 그 행위를 할 연도 및 상환연도와 채무부담의 금액을 표시하여야 한다(동법 제27조).

4) 예산의 성립절차

> 제54조 ① 국회는 국가의 예산안을 심의·확정한다.
> ② 정부는 회계연도마다 예산안을 편성하여 회계연도 개시 90일 전까지 국회에 제출하고, 국회는 회계연도 개시 30일 전까지 이를 의결하여야 한다.
> 제57조 국회는 정부의 동의 없이 정부가 제출한 지출예산 각항의 금액을 증가하거나 새 비목을 설치할 수 없다.

(1) 예산안의 편성·제출

예산안의 편성과 제출은 정부의 고유권한으로서, 기획예산위원회가 작성한 예산안편성지침에 따라 각 중앙관서의 장이 그 다음 연도의 세입세출예산·계속비·명시이월비 및 국고채무부담행위요구서를 작성하여 예산청장에게 제출하면 예산청장이 이를 바탕으로 예산안을 편성하여 국무회의의 심의를 거쳐 대통령의 승인을 얻어 정부가 회계연도 개시 90일 전에 국회에 제출한다.

예산편성은 재정의 건전성을 유지하고 민주적 통제를 용이하게 하기 위하여 일반적으로 다음과 같은 원칙에 따르도록 되어 있다. 즉 한 회계연도마다 예산을 편성하는 예산1년주의, 국가의 세입·세출을 모두 예산에 계상하여 편성하는 총계예산주의(예산회계법 제18조), 예산은 국가의 세입·세출을 단일회계로 통일하여 편성하는 단일예산주의가 그 것이다(동법 제9조 제1항). 이러한 원칙에 대한 예외로서 일반회계에 대한 특별회계의 인정(동조 제2항), 본예산에 대한 추가경정예산(동법 제33조), 준예산(동법 제34조)이 인정되고 있다.

(2) 예산안의 심의·수정·확정

국회는 예산안을 소관 상임위원회별로 회부하여 예비심사를 하도록 하고, 예산결산특별위원회에 회부하여 심사케 한 후 본회의에 부의하며(국회법 제84조), 본회의에서 회계연도 개시 30일 전까지 재적의원 과반수의 출석과 출석의원 과반수의 찬성을 얻은 때에 성립한다.

국회의 심의에 있어서 제출된 예산(안)에 관해서 국회가 실제로 어느 정도의 수정권을 가지는가가 문제된다. 이에 관해서 현행 헌법 제57조는 국회가 정부의 동의 없이 지출예산 각항의 금액을 증가하거나 새 비목을 설치할 수 없다고 명문으로 규정하고 있기 때문에 적극적 수정권(증액·수정·신비목의 설치)은 정부의 동의가 있어야만 한다. 그리고 재정에 있어서 국회중심주의와 국민부담의 경감이라는 입장에서 소극적 수정권(폐지·삭제·감액)은 자유롭게 행사할 수 있다고 본다. 그리고 조약이나 법률로서 확정된 금액인 법률비와 채무부담행위로 인한 의무비는 삭감할 수 없으며 정부가 예산안의 修正動議를 할 때에는 본회의나 위원회의 동의를 얻어야 하며, 의원이 할 때에는 의원 50인 이상의 찬성이 있어야 한다. 또한 예산이 수반되는 국가적 사업을 규정한 법률이 존재하고, 정부가 이를 위한 예산안을 제출한 경우 국회는 이에 구속을 받는다.

5) 예산의 불성립과 예산의 변경

(1) 준예산(임시예산)

> 제54조 ③ 새로운 회계연도가 개시될 때까지 예산안이 의결되지 못한 때에는 정부는 국회에서 예산안이 의결될 때까지 다음의 목적을 위한 경비는 전년도 예산에 준하여 집행할 수 있다.
> 1. 헌법이나 법률에 의하여 설치된 기관 또는 시설의 유지·운영
> 2. 법률상 지출의무의 이행 3. 이미 예산으로 승인된 사업의 계속

예산은 매 회계연도가 시작하기 전에 성립·확정됨이 원칙이지만 어떤 사정으로 연도 내에 성립하지 못하는 경우가 있다. 이러한 경우 정부가 예산안이 의결될 때까지 전년도 예산에 준하는 범위 내에서 예산을 집행할 수 있는 권한을 부여한 것이 준예산제도이다.327) 전년도 예산에 준해서 지출할 수 있는 경우로는 ① 헌법이나 법률에 의하여 설치된 기관 또는 시설의 유지·운영, ② 법률상 지출의무의 이행, ③ 이미 예산으로 승인된 사업의 계속을 위한 범위 내에서 허용된다. 그리고 정부가 준예산으로 집행한 부분은 당해 연도의 예산이 성립되면 그 성립된 예산에 의하여 집행된 것으로 본다(예산회계법 제

---

327) 제헌헌법 제94조에 규정되었던 재정제도로 회계연도가 개시되기까지 부득이한 사유로 인하여 예산이 의결되지 못한 경우 1개월간 집행할 예산을 의결하고 그 기간 내에 예산을 의결토록 한 가예산제도가 있었다.

34조 제2항).

(2) 추가경정예산

> 제56조 정부는 예산에 변경을 가할 필요가 있을 때에는 추가경정예산안을 편성하여 국회
> 에 제출할 수 있다.

예산성립 후에 생긴 사유로 인하여 이미 성립된 예산에 변경을 가할 필요가 있을 때 정부가 추가경정예산안을 편성하여 국회에 제출하고 그 의결을 거쳐 성립하는 예산을 말한다. 경비부족을 이유로 하는 추가예산과 항목변경을 위한 경정예산으로 구성되며, 제출시기는 예산성립 후 수시로 가능하다. 그 밖의 사항은 본예산의 심의·확정절차와 동일하다.

6) 예산의 효력

(1) 시간적 효력

예산은 한 회계연도마다 작성되고 원칙적으로 당해 회계연도에만 통용된다. 다만 그 예외로서 계속비제도가 인정되고 있다.

(2) 대인적 효력

예산의 효력은 국가기관만을 구속하고 법률과 같이 일반국민을 구속하지는 않는다.

(3) 지역적 효력

예산은 국내외를 불문하고 효력을 미치므로 외국에 있는 국내공관에서의 수입·지출에도 적용된다.

(4) 실질적 효력

예산의 효력은 주로 세출을 규율하는 데 있다. 국가의 세입도 법령에 따라서 징수·수납되는데 세입예산은 단지 예정표에 지나지 않고, 다만 세출의 재원으로서 세입예산을 정한 것이 법적으로 요구되는 데 지나지 않는다. 이에 대해 세출은 예산에 따라서 지출의 목적·시기·최고한도금액이 정해진다. 따라서 다음과 같은 원칙에 따를 것이 요구된다.

① 목적 외의 사용의 금지: 지출목적은 예산의 각 항목으로 정해지고 각 중앙관서의 장은 세출예산이 정한 목적 이외에 경비를 사용하거나 예산이 정한 각 기관 간, 각 장·관·항 간에 상호 이용할 수 없다(예산회계법 제36조).

② 예산의 전용의 제한: 각 중앙관서의 장은 대통령이 정하는 바에 의하여 각 세항 또는 목의 금액을 재정경제부장관의 승인을 얻어 전용할 수 있다(동법 제37조).

③ 연도 내 지출: 매 회계연도의 세출예산은 다음 연도에 이월하여 사용할 수 없다(동법 제38조).

4. 결산심사권

제99조 감사원은 세입·세출의 결산을 매년 검사하여 대통령과 차년도 국회에 그 결과를 보고하여야 한다.

1) 의의

결산이라 함은 한 회계연도에 있어서 국가의 현실적인 수입·지출의 실적에 대한 확정적 계수를 내용으로 하는 국가행위의 한 형식을 말한다. 예산이 재정행위의 준칙으로서 정부를 구속하고, 이를 통해서 사전에 재정의 민주적 통제를 도모하려는 것이라면, 결산심사권은 사후에 정부의 예산집행결과의 적부를 심사함으로써 재정에 대한 민주적 감독·통제권의 실효성을 부여하기 위한 수단으로서 기능을 한다.

2) 절차

(1) 세입세출결산의 제출과 송부 및 국회제출

재정경제부장관은 세입세출결산에 각 중앙관서의 세입세출결산보고서, 계속비결산보고서 및 국가의 채무에 관한 계산서를 첨부하여 다음 연도 6월 10일까지 예산청장 및 감사원에 제출하여야 한다. 감사원은 세입세출결산서를 검사하고 그 보고서를 다음 연도 8월 20일까지 재정경제부장관에게 송부하여야 한다(예산회계법 제44조). 정부는 감사원의 검사를 거친 세입세출결산을 회계연도마다 다음다음 회계연도 개시 120일 전까지 국회에 제출한다(동법 제45조).

(2) 국회의 심사

국회는 결산보고서를 소관 상임위원회별로 회부하여 예비심사를 하도록 하고, 예산결산특별위원회에 회부하여 심사케 한 후 본회의에 부의한다(국회법 제84조). 국회는 결산심사 결과 예산집행이 부당하다고 인정하는 경우 그 정치적 책임과 법적 책임(탄핵소추)을 추궁할 수 있다.

5. 정부의 재정행위에 대한 국회의 동의 및 승인권

> 제58조 국채를 모집하거나 예산 외에 국가에 부담이 될 계약을 체결하려 할 때에는 정부는 미리 국회의 의결을 얻어야 한다.

국회는 위에서 설명한 재정에 관한 권한 이외에도 긴급재정·경제처분 및 그 명령에 대한 승인권, 예비비지출승인권, 기채동의권, 예산 외에 국가의 부담이 될 계약 체결에 대한 동의권, 국가나 국민에게 중대한 재정적 부담을 지우는 조약의 체결·비준에 대한 동의권 등을 통해서 정부의 재정행위에 대한 감독과 통제를 행할 수 있다.

Ⅲ. 국정통제에 관한 권한

1. 국방 및 외교정책에 대한 동의권

> 제60조 ① 국회는 상호원조 또는 안전보장에 관한 조약, 중요한 국제조직에 관한 조약, 우호통상항해조약, 주권의 제약에 관한 조약, 강화조약, 국가나 국민에게 중대한 재정적 부담을 지우는 조약 또는 입법사항에 관한 조약의 체결·비준에 대한 동의권을 가진다.
> ② 국회는 선전포고, 국군의 외국에의 파견 또는 외국군대의 대한민국 영역 안에서의 주류에 대한 동의권을 가진다.

국회는 헌법 제60조 제1항에 열거된 조약을 체결·비준에 대한 동의권을 행사함으로써 정부의 외교정책에 관여할 수 있고, 선전포고·국군의 해외파견·외국군대의 국내주류에 대해서도 동의권을 가짐으로써 대통령의 국군통수권에 대한 견제수단을 행사할 수 있다.

2. 국정감사 · 조사권

> 제61조 ① 국회는 국정을 감사하거나 특정한 국정사안에 대하여 조사할 수 있으며, 이에 필요한 서류의 제출 또는 증인의 출석과 증언이나 의견의 진술을 요구할 수 있다.
> ② 국정감사 및 조사에 관한 절차 기타 필요한 사항은 법률로 정한다.

1) 국정감사 · 조사권의 의의 및 연혁

국정감사권이라 함은 국회가 매년 정기적으로 국정전반에 걸쳐 감사할 수 있는 권한을 말하며, 국정조사권이라 함은 국회가 특정한 국정사안을 대상으로 부정기적으로 조사할 수 있는 권한을 말한다.

국회의 국정조사권의 유래는 1968년 영국회의회가 아일랜드전쟁의 패인을 조사하여 그 책임소재를 규명하기 위해 특별위원회를 구성 · 활동한 것에서 찾고 있다. 그 후 구미 제국에서 이를 계수하여 국회의 입법권을 구체화하는 요소로서 명문의 규정 유무에도 불구하고 승인되어 왔다. 각국에서의 국정조사권의 모습은 각각의 국회의 지위와 발전과정에 따른 차이가 있지만 근대의 민주적 의회제의 불가결한 요소로서 인정되고 있다.

우리나라의 경우 1962년 헌법까지 국회는 일반감사권으로서 국정감사권을 가지고 있었으나, 이 권한은 외국헌법에서는 그 예를 찾아볼 수 없는 것이고 그것이 남용되었다는 이유로 1972년 헌법에서 삭제되었다. 다만 국회의 국정에 관한 조사권은 명문의 규정이 있든 없든 국회의 제 권능을 행사함에 불가결한 보조적 권한으로 보아 1975년 개정된 국회법에서 본회의 또는 위원회는 그 의결로 특정한 사안에 한하여 조사할 수 있는 국정 조사권의 법적 근거를 마련하였다. 그 후 1980년 헌법에서는 국회의 국정조사권을 헌법 상 최초로 명문화함으로써 종래 국회법상 인정되었던 것을 헌법적 권한으로 강화하였다.

현행 헌법은 제61조에서 본래의 국정조사권 외에 1972년 헌법 이전까지 허용되었던 국정감사권까지 부활하였고, 또한 구헌법에 규정되었던 "다만 재판과 진행 중인 범죄수사 · 소추에 간섭할 수 없다."라는 단서조항마저 삭제하였다.

2) 국정감사 · 조사권의 법적 성질

국정조사권의 법적 성질에 관해서는 이 권한이 독립적 권한이냐 보조적 권한이냐 하는 점과 관련하여 견해가 대립되고 있다. 그런데 현행 헌법은 이와 별도로 국정감사권을 명문으로 규정하여 양자의 법적 성격이 문제된다. 이하에서 먼저 국정조사권의 법적 성질에 관한 학설을 살펴보고, 우리나라에서 국정감사 · 조사권의 법적 성격에 관한 학설을 살펴보기로 한다.

먼저 독립적 권한설에 따르면 국정조사권은 국회가 최고기관으로서 가지는 권한이고, 입법에 관한 권한·예산에 관한 권한·국정통제에 관한 권한과 더불어 국회의 제4의 권한이라고 본다. 이에 대하여 보조적 권한설에 따르면 국정조사권은 국회가 헌법상 다른 제 권한을 유효하고 적절하게 행사할 수 있도록 하는 하기 위한 보조적 권한이라고 한다. 이 견해는 연혁적으로 영국에 기원을 두고 그 후 유럽 각국과 미국에 계수되어 판례 및 다수설의 지위를 차지하고 있다. 국정조사권의 법적 성질에 관해서는 우리나라에서도 보조적 권한이라고 보는 것이 다수설이다.

그리고 국정감사권의 법적 성질에 관해서는 국정조사권이나 국정감사권이나 모두 보조적 권한으로 보는 견해,328) 국정조사권은 보조적 권한이지만 국정감사권은 독립적 권한이라고 보는 견해329) 및 양자의 법적 성질에 관한 논란은 실익이 없다고 보는 견해330)가 대립된다.

3) 국정감사·조사권의 주체

국회의 국정감사·조사권의 주체는 양원제 하에서는 兩院이 모두 그 주체가 되고, 단원제 하에서는 국회가 그 주체가 된다. 현행 헌법은 국회의 조직을 단원제로 하고 있고, 국회가 국정감사권 및 국정조사권을 가진다고 하여 국회가 그 주체임을 명시하고 있다. 그리고 국정감사 및 조사에 관한 법률에 의하면 상임위원회 또는 조사위원회가 직접 그 집행을 담당하는 것으로 규정하고 있다.

4) 국정감사·조사권의 시기와 기간

(1) 국정감사의 시기와 기간

국정감사는 매년 정기국회 집회일 다음 날부터 각 소관 상임위원회별로 행한다. 감사기간은 20일로 법정화되어 있으면 이는 연장 또는 단축할 수 없다. 다만 본회의의 의결에 의하여 그 시기를 변경하는 것은 가능하다(국정감조법 제2조 제1항).

---

328) 권영성, 전게서, 666면.
329) 김철수, 전게서, 589면.
330) 허영, 전게서, 547면.

(2) 국정조사의 시기와 기간

국정조사는 국회재적의원 3분의 1 이상이 조사의 목적, 조사할 사안의 범위와 조사를
시행할 위원회 등을 기재한 조사요구서에 의한 요구로써 특별위원회 또는 상임위원회가
행한다. 조사기간은 조사위원회가 작성한 조사계획서에 명시된 기간 동안이며, 본회의의
의결로써 그 기간을 연장 또는 단축할 수 있다. 다만 조사계획서에 그 활동기간이 확정
되지 않은 경우에는 조사위원회의 조사결과가 본회의에서 의결될 때까지로 한다(동법 제
3조 · 제9조).

5) 국정감사 · 조사의 방법과 장소

(1) 국정감사 · 조사의 방법

국정감사 및 조사의 방법은 감사는 비공개로, 조사는 공개로 행한다(동법 제12조). 국
회는 국정감사 · 조사를 하기 위하여 필요한 서류의 제출요구 및 증인 · 감정인 · 참고인
의 출석을 요구하고 검증을 할 수 있다. 또한 필요한 경우에는 청문회를 개최할 수 있다.
그리고 증언이나 감정의 거부를 처벌할 수 있으며 증인의 불출석에 대하여는 동행명령장
에 의한 동행명령을 할 수 있고 이에 응하지 않으면 국회모욕죄로 고발할 수 있다.

(2) 국정감사 · 조사의 장소

국정감사 또는 조사는 위원회에서 정하는 바에 따라 국회 또는 감사 · 조사대상의 현
장이나 기타 장소에서 할 수 있다(동법 제11조).

6) 국정감사 · 조사권의 대상과 범위

(1) 국정감사 · 조사권의 대상

국정감사의 대상은 국회의 권한에 속하는 국정전반에 걸쳐 감사할 수 있으며, 국정조
사는 특정사안에 한하여 조사할 수 있다.

국정감사의 대상기관은 국가기관 · 특별시 · 광역시 · 도의 위임사무, 정부투자기관, 한
국은행, 농업 · 수산업 · 축산업협동조합중앙회, 본회의가 특히 필요하다고 의결한 경우
지방행정기관 · 지방자치단체 · 감사원법에 의한 감사원의 감사대상기관이 포함된다(동법
제7조).

국정조사의 대상기관은 국정조사 시 국회본회의가 의결로 승인한 조사계획서에 기재된 기관이다.

(2) 국정감사 · 조사권의 범위

① 입법에 관한 사항: 국회는 입법을 위하여 필요한 사항에 관하여 감사 · 조사할 수 있다. 이것은 법률의 제정 · 개정 · 폐지 등에 필요한 조사이기 때문에 국회입법뿐 아니라 위임입법이나 자치입법이 위임법률의 범위를 이탈했는지 여부까지 조사할 수 있다. 그 밖에 조약 · 법원규칙 · 헌법재판소규칙 · 중앙선거관리위원회규칙의 위헌성 여부, 긴급명령과 긴급재정경제처분 및 그 명령의 위헌 여부와 그 타당성 여부 등도 감사 · 조사할 수 있다.

② 재정에 관한 사항: 국회는 정부의 재정작용에 대한 의결권 · 승인권 · 동의권 등을 가지고 있기 때문에 예산 · 결산 · 조세 등 국가의 재정상황 전반을 감사 · 조사할 수 있다.

③ 행정에 관한 사항: 국회는 행정부통제권을 유효 · 적절하게 행사하기 위해 필요한 경우 일반행정작용의 전반에 걸친 적법성 및 타당성 여부를 조사할 수 있다. 특히 국무총리 등에 대한 해임건의나 고위직공무원에 대한 탄핵소추를 위한 감사 · 조사를 할 수 있다. 행정작용의 일부분인 검찰작용 중 범죄수사나 기소 · 불기소 등도 인권옹호 또는 검찰행정의 신중성유지를 위하여 감사 · 조사할 수 있다. 그리고 수사나 소추의 대상이 되어 있는 범죄사건일지라도 소추에 간여할 목적이 아니라 탄핵소추나 해임건의 등 정치적 목적을 위해서는 감사 · 조사할 수 있다.

④ 사법에 관한 사항: 국회는 법원과 헌법재판소의 예산운용과 재판의 신속한 처리 여부, 법관의 유효 · 적절한 배치 및 사법사무규칙의 제정에 관한 사항 등 사법행정에 관한 감사 · 조사를 할 수 있다.

⑤ 국회 내부에 관한 사항: 국회는 국회의 규칙제정, 국회의 운영, 의원징계 및 자격심사, 기타 청원이나 진정을 처리하기 위해 필요한 사항을 감사 · 조사할 수 있다.

7) 국정감사 · 조사권의 한계

(1) 권력분립상의 한계

① 행정부에 대한 불간섭: 국회는 앞에서 본 바와 같이 일반행정 전반에 관한 사항을 감사 · 조사할 수 있다. 그렇다고 해서 국회가 직접 행정작용을 행하거나 정치적 압력을

가할 목적에서 행하는 감사·조사는 허용되지 않는다. 그리고 검찰작용도 준사법적 성질을 갖는 것이므로 정치적 목적이 아닌 구체적 사건의 수사나 기소·불기소에 대하여 방해하거나 소추에 간섭하기 위한 감사·조사는 허용되지 않는다.

② 사법권의 독립: 국회의 국정감사·조사권발동은 사법권의 독립을 침해하지 못한다. 계속 중인 재판에 대하여 그 재판절차의 당부나 법원이 소송절차를 통하여 판단해야 하는 부분을 국회가 감사·조사하는 것은 사법권의 독립을 침해하는 것이 된다. 소송계속 전에 조사가 개시된 경우라도 그것이 재판에 중대한 영향을 미치는 것일 때에는 중지해야만 한다. 다만, 재판과 관계없이 동일 사건을 탄핵소추나 해임건의 등 다른 목적을 위해서는 행하는 감사·조사는 가능하다.

(2) 기본권보장을 위한 한계

국회는 국민대표기관으로서 국민의 기본권보장의 의무를 진다. 따라서 국회의 감사·조사도 국민의 기본권을 침해해서는 안 된다. 국정감조법도 제8조에서 이를 명시하고 있는바, "감사 또는 조사는 개인의 사생활을 침해…… 목적으로 행사되어서는 아니 된다."고 명시하고 있다. 따라서 국정과 관계없는 개인은 순수한 사생활은 국정감사·조사권의 한계를 이룬다. 다만 국가작용과 관련된 사항은 개인의 사생활이라고 해도 감사 또는 조사의 대상이 될 수 있다. 그리고 형사상 자기에게 유죄판결의 기초가 되는 사실이나 양형상 불리한 진술을 거부할 수 있는 불리진술거부권을 침해할 수 없다. 그리고 양심의 자유와 관련하여 정치적 신조나 직무상의 비밀에 관한 증언도 강제할 수 없다.

(3) 국가의 중대한 이익상의 한계

국회가 공무원 또는 공무원이었던 자에 대하여 증언을 요구하거나 국가기관에 대한 서류제출을 요구한 경우 증언할 사실이나 제출할 서류의 내용이 직무상 비밀에 속한다는 이유로 증언이나 서류제출을 거부할 수 없다. 다만, 군사·외교·대북관계의 국가기밀사항으로서 국가의 안위에 중대한 영향을 미친다는 주무부장관 소명이 증언 등의 요구를 받은 후 5일 이내에 있는 경우에는 거부할 수 있다.

3. 국무총리·국무위원 또는 정부위원의 국회출석요구 및 질문권

제62조 ① 국무총리·국무위원 또는 정부위원은 국회나 그 위원회에 출석하여 국정처리

상황을 보고하거나 의견을 진술하고 질문에 응답할 수 있다.
② 국회나 그 위원회의 요구가 있을 때에는 국무총리·국무위원 또는 정부위원은 출석·
답변하여야 하며, 국무총리 또는 국무위원이 출석요구를 받은 때에는 국무위원 또는 정부
위원으로 하여금 출석·답변하게 할 수 있다.

국무총리·국무위원 또는 정부위원의 국회출석요구 및 질문권은 의회와 집행부의 공화·협조관계를 전제로 하는 의원내각제 정부형태에서는 당연히 인정되는 것이나, 兩府의 엄격한 독립을 전제로 하는 대통령제 정부형태에서는 예외적인 제도이다. 현행 헌법상 이 제도는 국회와 정부가 긴밀한 공화·협조관계를 유지하면서 효과적인 정책수립과 집행을 가능케 함과 동시에 국회의 행정부통제권의 실효성을 보장하기 위한 수단으로서 의원내각제적 요소가 도입된 것이며, 국회의 권한이자 의무로서의 성격을 가진다.

국회 본회의가 국무총리·국무위원 또는 정부위원의 출석을 요구하기 위해서는 의원 20인 이상이 이유를 명시한 서면으로 하여야 하며, 위원회도 의장을 경유하여 요구할 수 있다(제121조 제1항·제2항). 국회 본회의나 위원회의 이와 같은 요구가 있으면 국무총리·국무위원 또는 정부위원331)은 출석·답변하여야 하며, 국무총리 또는 국무위원이 출석요구를 받은 때에는 의장 또는 위원장의 승인을 얻어 국무총리는 국무위원으로 하여금, 국무위원은 정부위원으로 하여금 대리하여 출석·답변하게 할 수 있다(제121조 제3항). 그리고 특정한 사안에 대하여 질문하기 위하여 대법원장·헌법재판소장·중앙선거관리위원회위원장·감사원장 또는 그 대리인의 출석을 요구할 수 있다(제121조 제4항).

4. 국무총리·국무위원에 대한 해임건의권

제63조 ① 국회는 국무총리 또는 국무위원의 해임을 대통령에게 건의할 수 있다.
② 제1항의 해임건의는 국회재적의원 3분의 1 이상의 발의에 의하여 국회재적의원 과반수의 찬성이 있어야 한다.

국회의 국무총리·국무위원에 대한 해임건의제도는 대통령의 보좌기관인 국무총리나 국무위원에게 정치적 책임을 추궁함으로써 간접적으로 국회가 대통령을 견제하기 위한 정치적 통제권의 한 종류이다. 다만 국회의 해임건의권은 대통령에 대한 법적 구속력이

---

331) 여기서 정부위원이라 함은 국무총리나 국무위원을 보좌하기 위하여 국회에 출석하여 의견을 진술하고 질문에 답하는 정부직원을 말하며, 정부조직법 제10조에 규정된 부·처·청의 처장·차관·청장·차장·실장·국장(외국의 국장을 포함한다) 또는 부장 및 차관보와 외교통상부·행정자치부의 본부장 등이 정부위원이다.

없기 때문에332) 사실상 무의미한 제도라는 비판을 받고 있다.333)

헌법상 탄핵소추의 사유를 '직무집행에 있어서 헌법이나 법률에 위배한 때'라고 명시한 것과 비교하여 국회가 해임건의를 할 수 있는 사유에 관해서는 아무런 규정을 하지 않았기 때문에 제한 없이 해임건의를 할 수 있으며, 따라서 탄핵소추에 비해 그 범위가 포괄적이다.

해임건의절차는 국회재적의원 3분의 1 이상의 발의와 국회재적의원 과반수의 찬성이 있어야 한다. 다만 해임건의에 대한 의결은 본회의에 보고된 때부터 24시간 이후 72시간 이내에 무기명투표로 표결하여야 하며 이 기간 내에 표결하지 않으면 해임건의안은 폐기된 것으로 본다(제112조 제7항).

5. 탄핵소추권

> 제65조 ① 대통령·국무총리·국무위원·행정각부의 장·헌법재판소 재판관·법관·중앙선거관리위원회 위원·감사원장·감사위원 기타 법률이 정한 공무원이 그 직무집행에 있어서 헌법이나 법률을 위배한 때에는 국회는 탄핵의 소추를 의결할 수 있다.
> ② 제1항의 탄핵소추는 국회재적의원 3분의 1 이상의 발의가 있어야 하며, 그 의결은 국회재적의원 과반수의 찬성이 있어야 한다. 다만, 대통령에 대한 탄핵소추는 국회재적의원 과반수의 발의와 국회재적의원 3분의 2이상의 찬성이 있어야 한다.
> ③ 탄핵소추의 의결을 받은 자는 탄핵심판이 있을 때까지 그 권한행사가 정지된다.
> ④ 탄핵결정은 공직으로부터 파면함에 그친다. 그러나, 이에 의하여 민사상이나 형사상의 책임이 면제되지는 아니한다.

1) 의의

탄핵제도라 함은 일반적인 사법절차나 징계절차에 따라 소추하거나 징계하기가 곤란한 행정부의 고위직 공무원이나 법관 등과 같이 신분이 보장된 공무원이 직무상 중대한 비위를 범한 경우에 이를 의회가 소추하여 처벌하거나 파면하는 것을 말한다. 현행 헌법은 탄핵소추권과 탄핵심판권을 각각 국회와 헌법재판소에 분장시켜 국회가 국가의 중요공무원이나 신분이 보장된 공무원의 위헌·위법의 직무행위를 적발하여 헌법재판소에 소추하면 그에 따라 헌법재판소가 심판권을 행사한다. 다만 국회가 탄핵소추권을 행사할 것인

---

332) 이에 대해 현행 헌법상 해임건의권은 제3공화국 헌법상의 해임건의와 유사하다고 하여 대통령에의 해임건의는 법적 구속력이 있으나, 특별한 사유가 있는 경우에는 대통령은 이에 응하지 않을 수 있다고 보는 견해가 있다(김철수, 전게서, 654면).

333) 권영성, 전게서, 564면; 안용교, 전게서, 822면.

지 여부는 국회의 재량에 속한다고 할 것이다.

성질은 징계적 처벌(파면하여 공직취임에의 금지)뿐만 아니라 형사벌적 성격을 가진다.

2) 탄핵소추권자

현행 헌법은 '국회는 탄핵의 소추를 의결할 수 있다'고 규정하여 탄핵소추권을 국회의 전속적 관할로 하고 있다. 비교법상 양원제 의회를 채택한 경우에는 통상 하원이 소추기관이 되며, 감찰원(자유중국)·법무장관(엘살바도르)·대통령(이집트)이 탄핵소추기관인 입법례도 있다.

3) 탄핵소추의 대상자

탄핵소추의 대상자는 대통령, 국무총리, 국무위원, 행정각부의 장, 헌법재판소 재판관, 법관, 중앙선거관리위원회 위원, 감사원장, 감사위원 기타 법률이 정한 공무원이다.

현재 기타 법률이 정한 공무원에는 검찰청법 제37조에 따라 검사가 포함된다. 검사 이외에 입법으로 탄핵소추의 대상이 되는 공무원의 범위를 정하는 경우, 포함시켜야 할 공무원의 범위에 관해서는 각 군 참모총장·정부위원·고위 외교관 등이 논의되고 있다.334)

4) 탄핵소추의 사유

탄핵소추의 사유는 '……직무집행에 있어서 헌법이나 법률을 위반한 때'에 한한다.

---

334) 일본의 경우 헌법상 재판관만을 탄핵대상으로 하고 있고, 미국은 모든 문관을 대상자로 하고 있다.

(1) 직무집행행위

직무집행이란 헌법과 법률에 의하여 탄핵소추의 대상자에게 의사결정과 그 표시를 할 수 있도록 허용된 범위 내의 행위를 말하며, 단순한 사생활상의 행위는 포함되지 않는다. 그리고 직무집행행위의 범위에 관해서는 현직에서의 행위만을 대상으로 한다는 견해[335]와 전직·취임 전·퇴직 후의 행위도 포함된다고 보는 견해[336]로 나뉜다. 생각건대 탄핵의 징계적 성격상 현직에서의 직무집행행위로 한정하는 다수설이 타당하다고 본다.

(2) 헌법과 법률에 위반한 행위

여기서 헌법이란 형식적 의미의 헌법뿐만 아니라 헌법적 관행도 포함하며, 법률이란 형식적 의미의 법률뿐만 아니라 법률과 동등한 효력을 갖는 조약과 일반적으로 승인된 국제법규 및 긴급명령, 긴급재정·경제명령을 포함한다. 그리고 헌법과 법률에 위반한 행위는 고의와 과실이 있거나 법의 무지로 인한 경우여야 하며, 단순한 정치적 무능력이나 정책결정상의 과오는 해임건의의 사유는 될지언정 탄핵소추의 사유는 되지 않는다.

5) 탄핵소추의 발의와 의결

탄핵소추는 대통령의 경우 재적의원 반수 이상, 그 밖의 대상자는 재적의원 3분의 1 이상의 발의가 있어야 하며, 탄핵소추의 발의가 있은 때에는 의장은 즉시 본회의에 보고하고, 본회의는 의결로 법제사법위원회에 회부하여 조사하게 할 수 있다. 회부된 탄핵소추사건에 대해서는 국정감사및조사에관한법률이 규정하는 조사의 방법 및 조사상의 주의의무에 따라 법제사법위원회가 지체 없이 조사·보고하여야 한다(제131조).

탄핵소추의 의결은 대통령의 경우 재적의원 3분의 2 이상의 찬성, 그 밖의 대상자는 재적의원 과반수의 찬성으로 행하며, 피소추자의 성명·직위 및 탄핵소추의 사유를 표시한 소추의결서로 한다(제133조). 탄핵소추의 의결이 있은 때에는 의장은 지체 없이 소추의결서의 정본을 법제사법위원장인 소추위원에게, 그 등본을 헌법재판소·피소추자와 그 소속기관의 장에게 송달한다(제134조).

6) 탄핵소추의 효과

탄핵소추의의 의결을 받은 자는 소추의결서가 본인에게 송달될 때로부터 헌법재판소의

---

335) 박일경, 전게서, 432면; 권영성, 전게서, 567면; 안용교, 전게서, 838 – 839면.
336) 김철수, 전게서, 657면; 문홍주, 전게서, 477면; 구병삭, 전게서, 838면.

탄핵심판이 있을 때까지 권한행사가 정지된다. 그리고 소추의결서가 송달되면 임명권자도 피소추자의 사직원을 접수하거나 해임할 수 없다(제134조 제2항).

6. 긴급명령과 긴급재정·경제처분 및 그 명령승인권

제76조 ③ 대통령은 긴급명령과 긴급재정·경제처분 또는 명령을 한 때에는 지체 없이 국회에 보고하여 그 승인을 얻어야 한다.

대통령의 긴급명령과 긴급재정·경제처분 또는 그 명령에 대한 국회의 승인권은 권한남용을 억제하기 위한 사후통제수단으로써 기능하는 것이며, 국회의 승인 여부는 대통령의 긴급권발동의 효력지속요건이다. 따라서 국회가 승인을 거부하면 긴급명령과 긴급재정·경제처분 및 그 명령은 그때부터 효력을 상실하며, 그 명령으로 개정 또는 폐지되었던 법률은 그때부터 당연히 효력을 회복한다.

7. 계엄의 해제요구권

제77조 ⑤ 국회가 재적의원 과반수의 찬성으로 계엄의 해제를 요구한 때에는 대통령은 이를 해제하여야 한다.

대통령이 계엄을 선포한 때에는 지체 없이 국회에 통고하여야 하며, 국회가 재적의원 과반수의 찬성으로 해제를 요구하면 대통령은 이를 해제하여야 한다. 계엄의 해제요구권은 계엄권발동의 남용을 억제하기 위하여 국회에 부여된 그 사후통제의 수단으로서 구속적 효력을 가지는 것이다.

8. 일반사면에 대한 동의권

제79조 ② 일반사면을 명하려면 국회의 동의를 얻어야 한다.

대통령은 국가원수의 지위에서 사면·복권·감형에 관한 권한을 가진다. 이 중 일반사면은 범죄의 종류를 지정하여 이에 관련된 모든 범죄인에게 행하는 포괄적인 권한행사이기 때문에 그 남용을 억제하기 위하여 국회의 동의를 얻도록 하였다.

Ⅳ. 헌법기관구성에 관한 권한

1. 대통령선출권

헌법상 국민의 보통·평등·직접·비밀투표의 원칙에 따라 직접 선출되도록 하고 있는 대통령선거에서 최고득표자가 2인 이상인 때, 국회가 재적의원 과반수가 출석한 공개회의에서 다수표를 얻은 자를 대통령으로 선출할 수 있도록 하는 대통령선출의 예외적인 방법을 허용하는 제도이다.

그러나 이는 국회와 입법부의 엄격한 분립을 전제로 하는 대통령제를 원칙으로 하는 현행 헌법상의 정부형태와 이론적으로 맞지 않고 또 국민에 의한 대통령의 결선투표권을 배제한 것은 입법론적으로도 문제가 있다고 생각한다(통설).

2. 헌법기관구성원에 대한 선출권

헌법상 국회는 헌법재판소의 재판관 9인 중 3인을 선출(제111조 제3항)하고, 중앙선거관리위원회 위원 9인 중 3인을 선출(제114조 제2항)할 수 있는 헌법기관구성원에 대한 선출권을 부여받고 있다.

헌법기관인 헌법재판소와 중앙선거관리위원회의 구성원 중 3인을 국회에서 선출하도록 하는 것은 각 헌법기관의 정치적 중립성을 보장하고, 국민의 대표기관인 국회에서 선출함으로써 각 헌법기관의 민주적 성격을 간접적으로 부여하기 위함이다.

3. 헌법기관구성원의 임명에 대한 동의권

국회는 또한 대통령이 헌법기관의 구성원인 국무총리·대법원장·대법관·헌법재판소의 장·감사원장·감사위원을 임명함에 있어서 그에 대한 동의권을 행사할 수 있다. 이는 기본적으로 국민의 대표기관이 국회의 동의를 통하여 각 헌법기관 구성원에 대한 민주적 정당성을 부여한다는 점에서 그 이유를 찾을 수 있다.

국무총리는 국회의 동의를 얻어 대통령이 임명한다(제86조 제1항). 이는 행정부와 국회 사이의 권력균형을 유지하고, 국무총리가 국회의 신임으로 융화와 협력을 바탕으로 효율적인 집행을 추진할 수 있도록 하며, 부통령제가 없는 현행 헌법 하에서 대통령이 궐위된 경우 국무총리의 대통령권한대행권에 민주적 정당성을 부여한다는 데 그 이유가 있다.

대법원장은 국회의 동의를 얻어 대통령이 임명하고, 대법관은 대법원장의 제청으로 국회의 동의를 얻어 대통령이 임명한다(제104조 제1항·제2항). 이는 중립적 기관이어야 할 사법부가 대통령의 자의적인 임명권행사로 행정부의 시녀가 되는 것을 방지하여 사법부의 독립을 달성하기 위함이다.

헌법재판소의 장은 국회의 동의를 얻어 재판관 중에서 대통령이 임명한다(제111조 제4항). 이는 헌법재판소의 정치적 중립성과 독립성을 보장하고 헌법재판소의 민주적 정당성 및 권위를 부여하고자 함이다.

감사원장은 국회의 동의를 얻어 대통령이 임명한다(제98조 제2항). 이는 감사업무의 공정성을 위해 정치적 중립성을 보장하고, 국회의 결산심사권과 밀접한 관련성을 가지기 때문에 감사원구성에 국회가 참여할 수 있도록 한 것이다.

제4절 국회의 자율권

> 제64조 ① 국회는 법률에 저촉되지 아니하는 범위 안에서 의사와 내부규율에 관한 규칙을 제정할 수 있다.
> ② 국회는 의원의 자격을 심사하며, 의원을 징계할 수 있다.
> ③ 의원을 제명하려면 국회재적의원 3분의 2이상의 찬성이 있어야 한다.
> ④ 제2항과 제3항의 처분에 대하여는 법원에 제소할 수 없다.

Ⅰ. 자율권의 의의

국회의 자율권이라 함은 국회가 다른 국가기관의 간섭을 받지 아니하고 헌법과 법률 및 의회규칙에 따라 조직·활동 기타 국회의 내부사항에 관해서 자주적으로 결정할 수 있도록 하는 권한을 말한다. 이 자율성의 원칙도 영국의회가 국왕의 간섭을 배제하고 의회내부의 의사 기타 운영을 스스로 행하기 위한 노력과 관행의 결과 얻어진 것으로, 오늘날에는 각국의 의회제의 본질적 요소로 받아들여지고 있다. 그 이론적 근거로는 권력분립의 원리의 요청, 국회의 고유업무의 독립적이고 원활한 수행을 보장하며, 원내에서 소수파를 보호한다는 점에서 찾고 있다.

Ⅱ. 자율권의 내용

1. 의사진행에 관한 권한

국회의 의사진행은 헌법과 국회법 및 국회규칙의 규정에 의하여 자율적으로 결정한다. 즉 국회는 집회·휴회·폐회와 회기를 자주적으로 결정한다. 다만 대통령이 임시국회의 집회를 요구할 수 있도록 하고 있으나 이때도 국회의장이 임시회를 소집한다.

의사진행은 헌법 제50조에 따라 공개를 원칙으로 하며 예외적으로 비공개로 할 수 있다. 그리고 의사절차의 적법성 여부는 국회가 스스로 판단한다.

2. 내부조직권(원내조직권, 자주조직권)

국회가 헌법과 국회법이 정하는 바에 따라 의장단을 선출하고 각종 위원회를 구성하며, 국회직원을 임명할 수 있는 권한을 말한다.

3. 국회의 규칙제정권

1) 의의

국회의 규칙제정권이라 함은 국회가 법률(국회법)에 저촉되지 않는 범위 내에서 議事와 내부규율에 관한 사항을 스스로 정할 수 있는 권한을 헌법상 부여받은 것이다.

2) 성격

국회규칙의 법적 성격에 관해서는 국회법 등 법률의 시행세칙을 정한 것이고, 따라서 그 효력도 명령에 준하는 것이라는 명령설[337]과 국회의 자주적 결정에 의한 법규범으로 보는 자주법설이 대립하고 있다. 생각건대 헌법 제64조 제1항에서 법률에 저촉되지 아니하는 범위 안에서 국회규칙을 제정할 수 있도록 규정하고 있으므로 명령설이 타당하다고 본다.

---

337) 권영성, 전게서, 567면; 김철수, 전게서, 675면; 안용교, 전게서, 845면; 허영, 전게서, 564면.

3) 내용과 범위

국회규칙으로 제정할 수 있는 것은 의사와 내부규율에 관한 사항이다. 그러나 현행 국회법은 의사에 내부규율에 관한 사항을 상세히 규정하고 있기 때문에 규칙으로 정하고 있는 사항은 기술적·절차적 사항으로 한정되어 있다.

4) 효력

형식적 효력은 법률의 하위에 있고, 국회구성원(의원과 직원)에게 미치며 예외적으로 방청인, 증인과 같은 제3자에게도 효력을 미친다. 이는 의결과 동시 효력을 가지며, 국회 내에서만 효력을 가지므로 일반에 공포할 필요는 없다.

4. 질서유지에 관한 권한

국회의 질서유지에 관한 권한은 국회의장이 관장하며, 내부경찰권과 국회가택권이 있다. 내부경찰권이란 국회 내의 질서유지를 위하여 의원, 방청인 기타 국회 내에 있는 자에게 작위·부작위를 명하거나 이를 실력으로 강제할 수 있는 권한을 말하며, 국회가택권이란 국회의 의사에 반해서 타인이 국회 내에 출입하는 것을 금지하거나 필요한 경우 퇴장을 요구할 수 있는 권한을 말한다.

5. 국회의원의 신분에 관한 권한

1) 의원의 사직허가권

국회는 의원의 사직을 허가한다. 다만 폐회 중에는 의장이 이를 허가한다. 사직의 허가 여부는 토론 없이 표결한다.

2) 의원의 자격심사권

국회는 의원의 자격을 심사할 수 있다. 자격심사의 절차는 ① 국회의원 30인 이상이 연서로 의장에게 청구하면, 윤리특별위원회가 예심을 거쳐 자격 없음을 의결하면, 본회의에 회부하여 재적의원 3분의 2 이상의 찬성으로 의결한다. 이 결정에 대해서는 법원에 제소할 수 없다.

3) 의원에 대한 징계권

(1) 의의

의원에 대한 징계권이라 함은 원내질서를 문란하게 하거나 국회의 품위와 위신을 손상시킨 의원이 있을 때 국회가 당해 의원에게 일정한 제재조치를 가할 수 있는 권한을 말한다.

(2) 징계사유

국회법 제155조에 징계사유를 명시하고 있다. 동조에 따르면 국회의원의 원외 행위라도 이권운동이나 장기무단결석과 같은 행위는 징계의 대상이 되지만, 원내 행위라도 국회운영과 무관한 개인적 행위는 징계대상에서 제외된다.

(3) 징계절차

의원에 대한 징계요구는 징계사유가 발생한 날 또는 징계대상자가 있음을 안 날로부터 5일 이내에 하여야 한다.

(4) 징계의 종류

징계의 종류는 공개회의에서의 경고, 공개회의에서의 사과, 30일 이내의 출석금지, 제명의 네 가지가 인정되고 있다. 다만 제명에 관해서는 신중을 기하기 위하여 요건을 가중하여 재적의원 3분의 2 이상의 찬성을 필요하도록 하였다.

4) 의원의 활동에 관한 자율권

헌법은 의회의 활동에 관한 자율성을 보장하기 위하여 불체포특권과 면책특권을 인정하고 있다(이에 관해서는 후술하는 국회의원의 특권 참조).

Ⅲ. 자율권의 한계

1. 자격심사 · 징계처분과 사법심사

헌법 제64조 제4항은 국회의 그 소속의원에 대해 행한 자격심사와 징계처분을 법원에 제소하지 못하도록 규정하고 있다. 이는 권력분립의 원리에 입각하여 국회의 독자성과 자주성을 최대한 존중하기 위함이다. 헌법소원제기는 가능하다.

2. 법률제정 등에 관한 의사절차와 사법적 심사

긍정설과 부정설이 대립되고 있다.

3. 국회 내에서의 의원의 범죄행위와 사법심사

(1) 직무행위와 관련 없는 행위
폭행, 상해, 모욕 등의 경우 국회의 고발이 불필요하고 사법적 심사의 대상이 됨

(2) 직무행위와 관련하여 범법행위: 국회 고발 필요

제5절 국회의원의 지위

I. 국회의원의 헌법상 지위

1. 국회의 구성원으로서의 지위

국회의원은 국회의 구성원으로서 국회의 운영 및 활동에 관한 권한과 그 밖의 권리를 가지며 의무를 부담한다.

2. 국민의 대표자로서의 지위

헌법상 국회의원의 국민 전체의 대표자로서의 지위를 부여하는 명문의 규정은 없으나 대의제의 원리를 헌법상 기본원리로 채택하고 있는 이상 당연히 인정되는 지위라고 할 수 있다.

3. 정당의 대표자로서의 지위

대중적 정당제도의 발달과 선거권의 확대에 따른 정당이 위상이 강화된 현대의 정당국
가에서 의원은 국회의 구성원인 동시에 정당의 구성원으로서의 지위가 부여되어 있다.
우리나라도 헌법상 정당설립의 자유와 복수정당제를 보장하고, 국회법상 동일정당 소속
의원들로 교섭단체를 구성할 수 있도록 한 점, 전국구의원은 정당이 작성한 후보자목록
에 따라 당선되는 점, 공선법 제192조 제4항에서 전국구국회의원이 소속정당의 합당·
해산 또는 제명 외의 사유로 당적을 이탈·변경하거나 2 이상의 당적을 가지는 경우에
는 퇴직하도록 한 점 등에 비추어 국회의원의 정당대표자로서의 지위를 인정하여 국민대
표자로서의 지위와 정당대표자로서의 지위를 모두 인정하고 있다(다수설).

4. 국민대표자로서의 지위와 정당대표자로서의 지위와의 관계

국회의원에게 부여된 이중적 지위가 충돌하는 경우 어느 지위가 우선되는가가 문제된
다. 이에 관해서는 현행 헌법상 국회의원은 국가이익을 우선하여 직무를 수행하도록 규
정하고 있으므로 국민대표자로서의 지위가 우선한다(다수설).

II. 의원자격의 발생과 소멸

1. 의원자격의 발생

국회의원자격의 발생시기는 언제부터인가와 관련해서는 당선인의 결정과 당선인의 의
원취임의 승낙에 의해 발생한다는 견해(취임승낙설)와 헌법과 법률이 정한 임기개시와
동시에 발생한다는 견해(임기개시설)가 대립된다. 공선법 제14조 제2항은 국회의원의 임
기가 총선거에 의한 전임의원의 임기만료일의 다음 날로부터 개시되는 것으로 규정되어
있으므로 헌법과 법률이 정한 임기개시와 동시에 당선자에게 의원의 자격이 발생한다는
후자가 타당하다고 생각한다. 따라서 국회의원의 신분은 총선거에 의한 전임의원의 임기
만료일 다음 날부터 4년간 보유한다. 다만 보궐선거에 의한 의원의 임기는 당선된 날로
부터 개시되며 그 임기는 전임자의 잔임기간으로 한다.

2. 의원자격의 소멸

1) 임기만료

의원자격은 헌법상 부여된 4년간의 임기 동안 보유한다. 따라서 의원은 임기가 만료되면 당연히 자격을 상실한다. 보궐선거로 당선된 자는 전임자의 잔임기간 동안만 자격을 가진다.

2) 사직

사직은 본인의 희망에 따라 의원의 지위에서 가지는 권리와 의무로부터 벗어나는 것을 말하며, 국회의원은 국회의 허가를 얻어 사직할 수 있다. 국회가 폐회 중일 때는 국회의 장이 허가 여부를 결정하며, 토론 없이 표결한다.

3) 퇴직

퇴직은 별도의 행위의 개입 없이 법상 당연히 의원의 신분이 상실되는 것을 말하며, 헌법이나 법률에 의하여 겸할 수 없는 직에 취임하거나 임기개실일 이후에 해직된 직의 권한을 행사한 때, 형벌의 확정 등에 의하여 피선거권이 없게 된 때가 그 경우이다. 선거무효 또는 당선무효가 된 경우도 이에 포함된다.

4) 제명

제명은 의원의 의사에 반해서 국회의원의 직을 강제로 박탈하는 것을 말하며, 국회는 재적의원 3분의 2 이상의 찬성으로 의원을 제명할 수 있다. 제명 등 징계처분에 대해서는 법원에 제소할 수 없다.

5) 자격심사

자격심사란 헌법상 국회의원으로서 지위를 보유할 수 있는지 여부를 판정하는 것을 말하며, 법제사법위원회의 심사를 거쳐 본회의에서 재적의원 3분의 2 이상의 의결로 무자격으로 결정되면 의원자격을 상실한다. 이때 결정의 효력은 장래를 향해서만 발생하고, 제명과 마찬가지로 법원에 제소할 수 없다.

6) 당적변경

1962년 헌법은 명문으로 의원이 당적을 변경·이탈하거나 정당이 해산되는 경우 의원 자격을 상실하는 것으로 규정하였다. 그러나 현행 헌법은 이에 관한 명문의 규정을 두고 있지 않으므로 당적의 이탈·변경은 의원이 그 지위를 유지함에 아무런 영향이 없다. 다만 정당이 위헌으로 강제해산되면 의원자격을 상실한다.

III. 국회의원의 특권

헌법 제44조와 제45조는 국회의원이 독립해서 직무수행을 할 수 있도록 신체의 자유의 특권과 발언·표결상의 특권을 인정하고 있다. 이와 같은 특권의 부여는 역사적인 경험상 특히 검찰·행정권력에 대한 의원의 이러한 특권이 인정되지 않으면 의회정치에 불가결한 자유와 독립된 언론활동은 바랄 수 없다는 점에서 나왔다. 이와 같은 특권은 거의 모든 입헌주의헌법하의 의회에 공통적으로 인정되고 있다.

1. 불체포특권

> 제44조 ① 국회의원은 현행범인인 경우를 제외하고는 회기 중 국회의 동의 없이 체포 또는 구금되지 아니한다.
> ② 국회의원이 회기 전에 체포 또는 구금된 때에는 현행범인이 아닌 한 국회의 요구가 있으면 회기 중 석방된다.

1) 의의

국회의원의 불체포특권이라 함은 국회의원의 범죄행위가 있다고 하더라도 국회의 동의 없이 의원을 체포 또는 구금하지 못하도록 하고, 이미 체포 또는 구금된 국회의원이라도 국회의 요구가 있으면 석방시키는 제도를 말한다. 영국 제임스 I 세 치하에서 법적으로 보장되었고, 미국헌법상 최초로 명문화되었다.

2) 법적 성격

국회의원에게만 특별히 인정된 이 특권은 행정부나 사법부의 체포권남용으로부터 의원의 신체의 자유를 지키고, 의원으로서의 직무수행을 원활하게 하려는 취지에 근거한 것이다.

3) 내용

불체포특권은 국회의원이 회기 중 체포·구금되지 않고, 회기 전에 체포·구금된 경우라도 국회의 요구가 있으면 회기 중 석방되는 것을 그 내용으로 한다. 후자의 경우는 국회의원의 부당한 구속에 대한 사후구제방법의 하나로서 인정하고 있다.

여기에서 말하는 '체포 또는 구금'이란 형사소송절차에 의한 의원의 신체의 자유를 제한하는 것만을 가리키는 것이라는 견해도 있지만, 넓게 해석하여 공권력에 의한 일체의 신체의 자유의 구속을 가리키는 것이라고 해석하여 행정법에 근거한 신체의 자유를 제한하는 것도 여기에 포함된다고 보는 것이 통설이다.

'회기 중'이라 함은 개회일로부터 폐회일까지를 말하며, 정기회이든 임시회이든 불문하고, 휴회 중에도 이 특권을 가진다. 이것은 회기 중에만 국회가 활동능력을 가지기 때문이다.

'회기 전'이라 함은 당해 회기가 시작하기 이전을 말하며, 직전 회기의 기간도 포함한다고 보는 것이 통설이다. '국회의 요구'는 국회의원 20인 이상의 연서로 그 이유를 첨부한 요구서를 의장에게 제출함으로써 발의되고, 그 의결은 재적의원 과반수의 출석과 출석의원 과반수의 찬성으로 한다. 국회의 석방요구는 당해 기관을 구속하므로 지체 없이 석방하여야 한다.

그러나 국회의원은 불체포특권은 절대적인 것은 아니고 예외가 인정되고 있다. 먼저 현행범인인 경우에는 이 특권은 인정되지 않는다. 여기서 현행범인이라 함은 형사소송법상의 범죄의 실행 중이거나 실행 직후에 있는 현행범을 말한다. 다만 국회 안에서의 현행범인의 경우는 외부로부터 간섭을 받지 않고 국회가 자주적으로 처리할 수 있도록 경위 또는 경찰관은 이를 체포한 후 의장의 지시를 받도록 하고 있고, 회의장 안에서 국회의원은 의장의 명령 없이 체포할 수 없도록 하고 있다(국회법 제150조).

또한 국회의원에 대한 체포·구금을 국회가 동의하면 이 특권은 인정되지 않는다. 의원을 체포 또는 구금하기 위하여 국회의 동의를 얻으려고 할 때에는 관할법원의 판사는 영장을 발부하기 전에 체포동의요구서를 정부에 제출하여야 하며, 정부는 이를 수리한 후 지체 없이 그 사본을 첨부하여 국회에 체포동의를 요청하여야 한다(국회법 제26조). 국회의 동의는 재적의원 과반수의 출석과 출석의원 과반수의 찬성으로 의결하며, 이때 의원에 대한 체포동의요청이 국회를 기속하는지 여부에 관해서는 재량설이 다수설이다.338) 다만 국회가 동의를 함에 있어 조건이나 기한을 정할 수 있는가가 문제된다. 이

---

338) 구병삭, 전게서, 867면; 권영성, 전게서, 567면; 김철수, 전게서, 657면; 안용교, 전게서, 856면.

에 관해서는 긍정설339)과 부정설340)로 견해가 나뉜다.

생각건대 이론상으로는 국회가 체포동의를 할 것인지 거부할 것인지를 결정할 수 있으므로 그 중간단계로서 조건이나 기한을 붙인 동의도 가능하다고 할 수 있다. 그러나 이러한 결정을 검찰이나 법원이 따를 것인지 여부는 재량에 속하는 것으로 법적 구속력이 없다고 생각되므로, 조건이나 기한을 붙인 국회의 동의는 단순히 희망을 표시한 것으로 불과하다고 보아야 할 것이므로 부정설이 타당하다고 본다.341)

4) 불체포특권의 효과

국회의원의 불체포특권은 회기의 종료와 동시에 그 효력이 소멸되기 때문에 국회의 동의가 없어 회기 중 체포·구금되지 않았거나 국회의 요구로 회기 중 석방되었던 의원을 체포할 수 있다.

2. 국회의원의 발언과 표결에 대한 면책특권

問 *국회의원 甲은 정기국회 본회의에서의 정치분야 대정부질문자로 내정되어 그 질문원고를 작성함에 있어 우리나라의 통일정책과 관련하여 '이 나라의 국시는 반공이 아니라 통일이어야 한다.' '통일이나 민족이라는 용어는 공산주의나 자본주의보다 그 위에 있어야 한다.'는 등 통일을 위해서라면 공산화통일도 용인하여야 한다는 취지 등을 담은 원고를 완성하고 비서로 하여금 50부를 복사하게 한 다음, 본회의가 시작되기 30분 전에 국회의사당 내 기자실에서 비서를 통하여 그중 30부를 국회출입기자들에게 배포하였다. 이에 검찰은 국회의원 甲에 대해 반국가단체인 북괴의 활동에 동조하여 이를 이롭게 하였다는 이유로 국가보안법위반으로 기소하였다. 이에 대해 직무상 행한 발언과 표결에 관하여 국회 밖에서 책임을 지지 않는다는 면책특권조항을 들어 검찰의 기소의 부당성을 주장하였다. 甲의 주장은 타당한가?(1992. 9. 22. 91도3317)*

---

339) 구병삭, 전게서, 867－868면; 김철수, 전게서, 657면.

340) 권영성, 전게서, 456면; 허영, 전게서, 675면(기한을 정한 체포·구금동의는 국회의 석방요구권으로 그 목적달성이 가능하고, 조건부동의는 동의거부라고 본다).

341) 日本衆議院의 한 議員에 대한 체포허락과 관련하여 중의원에서 기한을 붙여 허락을 한 예에서 東京地檢과 東京地裁는 '의원의 체포를 허락한 이상, 체포의 정당성을 승인한 것이고, 체포를 허락하면서 그 기한을 제한하는 것은 체포허락권의 본질을 무시한 불법한 조치라고 하지 않을 수 없다.'고 하여 붙여진 기한을 무시하였다(東京地裁刑事第7部決定, 昭 29.3.6. 判例時報 22호 3).

제45조 국회의원은 국회에서 직무상 행한 발언과 표결에 관하여 국회 외에서 책임을 지지 아니한다.

1) 의의

국회의원의 면책특권이라 함은 국회의원이 국회에서 직무상 행한 발언과 표결에 관하여 국회 밖에서 책임을 지지 않도록 하는 제도를 말한다. 이는 영국의 권리장전에 그 기원을 두는 것으로 미국헌법상 최초로 명문화되었다. 오늘날 대부분의 헌법이 명문화하고 있고, 일본의 경우 명치헌법과는 달리 명문의 규정은 없지만 당연히 인정되는 것으로 해석하고 있다.[342]

2) 법적 성격

국회 내에서 의원이 직무를 수행함에 있어서 결정적으로 중요한 것은 언론의 자유를 보장받는 것이다. 의원이 국회 내에서 행한 발언과 표결에 관해서 국회 밖에서 책임을 지지 않도록 하는 것은 행위 자체를 적법한 것으로 하기 위함이 아니라 의회정치에 불가결한 언론의 자유를 실질적으로 보장하기 위해서 인정되는 것이다. 따라서 이는 국회의원이 국회 내에서 행한 발언에 대해서 비록 범죄가 성립되더라도 책임을 면제하는 특권으로서의 성질을 가진다.[343]

3) 면책의 주체

현행 헌법상 면책특권이 인정되는 자는 국회의원뿐이다. 국회의원직을 가진 국무총리나 국무위원이 면책특권을 가질 수 있는가와 관련해서는 의원의 자격에서 한 발언에는 면책특권을 인정해야 한다는 견해[344]와 어느 지위에서 행한 발언인지를 구별하기 곤란하므로 모두 면책된다고 보아야 한다는 견해[345]가 대립된다. 또한 이 특권은 의원신분을 가진 자에게 인정되는 것이므로 의원의 발언이나 표결을 교사·방조자는 처벌된다.

---

342) 小林直樹, 新版憲法講義(下), 東京大學出版會(1994), 170頁.
343) 구병삭, 전게서, 870면; 문홍주, 전게서, 498면; 김철수, 전게서, 567면; 권영성, 전게서, 457면; 안용교, 전게서, 857면; 허영, 전게서, 657면.
344) 권영성, 전게서, 667면; 허영, 전게서, 678면.
345) 김철수, 전게서, 678면.

4) 면책의 내용

면책을 받는 행위는 국회 내에서 직무상 행한 발언과 표결이다. 여기서 말하는 '국회'는 국회의사당이라는 물리적 공간으로 한정되는 것은 아니고, 국회의 실질적인 기능이 행해지고 있는 모든 장소를 의미한다. '직무상 행한'이란 직무집행 그 자체는 물론이고 직무행위와 관련 있는 부수된 행위를 포함하는 것이다. '발언과 표결'이란 의제와 관련된 일체의 의사표시행위를 말하며, 이때 폭력 등 물리적 행위나 사담·농담 등은 여기에 포함되지 않는다. 그리고 국회법 제146조는 의원이 본회의 또는 위원회에서 다른 사람을 모욕하거나 사생활에 대한 발언을 할 수 없도록 하고 있으므로 이러한 행위는 면책의 대상이 되지 않는다.

5) 면책의 효과

면책의 효과는 국회 밖에서 법적 책임을 지지 않는다는 것을 말한다. 즉 일반국민으로서 부담해야 되는 민사·형사상의 책임은 물론 공무원으로서의 징계책임도 지지 않는다. 다만 국회 밖에서 책임을 지지 않는다는 것은 반대해석상 국회 내에서는 본조의 보호를 받지 못한다고 이해할 수 있다. 따라서 국회 내에서 징계책임을 묻는 것은 가능하고, 선거민이나 정당 내에서 행하는 정치적 책임까지 면제되는 것은 아니다.

면책의 효력은 임기 중은 물론이고 임기만료 후에도 미치므로 일종의 절대적인 특권이라고 할 수 있다.

6) 면책의 한계

국회 내에서 직무상 행한 발언과 표결일지라도 그것을 다시 국회 밖에서 발표하거나 출판하는 경우에는 면책특권이 인정되지 않는다.

Ⅳ. 국회의원의 권한과 의무

제46조 ① 국회의원은 청렴의 의무가 있다.
② 국회의원은 국가이익을 우선하여 양심에 따라 직무를 행한다.
③ 국회의원은 그 지위를 남용하여 국가·공공단체 또는 기업체와의 계약이나 그 처분에 의하여 재산상의 권리·이익 또는 직위를 취득하거나 타인을 위하여 그 취득을 알선할 수 없다.

1. 권한

국회의원의 권한에는 다음과 같은 것들이 있다.

1) 국회운영과 활동에 관한 권한

(1) 국회소집요구권

국회의원은 재적의원 4분의 1 이상의 찬성으로 임시회의 소집을 요구할 수 있고, 임시회의 집회요구가 있으면 의장은 집회기일 3일 전에 공고한다.

(2) 발의권

국회의원을 국회가 의결할 수 있는 모든 사항에 관해서 원칙적으로 발의권을 가진다. 다만 정부만이 발의할 수 있도록 되어 있는 예산안·조약안에 대해서는 발의권이 없다. 발의권을 행사함에는 20인 이상의 찬성자를 필요로 한다. 의안에 대한 수정동의에도 동일한 인원의 찬성을 필요로 한다.

(3) 질문권

국회의원은 정부에 대해 질문한 권한을 가진다. '질문'은 현재의 의제와는 관계없이 정부에 대하여 답변을 요구하는 행위로서 긴급한 경우를 제외하고는 서면을 작성하여 의장에게 제출하고 그 승인을 얻어야 한다.

(4) 질의권

현재 의제가 되고 있는 의안에 관해서 발의자·위원장 등에게 의문사항을 제기하는 것을 말한다. 질문은 구두로 행해지고, 현실적으로 위의 질문보다 중요한 의미를 가지고 있다.

(5) 토론권·표결권

의제가 되어 있는 의안에 관해서 찬부의 토론을 하고, 위원회나 본회의 등에서 표결에 참가하는 것은 국회의원의 가장 일상적인 직무 중 하나이다. 또 중요한 안건으로서 의장의 제의 또는 의원의 동의로 본회의의 의결이 있거나 재적의원 5분의 1 이상의 요구가 있을 때에는 기명·전자·호명투표로 표결할 수 있도록 하고 있고, 그 투표자 및 찬반의

원의 성명을 회의록에 기재하도록 되어 있는바, 이는 의원의 책임을 명확히 하려는 데
그 목적이 있다고 본다.

2) 수당과 여비를 받을 권한

의원은 법률이 정하는 바에 의하여 수당과 여비를 받는다.

3) 국유교통수단의 무료이용권

국회의원의 활동을 지원하기 국유의 철도·선박 및 항공기를 무료로 이용할 수 있고
폐회 중에는 공무의 경우에 한해서 무료 이용할 수 있다.

2. 의무

1) 헌법상 의무

국회의원은 헌법상 국민전체에 대한 봉사자의 의무(제7조 제1항), 겸직금지의무(제43
조), 국익우선의무(제46조 제2항), 청렴의무(제46조 제1항), 이권개입금지의무(제46조 제3
항)를 부담한다. 이 중 겸직금지의무에 관해서는 국회법 제29조에 그 구체적 범위가 명
시되어 있는바, "① 국가공무원법 제2조에 규정된 국가공무원과 지방공무원법 제2조에
규정된 지방공무원. 다만, 국가공무원법 제3조 단서의 규정에 의하여 정치운동이 허용되
는 공무원은 제외한다. ② 대통령·헌법재판소재판관·각급선거관리위원회위원·지방의
회의원, ③ 다른 법령의 규정에 의하여 공무원의 신분을 가지는 직, ④ 정부투자기관관
리기본법 제2조에 규정된 정부투자기관(한국은행을 포함한다)의 임·직원, ⑤ 농업협동
조합·수산업협동조합·축산업협동조합의 임·직원, ⑥ 정당법 제6조 단서의 규정에 의
하여 정당의 당원이 될 수 없는 교원 등"이다. 그러나 국무총리·국무위원은 겸직금지의
대상에 명시되어 있지 않으므로 겸직을 전제로 하고 있다고 볼 수 있으므로 이 점에서
의원내각제적 요소를 반영한 것이라고 할 것이다.

2) 국회법상의 의무

국회의원은 헌법상 의무 이외에 국회법상 국회본회의 및 위원회에의 출석할 의무(제
155조), 회의장질서준수의무(제145조), 의사에 관한 법령·규칙준수의무, 국정감사·조사
상 주의의무, 선서의무(제24조), 의장의 내부경찰권에 복종할 의무(제143조), 품위유지의

무(제25조), 발언방해 등 금지의무(제147조), 흡연금지의무(제148) 등을 부담한다. 의원이 이러한 의무를 위반하는 경우 의장 또는 위원장은 경고 · 제지 · 발언금지 또는 퇴장을 명하거나 국회가 의결로써 징계할 수 있다.

제4장 대통령과 정부

제1절 정부의 의의

Ⅰ. 정부의 개념

정부라 함은 넓은 의미로는 국가 그 자체 또는 통치기구 전체를 의미하고, 좁은 의미로는 입법부 및 사법부에 대립하는 행정부와 그 수반인 대통령을 의미하며, 가장 좁은 의미로는 대통령을 제외한 내각만을 의미한다. 그리고 국고로서의 정부는 경제주체로서의 국가를 의미하며 예산회계법, 양곡관리법 등에서 말하는 정부를 말한다.

Ⅱ. 현행 헌법상 정부의 구조

(1) 헌법 제4장에서의 정부는 입법부와 사법부에 대응하는 협의의 정부로서 행정권을 행사하기 위하여 대통령을 정점으로 하여 국무총리 · 국무위원 · 행정각부 및 감사원으로 구성되도록 하고 있으므로 대통령제에서의 대통령과 행정부를 결합한 형태를 취하고 있다.

(2) 행정에 관한 주요정책을 심의하기 위하여 대통령을 의장으로 하고 국무총리를 부의장으로 하는 헌법상 필수적 심의기관인 국무회의를 두고 있다.

(3) 대통령의 자문에 응하기 위하여 필수적 자문기구인 국가안전보장회의를 두고, 국

가원로자문회의, 민주통일자문회의, 국민경제자문회의를 둘 수 있도록 하고 있다.

Ⅲ. 정부와 행정권

1. 행정권의 개념

행정권의 개념은 다의적으로 사용되고 있기 때문에 그 정의를 내리는 것이 용이하지 않고, 현재 이에 관해서는 실질설과 형식설의 견해가 대립된다.

1) 실질설

실질설이라 함은 국가작용의 성질에 입각해서 행정의 개념을 정의하려는 것으로 이에는 공제설, 목적설, 양태설 등 다양한 기준이 제시되고 있다. 먼저 공제설은 행정이란 비교적 개념정립이 쉬운 입법과 사법을 제외한 나머지 부분을 행정이라고 보는 견해이고, 목적설은 국가목적 내지 공익의 실현을 목적으로 하는 작용을 행정이라고 보는 견해이다. 양태설은 법에 따라 구체적으로 국가목적이나 공익의 실현을 위하여 행해지는 능동적이고 적극적인 형성적 국가기능을 행정이라고 보는 견해이다. 목적설과 양태설을 결합한 설에 의하면 법 아래에서 법의 통제를 받으면서 현실적으로 국가목적을 실현하는 적극적인 형성적 국가작용이라고 한다.

2) 형식설

형식설이라 함은 행정부에 의하여 행하여지는 모든 국가작용을 행정이라고 보는 견해이며, 행정의 개념을 형식적이고 제도적으로 파악하는 입장을 말한다. 이러한 형식설에 따르면 행정부에 의하여 행해지는 국가작용이면 그것이 성질상 입법에 속하는 것(행정입법)이든 사법에 속하는 것(사면, 재결 등)이든 불문하고 모두를 행정이라고 본다.

3) 소결

행정의 개념을 형식설에 입각하면 성질상 입법작용에 해당하는 행정입법이나 사법작용에 속한 재결 등도 행정으로 보아야 하기 때문에 권력분립의 원리에 반하는 결과를 낳게 되므로 타당하다고 할 수 없다.

2. 행정권의 특성

(1) 행정의 법구속성
(2) 적극성, 독자(독립)성, 책임성, 통일성

3. 행정권에 대한 통제

(1) 국민에 의한 통제
국민은 공무원에 대한 파면청원권, 행정소송, 헌법소원, 여론

(2) 국회에 의한 통제
국회는 긴급명령 · 긴급재경 → 승인권, 탄핵소추권, 계엄선포해제요구권, 해임건의권,
출석요구와 질문권, 국정감사 · 조사

(3) 법원에 의한 통제
법원은 행정입법과 처분이 헌법과 법률에 위반되는지 여부가 재판의 전제가 되는 경우
이를 심사함으로써 행정에 대한 통제권을 가지며, 행정소송을 통한 통제권도 가지고 있다.

(4) 헌법재판소에 의한 통제
탄핵심판, 권한쟁의심판, 헌법소원심판

(5) 행정부 내부에서의 통제
국무회의 심의와 부서, 행정심판제, 지휘감독기능

제2절 대통령

Ⅰ. 대통령의 헌법상 지위

1. 정부형태에 따른 대통령의 지위

군주제가 쇠퇴하고 공화제가 일반적인 국가형태인 현대국가에서는 거의 대부분 대통령이라는 국가기관을 가지고 있다. 그러나 대통령의 지위는 정부형태에 따라 다양성을 보여 주는바, 여기서는 정부형태의 기본적 유형에 따른 대통령의 지위를 살펴보기로 한다.

1) 대통령제에서의 대통령
대통령제 정부형태는 크게 대통령제의 발상지인 미국과 그 아류형으로 나눌 수 있다. 먼저 미국에서의 대통령은 국가원수인 동시에 행정부의 수반으로서의 지위를 가지며, 입법부·사법부의 장과 수평적 관계를 유지한다. 그러나 그 아류형의 대통령제에서의 대통령은 외형적으로는 미국과 마찬가지로 국가원수이자 행정부의 수반으로서의 지위를 가지나 다른 국가기관에 비해 우월한 지위에서 실질적으로는 국정의 최고책임자로서의 지위를 가진다.

2) 의원내각제에서의 대통령
의원내각제 정부형태에서의 대통령은 형식적·의례적인 권한만을 가지는 명목적·상징적인 국가원수로서의 지위를 가진다.

3) 이원정부제에서의 대통령
집행권이 대통령과 내각에 양분되어 있는 이원정부제에서는 대통령이 의회에 책임을 지지 않고, 비상시에 국가긴급권을 발동할 수 있는 권한을 가지고 있기 때문에 국정의 최고책임자로서의 지위를 가진다.

4) 회의제에서의 대통령
회의제 정부형태에서는 대통령이 원칙적으로 존재하지 않지만 예외적으로 존재하는 경우에는 명목상의 국가원수로서의 지위만을 가진다.

2. 역대 헌법상 대통령지위의 변천

　건국헌법 이후 현행 헌법에 이르기까지 대통령의 지위는 정부형태의 근간이 대통령중심제였기 때문에 그 강약의 정도 차이는 있지만, 기본적으로는 국가원수로서의 지위와 행정권의 수반으로서의 지위를 모두 가지고 있었다. 다만 제2공화국 헌법상 대통령은 정부형태가 의원내각제를 채택했었기 때문에 의례적·형식적·상징적 존재로서의 지위를 가지고 있었다.

3. 현행 헌법상 대통령의 지위

　　제66조 ① 대통령은 국가의 원수이며, 외국에 대하여 국가를 대표한다.
　　④ 행정권은 대통령을 수반으로 하는 정부에 속한다.

1) 국가원수로서의 지위

　국가원수로서의 지위라 함은 행정부는 물론 입법부와 사법부에 대하여 우월성이 인정되는 지위로서 대내적·대외적으로 국민과 국가를 대표할 자격을 가진 국가기관을 말한다.

(1) 대외적으로 국가를 대표하는 지위

　대통령은 외국에 대하여 국가를 대표하며(제66조 제1항), 조약을 체결·비준하고, 외교사절을 신임·접수 또는 파견하며, 외국에 대하여 선전포고와 강화를 체결할 권한을 가진다(제73조).

(2) 국가와 헌법의 수호자로서의 지위

　대통령은 국가와 헌법의 수호자로서 국가의 독립·영토의 보전·국가의 계속성과 헌법을 수호할 책무를 지고(제66조 제2항), 조국의 평화적 통일을 위한 성실한 의무를 지며(제66조 제3항), 헌법을 준수하고 국가를 보위할 것을 국민 앞에 선서할 의무(제69조)를 부담한다. 그리고 이러한 책무의 원활한 수행을 위하여 헌법상 긴급명령권과 긴급재정·경제처분 및 명령권(제76조), 계엄선포권(제77조), 위헌정당해산제소권(제8조 제4항), 국가안전보장회의를 주재(제91조 제2항)할 권한을 부여받고 있다.

(3) 국정의 통합·조정자로서의 지위

대통령은 권력분립의 원리를 초월하여 입법·집행·사법의 유기적 관련성을 도모하기 위하여 헌법개정안 제안권, 국민투표부의권, 임시회요구권, 법률안제출권, 사면·복권·감형에 관한 권한, 국회에의 출석·발언권 및 서한에 의한 의견표시권을 가진다.

(4) 헌법기관의 구성권자로서의 지위

대통령은 국회의 동의를 얻어 대법원장·헌법재판소의 장·감사원장을 임명하고, 대법원장의 제청으로 대법관을 임명하며, 헌법재판소재판관·중앙선거관리위원회의 위원·감사위원에 대한 임명권을 갖는다.

2) 행정권의 수반으로서의 지위

헌법 제66조 4항은 "행정권은 대통령을 수반으로 하는 정부에 속한다."고 규정하여 대통령의 행정권수반으로서의 지위를 규정하고 있다. 이 지위에서의 대통령은 입법부나 사법부와 동등한 지위를 가지고 있으며, 정부의 최고책임자로서 정부를 통할하고, 행정부를 조직하며, 국무회의의 의장으로서의 지위를 가진다.

II. 대통령의 신분상 지위

1. 대통령선거

제67조 ① 대통령은 국민의 보통·평등·직접·비밀선거에 의하여 선출한다.
② 제1항의 선거에 있어서 최고득표자가 2인 이상인 때에는 국회의 재적의원 과반수가 출석한 공개회의에서 다수표를 얻은 자를 당선자로 한다.
③ 대통령후보자가 1인일 때에는 그 득표수가 선거권자 총수의 3분의 1 이상이 아니면 대통령으로 당선될 수 없다.
④ 대통령으로 선거될 수 있는 자는 국회의원의 피선거권이 있고 선거일 현재 40세에 달하여야 한다.
⑤ 대통령의 선거에 관한 사항은 법률로 정한다.
제68조 ① 대통령의 임기가 만료되는 때에는 임기만료 70일 내지 40일 전에 후임자를 선거한다.
② 대통령이 궐위된 때 또는 대통령당선자가 사망하거나 판결 기타의 사유로 그 자격을 상실한 때에는 60일 이내에 후임자를 선거한다.

1) 대통령선출방법

헌법상 대통령은 국민의 보통·평등·직접·비밀선거에 의하여 선출되는 직선제를 원칙으로 한다. 그러나 이 선거에서 최고득표자가 2인 이상인 때에는 국회의 재적의원 과반수가 출석한 공개회의에서 다수표를 얻은 자를 당선자로 하는 국회에 의한 간선제를 채택하고 있다. 그리고 대통령후보자가 1인일 경우에는 민주적 정당성과 장기집권을 방지하기 위하여 선거권자 총수의 3분의 1 이상의 득표를 얻어야 하는 것을 하였다. 대통령의 선거에 관한 사항은 법률로 정하도록 하고 있는바, 공직선거및선거부정방지법(이하 공선법으로 약칭)에서 이에 관해 자세히 규정하고 있다.

2) 대통령선거의 종류와 선거일

(1) 임기만료로 인한 선거는 임기만료 70일 내지 40일 전에 실시한다(제68조 제1항).

(2) 궐위로 인한 선거는 60일 이내에 실시한다(동조 제2항).

(3) 재선거는 60일 이내에 실시한다. 재선거의 사유는 대통령당선자가 사망하거나 판결 기타의 사유를 이유로 하며(동조 제2항), 판결 기타의 사유에 해당하는 경우는 후보자가 없는 경우·당선인이 없는 경우·선거의 전부무효판결·당선인의 임기개시 전 사퇴·임기개시 전 당선의 효력상실·당선무효 등이다(공선법 제195조).

(4) 천재·지변 기타 부득이한 사유로 인하여 연기된 선거의 경우에는 처음부터 선거절차를 다시 진행하여야 하고, 선거일만을 다시 정한 때에는 이미 진행된 선거절차에 이어 계속 실시한다(공선법 제196조).

(5) 국회에서의 간선제(제67조 제2항).

3) 대통령의 선거권과 피선거권

20세 이상의 대한민국 국민은 대통령선거권이 있다. 대통령으로 선출될 수 있는 자는 국회의원의 피선거권이 있고 선거일 현재 40세에 달하여야 한다. 제5공화국 헌법은 대통령후보자에 대하여 선거일 현재 5년 이상 국내에 거주해야 함을 요구하였으나, 현행 헌법은 이를 삭제하고 대신 공선법 제16조 제1항에 이를 규정하고 있다. 선거권자와 피선거권자의 연령은 선거일 현재를 기준으로 산정한다.

4) 대통령선거절차

(1) 대통령후보자

대통령후보자는 정당의 추천을 받거나, 선거권자의 추천을 받아 무소속으로 입후보할 수 있다. 후보자등록은 선거일전 22일부터 2일간 정당이 추천하는 경우에는 추천서와 본인의 승낙서를, 무소속인 경우에는 5 이상의 시·도에서 2,500인 이상 5,000인 이하의 선거권자가 기명·날인한 추천장을 첨부하여 후보자마다 5억 원의 기탁금을 납부하여야 한다.

> 헌법재판소 1995. 5. 25. 92헌마269 병합결정
> 대통령선거는 국가의 원수이자 행정부의 수반으로서 국가의 독립, 영토의 보전, 국가의 계속성과 헌법을 수호할 책무를 지는 가장 중요한 국가권력담당자인 대통령을 선출하는 것이므로 무분별한 후보난립을 방지할 필요성이 매우 절실하며, 헌법 제116조 제2항이 선거에 관한 경비는 원칙으로 후보자에게 부담시킬 수 없다고 정하고 있으나 위 헌법규정 자체에서도 법률이 정하는 경우에는 선거경비의 일부를 후보자에게 부담시킬 수 있도록 하고 있을 뿐 아니라 대통령 선거에 소요되는 막대한 비용일체를 국고에서 부담하는 것은 국가의 재정형편 등에 비추어 적절하다고 할 수 없고 선거결과 낙선한 후보자로부터 선거비용을 사후에 징수하는 것은 효율적이지 못하므로, 그 비용 중 일부인 선거인명부 등의 사본작성비용과 국고부담연설비용 등을 기탁금에서 공제하도록 하는 것이 불합리하다고 할 수도 없다. 그러므로 대통령선거에서 후보난립을 방지하고 선거 비용 중 일부를 예납하도록 하기 위한 위 기탁금제도는 그 기탁금액이 과다하지 않는 한 헌법상 허용된다. 그리고 일정한 수준의 득표를 하지 못한 후보자의 기탁금을 국고에 귀속시키는 것은 기탁금제도의 본질적 요소이므로 기탁금제도 자체의 정당성이 인정되는 이상 그 기탁금의 국고귀속규정도 위헌이라고 할 수 없으며, 또 기탁금에서 공제하는 선거비용 등의 범위나 기탁금의 반환에 필요한 득표율을 정하는 것은 입법재량에 속한다.[346)

---

346) 이에 대해서 기탁금제도는 후보의 난립방지에만 그 목적이 있다고 할 것인데, 이 목적의 달성에 기탁금이라는 수단은 적합하지도 않고 기본권 제한에 있어서의 최소침해요건도 충족시키지 못하면서 기탁금을 기탁할 수 있는 경제적 여유가 있는 국민과 그렇지 아니한 국민을 단지 경제적인 능력의 차이만으로 다르게 취급하여 경제력이 약한 자들의 입후보의 자유를 제약하고 이들 및 이들에게 투표하려는 유권자들로부터 대의제 민주국가에 있어서 가장 중요한 기본권인 참정권을 사실상 박탈하는 규정이고, 법정기준미달의 득표를 한 후보자를 제재하는 의미에서 고율의 득표를 한 후보자와 차등을 두어 전자의 기탁금만을 국고부담연설비용에 충당하거나 국고에 귀속시키는 것은 헌법적으로 정당하지 않은 목적을 추구하고 합리성도 없는 규정으로 저율의 득표를 한 자의 평등권을 침해하며, 그러한 제재로 그 후보자가 받는 재산권의 제한도 과도하다고 할 수밖에 없어 기본권 제한에 있어서의 과잉금지의 원칙에 반하는 위헌적인 규정이라는 김진우 재판관의 반대의견과 기탁금제도는 우리 헌정사에서 집권자의 영구집권욕이 발현된 시점에 도입되었거나 부활 또는 강화된 것으로서 "돈이 있는 자"와 "없는 자"를 차별하여 "없는 자"로부터 국정이나 지방 행정에 참여할 기회를 박탈하는 것이고, 보통·평등·직접·비밀·자유선거제도에 반하는 것으로서 헌법이 확립하고 있는 실질적 국민주권론·국민대표자론 등의 헌법정신에 정면으로 반하며, 차별됨이 없이 실질적으로 보장되어야 할 참정권·평등권의 본질적인 내용을 침해하는 제도이다. 그리고 기탁금제도는 헌법 제116조 제2항에도 위반되며, 구시대의 잔재청산이라는 측면에서도 이 제도를 위헌이라고 선언함이 이 시대의 상황논리에 부합한다는 조형형재판관의 반대의견이 있다.

(2) 선거운동

선거운동은 당선되거나 되게 하거나 되지 못하게 하기 위한 행위를 말하며, 당해 후보자의 등록이 끝난 때부터 선거일 전일까지에 한하여 할 수 있다. 선거운동의 방법은 선전벽보, 소형인쇄물, 70회 이내의 일간신문광고, 방송별 30회 이내의 방송광고, 20분 이내의 방송별로 11회 이내의 방송연설, 공개장소에서의 연설·대담, 언론기관초청대담·토론회, 컴퓨터통신을 이용한 선거운동 등 공선법이 허용하는 범위 안에서 행할 수 있다.

(3) 투표와 개표

선거는 기표방법에 의한 투표로 한다. 투표는 직접 또는 우편으로 하되, 1인 1표로 한다. 투표를 함에 있어서는 선거인의 성명 기타 선거인을 추정할 수 있는 표시를 하여서는 안 된다(공선법 제146조). 투표시간은 선거일 오전 6시부터 오후 6시까지이며, 부재자투표는 선거일 오후 6시까지 관할선거관리위원회에 도착되어야 한다. 개표사무는 관할선거관리위원회가 이를 행하며 개표를 개시한 이후에는 개표소에 관할 선거관리위원회재적의원과반수가 참석하여야 한다.

(4) 당선결정

중앙선거관리위원회는 유효투표의 다수를 얻은 자를 대통령당선인으로 결정하고, 이를 국회의장에게 통지하여야 한다. 다만 후보자가 1인일 때에는 그 득표수가 선거권자 총수의 3분의 1 이상에 달하여야 당선인으로 결정된다. 그러나 최고득표자가 2인 이상인 때에는 중앙선거관리위원회의 통지에 의하여 국회는 재적의원 과반수가 출석한 공개회의에서 다수표를 얻은 자를 당선인으로 결정한다.

5) 대통령선거에 관한 소송

(1) 대통령선거에 관한 소송으로는 선거소송과 당선소송이 있다. 선거소송은 대통령선거의 효력에 관하여 이의가 있는 선거인·정당(후보자를 추천한 정당에 한한다) 또는 후보자는 선거일부터 30일 이내에 당해 선거구선거관리위원회위원장을 피고로 하여 대법원에 제기하는 소송을 말하며(공선법 제222조), 당선소송은 대통령선거에서 당선의 효력에 이의가 있는 정당(후보자를 추천한 정당에 한한다) 또는 후보자가 당선인 결정일부터 30일 이내에 등록무효 또는 피선거권상실로 인한 당선무효 등의 사유에 해당함을 이유로 하는 때에는 당선인을, 대통령당선인의 결정·

공고·통지결정의 위법을 이유로 하는 때에는 그 당선인을 결정한 중앙선거관리위
원회위원장 또는 국회의장을 각각 피고로 하여 대법원에 제기하는 소송을 말한다
(공선법 제223조).

(2) 대통령선거에 관한 소송은 대법원을 전속관할로 한다.

(3) 대통령선거에 관련된 소송은 다른 소송에 우선하여 신속히 재판하여야 하며, 수소
법원은 소가 제기된 날로부터 180일 이내에 처리하여야 한다.

2. 대통령의 임기

제70조 대통령의 임기는 5년으로 하며, 중임할 수 없다.

대통령의 임기는 5년으로 하며 중임할 수 없다. 이와 같이 대통령임기를 단임제로 한
것은 평화적 정권교체를 가능하게 하기 위함이다. 그리고 대통령의 궐위 등을 이유로 후
임자를 선출한 경우 후임자의 임기는 전임자의 잔임기간이 아니라 당선일로부터 새로이
5년의 임기가 개시된다.

3. 대통령의 형사상 특권

제84조 대통령은 내란 또는 외환의 죄를 범한 경우를 제외하고는 재직 중 형사상 소추를
받지 아니한다.

1) 의의

대통령의 형사상 특권이라 함은 대통령이 국가의 안위에 관한 중대한 범죄, 즉 내란
또는 외환의 죄를 범한 경우를 제외하고는 재직 중 형사상 소추를 받지 않을 특권을 말
한다. 이는 일반국민과는 다른 대통령 개인에게 특권을 부여한 것이 아니라, 국가의 원수
로서 외국에 대하여 국가를 대표하는 지위에 있는 대통령이라는 특수한 직책의 원활한
수행을 보장하고 그 권위를 확보하여 국가의 체면과 권위를 유지하도록 한다는 데 그 제
도적 의의가 있다.

2) 내용

대통령의 형사상 특권은 내란 또는 외환의 죄를 제외한 그 밖의 범죄행위에 대하여 재직 중에만 형사소추를 유예해 주는 특권이기 때문에 재직 중의 민사상 책임·행정상 책임·탄핵소추는 가능하다. 그리고 특권의 범위는 기소뿐만 아니라 체포·구금·수색·압수·검증을 모두 포함한다고 보는 것이 통설이다.

3) 대통령의 형사상 특권과 공소권의 소멸시효

헌법상 대통령에게 형사상 특권은 내란 또는 외환의 죄 이외의 형사상 범죄에 대한 소추유예제도이므로 내란 또는 외환의 죄의 경우에는 재직 중에도 시효가 그대로 진행되고, 그 밖의 경우에는 재직 중 시효가 중단되므로 임기만료 시부터 다시 시효가 진행하여 퇴직 후 소추할 수 있다.

> 헌법재판소 1995.1.20. 94헌마246 결정
> 우리 헌법이 채택하고 있는 국민주권주의와 법 앞의 평등, 특수계급제도의 부인 등의 기본적 이념에 비추어 볼 때, 대통령의 불소추특권에 관한 헌법의 규정이 대통령이라는 특수한 신분에 따라 일반국민과는 달리 대통령 개인에게 특권을 부여한 것으로 볼 것이 아니라, 단지 국가의 원수로서 외국에 대하여 국가를 대표하는 지위에 있는 대통령이라는 특수한 직책의 원활한 수행을 보장하고, 그 권위를 확보하여 국가의 체면과 권위를 유지하여야 할 실제상의 필요 때문에 대통령으로 재직 중인 동안만 형사상 특권을 부여하고 있음에 지나지 않는 것으로 보아야 할 것이다. 위와 같은 헌법 제84조의 규정 취지와 함께 공소시효제도나 공소시효 정지제도의 본질에 비추어 보면, 비록 헌법 제84조에는 "대통령은 내란 또는 외환의 죄를 범한 경우를 제외하고는 재직 중 형사상의 소추를 받지 아니한다."고만 규정되어 있을 뿐, 헌법이나 형사소송법 등의 법률에 대통령의 재직 중 공소시효의 진행이 정지된다고 명백히 규정되어 있지는 않다고 하더라도, 위 헌법규정은 바로 공소시효진행의 소극적 사유가 되는 국가의 소추권행사의 법률상 장애사유에 해당하므로, 대통령의 재직 중에는 공소시효의 진행이 당연히 정지되는 것으로 보아야 한다.

4. 대통령의 권한대행

제71조 대통령이 궐위되거나 사고로 인하여 직무를 수행할 수 없을 때에는 국무총리, 법률이 정한 국무위원의 순서로 그 권한을 대행한다.

1) 의의

대통령의 권한대행이라 함은 대통령이 궐위되거나 사고로 인하여 직무를 수행할 수 없을 때 1차적으로 국무총리가, 2차적으로는 법률이 정한 국무위원의 순서로 후임자가 선출될 때까지 대통령의 권한을 행사할 수 있도록 함으로써 국정공백으로 인한 혼란을 방지할 수 있도록 하는 허용하는 제도를 말한다. 특히 대통령이 궐위된 때에는 대통령당선인이 사망하거나 판결 기타의 사유로 그 자격을 상실한 때와 마찬가지로 60일 이내에 후임자를 선출하여야 하며, 후임자는 차기 대통령당선인으로서 임기도 처음부터 개시된다.

2) 권한대행의 사유

권한대행의 사유로써 궐위라 함은 대통령의 사망, 탄핵결정에 따른 파면, 사임 또는 판결 기타의 사유로 피선자격의 상실 등 대통령이 존재하지 않게 된 경우를 말한다. 그리고 '사고'라 함은 대통령이 재위하면서도 신병, 장기간의 해외여행으로 직무를 수행할 수 없는 경우 또는 국회의 대통령에 대한 탄핵소추의 의결로 그 결정이 있을 때까지 권한행사가 정지된 경우를 말한다.

3) 권한대행권자

헌법상 대통령의 권한대행자는 제1차적으로 국무총리이고, 제2차적으로 법률(정부조직법 제26조 제1항)이 정한 국무위원의 순서로 권한을 대행한다. 대통령궐위 시는 대통령이 현존하지 않으므로 헌법에 규정된 자가 당연히 대행한다. 문제는 사고시인바, 이에 관해서는 1차적으로 대통령 자신이 결정하고, 정신장애 등으로 결정할 수 없는 경우 미리 법률에 규정되어야 한다는 견해[347]와 대통령의 구체적인 의사표시가 있어야 한다는 견해[348]가 대립된다.

4) 권한대행의 범위

권한대행의 경우 대행자가 행할 수 있는 직무의 범위 또한 문제된다.

궐위 시 직무대행의 범위에 관해서는 그 대행이 합리적인 경우라면 반드시 현상유지적일 필요가 없다고 보는 견해[349]와 현상유지에 한정해야 한다는 견해[350]가 대립된다.

사고 시에 관해서도 현상유지에 국한해야 한다는 견해[351]와 사고가 장기적으로 잠정

---

347) 권영성, 전게서, 567면; 구병삭, 전게서, 891면.
348) 한태연, 헌법학, 1977., 513면.
349) 권영성, 전게서, 567면.
350) 김철수, 전게서, 776면; 허영, 전게서, 764면.
351) 권영성, 전게서, 756면; 김철수, 전게서, 744면.

적인 현상유지가 불가능한 사태인 경우 국무회의의 심의를 거쳐 직무범위를 현상유지에 국한할 필요가 없다는 견해[352]가 대립된다.

생각건대 권한대행자의 직무범위는 원칙적으로 대통령의 권한 전반에 걸치겠지만, 현행 헌법이 대통령제를 정부형태로 취하면서 부통령제를 두고 있지 않아 비록 최장 60일이기는 하지만 국민이 직선하지 않은 국무총리 또는 국무위원이 그 권한대행을 하고 있으므로 궐위 시나 사고 시 모두 잠정적인 현상유지에 국한하는 것이 타당하다고 생각한다.

5. 대통령의 의무

1) 직무상의 의무

대통령은 헌법을 준수하고 국가를 보위하며 조국의 평화적 통일과 국민의 자유와 복리의 증진 및 민족문화의 창달에 노력하여 그 직책을 성실히 수행할 의무를 진다.

2) 겸직금지의무

대통령은 국무총리·국무위원·행정각부의 장 기타 법률이 정하는 공사의 직을 겸할 수 없도록 하는 겸직금지의 의무를 부담한다.

3) 취임선서의무

대통령은 취임에 즈음하여 다음과 같이 선서하여야 한다. "나는 헌법을 준수하고 국가를 보위하며 조국의 평화적 통일과 국민의 자유와 복리의 증진 및 민족문화의 창달에 노력하여 대통령으로서의 직책을 성실히 수행할 것을 국민 앞에 엄숙히 선서합니다."

6. 전직대통령에 대한 신분과 예우

제85조 전직대통령의 신분과 예우에 관하여는 법률로 정한다.

전직대통령의 신분과 예우에 관하여는 법률로 정하는 바에 의하며, 전직대통령 중 직전대통령은 국가원로자문회의의 의장이 된다.

---

352) 허영, 전게서, 678면.

Ⅲ. 대통령의 권한

1. 대통령의 비상적 권한

1) 긴급명령권

> 제76조 ② 대통령은 국가의 안위에 관계되는 중대한 교전상태에 있어서 국가를 보위하기 위하여 긴급한 조치가 필요하고 국회의 집회가 불가능한 때에 한하여 법률의 효력을 가지는 명령을 발할 수 있다.
> ③ 대통령은 제2항의 명령을 한 때에는 지체 없이 국회에 보고하여 그 승인을 얻어야 한다.
> ④ 제3항의 승인을 얻지 못한 때에는 그 처분 또는 명령은 그때부터 효력을 상실한다. 이 경우 그 명령에 의하여 개정 또는 폐지되었던 법률은 그 명령이 승인을 얻지 못한 때부터 당연히 효력을 회복한다.
> ⑤ 대통령은 제3항과 제4항의 사유를 지체없이 공포하여야 한다.

(1) 의의

긴급명령이라 함은 대통령이 국가의 안위에 관계되는 중대한 교전상태에 있어서 국가를 보위하기 위하여 긴급한 조치가 필요하고 국회의 집회가 불가능한 때에 한하여 법률의 효력을 가지는 명령을 발할 수 있도록 하는 제도를 말한다.

대통령의 국가긴급권이 한 종류로서 긴급명령발동권은 제헌헌법에서 최초로 인정되었다. 그 후 제2공화국 헌법에서 이를 폐지하였다가 제3공화국 헌법에서 이를 부활하였다. 다시 제4·5공화국 헌법에서는 이를 폐지하였다가 현행 헌법에서 다시 부활되는 변천을 거쳐 왔다.

(2) 긴급명령의 성격

대통령의 긴급명령발동권은 국회입법의 원칙과 입헌주의에 대한 예외를 허용한 것이다.

그대로 집행부의 우위적 지위를 인정하는 학설이 있으나 이는 국민의 기본권을 보장하는 최후의 헌법보호 수단으로 이해해야지 이를 대통령의 비상대권으로 이해하여 집행부의 우월직 지위에서 나오는 대통령의 비상대권으로 해석해서는 안 된다.

(3) 긴급명령의 요건

① 실질적 요건: 대통령이 긴급명령을 발동하기 위해서 갖추어야 할 현실적인 상황을

이루는 것이다.

ⓐ 국가의 안위에 관계되는 중대한 교전상태가 있을 것: 대통령이 긴급명령을 발동하기 위해서는 외국과의 전쟁이나 이에 준하는 사변·내란 또는 직접적으로 국가안위에 관계된 사항이 발생해야 한다.

ⓑ 국가를 보위하기 위하여 긴급한 조치가 필요할 것: 국가를 보위한다는 것은 주로 국가안전보장을 위한 소극적·방어적 목적을 달성하기 위한 것이라고 할 것이다. 따라서 공공복리의 증진을 위한 적극적인 목적으로 긴급명령을 발하는 것은 허용되지 않는다고 보는 것이 다수설이다. 여기서 긴급한 조치의 필요성은 제1차적으로 대통령이 객관성을 가지고 판단한다.

ⓒ 국회의 집회가 불가능할 것: 국회의 집회가 불가능하다 함은 시간적 여유가 없음을 이유로 하는 것이 아니라 사실상 집회가 불가능한 상태, 즉 국회가 폐회 중이어서 임시회의 집회에 필요한 3일간을 기다릴 여유가 없는 경우는 물론 휴회 중에 비상사태로 그 집회가 불가능한 경우 또는 국회의원 과반수가 집회에 불응하는 경우도 모두 포함한다.

② 절차적 요건: 대통령이 긴급명령을 발동하기 위해서는 문서의 형식으로 국무회의 심의를 거치고 관계 국무위원과 국무총리의 부서를 받아야 하며, 국회에 이를 보고하고 승인을 얻어야 한다.

(4) 긴급명령의 내용

긴급명령권은 법률에 의하지 않으면 그 목적달성이 불가능한 경우에 대처하기 위하여 긴급한 조치로서 발동하는 것이므로 그 내용상 제한은 없다고 보아야 하며 헌법 제40조의 입법권의 대상이 되는 것이면 모두 그 대상이 된다.

다만 첫째, 긴급명령은 법률적 효력만이 인정되는 것이므로 그것으로 헌법을 개정하거나 폐지하는 것은 불가능하고, 둘째, 헌법상 국회에의 보고와 사후승인을 받도록 규정되어 있으므로 긴급명령으로 국회해산도 불가능하며, 셋째, 긴급명령에 대한 위헌심사권한을 통한 사후통제권을 가지는 헌법재판소나 법원의 권한에도 특별한 조치를 할 수 없다. 마지막으로 헌법 제77조에서 대통령의 국가긴급권의 하나로서 계엄선포권을 별도로 규정하고 있으므로 긴급명령으로 군정을 실시하는 것도 허용되지 않는다고 보는 것이 다수설이다.

(5) 효력

대통령이 긴급명령을 발동한 경우 지체 없이 이를 국회에 보고하여 그 승인을 얻어야만 한다. 여기서 국회는 가장 최단기간 내에 소집되는 임시회를 말한다. 따라서 긴급명령의 효력은 이 임시회에서의 승인 여부에 따라 좌우된다.

① 승인을 얻지 못한 경우: 임시회에서 긴급명령이 승인을 얻지 못한 경우에는 그때부터 효력 상실하며, 그 결과 긴급명령으로 개정 또는 폐지된 법률은 승인을 얻지 못한 때부터 효력을 당연히 회복한다.

② 승인을 얻은 경우: 임시회에서 그 승인을 얻은 경우에는 형식은 비록 명령이지만 실질적으로 국회가 제정한 법률과 동등한 효력을 가진다. 따라서 국민의 권리를 제한하거나 새로운 의무를 부과하는 법규의 사항을 정할 수 있음은 물론 기존의 법률을 개정·폐지·적용정지도 가능하다(신법우선의 원칙).

(6) 긴급명령의 통제

① 국회에 의한 통제: 대통령이 긴급명령을 발동한 경우 이를 국회에 보고하고 승인을 얻도록 하고 있고, 여기서 승인을 얻지 못하면 그 효력이 상실되므로 국회가 가장 강력한 통제수단을 행사하게 된다.

② 법원에 의한 통제: 긴급명령은 법률적 효력을 가지므로 법원은 국회의 승인을 얻은 경우에 그 위헌 여부가 재판의 전제가 된 때에 한해서 헌법재판소에 그 위헌심판을 제청할 수 있으므로 소극적인 통제권만을 가진다.

③ 헌법재판소에 의한 통제: 긴급명령의 위헌 여부가 재판의 전제가 되어 법원이 헌법재판소에 위헌법률심사를 제청한 경우와 그에 대한 헌법소원이 제기된 경우에 직접적인 규범통제를 하게 된다.

2) 긴급재정·경제처분 및 명령권

제76조 ① 대통령은 내우·외환·천재·지변 또는 중대한 재정·경제상의 위기에 있어서 국가의 안전보장 또는 공공의 안녕질서를 유지하기 위하여 긴급한 조치가 필요하고 국회의 집회를 기다릴 여유가 없을 때에 한하여 최소한으로 필요한 재정·경제상의 처분을 하거나 이에 관하여 법률의 효력을 가지는 명령을 발할 수 있다.
③ 대통령은 제1항의 처분 또는 명령을 한 때에는 지체 없이 국회에 보고하여 그 승인을 얻어야 한다.
④ 제3항의 승인을 얻지 못한 때에는 그 처분 또는 명령은 그때부터 효력을 상실한다. 이

경우 그 명령에 의하여 개정 또는 폐지되었던 법률은 그 명령이 승인을 얻지 못한 때부터 당연히 효력을 회복한다.
⑤ 대통령은 제3항과 제4항의 사유를 지체 없이 공포하여야 한다.

(1) 의의

긴급재정·경제처분 및 명령권이라 함은 대통령이 내우·외환·천재지변 또는 중대한 재정·경제상의 위기에 있어서 국가의 안전보장 또는 공공의 안녕질서를 유지하기 위하여 긴급한 조치가 필요하고 국회의 집회를 기다릴 여유가 없을 때에 한하여 최소한으로 필요한 재정·경제상의 처분을 하거나 이에 관한 법률의 효력을 가지는 명령을 발할 수 있도록 하는 제도를 말한다.

(2) 법적 성격

긴급재정·경제처분권은 국회의 재정의회주의에 대한 예외를 인정하는 것이고, 그 명령권은 국회입법의 원칙과 재정의회주의의 예외로서 간급재정·경제처분의 실효성을 법률적 효력을 가지는 명령으로 뒷받침하는 긴급입법을 의미한다.

(3) 요건

① 실질적 요건

ⓐ 내우·외환·천재·지변 또는 중대한 재정·경제상의 위기에 처할 것

ⓑ 국가의 안전보장 또는 공공의 안녕질서를 유지하기 위하여 긴급한 조치가 필요하고, 이를 법률적 효력을 가진 명령으로 뒷받침할 필요가 있을 것

ⓒ 국회의 집회를 기다릴 여유가 없을 것: 이는 국회가 폐회 중인 경우나 사실상 집회가 불가능한 경우일 때만 가능하다. 휴회 중인 경우에는 언제든지 회의재개가 가능하므로 여기에 포함되지 않는다고 보아야 할 것이다.

ⓓ 최소한의 처분이어야 한다.

② 절차적 요건: 대통령의 긴급명령과 마찬가지로 문서의 형식으로 국무회의 심의를 거치고 관계 국무위원과 국무총리의 부서를 받아야 하며, 국회에 이를 보고하고 승인을 얻어야 한다.

(4) 내용과 방식

① 내용: 재정·경제사항

② 방식: 행정처분의 방식하며 개별적, 구체적 내용의 처분 또는 조치의 형식으로 한다.

(5) 효력

대통령이 긴급재정·경제처분 및 그 명령을 발동한 경우 지체 없이 이를 국회에 보고하여 그 승인을 얻어야만 한다. 여기서의 국회도 가장 최단기간 내에 소집되는 임시회를 말한다. 따라서 긴급명령의 효력은 이 임시회에서의 승인 여부에 따라 승인을 받으면 그 효력이 확정되고, 그 승인을 얻지 못하면 그때부터 효력이 상실된다.

(6) 통제

① 국회에 의한 통제: 긴급재정·경제처분 및 그 명령권은 국회의 승인 여부에 따라 그 효력의 존속 여부가 결정되므로 국회의 승인권은 가장 실효성 있는 통제수단으로서 기능한다.

② 법원에 의한 통제: 긴급재정·경제처분에 대해서는 법원이 위헌위법의 명령·규칙·처분의 최종심사권을 가지므로 그에 대한 사법심사를 할 수 있으며, 그 명령권은 법률과 동등한 효력을 가지므로 긴급명령과 같이 위헌법률심판제청을 할 수 있는 소극적 통제권을 가진다.

③ 헌법재판소에 의한 통제: 헌법재판소는 긴급재정·경제처분의 위헌을 이유로 헌법소원이 제기되는 경우 이를 심판의 대상으로 할 수 있고, 그 명령권에 대해서는 법원의 제청에 따른 위헌법률심사 및 헌법소원의 제기에 대하여 규범통제를 할 수 있다.

헌법재판소 1996. 2. 29. 93헌마186 결정

긴급재정경제명령은 정상적인 재정운용·경제운용이 불가능한 중대한 재정·경제상의 위기가 현실적으로 발생하여(그러므로 위기가 발생할 우려가 있다는 이유로 사전적·예방적으로 발할 수는 없다) 긴급한 조치가 필요함에도 국회의 폐회 등으로 국회가 현실적으로 집회될 수 없고 국회의 집회를 기다려서는 그 목적을 달할 수 없는 경우에 이를 사후적으로 수습함으로써 기존질서를 유지·회복하기 위하여(그러므로 공공복리의 증진과 같은 적극적 목적을 위하여는 발할 수 없다) 위기의 직접적 원인의 제거에 필수불가결한 최소의 한도 내에서 헌법이 정한 절차에 따라 행사되어야 한다. 그리고 긴급재정경제명령은 평상시의 헌법질서에 따른 권력행사방법으로서는 대처할 수 없는 중대한 위기상황에 대비하여 헌법이 인정한 비상수단으로서 의회주의 및 권력분립의 원칙에 대한 중대한 침해가 되므로 위 요건은 엄격히 해석되어야 할 것이다. 긴급재정경제명령을 발할 수 있는 중대한 재정·경제상의 위기상황의 유무에 관한 제1차적 판단은 대통령의 재량에 속한다. 그러나 그렇다고 하더라도 그것이 자유재량이라거나 객관적으로 긴급한 상황이 아닌 경우라도 주관적 확신만으로 좋다는 의미는 아니므로 객관적으로 대통령의 판단을 정당화할 수 있을 정도의 위기상황이 존재하여야 한다.

3) 계엄선포권

> 제77조 ① 대통령은 전시·사변 또는 이에 준하는 국가비상사태에 있어서 병력으로써 군
> 사상의 필요에 응하거나 공공의 안녕질서를 유지할 필요가 있을 때에는 법률이 정하는
> 바에 의하여 계엄을 선포할 수 있다.
> ② 계엄은 비상계엄과 경비계엄으로 한다.
> ③ 비상계엄이 선포된 때에는 법률이 정하는 바에 의하여 영장제도, 언론·출판·집회·
> 결사의 자유, 정부나 법원의 권한에 관하여 특별한 조치를 할 수 있다.
> ④ 계엄을 선포한 때에는 대통령은 지체없이 국회에 통고하여야 한다.
> ⑤ 국회가 재적의원 과반수의 찬성으로 계엄의 해제를 요구한 때에는 대통령은 이를 해
> 제하여야 한다.

(1) 의의

계엄선포권이라 함은 대통령이 전시·사변 또는 이에 준하는 국가비상사태에 있어서 병력으로서 군사상의 필요에 응하거나 또는 공공의 안녕질서를 유지할 필요가 있을 때에는 법률이 정하는 바에 의하여 계엄을 선포할 수 있는 제도를 말한다.

(2) 법적 성격

대통령의 계엄선포권은 군사상 필요에 응하거나 공공의 안녕질서를 유지하기 위한 현상유지적 조치 내지 병력을 수단으로 이용한다는 점에서 고전적 국가긴급권의 한 종류를 의미하며, 헌법규정의 일부의 효력을 배제할 수 있다는 점에서 가장 강력한 국가긴급권이라고 할 수 있다.

(3) 계엄의 종류와 그 변경

계엄의 종류는 비상계엄과 경비계엄의 두 가지가 있다. 비상계엄은 대통령이 전시·사변 또는 이에 준하는 국가비상사태에 있어서 적과 교전상태에 있어서 사회질서가 극도로 교란되어 행정 및 사법기능의 수행이 현저히 곤란한 경우에 군사상의 필요에 응하거나 공공의 안녕질서를 유지하기 위하여 선포한다(계엄법 제2조 제2항). 경비계엄은 대통령이 전시·사변 또는 이에 준하는 국가비상사태에 있어서 적과 교전상태에 있어서 사회질서가 교란되어 일반행정기관만으로는 치안을 확보할 수 없는 경우에 공공의 안녕질서를 유지하기 위하여 선포한다(동법 제2조 제3항). 그리고 대통령은 계엄의 종류·시행지역 또는 계엄사령관을 국무회의의 심의를 거쳐 변경할 수 있다(동법 제2조 제4항·제5항).

(4) 요건

① 실질적 요건

ⓐ 전시·사변 또는 이에 준하는 국가비상사태가 발생할 것: 여기서 전시라 함은 무력을 중심으로 한 국가 간의 투쟁상태를 말하며, 사변이라 함은 국토를 참절하거나 국헌을 문란케 할 목적으로 하는 무장반란집단의 폭동행위를 말한다. 그리고 이에 준하는 국가비상사태라 함은 전시나 사변에 이르지는 않았지만 무장 또는 비무장의 집단 또는 군중에 의하여 사회질서가 교란된 상태 또는 자연적 재난으로 인하여 사회질서가 교란된 상태가 발생해야 한다.

ⓑ 병력으로써 군사상의 필요에 응하거나 공공의 안녕질서를 유지할 필요가 있을 것: 이는 경찰력만으로는 극복하기 어려운 비상사태가 발생하고, 군대의 안전을 위한 군작전상의 필요성이나 사회적 안전과 평온을 유지할 필요가 있어야 한다.

② 절차적 요건: 대통령이 계엄선포를 하기 위해서는 국무회의 심의를 거치고 국방부장관과 국무총리의 부서를 받아야 한다. 이때 계엄선포의 이유·종류·시행일·지역 그리고 계엄사령관을 공고하여야 한다. 그리고 계엄선포 후에는, 국회에 이를 지체 없이 통고하여야 하며, 이때 국회가 폐회 중일 때는 대통령은 지체 없이 국회의 집회를 요구해야 한다.

(5) 계엄의 선포권자와 지휘·감독권자

계엄의 선포권자는 대통령뿐이다. 계엄이 선포되면 계엄사령관은 계엄의 시행에 관하여 국방부장관의 지휘·감독을 받으며, 전국을 계엄지역으로 하는 경우에는 대통령이 직접 지휘·감독권을 행사한다.

(6) 효력

계엄의 효력은 경비계엄인 경우와 비상계엄인 경우에 따라 다르게 나타나지만 어느 경우이든 국회의원은 현행법을 제외하고는 계엄선포 중이라도 체포 또는 구금되지 않는다(동법 제13조).

① 경비계엄의 효력: 경비계엄이 선포되면 계엄사령관은 계엄지역 내에 군사에 관한 행정사무와 사법사무를 관장한다(동법 제7조 제2항). 따라서 경비계엄이 선포된 지역의 행정기관과 사법기관은 지체 없이 계엄사령관의 지휘·감독을 받는다. 경비계엄은 공공의 안녕질서의 회복이라는 치안유지를 목적으로 하기 때문에 헌법과 법률에 의하지 아니

하고는 국민의 자유·권리를 제한할 수 없다.

② 비상계엄의 효력: 비상계엄이 선포되면 계엄사령관은 계엄지역 내의 모든 행정사무와 사법사무를 관장한다(동법 제7조 제1항).

ⓐ 행정사무 및 사법사무에 관한 특별조치: 비상계엄의 선포로 당해 지역의 행정기관과 사법기관은 지체 없이 계엄사령관의 지휘·감독을 받는다. 이때 사법사무는 재판작용을 제외한 나머지 사법사무(사법경찰·공소제기·형의 집행·민사비송사건)만을 의미한다고 보는 것이 다수설이다. 재판작용의 경우에는 계엄법 제10조 제2항에서 법원이 없거나 당해 관할법원과의 교통이 차단된 경우에만 모든 형사사건에 대한 재판을 군사법원이 행하도록 하고 있기 때문에 다수설이 타당하다.

ⓑ 기본적 인권에 관한 특별조치: 헌법상 비상계엄이 선포되면 법률이 정하는 바에 의하여 영장제도, 언론·출판·집회·결사의 자유에 관하여 특별한 조치를 할 수 있도록 허용하고 있다. 그러나 계엄법 제9조 제1항에서는 헌법에 규정된 사항 이외에도 거주·이전의 자유와 단체행동에 관해서도 특별한 조치를 할 수 있도록 허용하고 있어 이의 위헌 여부가 논란의 대상이 되고 있다. 합헌설은 헌법 제77조 제3항을 예시규정으로 보아 계엄의 목적달성을 위하여 거주·이전의 자유를 제한하는 것은 허용된다고 본다. 이에 대해 위헌설은 헌법 제77조 제3항을 한정규정으로 보아 국민의 기본권보장에 대한 침해는 허용되지 않는다고 본다.

(7) 계엄의 해제

비상사태가 원상회복되거나 국회가 계엄해제를 요구하면 대통령은 계엄을 해제하여야 한다.

해제된 날로부터 모든 행정·사법사무 복귀되며, 일반법원에 이관된다. - 군사법원의 재판권을 1개월 연기

(8) 계엄에 대한 통제

① 국회에 의한 통제: 국회는 재적의원 과반수의 찬성으로 계엄의 해제를 요구할 수 있으며, 기타 국정감사·조사권, 탄핵소추권·국무총리와 국무위원에 대한 출석요구 및 질문권, 국무총리와 국무위원에 대한 해임건의권 등 행정부통제권에 의해서 계엄을 통제할 수 있다. 뿐만 아니라 계엄사령관은 계엄지역 내의 행정과 사법사무만을 관장하기 때문에 국회의 입법활동을 통해서 계엄을 통제할 수 있다.

② 법원과 헌법재판소에 의한 통제

계엄당국의 개별적 포고령, 개별적 구체적 집행 행위: 대상, 계엄선포행위 자체: 통치행위(사법심사 대상 제외)

4) 중요정책의 국민투표부의권

국민투표제도는 의회나 정당에 대항한 하나의 무기로서 인식되고, 또 한편으로는 독재자 등의 개인적 권력을 위한 무서운 도구로 간주된다. 이러한 국민투표는 국민적 정당성을 확보할 수 있는 제도이다. 헌법 제72조의 주요 정책 국민투표는 선택적, 임의적 국민투표제도이며, 동시에 전국단위 국민투표제도이다. 헌재는 헌법 제72조는 "대통령은 필요하다고 인정할 때에는 외교·국방·통일 기타 국가안위에 관한 중요정책을 국민투표에 붙일 수 있다."고 규정하여 대통령에게 국민투표 부의권을 부여하고 있다. 헌법 제72조는 대통령에게 국민투표의 실시 여부, 시기, 구체적 부의사항, 설문내용 등을 결정할 수 있는 임의적인 국민투표발의권을 독점적으로 부여함으로써, 대통령이 단순히 특정 정책에 대한 국민의 의사를 확인하는 것을 넘어서 자신의 정책에 대한 추가적인 정당성을 확보하거나 정치적 입지를 강화하는 등, 국민투표를 정치적 무기화하고 정치적으로 남용할 수 있는 위험성을 안고 있다. 이러한 점을 고려할 때, 대통령의 부의권을 부여하는 헌법 제72조는 가능하면 대통령에 의한 국민투표의 정치적 남용을 방지할 수 있도록 엄격하고 축소적으로 해석되어야 한다고 한다.353)

2. 행정에 관한 권한

1) 행정에 관한 최고결정권과 최고지휘권

> 정부조직법 제10조 ① 대통령 은 정부의 수반으로서법령에 의하여 모든 중앙행정기관의 장을 지휘·감독한다.

대통령은 행정의 최고결정권을 가지며, 하부 행정기관에 대한 지휘·감독권과 정책집행을 통제·감독할 권한을 가진다. 이것은 행정권을 행사하는 정부의 수반인 대통령에게

---

353) 헌재 2004. 5. 14. 2004헌나1

있어서 행정권을 행사하는 것이야말로 대통령의 권한이자 책임에 속하기 때문이다.

2) 법령집행권
행정부의 수반으로서 국회가 제정한 법률을 공포하고 집행하는 것을 1차적 임무로 하고 필요한 경우 위임명령·집행명령을 발할 수 있다.

3) 국가의 대표 및 외교에 관한 권한

> 제73조 대통령은 조약을 체결·비준하고, 외교사절을 신임·접수 또는 파견하며, 선전포고와 강화를 한다.

대통령은 국가원수로서 대외적으로 국가를 대표한다. 이는 대통령이 외국에 대하여 국가의 의사를 표시할 뿐만 아니라 국가의 인격 그 자체를 의미하는 상징성을 가지는 것이다. 따라서 이러한 지위에서 대통령은 조약을 체결·비준하고, 외교사절을 신임·접수 또는 파견하며, 선전포고 및 강화를 할 권한을 가진다. 그리고 국군의 해외파견, 외국군대의 국내주류를 허용하고, 외국정부의 승인권을 가진다. 다만 대통령이 조약을 체결하고 비준하는 경우에는 국무회의의 심의를 거쳐야 하며, 특히 헌법 제60조 제1항에 열거된 조약에 대해서는 국회의 동의를 얻어야 한다.

4) 국군통수권

> 제74조 ① 대통령은 헌법과 법률이 정하는 바에 의하여 국군을 통수한다.
> ② 국군의 조직과 편성은 법률로 정한다.

(1) 성격과 내용
① 통수: 국군의 최고지휘자로서 군정·군령에 관한 권한 행사함.
② 국군지휘권, 국군의 내부편성권, 교육, 규율권 포함 → 국군의 최고사령관 의미

(2) 행사방법과 절차
국가안전보장회의 자문을 받고, 국무회의의 심의를 거쳐 문서에 의해야 하며 관계 장관의 부서로써 한다.

(3) 군령 · 군정의 일원주의(병 · 정통합주의)

대다수국가 채택[우리나라: 이원주의(병 · 정분리주의 - 군국주의 위험)]

① 군령: 군의 지휘 · 작전에 관한 명령권

② 군정: 군의 조직, 편성권

(4) 국군의 조직 · 편성의 법정주의

군의 설치 · 조직 · 유지

5) 공무원임면권

제78조 대통령은 헌법과 법률이 정하는 바에 의하여 공무원을 임면한다.

(1) 의의

공무원임면권이라 함은 대통령이 헌법과 법률이 정하는 바에 의하여 공무원의 신분관계의 발생 · 변경 · 소멸을 행할 수 있는 권한을 의미한다. 따라서 공무원임면권의 내용에는 임명 · 면직 · 보직 · 전직 · 휴직 · 징계처분 등이 모두 포함된다.

(2) 공무원임면권의 제약

① 임명에 관한 제약: 대통령은 선거에 의하여 그 지위를 취득하는 국회의원 · 지방자치단체의 장 · 지방의회의원, 일정한 기관의 제청을 요하는 국무위원 · 행정각부의 장 · 감사위원 · 대법관의 임명, 국회의 동의를 요하는 국무총리 · 감사원장 · 대법원장 · 대법관 · 헌법재판소의 장의 임명, 국무회의의 심의를 요하는 검찰총장 · 합동참모회의장 · 각군 참모총장 · 국립대학교 총장 · 대사 기타 법률이 정하는 공무원과 국영기업체관리자의 임명 등 일정한 경우 임명권행사에 제약을 받는다.

② 면직에 관한 제약: 대통령은 공무원을 면직함에 있어서도 일정한 공무원에 대해서는 헌법과 법률이 정한 면직사유가 없는 한 임의로 면직시킬 수 없다. 또한 헌법상 신분보장을 받는 공무원(법관 · 헌법재판소재판관 · 중앙선거관리위원회위원)에 대한 면직권도 제약을 받는다.

6) 재정에 관한 권한

대통령의 재정에 관한 권한은 예산과 관련된 것으로 예산안의 편성·제출권 및 예산집행권을 가지고, 예비비·계속비·추가경정예산 등의 편성 및 집행권을 가진다. 그리고 국채의 모집이나 예산외에 국가부담이 될 계약의 체결에 관해서도 국회의 의결을 얻어 집행할 수 있다(제58조). 긴급재정경제처분 및 그 명령권을 발동하여 재정에 관한 조치를 취할 수 있다(제76조 제1항).

7) 영전수여권

제80조 대통령은 법률이 정하는 바에 의하여 훈장 기타의 영전을 수여한다.

대통령의 영전수여권은 국가원수의 지위에서 가지는 권한이며, 국가에 특히 공로가 있는 사람에게 표창하고 훈장을 수여할 수 있는 권한을 말한다. 대통령의 영전수여권의 행사는 국무회의의 심의를 거쳐 상훈법에 근거하여 행하며, 거기에는 평등의 원칙에 입각한 특권부인의 원칙과 영전일대의 원칙이 적용된다(제11조 제3항).

3. 국회와 입법에 관한 권한

1) 국회에 관한 권한

(1) 국회임시회의 집회요구권

제47조 ① 국회의 정기회는 법률이 정하는 바에 의하여 매년 1회 집회되며, 국회의 임시회는 대통령 또는 국회재적의원 4분의 1 이상의 요구에 의하여 집회된다.
③ 대통령이 임시회의 집회를 요구할 때에는 기간과 집회요구의 이유를 명시하여야 한다.

대통령은 국무회의의 심의를 거쳐 국회의 임시회의 집회를 요구할 수 있다. 이때에는 그 기간과 집회요구의 이유를 명시하여야 한다.

(2) 국회출석·발언권

제81조 대통령은 국회에 출석하여 발언하거나 서한으로 의견을 표시할 수 있다.

대통령은 국회에 출석하여 발언하거나 서한으로 의견을 표시할 수 있다. 이는 대통령의 권한이므로 국회 측에서 대통령의 출석을 요구하거나 서한에 의한 의사표시를 요구할 수 없다.

2) 헌법개정에 관한 권한

대통령은 헌법개정에 대한 제안권한을 가지며(제128조 제1항), 이를 20일 이상 공고하여야 한다(제129조). 그리고 국민투표의 결과 국회의원선거권자 과반수투표와 투표자 과반수의 찬성으로 헌법개정이 확정되면 이를 즉시 공포하여야 한다(제130조 제3항). 공고와 공포는 대통령의 권한이자 의무이다.

3) 입법(법률제정)에 관한 권한

(1) 법률안제출권

대통령은 국무회의의 심의를 거쳐 국회에 법률안을 제출한 수 있다. 이는 현행 헌법이 대통령제를 취하면서 의원내각제적 요소를 인정하고 있는 것이고, 이에 의해서 국회에 대한 행정부의 우월성을 승인한 것이다.

(2) 법률안거부권

① 의의: 법률안거부권은 국회가 의결하여 정부에 이송한 법률안에 대하여 대통령이 이의가 있을 때 이의서를 붙여 국회에 법률안을 반환하고 그 재의를 요구할 수 있는 권한을 말하며, 법률안의 재의요구권이라고도 한다. 이는 국회가 부당한 입법을 자행하는 경우 또는 정부가 집행할 수 없는 법률을 국회가 제정하는 것을 저지·억제한다는 데 그 제도적 의의가 있으며, 입법부와 집행부의 엄격한 분리를 전제로 하는 대통령제에 있어서 국회에 의한 법률집행의 강요로부터 집행권의 독립을 보장한다는 점에서 대통령제의 필수적 조건인 동시에 정부의 실효성 있는 국회에 대한 투쟁수단이 된다.

② 법적 성질: 대통령이 거부권을 행사하는 것이 법률의 완성에 어떠한 의미를 가지는

가에 관하여 다음과 같은 학설이 주장되고 있다.
ⓐ 정지조건적 권한설
ⓑ 해제조건적 권한설
ⓒ 취소권설
ⓓ 공법에 특유한 제도설
법률완성에 대한 조건부의 소극적 정지권으로 보는 것이 타당하다.
③ 행사요건
ⓐ 실질적 요건: 대통령이 법률안거부권을 행사할 수 있는 요건에 관해서 명문규정은 없으나 정당한 이유가 있고 객관적으로 납득할 수 있는 경우에만 가능하다고 할 것이다. 즉 법률안이 헌법에 위반된다거나 집행 불가능한 경우 또는 국가적 이익에 반하거나 집행부에 대한 부당한 정치적 공세를 내용으로 하는 경우가 이에 해당한다고 할 것이다. 따라서 정당한 이유 없는 거부권남용은 탄핵소추의 사유가 된다.
ⓑ 절차적 요건: 대통령은 법률안이 정부로 이송된 날로부터 15일 이내에 국무회의의 심의를 거친 후 이의서를 붙여 국회에 환부하고 그 재의를 요구한다.
④ 유형: 법률안거부권에는 환부거부와 보류거부의 두 가지가 있다.
ⓐ 還付拒否란 대통령이 국회에서 의결되어 정부에 이송된 법률안을 15일 이내에 국무회의의 심의를 거친 후 이의서를 붙여 국회로 환부하고 그 재의를 요구하는 것을 의미한다. 국회가 임기만료로 폐회된 경우가 아니면 폐회 중인 때에도 환부하여야 하며, 공포도 거부도 하지 않을 때에는 15일이 경과함으로써 법률안은 법률로 확정된다. 이때 일부거부나 수정거부는 불가능한 것으로 헌법에 명문화하고 있는바, 이는 대통령에게 법률안제출권이 있기 때문이다.
ⓑ 保留拒否란 대통령이 환부거부가 허용되는 기간 내에 국회의 폐회로 인하여 국회로의 환부가 불가능한 때에 당해 법률안을 환부하지 않고 그대로 보류시킴으로써 자동적으로 법률안을 폐기시키는 것을 의미한다. 현행 헌법은 회기계속의 원칙을 취하고 있고(제51조), 국회가 임기만료로 인하여 폐회된 경우가 아니면 폐회 중에도 환부하도록 하고 있으며(제53조 제2항), 공포나 재의의 요구가 없으면 법률안은 그대로 확정(제53조 제5항)되는 것으로 규정하고 있으므로 보류거부는 인정되지 않는다.

(3) 법률공포권
대통령은 국회에서 의결된 법률안이 정부에 이송된 날로부터 15일 이내에 공포하여야 한다(제53조 제1항). 그러나 앞에서 살펴본 바와 같이 법률안에 이의가 있으면 환부거부권을 행사할 수 있으며 국회에서 그 법률안을 재의결하면 5일 이내에 공포해야만 한다. 만일 확정법률이 정부에 이송된 후 5일 이내에 대통령이 공포하지 않으면 국회의장이 이를 공포한다(제53조 제6항).

(4) 행정입법에 관한 권한

> 제75조 헌법상 대통령은 법률에서 구체적으로 범위를 정하여 위임받은 사항과 법률을 집행하기 위하여 필요한 사항에 관하여 대통령령을 발할 수 있는 권한을 가진다.

① 행정입법의 의의: 행정입법이란 행정기관이 법조의 형식에 의하여 일반적·추상적인 규범을 정립하는 작용을 말한다. 이는 현대국가에서 행정기능의 확대·강화에 따른 권력의 통합화현상, 비전문가로 구성된 국회가 행정의 전문성·기술성에 부응하는 입법권의 행사가 불가능하게 되었다는 현실, 부단히 변화하는 사회현상에 적응하기 위한 입법의 탄력성제고, 위기정부 내지 비상사태의 항상화로 말미암아 국회입법의 원칙에 대한 예외로써 헌법에 근거하여 인정되는 것이다.

② 행정입법의 유형: 행정입법은 그 성질과 효력을 기준으로 크게 법규명령과 행정명령(행정규칙)으로 나눌 수 있다. 그리고 법규명령은 다시 제정권자를 기준으로 대통령령·총리령·부령으로 나누어지고, 그 성격에 따라 위임명령과 집행명령으로 나눌 수 있다.

ⓐ 법규명령과 행정명령(행정규칙)

- 법규명령: 법규명령이란 행정기관이 정립하는 일반적·추상적 명령으로서 법규의 성질을 가지는 것을 말한다. 국민의 자유와 권리에 관한 사항인 법규사항을 정한 것이므로 대외적 구속력을 가지고 있다.

- 행정명령(행정규칙): 행정명령은 행정기관에 의해 정립되는 일반적·추상적 또는 개별적·구체적 규정으로서 법규의 성질을 갖지 않는 것을 말하며, 일반적으로 상급행정기관이 하급행정기관에 대하여 업무처리지침이나 법령의 해석적용에 관한 기준을 정하여서 발한다. 다만 예외적으로 법령의 규정과 결합하여 실질적으로 법규명령의 내용을 보충하는 것인 경우에는 일반적·대외적 구속력을 가진다(판례).

대법원 1987.9.29. 선고, 86누484 판결
상급행정기관이 하급행정기관에 대하여 업무처리지침이나 법령의 해석적용에 관한 기준을 정하여서 발하는 이른바 행정규칙은 일반적으로 행정조직 내부에서만 효력을 가질 뿐 대외적인 구속력을 갖는 것은 아니지만, 법령의 규정이 특정행정기관에게 그 법령내용의 구체적 사항을 정할 수 있는 권한을 부여하면서 그 권한행상의 절차나 방법을 특정하고 있지 아니한 관계로 수임행정기관이 행정규칙의 형식으로 그 법령의 내용이 될 사항을 구체적으로 정하고 있다면 그와 같은 행정규칙·규정은 행정규칙이 갖는 일반적 효력으로서가 아니라, 행정기관에 법령의 구체적 내용을 보충할 권한을 부여한 법령규정의 효력에 의하여 그 내용을 보충하는 기능을 갖게 된다 할 것이므로 이와 같은 행정규칙·규정은 당해 법령의 위임한계를 벗어나지 아니하는 한 그것들과 결합하여 대외적인 구속력이 있는 법규명령으로서의 효력을 갖게 된다.
cf. 대법원 1996.12.23. 선고, 95누18567 판결
구 재산제세조사사무규정(국세청훈령 제980호) 제72조 제3항은 비록 그 형식은 행정규칙으로 되어 있으나, 구 소득세법 시행령(1989. 8. 1. 대통령령 제12767호로 개정 전) 제170조 제4항 제2호의 위임에 따라 그 규정의 내용을 보충하는 기능을 가지면서 그와 결합하여 대외적인 구속력이 있는 법규명령으로서의 효력을 가지는 것이어서, 그 내용이 위 법령의 위임한계를 벗어난 것이라는 등의 특별한 사정이 없는 한 무효라고 볼 수 없어 양도소득세를 과세함에 있어 법령상의 근거가 된다.

- 공통점: 양자는 정당한 권한을 가진 제정주체가 상위법령이나 상급기관의 행정규칙에 위반하지 않는 범위 내에서 객관적으로 인식할 수 있을 정도로 명확하고 실현가능한 것을 내용으로 정립한다는 점에서 공통점을 가진다.
- 차이점: 양자는 첫째, 제정근거에 있어서 법규명령은 헌법·법률·상위명령의 구체적 수권의 범위 내에서 정립되는 것이나 행정명령은 법령의 수권이 없어도 행정권의 당연한 권능으로 제정할 수 있다는 점(판례), 둘째, 규율대상에 있어서 전자는 국민의 자유·권리에 관한 사항을, 후자는 행정기관 내부의 조직과 활동을 규율하는 것을 대상으로 하는 점, 셋째, 따라서 전자는 법규성을 가진다고 보는 데 반해 후자는 원칙적으로 부정되고 있는 점, 넷째, 구속력에 있어서 전자는 발령기관과 상대방을 모두 구속하는 양면적 구속력을 가지나 후자는 수명기관·수명자만을 구속하는 일면적 구속력만을 가지는 점, 다섯째, 전자는 소정의 법정절차를 거쳐 법조형식에 의하여 관보에 게재하여 공포할 것을 필요로 하나, 후자는 이에 관하여 특별한 제한을 받지 않는다는 점에 차이가 있다.

대법원 1996.8.23. 선고, 95누14718 판결
구 공공용지의 취득 및 손실보상에 관한 특례법시행규칙(1995.1.7. 건설교통부령 제3호로 개정 전) 제6조의2의 규정은 감정평가업자가 가격평가를 함에 있어 준수하여야 할 원칙과 기준을 정한 행정규칙에 해당한다 할 것이므로 상위법령의 위임이 있어야 하는 것은 아니다.

ⓑ 위임명령과 집행명령

- 위임명령

- 의의: 위임명령이란 법률이나 상위명령에서 구체적으로 범위를 정하여 위임받은 입법 사항을 정하는 명령을 말한다. 따라서 법률에서 위임한 범위 내에서 새로운 국민의 권리·의무를 규정함으로써 법률의 내용을 보충하는 것이므로 보충명령이라고도 한다.

- 한계: 위임명령은 법률보충명령으로서 특정 행정기관에 위임하여야 하므로 국회의 전속적 입법사항은 위임이 불가능하고, 위임을 하는 경우에도 일반적·추상적, 전면적·포괄적 위임이어서는 안 된다. 또한 위임받은 사항을 그대로 재위임하는 것은 授權法을 변경하는 것이 되므로 복위임(전면적 재위임)은 금지된다. 벌칙규정의 위임은 처벌대상인 행위를 법률에서 구체적으로 기준을 정하여 위임하는 경우에 가능하며 처벌의 수단과 정도도 모법에서 최고한도를 정하면 그 범위 내에서 위임하는 것도 가능하다.

- 효력: 위임명령은 법률의 내용을 보충하는 것이므로 법률종속적 효력을 가지며, 수권법인 모법이 소멸하면 당연히 효력을 상실한다.

- 집행명령

- 의의: 집행명령이란 헌법에 근거하여 법률을 집행하는 데 필요한 세칙을 정하는 명령을 의미하며, 법률시행세칙이라고도 한다. 이는 법률집행의 통일성·평등성·합리성을 보장하는 데 그 제도적 의의가 있다.

- 한계: 집행명령은 특정 법률 또는 상위명령을 집행하기 위해 필요한 구체적 절차나 형식만 규정할 수 있으므로 모법에 규정이 없는 새로운 국민의 권리·의무에 관한 입법사항을 독자적으로 규정하거나 기존의 내용을 변경·보충할 수 없다.

대법원 1993.1.19. 선고, 92누6983 판결
구 소득세법 시행규칙 제82조 제2항(1990. 9. 1. 재무부령 제1832호로 삭제)이 토지등급이 설정되어 있지 않은 토지에 대하여 유사토지의 등급을 적용하여 기준시가를 결정하도록 한 것은 소득세법 및 구 소득세법 시행령(1989. 8. 1. 대통령령 제12767호로 개정 전)상 규정이 없을 뿐만 아니라 아무런 위임근거도 없이 과세요건에 관한 사항을 규정한 것이어서 조세법률주의의 원칙에 위반되어 무효이다.

- 효력: 집행명령도 위임명령과 같이 법률종속적 효력을 가지며 모법이 소멸하면 종속성으로 인하여 당연히 소멸한다.

③ 행정입법에 대한 통제

ⓐ 집행부 내부의 자율적 통제

- 감독권에 의한 통제: 상급행정기관의 지휘·감독권의 대상에는 하급행정기관의 행정입법권의 행사도 포함되므로 감독권을 행사하여 행정입법의 기준과 방향을 지시하거나 위법한 행정입법의 폐지명령 등을 통해 통제할 수 있다.
- 행정절차적 통제: 행정입법의 제정 시 일정한 절차를 거치도록 함으로써 그 적정성을 담보하는 통제방법이다. 대통령령은 법체처의 심사와 국무회의의 심의를, 총리령·부령은 법제처의 심사를 거쳐 제정한다. 그리고 1996. 12. 31. 공포된 행정절차법 제4장은 입법예고제를 채택하고, 국민의 의결제출기회를 보장함과 아울러 필요하면 공청회를 거치도록 하여 입법과정에 국민의 참여를 보장하고 있다.

ⓑ 국회에 의한 통제

- 직접적 통제: 국회가 법률제정을 통해서 행정입법의 효력을 소멸시키는 통제방법이다.
- 간접적 통제: 국회가 행정부에 대하여 가지는 국정통제권을 발동함으로써 위법·부당한 행정입법을 통제하는 것을 말한다. 현행 헌법상 국정감사 및 조사권, 질문, 국무총리 또는 국무위원의 해임건의 및 탄핵소추 등의 방법이 인정되고 있다.

ⓒ 법원에 의한 통제: 명령·규칙이 재판의 전제가 된 경우 법원에 의한 위헌·위법의 명령·규칙심사권을 통하여 통제할 수 있다.

4. 사법에 관한 권한

1) 위헌정당해산제소권

위헌정당해산 제소권이라 함은 행정부의 수반인 대통령이 정당의 목적과 활동이 민주적 기본질서에 위반될 때 국무회의의 심의를 거쳐 헌법재판소에 그 해산을 제소할 수 있는 권한을 말한다.

특정 정당의 위헌성이 명백한 경우 정부가 그 해산을 제소해야 하는가에 관해서는 정당의 목적과 활동의 위헌 여부에 관한 일차적 판단은 정부의 권한이자 의무이므로 기속재량에 속한다고 보는 견해[354]와 위헌성이 명백하더라도 민주적 기본질서나 국가안전보장을 위태롭게 하지 않는 정당은 해산 제소할 필요가 없으므로 자유재량에 속한다는 견

---

354) 권영성, 전게서, 765면.

해가 대립된다.355)

위헌정당해산제소권은 정부가 야당탄압을 위한 수단으로 남용될 수 있으므로 정당보호를 위해 제소권은 정부가 가지지만 그 판단은 헌법재판소에서 하도록 하는 2원화된 절차를 채택하고 있다. 그리고 헌법재판소에서 합헌정당이라고 결정한 경우 정부는 동일한 사유로 그 정당을 다시 해산심판을 제소할 수 없도록 하는 일사부재리의 원칙을 채택하고 있다.

2) 사면·감형·복권에 관한 권한

> 제79조 ① 대통령은 법률이 정하는 바에 의하여 사면·감형 또는 복권을 명할 수 있다.
> ② 일반사면을 명하려면 국회의 동의를 얻어야 한다.
> ③ 사면·감형 및 복권에 관한 사항은 법률로 정한다.

(1) 의의

대통령이 사면법이 정하는 바에 따라 사면·감형·복권을 명할 수 있는 권한을 말하며, 사법부의 판단을 대통령이 일방적으로 변경할 수 있는 권한을 부여한 것이므로 권력분립의 원리에 대한 예외에 해당한다. 이것은 연혁상 군주의 恩典權의 잔재로서 영국에서 보통법상의 제도로 확립되었고, 미국연방헌법 제2조 제2항 (1) 후단에 명문화한 이래 오늘날에는 대부분의 헌법이 사면권을 명문화하고 있다.

(2) 赦免

① 의의: 형사소송법 기타 형사법규에 의하지 아니하고, 형의 선고의 효과 또는 공소권을 소멸시키거나 형집행을 면제시키는 국가원수의 특권이다.

② 종류

ⓐ 일반사면: 범죄의 종류를 지정하여 이에 관련된 모든 범죄인에게 행하여지는 사면을 말한다. 일반사면은 대통령령의 형식으로 하되 국무회의의 심의를 거쳐 국회의 동의를 얻어야만 한다.

ⓑ 특별사면: 형의 선고를 받은 특정인을 대상으로 하는 사면을 말한다.

---

355) 김철수, 전게서, 765면; 허영, 전게서, 786면.

(3) 減刑

① 의의: 형의 언도를 받은 자에 대하여 선고받은 형을 변경하거나 형의 집행을 감경시켜 주는 국가원수의 특권을 말한다.

② 종류

ⓐ 일반감형: 형의 언도를 받은 자에 대하여 선고받은 형을 변경하는 것으로 국무회의 심의를 거쳐 대통령령으로써 행한다.

ⓑ 특별감형: 형의 언도를 받은 자에 대하여 형의 집행을 경감해 주는 것으로, 다만 특별한 사정이 있는 경우에는 형을 변경해 주는 것으로 법무부장관의 상신에 따라 국무회의의 심의를 거쳐 대통령이 행한다.

(4) 復權

① 의의: 형의 언도의 효력으로 말미암아 상실 또는 정지된 법률상의 자격을 회복시켜 주는 것으로써 형의 집행을 종료하거나 집행을 면제받은 자에 대해서만 행한다.

② 종류

ⓐ 일반복권: 죄 또는 형의 종류를 정하여 일반적으로 이에 관련된 모든 자에게 행하는 복권을 말하며 국무회의의 심의를 거쳐 대통령령으로써 행한다.

ⓑ 특별복권: 특정한 자에 대하여 행하는 복권으로 법무부장관의 상신에 따라 국무회의의 심의를 거쳐 대통령이 행한다.

(5) 사면 · 감형 · 복권의 대상자

사면 · 감형 · 복권은 다음에 열기한 자에 대하여 행한다(사면법 제3조).

① 일반사면은 죄를 범한 자

② 특별사면과 감형은 형의 언도를 받은 자

③ 복권은 형의 언도로 인하여 법령의 정한 바에 의한 자격이 상실 또는 정지된 자

(6) 사면 · 감형 · 복권의 효과(사면법 제5조)

대통령이 행하는 사면 · 감형 · 복권은 장래에만 그 효력을 가지는 것이고, 형의 언도에 의하여 이미 발생한 효과에는 아무런 영향을 미치지 않는다.

① 일반사면은 형의 언도의 효력이 상실되며, 형의 언도를 받지 않은 자에 대하여는 공소권이 상실된다. 단 특별한 규정이 있을 때에는 예외로 한다.

② 특별사면은 형의 집행이 면제된다. 단 특별한 사정이 있을 때에는 이후 형의 언도의 효력을 상실케 할 수 있다.

③ 일반에 대한 감형은 특별한 규정이 없는 경우에는 형을 변경한다.

④ 특정한 자에 대한 감형은 형의 집행을 경감한다. 단 특별한 사정이 있을 때에는 형을 변경할 수 있다.

⑤ 복권은 형의 언도의 효력으로 인하여 상실 또는 정지된 자격을 회복한다.

(7) 사면 · 감형 · 복권의 한계

대통령의 사면 · 감형 · 복권에 관한 권한은 권력분립의 원칙에 대한 예외로써 사법권에 대한 중대한 제약을 의미하므로 그 행사에는 일정한 한계가 있다.

① 사법권의 본질적 내용을 침해하지 않는 범위에서 행사되어야 한다.

② 절차상 사법부의 의견을 수렴하여 행사하여야 한다.

③ 국회의 동의 시 대통령이 제안하지 않은 다른 죄의 종류를 추가할 수 없다.

5. 헌법기관구성에 관한 권한

대통령의 헌법기관구성에 관한 권한이라 함은 국가원수로서 헌법규정에 따라 헌법기관을 구성함에 관여할 수 있는 조직적 권한을 말한다.

1) 대법원장과 대법관임명권

대통령은 국회의 동의를 얻어 대법원장을 임명하며, 대법원장의 제청으로 국회의 동의를 얻어 대법관을 임명한다.

2) 헌법재판소

대통령은 9인의 헌법재판소 재판관을 임명하며, 재판관 중에서 국회의 동의를 얻어 헌법재판소의 장을 임명한다.

3) 중앙선거관리위원회

대통령은 중앙선거관리위원회 9인의 위원 중 3인을 임명한다.

Ⅳ. 대통령의 권한행사방법과 그에 대한 통제

1. 권한행사의 원칙

대통령은 헌법과 법률상 부여된 여러 권한을 자신의 책임 하에 독자적으로 행사함을 원칙으로 한다. 다만 그 권한행사의 민주적 · 절차적 정당성을 부여하고, 대통령의 전제를 방지하기 위하여 다음과 같은 권한행사상 일련의 절차를 따라서 행해야만 한다. 그리고 권한행사 이후에도 그에 대한 여러 제도적 · 민주적 통제장치가 마련되어 있다.

2. 권한행사의 방법

1) 자문기관에의 자문

> 제90조 ① 국정의 중요한 사항에 관한 대통령의 자문에 응하기 위하여 국가원로로 구성되는 국가원로자문회의를 둘 수 있다.
> ② 국가원로자문회의의 의장은 전직대통령이 된다. 다만, 전직대통령이 없을 때에는 대통령이 지명한다.
> ③ 국가원로자문회의의 조직 · 직무범위 기타 필요한 사항은 법률로 정한다.
> 제91조 ① 국가안전보장에 관련되는 대외정책 · 군사정책과 국내정책의 수립에 관하여 국무회의의 심의에 앞서 대통령의 자문에 응하기 위하여 국가안전보장회의를 둔다.
> ② 국가안전보장회의는 대통령이 주재한다.
> ③ 국가안전보장회의의 조직 · 직무범위 기타 필요한 사항은 법률로 정한다.
> 제92조 ① 평화통일정책의 수립에 관한 대통령의 자문에 응하기 위하여 민주평화통일자문회의를 둘 수 있다.
> ② 민주평화통일자문회의의 조직 · 직무범위 기타 필요한 사항은 법률로 정한다.
> 제93조 ① 국민경제의 발전을 위한 중요정책의 수립에 관하여 대통령의 자문에 응하기 위하여 국민경제자문회의를 둘 수 있다.
> ② 국민경제자문회의의 조직 · 직무범위 기타 필요한 사항은 법률로 정한다.

(1) 의의

대통령의 자문기관이라 함은 대통령이 국법상 행위를 함에 있어서 대통령의 요구가 있거나 또는 자진해서 의견을 제출함으로써 대통령의 권한행사에 도움을 주기 위해 설치되는 기관을 말한다. 이는 전문가의 지식을 국정에 반영시킨다는 데 그 제도적 의의가 있다.

(2) 종류

① 국가원로자문회의: 국가원로자문회의는 국정의 중요한 사항에 관하여 수시 또는 국무회의 심의 전에 대통령의 자문에 응하기 위하여 설치될 수 있는 헌법상 자문기관이다. 이는 제5공화국헌법의 국정자문회의가 현행 헌법상 개칭된 것이다. 국가원로자문회의의 의장은 전직대통령이 되고, 전직대통령이 없는 경우에는 대통령이 지명한다. 이에 관한 자세한 내용은 국가원로자문회의법으로 정한다.

② 국가안전보장회의: 국가안전보장회의는 국가안전보장에 관한 대외정책·군사정책과 국내정책의 수립을 위하여 국무회의의 심의에 앞서 대통령의 자문에 응하기 위하여 설치되는 헌법상 필수자문기관이다. 국가안전보장회의의 의장은 대통령이 되며, 이는 국가안전보장회의법으로 정한다.

③ 민주평화통일자문회의: 평화통일의 정책수립에 관하여 대통령의 자문에 응하기 위하여 설치할 수 있는 자문기관을 말하며, 제5공화국 헌법상의 평화통일정책자문회의가 현행 헌법에서 개칭된 것이다. 민주평화통일자문회의의 의장은 대통령이 되며, 자문위원으로는 대통령이 위촉하는 7천 명 이상의 자문위원으로 구성하고, 이에 관해서는 민주평화통일자문회의법으로 정한다.

④ 국민경제자문회의: 국민경제의 발전을 위한 중요정책의 수립에 관하여 대통령의 자문에 응하기 위하여 설치할 수 있는 헌법상 자문기관이다. 국민경제자문회의법상 대통령이 의장이 되며, 대통령이 위촉하는 위원으로 구성된다.

(3) 효과

헌법상 필수적 자문기관인 국가안전보장회의 이외의 자문기관에 자문을 구할 것인지 여부는 대통령의 정치적 자유에 속하는 것이므로, 이를 거치지 아니하였다고 하여 위헌이라고 할 수 없고 자문을 받은 경우에도 그 결과에 구속당하지 않는다.

2) 국무회의 심의

대통령은 헌법 제89조에 열거된 사항에 관하여는 사전에 국무회의의 심의를 거친 후 권한을 행사해야만 한다. 이는 국정운영의 통일성과 원활성 및 정책결정의 신중성을 보장하기 위함이다. 그리고 대통령은 국무회의의 심의결과에 법적으로 구속되지는 않으나, 국무회의는 필수적 최고정책심의기관이기 때문에 심의절차를 반드시 거쳐야 하고, 이에 위반한 대통령의 권한행사는 무효라고 할 것이다. 이에 반하여 권한행사 자체는 유효이나 탄핵사유가 된다는 반대견해가 있다(자세한 것은 뒤의 국무회의 부분 참고).

3) 문서에 의한 행사

제82조 대통령의 국법상 행위는 문서로써 하며, 이 문서에는 국무총리와 관계 국무위원이
부서한다. 군사에 관한 것도 또한 같다.

대통령의 국법상 행위는 문서로써 행해야만 하며, 이때 문서에 의해야 할 행위에는 헌법과 법령에서 대통령의 권한으로 하고 있는 모든 행위를 포함한다. 이러한 문서주의에 의한 권한행사는 국민에 대한 예측가능성과 법적 안정성을 보장하고, 그에 관한 증거를 남겨 놓음으로써 대통령으로 하여금 권한행사 시 신중을 기하도록 하기 위함이다. 따라서 이에 반하는 행위는 법적 효력을 갖지 못한다.

4) 부서

(1) 의의
부서라 함은 대통령이 문서주의에 따라 그 권한을 행사함에 있어 대통령 자신의 서명에 이어 국무총리와 관계 국무위원이 서명하는 것을 말한다. 이는 대통령의 전횡을 방지하고 국무총리와 관계 국무위원의 책임소재를 명백히 하려는 데 그 제도적 의의가 있다.

(2) 법적 성질
부서제도의 법적 성질에 관해서는 대통령의 전제를 방지하고 부서권자의 보필책임(해임건의, 탄핵소추 등)의 소재를 명백하게 하는 것이라는 보필책임설과 대통령제의 특성상 국무행위에 참여했다는 물적 증거라는 물적 증거설이 대립된다. 전자가 다수설이며 타당하다고 생각한다.

(3) 부서를 거부할 수 있는지 여부
부서의 법적 성질을 물적 증거로 보면 부서거부권이 부정되나 보필책임설의 입장에서는 부서거부권이 인정된다. 부서의 법적 성질에 대한 다수설인 보필책임설의 입장에 선다고 해도 현행 헌법상 대통령이 국무총리와 국무위원에 대한 임면권을 가지고 있으므로 부서거부권의 행사는 곧 부서권자의 사임이나 해임을 전제로 하는 것이라고 볼 수 있다.

(4) 부서 없는 대통령의 국법상 행위의 효력

이에 관해서는 유효설과 무효설의 견해가 대립되고 있다. 전자는 부서를 대통령의 국법상 행위에 대한 적법요건으로 보아 부서 없는 행위는 단순히 위법행위가 된다고 보는 데 반해서, 후자는 부서를 유효요건으로 보아 당연 무효라고 본다. 그러나 결과에 있어서 부서 없는 대통령의 국법상 행위에 대해서는 탄핵사유가 된다는 점에서는 공통되므로 큰 차이는 없다고 생각한다.

5) 국회의 동의·승인

대통령은 외국과 조약을 체결·비준하거나 선전포고·국군의 해외파견 그리고 일반사면 등을 행할 때에는 국회의 사전동의를, 예비비의 지출이나 긴급명령, 긴급재정·경제처분 및 그 명령 등에 대해서는 국회의 사후승인을 얻도록 하는 절차를 거쳐 권한행사를 할 수 있도록 하고 있다.

3. 권한행사에 대한 통제

위에서 설명한 대통령의 권한행사의 방법은 바로 행정기관 내부에서의 대통령의 권한행사에 대한 통제수단으로서 기능을 한다. 그 밖에 대통령의 권한행사에 대한 통제장치를 주권자인 국민에 의한 통제와 국회, 법원, 헌법재판소에 의한 통제를 살펴보기로 한다.

1) 국민에 의한 통제

주권자인 국민은 대통령선거를 통하여 그 권한행사를 통제할 수 있다. 그 밖에도 대통령이 헌법개정안과 외교·국방·통일 기타 국가의 안위에 관한 중요정책을 국민투표에 회부한 경우 그에 대한 가부를 결정함으로써 대통령을 견제할 수 있다.

2) 국회에 의한 통제

현행 헌법은 권력분립의 원리에 입각하여 대통령의 권한행사에 대한 국회의 동의 또는 승인을 받도록 함으로써 견제와 균형의 원리가 실현되도록 하고 있다. 그 밖에도 국회는 국정통제에 관한 권한 등을 통하여 대통령의 권한행사에 제동을 가할 수 있다.

3) 법원에 의한 통제

법원은 대통령의 명령이나 처분이 헌법이나 법률에 위반되는지 여부가 재판의 전제가 되는 경우 이를 심사할 권한을 가짐으로써 대통령의 권한행사에 대한 통제권을 행사할 수 있다.

4) 헌법재판소에 의한 통제

헌법재판소는 대통령에 대한 국회의 탄핵소추가 있는 경우 이를 심판하며, 헌법소원심판과 긴급명령권 및 긴급재정·경제명령권발동에 대한 위헌심사권을 통해서도 대통령의 권한을 견제할 수 있다.

제3절 국무총리와 국무위원

Ⅰ. 국무총리

1. 국무총리의 헌법상 지위

1) 국무총리제의 헌법상 의의

현행 헌법상 국무총리제도는 대통령중심제의 정부형태를 취하면서 부통령제를 두지 않았기 때문에 대통령 유고 시에 그 권한대행자가 필요하다는 점, 대통령제의 기능과 능률을 높이기 위하여 대통령을 보좌하고 그 의견을 받들어 정부를 통할·조정하는 보좌기관이 필요하다는 데 그 의의가 있다.

2) 국무총리의 헌법상 지위

(1) 대통령의 권한대행자로서의 지위

국무총리는 대통령이 궐위나 사고로 인해 직무집행이 불가능 할 때 1순위의 권한대행
권자로서의 지위를 가진다.

(2) 대통령의 보좌기관으로서의 지위

현행 헌법상 행정권은 대통령에게 귀속되는 것으로 하여 그 행사에 대한 최후의 결정
권자는 대통령이라고 할 수 있으며, 대통령은 법적 제한 없이 국무총리해임권을 부여하
고 있는 점에 비추어 보면 국무총리는 단지 대통령의 보좌기관으로써 대통령의 명을 받
아 행정각부를 통할하는 기관으로서의 지위를 가진다.

(3) 집행부의 제2인자로서의 지위

국무총리는 국무위원 및 행정각부의 장의 임명제청권을 가지고, 행정각부의 통할권을
행사하며, 행정각부의 장의 해임건의권, 국무회의 부의장 및 대통령의 국법상 행위 전
반에 관한 부서권을 가지고 있기 때문에 집행부의 제2인자라고 할 수 있다.

(4) 국무회의 부의장으로서의 지위

제88조 ③ 대통령은 국무회의의 의장이 되고, 국무총리는 부의장이 된다.

국무총리는 국무회의의 의장인 대통령이 사고로 인하여 직무를 행할 수 없을 때 제1
순위로 그 직무를 대행한다.

(5) 중앙행정기관으로서의 지위

> 제86조 ② 국무총리는 대통령을 보좌하며, 행정에 관하여 대통령의 명을 받아 행정각부를
> 통할한다.

국무총리는 행정에 관하여 대통령의 명을 받아 행정각부를 통할하나, 행정각부의 업무
를 기획·조정하는 업무와 성질상 어느 한 부서에 관장시키는 것이 불합리한 업무를 소
관사무로 하는 중앙행정관청으로서의 지위를 가진다. 이러한 지위에서 국무총리는 다른
행정각부의 장과 동등한 지위를 갖는다.

헌법재판소 1994. 4. 28. 89헌마86 결정
헌법 제86조 제2항은 "국무총리는 대통령을 보좌하며, 행정에 관하여 대통령의 명을 받아 행정각부를
통할한다."고 규정하고 있는바, 이 조항은 그 위치와 내용으로 보아 국무총리의 헌법상 주된 지위가
대통령의 보좌기관이라는 것과 그 보좌기관인 지위에서 행정에 관하여 "대통령의 명을 받아" 행정각
부를 통할할 수 있다는 그 행정각부 통할권을 규정한 것일 뿐, 국가의 공권력을 집행하는 행정부의 조
직은 감사원, 국가안전보장회의 등과 같이 헌법상 예외적으로 열거되어 있거나 대통령비서실, 대통령
경호실과 같이 그 성질상 대통령직속기관으로 설치할 수 있는 것을 제외하고는 모두 국무총리의 통할
을 받아야 하며 그 통할을 받지 않는 행정기관은 법률에 의하더라도 이를 설치할 수 없음을 의미한다
고는 볼 수 없고 이 점은 우리 헌법이 국무총리제도를 둔 이유에서 보아도 마찬가지이다. ……(중
략)…… 그렇다면 비록 국무총리가 헌법상의 정부의 제2인자인 지위에 있다고 하더라도 그 사실만으
로 곧 국무총리의 통할을 받지 않는 행정기관은 법률에 의하더라도 이를 설치할 수 없다든가 또는 모
든 행정기관은 헌법상 예외적으로 열거된 경우 등 이외에는 반드시 국무총리의 통할을 받아야 한다고
는 볼 수 없고, 이는 그 기관이 관장하는 사무의 성질에 따라 국무총리가 대통령의 명을 받아 통할할
수 있는 기관으로 설치할 수도 있고 또는 대통령이 직접 통할하는 기관으로 설치할 수도 있다.
헌법재판소 1994. 4. 28. 89헌마221 결정
우리 헌법은 자유민주적 기본질서의 보호를 그 최고의 가치로 하여, ……(중략)…… 이른바 대통령중
심제의 통치기구를 채택하고 있다. 또한 헌법은 대통령중심제를 취하면서도 전형적인 부통령제를 두지
아니하고, 국무총리제를 두고 있는 점이 특징이다. 헌법상 국무총리는 국회의 동의를 얻어 대통령이 임
명하고 국무총리는 대통령을 보좌하며, 행정에 관하여 대통령의 명을 받아 행정각부를 통할하며 국무위
원은 국무총리의 제청으로 대통령이 임명하고 행정각부의 장은 국무위원 중에서 국무총리의 제청으로
대통령이 임명하며 대통령의 국법상 행위에 관한 문서에의 부서권이 있는바 국무총리의 지위가 대통령
의 권한행사에 다소의 견제적 기능을 할 수 있다고 보여지는 것이 있기는 하나, 우리 헌법이 대통령중
심제의 정부형태를 취하면서도 국무총리제도를 두게 된 주된 이유가 부통령제를 두지 않았기 때문에 대
통령 유고 시에 그 권한대행자가 필요하고 또 대통령제의 기능과 능률을 높이기 위하여

---

2. 국무총리의 신분상 지위

1) 국무총리의 임명

제86조 ① 국무총리는 국회의 동의를 얻어 대통령이 임명한다.
③ 군인은 현역을 면한 후가 아니면 국무총리로 임명될 수 없다.

국무총리는 국회의 동의를 얻어 대통령이 임명한다. 국회의 동의를 얻도록 한 이유는 입법부와 집행부의 권력균형 및 융화를 꾀하고, 국회의 신임을 바탕으로 강력한 행정추진을 할 수 있도록 함에 있다. 그리고 문민원칙상 군인은 현역을 면한 후가 아니면 국무총리로 임명될 수 없다.

2) 국회의원 겸직 여부

국무총리가 국회의원의 신분을 가질 수 있는지 여부에 관하여 헌법 제43조는 국회의원은 법률이 정하는 직을 겸할 수 없다고 간단하게 규정하여 있을 뿐이다. 그러나 국무총리·국무위원을 국회의원의 겸직금지의무의 대상으로 명시하고 있지 않고(국회법 제29조), "국무총리·국무위원, 처의 장, 행정각원·부·처의 차관, 정무장관실보좌관, 기타 국가공무원의 직을 겸한 의원은 상임위원을 사임할 수 있다(국회법 제39조 제4항)."고 하여 국무총리와 국무위원의 겸직을 전제로 한 규정을 두고 있으므로 국무총리는 국회의원을 겸직할 수 있다(다수설). 현행 헌법이 행정부와 국회와의 공화·협조관계를 유지하기 위하여 의원내각제 요소를 가미하고 있는 점에 비추어 긍정하는 것이 타당하다.

3) 국무총리의 해임

국무총리의 해임은 임명권자인 대통령이 행하며, 국회도 해임건의를 할 수 있다. 이때 국회에서의 해임건의는 법적 구속력이 없다.

4) 국무총리의 직무대행

국무총리가 사고로 인하여 직무를 수행할 수 없을 때에는 대통령의 지명이 있는 경우에는 그 지명을 받은 국무위원이, 지명이 없는 경우에는 정부조직법 제26조 제1항에 규정된 순서에 따라 국무위원이 그 직무를 대행한다.

3. 국무총리의 권한

1) 대통령의 권한대행권

헌법상 국무총리는 대통령이 궐위나 사고로 인해 직무집행이 불가능할 때 제1차적인 권한대행권을 가진다. 그러나 이것은 현행 헌법의 정부형태가 대통령중심제이면서 부통령제 대신에 국무총리를 채택한 결과 국민으로부터 직접적인 정당성을 부여받지 않은 인물이 최장 60일 동안 국정의 최고책임자가 된다는 모순이 나타나게 된다.

2) 국무위원·행정각부 장의 임명제청권과 해임건의권

> 제87조 ① 국무위원은 국무총리의 제청으로 대통령이 임명한다.
> ③ 국무총리는 국무위원의 해임을 대통령에게 건의할 수 있다.
> 제94조 행정각부의 장은 국무위원 중에서 국무총리의 제청으로 대통령이 임명한다.

국무총리는 국무위원과 행정각부의 장의 임명에 대한 제청권을 가지며 국무위원의 해임을 대통령에게 건의할 수 있다.

3) 국무회의에 있어서의 심의·의결권

4) 부서권

국무총리는 대통령의 모든 국법상 행위에 대하여 부서할 권한을 가지는 포괄적 보좌기관이다. 따라서 관련된 사항에 관해서만 부서를 하는 국무위원과 구별된다.

5) 행정각부의 통할·감독권

국무총리는 대통령의 명을 받아 각 중앙행정기관의 장을 지휘·감독(통할)하며, 중앙행정기관의 장의 명령이나 처분이 위법 또는 부당하다고 인정할 때에는 대통령의 승인을 얻어 이를 중지 또는 취소할 수 있다(정조법 제19조).

6) 총리령 발포권

(1) 의의

총리령은 국무총리가 소관사무에 관해 법률·대통령령의 위임이나 직권으로 발하는 행정입법의 한 종류를 말한다. 이는 국무총리가 중앙행정기관의 지위에서 가지는 권한이다.

(2) 종류

총리령은 그 성질상 법규명령과 행정명령으로 나눌 수 있고, 법규명령은 다시 위임명령과 집행명령으로 나눌 수 있다(구체적인 내용은 대통령령 부분을 참조).

(3) 총리령과 부령의 우열관계

① 동위설: 총리령이나 부령은 모두 법률이나 대통령의 위임 또는 직권으로 발하는 것이며, 국무총리의 헌법상 지위가 소관 사무에 있어서 다른 행정각부와 동등한 지위에 서는 중앙행정관청이므로 형식적 효력에 차이가 없다고 한다.

② 총리령우위설: 총리령이나 부령은 형식적 효력에는 차이가 없으나, 국무총리의 헌법상 지위가 대통령의 명을 받아 행정각부를 통할하는 행정부의 제2인자이며 국무회의의 부의장 및 대통령 궐위 시 제1순위 권한대행자로서의 지위가 있으므로 실질적으로는 우위에 선다고 한다.

7) 국회에의 출석·발언권

4. 국무총리의 책무

1) 대통령에 대한 책무

국무총리는 포괄적 보좌기관으로서 대통령을 보좌하고, 행정 각부를 통할하며, 대통령의 모든 국법상 행위에 부서할 책임을 진다.

2) 국회에 대한 책무

국회가 국무총리에 대해 출석·답변을 요구할 때에는 그에 따라야 할 책무를 진다.

II. 국무위원

제87조 ① 국무위원은 국무총리의 제청으로 대통령이 임명한다.
② 국무위원은 국정에 관하여 대통령을 보좌하며, 국무회의의 구성원으로서 국정을 심의한다.
③ 국무총리는 국무위원의 해임을 대통령에게 건의할 수 있다.
④ 군인은 현역을 면한 후가 아니면 국무위원으로 임명될 수 없다.

1. 국무위원의 헌법상 지위

(1) 국무회의 구성원

(2) 대통령의 보좌기관(부서)하는 기관이다.

2. 국무위원의 임면

국무위원은 국무총리의 제청으로 대통령이 임명하며, 군인은 현역을 면한 후가 아니면 국무위원이 될 수 없다. 국무위원이 국회의원신분을 가질 수 있는지에 관해서는 국무총리와 마찬가지로 허용된다고 본다.

3. 국무위원의 권한

(1) 권한대행권

국무위원은 대통령 궐위 시 또는 국무총리가 사고로 인하여 직무를 수행할 수 없을 때 대통령의 지명이 있는 경우에는 그 지명을 받은 국무위원이, 지명이 없는 경우에는 정부조직법 제26조 제1항에 규정된 순서에 따라 그 직무를 대행할 권한을 가진다.

(2) 국무회의에 있어서의 심의·의결권

(3) 부서권

대통령의 국법상 행위에 관계 국무위원은 부서권을 가진다.

(4) 국회에의 출석·발언권

국무위원은 국회에 출석하여 발언할 수 있다.

4. 국무위원의 책무

국무위원은 대통령의 국법상 행위에 부서할 책임을 지며, 국회의 요구가 있으면 출석하여 답변하거나 정부위원으로 하여금 출석·답변케 할 수 있다.

제4절 국무회의

問 대통령이 사면권을 행사함에 있어서 헌법 제89조에 규정된 국무회의의 심의를 거치지 않고 행한 경우 그 행위의 효력은 인정될 수 있는가?

제88조 ① 국무회의는 정부의 권한에 속하는 중요한 정책을 심의한다.
② 국무회의는 대통령·국무총리와 15인 이상 30인 이하의 국무위원으로 구성한다.
③ 대통령은 국무회의의 의장이 되고, 국무총리는 부의장이 된다.
제89조 다음 사항은 국무회의의 심의를 거쳐야 한다. 1. 국정의 기본계획과 정부의 일반정책 2. 선전·강화 기타 중요한 대외정책 3. 헌법개정안·국민투표안·조약안·법률안 및 대통령령안 4. 예산안·결산·국유재산처분의 기본계획·국가의 부담이 될 계약 기타 재정에 관한 중요사항 5. 대통령의 긴급명령·긴급재정경제처분 및 명령 또는 계엄과 그 해제 6. 군사에 관한 중요사항 7. 국회의 임시회 집회의 요구 8. 영전수여 9. 사면·감형과 복권 10. 행정각부간의 권한의 획정 11. 정부안의 권한의 위임 또는 배정에 관한 기본계획 12. 국정처리상황의 평가·분석 13. 행정각부의 중요한 정책의 수립과 조정 14. 정당해산의 제소 15. 정부에 제출 또는 회부된 정부의 정책에 관계되는 청원의 심사 16. 검찰청장·합동참모의장·각군참모총장·국립대학교총장·대사 기타 법률이 정한 공무원과 국영기업체관리자의 임명 17. 기타 대통령·국무총리 또는 국무위원이 제출한 사항

Ⅰ. 헌법상 지위

1. 헌법상 필수기관

국무회의는 정부의 권한에 속하는 중요한 정책을 심의하기 위하여 헌법상 설치된 기관이고, 헌법 제89조 각 호에 규정된 사항은 반드시 국무회의의 심의를 거치도록 하고 있으므로 헌법상 필수기관으로서 헌법개정에 의하지 않으면 그 개폐가 불가능하다.

2. 행정부의 최고의 정책심의기관

국무회의는 대통령중심제를 채택하고 있는 현행 헌법하에서 대통령이 정책결정을 함에 있어 신중을 기하도록 하여 대통령의 전제나 독선을 방지하고, 행정각부의 정책을 조정·통합하는 기능을 수행하는 정책심의기관이다. 그리고 헌법 제89조 각 호에 열거된 규정뿐만 아니라 정부의 권한에 속하는 중요한 정책을 심의하고, 그 심의가 최종적인 것이라는 점에서 행정부의 최고의 정책심의기관으로서의 지위를 가진다.

3. 독립된 합의제기관

국무회의는 대통령을 의장으로 하고, 국무총리를 부의장으로 하는 심의기관이다. 이때 대통령과 국무총리의 지위는 국무회의의 구성원으로서 다른 국무위원과 대등한 지위에서 있다. 따라서 국무회의는 대통령의 지휘와 감독을 받는 하위기관이 아니라 독립기관이고, 그리고 국무회의는 합의제기관이기는 하나 의결기관이 아닌 심의기관에 불과하므로 대외적으로 자신의 명의로서 국가의사를 표시할 수 있는 합의제관청은 아니다.

Ⅱ. 구성

국무회의는 대통령·국무총리와 15인 이상 30인 이하의 국무위원으로 구성된다. 헌법상 국무위원의 수에 상한과 하한을 두고 있는 이유는 그 수가 매우 적으면 그 독선과 전제를 방지한다는 기능을 발휘하지 못할 우려가 있고, 너무 많으면 사무처리의 지연과 불통일의 우려가 있기 때문이라고 한다. 대통령은 국무회의의 구성권자이며, 국무회의의 의장으로서 회의를 소집하고 주재한다. 의장인 대통령이 사고로 인하여 직무를 행할 수 없을 때에는 부의장인 국무총리가 그 직무를 대행하고, 의장과 부의장이 모두 사고가 있을 때에는 정부조직법 제26조 제1항에 규정된 순서에 따라 국무위원이 그 직무를 대행한다.

Ⅲ. 심의

1. 의사절차

국무회의는 의장인 대통령이 소집하며, 국무위원 과반수의 출석으로 개의하고 출석국무위원 3분의 2 이상의 찬성으로 의결한다(국무회의규정 제6조). 이때 국무위원이 국무회의에 출석하지 못할 때에는 그 부의 차관이 대리하여 출석하고, 대리 출석한 차관은 관계의안에 관하여 발언할 수 있으나 표결에는 참가할 수 없다(국무회의규정 제7조).

2. 심의대상

국무회의의 심의대상은 헌법 제89조 및 법령에 규정된 국무회의의 심의사항이고, 국무위원은 이와 관련하여 의안제출권을 가진다.

3. 심의의 효과

1) 심의결과의 구속력
대통령은 국무회의의 심의결과에 구속을 받는가? 이에 대해서는 학설이 나뉘고 있다.

(1) 구속설
대통령은 국무회의에서 심의사항에 따라 집행할 의무는 없지만 이를 채택하여 집행하는 경우에는 대통령은 국무회의에서 심의한 내용과 다르게 집행할 수 없다고 한다.356)

---

356) 김기범, 전게서, 406－407면; 윤세창, 전게서, 243면.

(2) 비구속설

헌법상 국무회의가 의결기관이 아니라 심의기관에 불과하기 때문에 국무회의의 심의가 비록 의결의 형식으로 행해지는 경우에도 그 의결은 대통령을 구속하는 효력은 없고, 대통령은 국무회의의 심의내용과 상이한 정치적 결단도 할 수 있다고 한다.357)

생각건대 헌법상 국무회의는 의결기관이나 단순한 자문기관이 아니라 심의기관으로서의 성격만이 부여되어 있고, 또 국무회의의 심의결과가 대통령을 구속한다는 근거가 제시되어 있지 않으므로 대통령이 국무회의의 심의결과에 법적으로 구속되는 것은 아니라고 보는 비구속설이 타당하다고 생각한다.

2) 국무회의의 심의를 단계를 결여한 대통령의 국법상 행위 효력

헌법 제89조에 열거된 사항을 대통령이 국무회의의 심의를 거치지 않고 행한 대통령의 국법상 행위의 효력 여하가 문제된다. 먼저 이 행위의 법적합성 여부에 관해서는 헌법위반의 행위(위헌행위)라는 점에 관해서는 의문의 여지는 없다. 그러나 이 행위의 효력 여하에 관해서는 학설이 나뉘어 있다.

(1) 유효설

현행 헌법상 국무회의의 심의는 단지 대통령의 정책결정을 보좌하는 의미를 가지는 데 불과하므로 대통령이 국무회의의 심의를 거치지 아니하고 국법상 행위를 할지라도 탄핵소추의 사유가 될 뿐 효력발생에는 영향이 없다. 즉 국무회의의 심의절차는 효력발생요건이 아니라 적법요건에 불과하다고 한다.358)

(2) 무효설

헌법이 요구하는 필수적 절차는 효력발생요건이므로 그 절차를 거치지 않은 대통령의 국법상 행위의 효력은 무효가 된다고 한다.359)

생각건대 국무회의는 정부의 최고정책심의기관으로서 헌법상 필수기관의 지위를 가지고 있고, 헌법이 이 제도를 둔 취지가 대통령의 독선방지와 신중한 정책결정을 위해서 일정한 사항을 반드시 국무회의에서 심의를 거치고 난 후에 권한행사를 하도록 하기 위

---

357) 문홍주, 전게서, 548면; 박일경, 전게서, 501면; 구병삭, 전게서, 938면; 김철수, 전게서, 876면; 권영성, 전게서, 876면; 안용교, 전게서, 934－935면.

358) 권영성, 전게서, 867면; 안용교, 전게서, 934면.

359) 구병삭, 전게서, 982면; 김철수, 전게서, 876면; 윤세창, 전게서, 243면; 허영, 전게서, 876면.

함이라는 점에 이의 심의를 결여한 대통령의 권한행사는 무효라고 보는 것이 타당하다고
생각한다.

제5절 행정각부

제94조 행정각부의 장은 국무위원 중에서 국무총리의 제청으로 대통령이 임명한다.
제96조 행정각부의 설치·조직과 직무범위는 법률로 정한다.

Ⅰ. 행정각부

1. 의의

행정각부라 함은 일반적으로 정부의 구성단위로서 대통령 또는 국무총리의 통할 하에
법률이 정하는 소관사무를 담당하는 중앙행정기관 또는 대통령을 수반으로 하는 집행부
의 구성단위로서 국무회의의 심의를 거쳐 대통령이 결정한 정책과 그 밖의 집행부의 권
한에 속하는 사항을 집행하는 중앙행정기관을 말한다. 따라서 성질상 정부의 구성단위인
중앙행정기관이라 할지라도, 법률상 그 기관의 장(長)이 국무위원이 아니라든가 또는 국
무위원이라 하더라도 그 소관사무에 관하여 부령을 발할 권한이 없는 경우에는, 그 기관
은 우리 헌법 제94조와 제95조의 규정에 비추어 실정법적(實定法的) 의미의 행정각부로
는 볼 수 없다는 것이 헌법재판소의 견해이다.

헌법재판소 1994. 4. 28. 89헌마221 결정
헌법 제4장 제2절 제3관의 "행정각부"의 의의에 관하여 학설상으로는 정부의 구성단위로서 대통령 또는 국무총리의 통할 하에 법률이 정하는 소관사무를 담당하는 중앙행정기관이라든가, 또는 대통령을 수반으로 하는 집행부의 구성단위로서 국무회의의 심의를 거쳐 대통령이 결정한 정책과 그 밖의 집행부의 권한에 속하는 사항을 집행하는 중앙행정기관이라는 등으로 일반적으로 설명되고 있다. 그런데 위에서 본 바와 같이 헌법이 "행정각부"의 의의에 관하여는 아무런 규정도 두고 있지 않지만, "행정각부의 장"에 관하여는 "제3관 행정각부"에서 행정각부의 장은 국무위원 중에서 임명되며, 그 소관사무에 관하여 법률이나 대통령령의 위임 또는 직권으로 부령을 발할 수 있다고 규정하고 있는바, 이는 헌법이 "행정각부"의 의의에 관하여 간접적으로 그 개념범위를 제한한 것으로 볼 수 있다. 즉, 성질상 정부의 구성단위인 중앙행정기관이라 할지라도, 법률상 그 기관의 장이 국무위원이 아니라든가 또는 국무위원이라 하더라도 그 소관사무에 관하여 부령을 발할 권한이 없는 경우에는, 그 기관은 우리 헌법이 규정하는 실정법적 의미의 행정각부로는 볼 수 없다는 헌법상의 간접적인 개념제한이 있음을 알 수 있다. 따라서 정부의 구성단위로서 그 권한에 속하는 사항을 집행하는 모든 중앙행정기관이 곧 헌법 제86조 제2항 소정의 행정각부는 아니라 할 것이다. 또한 입법권자는 헌법 제96조에 의하여 법률로써 행정을 담당하는 행정기관을 설치함에 있어 그 기관이 관장하는 사무의 성질에 따라 국무총리가 대통령의 명을 받아 통할할 수 있는 기관으로 설치할 수도 있고 또는 대통령이 직접 통할하는 기관으로 설치할 수도 있다 할 것이므로 헌법 제86조 제2항 및 제94조에서 말하는 국무총리의 통할을 받는 행정각부는 입법권자가 헌법 제96조의 위임을 받은 정부조직법 제29조에 의하여 설치하는 행정각부만을 의미한다고 할 것이다. 대통령직속기관으로 국가안전보장회의, 감사원을 필요적 기관으로, 국가원로자문회의, 민주평화통일자문회의 및 국민경제자문회의를 임의적 기관으로 설치하도록 규정하고 있는바 ……(중략)…… 대통령직속의 헌법기관이 별도로 규정되어 있다는 이유만을 들어 법률에 의하더라도 헌법에 열거된 헌법기관 이외에는 대통령직속의 행정기관을 설치할 수 없다든가 또는 모든 행정기관은 헌법상 예외적으로 열거된 경우 등 이외에는 반드시 국무총리의 통할을 받아야 한다고는 말할 수 없다 할 것이고 이는 현행 헌법상 대통령중심제의 정부조직원리에도 들어맞는 것이라 할 것이다. 다만 대통령이 이러한 직속기관을 설치하는 경우에도 자유민주적 통치구조의 기본이념과 원리에 부합되어야 할 것인데 그 최소한의 기준으로서 ① 우선 그 설치·조직·직무범위 등에 관하여 법률의 형식에 의하여야 하고 ② 그 내용에 있어서도 목적·기능 등이 헌법에 적합하여야 하며 ③ 모든 권한이 기본권적 가치실현을 위하여 행사되도록 제도화하는 한편 ④ 권한의 남용 내지 악용이 최대 억제되도록 합리적이고 효율적인 통제장치가 있어야 할 것이다.

2. 행정각부의 설치·조직과 직무범위

행정각부의 설치와 조직은 국민의 권리·의무에 큰 영향을 미치기 때문에 법률로 정하도록 하고 있고, 이를 위해서 국가행정사무의 체계적이고 능률적인 수행을 위하여 국가행정기관의 설치·조직과 직무범위의 대강을 정하고자 마련된 법이 정부조직법이다. 이에 따르면 중앙행정기관의 수는 18부 4처로 구성되어 있다. 행정각부의 장은 국무위원 중에서 임명되어야 하고, 국무회의는 15인 이상 30인 이하의 국무위원으로 구성되므로 행정각부는 이 범위 내에서 설치가 가능하다.

Ⅱ. 행정각부의 장

1. 임면

행정각부의 장은 국무위원 중에서 국무총리의 제청으로 대통령이 임명한다. 이는 기획과 집행의 통일성을 유지하기 위함이다. 해임은 대통령의 정치적 재량에 속한다.

2. 행정각부의 장과 국무위원과의 관계

행정각부의 장은 국무위원 중에서 임면하므로 장관은 국무위원의 신분과 행정각부의 장의 신분을 가지는 이중적 지위를 갖는다.

(1) 국무위원은 정책심의기관인 국무회의의 구성원으로서 정부의 정책에 대한 의안제출과 심의에 참가하는 것을 주된 임무로 한다. 이때 국무위원은 법적으로 대통령 · 국무총리와 동등한 지위를 가지며, 사무범위의 한계가 없다. 그러나 장관과 달리 대외적으로 국가의사를 표시할 수 없다.

(2) 행정각부의 장은 정책집행기관인 중앙행정기관의 장으로써 대통령과 국무총리의 지휘 · 감독을 받으며, 집행기관으로서 정부조직법에 따른 소관사항만을 담당한다는 사무범위의 한계가 부여되어 있다. 그리고 부령발포권을 통하여 자기명의로 대외적으로 국가의사를 표시할 수 있다.

3. 행정각부의 장의 권한

1) 독임제 행정관청으로서의 권한

행정각부의 장은 자신이 장으로 되어 있는 행정각부의 정부조직법상 부여된 소관사무에 관하여 스스로 의사결정을 하고 그것을 외부에 표시할 수 있는 지위에 서는 중앙행정관청이 된다. 따라서 중앙행정관청으로서 행정각부의 장관은 소관사무통할권 · 소속 공무원지휘감독권 · 각종 행정처분권 등을 가진다. 또한 소관사무와 관련하여 지방자치단체나 지방자치단체의 장에게 위임한 사무에 대하여 지휘감독권을 갖는다.

2) 부령발포권

행정각부의 장은 소관사무에 관하여 법률이나 대통령령의 위임 또는 직권으로 부령을
발할 수 있다(이에 관해서는 대통령령의 부분 참조).

3) 그 밖의 권한

행정각부의 장은 소관사무에 관한 정책을 입안하고, 필요한 예산안 작성하고 집행하며,
소속 공무원 중 5급 이상에 대해서는 임용제청권을 6급 이하의 공무원에 대해서는 임명
권을 가진다.

제6절 감사원

제96조 행정각부의 설치·조직과 직무범위는 법률로 정한다.
제97조 국가의 세입·세출의 결산, 국가 및 법률이 정한 단체의 회계감사와 행정기관 및
공무원의 직무에 관한 감찰을 하기 위하여 대통령 소속 하에 감사원을 둔다.
제98조 ① 감사원은 원장을 포함한 5인 이상 11인 이하의 감사위원으로 구성한다.
② 원장은 국회의 동의를 얻어 대통령이 임명하고, 그 임기는 4년으로 하며, 1차에 한하여
중임할 수 있다.
③ 감사위원은 원장의 제청으로 대통령이 임명하고, 그 임기는 4년으로 하며, 1차에 한하
여 중임할 수 있다.
제99조 감사원은 세입·세출의 결산을 매년 검사하여 대통령과 차년도 국회에 그 결과를
보고하여야 한다.
제100조 감사원의 조직·직무범위·감사위원의 자격·감사대상공무원의 범위 기타 필요
한 사항은 법률로 정한다.

Ⅰ. 감사원의 헌법상 지위

1. 의의

감사원이라 함은 결산·회계검사 및 직무감찰을 하기 위하여 대통령 직속으로 설치된
기관이다. 감사원은 건국헌법상의 심계원과 제2공화국 헌법상의 감찰위원회를 통합한 것
으로 제3공화국 헌법에서 대통령소속하에 둔 이래 현행 헌법에 이르고 있다.

2. 헌법상 지위

1) 국가원수로서의 대통령소속하의 기관

감사원은 조직계통상 행정부수반으로서의 대통령에 소속된 것이 아니라 국가원수로서의 대통령에게 소속된 중앙행정기관이다.

2) 헌법상 필수기관

감사원은 그 설치·운영이 헌법에 명문으로 보호받고 있는 헌법상 필수기관이며, 따라서 헌법개정에 의하지 아니하고는 그 개폐가 불가능하다.

3) 독립기관

감사원은 조직상 대통령소속의 중앙행정기관으로 편재되어 있으나 감사의 실효성을 보장하기 위하여 직무상·기능상 대통령으로부터 독립된 기관이다. 즉 직무상 독립을 위해서 합의제기관, 의결기관으로서의 성격을 부여하고 있고, 기능상 독립을 위해서 신분보장 및 임기제를 보장하고 있는 동시에 겸직금지와 정당가입 및 정치운동관여 금지를 규정하고 있다.

4) 합의제기관

감사원은 감사원장과 감사위원으로 구성되는 합의제기관이다. 이는 감사원에 부여된 업무의 신중성과 공정성을 기하기 위함이다.

II. 감사원의 구성

1. 감사원의 조직

감사원은 헌법상 원장을 포함한 5인 이상 11인 이하의 감사위원으로 구성하도록 되어 있으나 현행 감사원법에서는 원장을 포함한 감사위원 7인으로 구성된다고 규정하고 있다. 감사위원의 자격은 헌법 제100조에 따라 감사원법이 규정하고 있다. 즉 ① 1급 이상의 공무원의 직에 3년 이상 재직한 자, ② 3급 이상의 공무원의 직에 8년 이상 재직한 자, ③ 판사·검사·군법무관 또는 변호사의 직에 10년 이상 재직한 자, ④ 공인된 대학에서 부교수 이상의 직에 8년 이상 재직한 자 중에서 임명한다(감사원법 제7조).

2. 감사원장과 감사위원의 임명·임기·정년

감사원장은 대통령이 국회의 동의를 얻어 임명한다. 감사위원은 원장의 제청으로 대통령이 임명한다. 감사원장과 감사위원의 임기는 모두 4년이며 1차에 한하여 중임할 수 있다. 감사위원의 정년은 65세이다. 감사원장이 사고로 인하여 직무를 수행할 수 없을 때에는 감사위원으로 최장기간 재직한 감사위원이 그 직무를 대행한다. 다만, 재직기간이 동일한 감사위원이 2인 이상인 때에는 연장자가 그 직무를 대행한다(감사원법 제4조 제3항).

3. 감사위원의 신분보장(감사원법 제8조)

감사위원은 ① 탄핵결정이나 금고 이상의 형의 선고를 받았을 때, ② 장기의 심신쇠약으로 직무를 수행할 수 없게 된 때가 아니면 그 의사에 반하여 면직되지 아니한다. 이때 전자의 경우에는 당연히 퇴직되며, 후자의 경우에는 감사위원회의 의결을 거쳐 원장의 제청으로 대통령이 퇴직을 명한다.

4. 감사위원의 의무

감사위원은 재직 중 ① 국회 또는 지방의회의 의원의 직, ② 행정부서의 공무원의 직, ③ 이 법에 의하여 감사의 대상이 되는 단체의 임·직원의 직, ④ 기타 보수를 받는 직을 겸하거나 영리를 목적으로 하는 사업을 영위할 수 없다(감사원법 제9조). 그리고 정당에 가입하거나 정치운동에 관여할 수 없다(동법 제10조).

Ⅲ. 감사원의 권한

1. 결산 및 회계검사와 보고권

감사원은 국가의 세입·세출의 결산을 매년 검사하여 대통령과 차년도 국회에 보고하여야 한다. 국가 및 감사원법 제22조와 제23조에 규정된 단체의 회계검사를 담당한다.

감사원법은 필요적 검사사항으로서 ① 국가의 회계, ② 지방자치단체의 회계, ③ 한국은행의 회계와 국가 또는 지방자치단체가 자본금의 2분의 1 이상을 출자한 법인의 회계, ④ 다른 법률에 의하여 감사원의 회계검사를 받도록 규정된 단체 등의 회계에 관한 수입과 지출, 재산의 취득 · 보관 · 관리 및 처분 등의 검사를 규정하고, 선택적 검사사항으로서 ① 국가기관 이외의 자가 국가 또는 지방자치단체를 위하여 취급하는 국가 또는 지방자치단체의 현금 · 물품 또는 유가증권의 수불, ② 국가 또는 지방자치단체가 직접 또는 간접으로 보조금 · 장려금 · 조성금 및 출연금 등을 교부하거나 대부금 등 재정원조를 공여한 자의 회계, ③ 제2호에 규정된 자가 그 보조금 · 장려금 · 조성금 및 출연금 등을 다시 교부한 자의 회계, ④ 국가 또는 지방자치단체가 자본금의 일부를 출자한 자의 회계, ⑤ 전호 또는 한국은행 · 국가 또는 지방자치단체가 자본금의 2분의 1 이상을 출자한 법인의 회계, ⑥ 국가 또는 지방자치단체가 채무를 보증한 자의 회계, ⑦ 민법 또는 상법 이외의 다른 법률의 규정에 의하여 설립되고 그 임원의 전부 또는 일부나 대표자가 국가 또는 지방자치단체에 의하여 임명되거나 임명 승인되는 단체 등의 회계, ⑧ 국가 · 지방자치단체 · 제2호 내지 제6호 또는 한국은행 · 국가 또는 지방자치단체가 자본금의 2분의 1 이상을 출자한 법인 및 다른 법률에 의하여 감사원의 회계검사를 받도록 규정된 단체와 계약을 체결한 자의 그 계약에 관련된 사항에 관한 회계, ⑨ 기금관리기본법 제2조의 적용을 받는 기금을 관리하는 자의 회계, ⑩ 제9호의 규정에 의한 자가 그 기금에서 다시 출연 및 보조한 단체 등의 회계를 감사원의 필요에 의해서 또는 국무총리의 요청으로 검사를 할 수 있도록 하였다.

2. 직무감찰권

감사원은 행정기관과 공무원의 직무에 관한 감찰을 행할 권한을 갖는다. 직무에 관한 감찰권에는 공무원의 비위적발에 관한 비위감찰권뿐만 아니라 공무원의 근무평정 또는 행정관리의 적부심사분석과 그 개선 등에 관한 행정감찰권까지 갖는다.

1) 비위감찰권
공무원의 비위적발. 그러나 국회 · 법원 소속공무원은 제외한다.

2) 행정감찰권

공무원의 근무 평정, 행정관리의 적부심사 분석 및 그 개선(포함)

3. 감사결과와 관련된 권한

변상책임 유무판정권(회계관계직원), 징계처분 및 문책요구권, 시정·주의 등의 요구권, 법령·제도·행정의 개선요구권, 수사기관에의 고발권, 재심의권

4. 감사원규칙제정권

감사원의 규칙제정권은 헌법상 보장된 것이 아니라 감사원법상 규정되어 있는 권한이다. 즉 감사원은 법령에 저촉되지 아니하는 범위 내에서 감사에 관한 절차, 내부규율과 감사사무처리에 관한 규칙을 제정할 권한을 가진다. 따라서 감사원규칙의 법적 성격에 관해서는 법규명령으로 보는 견해와 행정규칙으로 보는 견해가 대립되고 있다.

제7절 선거관리위원회

제114조 ① 선거와 국민투표의 공정한 관리 및 정당에 관한 사무를 처리하기 위하여 선거관리위원회를 둔다.
② 중앙선거관리위원회는 대통령이 임명하는 3인, 국회에서 선출하는 3인과 대법원장이 지명하는 3인의 위원으로 구성한다. 위원장은 위원 중에서 호선한다.
③ 위원의 임기는 6년으로 한다.
④ 위원은 정당에 가입하거나 정치에 관여할 수 없다.
⑤ 위원은 탄핵 또는 금고 이상의 형의 선고에 의하지 아니하고는 파면되지 아니한다.
⑥ 중앙선거관리위원회는 법령의 범위 안에서 선거관리·국민투표관리 또는 정당사무에 관한 규칙을 제정할 수 있으며, 법률에 저촉되지 아니하는 범위 안에서 내부규율에 관한 규칙을 제정할 수 있다.
⑦ 각급 선거관리위원회의 조직·직무범위 기타 필요한 사항은 법률로 정한다.
제115조 ① 각급 선거관리위원회는 선거인명부의 작성 등 선거사무와 국민투표사무에 관하여 관계 행정기관에 필요한 지시를 할 수 있다.
② 제1항의 지시를 받은 당해 행정기관은 이에 응하여야 한다.
제116조 ① 선거운동은 각급 선거관리위원회의 관리하에 법률이 정하는 범위 안에서 하되, 균등한 기회가 보장되어야 한다.
② 선거에 관한 경비는 법률이 정하는 경우를 제외하고는 정당 또는 후보자에게 부담시

킬 수 없다.

Ⅰ. 선거관리위원회의 의의

선거관리위원회는 선거와 국민투표의 공정한 관리 및 정당에 관한 사무를 처리하기 위하여 헌법상 독립된 지위를 부여받은 기관이다. 선거와 국민투표의 공정한 관리는 민주정치의 가장 중요한 요소이므로 이를 헌법상 독립된 기관이 담당케 함으로써 행정부로부터의 부당한 간섭을 배제하려는 데 그 제도적 의의가 있다.

Ⅱ. 선거관리위원회의 헌법상 지위

1. 헌법상 필수기관

선거관리위원회는 선거와 국민투표의 공정한 관리 및 정당에 관한 사무를 처리토록 하기 위하여 헌법상 반드시 설치하도록 되어 있는 필수기관이다. 따라서 헌법개정에 의하지 아니하고는 폐지할 수 없다.

2. 헌법상 독립된 기관

헌법상 선거관리위원회는 입법부·행정부 및 사법부로부터의 독립성이 보장되어 있다. 특히 중앙선거관리위원회의 위원장은 위원 중에서 호선하도록 함으로써 다른 국가기관의 개입을 배제하고 있으며, 위원임기의 헌법적 보장, 정치적 중립성과 신분보장을 통한 독립기관으로서의 지위를 부여하고 있다.

3. 합의제 기관

선거관리위원회는 9인의 선거관리위원으로 구성되는 합의제기관이다. 따라서 위원 과반수의 출석으로 개의하고 출석의원 과반수의 찬성으로 의결하는 합의제기관의 의사결정의 원칙을 채택하고 있다. 합의에 있어서는 위원장과 위원들이 법적으로 동등한 지위가 부여되어 있다.

Ⅲ. 선거관리위원회의 조직과 구성

1. 조직

선거관리위원회는 중앙선거관리위원회(9인) 밑에 서울특별시·광역시·도 및 시·군·자치구와 공선법상 투표구에 대응하여 각각 서울특별시·광역시·도선거관리위원회(9인), 시·군·구선거관리위원회(9인), 투표구선거관리위원회(7인)로 조직되어 있다.

2. 구성

1) 위원장

각 선거관리위원회에는 위원회를 대표하고 그 사무를 통할하는 위원장을 두며(위원회법 제5조 제3항), 특히 중앙선거관리위원회의 위원장은 위원 중 호선한다.

2) 위원

중앙선거관리위원회는 대통령이 임명하는 3인, 국회에서 선출하는 3인, 대법원장이 지명하는 3인의 위원으로 구성한다. 시·도선거관리위원회의 위원은 국회의원의 선거권이 있고 정당원이 아닌 자 중에서 국회에 교섭단체를 구성한 정당이 추천한 사람과 당해 지역을 관할하는 지방법원장이 추천하는 법관 2인을 포함한 3인과 교육자 또는 학식과 덕망이 있는 자중에 서 3인으로, 구·시·군선거관리위원회의 위원은 그 구역 안에 거주하는 국회의원의 선거권이 있고 정당원이 아닌 자 중에서 국회에 교섭단체를 구성한 정당이 추천한 사람과 법관·교육자 또는 학식과 덕망이 있는 자 중에서 6인을 시·도선거관리위원회가 위촉한다, 투표구선거관리위원회의 위원은 그 투표구를 관할하는 읍·면·동의 구역 안에 거주하는 국회의원의 선거권이 있고 정당원이 아닌 자 중에서 국회에 교섭단체를 구성한 정당이 추천한 사람과 학식과 덕망이 있는 자 중에서 4인을 구·시·군선거관리위원회가 위촉한다(위원회법 제4조).

3) 위원의 신분상 지위

(1) 임기
임기는 6년으로 하며 연임이나 중임에 관한 제한규정이 없다.

(2) 정치적 중립성
위원은 정당에 가입하거나 정치에 관여할 수 없다.

(3) 신분보장
헌법상 위원은 탄핵 또는 금고 이상의 형의 선고에 의하지 아니하고는 파면되지 아니한
다. 더 나아가 위원은 선거인명부작성기준일 또는 국민투표안공고일로부터 개표종료 시까
지 내란·외환·국교·폭발물·방화·마약·통화·유가증권·우표·인장·살인·폭행·
체포·감금·절도·강도 및 국가보안법위반의 범죄에 해당하는 경우를 제외하고는 현행범
인이 아니면 체포 또는 구속되지 아니하며 병역소집의 유예를 받는다(위원회법 제13조).

4) 위원의 대우(위원회법 제12조)
중앙선거관리위원회의 상임위원은 국무위원에, 시·도선거관리위원회의 상임위원은 1
급 국가공무원에 상당하는 보수를 받는다. 각급 선거관리위원회 위원 중 상임이 아닌 위
원은 명예직으로 한다. 다만, 일당·여비 기타의 실비보상을 받을 수 있다.

Ⅳ. 선거관리위원회의 권한과 의무

1. 선거와 국민투표의 관리권

선거관리위원회는 선거운동·투표·개표, 당선자확정, 국가 및 지방자치단체의 선거사
무와 국민투표사무를 관리하며, 관계 행정기관에 이에 관한 필요한 지시를 할 수 있다.

2. 정당사무관리권·정치자금배분권

선거관리위원회는 정당의 창당준비위원회의 경정신고, 등록신청·취소, 등록증교부, 등

록공고, 정당에 대한 자료제출요구 등 광범한 사무를 관리하며, 정치자금의 조성·배분에 관한 사무를 담당한다(정당법 및 정치자금법 참조).

3. 규칙제정권

중앙선거관리위원회는 법령의 범위 안에서 선거관리·국민투표관리 또는 정당사무에 관한 규칙을 제정할 수 있으며(사무관리규칙제정권), 법률에 저촉되지 아니하는 범위 안에서 내부규율에 관한 규칙을 제정(내부규칙제정권)할 수 있는 규칙제정권을 헌법상 부여받고 있다. 또한 행정기관이 선거·국민투표 및 정당관계법령을 제정·개정 또는 폐지하고자 할 때에는 미리 당해 법령안을 중앙선거관리위원회에 송부하여 그 의견을 구하여야 하며, 중앙선거관리위원회는 선거·국민투표 및 정당관계법률의 제정·개정 등이 필요하다고 인정하는 경우에는 국회에 그 의견을 서면으로 제출할 수 있다(위원회법 제17조).

4. 선거계도의무(위원회법 제14조)

각급 선거관리위원회(투표구선거관리위원회는 제외한다)는 선거권자의 주권의식의 앙양을 위하여 상시계도를 실시하여야 하며, 선거 또는 국민투표가 있을 때에는 각급 선거관리위원회(투표구선거관리위원회는 제외한다)는 그 주관하에 문서·도화·시설물·신문·방송 등의 방법으로 투표방법·기권방지 기타 선거 또는 국민투표에 관하여 필요한 계도를 실시하여야 한다. 중앙선거관리위원회는 상시계도를 위한 사업을 적당하다고 인정하는 단체에 위탁하여 행하게 할 수 있다.

5. 선거공영제

1) 의의

선거공영제라 함은 선거운동의 자유방임으로 야기되는 폐단을 방지하기 위하여 국가가 선거를 관리하고 그에 소요되는 선거비용을 국가의 부담으로 하거나 후보자의 기탁금 중에서 공제함으로써 선거의 형평을 기하고 선거비용을 경감하며 나아가 공명선거를 실현하려는 선거제도를 말한다.

2) 선거공영제의 내용

(1) 선거운동의 원칙

선거운동이라 함은 특정 후보자의 당선 내지 이를 위한 득표에 필요한 모든 행위 또는 특정 후보자의 낙선에 필요한 모든 행위 중 당선 또는 낙선을 위한 것이라는 목적의사가 객관적으로 인정될 수 있는 능동적 · 계획적 행위를 말한다.

평등권 및 평등선거원칙으로부터 나오는(선거에 있어서의) 기회균등의 원칙은 후보자는 물론 정당에 대해서도 보장되는 것이므로 정당추천의 후보자가 선거에서 차등대우를 받는 것은 정당이 선거에서 차등대우를 받는 것과 같은 결과가 된다.

헌법재판소 1996. 3. 28. 96헌마18 결정
선거운동의 공정이라는 법목적의 달성을 위하여 국회의원과 정당이 가지는 고유한 권능과 자유를 어느 정도로 제한할 것인가의 여부는 입법자의 광범위한 형성의 재량에 속하는 사항이라고 할 것이고, 선거기간이 개시된 후에 한하여 국회의원의 의정활동보고나 정당의 각종 집회를 금지하거나 제한하였다고 하더라도 그를 통하여 국회의원이 아니거나 정당원이 아닌 예비후보자에게는 금지되어 있는 사전선거운동을 허용하는 것이 아닌 한 이를 일컬어 명백히 자의적인 입법이라고 할 수 없다. 선거의 공정이라는 법목적을 달성하기 위하여 통상적인 정당활동에 부수되는 음식물 등의 제공까지 이를 금지할 것인가 금지한다면 그 범위를 어느 정도로 할 것인가의 여부도 입법형성의 재량에 속하는 것이라 할 것이고, 위 각 법조항이 선거기간 개시 전에는 정당의 통상적인 활동의 자유를 보장하고 그에 당연히 부수될 것으로 예상되는 사소한 식사 등의 제공을 법이 일반적으로 금지하는 기부행위로 보지 아니하는 것으로 규정하였다고 하여 정당소속이 아닌 예비후보자가 법률상 명백히 불합리한 차별대우를 받게 되는 것이라고 볼 수 없다.
헌법재판소 1994. 7. 29. 93헌가4 병합결정
가. 선거운동은 국민주권의 행사의 일환일 뿐만 아니라 정치적 표현의 자유의 한 형태로서 민주사회를 구성하고 움직이게 하는 요소이므로, 선거운동의 허용범위는 아무런 제약 없이 입법자의 재량에 맡겨진 것이 아니고 그 제한입법의 위헌 여부에 대하여는 엄격한 심사기준이 적용된다.
나. 구 대통령선거법 제34조와 제36조 제1항 및 그 벌칙조항인 제162조 제1항 제1호가 규정한 선

거운동은 위 법 제33조가 "당선되거나 되지 못하게 하기 위한 행위"라고 규정하고 있고, 위 법률조항들의 입법목적, 법에 규정된 선거운동 규제조항의 전체적 구조 등을 고려하면 선거운동이라 함은 특정 후보자의 당선 내지 이를 위한 득표에 필요한 모든 행위 또는 특정 후보자의 낙선에 필요한 모든 행위 중 당선 또는 낙선을 위한 것이라는 목적의사가 객관적으로 인정될 수 있는 능동적, 계획적 행위를 말하는 것으로 풀이할 수 있으며, 선거운동을 이와 같이 풀이한다면 법률적용자의 자의를 허용할 소지를 제거할 수 있고, 건전한 상식과 통상적인 법감정을 가진 사람이면 누구나 그러한 표지를 갖춘 선거운동과 단순한 의견개진을 구분할 수 있어서 이른바 공정한 고지의 기능도 다할 수 있으므로, 위 법 제34조, 제36조 제1항 본문 및 그 벌칙조항인 제162조 제1항 제1호가 헌법 제12조 제1항이 요구하는 죄형법정주의의 명확성의 원칙에 위배되지 않는다.

다. 기간의 제한 없이 선거운동을 무한정 허용할 경우에는 후보자 간의 오랜 기간 동안의 지나친 경쟁으로 선거관리의 곤란으로 이어져 부정행위의 발생을 막기 어렵고, 후보자 간의 무리한 경쟁의 장기화는 경비와 노력이 지나치게 들어 사회경제적으로 많은 손실을 가져올 뿐만 아니라 후보자 간의 경제력 차이에 따른 불공평이 생기게 되고 아울러 막대한 선거비용을 마련할 수 없는 젊고 유능한 신참후보자의 입후보의 기회를 빼앗는 결과를 가져올 수 있으므로 선거운동의 기간에 일정한 제한을 두는 것만으로 위헌으로 단정할 수는 없다. 구 대통령선거법 제34조가 등록이 끝난 때부터 선거일 전일까지로 선거운동기간을 제한하고 있지만, 후보자는 등록일에 따라 23일 내지 28일간 선거운동을 할 수 있고, 선거일 공고 이전에도 사전 선거작업은 할 수 있으며, 선거운동의 종기를 선거일 전일로 정하였기 때문에 선거일 전일의 경쟁후보 측에 의한 최후의 비난에 대하여 적절하게 대응하지 못하게 된다는 문제점이 생길 수 있지만, 선거일 당일까지 선거운동을 할 수 있다고 하더라도 시간적인 한계 때문에 여전히 그와 같은 문제는 발생할 수 있으며 오히려 선거일 당일의 끊임없는 비난과 반박으로 인하여 발생하는 혼란으로부터 유권자를 보호할 필요가 있으므로 선거일전일까지로 선거운동기간을 제한하는 것을 나무랄 수 없다. 그러므로 위 법 제34조에서 정하는 선거운동의 기간제한은 필요하고도 합리적인 제한이고, 선거운동의 자유를 형해화할 정도로 과도하게 제한하는 것으로 볼 수 없으므로 헌법에 위반되지 아니하고, 따라서 그 벌칙조항 제162조 제1항 제1호 중 제34조 부분 역시 헌법에 위반되지 아니한다.

라. 구 대통령선거법 제36조 제1항 본문은 원칙적으로 전 국민에 대하여 선거운동을 금지한 다음 후보자의 가족, 정당이나 후보자에 의하여 선임되어 선거관리위원회에 신고된 극소수의 선거관계인들만이 선거운동을 할 수 있도록 하고 있으므로 이는 선거의 공정성 확보라는 목적에 비추어 보더라도 필요한 정도를 넘어 국민의 정치적 표현의 자유를 지나치게 제한하고 있는 것이고, 그로 인하여 선거의 공정성이 확보된다는 보장도 없으므로, 위 법 제36조 제1항 본문 및 벌칙조항인 제162조 제1항 제1호 중 제36조 제1항 본문부분은 입법형성권의 한계를 넘어 국민의 선거운동의 자유를 지나치게 제한함으로써 국민의 선거운동의 자유를 지나치게 제한함으로써 국민의 참정권과 정치적 표현의 자유의 본질적 내용을 침해하는 것이어서, 헌법 제21조 제1항, 제24조에 위배되고 헌법상의 국민주권주의 원칙과 자유선거의 원칙에도 위반되는 요소가 많다. 그러나 공익을 대표하는 사람, 직무의 성질상 정치적 중립성이 요청되는 사람 등에게는 선거운동이 허용되어서는 아니 되고, 이러한 일부 합헌적 부분까지 위헌선언을 하게 되면, 선거권이 없는 사람과 정치활동이 금지된 공무원 등 일정 범위의 공익관련자들마저 선거운동을 할 수 있게 되어 오히려 선거의 공정성을 해칠 우려가 있다. 따라서 위 법 제36조 제1항 본문은 선거권이 없는 사람과 선거의 공정을 해칠 우려가 있는 일정 범위의 사람들에 대하여 선거운동을 금지하는 것은 합헌이라 할 것이고, 선거의 공정을 해칠 우려가 없는 선거권을 가진 일반국민까지 선거운동을 금지하여 이들의 선거운동의 기회를 박탈하는 것은 헌법에 위반된다. 그런데 1994. 3. 16. 법률 제4739호로 공직선거및선거부정방지법이 제정되었고, 위 법 제60조 제1항은 공무원 등 선거운동이 금지되는 사람들을 구체적 제한적으로 열거하고 있으므로, 구 대통령선거법 제36조 제1항 본문 및 제162조 제1항 제1호의 제36조 제1항 본문부분은, 입법자의 입법형성의 자유를 존중하는 뜻에서 합헌의 범위를 위 법 제60조 제1항에 열거한 자로 한정하여, 그 이외의 사람들에까지

선거운동을 금지하고 이를 위반한 자를 처벌하는 것은 헌법에 위반된다고 하겠다.

마. 구 대통령선거법 제36조 제1항 본문 및 그 벌칙조항인 제162조 제1항 제1호 중 제36조 제1항 본문부분이 위와 같이 일부 위헌이라고 하여 그 조항을 적용하여 실시된 대통령선거 및 그에 기초하여 탄생한 정권의 민주적 정당성이 상실되는 것은 아니다.

－ 재판관 변정수의 보충의견

라. 선거운동의 과도한 제한은 정치적 기득권자에게 유리한 반면 도전자에게 불리하게 작용하기 때문에 실질적 기회균등을 침해하므로 구 대통령선거법 제36조 제1항은 헌법 제116조 제1항의 "균등한 기회가 보장되어야 한다."는 규정에 위반되고 민주적 선거제도의 본질을 침해하므로 위헌이다.

마. 선거운동의 주체에 관한 구 대통령선거법 제36조 제1항의 위헌사유는 선거결과를 좌우할 수 있는 중대한 사유이므로 그에 의하여 실시된 제13대, 제14대 대통령선거는 당연무효이고, 현 정부는 그 정통성과 정당성을 상실하였으므로 재선거 등 보완작업이 있어야 한다.

－ 재판관 김진우의 반대의견

라. 선거운동의 자유나 표현의 자유도 선거운동의 과열·타락방지, 선거의 공정성 확보 등 공공이익을 위하여 제한할 수 있고, 구 대통령선거법 제36조는 우리의 선거풍토, 민주정치의 성숙도 기타 정치·경제·사회·문화적 제반실정에 적합하게 선거의 공정과 선거의 자유를 최대한도로 보장·조화하는 내용으로, 역사상 가장 민주적인 여야합의하에 국민적 합의를 바탕으로 하여 위와 같은 선거의 공정성을 확보하기 위하여 필요한 범위 내에서 선거운동을 할 수 있는 자의 범위를 일부 제한하는 내용으로서 과잉금지의 원칙에 위배되지 않는다.

마. 구 대통령선거법 제36조의 위헌은 실제득표율에 비추어 보더라도 선거결과에 영향을 도저히 미치지 못하므로, 그 위헌을 이유로 정부의 정통성에 어떤 영향을 끼칠 수는 없다.

－ 재판관 한병채의 반대의견

라. 구 대통령선거법 제36조 제1항 본문과 제162조 제1항 제1호의 제36조 제1항 본문 부분의 위헌여부는 선거운동제한에 관한 위 법 제33조 이하 관계규정전체를 종합하여 검토·평가하여야 하고, 대통령선거법에 의한 선거운동의 제한범위에 관한 사항은 헌법 제116조 제1항의 특별규정에 근거하여 제한의 입법목적, 선거의 행태, 민주시민으로서의 자질의 성숙도 및 현실적 필요성 등을 고려하여 국민의 대표기관인 입법부의 입법재량에 의하여 입법정책으로 결정될 문제이다.

(2) 선거운동관리의 원칙

(3) 선거비용국가부담의 원칙

제5장 法院

제1절 법원의 헌법상 지위

Ⅰ. 사법기관으로서의 지위

헌법은 사법권을 법관으로 구성된 법원에 속하는 것으로 함으로써 법원에 사법기관으로서의 지위를 부여하고 있다. 다만 위헌법률심판, 위헌정당해산심판, 탄핵심판, 권한쟁의심판, 헌법소원심판을 헌법재판소의 권한으로 하고 있고, 국회의원의 자격심사, 징계·제명처분에 대해서는 법원에 제소하지 못하도록 하고 있으며, 대통령에게 사면·감형·복권에 관한 권한을 줌으로써 법원의 사법기관으로서의 지위에 대한 예외를 인정하고 있다.

Ⅱ. 중립적 권력기관으로서의 지위(비정치적 권력)

법원은 정치적 권력기관인 국회·정부와 분리, 독립된 비정치적인 제3의 기관으로서의 지위를 가진다. 그러나 헌법은 대법원장·대법관을 국회의 동의를 얻어 대통령이 임명하도록 한 점, 법원의 예산안을 정부가 편성하고 국회가 심의·확정하도록 한 점, 비상계엄 하에서 법원의 권한에 특별한 조치를 허용하고 있는 점에서 법원의 중립적 권력기관으로서의 지위에 대한 예외를 인정하고 있다.

Ⅲ. 헌법수호자로서의 지위

법원은 현대헌법의 기본원리인 실질적 법치주의의 원리를 구현하는 기관으로서의 지위를 가진다. 즉 미국의 연방대법원에 의해 확립된 위헌법률심사권을 통해 의회다수파의 횡포와 자의적 입법으로부터 헌법을 수호하며, 행정재판을 통해 집행부의 자의적 권력발동을 견제하는 기관인 것이다. 그러나 현행헌법은 위헌법률심판권을 헌법재판소의 권한으로 하고 있으므로 헌법수호기능은 원칙적으로 헌법재판소가 담당하고 있다. 그렇지만 법원도 위헌법률심판제청권, 명령·규칙·처분의 위헌위법심사권, 선거에 관한 재판권을 통해서 헌법수호기능을 일부 담당하고 있다.

Ⅳ. 기본권보장기관으로서의 지위

법원은 현실사회에서 개인 간에 발생한 분쟁, 즉 구체적 사건에 있어서 당해 법률 또는 법률조항의 의미·내용과 적용범위가 어떠한 것인지를 확정하여 분쟁을 해결함은 물론 집행부의 공권력행사로부터 개인의 자유와 권리를 보호함과 동시에 분쟁해결을 통한 법질서유지를 담당하는 기관이다.

Ⅴ. 국가의 최고기관성 여부

법원은 사법권의 담당기관으로서 입법권의 주체인 국회, 집행권의 주체인 정부와 대등한 지위를 가지는 국가최고기관 중의 하나이다.

제2절 사법(권)의 개념·범위·한계

Ⅰ. 사법(권)의 개념

헌법 제101조 제1항은 "사법권은 법관으로 구성되는 법원에 속한다."고 규정하고 있다. 여기서 사법(권)의 개념이 무엇을 의미하는가에 관해서는 헌법 제40조의 "입법권"이나 제66조 제4항의 "행정권"에서와 같이 실질적으로 파악하는 견해와 형식적으로 파악하는 견해로 나뉘고 있다.

1. 학설

1) 실질설
이는 다시 성질설과 기관설로 견해가 대립된다. 전자는 국가작용의 실질적 성질을 기준으로 하여 입법·집행·사법을 구별하려는 견해로서 사법이란 법을 판단하고 선언함으로써 법질서를 유지하기 위한 작용이라고 본다. 이에 대해 후자는 국가기관의 성격을 기준으로 하여 사법의 개념을 정립하려는 견해이며, 이에 의하면 사법이란 독립적 지위를 가진 기관이 쟁송절차에 따라서 하는 작용이라고 본다.

2) 형식설

이는 사법을 형식적으로 이해하여 국가작용의 실질적 성질이나 그 내용 여하를 불문하고 법원의 관할에 속하는 사항이면 모두 사법이라고 보는 견해이다. 이 견해에 따르면 사법행정권이나 규칙제정권도 모두 사법(권)의 범위에 포함된다고 본다.

2. 소결

사법(권)의 개념도 입법권이나 행정권과 마찬가지로 법원의 권한을 규정한 것이라는 실질적 의미에서 파악해야 할 것이다. 이러한 의미에서 사법권이라 함은 대립하는 당사자 간의 구체적인 쟁송에 대해 법을 적용하고 선언함으로써 이를 해결하는 국가작용이라고 볼 수 있다.

Ⅱ. 사법(권)의 본질

법원조직법 제3조 제1항은 "법원은 헌법에 특별한 규정이 있는 경우를 제외한 일체의 법률상의 쟁송을 심판하고, 이 법과 다른 법률에 의하여 법원에 속하는 권하는 가진다."고 하여 법원의 권한을 규정하고 있다. 그러면 이러한 권한을 행사하기 위해서는 다음과 같은 요건을 갖추어야 한다.

즉, (1) 구체적이고 현실적인 권리의무관계에 관한 법적 분쟁의 발생을 전제로 한다. (2) 당사자의 쟁송제기가 있어야 한다. (3) 무엇이 법인가를 판단하고 선언하는 작용이며, 현존하는 법질서를 유지하기 위한 작용이어야 한다. (4) 독립적 지위를 가진 기관이 제3자적 입장에서 수행하여야 할 작용이다.

1. 사법의 특성

(1) 당사자의 소송제기로 시작하므로 수동적 국가작용

(2) 사법작용은 법의 의미를 중립적 입장에서 인식하는 작용

(3) 신분이 보장된 법관이 독립적 입장에서 행하는 법선언작용

(4) 분쟁을 해결하고 법적 평화를 유지하기 위한 보수적 현상유지작용

2. 사법작용의 기능

(1) 기본권보장

(2) 법질서유지

(3) 법의 상호 모순과 충돌을 해결하고 법 흠결을 보충하는 법해석기능

(4) 사회평화보장기능

Ⅲ. 사법(권)의 범위

1. 민사소송

사인 간의 생활관계의 분쟁을 법률로써 강제적으로 해결조정하기 위한 절차를 의미한다.

2. 형사소송

범죄를 인정하고 범인에게 형벌을 과하는 절차를 의미하며, 여기서 형사소송은 공소절차뿐이다.

3. 행정소송

국가와 국민 사이의 행정작용에 관한 분쟁을 해결하기 위한 소송절차이다. 행정소송은 정식의 소송절차인 점에서 행정심판과 구별된다. 행정소송을 누가 담당하는가에 따라 사법형 국가(일반법원이 담당)와 행정형 국가(일반법원과는 별개로 설치된 행정재판소가 담당)로 구별되나 우리나라는 일반법원이 담당하는 사법형주의를 따르고 있다. 그러나 행정소송에는 단기간의 제소기간을 허용하고 있고, 행정심판전치주의 등을 가미하고 있는 특성이 부여되어 있다.

4. 헌법소송

이에는 위헌법률심사, 기관쟁송, 탄핵소송, 헌법소원, 위헌정당해산, 선거소송 등이 포함되나 현행헌법은 선거소송 이외에는 모두 헌법재판소의 권한으로 되어 있다.

Ⅳ. 사법(권)의 한계

1. 헌법상의 한계

현행헌법이 명문으로 사법권이 미치지 않는 것으로 명시하고 있는 경우이다. 즉 ① 헌법재판소의 권한에 속하는 것으로 한 사항, ② 국회의원의 자격심사, 징계, 제명, ③ 비상계엄하의 군사재판 등이 여기에 해당한다.

2. 국제법상의 한계

국제법상 우리나라의 사법권이 미치지 않는 것으로 되어 있는 경우로서 ① 외국의 원수, 외교사절과 그 가족 등 치외법권의 특권이 있는 경우, ② 조약 등이 논의되고 있다. ②에 관해서는 국제법과 국내법과의 관계를 중심으로 조약우위설과 헌법우위설이 대립되고 있으나 현행 헌법 제6조 제1항에 근거하여 위헌심사가 가능하다고 생각한다.

3. 사법본질상의 한계

사법권의 본질에서 나오는 한계를 말한다. 즉 사법권은 구체적이고 현실적인 권리의무에 관한 분쟁을 전제로 하고(사건성의 원칙), 당사자에게 소의 이익과 구체적인 소송수행을 할 수 있는 법률상의 자격을 갖춘 자에 의해 행할 것(소의 이익과 당사자적격)과 진지한 현실의 문제(사건의 성숙성)이어야 하며, 추상적, 가상적 또는 먼 장래의 문제이어서는 안 된다는 것이다.

4. 권력분립적 한계

1) 통치행위

이는 고도의 정치성을 갖고 있는 행위로서 사법심사의 대상이 되지 않는다고 본다. 이에 관해서는 각국에서의 학설과 판례상 다양하게 파악되고 있으므로 뒤에서 자세히 살펴보기로 한다.

2) 특별행정법관계에서 처분

부정설, 내부외부구별설, 긍정설 등이 있으나 내부외부구별설에 따라 외부관계만 사법심사 가능

3) 자유재량행위

다른 국가기관의 재량(입법재량·행정재량)에 속하는 사항은 위법의 문제가 아니라 당·부당의 문제만이 발생하므로 원칙적으로 사법권이 미치지 않는다. 그러나 재량권을 일탈하거나 재량남용이 있는 경우에는 법원이 위법성 여부를 판단의 대상으로 할 수 있다.

4) 훈시규정·방침규정

구체적 권리가 아니기 때문에 소송으로 실현청구를 못 한다.

5) 국회의 자율권

내부적 규율, 의결정족수, 투표의 계산 등 국회의 자율에 속하는 사항은 사법심사의 대상에서 제외

대법원 1972.1.18. 선고, 71도1845판결
국민투표법은 국회에서 의결을 거친 것이라 하여 적법한 절차를 거쳐서 공포 시행되고 있으므로 법원으로서는 국회의 자주성을 존중하는 의미에서 그 유무효를 판단할 성질의 것이 아니다. 헌법 제102조 제1항의 규정이 법률의 위헌 여부 심사에 관하여 규정하고 있으나 위에서 본 바와 같은 범위 안에서는 국회의 자율권과 저촉되는 것이므로 법원의 심사권이 인정되지 아니한다.

6) 이행판결

이의 인정에 관하여는 아직 소극적으로 보는 견해가 다수설이며, 판례도 그러하다.

Ⅴ. 통치행위

1. 서설

통치행위란 고도의 정치성을 갖고 있는 행위로서 사법심사하기가 곤란할 통치작용이라고 할 수 있다. 현대에 와서는 국민의 기본권에 대하여 중대한 침해를 주는 통치행위에 대하여는 사법심사의 대상이 된다는 것이 각 선진 제국의 입장인 것 같다. 이하에서는 각국의 통치행위와 우리나라 학설과 재판소의 판결을 중심으로 하여 통치행위에 대하여 알아보고자 한다.

대법원 1980. 8. 26. 선고, 80도1278 판결
헌법 제54조와 계엄법 제1조에 의하면 대통령은 전시사변 또는 이에 준하는 국가비상사태에 있어서 병력으로써 군사상의 필요 또는 공공의 안녕질서를 유지할 필요가 있을 때에는 법률이 정하는 바에 의하여 계엄을 선포할 수 있다는 취지를 규정하고 있는바, 여기에 말하는 전시 사변 또는 국가 비상사태인 여부 및 군사상 또는 공공의 안녕질서 유지상 필요 있는 여부는 고도의 정치적·군사적 성격을 띤 것이므로 대통령이 그 권한에 의하여 계엄을 선포하였다면 그 선포의 당·부당 내지 필요성 여부는 계엄해제요구권을 가진 국회만이 이를 판단할 수 있는 것이고 계엄선포가 당연무효가 아닌 한 이는 사법심사의 대상이 아니다.
헌법재판소 1996. 2. 26. 93헌마186 결정
통치행위란 고도의 정치적 결단에 의한 국가행위로서 사법적 심사의 대상으로 삼기에 적절하지 못한 행위라고 일반적으로 정의되고 있는바, ……(중략)…… 고도의 정치적 결단에 의한 행위로서 그 결단을 존중하여야 할 필요성이 있는 행위라는 의미에서 이른바 통치행위의 개념을 인정할 수 있고, 대통령의 긴급재정경제명령은 중대한 재정 경제상의 위기에 처하여 국회의 집회를 기다릴 여유가 없을 때에 국가의 안전보장 또는 공공의 안녕질서를 유지하기 위하여 필요한 경우에 발동되는 일종의 국가긴급권으로서 대통령이 고도의 정치적 결단을 요하고 가급적 그 결단이 존중되어야 할 것이다.

2. 각국에 있어서 통치행위의 관념

1) 프랑스의 통치행위

프랑스에 있어서 통치행위의 관념은 국참사원(Conseil d'Etat)이 일반적으로 '재판할 수 없는 행위', 즉 국참사원이 심리하기에 부적당하다는 이유로 그 심판을 거부함으로써

형성되었다. 그러나 실무적으로 재판을 할 수 없는 행위의 범위가 차츰 줄어들고 있는 추세에 있기 때문에, 통치행위이론이 적용되는 영역 또한 줄어들고 있다. 따라서 프랑스에서 통치행위로서 사법권의 적용을 받지 않는 부분의 범위는 크게 두 부분으로 한정되고 있다. 즉 첫째로 법률발안권의 행사, 법률공포에 관한 사항, 국민투표에 관한 사항 등과 같이 의회와 관련해서 행해지는 행정작용이 그것이고, 둘째로 국제조약의 체결, 외교사절의 파견, 전쟁에 관한 행위, 국제재판소의 소송행위 등과 같은 국제관계에서 행해지는 행위들이다.360)

2) 독일의 통치행위

독일에서 통치행위의 문제가 관심의 대상이 된 것은 제2차 대전 이후 행정소송사항에 관해 개괄주의를 채택하여 그 문호를 개방하면서부터였다. 그 이전에는 열기주의를 채택한 결과 사법심사의 대상이 되지 않는 영역이 허용되었기 때문에 통치행위의 문제를 논할 실익이 없었다. 그러나 개괄주의를 채택했다고 해도 사법심사에는 한계가 있으며, 일정한 범위의 고권적 행동은 사법심사를 받지 않는다고 보고 있다. 물론 독일에서도 통치행위의 관념을 부정하는 견해도 있으나 다수견해는 법원으로부터 자유로운 고권행위(Gerichtsfreie Hoheitsakte)라고 하여 이를 인정하고 있다. 그러나 이러한 통치행위를 인정하는 근거에 관해서는 ① 통치행위는 행정행위가 아니라는 이유도 있고, ② 통치행위는 자유재량행위이기 때문이라는 이유, 그리고 ③ 권력분립의 견지에서 법원의 심사가 어렵다는 등의 여러 가지가 제시되고 있다.361)

독일에서 인정되는 통치행위의 범위는 선거 또는 국회에 의한 선거심사 등 헌법보조활동과 전쟁행위 등의 제4종 국가작용, 국가긴급권 등이 있다. 그리고 오늘날 실무적으로 인정되고 있는 통치행위로는 수상의 선거, 국회의 해산, 조약의 비준 등이 있다.

3) 영국의 통치행위

영국은 '보통법 지배'의 전통 때문에 원칙적으로 통치행위의 관념을 인정하지 않는다. 그런데 국사행위(act of state), 순정치적 문제(decision of pure policy), 대권행위(Royal prerogative) 등의 이름으로 법원의 심사에서 제외되는 경우가 있다. 그 근거로서 "국왕은 소추되지 않는다."는 원칙 때문에 국왕의 행위에 대해서는 법원이 심사권을 갖지 못

---

360) 김동희, 프랑스행정법상의 통치행위에 관한 고찰, 서울대 법학 25권 4호, 179면 이하 참조.

361) Maunz · Dürig · Herzog · Scholz, Grundgesetz Kommentar, §19, Ⅳ. Rdnr 74ff.

한다고 하였다. 다만 법원은 구체적 사안에 대해서 대권이 인정될 수 있는지 여부, 인정되다면 그 대권의 범위 내의 행위인지 관해서 선결문제로 심리할 수 있다고 본다. 이러한 배경 아래서 인정되고 있는 영국의 통치행위에는 외교관계에 관한 행위, 영토 밖의 외국인에 관한 행위 등이 있다.

4) 미국의 통치행위

미국에서는 Luther v. Borden 사건[362] 이래 정치적 문제가 동시에 법적 문제를 띠고 있을지라도 법원이 이를 심리·판단하지 않는다는 원칙을 확립하였다.[363] 원래 미국은 소위 사법국가로서 모든 행정작용에 대하여 사법적 통제가 가능하다. 그런데 권력분립(형식적) 원칙의 헌법정신에 충실하기 위해서, 입법부나 행정부의 전권에 속하는 성질의 사항은 법원이 관여하지 않겠다는 뜻[Baker v. Carr, 369U.S.186(1962)[364]]과 정치싸움의 소용돌이에 법원이 휘말리지 않겠다는 이유로 정치문제에는 사법부가 관여하지 않게 되었다.

미국에서 정치문제라고 하여 판례법상 인정되고 있는 정치문제의 범위로는 주의 정치분야에 있어서 공화정체의 의미와 주의 정통정부의 인정, 연방의 정치 또는 주 상호 간 정치분야에 있어서 연방헌법수정조항의 유효성, 법률의 형식적 효력, 당의 전당대회대의원의 자격심사, 도망범죄인의 주 상호 간의 인도, 전쟁권한·전시권한에 있어서 민병의 소집을 결정하는 전제로서 긴급상태발생의 인정, 주군대의 조직·장비·규율의 자세한

---

362) 48 U.S.(7 How.) 1.(1849).
　　이 사건은 Rhode Island주에 있는 구정부와 혁명에 의한 신정부의 어느 편에 합법성을 인정하는가를 전제조건으로 하면서 혁명정부지지자인 Luther가 Borden에 대해 주택파괴에 대한 손해배상을 청구한 것이었다. 이에 대해 연방최고법원은 "어느 정부가 적법인가의 판단은 정치적 문제이므로 법원이 판단할 사항이 아니라 연방의회와 연방정부가 결정할 문제이다."라고 하여 신·구 정부 중 어느 쪽이 합법적인지 여부에 관한 결정은 물론 증거조사도 거부했다가 대통령이 구 정부를 합법정부로 승인하는 태도결정 후 재판을 진행하여 Luther의 손해배상청구를 기각했다[미국에서의 정치문제의 법리에 관한 연방대법원의 판례 중 초기의 선례가 된 판결들에 관해서는 정만희, 정치문제의 법리에 관한 미국대법원 판례동향, 동아법학 제15호(1993), 183면 이하 참조].
363) Laurence H. Tribe, American Constitutional Law, The Foundation Press, Inc.(1978), S. 73; 문홍주, 기본적 인권연구, 해암사(1994), 77면.
364) 이 판결에서 브레넌대법관은 정치적 문제인지 여부를 판단하는 기준으로 다음과 같은 것을 제시하였다. 첫째로 헌법 자체가 문제해결을 정치적 기관인 입법부와 집행부에 위임하고 있는 문제, 둘째로 사법부가 해결하기에 적당한 기준이 없는 문제, 셋째로 정책적으로 결정하지 않으면 해결될 수 없는 문제, 넷째로 법원의 결정이 사법부와 다른 국가기관과의 적절한 협조관계를 침해하게 될 문제, 다섯째로 이미 행해진 정치적 판단에 무조건 따라야 할 문제, 여섯째로 하나의 문제에 대하여 여러 국가기관이 자기의 의견을 표명해서는 혼란이 야기될 가능성이 잠재되어 있는 문제라고 하였다
　　(Tribe, ibid; http://caselaw.findlaw.com/scripts/getcase.pl?navby=case&court=US&vol=369&page=186).

목록의 결정, 외교·국제문제에 있어서 조약의 존속·효력, 국경선의 인정, 영토의 귀속 내지 영해의 범위, 국가 및 정부의 승인, 외국의 외교관지위의 승인, 국제항공노선의 인가 등이다.365)

5) 일본의 통치행위

일본도 독일과 마찬가지로 제2차 대전 전까지는 행정소송사항에 대하여 열기주의를 채택하였기 때문에, 고도의 정치성을 띤 문제는 열기주의에서 미리 제외시킴으로써 실정법의 운영상으로는 문제가 되지 않았다. 그러나 2차 대전 후부터 행정소송사항에 대한 개괄주의가 채택됨으로써 비로소 실무상 문제로 등장하게 되었다. 그래서 일본은 전후 신 헌법 아래서 미·일안보조약의 체결과 관련된 사천사건366)과 국회의 해산과 관련된 고미지사건367) 등에서 통치행위의 관념을 인정하였다. 학설은 긍정설과 부정설의 대립이 있으나 긍정설이 우세한 입장이다. 그러나 긍정설도 견해가 나뉘어 있는바, 통치가 인정될 수 있는 이유를 재판소가 스스로 자제하기 때문이라는 사법자제설, 사법권에 내재하고 있는 한계에서 구하는 내재적 제약설, 자제설에 내재적 제약설의 취지를 가미한 절충설이 그것이다. 그리고 통치행위에는 국회의 양원의 의결이나 선거의 효력, 정족수의 출석 여부, 투표계산의 위법 여부, 국회의 소집이나 중의원의 해산의 효력, 국회내부에 있어서 회기의 연장, 대신임명, 은사의 결정, 예산의 작성, 내각총리대신의 지명, 내각의 불

---

365) 정만희, 상게논문, 197-198면.

366) 最判昭34. 12. 16. 刑集 13卷 13號 3225頁. 이 판결에서 일본최고재판소는 "안보조약은 주권국으로서 우리가 국가의 존립의 기초에 매우 중대한 관계를 가지는 고도의 정치성을 가지는 것이라고 할 것이어서, 그 내용이 위헌이냐 아니냐의 법적 판단은 그 조약을 체결한 내각 및 이것을 승인한 국회의 고도의 정치적 내지 자유재량적 판단과 표리를 이루는 점이 적지 않다. 그러므로 위헌이냐 아니냐의 법적 판단은 순수 사법적 기능을 그 사명으로 하는 사법재판소의 심사에는 원칙적으로 적합하지 않은 성질의 것이고, 따라서 일견 매우 명백하게 위헌무효라고 인정되지 않는 한은 재판소의 사법심사권의 범위 밖에 있는 것이고, 그것은 제1차적으로는 조약의 체결권을 가지는 내각 및 이에 대해 승인권을 가지는 국회의 판단에 따라야 하고, 결국에는 주권을 가지는 국민의 정치적 비판에 맡겨져야 할 것이라고 이해함이 상당하다."고 판단하였다.

367) 最判昭35. 6. 8. 이 사건에서 일본최고재판소는 "직접 국가통치의 기본에 관한 고도의 정치성 있는 국가행위라는 말은, 예컨대 그것이 법률상 쟁송의 대상이 되고, 이에 대한 유효·무효의 판단이 법률상 가능한 경우라도 관련된 국가행위는 재판소의 심사권범위 밖에 있고, 그 판단은 주권자인 국민에 대해 정치적 책임을 부담하는 정부·국회 등의 정치부문의 판단에 맡겨지며 최종적으로는 국민의 정치판단에 맡겨져 있는 것이라고 이해해야 할 것이다. 이러한 사법권에 관한 제약은 결국 삼권분립의 원리에서 유래하고, 당해 국가행위의 고도의 정치성, 재판소의 사법기관으로서의 성격, 재판에 필연적으로 수반하는 절차상의 제약 등에 비추어 특정 명문에 의한 규정은 없지만 사법권의 헌법상의 본질에 내재하는 제약이라고 이해해야 할 것이다."라고 하여 통치행위라는 용어를 사용하고 있지는 않지만 "삼권분립의 원리에서 유래한다."고 하는 내재적 제약설에 따르고 있다[上田 章, 淺野一郎, 憲法, ぎょうせい (1993), 253頁].

신임결의, 중대한 외교문제 등을 들고 있다.

3. 통치행위에 관한 학설

1) 통치행위 부정설

통치행위의 부정설은 헌법상 실질적 법치주의의 확립과 행정소송사항의 개괄주의 인정, 권력분립론의 채택, 국민에게 재판청구권이 보장되어 있는 이상 법적 구속과 재판적 통제로부터 자유로운 통치행위의 관념을 인정할 수 없다는 견해이다. 즉 오늘날 헌법상 기본원리로서 실질적 법치주의가 채택되고 있는 이상 모든 국가작용은 헌법 또는 법률에 그 근거를 두고 행해져야 할 뿐만 아니라 그것들을 기준으로 법적 판단이 가능하다. 만일 고도의 정치성을 이유로 법적 구속과 재판적 통제를 포기하는 것은 법치주의의 포기가 된다는 것이다. 또 국민에게는 재판청구권이 인정되어 있으므로 위법한 국가작용은 고도의 정치성을 가지는 것이라고 해도 법원에 의한 법적 가치판단을 받아야 하며 그렇지 아니하면 정치권력에 의한 법질서의 유린을 인정하게 된다는 것을 이유로 한다.368)

2) 통치행위의 긍정설

(1) 內在的 限界說

내재적 한계설이란 사법권에는 그 자체에 내재하는 일정한 한계가 있기 때문에 통치행위의 사법적 심사를 부정하는 견해이다. 이 견해에 의하면, 정치적으로 책임을 지지 아니하는 법원이 동태적이고 비합리적인 정치문제를 심사하는 것은 적합하지 못하다는 입장이다. 따라서 정치문제에 관한 최종적 판단은 행정부나 국회 또는 국민에게 일임하는 것이 바람직하다고 한다. 이와 같이 정치적 문제에 법원이 개입하지 못한다는 점이 바로 사법권에 내재하는 성질상의 한계라고 한다.369)

(2) 權力分立說

권력분립설은 통치행위를 사법적 심사에서 제외하는 이유를 (형식적)권력분립론에서

---

368) 권영성, 상게서, 734면; 김철수, 헌법학개론, 박영사(1999), 1024면; 김동희, 행정법 I, 박영사(1999), 10면; 변재옥, 행정법강의 I, 박영사, 1989, 17면; 杉原泰雄, 憲法 II, 有斐閣(1989), 372 - 372頁 등.
369) 대법원 1979. 12. 7. 79초70; 1981. 9. 22. 81도1833도 같은 논리를 펴고 있는 듯하다.

찾는 입장이다. 즉 헌법상 입법·집행·사법작용이 각각 분립되어 그에 대응하는 국가기관의 관할사항으로 하고 있고, 통치행위가 헌법상 입법기관이나 행정기관의 권한으로 인정되어 있는 경우, 사법기관이 관여한다는 것은, 권력분립의 원칙상 허용되지 않는다고 한다.370)

(3) 裁量行爲說

이 설은 통치행위는 고도의 정치성을 갖는 행위이고, 이와 같은 문제는 행정부나 국회의 자유재량에 속하는 행위이므로 헌법이 허용하는 재량의 한계를 넘지 않으면 사법심사의 대상에서 제외된다고 본다.371)

(4) 司法府自制說

통치행위는 고도의 정치성을 띤 행위이기 때문에 사법부가 스스로 자제하여, 법적으로 심사할 수 있음에도 불구하고 법원의 의사에 의하여 심사하지 않는다는 견해이다. 이러한 사법부자제가 정당화되는 것은 다음과 같은 이유에서이다. ① 통치행위의 사법적 심사로 말미암아 막대한 국가적 손실이 발생한다든지,372) ② 사법부가 정치문제에 개입함으로써 사법부가 정치화될 우려가 있고, 그로 말미암아 법원의 독립을 위협당할 염려가 있기 때문이다. 따라서 이러한 경우를 위해서, 사법부가 통치문제에 관한 사법적 심사를 자제 혹은 포기라는 조그마한 해악을 감수하겠다는 것이다. 사법부자제설을 법의 정책적 고려로서 이해된다.373)

3) 통치행위의 제학설에 대한 비판

먼저 모든 국민이 재판청구권을 가지고 있고, 법원에 명령·처분의 위헌·위법 여부를 심사할 권한을 가지고 있으므로 헌법이 명문으로 사법심사의 대상에서 제외하고 있는 경우를 제외하고는 통치행위의 관념은 부정되어야 한다는 통치행위부정설법이 이론적으로는 명쾌하다. 그러나 고도의 정치성을 가지는 행위나 국가의 이해관계와 직접적으로 밀

---

370) 서울고법 1964. 7. 16. 64로159

371) 박일경, 신헌법학원론, 법경출판사(1986), 550면.

372) 예컨대, 국외관계에서 국가의사의 분열, 정치적·사회적 혼란의 야기 등

373) 사법부자제설과 권력분립설은 다음과 같은 점에서 구별된다. 사법부자제설은 사법적 심사를 할 수 있지만, 법원이 자의적으로 자제하는 경우이고, 권력분립설은 법원의 자의가 아니라 제도적으로도 制裁할 수도 없고 해서도 안 된다고 이해해야 할 것이다.

접한 관계를 가진다고 하는 통치행위는 법이론적만으로 해결하기 어려운 점을 내포하고 있다는 점을 간과했다는 문제점을 지적할 수 있다.

그리고 통치행위관념을 긍정하는 입장도 각 주장마다 결함을 가지고 있는바, 이를 살펴보면 다음과 같다.

(1) 內在的 限界說과 權力分立說에 근거해서 통치행위의 개념을 인정하고 그것을 사법적 심사의 대상에서 제외한다면, 오늘날 문명국에서 일반적으로 인정되는 법치주의의 이념에 반한다. 특히 헌법이 인정하는 위헌·위법심사권을 부당하게 축소시키게 된다는 비판이 가능하다.

(2) 특히 권력분립 때문에 통치행위를 사법적 심사에서 제외한다는 주장은 권력분립 자체의 의의와 이론적 모순을 제대로 파악하지 못한 면이 있는데, 權力分立說에서 이야기하는 권력분립은 형식적 의미로 이해할 때만 타당한 주장이 될 것이다.

(3) 裁量行爲說은 과거 행정소송사항에 관하여 열기주의를 채택한 독일이나 일본에서나 통용될 수 있는 고전적 이론이다. 또한 오늘날 행정법에서는 재량행위라고 해서 당연히 사법적 심사의 대상이 되지 않는 것이 아니라, 재량권의 범위 내에서 행해졌기 때문에 사법심사에서 제외된다. 그러나 통치행위이론은 그것이 재량권의 한계를 벗어난 경우이든 아니든 재량권을 남용한 경우이든 아니든 사법적 심사에서 제외하겠다는 것이다. 여기서 통치행위는 사법심사의 대상에 관한 문제임에도 불구하고 사법적 심사의 범위에 관한 문제인 자유재량이론으로 설명하려는 잘못이 있다.

(4) 司法府自制說에 의하면 법원이 심사할 수 있음에도 불구하고 이를 행하지 않는 것은 자제라는 美名을 썼지만 어떻게 보면 심사권의 포기라고 할 수 있다. 이러한 司法府의 태도는 헌법규정에 위배될 뿐만 아니라 이와 같은 고의적 심사포기 내지는 심사자제 그 자체가 곧 어느 쪽의 정치적 입장을 대변해 주는 경우가 있다. 그리고 막대한 국가적 손실과 조그만 해악의 표현에도 불구하고 과연 무엇이 중요한지 비교형량의 문제가 남게 된다.

4) 소결

통치행위의 관념은 과거 군주정권시절에 군주행위를 정당화 내지 면죄부를 위해 만들어진 것이다. 그리고 이 관념이 근대국가에 와서는 엄격한 삼권분립하에서 행정부의 통치행위가 사법부에 의해 심사되면 삼권분립의 정신에 반하기 때문에 통치행위에 대한 사법부의 심사배제가 행해졌다. 그러다가 현대국가에 이르러서는 국민의 기본권이 헌법상 목적이고 통치기구는 이러한 목적을 실현하기 위한 수단이라는 논리에서 국민의 기본권을 보장하고 실현시켜야 할 의무가 있는 통치기구는 국민의 기본권을 침해할 수 없다는 사상에서 현대국가에서는 통치행위라는 개념이 인정된다고 할지라도 아주 제한적 의미밖에 없다고 할 수 있다. 이때 그 이론적 근거로는 권력분립의 원리 또는 사법의 본질에 비추어 국가최고기관의 행위로서 고도의 정치성을 띤 행위는 비록 헌법상 또는 법률상 제약이 가해지고 있더라도 그 행위가 가지는 정치적 측면을 중시하여 그 행위를 사법심사의 대상이 아니라 정치적 비판의 대상으로 남겨두는 것이 합목적적이라고 할 수 있다.374)

4. 우리나라에서 통치행위

1) 통치행위의 인정 여부

(1) 이론적 논의

우리나라에서 통치행위의 관념을 인정할 수 있는지 여부에 관해서도 외국과 마찬가지로 부정하는 입장과 긍정하는 입장으로 나뉘고 있다.

부정설을 취하는 견해는 법원이 모든 행정작용의 위법성에 관하여 재판권을 가지고 있으며, 따라서 정치적 문제가 결부된 법률적 문제에 대한 법원의 심리·판단이 부인될 수 없으며 또한 행정권의 남용으로부터 기본적 인권을 보호하려는 헌법의 기본이념에서 보아도 통치행위론은 부정되어야 한다고 주장한다.375)

그러나 일반적으로는 통치행위의 관념을 인정하는 긍정설의 입장을 취하고 있고, 그 이론적 근거도 앞에서 살펴 본 내재적 한계설, 권력분립설, 재량행위설, 사법부자제설 등이 각각 거론되고 있다.376) 그러면서 그 논거의 취사선택은 학자마다 다양한 형태를 보

---

374) 同旨 권영성, 상게서, 844면; 안용교, 한국헌법, 고시연구사(1991), 761면.

375) 김철용, 우리헌법과 통치행위, 법정(1964. 6.) 54면; 이영대, 통치행위의 위헌 여부, 법률신문 1991. 4. 4., 12면 참조.

376) 허영 교수는 내재적 한계설·권력분립설·재량행위설의 구분을 부정하고 논리적(사법심사)부정설을 전

여 주고 있다. 즉 정치적 영향을 고려하여 내재적 한계(제약)설이나 사법부자제설에서 찾는 견해,377) 권력분립의 원리와 사법권의 독립을 위해 자제한다는 점에서 찾는 견해,378) 내재적 한계설에서 찾는 견해,379) 재량행위라는 점에서 찾는 견해,380) 사법부자제설에서 찾는 견해381) 등 다양하게 주장되고 있는 점에 비추어 권력분립설, 내재적 한계설, 사법부자제설이 그 중심을 이루고 있다.

앞서 살펴본 바와 같이 통치행위의 이론적 근거로는 국가최고기관의 행위로서 고도의 정치성을 띤 행위가 비록 헌법상 또는 법률상 제약이 가해지고 있더라도 그 행위가 가지는 정치적 측면을 중시하여 정치적 비판의 대상으로 남겨 두는 것이 각각의 국가기관이 행사하는 통치권의 민주적 정당성의 정도의 차이에 비추어 타당하다고 생각한다. 즉 정치적 결단이나 정책형성은 민주적 정당성에 바탕을 두고 활동하는 대통령과 국회의 정치적인 행위이기 때문에 민주적 정당성이 제일 취약하다고 볼 수 있는 법원이 그에 대해 심사를 하는 것은 옳지 않다고 생각한다.

(2) 법원의 입장

법원은 원칙적으로 통치행위의 관념을 인정하고 있다. 즉 1964년 6월 3일 서울특별시 일원에 비상계엄이 선포되고 이 비상계엄의 원인인 데모관련자인 피고인이 대통령의 본건 비상계엄선포가 계엄법 제4조의 요건을 갖추지 않았으므로 무효라는 것과 계엄선포전의 범죄에 대하여는 군법회의는 관할권이 없다고 주장했다. 이에 대해 대법원은 대통령의 비상계엄선포는 "고도의 정치적·군사적 성격을 지니고 있는 행위로서…… 그것이 누구나 일견 헌법이나 법률에 위반되는 것으로 명백하게 인정될 것이라면 몰라도 그렇지 아니한 이상 당연무효라고 단정할 수 없다. …… 계엄선포의 당·부당을 판단할 권한과 같은 것은 오로지 정치기관인 국회에만 있다."고 하였다.382) 그 후에도 모든 국가행위는 무제한으로 사법심사의 대상이 되는 것이 아니며, 고도의 정치성을 갖는 국가행위는 그

개하고 있다(허영, 한국헌법론, 1999. 968면).

377) 김철수, 상게서, 1025면. 김철수 교수는 그렇지만 기본적 인권의 보장과 관련된 경우에는 통치행위란 이유로 판단이 정지되는 것은 사법상의 책임포기로 보아야 하므로 기본권의 보장에 관한 한 통치행위의 이론은 부인되어야 한다고 본다.

378) 권영성, 상게서, 844면; 안용교, 상게서, 760－761면; 김계환, 헌법학정해, 박영사(1997), 1000면.

379) 유지태, 행정법신론, 신영사(1997), 19면.

380) 박일경, 상게서, 550면.

381) 김동희, 상게서, 11면.

382) 대법원 1964. 7. 21. 64초4

법률상의 유효·무효임을 심사하는 권한을 갖는 법률을 해석하여 재판함을 그 권한과 의무로 하는 사법재판소로서는 가지지 않는 것이라고 볼 것이다라고 한 것이나,383) 헌법 제54조 제1항에 의하면 대통령은 전시 또는 이에 준하는 국가비상사태에 있어서 병력으로써 군사상의 필요 또는 공공의 안녕질서를 유지할 필요가 있을 때에는 법률이 정하는 바에 의하여 계엄을 선포할 수 있도록 규정하고 있고, 계엄 중 비상계엄에 관하여는, 계엄법 제4조가 비상계엄은 전쟁 또는 전쟁에 준하는 사변에 있어서 적의 포위공격으로 인하여 사회질서가 극도로 교란된 지역에 선포할 수 있도록 규정하고 있는바, 1979. 10. 27.에 선포된 비상계엄은 위의 요건의 어느 하나도 현실적으로 갖추지 아니한 채 다만 대통령 이 사망하였다는 사유만으로 선포된 것이어서, 이는 헌법과 계엄법에 위반되는 당연무효의 것이라는 주장에 대해서도 대통령의 계엄선포행위는 고도의 정치적·군사적 성격을 띠는 행위라고 할 것이어서, 그 선포의 당·부당을 판단할 권한은 헌법상 계엄의 해제요구권이 있는 국회만이 가지고 있다 할 것이고 그 선포가 당연무효의 경우라면 모르되, 사법기관인 법원이 계엄선포의 요건구비 여부나, 선포의 당·부당을 심사하는 것은 사법권의 내재적인 본질적 한계를 넘어서는 것이 되어 적절한 바가 못 된다384)고 하여 통치행위의 관념을 일관되게 인정하고 있다.

그러나 최근 군사반란과 내란을 통하여 정권을 장악한 경우의 가벌성 여부와 관련해서 다수견해는 적극적 입장을 취하여 통치행위의 관념을 부인한 반면 소수견해는 과거와 같이 통치행위의 관념을 인정하는 소극적 입장을 표명했다. 즉, 다수의 견해에 따르면 "군사반란과 내란을 통하여 폭력으로 헌법에 의하여 설치된 국가기관의 권능행사를 사실상 불가능하게 하고 정권을 장악한 후 국민투표를 거쳐 헌법을 개정하고 개정된 헌법에 따라 국가를 통치하여 왔다고 하더라도 그 군사반란과 내란행위는 처벌의 대상이 된다."고 한 반면, 소수의견에 의하면 "군사반란 및 내란행위는 국가의 헌정질서의 변혁을 가져온 고도의 정치적 행위인 통치행위에 대하여 법적 책임을 물을 수 없으며, 그 정치적 행위는 정치적 책임을 지지 않는 법원이 사법적으로 심사하기에는 부적합한 것이다."라고 하여 통치행위의 관념을 인정하여 견해가 대립됨을 보여 주었다.385)

---

383) 서울고법 1964. 7. 16. 64로156

384) 대법원 1979. 12. 7. 79초70

385) 대법원 1997. 4. 17. 96도3376(전원합의체 판결)

(3) 헌법재판소의 입장

① 과거 헌법재판소의 견해

헌법재판소는 93헌마186 결정 이전에는 통치행위를 사법심사의 대상에서 제외하였다. 즉, 1981. 3. 3. 제12대 대통령에 취임하기까지의 일련의 조치나 행위가 첫째로 성공한 쿠데타이고, 둘째로 새로운 헌법질서를 형성하는 기초가 되어 새 헌법에 의하여 헌법질서 속으로 수용되었으며, 셋째로 따라서 그 위법 여부를 판단할 경우 새 정권 출범 이후의 헌정질서나 법질서가 단절을 초래하여 정치·사회·법률적으로 중대한 혼란을 야기할 수 있기 때문에, 결론적으로 '정권창출 과정에서 취한 일련의 조치나 행위는' '사법심사가 배제된다.'고 하여 통치행위가 헌법재판소의 심판대상이 되지 않는다는 취지의 결론을 내린 바 있다. 그리고 헌법재판소는 1993년 5월 13일 선고한 한 결정에서 1980년 '소위 12·12쿠데타로 권력을 잡은 정치군인들'이라는 말을 하고 있고 '제6공화국 출범 후……, 민심수습을 위해서 이른바 5공비리청산이라는 이름으로 국가보위비상대책위원회와 제5공화국시절에 저질러진 위법·부당한 조치들'이라고 언급하면서 성공한 쿠데타가 아니라 위법·부당한 조치라고 하여 검찰이 이러한 일련의 행위나 조치들을 단계적인 쿠데타로 인식해서 성공한 쿠데타로 본 것과 차이가 있다. 또한 1980년 비상계엄하에서 단행된 공직자숙정작업은 헌법과 법률에 의한 공무원의 신분보장제를 침해하였다고 하는 것을 차후에 인정한 것이다라고 표현함으로써 그러한 행위 대한 법적 평가불가라고 하는 검찰과는 정반대되는 입장에 있다.386)

헌재는 1992. 11. 12. 91헌가2의 1980년해직공무원의보상등에관한특별조치법 제2조의 위헌결정에서 검찰이 성공한 쿠데타로 본 1980년 5월 17일 전후의 일련의 상황에 항거한 5·18을 '광주민주항쟁'이라고 하였으니, 이를 일종의 국민저항권으로 못 볼 바 아니며, 또한 1988. 1. 18.에 설치되 민주화합추진위원회의 건의내용이나 동년 12. 17. 국회의 1980년해직공무원의복직보상에관한특별조치법(안)의 의결당시에 공직자해직은 적법절차가 존중되지 않았다는 등 여러 가지 지적으로 볼 때에, 이미 1988년이나 1989년에 벌써 우리는 신군부의 집권과정에 대해서 그 정당성과 적법성을 부정387)하였고, 이제 와서 검찰의 성공한 쿠데타라는 판단은 역시 그 당시의 공동대책 합의나 헌법재판소의 입장과도 상당한 차이가 있다.

특히, 헌법재판소 1989. 9. 8. 88헌가6에 따르면, 이것은 실질적 국민주권에도 위배된

---

386) 헌법재판소 1993. 11. 25. 90헌바47 내지 58(병합)

387) 헌법재판소 1992. 11. 12. 91헌가2

다고 보는 것이다. 국민주권의 본질은 사실적 권력의 소유자가 국민이라는 이야기보다는, 공동체적 합의, 법이념에의 합치, 국민적 동의에 따른 권력행사를 국민주권에 합치되는 것으로 본다면 국민적인 동의가 없는, 또는 동의가 있음을 논증치 못하는 국가행위가 국민주권국가성에 위배됨은 당연한 것이라고 보는 것이다. 또한 헌법 제10조 제2문의 '국가는 개인이 가지는 불가침의 기본적 인권을 확인하고 이를 보장할 의무를 진다.'고 하는 헌법규정은 국가의 목적이 국민의 자유보장에 있음을 말해 주는 것인데, 과연 국민을 상대로 작전을 행한 당시의 세력을 '국가'의 '권력'으로 인정할 수 있겠는가, 이를 국가권력으로 사후 추인하는 것이 과연 현행 헌법 제10조 제2문에 맞는 것인가, 맞는다면 현행 헌법은 장식규정에 불과한 것이 아닌가 하는 생각이다. 당시의 과잉진압은 현행 헌법 제37조 제2항의 "필요한 경우"라는 조문과 "본질적 내용의 침해금지"에 명확히 반한다면, 이와 같은 사람들을 신군부의 집권과 분리해서 생각해야 되는 것이다.

② 현재 헌법재판소의 견해

헌법재판소는 대통령의 긴급재정경제명령은 국가긴급권의 일종으로서 고도의 정치적 결단에 의하여 발동되는 행위이고 그 결단을 존중하여야 할 필요성이 있는 행위라는 의미에서 이른바 통치행위에 속한다고 할 수 있으나, 통치행위를 포함하여 모든 국가작용은 국민의 기본권적 가치를 실현하기 위한 수단이라는 한계를 반드시 지켜야 하는 것이고, 헌법재판소는 헌법의 수호와 국민의 기본권보장을 사명으로 하는 국가기관이므로 비록 고도의 정치적 결단에 의하여 행해지는 국가작용이라고 할지라도 그것이 국민의 기본권침해와 직접 관련되는 경우에는 당연히 헌법재판소의 심판대상이 된다[388]고 하여 통치행위가 헌법재판소의 심판대상이 될 수 있음을 명확히 하였다.

(4) 비판

1988년 헌법재판소가 설치된 이후 국민의 최후 기본권보장자로서 헌법재판소가 나름대로의 업적을 남기기도 했으나 심판을 둘러싸고 지나치게 정치권의 눈치를 살피는 듯한 분위기도 많이 보여 주었다. 예를 들면 사형의 위헌성 여부에 대하여 사형의 위헌성 여부를 신청한 당사자가 사형집행을 당하자 당사자적격이 없다는 이유로 각하한 사건이나,[389] 92년 대통령을 상대로 제기된 '지방자치단체장 선거 공고를 하지 않은 것이 위헌'이라는 다툼에 대해 시간만 끌다가 관련법이 고쳐진 이후인 94년에야 비로소 '법률개정

---

388) 헌법재판소 1996. 2. 29. 93헌마186
389) 그 후 심사를 통하여 사형에 대하여 합헌으로 해석하고 있다. 헌법재판소 1996. 11. 28. 95헌바1 참조.

으로 소송할 필요가 없다.'고 각하한 사건390)이나, 그린벨트에 대한 사건도 89년 헌법소원이 제기되고 94년 변론종결이 되었는데도 정작 위헌 결론은 98년에야 내렸다. 즉, 땅투기광풍이 사라지고 새 정부의 그린벨트 정책이 바뀌자 '뒷북'을 친 것이라는 해석이라 하지 않을 수 없다.391) 헌법재판소가 국민의 최후 권리구제기관으로서 법률 외적인 정치권의 눈치 보기에 급급해 예민한 사안을 마냥 미루거나 정치적으로 자동 해결될 때까지 기다리는 것은 국민의 기대에 대한 배신이며 권리구제라는 임무를 등지는 것이라고 하지 않을 수 없다. 헌법재판소가 권리구제기관으로서 신속하게 재판을 진행하지 못하므로 인하여 해당 법률이 이미 1년 전에 폐지되었고, 헌법소원이 제기된 지 무려 6년이 경과된 상태에서 내려진 것이어서 헌법재판소가 때늦은 결정으로 국민의 권리구제에 소홀히 했다는 비판을 면하지는 못할 것이다.392)

이러한 헌법재판소의 행태가 기술한 통치행위에 대해서도 똑같이 적용되었다고 할 수 있는데 1996년 결정을 계기로 국민의 기본권침해와 관련된 국가행위의 통치행위성을 부인함으로써 이후 헌법수호기관으로서 최후의 기본권보장기관으로서의 기능을 적극적으로 수행할 것을 기대해 본다.

2) 統治行爲의 範圍 및 限界

오늘날 사법심사의 대상이 되지 않는 통치행위의 관념이 제한적이지만 부득이하게 인정할 수밖에 없는 것이 현실이라면 그 범위나 한계를 분명하게 할 필요가 있다. 그러나 이 관념이 헌법을 정점으로 하는 실정법상의 명문규정에 의해 명시적으로 인정된 것이 아니라 정치적 또는 정책적 합목적성을 고려하여 판례상 형성되어 나온 것이라는 점에서 그 인정범위에 관한 기준을 제시하는 것은 매우 어려운 문제라고 생각한다.

일반적으로 말하면 통치행위관념도 헌법상의 원리나 기본가치에 위배될 수 없다는 점을 그 허용범위를 판단할 때 우선적으로 고려해야 할 것이다. 왜냐하면 고도의 정치적 성질을 띤 행위라고 해서 전적으로 면책을 부여한다든가 무제한의 자유를 인정하면 국민주권의 원리 등 헌법상의 제 원리를 부정하여 독재권력의 행사를 합리화시키는 수단이 될 수 있기 때문이다. 따라서 통치행위는 법률과 명령으로부터 자유로운 행위일 따름이지, 한 나라에 있어서 최고규범인 헌법으로부터 자유로운 행위인 것은 아니다.

---

390) 헌법재판소 1994. 8. 31. 92헌마126 참조.
391) 헌법재판소 1998. 12. 24. 89헌마214, 90헌바16, 97헌바78(병합) 참조.
392) 헌법재판소 1999. 4. 29. 94헌바37 등 참조.

또한 통치행위는 합목적 판단에 의해서 객관적 설득력을 가진 행위일 때 허용되어야 한다. 그러나 비록 합목적성을 가지는 경우로써 統治行爲로 인정된다 할지라도, 그 행위에 법적 근거와 절차 등이 헌법이나 법령에 명문으로 규정하는 경우에는 합목적성을 이유로 사법적 통제를 면할 수 없다고 할 것이다. 이러한 점에 비추어 통치해위의 허용성 여부는 ① 헌법에의 기속, ② 법익의 형량, ③ 합목적성의 판단이라는 기준을 엄격하게 적용하여 판단해야 할 것이다.393)

이와 같은 기준에 의하여 통치행위의 허용성을 부여한다고 해도 구체적인 범위는 각국의 현실정치적 상황이나 헌법이 현실생활관계에서 가지는 규범력의 정도에 따라 그 범위에 광협이 나타난다. 즉 현실생활관계에서 헌법이 가지는 규범력이 크고, 헌법수호기관으로서의 사법부의 헌법상 지위가 확립된 국가들에서는 통치행위의 인정범위는 제한적인 반면, 비상사태의 연속이나 그 조작으로 인하여 정치적 안정이 없는 국가에서는 국가최고권력자에 대한 사법권의 위축현상이 나타남으로써 통치행위의 인정범위는 광범하게 인정될 것이다. 또한 법치주의가 확립된 국가에서도 전시·평시 등 상황에 따라 사법권의 자동조절로써 신축적으로 운영되고 있다. 따라서 통치행위로서 사법심사의 대상에서 제외되는 범위 여부는 개별 국가에 따라 직면하고 있는 시대상황에 좌우되고, 정치권력과 사법권의 준수에의 의지에 따라 변한다고 할 수 있다.

우리나라에서 통치행위의 범위에 관해서는 판례나 학설이 주장하는 바가 일치하지 않지만 일반적으로 인정되고 있는 것은 국회의 의결, 국회 내의 선거의 효력, 정족수, 투표의 계산 국회의 의사, 국회의원의 자격심사에 관한 쟁송, 의원의 징계 등 국회의 자율에 관한 사항과 국무위원의 임면 등 행정부내부사항, 대통령의 국가승인 내지 정부승인 등 외교에 관한 문제, 선전포고, 계엄령의 선포와 해제시기, 대통령의 영전수여·일반사면·국민투표회부 등이다.394)

---

393) 권영성, 상게서, 737 – 738면.

394) 김철수, 상게서, 1025면; 권영성 교수는 통치행위의 유형을 사법심사의 대상이 될 수 없는 성질의 통치행위인 절대적 통치행위와 비록 고도의 정치적 성격을 띤 집행부의 행위일지라도 국회의 관여가 허용되어 있거나, 헌법 또는 법률에 그 행사절차와 요건이 구체적으로 규정되어 있거나, 국민의 기본권보장에 중대한 영향을 미치는 것으로 사법적 심사의 대상이 되어야 할 상대적 통치행위로 나누어 설명한다 (상게서, 737 – 738면).

제3절 사법권의 독립

Ⅰ. 사법권독립의 의의

1. 개념

사법권의 독립이란 근대입헌주의에서 관심의 대상으로 하였던 문제 중의 하나로서, 사
법권이 입법·행정 등 다른 국가기관의 간섭을 받지 않고(사법부의 독립), 개개 법관이
구체적 사건을 재판함에 있어 사법부 내부의 다른 법관이나 사법행정기관으로부터도 간
섭을 받지 않을 것(법관의 독립)이 포함되어 있다.

2. 제도적 의의

헌법상 사법권의 독립요청은 그 자체가 목적이 아니라 공정하고 정당한 재판을 확보하
여 국민의 인권보장, 특히 소수자보호와 법질서를 안정적으로 유지함으로써 헌법수호의
임무를 수행하기 위한 불가결한 전제조건이라는 점에서 찾을 수 있다.

3. 연혁과 입법례

사법권의 독립은 역사적으로는 전제군주의 자의적인 재판권행사(관방사법)로부터 주권
자인 국민의 자유와 권리를 보장하기 위해서는 법원의 독립이 필수적이라는 민주사법을
실현하는 데 있다. 그리고 이론적으로는 몽테스키외가 "법의 정신"에서 사법권이 입법권

과 결합하면 시민의 생명과 자유에 대한 자의적인 권력행사가 가능해지고, 집행권과 결합하면 법관이 압제권을 가지게 되므로 자유가 존재할 수 없기 때문에 사법권도 입법권이나 집행권으로부터 분리되어야만 한다는 주장하였고, 이를 명문화한 것이 1776년의 버지니아권리장전과 1789년의 프랑스인권선언이었다.

II. 사법권독립의 내용

1. 법원의 독립

법원의 독립은 권력분립의 원리상 법원이 그 조직, 운영, 기능 등에 있어서 국회, 행정부 기타 국가기관으로부터 독립해야 한다는 것을 의미한다.

1) 국회로부터의 독립
법원은 국회로부터 그 조직·구성 등에 있어서 독립되어야 한다.

(1) 법원과 국회의 상호독립
법관과 국회의원의 겸직을 금지함으로써 인적 구성에 있어서의 독립이 보장되어야 한다. 그리고 국회는 재판에 관여하지 못하며, 법원도 법률제정을 할 수 없도록 함으로써 법원과 국회의 조직·구성·업무의 본질적 내용에 있어서의 독립이 보장되어야 한다.

(2) 상호 견제와 균형
그러나 이는 절대적 독립을 의미하는 것은 아니다. 즉 현행 헌법은 국회에 국정감사·조사권, 대법원장·대법관임명동의권, 법원예산의 심의·확정권, 법관탄핵소추권을 부여하고, 법원은 위헌법률심사제청권, 대법원의 규칙제정권을 부여함으로써 권력분립의 원리에 입각한 상호 견제와 균형 하에서의 독립이 보장된다. 따라서 국회는 국정감사·조사권으로 현재 진행 중인 재판에 관여할 수 없고, 사법부는 국회의 내부행위에 관여할 수 없다.

(3) 국회에 대한 법원의 독립의 한계
법원과 국회가 상호 독립적이라고 해도 법원조직은 국회가 제정하는 법률에 근거하여 구성되고, 법관도 법률에 따라 재판해야 하기 때문에 법원의 국회로부터의 독립에는 일정한 한계가 있다.

2) 행정부로부터의 독립

법원은 특히 행정부로부터 독립성이 보장되어야만 한다. 이는 전제군주의 자의적인 재판권행사로부터 법원의 독립을 보장하기 위하여 사법권독립의 필요성이 제창된 것이기 때문이다.

(1) 법원과 행정부의 상호독립

인적 구성의 측면에 있어서 법원과 행정부의 구성원이 상호 겸직하는 것을 금지해야만 한다. 뿐만 아니라 행정부가 법원의 재판에 간섭하거나 영향력을 행사하는 것은 물론 법원이 판결로써 구체적인 행정처분을 하는 것도 금지하여 양 기관 사이의 기능상 독립이 보장되어야 한다.

(2) 상호 견제와 균형

이를 보장하기 위하여 현행헌법은 대통령의 대법원장·대법관임명권, 법원예산편성권, 비상계엄, 사면·복권·감형에 관한 권한을 행정부에 부여하고, 법원은 행정처분·명령·규칙에 대한 위헌위법심사권과 행정소송을 통해 행정부의 권한행사를 통제할 수 있도록 함으로써 양 기관의 상호 견제와 균형을 유지할 수 있도록 하고 있다.

3) 대법원의 규칙제정권

소송절차·내부규율·사무처리·사법의 자치와 자율성보장 등 사법권독립을 위해 인정된다.

2. 법관의 독립

1) 법관의 직무상(재판상, 실질적, 물적) 독립

제103조 법관은 헌법과 법률에 의하여 그 양심에 따라 독립하여 재판한다.

(1) 의의

헌법 제103조의 규정에 따라 법관이 재판을 함에 있어서 법원의 내·외부로부터의 어떤 영향을 받지 않고 오로지 헌법과 법률 그리고 법관으로서의 양심에 따라 재판하는 것을 의미한다.

> 대법원 1996. 4. 9. 선고, 95누11405 판결
> 헌법 제101조는 사법권은 법관으로 구성된 법원에 속하고(제1항), 법원은 최고법원인 대법원과 각급 법원으로 조직된다(제2항)라고 규정하고 있으며, 여기서의 사법권이란 구체적인 법률적 분쟁이 발생한 경우에 당사자로부터의 소 제기 기타의 신청에 의하여 당해 분쟁사건에 적용될 법의 구체적 내용이 어떠한 것인지를 판단하고 선언함으로써 법질서를 유지하는 작용을 가리키는 것인바, 특정 법률 또는 법률조항의 전부나 그 일부가 소멸되지 아니하거나 문언이 변경되지 않은 채 존속하고 있는 이상, 구체적 사건에 있어서 당해 법률 또는 법률조항의 의미·내용과 적용범위가 어떠한 것인지를 정하는 권한, 곧 법령의 해석·적용 권한은 바로 사법권의 본질적 내용을 이루는 것으로서, 전적으로 대법원을 최고법원으로 하는 법원에 전속하는 것이다. 이러한 법리는 우리 헌법에 규정된 국가권력분립구조의 기본원리와 대법원을 최고법원으로 규정한 헌법의 정신으로부터 당연히 도출되는 이치로서, 만일 법원의 이러한 권한이 훼손된다면 이는 위에서 본 헌법 제101조는 물론이요, 어떤 국가기관으로부터도 간섭받지 않고 오직 헌법과 법률에 의하여 그 양심에 따라 독립하여 심판하도록 사법권 독립을 보장한 헌법 제103조에도 위반되는 결과를 초래하는 것이다.

(2) 법관의 헌법과 법률 및 양심에의 구속

① 헌법과 법률에의 구속: 이는 주권자인 국민이 제정한 헌법과 국민의 대표기관인 국회에서 정립한 법률에 따르도록 함으로써 재판의 민주적 정당성을 부여함은 물론 법질서의 통일성을 유지하도록 하기 위함이다. 이때 헌법에는 성문헌법은 물론 헌법적 관습까지 포함하며, 법률도 원칙적으로 형식적 의미의 법률은 물론 실질적 의미의 법률을 모두 포함한다. 다만 형사재판의 경우에는 죄형법정주의의 원칙상 형식적 의미의 법률만을 가리킨다. 그리고 법률이 헌법에 위반된다고 생각하면 헌법재판소에 위헌 여부를 제청할 수 있다.

② 양심에의 구속: 헌법 제103조 후단은 "법관은…… 그 양심에 따라 독립하여 재판한다."고 규정하고 있다. 이때 양심의 의미가 무엇이냐에 관해 견해가 대립되고 있다.

ⓐ 객관적 양심설: 헌법 제103조에서 말하는 양심이란 법관이 개인의 입장에서 가지는 주관적인 사상·세계관·인생관 등을 의미하는 것이 아니라 법관이 적용하는 법 중에 객관적으로 존재하는 정신, 즉 "법관으로서의 양심"을 의미한다고 본다.

ⓑ 주관적 양심설: 이 견해는 주관적 양심으로 구체적인 경우에 무엇이 법인가의 최종

적인 결정을 법관의 양심에 따른 독립의 재량에 맡기는 것이라고 본다.

헌법 제103조에서 말하는 양심은 인간으로서의 도덕적 양심이 아니라, 객관적인 법관으로서의 양심, 즉 법조적 양심을 의미한다고 보아야 한다. 따라서 법관으로서의 양심과 인간으로서의 양심(헌법 제19조)이 충돌할 때에는 전자를 우선시켜야 한다.

(3) 법관의 외부로부터의 독립

① 외부작용으로부터의 독립: 법관이 재판을 함에 있어서 다른 국가기관(정부나 국회 등)은 물론 소송당사자, 사회적·정치적 세력으로부터 독립하여야 한다. 소송당사자로부터의 독립을 보장하기 위하여 각종 소송법상 법관의 제척·기피·회피제도를 마련하고 있다. 특히 오늘날의 대중민주주의사회에서는 재판을 비판하는 것이 어느 선까지 허용될 수 있는가가 문제된다. '법칙의 시비'는 그 대상으로 할 수 있으나 사실의 인정이나 유무죄의 판단과 같은 법관의 전속적 권한에 대하여는 논평할 수 없다.

② 사법부 내부로부터의 독립: 법관은 재판을 함에 있어 상급법원의 지휘나 명령을 받지 않는다. 이때 법원조직법 제8조의 '상급법원의 재판에 있어서의 판단은 당해 사건에 관하여 하급심을 기속한다.'는 규정과 관련하여 문제되는데, 이 규정은 계층적인 상소제도를 인정하고 있는 한 당연한 것이며 동규정이 법관의 직무상 독립을 규정한 헌법규정에 위반되는 것은 아니다.

대법원 1991. 8. 23. 선고, 90누7760 판결
대법원의 제2차 환송판결과 제3차 환송판결의 판단이 서로 저촉되는 경우, 제3차 환송판결에 의하여 환송받은 항소심으로서는 민사소송법 제406조 제2항의 규정에 의하여 제3차 환송판결의 법률상의 판단에 기속된다.
대법원 1967. 9. 5. 선고, 67누92 판결
대법원이 파기이유로 설시한 법률상의 판단은 원심을 기속할 뿐 아니라 동일한 사건에 있어서는 대법원도 이에 구속되어 이와 다른 견해를 취할 수 없다.

---

2) 법관의 신분상(인적) 독립

제105조 ① 대법원장의 임기는 6년으로 하며, 중임할 수 없다.
② 대법관의 임기는 6년으로 하며, 법률이 정하는 바에 의하여 연임할 수 있다.
③ 대법원장과 대법관이 아닌 법관의 임기는 10년으로 하며, 법률이 정하는 바에 의하여 연임할 수 있다.
④ 법관의 정년은 법률로 정한다.

제106조 ① 법관은 탄핵 또는 금고 이상의 형의 선고에 의하지 아니하고는 파면되지 아니하며, 징계처분에 의하지 아니하고는 정직·감봉 기타 불리한 처분을 받지 아니한다.
② 법관이 중대한 심신상의 장해로 직무를 수행할 수 없을 때에는 법률이 정하는 바에 의하여 퇴직하게 할 수 있다.

(1) 의의

법관의 신분상 독립은 법관의 인사독립과 자격·임기의 법정주의 등을 통해서 법관의 신분을 특별히 보호함을 의미하며, 이는 법관의 재판상의 독립을 보장하는 데 있어서 필수적인 전제로서 정당한 법절차에 따르지 않은 법관의 파면이나 면직처분 내지 불이익처분의 금지를 의미하는 것이다. 헌법이 직접 법관에 대한 신분보장규정을 두는 이유는 사법권의 독립을 실질적으로 보장함으로써 국민의 재판청구권이 올바로 행사될 수 있도록 하는 데 그 제도적 의의가 있다고 본다.

헌법재판소 1992. 11. 12. 91헌가2 결정
법관에 대하여 헌법이 직접적으로 그 신분보장규정을 두고 있는 이유는 사법권의 독립을 실질적으로 보장함으로써 헌법 제27조에 의하여 보장되고 있는 국민의 재판청구권이 올바로 행사될 수 있도록 하기 위한 것임은 의문의 여지가 없다. 헌법 제27조 제1항이 규정하고 있는 국민의 재판청구권의 보장 내용은, 헌법과 법률이 정한 자격과 절차에 의하여 임명되고, 물적 독립과 인적 독립이 보장된 법관에 의한 재판을 받을 권리를 의미하며, 사법권의 독립은 재판상의 독립, 즉 법관이 재판을 함에 있어서 오직 헌법과 법률에 의하여 그 양심에 따라 할 뿐 어떠한 외부적인 압력이나 간섭도 받지 않는다는 것뿐만 아니라 그 수단으로서 법관의 신분보장도 차질 없이 이루어져야 함을 의미하는 것이다. 특히 신분보장은 법관의 재판상의 독립을 보장하는 데 있어서 필수적인 전제로서 정당한 법절차에 따르지 않은 법관의 파면이나 면직처분 내지 불이익처분의 금지를 의미하는 것이다.

(2) 법관인사의 독립

법관의 신분보장을 위해서는 객관적이고 공정한 법관인사가 선행되어야 한다. 현행 헌법은 대법원장을 국회의 동의를 얻어 대통령이 임명하도록 하고, 대법관은 대법원장의 제청으로 대통령이 임명하도록 하고 있다. 일반법관은 대법관회의의 동의를 얻어 대법원장 임명하며, 법원조직법 제44조는 판사 및 예비판사의 보직권도 대법원장에게 부여하여 법원의 자율에 맡기고 있다.

(3) 법관의 자격제

행정권에 의한 사법권의 침해를 방지하기 위하여 법관의 자격은 법률로 규정하도록 하고 있다. 법원조직법상 대법원장과 대법관은 15년 이상의 법조경력을 가진 자로 40세 이상의 자, 고등법원장·지방법원장·가정법원장·고등법원 부장판사는 10년 이상의 법조경력을 가진 자, 지방법원·가정법원 부장판사·고등법원 판사는 5년 이상의 법조경력을 가진 자, 지방법원·가정법원 판사는 사법시험에 합격하고 사법연수원 소정의 과정을 필한 자로서 검사·변호사의 자격을 가진 자일 것을 요구하고 있다.

(4) 법관의 임기제, 연임제 및 정년제

① 임기제: 법관의 임기를 종신제로 하지 않는 것은 법관의 보수화와 관료화를 방지하기 위함이다. 그러나 이것은 법관의 보수화와 관료화를 방지한다는 긍정적인 면도 있으나 법관의 신분보장을 위협하고, 사법부독립을 약화시키는 부정적인 측면도 있다. 대법원장의 임기는 6년으로 하며 중임할 수 없고, 대법관의 임기도 6년으로 하며, 연임할 수 있다. 일반법관의 임기는 10년으로 하며 연임할 수 있다.

② 정년제: 법관의 노쇠화를 방지하기 위하여 법률이 정한 연령에 도달하면 퇴직하게 하는 제도이다. 현행 법원조직법은 대법원장의 경우 70세, 대법관의 경우 65세, 일반법관의 정년은 모두 63세로 규정하고 있다.

(5) 법관의 겸직금지

법관은 대법원장의 허가 없이 보수 있는 직무에 종사하거나 대법원장의 허가 없이 보수의 유무를 불문하고 국가기관 이외의 법인·단체 등의 고문·임원·직원 등의 직위에 취임하거나 기타 대법원규칙으로 정한 일은 겸직할 수 없다.

(6) 법관의 정치적 중립성

(7) 법관의 신분보장

법관은 탄핵 또는 금고 이상의 형의 선고에 의하지 아니하고는 파면되지 않으며, 징계처분에 의하지 아니하고는 정직, 감봉 기타 불리한 처분을 받지 않는다. 이것은 법관이 다른 국가기관 특히 행정부에 의하여 함부로 그 지위가 박탈될 수 있다거나 기타 불이익한 처분을 받을 수 있게 된다면 법관은 행정부의 압력을 배제하기 어려울 것이며 실질적으로 행정부에 예속하게 되어 소신 있는 재판업무의 수행이 불가능하게 되기 때문이다. 그리고 법관이 중대한 심신상의 장애로 인하여 직무를 수행할 수 없을 때에는 법률이 정하는 바에 의하여 퇴직할 수 있다. 그리고 지위에 상응하는 보수를 지급하여야 한다.

헌법재판소 1992. 11. 12. 91헌가2 결정

법관은 1980년 당시 국가공무원법(1978. 12. 5. 법률 제3150호)상으로는 별정직 공무원에 속하였고 그 후 수차 개정된 현행 국가공무원법(1991. 5. 31. 법률 제4384호)상으로는 경력직 공무원 중 특정직 공무원에 해당하게 되었지만. 그 명칭이 별정직이건 특수경력직이건 법관은 헌법과 특별법(법원조직법)에 의하여 그 신분이 별도로 가중 보장되고 있으니 헌법(1987. 10. 29.) 제106조 제1항은 "법관은 탄핵 또는 금고이상의 형의 선고에 의하지 아니하고는 파면되지 아니하며, 징계처분에 의하지 아니하고는 정직, 감봉 기타 불리한 처분을 받지 아니한다."고 규정하고 있고, 하위법인 법원조직법 제46조는 "법관은 탄핵 또는 금고 이상의 형의 선고에 의하지 아니하고는 파면되지 아니하며. 법관징계위원회의 징계처분에 의하지 아니하고는 정직, 감봉 기타 불리한 처분을 받지 아니한다."고 규정하고 있는 것이다. 모든 공무원의 신분(보장)은 헌법 제7조 제2항에 의하여 법률이 정하는 바에 의하여 보장되고 있고, 법관도 공무원이므로 당연히 그 신분이 보장되고 있음에도 헌법이 별도의 규정(제106조)을 두어 특별히 가중 보장하고 있는 것은. 법관은 일반공무원에 비하여 그 신분이 더욱 두텁게 보장되어야 하기 때문이다. 이론상으로 보면 법관도 공무원이고 공무원에 대한 신분보장규정은 법관에게도 그대로 적용될 이치이므로 헌법이 법관에 대하여 따로 신분보장규정을 두고 있는 것은 일반공무원에 비하여 가중 보장하고자 하는 취지라고 해석할 수 있으나. 연혁적으로 보면 법관에 대한 신분보장규정이 공무원에 대한 신분보장 규정보다 먼저 있었던 것이며 법관에 대하여서는 제헌헌법(제80조) 때부터 헌법이 직접적으로 보장규정을 두고 있는 것이다. ……(중략)…… 이 사건 헌법소원의 심판청구인들이 해직될 당시는 유신헌법하였으므로 일반법관에 대한 임명권은(대법원장의 제청에 의하여) 대통령이 가지고 있었으나(유신헌법 제103조 제2항), 법관은 탄핵·형벌 또는 징계처분에 의하지 아니하고는 면직될 수 없게 되어 있었던 것이다(유신헌법 제104조 제1항). 유신헌법은 실질적으로 3권을 통합한 권력집중의 통치형태를 규정하고 있었지만 그러한 유신헌법하에서도 법관의 신분을 박탈하는 데 있어서는 최소한 법관징계위원회의 징계절차가 필요하게 되어 있었다는 것은 나름대로 사법권의 실질적 독립을 보장하기 위한 제도적 장치였다고 할 수 있는 것이다. 법관이 다른 국가기관. 특히 행정부에 의하여 함부로 그 지위가 박탈될 수 있다거나 기타 불이익한 처분을 받을 수 있게 된다면 법관은 행정부의 압력을 배제하기 어려울 것이며 실질적으로 행정부에 예속하게 되어 소신 있는 재판업무의 수행이 불가능하게 되는 것이다. 따라서 법관의 신분보장은 그의 직무인 재판상의 독립을 유지하는 데 있어서 필수불가결의 조건으로서 사법권의 독립을 보장하는 중요한 구성요소라고 하지 않을 수 없는 것이다.

헌법재판소 1993. 12. 23. 92헌마247 결정

가. 국가공무원법 제2조 및 제3조에 의하면 법관은 경력직공무원 중 특정직 공무원으로서, 다른 법률에 특별한 규정이 없는 한, 국가공무원법의 적용을 받도록 규정하고 있고, 같은 법 제9조에는 법원소속공무원의 소청에 관한 사항을 심사결정하기 위하여 법원행정처에 소청심사위원회를 두도록 하고 있으며, 같은 법 제9조부터 제15조에는 소청심사위원회의 조직, 심사절차 및 결정의 효력에 관하여 자세한 규정을 두고 있으며, 한편 같은 법 제76조 제1항에는 국가공무원이 그 의사에 반하여 불리한 처분을 받았을 때에는 소청심사위원회에 이에 대한 심사를 청구하여 그 시정을 구할 수 있도록 규정하고 있으므로, 법관인 청구인은 위 각 법률조항이 정한 절차에 따라 인사처분에 대하여 그 구제를 청구할 수 있고, 그 절차에서 구제를 받지 못한 때에는 국가공무원법 제16조, 법원조직법 제70조, 행정소송법 제1조의 규정에 미루어 다시 행정소송을 제기하여 그 구제를 청구하고 있음에도 불구하고, 청구인이 위와 같은 구제절차를 거치지 아니한 채 제기한 헌법소원심판청구는 부적법한 심판청구라 아니할 수 없다.

나. 다른 법률에 정하여진 권리구제절차가 있기는 하나 그 절차에서 권리구제의 실효성을 기대할 수 없어 헌법재판소법 제68조 제1항 소정 헌법소원사건에서 요구되는 이른바 "보충성의 원칙"의 적용을 배제할 예외적인 사유가 있다고 하기 위해서는, 그 구제절차가 당해 사건에 관하여 객관적으로 실효성이 없을 것임이 확실히 예견되는 경우라야 할 것인바, 공무원은 임용권자가 누구인지를 가리지 아니하고 국민에 대한 봉사자이며, 국민에 대하여 책임을 지는 지위에 있고, 특히 법관은 헌법 제103조가 법관의 독립을 보장하고 있을 뿐만 아니라 헌법과 법률에 의하여 그 신분을 두텁게 보장함으로써 이를 뒷받침하고 있는 터이므로 소청심사위원회나 행정소송의 재판을 담당할 법관에 대한 인사권자와 청구인에 대한 인사처분권자가 동일인이라는 이유만으로 소청이나 행정소송절차에 의하여서는 권리구제의 실효성을 기대하기 어렵다고 할 수 없다.

－ 재판관 조규광, 재판관 이시윤의 별개의견

가. 법관인 청구인이 법원일반직 및 기능직공무원에 대하여 주로 통할하는 법원행정처에 설치된 소청심사위원회에 심사청구를 하여 대법원장의 권한에 속하는 법관보직에 관하여 그 시정을 구할 성질의 것은 아니라 할 것이므로, 청구인 이 헌법재판소법 제68조 제1항에 규정된 헌법소원심판청구의 보충성의 원칙에 의하여 먼저 거쳐야 할 선행적 구제절차라면 이 사건 처분이 대법원장의 사법행정기관으로서의 조치이니 만큼 법원조직법 제70조에 의한 행정소송을 제기하여 고등법원에서 제1심 재판을 받고 여기에 불복이 있으면 대법원에 상고하여 구제를 구하는 절차라 할 것이다.

나. ① 청구인이 구제절차의 혼동에 기인하여 직접 이 사건 청구에 이른 면이 엿보이나 대법원장의 처분이 행정소송의 대상이 됨은 법원조직법 제70조의 규정상 명백하다고 할 것이므로 그 혼동에 합리적인 이유가 있는 경우라고 단정하기 어려우며, 따라서 헌법소원의 보충성의 원칙의 예외로 보아야 할 경우라고 할 수 없다.

② 헌법소원의 경우에 보충성의 원칙의 또 하나의 예외로 꼽는 일반 법원에서의 권리구제의 기대가능성이 없다는 것은 예컨대 구체적 사건에 있어서 최근의 일반 최고법원의 판례에 비추어 구제가능성이 없고 종전판례를 변경하여 결과를 달리할 것을 기대할 수 없는 경우를 들 수 있다고 할 것인바, 이 사건과 같은 경우에 청구인에게 결정적으로 불리한 판례가 확립되어 있는 것도 아니고 법관에게는 재판직무의 독립성이 보장되었음에 비추어 대법원장의 처분에 대한 행정소송에 있어서 권리구제의 기대가능성이 없는 경우라고 하기 어렵다.

－ 재판관 한병채, 재판관 김양균의 반대의견

가. 법원행정처에 설치되어 있는 소청심사위원회는 모법(국가공무원법)상으로는 법원일반직·기능직 공무원 및 법관 모두에게 적용될 수 있는 것이지만 시행령(법원공무원규칙)상으로는 일반 공무원과는 달리 그 자격을 별도의 법률로 정하고 또 헌법상 그 신분이 가중보장되고 있는 점에서 법원일반직이나 기능직 공무원과는 근본적으로 다르고 직무상으로도 헌법과 법률에 의하여 그 양심에 따라 독립하여 심판하는 직무를 수행하는 사법부의 핵이라고 할 수 있기 때문에 법원일반직·기능직 공무원에 대한 규정을 법관에게 적용 또는 유추적용하여 처리한다는 것도 허용될 수 없다.

나. 국가공무원법 제16조의 규정과 같은 맥락에서 규정된 법원조직법 제70조는 "대법원장이 행한 처분에 대한 행정소송의 피고는 법원행정처장으로 한다."고 하고 있기 때문에 법관이 대법원장의 인사처분에 대하여 행정소송을 제기하는 방법으로 이를 다툴 수 있는 방법은 형식논리로는 일응 열려 있고, 이론상으로는 대법원장의 인사처분에 대한 사항이라 할지라도 소신 있는 재판을 기대할 수 없는 것은 아니겠지만, 실제상으로는 이 사건의 대상은 법관에 대한 인사권자인 피청구인의 처분행위인 점, 이 사건과 같은 재량행위의 성질상 그 일탈·남용 여부의 문제는 쉽게 가려질 수 있는 사항이 아니라는 점 때문에 여러 가지 제약이 따를 수 있다는 것은 예상하기 어렵지 않아 행정소송의 방법으로 권리가 구제될 전망은 매우 희박한 것이라고 보아야 할 것인바, 이와 같은 사실상 전심절차로서 권리구제가 이루어질 가능성이 희박한 경우에도 청구인에게 빠짐없이 보충성의 원칙을 여행하도록 요구하는 것은 당사자의 권리구제의 측면에서나 국가기능 작용의 효율적인 배분의 면에서나 실익이 없다 할 것이므로 이런 때에는 전심절차를 생략하고 곧바로 헌법소원심판청구를 할 수 있다고 보는 것이 헌법소원제도의 본질과 기능에 합당한 것이다.

- 재판관 변정수의 반대의견

가. 현행법상 법관의 소청을 심사결정할 수 있는 소청심사위원회는 없으므로 청구인에 대하여 소청심사위원회의 소청을 거쳐 오도록 요구할 수는 없고, 다만 청구인이 피청구인의 인사처분취소를 구하는 행정소송을 제기할 수는 있다.

나. 헌법재판소법 제68조 제1항 단서 소정의 "구제절차"란 그 절차에 의하여 권리구제가 가능할 수 있는 실질적 구제절차를 말하는 것이지 구제가능성을 기대할 수 없는 명목상의 형식적 구제절차를 말하는 것이 아니고, 그 절차에서 구제가 가능하느냐의 여부는 법률상의 문제이기보다는 사실상의 문제로서 결국 이는 상식적이며 보편적인 기준에 따라 역사적 배경과 시대상황 및 국민정서 등을 고려하여 판단하여야 하며, 상식적으로 권리구제에 대하여 기대가능성이 매우 희박한 절차를 거치도록 강요하는 것은 옳지 못하며 효율적 권리구제를 내용으로 하는 법치주의의 이념에도 반한다 할 것인바, 청구인의 경우에 과거와 현재의 법원의 관행과 분위기와 시대현황 및 국민정서 등을 고려해 볼 때 행정소송으로는 사실상 권리구제의 가능성이 없기 때문에 보충성의 원칙에 대한 예외를 인정하여야 한다.

(본안에 관한 의견) 헌법 제106조에 규정된 법관의 신분보장상의 "불리한 처분"에는 법관의 의사에 반하는 전보처분도 당연히 포함되므로, 청구인에 대한 경우 객관적·합리적 이유에서가 아니라 피청구인에게 잘못 보여 청구인의 의사에 반하여 광주지방법원 목포지원에서 광주지방법원(본원)으로 전보발령되었다면 이는 불리한 인사처분으로서 피청구인의 법관인사권 남용이고 헌법 제106조에 의하여 보장된 법관의 신분보장권 침해이며, 청구인은 정당한 이유 없이 다른 법관에 비하여 불리한 처분을 당한 것이어서 평등권을 침해받은 것이다(청구인＝방희선 판사).

Ⅲ. 사법권독립의 한계

1. 입법부의 통제·간섭

국회는 헌법상 대법원장과 대법관의 임명동의권, 법원예산의 심의·확정권, 국정감사 및 조사권, 법관탄핵소추권을 행사함으로써 사법부에 대한 견제수단을 부여받고 있다.

2. 행정부의 통제

대통령이 대법원장과 대법관을 임명하고, 비상계엄 하에서 법원권한에 대한 특별조치를 할 수 있으며, 법원예산편성권과 사면·감형·복권에 관한 권한을 통하여 사법부를 견제할 수 있다.

Ⅳ. 결어

사법권독립은 궁극적으로는 법관의 재판상의 독립을 보장하여 공정한 재판을 하자는 데 그 목적이 있는 것이다. 따라서 사법권독립을 위해서는 그에 대한여러 가지 견제 장치의 행사가 신중하게 자제될 필요가 있다. 즉, 국회의 국정감사권, 대법원장, 대법관의 대통령이 임명, 계엄선포 시 법원에 특별조치, 대통령의 사면권, 집행부에 의한 법원의 예상편성권 등은 그 행사가 사법권 독립을 존중하여야 하며, 아울러 대법원장의 대법관 임명제청권의 실질화, 사법에 관한 법률안제출권, 사법부 독자적인 예산안편성권 등도 요망된다.

제4절 법원의 조직

제101조 ① 사법권은 법관으로 구성된 법원에 속한다.
② 법원은 최고법원인 대법원과 각급법원으로 조직된다.
③ 법관의 자격은 법률로 정한다.
제104조 ① 대법원장은 국회의 동의를 얻어 대통령이 임명한다.
② 대법관은 대법원장의 제청으로 국회의 동의를 얻어 대통령이 임명한다.
③ 대법원장과 대법관이 아닌 법관은 대법관회의의 동의를 얻어 대법원장이 임명한다.

Ⅰ. 대법원

1. 헌법상 지위

현행 헌법은 대법원은 최고법원으로 규정하고 있으며, 그 이외에도 기본권보장기관으

로서의 지위, 헌법보장기관으로서의 지위, 최고의 사법행정기관으로서의 지위를 가진다고
할 수 있다.

2. 대법원의 조직

제102조 ① 대법원에 부를 둘 수 있다.
② 대법원에 대법관을 둔다. 다만, 법률이 정하는 바에 의하여 대법관이 아닌 법관을 둘
수 있다.
③ 대법원과 각급법원의 조직은 법률로 정한다.

1) 대법원의 구성

대법원은 서울특별시에 두며, 대법원장과 대법관으로 구성된다. 그리고 법률이 정하는
바에 의하여 대법관 아닌 법관을 둘 수 있다. 대법관의 수는 대법원장을 포함하여 14인
으로 한다. 대법원에는 대법관 3인 이상으로 구성되는 부를 둘 수 있으며, 현재 대법원
의 부로는 민사부·형사부의 일반부와 행정·조세·노동·군사·특허를 전담하는 특별
부가 설치되어 있다.

2) 대법원장

(1) 헌법상 지위

대법원장은 법원을 대표하고, 대법원구성권(대법관의 지위)을 진다. 또한 대법관회의의
의장이 되고, 대법원의 전원합의체의 재판장이 된다.

(2) 신분

대법원장은 15년 이상 법조경력을 가진 자로 40세 이상의 자 중에서 국회의 동의를 얻어 대통령이 임명하며, 임기는 6년이며 중임이 불가능하다. 정년은 70세이며 대법원장이 궐위되거나 사고로 인하여 직무를 수행할 수 없을 때에는 선임대법관이 그 권한을 대행한다.

(3) 권한

대법원장은 법원대표권을 가지고, 대통령에 대한 대법관임명제청권을 가지며, 헌법재판소재판관과 중앙선거관리위원회 위원 중 3인의 지명권을 행사하며, 각급 판사의 임명과 보직권을 가진다.

3) 대법관

(1) 헌법상 지위

대법관은 대법원의 구성원을 이루며, 대법관회의의 구성원으로서 소관사무에 관한 의결권을 가진다.

(2) 신분

대법관은 15년 이상 법조경력을 가진 자로 40세 이상의 자 중에서 대법원장의 제청으로 국회의 동의를 얻어 대통령이 임명하며, 임기는 6년이며 법률이 정하는 바에 의하여 연임할 수 있다. 정년은 65세이다.

(3) 권한

대법관은 재판부의 구성원으로 심판권을 가지며, 대법원재판 시 합의에 관하여 의견을 표시할 권한을 가지며, 대법관회의의 권한사항에 대한 의결권을 가진다.

4) 대법관회의

대법관회의는 대법관으로 구성되며 의장은 대법원장이 된다. 대법관회의의 의결사항은 ① 판사의 임명에 대한 동의, ② 대법원규칙의 제정과 개정 등에 관한 사항, ③ 판례의 수집·발간에 관한 사항, ④ 예산요구, 예비비지출과 결산에 관한 사항, ⑤ 다른 법령에 의하여 대법관회의의 권한에 속하는 사항, ⑥ 특히 중요하다고 인정되는 사항으로서 대법원장이 부의한 사항을 대상으로 한다. 대법관회의는 대법관전원의 2/3 출석하여 출석과반수의 찬성으로 의결하며, 가부동수인 경우에는 의장인 대법원장이 결정권을 가진다.

5) 대법원의 부설기관

대법원의 부설기관으로서 법원조직법은 법원행정처, 사법연수원, 사법정책자문위원회, 법원도서관 등을 두고 있다.

3. 대법원의 심판권

대법원은 ① 상고사건, ② 항고법원·고등법원 또는 항소법원의 결정·명령에 대한 재항고사건, ③ 다른 법률에 의하여 대법원의 권한에 속하는 사건을 종심으로 재판한다.

대법원의 심판권은 대법관 전원의 3분의 2 이상의 전원합의체에서 행한다. 그 대상은 ① 명령·규칙이 헌법에 위반함을 인정하는 경우, ② 명령·규칙이 법률에 위반함을 인정하는 경우, ③ 종전에 대법원에서 판시한 헌법, 법률, 명령 또는 규칙의 해석적용에 관한 변경할 필요가 있음을 인정하는 경우, ④ 부에서 재판함이 적당하지 아니함을 인정하는 경우이다. 이러한 경우를 제외하고는 대법관 3인 이상으로 구성되는 부에서 먼저 사건을 심리하고, 의견이 일치한 때에 한하여 재판할 수 있다.

4. 대법원의 규칙제정권

1) 제도적 의의

법원의 자주성과 사법권의 독립성 확보와 사법부 내에서의 대법원의 통제권과 감독권 강화를 하는 데에 그 제도적 의의가 있다. 국회입법의 원칙에 대한 예외

2) 대상과 범위

소송에 관한절차, 법원내부규율, 사무처리 등이 그 대상과 범위가 된다.

3) 절차와 공포

대법관회의의 의결사항이며, 대법관회의 의결한 후 15일 내 법원행정처장 공포(관보에 게재)한다.

4) 효력

특별규정 없는 한 공포한 날 20일 경과하면 그 효력이 발생한다.

대법원 1989. 12. 15. 88카75
헌법 제27조 제1항에 규정된 국민의 재판청구권은 법률에 의한 재판을 받을 권리를 의미하는 것으로서 헌법 제102조 제3항은 대법원과 각급 법원의 구체적인 재판관할권은 법률로써 정하도록 규정하고 있으므로 특히 헌법이 대법원의 재판관할을 명시하고 있는 헌법 제107조 제2항, 제110조 제2항의 경우 이외에 법률로써 대법원의 재판관할권이 미치는 상고범위를 제한하더라도 헌법에 위반된다고 볼 수 없을 뿐 아니라 소송촉진등에관한특례법 제12조에 의한 상고허가 제도는 대법원에 의한 재판을 받을 수 있는 기회를 합리적인 방법으로 부여하고 있는 것이므로 위 특례법에 정한 상고허가 제도에 관한 규정이 헌법에 정한 국민의 재판청구권을 박탈하는 위헌규정이라고 할 수 없다.
대법원 1976. 11. 9. 76도3076
1972년 헌법 제101조는 대법원과 각급법원의 조직은 법률로 정한다고 규정하고 있으므로 헌법 조문에서 규정되어 있는 외에는 법률은 대법원의 재판권에 관해서 합리적인 범위 내에서 적의 규정할 수 있다고 할 것인즉 법률이 형사사건에 관해서 상고할 수 있는 사유를 제한하였다고 해서 그것이 곧 1972년 헌법 제24조, 제100조에서 보장하고 있는 대법원에 이르기까지 재판을 받을 권리를 제한하는 것이라고 할 것이 아닌바 형사소송법 제383조 제4호는 그 규정취지로 현 우리 사법 현황에 비추어 입법의 합리적인 범위를 이탈한 것이라고 인정할 수 없다.
헌법재판소 1992. 11. 12. 91헌가2
위 법 제2조 제2항 제1호의 "차관급 상당 이상의 보수를 받은 자"에 법관을 포함시키는 것은, 법관의 신분을 직접 가중적으로 보장하고 있는 헌법 제106조 제1항의 법관의 신분보장규정에 위반되고, 직업공무원으로서 그 신분이 보장되고 있는 일반직 공무원과 비교하더라도 그 처우가 차별되고 있는 것이어서 헌법 제11조의 평등권의 보장규정에 위반된다.

II. 고등법원

1. 고등법원의 구성

고등법원은 고등법원판사로 구성되며, 고등법원장을 둔다. 고등법원장은 그 법원의 사법행정사무를 관장하며, 소속공무원을 지휘 · 감독한다. 고등법원에는 민사부 · 형사부 · 특별부를 두며, 각부에는 부장판사를 둔다.

2. 고등법원의 심판권

고등법원의 심판권은 판사 3인으로 구성되는 합의부에서 행사하며, ① 지방법원합의부·가정법원합의부 또는 행정법원의 제1심 판결에 대한 항소사건, ② 지방법원합의부·가정법원합의부 또는 행정법원의 제1심 심판·결정·명령에 대한 항고사건, ③ 다른 법률에 의하여 고등법원의 권한에 속하는 사건을 심판한다(법원조직법 제28조).

Ⅲ. 특허법원

1. 특허법원의 구성

고등법원급의 특허법원에는 판사를 두며, 여기에 배치할 판사의 수는 대법원규칙으로 정한다. 특허법원에는 특허법원장을 두며 판사로 보하고, 법원장은 사법업무에 대하여 통할권을 갖는다.

2. 특허법원의 심판권

특허법원은 ① 특허법 제186조 1항 실용신안법 제55조 의장법 제75조 및 상표법 제86조 2항이 정하는 제1심사건, ② 다른 법률에 의하여 특허법원의 권한에 속하는 사건을 심판한다(동법 제28조의4). 특허법원의 심판은 판사 3인으로 구성된 합의부에서 행한다. 특허법원은 기술한 내용을 심판한다.

Ⅳ. 지방법원

1. 지방법원의 구성

지방법원은 지방법원판사로 구성되며, 지방법원장을 둔다. 지방법원장은 그 법원과 소속지원, 시·군법원 및 등기소의 사법행정사무를 관장하며, 소속공무원을 지휘·감독한다. 지방법원은 다시 사무의 일부를 처리하기 위하여 그 관할구역 내에 설치되는 지원과

소년부지원, 시군법원 및 등기소로 구성될 수 있다. 지방법원에는 민사부와 형사부를 두
며, 필요에 따라 민사사건을 관할하는 민사지방법원과 형사사건을 관할하는 형사지방법
원으로 나누어 설치할 수 있다.

2. 지방법원의 심판권

지방법원의 심판은 단독판사가 하며, 합의심판을 요할 때에는 판사 3인으로 구성된 합
의부에서 한다.

V. 가정법원

1. 가정법원의 구성

가정법원은 가정법원판사로 구성되며, 가정법원장을 둔다. 가정법원장은 그 법원과 소
속지원의 사법행정사무를 관장하며, 소속공무원을 지휘 · 감독한다. 그 법원과 소속에는
지원을 둘 수 있다. 가정법원에 부를 두며, 부에는 부장판사를 둔다.

2. 가정법원의 심판권

가정법원은 가사심판사건과 소년보호사건을 심판한다. 가정법원 및 동 지원의 합의부
는 다음 사건을 제1심으로 심판한다. ① 가사심판법에서 정하는 을류와 병류의 심판사건,
② 가정법원판사에 대한 제척 · 기피사건, ③ 다른 법률에 의하여 가정법원합의부의 권
한에 속하는 사건을 심판한다. 그리고 가정법원의 본원의 합의부는 가정법원 단독판사의
심리 · 결정 · 명령에 대한 항고사건을 제2심으로 심판한다. 그리고 가정법원 및 가정법원
지원의 단독판사는 합의부의 권한에 속하지 아니하는 가사소송법에서 정하는 라류가사비
송사건, 마류비송사건, 가사조정사건을 담당한다.

VI. 행정법원

1. 행정법원의 구성

행정법원은 행정법원판사로 구성되며, 행정법원장을 둔다. 행정법원장은 그 법원의 사법행정사무를 관장하며, 소속공무원을 지휘·감독한다. 행정법원에 두며, 부에는 부장판사를 둔다.

2. 행정법원의 심판권

행정법원은 행정소송법에서 정한 행정사건과 다른 법률에 의하여 행정법원의 권한에 속하는 사건을 제1심으로 심판한다.

VII. 특별법원

제110조 ① 군사재판을 관할하기 위하여 특별법원으로서 군사법원을 둘 수 있다.
② 군사법원의 상고심은 대법원에서 관할한다.
③ 군사법원의 조직·권한 및 재판관의 자격은 법률로 정한다.
④ 비상계엄 하의 군사재판은 군인·군무원의 범죄나 군사에 관한 간첩죄의 경우와 초병·초소·유해음식물공급·포로에 관한 죄 중 법률이 정한 경우에 한하여 단심으로 할 수 있다. 다만, 사형을 선고한 경우에는 그러하지 아니하다.

1. 서설

사법권은 법관으로 구성된 법원에 속하며, 법원은 최고법원인 대법원과 각급법원으로 조직된다고 헌법상 규정되어 있으므로 모든 재판은 법관이 담당하여야 하며, 대법원을 최종심으로 하여야 한다. 법관이 아닌 자에 의한 재판 또는 대법원을 최종심으로 하지 아니하는 특별법원을 설치할 수 있는가가 문제된다. 특별법원의 인정 여부는 특별법원의 개념 여하에 따라 결정된다.

2. 특별법원의 개념

1) 특수법원설
특별법원은 법관의 자격이 있는 자가 재판을 담당하고 대법원에 상고가 인정되더라도 그 관할이나 대상이 한정된 사건만 담당하는 특수법원으로 이해한다.

2) 예외법원설
특별법원을 법관의 자격이 없는 자가 재판하거나 대법원에 상고가 인정되지 않는 예외법원으로 파악한다(다수설).

(1) 군사법원
예외법원으로서의 특별법원이라고 할 수 있는바, 법관자격 없는 국군장교에 의해 재판이 행해진다. 그러나 대법원에의 상고는 인정된다. 헌법 자체가 규정하고 있는 유일한 예외법원으로서의 특별법원이다.

(2) 비상계엄하의 군사재판
① 군인·군무원의 범죄, 군사에 관한 간첩죄, 초병·초소·유독음식물공급, 포로에 곤한 죄 중 법률이 정한 경우를 재판하며, 사형을 선고하는 경우를 제외하고는 단심제로 운영된다.
② 평상시 군사재판(일반인도): 대한민국 영역 안에서 중대한 군사상기밀 및 군용물에 관한 죄, 초병·초소·유해음식물공급, 포로에 관한 죄를 관할하며 군사시설에 관한 죄는 삭제된다.
③ 조직과 구성
ⓐ 보통군사법원: 관할권(부대와 지역의 사령관, 장 또는 책임지휘관)
ⓑ 고등군사법원: 관할권(국방부장관, 각군참모총장)
④ 심리 및 판결: 공개주의를 원칙으로 한다.

3. 특수법원

헌법상 그 설치가 금지되어 있으나 예외법원인 특별법원은 법률로써 설치할 수 있다.

현행제도하에서의 특수법원으로는 행정법원, 가정법원, 조세법원, 노동법원, 간이법원이 법률로 설치할 수 있다. 이들 법원은 대법원상고가 가능하고 법관자격을 가진 자에 의해 재판된다는 점에서 하급심으로서의 특수법원이라고 할 수 있다.

헌법재판소 1996. 10. 31. 93헌바25 결정
1.구 군사법원법 제6조가 군사법원을 군부대 등에 설치하도록 하고, 같은 법 제7조가 군사법원에 군 지휘관을 관할관으로 두도록 하고, 같은 법 제23조, 제24조, 제25조가 국방부장관, 각 군 참모총장 및 관할관이 군판사 및 심판관의 임명권과 재판관의 지정권을 갖고 심판관은 일반장교 중에서 임명할 수 있도록 규정한 것은 헌법 제110조 제1항, 제3항의 위임에 따라 군사법원을 특별법원으로 설치함에 있어서 군대조직 및 군사재판의 특수성을 고려하고 군사재판을 신속, 적정하게 하여 군기를 유지하고 군지휘권을 확립하기 위한 것으로서 필요하고 합리적인 이유가 있다고 할 것이다.
2. 헌법이 군사법원을 특별법원으로 설치하도록 허용하되 대법원을 군사재판의 최종심으로 하고 있고, 구 군사법원법 제21조 제1항은 재판관의 재판상의 독립을, 같은 조 제2항은 재판관의 신분을 보장하고 있으며, 또한 같은 법 제22조 제3항, 제23조 제1항에 의하면 군사법원의 재판관은 반드시 일반법원의 법관과 동등한 자격을 가진 군판사를 포함시켜 구성하도록 하고 있는바, 이러한 사정을 감안하면 구 군사법원법 제6조가 일반법원과 따로 군사법원을 군부대 등에 설치하도록 하였다는 사유만으로 헌법이 허용한 특별법원으로서 군사법원의 한계를 일탈하여 사법권의 독립을 침해하고 위임입법의 한계를 일탈하거나 헌법 제27조 제1항의 재판청구권, 헌법 제11조의 평등권을 본질적으로 침해한 것이라고 할 수 없고, 또한 같은 법 제7조, 제23조, 제24조, 제25조가 일반법원의 조직이나 재판부구성 및 법관의 자격과 달리 군사법원에 관할관을 두고 군검찰관에 대한 임명, 지휘, 감독권을 가지고 있는 관할관이 심판관의 임명권 및 재판관의 지정권을 가지며 심판관은 일반장교 중에서 임명할 수 있도록 규정하였다고 하여 바로 위 조항들 자체가 군사법원의 헌법적 한계를 일탈하여 사법권의 독립과 재판의 독립을 침해하고 죄형법정주의에 반하거나 인간의 존엄과 가치, 행복추구권, 평등권, 신체의 자유, 정당한 재판을 받을 권리 및 정신적 자유를 본질적으로 침해하는 것이라고 할 수 없다.

제5절 법원의 절차와 운영

Ⅰ. 재판의 심급제

1. 의의

재판의 심급제는 소송절차를 신중히 하여 사법절차상의 과오를 방지함으로써 공정한 재판을 확보하려는 데 그 목적이 있는 것으로, 헌법상 명문으로 규정되지 않았지만 법원은 최고법원인 대법원과 각급법원으로 조직된다고 하여 간접적으로 상하의 계층구조를 인정하여 심급제를 허용하고 있다.

2. 심급제의 운영

1) 3심제

삼심제의 원칙은 법원조직법상 규정된 것으로 민형사재판 중 합의부관할재판은 지방법원합의부 → 고등법원 → 대법원으로 진행되며, 단독판사관할사건은 지방법원(지원)단독부 → 지방법원항소합의부 → 대법원으로 진행한다. 군사재판도 보통군사법원 → 고등군사법원 → 대법원의 삼심제를 채택하고 있다.

2) 3심제에 대한 예외

(1) 2심제

특허사건은 특허법원을 시심으로 하고, 시 · 군 · 자치구의 장선거와 지방의회의원의 선거소송도 고등법원을 시심으로 하고 대법원을 종심으로 하는 2심제를 취하고 있다.

(2) 1심제

대통령선거소송, 국회의원선거소송, 특별시 · 광역시 · 도시자의 선거소송은 대법원을 전속관할로 하는 단심제를 채택하고 있다. 그리고 비상계엄하의 군사재판은 일정한 범죄에 관하여 군사법원의 전속관할로 하고 있다.

II. 재판의 공개성

제109조 재판의 심리와 판결은 공개한다. 다만, 심리는 국가의 안전보장 또는 안녕질서를 방해하거나 선량한 풍속을 해할 염려가 있을 때에는 법원의 결정으로 공개하지 아니할 수 있다.

1. 의의

헌법 제109조는 '재판의 심리와 판결은 공개한다.'고 하여 재판공개의 원칙을 천명하고 있다. 재판공개의 원칙은 재판의 공명성을 기하고 법원의 책임을 확보하는 수단일 뿐만 아니라 국민의 인권보장을 위하여 중요한 의의를 가지는 것이다.

2. 내용

재판의 '심리와 판결'에는 공판준비절차를 포함하지 않고, '판결'만을 의미하지 결정과 명령은 여기에 해당하지 않는다. 그리고 '재판'은 민사, 형사, 행정, 선거소송만을 의미하며, 가사심판절차나 비송사건절차는 여기에 포함되지 않는다. '공개한다.'는 일반공개주의를 의미한다. 그러나, 누구든 언제나 방청은 허용되며, 공간과 설비한정으로 초과인원에 대한 방청이 허용되지 않을 수도 있다.

대법원 1990. 6. 8. 90도646
법원이 법정의 규모·질서의 유지·심리의 원활한 진행 등을 고려하여 방청을 희망하는 피고인들의 가족·친지 기타 일반국민에게 미리 방청권을 발행하게 하고 그 소지자에 한하여 방청을 허용하는 등의 방법으로 방청인의 수를 제한하는 조치를 취하는 것이 공개재판주의의 취지에 반하는 것은 아니다.
대법원 1983. 11. 24. 83모50
형사소송법 제365조에 의하면 항소심에 있어서는 피고인이 정당한 이유 없이 2회 불출석하는 경우에는 피고인의 진술 없이 판결할 수 있게 되어 있으므로 제1·2차 공판기일 소환장의 적법한 공시송달에도 불출석한 이상 제3차 공판기일에 피고인의 출석 없이 판결하였다 하여 헌법상 보장된 공개재판주의에 위반한 위법이 있다 할 수 없다.
대법원 1978. 7. 11. 77도3870
재판의 공개는 재판의 공명성을 기하고 법원의 책임을 확보하는 수단일 뿐만 아니라 국민의 인권보장을 위하여 중요한 의의를 가지는 것이고, 1972년 헌법 제107조에서는 '재판의 심리와 판결은 공개한다. 다만, 심리는 국가의 안전보장 또는 안녕질서를 방해하거나 선량한 풍속을 해할 염려가 있을 때에는 법원의 결정으로 공개하지 아니한다.'고 규정함으로써 판결만은 그 심리와는 달리 어떠한 경우이든 공개되어야 한다는 취지를 천명하고 있음에 비추어 볼 때, 위 군법회의법 제67조의 '군법회의의 결정으로써 공개하지 아니할 수 있다.'는 단서의 규정은 그 본문 중 '판결'을 제외한 '대심'만을 의미하는 것이다.

3. 재판공개의 예외

재판의 심리가 국가안전보장, 공공의 안녕질서를 방해하거나 선량한 풍속을 해할 염려가 있을 때에는 법원의 결정으로 공개하지 않을 수 있다. 이 경우에도 판결의 선고는 반드시 공개해야 한다.

제6절 법원의 권한

Ⅰ. 법적 쟁송에 관한 재판권

제107조 ③ 재판의 전심절차로서 행정심판을 할 수 있다. 행정심판의 절차는 법률로 정하되, 사법절차가 준용되어야 한다.

Ⅱ. 위헌법률심사제청권

제107조 ① 법률이 헌법에 위반되는 여부가 재판의 전제가 된 경우에는 법원은 헌법재판소에 제청하여 그 심판에 의하여 재판한다.

1. 의의

위헌법률심사제청권이라 함은 법률이 헌법에 위반되는 여부가 재판의 전제가 된 경우에 법원이 헌법재판소에 위헌심판을 제청하는 권한을 말한다.

2. 법적 성격

위헌법률심판제청권의 성격과 관련하여 법원의 위헌법률심판제청권 중에 법률의 합헌결정권 내지 합헌판단권이 포합되는가에 대하여 학설 대립이 있다. 결론적으로 법원은 합헌판단권은 갖는 것이 합리적이라고 보고, 이를 적극적으로 법원이 행사하는 것이 국민의 기본권보장을 실현하는 사법기관이 되는 것으로 볼 수 있다.

3. 주체

위헌법률심사제청권의 주체는 대법원과 각급 법원이고, 법관이나 소송당사자는 제청권의 주체가 될 수 없다. 대법원 이외의 법원이 이 제청을 할 때에는 대법원을 경유하여야 한다(헌재법 제45조 제5항).395)

---

395) 제5공화국 헌법에서는 대법원이 하급법원의 제청에 대하여 대법원장을 재판장으로 하는 합의부에서 그 제청이 불필요하다고 인정한 때에는 결정으로 그 제청서를 헌법위원회에 송부하지 아니할 수 있었으나

4. 내용

1) 제청요건

법원이 헌법재판소에 위헌법률심사를 제청하기 위해서는 법률의 위헌 여부가 재판의 전제가 된 경우에 한한다. 여기서 재판의 전제가 된 경우라 함은 구체적인 사건이 법원에 계속 중이고, 위헌 여부가 문제되는 법률이 당해 소송사건의 재판에 적용되어 헌법재판소의 결정에 따라 당해 사건을 담당한 법원이 다른 내용의 재판을 하게 되는 경우를 말한다.

2) 제청의 대상

헌법상 "법률이 헌법에 위반되는지 여부가 재판의 전제가 된 경우"에 그 심사를 제청할 수 있다고 규정하고 있으므로 제청의 대상은 위헌 여부가 문제되는 '법률'이다. 이때 법률의 의미는 형식적 의미의 법률을 의미할 뿐만 아니라 법률과 동일한 효력이 인정되는 조약, 긴급명령, 긴급재정·경제명령도 모두 그 대상이 된다.

3) 제청의 절차

법원 직권 또는 당사자의 신청에 의한 결정은 당사자 신청에 대한 기각 결정이 있으면 즉시항고할 수 없다. 왜냐하면 중간적 판결에 불과하므로, 종국적 판결과 함께 상급법원에 불복 가능하기 때문이다. 대법원에의 경유는 형식적이며, 불송부결정을 할 수는 없다.

5. 제청의 효과

(1) 재판정지
단, 긴급하다고 인정하면 종국재판외 소송절차 진행 가능하다.

(2) 소송사건 당사자 등의 의견제출
소송사건당사자, 법무부장관 의견제출

(3) 위헌결정
14일 내에 결정서 정본을 송달(대법원 경유)한다.

현행 헌법은 대법원의 경유를 단순한 형식적 절차로 하고 있다.

대법원 1996. 7. 30. 93누17133
헌법재판소가 구 토지초과이득세법(제정 1989. 12. 30. 법률 제4177호, 개정 1993. 6. 11. 법률 제4561호, 1993. 6. 11. 법률 제4563호, 이하 구 토초세법이라 한다)에 대하여 헌법불합치 결정을 함에 따라 그 결정에서 지적된 위헌적 요소를 제거하거나 그 개선을 위하여 개정한 토초세법, 시행령 및 시행규칙의 각 조항은 그것이 납세의무자에게 불리하게 적용되지 아니하는 한 모두 당해 사건 등에 적용된다.

대법원 1996. 7. 9. 95누18758
헌법재판소의 구 토지초과이득세법(1989. 12. 30. 법률 제4177호로 제정되어 1993. 6. 11. 법률 제4561호, 제4563호로 각 개정된 것)에 대한 헌법불합치결정의 취지에 따라 그 위헌적 요소의 제거와 개선을 위하여 같은 법(1994. 12. 22. 법률 제4807호), 시행령(1994. 12. 30. 대통령령 제14470호), 시행규칙(1995. 5. 19. 총리령 제506호)의 일부 조항이 각 개정되었는바, 이제 위 결정으로 시행 또는 적용이 일시 중단되었던 관련 법령 중 개정되지 아니한 조항을 당해 사건 등에 적용할 수 있음은 물론 위와 같이 개정된 각 조항 또는 원칙적으로 위 사건 등에 그대로 적용되고, 다만 그로 인하여 납세의무자가 불리하게 되는 경우에는 예외적으로 개정 전의 그 조항이 적용된다고 할 것이다.

대법원 1996. 6. 28. 93누13810
헌법재판소의 구 토지초과이득세법에 관한 헌법불합치결정(헌법재판소 1994. 7. 29. 92헌바49, 52)에 따라 그 결정에서 지적된 위헌적 요소를 제거하거나 그 개선을 위하여 개정한 모든 법, 시행령 및 시행규칙의 각 조항은 그것이 납세의무자에게 불리하게 적용되지 아니하는 한 당해 사건은 물론 아직 법원에 계속 중인 사건 등에 대하여 모두 적용된다. ……(중략)…… 헌법재판소의 동 결정에 따라 구 토지초과이득세법 제11조 제2항을 '제1항의 규정에 의한 과세기간 종료일의 토지의 기준시가는 과세기간 종료일이 속하는 연도의 다음 연도의 1. 1.의 토지의 기준시가에 의한다.'고 개정하였는바, 위 개정조항도 당해 사건과 동일하게 이 사건에 소급하여 적용된다. 더욱이 위 법 제11조 제2항은 개정 전의 규정에 의하여도 마찬가지로 해석되던 것을 확인한 것에 불과하다.

대법원 1996. 5. 14. 95누17267
구 토지초과이득세법령 중에서 입법자가 헌법불합치결정에 따라 그 결정에서 지적된 위헌적 요소를 제거하거나 그 개선을 위하여 개정한 모든 법, 시행령 및 시행규칙의 각 조항은 그것이 납세의무자에게 불리하게 적용되지 아니하는 한 당해 사건과 마찬가지로 이 사건에 대하여 그대로 적용된다.

대법원 1996. 5. 10. 94누8082
헌법재판소는 1994. 7. 29. 92헌바49, 52(병합) 사건에서 구 토지초과이득세법에 대하여 헌법에 합치되지 아니한다는 결정을 하였고, 이에 따라 국회는 1994. 12. 22. 법률 제4807호로 위 헌법불합치결정에서 위헌이라고 지적한 세율조항(법 제12조) 등을 개정하고, 과세표준을 계산할 때에 당해 과세기간의 토지초과이득에서 200만 원을 공제하도록 하는 기본공제 규정도 신설하였는바(법 제11조의2), 위 개정조항 등은 당해 사건과 마찬가지로 이 사건에도 소급하여 적용된다.

대법원 1996. 5. 10. 93누17263, 17270
1992. 12. 31. 대통령령 제13805호로 신설된 토지초과이득세법시행령 제23조 제14호는 헌법재판소의 구법에 대한 헌법불합치결정(1994. 7. 29. 92헌바 49, 52 결정)에 따른 토지초과이득세법 제8조 제4항의 개정에 의하여 1994. 12. 31. 대통령령 제14470호로 개정되었는데 그 내용 일부가 개정되기는 하였으나 그 전체적인 취지는 구법시행령 제23조 제14호와 같지만 헌법재판소의 구법에 대한 헌법불합치결정에 따른 모법의 개정으로 개정된 이상 납세의무자에게 유리한 위 개정조항은 이 사건에도 당연히 적용된다.

대법원 1996. 4. 26. 96누1627
원심판결이 선고되기 전인 1995. 11. 30. 헌법재판소는 93헌바32 및 94헌바14 사건에서 이 사건 원천징수 갑종근로소득세 부과처분의 근거가 되는 구 법인세법(1994. 12. 22. 법률 제4804호로 개정

되기 전의 것) 제32조 제5항이 헌법에 위반된다는 결정을 선고하였는바, 위와 같은 위헌결정의 효력
은 별도로 위헌제청신청은 아니하였지만 당해 법률의 조항이 재판의 전제가 되어 법원에 계속 중인
이 사건에도 미친다.

대법원 1996. 4. 26. 93누12893

토지초과이득세법 및 그 시행령, 시행규칙 등은 헌법재판소의 1994. 7. 29. 92헌바49, 52(병합) 사
건의 헌법불합치결정에서 지적된 위헌적 요소를 제거하거나 개선하기 위하여 개정되었으므로 납세의무
자에게 불리하게 적용되지 아니하는 한 개정된 규정이 모두 당해 사건 등에 적용된다 할 것인바, 유휴
토지 등으로 보지 아니하는 부득이한 사유와 기간을 정하고 있는 토지초과이득세법 시행령 제23조 제
1호도 1994. 12. 31. 대통령령 제14470호로 개정된 것으로서 이 사건에 관하여 적용된다.

대법원 1996. 4. 26. 93누401

헌법재판소의 구 토지초과이득세법에 관한 헌법불합치결정(헌법재판소 1994. 7. 29. 헌바49, 52 결
정)에 따라 그 결정에서 지적된 위헌적 요소를 제거하거나 그 개선을 위하여 개정한 모든 법, 시행령
및 시행규칙의 각 조항은 그것이 납세의무자에게 불리하게 적용되지 아니하는 한 당해 사건은 물론
아직 법원에 계속 중인 사건 등에 대하여 모두 적용된다.

대법원 1996. 4. 23. 93누10491

헌법재판소는 1994. 7. 29. 92헌바49, 52 병합사건에서 구 토지초과이득세법에 대하여 헌법에 합치
되지 아니한다는 결정을 하였고, 이에 따라 국회는 1994. 12. 22. 법률 제4807호로써 위 헌법불합
치결정에서 위헌 또는 위헌성이 있다고 지적한 과세표준조항(법 제11조)과 세율조항(법 제12조) 등을
개정하고, 과세표준을 계산할 때에 당해 과세기간의 토지초과이득에서 200만 원을 공제하도록 하는
기본공제규정도 신설하였는바(법 제11조의2), 위 개정조항 등은 당해사건과 동일하게 이 사건에도 소
급하여 적용된다.

대법원 1996. 4. 9. 95누11405

1. 헌법재판소의 한정위헌 결정이란 헌법재판소의 결정이 그 주문에서 당해 법률이나 법률조항의 전부
또는 일부에 대하여 위헌결정을 선고함으로써 그 효력을 상실시켜 법률이나 법률조항이 폐지되는 것과
같은 결과를 가져오는 것이 아니라 그에 대하여 특정의 해석기준을 제시하면서 그러한 해석에 한하여
위헌임을 선언하는 경우로서 헌법재판소의 결정에 불구하고 법률이나 법률조항은 그 문언이 전혀 달라
지지 않은 채 그냥 존속하고 있는 것이므로 이와 같이 법률이나 법률조항의 문언이 변경되지 아니한
이상 이러한 한정위헌결정은 법률 또는 법률조항의 의미, 내용과 그 적용범위를 정하는 법률해석이라고
이해할 수 있다. 그런데 구체적 사건에 있어서 당해 법률 또는 법률조항의 의미 · 내용과 적용범위가
어떠한 것인지를 정하는 권한 곧 법령의 해석 · 적용권한은 바로 사법권의 본질적 내용을 이루는 것으
로서, 전적으로 대법원을 최고법원으로 하는 법원에 전속한다. 이러한 법리는 우리 헌법에 규정된 국가
권력분립구조의 기본원리와 대법원을 최고법원으로 규정한 헌법의 정신으로부터 당연히 도출되는 이치
로서, 만일 법원의 이러한 권한이 훼손된다면 이는 헌법 제101조는 물론이요, 어떤 국가기관으로부터
도 간섭받지 않고 오직 헌법과 법률에 의하여 그 양심에 따라 독립하여 심판하도록 사법권 독립을 보
장한 헌법 제103조에도 위반되는 결과를 초래한다. 그러므로 한정위헌 결정에 표현되어 있는 헌법재판
소의 법률해석에 관한 견해는 법률의 의미 · 내용과 그 적용범위에 관한 헌법재판소의 견해를 일응 표
명한 데 불과하여 이와 같이 법원에 전속되어 있는 법령의 해석 · 적용 권한에 대하여 어떠한 영향을
미치거나 기속력도 가질 수 없다.

2. 법률보다 하위법규인 대통령령의 제정근거가 되는 법률조항(이른바 위임규정)에 대하여 한정위헌
결정이 있는 경우에 있어서도, 앞에서 본 바와 같이 그 법률조항의 문언이 전혀 변경되지 않은 채 원
래의 표현 그대로 존속하고 있는 이상 그 법률조항의 의미 · 내용과 적용범위는, 역시 법령을 최종적
으로 해석 · 적용할 권한을 가진 최고법원인 대법원에 의하여 최종적으로 정하여 질 수밖에 없고, 그
법률조항의 해석은 어디까지나 의연히 존속하고 있는 그 문언을 기준으로 할 수밖에 없다 할 것이므
로 그 문언이 표현하고 있는 명백한 위임취지에 따라 제정된 대통령령 조항 역시 의연히 존속한다고

보아야 한다. 따라서 이 사건 양도소득세부과처분에 적용된 구 소득세법 시행령(1989. 8. 1. 대통령령 제12767호로 개정되기 전의 것) 제170조 제4항 제2호는 그 위임근거 규정인 구 소득세법(1990. 12. 31. 법률 제4281호로 개정되기 전의 것) 제23조 제4항 단서 및 제45조 제1항 제1호 단서의 각 규정이 헌법재판소의 결정에도 불구하고 그 문언의 표현이 전혀 변경되지 않은 채 존속하고 있는 이상 위 시행령 조항의 헌법위반 여부와 상위법의 위반 여부에 관하여는 대법원이 최종적으로 판단하여 이 사건에 적용할지 여부를 결정하여야 한다.

3. 구 소득세법 제23조 제4항 단서 및 제45조 제1항 제1호 단서가 대통령령에 위임하는 사항의 범위를 명시적으로 특정하지는 아니하였다 하더라도 위 조항에 있어서의 내재적인 위임의 범위나 한계는 충분히 인정될 수 있다고 할 것이고, 구 소득세법상 종전의 실지거래가액 과세원칙으로부터 기준시가 과세원칙으로 개정된 입법동기와 연혁, 그리고 다시 기준시가 과세원칙에 대한 예외로서 실지거래가액에 따라 과세할 수 있는 경우를 규정하게 된 입법목적을 두루 고려하여 보더라도, 위 각 조항 단서가 기준시가에 의한 과세보다 실지거래가액에 의한 과세가 납세자에게 유리한 경우만을 한정하여 대통령령에 위임한 것이라는 해석에는 도저히 이를 수 없다. 더욱이 이 사건의 사안을 보면 실지거래가액에 의하여 과세하는 경우 모두 금 1,000,000,000원을 초과하는 양도차익이 발생한 것이 되어 납부하여야 할 양도소득세액이 금 600,000,000여 원에 이르게 되는 반면, 기준시가에 의하여 과세하는 경우에는 오히려 양도차손이 발생한 것이 되어 양도소득세를 전혀 부과할 수 없게 되는바, 실제로 불과 2년 미만의 기간에 금 400,000,000여 원, 그리고 불과 2월 남짓 되는 기간에 금 600,000,000원의 각 양도차익을 얻은 납세의무자가 헌법재판소 1995. 11. 30. 선고 94헌바40, 95헌바13 한정위헌 결정과 같은 해석으로 말미암아 양도소득세 부과에서 제외된다는 것은 심히 부당한 결과라고 하지 않을 수 없다. 따라서 이 사건 과세처분에 적용된 구 소득세법 제23조 제4항 단서 및 제45조 제1항 제1호 단서와 구 소득세법시행령 제170조 제4항 제2호가 헌법상의 조세법률주의와 포괄위임금지원칙에 위배되지 아니하는 유효한 규정이라고 해석하여 온 지금까지의 견해는 변경할 필요가 없다.

대법원 1996. 4. 9. 93누8764

헌법재판소의 토지초과이득세법에 관한 헌법불합치 결정(헌법재판소 1994. 7. 29. 92헌바49, 52 결정)에 따라 그 결정에서 지적된 위헌적 요소를 제거하거나 그 개선을 위하여 개정한 모든 법, 시행령 및 시행규칙의 각 조항은 그것이 납세의무자에 불리하게 적용되지 아니하는 한 당해 사건은 물론 아직 법원에 계속 중인 사건 등에 대하여 모두 적용된다.

대법원 1996. 3. 12. 93누16475

헌법재판소 1994. 7. 29. 92헌바49, 52(병합) 헌법불합치결정에 따라 같은 해 12. 22. 법률 제4807호로 신설되거나 개정된 토지초과이득세법의 조항은 당해 사건과 마찬가지로 이 사건에도 소급 적용되어야 한다.

헌법재판소 1996. 12. 26. 94헌바1

헌법재판소법 제68조 제2항에 의한 헌법소원심판은 심판대상이 된 법률조항이 헌법에 위반되는 여부가 관련사건에서 재판의 전제가 된 경우에 한하여 청구될 수 있는데, 여기서 "재판"이라 함은 판결·결정·명령 등 그 형식 여하와 본안에 관한 재판이거나 소송절차에 관한 재판이거나를 불문하며, 심급을 종국적으로 종결시키는 종국재판뿐만 아니라 중간재판도 이에 포함된다. 법 제295조에 의하여 법원이 행하는 증거채부결정은 당해 소송사건을 종국적으로 종결시키는 재판은 아니라고 하더라도, 그 자체가 법원의 의사결정으로서 헌법 제107조 제1항과 헌법재판소법 제41조 제1항 및 제68조 제2항에 규정된 재판에 해당된다.

헌법재판소 1996. 10. 31. 94헌바3

1. 청구인이 고등법원의 재정신청기각결정에 대하여 보통항고를 제기하지 아니하고 형사소송법 제415조에 기한 재항고를 하면서 이 사건 심판청구를 한 것은 형사소송법 제262조 제2항이 재정신청기각결정에 대한 보통항고의 길을 막고 있어서 부득이 법령위반을 이유로만 할 수 있는 재항고를 택할 수

밖에 없었던 때문이고, 만일 이 사건 법률조항이 위헌이라고 확인되는 경우 그에 따른 법 개정 후 대법원이 청구인의 재항고 신청에 보통항고를 구하는 취지도 포함되었다고 선해하여 판단할 수도 있는 것이므로, 그러한 경우 이 사건 법률조항의 위헌여부는 위 재항고사건의 재판결과에 영향을 미칠 수 있을 것이어서, 재판의 전제성을 인정하는 것이 타당하다.

2. 재정신청의 대상이 된 범죄사실의 공소시효가 지났기 때문에 가사 재정신청이 인용되어 공소가 제기되어도 공소기각의 판결을 면할 수 없다고 하더라도, 이 사건 법률조항이 위헌이 되는 경우 재정신청기각결정에 대하여 항고를 할 수 있는 권리를 취득하게 되므로, 항고심에서 항고의 인용 여부나 고소사실에 대한 부심판결정 후 형사재판의 결과에 관계없이 청구인에게 권리보호의 이익은 인정된다.

3. 가. 헌법 제27조에서 규정한 재판을 받을 권리에 모든 사건에 대해 상소법원의 구성법관에 의한, 상소심 절차에 의한 재판을 받을 권리까지도 당연히 포함된다고 단정할 수는 없을 것이고, 모든 사건에 대하여 획일적으로 상소할 수 있게 하느냐 아니 하느냐 또는 상소의 사유를 어떻게 규정하느냐는 특단의 사정이 없는 한 입법정책의 문제라고 함이 타당하다.

나. 형사소송법 제262조 제2항은 대법원의 업무부담을 경감하려는 취지와 법률관계를 조속히 확정하고 형사재판제도의 효율성을 제고하며, 형사사건의 당사자와 이해관계인의 법적 안정성을 조화하려는 목적에서 고등법원의 결정에 대한 보통항고를 금지하고 고등법원의 결정에 대하여 사실오인을 이유로 한 항고를 금지하고 있는 형사소송법 제415조의 원칙을 재확인하는 규정에 불과하다 할 것이므로, 합리적인 이유 없이 헌법 제27조 제1항이 정하는 재판을 받을 권리를 과도하게 제한하거나 그 본질적 내용을 침해하는 위헌적인 규정이라고 볼 수는 없다.

1. 법원의 위헌여부심판제청은 법률이 헌법에 위반되는 여부가 재판의 전제가 된 경우에 할 수 있는 것이고, 명령이나 규칙이 헌법에 위반되는 여부는 법원 스스로 이를 판단할 수 있는 것이므로, 이 사건 위헌여부심판제청 중 국민연금법 시행령 제54조 제1항에 대한 부분은 법률이 아닌 대통령령에 대한 것으로서 부적법하다.

2. 법원의 위헌여부심판제청에 있어서 위헌 여부가 문제되는 법률 또는 법률조항이 재판의 전제성 요건을 갖추고 있는지 여부는 되도록 제청법원의 이에 관한 법률적 견해를 존중해야 할 것이며, 다만 그 전제성에 관한 법률적 견해가 명백히 유지될 수 없을 때에만 헌법재판소가 그 제청을 부적법하다 하여 각하할 수 있다. 그런데 이 사건 심판대상이 된 법률조항의 위헌여부와 관계없이 이 사건의 당해 소송사건에서 원고들(제청신청인들)의 청구가 인용될 수 없음이 명백한지의 여부는 헌법재판소가 함부로 판단할 사항이 아니므로, 이 사건 법률조항들이 재판의 전제성 요건을 갖추고 있다는 전제하에 그 위헌여부심판제청을 한 제청법원의 법률적 견해는 존중되어야 한다.

헌법재판소 1996. 10. 4. 95헌바11

(1) 구 지가공시및토지등의평가에관한법률 제8조 제1항이 표준지공시지가에 관하여 그 이의신청기간을 '공시일로부터 60일 이내'의 기간으로 규정하고 있는 것은 표준지공시지가의 특성상 이를 조속히 그리고 이해관계인 모두에 대하여 일률적으로 확정할 합리적인 필요에 기인하는 것으로서 헌법 제37조 제2항에 의하여 입법권자에게 허용된 입법재량의 범위 내에서의 공공복리 등을 위한 합리적인 제한이므로, 위 법률조항은 행정심판청구권이나 재판청구권 및 평등권을 침해하는 조항이라 할 수 없다.

헌법재판소 1995. 9. 28. 92헌가11병합

(2) 가. 특허법 제186조 제1항이 행정심판임이 분명한 특허청의 항고심판심결이나 결정에 대한 법원의 사실적 측면과 법률적 측면에 대한 심사를 배제하고 대법원으로 하여금 특허사건의 최종심 및 법률심으로서 단지 법률적 측면의 심사만을 할 수 있도록 하고 재판의 전심절차로서만 기능하게 하고 있는 것은, 앞서 본 바와 같이 일체의 법률적 쟁송에 대한 재판기능을 대법원을 최고법원으로 하는 법원에 속하도록 규정하고 있는 헌법 제101조 제1항 및 제107조 제3항에 위반된다.

나. 헌법재판소는 특허쟁송제도와 관련된 강한 법적 안정성의 요구와 이미 확인된 입법자의 합헌적인 의사를 존중하여 입법자가 마련한 합헌적인 제도가 유효하게 시행될 수 있을 때까지는 비록 위헌성이 내포되어 있기는 하나 현행제도를 그대로 유지하는 것이 오히려 여러 가지 충격과 혼란을 방지하고

과학기술자들의 권리를 두텁게 보호하는 효과적인 방안이 될 것이라고 판단되므로 심판대상 법률조항에 대하여 헌법불합치를 선언함에 그친다.

다. 이 사건의 당해사건과 이 사건 결정이 선고되는 시점에 법원에 계속 중인 모든 특허 및 의장쟁송사건에 대하여 심판대상 법률조항의 적용이 배제되고 행정소송법의 규정에 따른 절차가 진행되어야 한다면 현실적으로 재판을 담당할 준비를 갖추지 못한 일반법원에 대하여 재판의 담당을 강제하는 결과로 되어 버릴 우려가 있다. 그러므로 헌법재판소는, 심판대상 법률조항이 헌법에 불합치함을 선언하면서도, 합헌적인 개정법률이 시행될 때까지는 이를 잠정적으로 그대로 계속 적용할 것을 명함과 동시에, 헌법불합치선언이 당해 사건 등에 미칠 효과로 인한 법률적 혼란과 충격을 막기 위하여 이 사건 위헌여부심판제청의 당해사건을 포함한 모든 특허 및 의장쟁송사건에 대하여 위 심판대상 법률조항의 적용을 명한다.

－ 재판관 조승형의 반대의견

우리의 헌법재판소법 제45조, 제47조의 입법취지는 과거 권위주의시대의 위헌법률 또는 법률조항의 잠정적 적용으로 인하여 권위주의를 정당화시키는 어떠한 결정도 배제하고자 하는 뜻에서 헌법재판소가 "위헌"이면 위헌, "합헌"이면 합헌의 심판만을 할 수 있으며 그 이외의 여하한 결정도 할 수 없게 하는 데 그 취지가 있었고, 이와 같은 경우 혹시라도 그 취지에 반하는 법규범의 공백상태로 인하여 오히려 헌법상의 각 원칙과 원리에 반하는 결과가 초래하는 등의 충격을 완화하기 위하여 실효된 법률 또는 법률조항의 장래효만을 규정하려 함에 있다. 따라서 이와 같은 입법취지에 비추어 보면 헌법불합치라는 변형결정은 결코 허용될 수 없다.

헌법재판소 1994. 6. 30. 92헌가18

(3) 가. 폐지된 법률도 그 위헌 여부가 관련 소송사건의 재판의 전제가 되어 있다면 당연히 헌법재판소의 위헌심판의 대상이 된다.

나. 국가보위에관한특별조치법 제5조 제4항 및 동 특별조치령 제29조에 의하여 수용당한 원래의 자기소유토지에 관하여 위 법률조항이 위헌임을 이유로 하여 대한민국을 상대로 소유권이전등기말소청구소송을 제기한 경우, 상위법인 위 법률조항의 위헌 여부는 하위법인 특별조치령의 위헌 여부 및 효력 유무의 전제가 되고 위 법률조항에 대하여 위헌결정이 되면 자동적으로 이에 근거한 특별조치령도 위헌·무효가 되고 아울러 위헌·무효인 특별조치법에 근거한 수용처분도 위헌·무효가 될 수 있기 때문에(위헌법령에 기한 행정처분의 무효 여부는 당해 사건을 재판하는 법원이 위헌성의 정도 등에 따라 판단할 사항이다), 위 법률조항의 위헌 여부는 위 소송 재판에서의 승패 여부의 전제가 된다.

－ 재판관 조규광, 재판관 최광률, 재판관 김문희의 반대의견

나. 위 특별조치법 제5조 제4항이 위헌인 법률조항이라고 하더라도 이에 대하 여 헌법재판소의 위헌결정이 있기 전에 수용처분이 이미 관계법령의 규정에 따라 더 이상 다툴 수 없도록 된 이상 위 처분이 위헌인 법률조항에 근거하여 이루어졌다는 사유만으로 당연무효로 될 수 없고, 따라서 위 특별조치법 제5조 제4항에 대하여 헌법재판소가 위헌결정을 선고함으로써 위 법률조항이 비록 규범으로서의 효력을 잃게 된다고 하더라도 이로써 위 수용처분의 무효 여부를 가리는 데 영향을 미칠 수는 없으므로, 이 사건의 경우 위헌 여부의 심판이 제청된 법률이 헌법에 위반되는지의 여부에 따라 관련사건을 담당한 법원이 다른 내용의 재판을 하게 되는 경우라고 할 수 없고, 따라서 이 사건 위헌심판제청은 재판의 전제성 요건을 갖추지 못한 것이어서 부적법하다.

헌법재판소 1994. 6. 30. 94헌아5

(4) 헌법소원심판이 아닌 위헌법률심판은 구체적 사건에서 법률의 위헌 여부가 재판의 전제가 되어 법원의 제청이 있는 경우에 한하여 할 수 있고, 개인의 제소 또는 심판청구만으로는 위헌법률심판을 할 수 없다.

헌법재판소 1994. 4. 28. 89헌마221

(5) 가. 헌법재판소법 제68조 제2항에 의한 헌법소원은 동법 제41조 제1항의 규정에 의한 위헌여부심판의 제청신청을 법원이 각하 또는 기각한 경우에만 당사자가 직접 당 재판소에 헌법소원의 형태로

심판청구를 할 수 있는 것이므로, 법원의 위헌제청신청기각결정의 대상이 되지 아니한 규정들에 대한 심판청구는 법 제68조 제2항에 따른 헌법소원심판의 대상이 될 수 없는 사항에 대한 것으로서 부적법하다.

나. 이 사건 심판청구의 "위헌이라고 해석되는 이유"의 내용과 당 재판소에 이미 계속 중인 89헌마 86 사건의 청구원인이 기본적으로는 동일하더라도, 전자는 법 제68조 제2항에 의한 헌법소원이나 후 자는 법 제68조 제1항에 따른 헌법소원으로서 그 제소의 요건이 상이하고, 양자의 청구인도 다를 뿐 만 아니라 그 심판 대상도 반드시 동일하다고 단정할 수 없으므로, 결국 이 사건 심판청구는 중복제소 로서 부적법하다 할 수 없다.

헌법재판소 1994. 4. 28. 89헌마86

(6) 이 사건 청구이유는 청구인에 대한 구속조치의 집행기관인 국가안전기획부가 위헌적인 국가기관이 고 그 위헌적 기관에 의하여 구속되었으니 이를 취소하여 달라는 것인바, 이러한 경우 헌법소원 이외의 다른 구제절차로는 형사소송법 제417조의 준항고와 동법 제214조의2의 구속적부심절차를 생각할 수 있으나, 이 사건 청구이유는 위 준항고규정이 정한 불복사유에 해당한다고 보기 어렵고, 구속적부심도 이 사건의 경우에 사전구제절차에 해당한다고 단정하기 어려움은 물론, 구속적부심으로 구속집행기관의 위헌성을 다투기 위하여는 먼저 구속적부심사청구를 하고 그 절차에서 동 기관의 설치근거법률에 대한 위헌심판 여부의 제청을 하여 동 신청이 기각된 경우 비로소 헌법소원심판청구를 하여야 하는데 이는 청구인에게 대단히 우회적 절차를 요구하는 것밖에 되지 않아 전심절차로서 기대가능성이 없는 경우에 해당한다 할 것이므로, 이 사건의 경우 청구인은 다른 구제절차를 거침이 없이 직접 헌법소원심판청구 를 할 수 있다.

헌법재판소 1994.4.28. 91헌바15병합

(7) 가. 헌법재판소법 제68조 제2항의 규정에 의한 헌법소원심판청구가 적법하기 위하여는 문제된 법 률의 위헌 여부가 재판의 전제가 되어야 할 것이다. 이 사건 관련소송사건들의 재판을 담당한 서울고 등법원은 이 사건 관련사건들에 있어서 원고들(이 사건 청구인들)이 무효확인을 구하는 이 사건 계급 정년규정에 근거한 퇴직인사명령이 항고소송의 대상이 되는 행정처분에 해당하지 않는다고 하여 이 사건 관련사건들을 각 부적법하다고 각하하였으나. 만일 이 사건 계급정년규정이 위헌이라면 위 규정 에 근거한 청구인들에 대한 퇴직인사명령의 효력이나 청구인들의 공무원지위보유 여부에 관하여 다툴 여지가 있게 된다는 점에서 위와 같은 법적 분쟁에 관한 재판은 이 사건 계급정년규정의 위헌 여부에 따라 재판의 결론을 이끌어 내는 이유를 달리하는데 관련되어 있거나 재판의 내용과 효력에 관한 법 률적 의미가 달라지는 경우에 해당된다고 할 것이므로, 이 사건 계급 정년규정의 위헌 여부는 이 사건 관련소송사건의 재판의 전제가 된다고 할 것이다.

나. 헌법재판소법 제68조 제2항에 의한 헌법소원의 경우 헌법재판소는 원칙적으로 법원의 재판에 전 제가 되는 법률 또는 법률조항의 위헌 여부만을 결정하여야 하는 제한을 받는다고 할 것인바, 청구인 들이 그 전부에 대하여 헌법소원의 대상으로 삼고 있는 구 국가안전기획부직원법 가운데 청구인 등이 소송 수행 중에 있는 "퇴직처분무효확인청구의 소"와 관련이 있는 조문은 계급정년에 관한 규정인 동 법 제22조 제1항 제2호 및 부칙 제3항뿐이므로 위 계급정년규정을 제외한 나머지의 위 법률조항 부 분에 대한 헌법소원심판청구는 재판의 전제성이 없어 부적법하다.

헌법재판소 1994.2.24. 91헌가3

(8) 가. 헌법재판소법 제41조 제1항에서 말하는 "재판"이라 함은 원칙적으로 그 형식 여하와 본안에 관한 재판이거나 소송절차에 관한 것이거나를 불문하며, 판결과 결정 그리고 명령이 여기에 포함되므 로, 민사소송법 제368조의2에 의하여 제청법원 또는 그 재판장이 하고자 하는 인지첩부를 명하는 보 정명령은 당해 소송사건의 본안에 관한 판결주문에 직접 관련된 것이 아니라고 하여도 위에서 말한 "재판"에 해당된다.

나. 법률이 위헌으로 심판되는 여부가 법원이 앞으로 진행될 소송절차와 관련한 중요한 문제점을 선행 결정하여야 하는 여부의 판단에 영향을 주는 경우도 헌법재판소법 제41조 제1항에서 요구하는 "재판"

의 전제성이 있다고 보아야 할 것인바, 이 사건의 경우 국가를 당사자로 하는 소송에서 인지를 첨부하지 아니하도록 규정한 인지첩부및공탁제공에관한특례법 제2조의 위헌 여부는 앞으로 진행될 항고심절차에 관련하여 인지보정명령을 내릴 수 있는 여부의 중요한 문제를 선행결정하여야 하는 법원의 판단에 영향을 주는 것이므로 위 법률규정의 위헌 여부는 원심법원(이사건 제청법원)이 국가에 대하여 인지첩부를 명하는 보정명령을 내리는 재판 여부에 대하여 전제성이 있다고 보아야 한다.

헌법재판소 1993. 12. 23. 93헌가2 결정

⑼ 가. 보석허가결정에 대한 검사의 즉시항고권을 인정한 형사소송법 제97조 제3항의 위헌 여부는 보석허가결정을 한 원심법원이 같은 법 제407조, 제408조의 규정에 따라 즉시항고에 대하여 할 재판 등 조치의 주문이 달라지거나 그 재판 등의 기초적인 이유, 직접적인 내용과 효력의 법률적 의미 등에 차이가 있게 되므로 위 법률조항에 대하여 원심법원이 한 위헌심판제청은 그 심판제청 당시 재판의 전제성이 있다.

나. 위헌심판제청된 법률조항에 의하여 침해된다는 기본권이 중요하여 동 법률조항의 위헌 여부의 해명이 헌법적으로 중요성이 있는데도 그 해명이 없거나, 동 법률조항으로 인한 기본권의 침해가 반복될 가능성이 있는데도 좀처럼 그 법률조항에 대한 위헌심판의 기회를 갖기 어려운 경우에는 위헌제청 당시 재판의 전제성이 인정되는 한 당해 소송이 종료되었더라도 예외적으로 객관적인 헌법질서의 수호, 유지를 위하여 심판의 필요성을 인정하여 적극적으로 그 위헌 여부에 대한 판단을 하는 것이 헌법재판소의 존재이유에도 부합하고 그 임무를 다하는 것이 된다.

다. 헌법 제107조 제1항, 헌법재판소법 제41조, 제43조 등의 규정취지는 법원은 문제되는 법률조항이 담당법관 스스로의 법적 견해에 의하여 단순한 의심을 넘어선 합리적인 위헌의 의심이 있으면 위헌심판제청을 하라는 것이다.

헌법재판소 1993.5.13. 92헌가10병합

가. 위헌법률심판제청 내지 헌법재판소법 제68조 제2항에 의한 헌법소원심판청구의 적법요건인 재판의 전제성이라 함은 첫째, 구체적인 사건이 법원에 계속되어 있었거나 계속 중이어야 하고, 둘째, 위헌 여부가 문제되는 법률이 당해 소송사건의 재판에 적용되는 것이어야 하며, 셋째, 그 법률이 헌법에 위반되는지의 여부에 따라 당해 사건을 담당한 법원이 다른 내용의 재판을 하게 되는 경우를 말하는 것으로, 여기에서 법원이 "다른 내용의" 재판을 하게 되는 경우라 함은 원칙적으로 법원이 심리 중인 당해 사건의 재판의 결론이나 주문에 어떠한 영향을 주는 것뿐만이 아니라, 문제된 법률의 위헌 여부가 비록 재판의 주문 자체에는 아무런 영향을 주지 않는다고 하더라도 재판의 결론을 이끌어 내는 이유를 달리하는 데 관련되어 있거나 또는 재판의 내용과 효력에 관한 법률적 의미가 전혀 달라지는 경우도 포함한다 할 것이다.

나. 위헌법률심판이나 헌법재판소법 제68조 제2항의 규정에 의한 헌법소원심판에 있어서 위헌 여부가 문제되는 법률이 재판의 전제성요건을 갖추고 있는지의 여부는 헌법재판소가 별도로 독자적인 심사를 하기보다는 되도록 법원의 이에 관한 법률적 견해를 존중해야 할 것이며, 다만 그 전제성에 관한 법률적 견해가 명백히 유지될 수 없을 때에만 헌법재판소는 이를 직권으로 조사할 수 있다 할 것이다.

헌법재판소 1990. 10. 15. 89헌마178

⑾ ① 가. 헌법 제107조 제2항이 규정한 명령·규칙에 대한 대법원의 최종심사권이란 구체적인 소송사건에서 명령·규칙의 위헌 여부가 재판의 전제가 되었을 경우 법률의 경우와는 달리 헌법재판소에 제청할 것 없이 대법원이 최종적으로 심사할 수 있다는 의미이며, 명령·규칙 그 자체에 의하여 직접 기본권이 침해되었음을 이유로 하여 헌법소원심판을 청구하는 것은 위 헌법규정과는 아무런 상관이 없는 문제이다.

나. 따라서 입법부·행정부·사법부에서 제정한 규칙이 별도의 집행행위를 기다리지 않고 직접 기본권을 침해하는 것일 때에는 모두 헌법소원심판의 대상이 될 수 있는 것이다.

② 가. 이 사건에서 심판청구의 대상으로 하는 것은 법원행정처장의 법무사 시험 불실시, 즉 공권력의 불행사가 아니라 법원행정처장으로 하여금 그 재량에 따라 법무사시험을 실시하지 아니해도 괜찮다고

규정한 법무사법 시행규칙 제3조 제1항이다.
나. 법령 자체에 의한 직접적인 기본권침해 여부가 문제되었을 경우 그 법령의 효력을 직접 다투는 것을 소송물로 하여 일반 법원에 구제를 구할 수 있는 절차는 존재하지 아니하므로 이 사건에서는 다른 구제절차를 거칠 것 없이 바로 헌법소원심판을 청구할 수 있는 것이다.
헌법재판소 1990. 6. 25. 90헌가11
가. 합헌한정해석은 헌법을 최고법규로 하는 통일적인 법질서의 형성을 위해서나 입법부가 제정한 법률을 위헌이라고 하여 전면 폐기하기보다는 그 효력을 되도록 유지하는 것이 권력분립의 정신에 합치하고 민주주의적 입법기능을 최대한 존중하는 것이 되며, 일부 위헌요소 때문에 전면위헌을 선언하는 데서 초래될 충격을 방지하고 법적 안정성을 갖추기 위하여서도 필요하다 할 것이다.
나. 합헌한정해석에 대하여 제청법원은 적어도 이 사건 제청당사자로서 위 심판의 기판력을 받을 것임은 물론, 헌법 제107조 제1항의 규정상 제청법원이 본안재판을 함에 있어서 헌법재판소의 심판에 의거하게 되어 있는 이상 위 헌법 규정에 의하여서도 직접 제청법원은 이에 의하여 재판하지 않으면 안 될 구속을 받는다 할 것이다.
헌법재판소 1989. 4. 17. 88헌마3 결정
① 헌법재판소법 제68조 제1항 단서 소정의 다른 권리구제절차라 함은 공권력의 행사 또는 불행사를 직접대상으로 하여 그 효력을 다툴 수 있는 권리구제절차를 의미하고, 사후적·보충적 구제수단을 뜻하는 것은 아니다.
② 불기소처분의 대상이 된 피의사실의 공소시효가 이미 완성되었으면 그에 대한 헌법소원심판청구는 권리보호의 이익이 없다.

Ⅲ. 위헌위법명령 · 규칙 · 처분심사권

제107조 ② 명령·규칙 또는 처분이 헌법이나 법률에 위반되는 여부가 재판의 전제가 된 경우에는 대법원은 이를 최종적으로 심사할 권한을 가진다.

1. 의의

대법원은 명령·규칙, 처분이 헌법이나 법률에 위반되는 여부가 재판의 전제가 된 경우에는 이를 최종적으로 심사할 권한을 가진다.

2. 성격

국법질서의 통일성을 유지하고, 명령·규칙의 합헌성과 합법성을 보장함으로써 궁극적으로 국민의 인권보장을 도모함에 있다.

3. 주체

명령·규칙의 위헌·위법심사권은 각급법원도 가지며, 군사법원도 심사권을 가진다. 이에 관한 최종적인 심사권은 대법원이 가지고 각급법원은 전심으로서만 행사한다. 그리고 헌법재판소도 명령규칙에 대하여 심사할 수 있다(법무사시행규칙의 위헌 여부).

4. 내용

1) 요건
법원이 명령·규칙을 심사하기 위하여는 명령규칙의 위헌·위법 여부가 재판의 전제가 되어야 한다(구체적 규범통제).

2) 기준
헌법과 헌법적 관습 및 법률이며 국회의 동의를 얻은 조약도 포함된다.

3) 대상
심사권의 대상으로서 명령이란 모든 법규·명령(위임명령, 집행명령, 대통령령, 총리령, 부령을 포함 그러나 계엄령은 포함되지 않는다)을 의미하며, 규칙이란 국회규칙, 대법원규칙, 중앙선거관리위원회규칙, 헌법재판소, 지방자치단체의 규칙 등을 말한다. 다만, 행정규칙이 포함되는지에 관하여는 제외된다는 부정설이 다수설이다.

4) 범위
법원의 명령·규칙심사권은 형식적 효력(제정절차나 공포절차)뿐 아니라 실질적 효력에 대한 심사에도 미친다.

5) 절차
대법원에서는 대법관 3분의 2 이상이 출석하고 출석 대법관 과반수의 찬성으로 위헌·위법임을 인정한다.

6) 효력

위헌·위법성이 인정되는 경우에도 법원은 명령·규칙의 무효를 선언할 수는 없으며, 당해 사건에 적용을 거부할 수 있을 뿐이다(개별적 효력 부인설). 그리고 위헌법률심사에 대한 결정의 효력은 일반적 효력을 가진다.

Ⅳ. 법정질서유지권(가택권)

1. 의의

법정의 질서유지권이라 함은 정상적인 재판의 진행을 위하여 재판장이 법정의 존엄과 질서를 해칠 우려가 있는 자의 입정금지 또는 퇴정을 명하거나 기타 법정의 질서유지에 필요한 명령을 발할 수 있는 권한을 말하며, 가택권이라고도 한다.

법정질서유지권은 가택권적 자율권으로서의 성격을 가지며 법원과 재판장의 권한인 동시에 의무이며, 소송사건과 직접 관계가 없기 때문에 소송지휘권과 구별된다.

2. 내용

1) 법정의 질서유지(동법 제58조)

재판장은 법정의 존엄과 질서를 해할 우려가 있는 자의 입정금지 또는 퇴정을 명하거나 기타 법정의 질서유지에 필요한 명령을 발할 수 있다.

2) 녹화 등의 금지(동법 제59조)

누구든지 법정 안에서는 재판장의 허가 없이는 녹화·촬영·중계방송 등의 행위를 하지 못한다. 그런데 헌법 제109조에서는 재판의 공개원칙을 규정하고 있고, 이는 재판에 대한 보도의 자유가 그 중심을 이루는 것이므로 허가 여부를 결정함에 있어서 신중을 기해야 할 것이다.

3) 경찰관의 파견요구(동법 제60조)

재판장은 법정에서의 질서유지를 위하여 필요하다고 인정할 때에는 개정 전후를 불문하고 관할 경찰서장에게 경찰관의 파견을 요구할 수 있으며, 파견된 경찰관은 법정 내외의 질서유지에 관하여 재판장의 지휘를 받는다.

3. 효과

법원과 재판장은 직권으로 법정 내외에서 입정금지·퇴정 기타 명령에 위배되는 행위를 하거나 또는 법정 안에서 재판장의 허가 없는 녹음·촬영·중계방송 등의 금지에 위배하는 행위를 한 경우, 폭언·소란 등의 행위로 법원의 심리를 방해하거나 재판의 위신을 현저하게 훼손한 자에 대하여 결정으로 20일 이내의 감치 또는 100만 원 이하의 과태료에 처하거나 이를 병과할 수 있다(동법 제61조 제1항). 이러한 불이익처분은 사법행정상의 질서벌의 성격을 가지는 것이다.

제6장 헌법재판소

제1절 헌법재판의 서론

Ⅰ. 헌법재판의 의의

1. 개념

헌법재판이란 헌법을 운용하는 과정에서 헌법규범의 내용이나 기타 헌법문에 대한 다툼이 생긴 경우에 이를 유권적으로 해결함으로써, 헌법의 규범적 효력을 지키고 헌법생활의 안정을 유지하려는 헌법의 실현작용을 의미한다(허영). 그리고 협의의 헌법재판은 위헌법률심사제만을 의미하고, 광의의 헌법재판은 위헌법률심사제, 탄핵심판, 위헌정당해산, 권한쟁의, 헌법소원, 선거소송 등을 포함하는 헌법의 제 재판을 의미한다(권영성).

2. 기능

헌법재판은 첫째, 통치권남용으로부터 헌법질서를 수호하고, 둘째, 통치기관의 권력통제기능, 셋째, 민주주의적 정치이념 실천, 넷째, 개인의 자유와 권리 보호 및 소수보호, 대립된 정치세력 간 타협 가능(권영성) 등이 그 기능이다.

3. 특성

(1) 헌법재판은 사법기관의 판결처럼 강권재판이 아니므로 국가권력의 성의나 자발성이 있어서 그 실효성이 보장된다.

(2) 헌법재판은 정치문제를 해결하는 정치형성재판으로서의 특성을 갖는다.

4. 사법적극주의와 소극주의

(1) 헌법의 조문이 추상성으로 말미암아 판단이 곤란한 政治的 難問題가 생기는 경우 헌법재판소가 취하여할 헌법해석의 방향과 태도, 그리고 권한행사의 범위문제가 제기되는데, 이것이 사법적 심사방법이다.

(2) 사법소극주의
① 의의: 이는 사법자제론이라고도 하는데 입법부나 행정부의 결정에 관하여 정치적 도덕감에 지나치게 위배되거나 혹은 기존의 판례에 대하여 명백하게 위반되지 않는 경우 그들의 결정을 존중하여 우선시하는 것을 말한다.
② 논거
ⓐ 사법부의 비민주적 성격(국민의 대표기관인 의회가 제정한 법률을 무효로 하는 것은 비민주적이다)
ⓑ 사법에 고유한 기능(법관에게 통치나 정책적 측면에 전문지식이 없음)
ⓒ 사법판단을 하게 되면 한쪽의 편을 들어주게 됨으로 인하여 사법의 정치화
ⓓ 소극주의는 입법부와 집행부의 행위에 대하여 합헌성 추정(헌법제정자의 의도를 중요시 함)

③ 한계: 사법권 포기는 헌법 기본원리에 반하고 어느 한쪽의 정치적 입장을 대변하게 된다.

(3) 사법적극주의

① 의의: 이는 법원의 선례에 대한 엄격한 기속을 탈피하여 헌법을 시대에 탄력적으로 해석, 입법부·행정부의 통치행위에 대하여 적극적으로 판단하는 것을 말한다.

② 근거

ⓐ 민주적 성격(입법부에 비민주적 세력이 있기 때문에 입법권에 대하여 사법부가 적극적으로 심사를 함)

ⓑ 헌법수호자(입법부와 행정부의 비대화로 견제기능과 헌법수호의 차원에서 사법심사를 함)

ⓒ 도덕적 원리의 확실한 객관성을 전제(법관의 판단은 도덕에 근거를 하며, 또한 양심적이며 국민의 의사를 대변함)

ⓓ 합헌성 추정거부(국민의 권리보호하에서 국민의 기본권 침해 시 적극적으로 판단)

(4) 결어

입법부와 행정부의 밀착현상과 정당국가성향으로 입법과정이 위헌적 요소가 많다. 따라서 국민의 기본권의 최후의 보루가 사법심사라는 측면에서 사법적극주의와 소극주의의 조화가 요구된다고 하겠다.

II. 법적 성질

1. 사법작용설

헌법재판도 결국 헌법규범에 대한 법해석작용을 그 본질로 하는 만큼 다른 법해석작용과 마찬가지로 전형적인 사법적 법인식작용에 지나지 않는다. 이는 헌법과 법률을 동일시하는 문제가 있다.

2. 정치작용설

헌법재판은 헌법문제에 대한 다툼을 전제로 하는 것인데, 헌법문제에 대한 다툼은 법률분쟁이 아닌 정치적 분쟁이므로 이러한 정치적 분쟁에 대한 해결은 사법작용일 수 없고, 정치작용이다. 헌법의 규범성을 도외시하고 정치결단작용만 강조하는 데 문제가 있다.

3. 입법작용설

헌법재판은 헌법해석을 통한 헌법의 실현작용인데, 헌법해석은 일반법률의 해석과 달리 헌법을 보충하고 그 내용을 형성하는 기능을 가지므로 헌법재판은 일종의 입법작용이라 한다.

4. 제4국가기관설

헌법재판은 입법, 사법, 행정 등의 국가작용을 통제하는 기능이기 때문에 사법작용일 수 없고 입법작용일 수도 없는 독특한 성격을 지닌 제4국가기관의 작용이라고 한다.

III. 헌법재판제도의 유형

1. 헌법재판소형

추상적 규범 통제까지 인정하며, 위헌법률심판, 탄핵심판, 권한쟁의, 정당해산, 선거소송, 헌법소원 등을 관할하며, 독일, 오스트리아, 이탈리아, 스페인 등이 채택하고 있다.

2. 일반법원형

위헌법률심사만을 그 권한으로 갖고 있는 형태를 말하고, 구체적 규범통제만을 할 수 있고 위헌결정은 적용거부와 개별적 효력만을 갖게 된다. 이는 사법기관의 중립성, 조직의 안정성, 사법권의 강화와 사법권의 독립성을 그 특징으로 하며, 미국과 일본이 이를 채택하고 있다.

3. 정치기관형

프랑스가 채택하고 있다.

Ⅳ. 헌법재판소의 지위

(1) 헌법보장기관

사법적 방법으로 헌법보호

(2) 정치적 사법기관

사법기관의 성격과 정치기관의 성격을 갖는다.

(3) 기본권 보장기관

① 직접: 헌법소원과 위헌법률심사를 통하여
② 간접: 그 외

(4) 권력의 통제와 순화기관성

(5) 헌법재판에 관한 최종심판기관

(6) 최고기관성

V. 한계

1. 한계긍정설

국회의 자율권과 통치행위는 헌법재판의 대상이 되지 않는다. 헌법재판은 그것이 정치
기관에 의한 재판일지라도 법적 결단이어야 한다는데 그 내재적 한계가 있다.

2. 한계부정설

통치행위는 인정될 수 없고 헌법재판의 대상은 모두 될 수 있지만, 제도방어적, 정치
적인 면에서 일정한 한계를 설정할 수 있다. 이는 제도본질적인 내용일 수 없고, 헌법재
판의 기능과 실효성을 높이기 위한 정책적인 고려이다.

VI. 한국헌법에 있어서 헌법재판제도의 변천

1. 건국 헌법

(1) 헌법재판기관: 헌법위원회, 탄핵재판소, 대법원
(2) 관장사항: 위헌법률심사, 탄핵심판, 일정한 권한쟁의
(3) 유형: 헌법법원형과 정치기관형 절충

2. 제2공화국 헌법

(1) 헌법재판기관: 헌법재판소(대통령 · 대법원 · 참의원 각 3인 선임)
(2) 관장사항: 위헌법률 · 탄핵 · 정당해산 · 권한 · 대통령 · 대법원장 · 대법관의 선거에
    관한 소송
(3) 유형: 헌법법원형

3. 제3공화국 헌법

(1) 헌법재판기관: 대법원, 탄핵심판위원회

(2) 관장사항: 위헌·정당·선거소송, 탄핵심판

(3) 유형: 정치기관형과 일반법원형 절충

4. 제4공화국·제5공화국 헌법

(1) 헌법재판기관: 헌법위원회

(2) 관장사항: 위헌·탄핵·정당해산

(3) 유형: 헌법법원형

5. 현행 헌법

(1) 헌법재판기관: 헌법재판소

(2) 관장사항: 위헌·탄핵·권한·위헌정당해산·헌법소원

(3) 유형: 헌법법원형

제2절 헌법재판소의 구성과 운영

제111조 ② 헌법재판소는 법관의 자격을 가진 9인의 재판관으로 구성하며, 재판관은 대통령이 임명한다.

③ 제2항의 재판관 중 3인은 국회에서 선출하는 자를 3인은 대법원장이 지명하는 자를 임명한다.

④ 헌법재판소의 장은 국회의 동의를 얻어 재판관 중에서 대통령이 임명한다.

제112조 ① 헌법재판소 재판관의 임기는 6년으로 하며, 법률이 정하는 바에 의하여 연임할 수 있다.

② 헌법재판소 재판관은 정당에 가입하거나 정치에 관여할 수 없다.

③ 헌법재판소 재판관은 탄핵 또는 금고 이상의 형의 선고에 의하지 아니하고는 파면되지 아니한다.

제113조 ① 헌법재판소에서 법률의 위헌결정, 탄핵의 결정, 정당해산의 결정 또는 헌법소원에 관한 인용결정을 할 때에는 재판관 6인 이상의 찬성이 있어야 한다.

③ 헌법재판소의 조직과 운영 기타 필요한 사항은 법률로 정한다.

Ⅰ. 헌법재판소의 구성과 조직

1. 구성

1) 임명절차
헌법재판소는 국회가 선출하는 3인·대법원장이 지명하는 3인·대통령이 지명하는 3인의 9인의 재판관으로 구성되며 이들은 모두 대통령이 임명한다.

2) 재판관의 자격
재판관은 15년 이상 판사·검사·변호사, 변호사의 자격이 있는 자로서 국가기관·국공영기업체·정부투자기관 기타 법인에서 법률에 관한 사무에 종사한 자, 변호사의 자격이 있는 자로서 공인된 대학의 법률학조교수 이상의 직에 있던 40세 이상의 자 중에서 임명한다.

3) 재판관의 임기
재판관의 임기는 6년으로 하며, 연임할 수 있다. 재판관의 정년은 65세로 하며, 다만 헌법재판소의 장은 70세를 정년으로 한다.

2. 조직

1) 헌법재판소의 장
헌법재판소에 헌법재판소장을 두며, 국회의 동의를 얻어 재판관 중에서 대통령이 임명한다. 헌법재판소장은 헌법재판소를 대표하고, 헌법재판소의 사무를 통리하며, 소속공무원을 지휘·감독한다. 헌법재판소장이 궐위되거나 사고로 인하여 직무를 수행할 수 없을 때에는 다른 재판관이 헌법재판소규칙이 정하는 순서에 의하여 그 권한을 대행한다(헌재법 제12조).

2) 헌법재판소의 재판관

헌법재판소 재판관은 헌법재판소장을 포함하여 9인으로 하며 모두 상임재판관으로 구성된다. 재판관은 재판관회의의 구성원이 되고, 헌법 및 헌법재판소법상의 신분보장과 권리와 의무를 부담한다.

3) 재판관회의

재판관회의는 헌법재판소규칙의 제정과 개정 등에 관한 사항, 예산요구·예비비지출과 결산에 관한 사항, 사무처장 임면의 제청과 헌법연구관 및 3급 이상의 공무원의 임면에 관한 사항, 특히 중요하다고 인정되는 사항으로서 헌법재판소장이 부의하는 사항 등을 결정하기 위하여 헌법재판소장을 의장으로 하고 재판관 전원으로 구성원으로 하는 헌법재판소의 의결기관이다.

재판관회의는 재판관 7인 이상의 출석과 출석재판관 과반수의 찬성으로 의결하며, 의장은 의결에 있어 표결권을 가진다. 기타 그 운영에 관하여 필요한 사항은 헌법재판소규칙으로 정한다.

4) 보조기관

헌법재판소의 행정사무를 처리하기 위한 사무처와 사건의 심리 및 심판에 관한 조사·연구에 종사하는 헌법연구관 또는 헌법연구관보, 헌법재판소장 비서실, 서기 및 정리를 보조기관으로 둔다.

Ⅱ. 헌법재판소재판관의 신분보장

1. 신분보장

헌법재판소의 재판관은 탄핵결정 또는 금고 이상의 형의 선고를 받은 경우를 제외하고는 그 의사에 반하여 해임되지 아니한다. 헌법재판소의 장의 대우와 보수는 대법원장의 예에, 재판관의 대우와 보수는 대법관의 예에 의한다.

2. 정치적 중립

헌법재판소 재판관은 정당에 가입하거나 정치에 관여할 수 없다.

3. 재판관의 겸직금지

헌법재판소의 재판관은 국회 또는 지방의회의 의원의 직, 국회·정부 또는 법원의 공무원의 직, 법인·단체 등의 고문·임직원의 직을 겸하거나 영리를 목적으로 하는 사업을 영위할 수 없다(헌재법 제12조).

Ⅲ. 헌법재판소의 운영(심판절차)

1. 심판

1) 심판주체

헌법재판소법상 특별한 규정이 있는 경우를 제외하고는 원칙적으로 심판은 재판관 전원으로 구성되는 재판부에서 관장하며, 재판장은 헌법재판소장이 된다. 예외적으로 사전심사를 위하여 재판관 3인으로 구성되는 지정재판부를 둘 수 있다.

2) 심리

(1) 심리정족수

재판부는 재판관 7인 이상의 출석으로 사건을 심리한다.

(2) 변호사강제주의

헌법재판소법은 각종 심판절차에 있어서 당사자가 변호사를 대리인으로 선임하지 아니하면 심판청구나 심판수행을 할 수 없도록 하는 변호사강제주의를 채택하고 있다. 즉 각종 심판절차에서 정부가 당사자인 때에는 법무부장관이 이를 대표하며, 기타 국가기관또는 지방자치단체는 변호사 또는 변호사 자격이 있는 소속직원을 대리인으로 선임하여심판을 수행하게 할 수 있다. 그리고 사인이 당사자인 경우에도 변호사를 대리인으로 선임하지 않으면 심판청구를 하거나 심판수행을 하지 못하며, 다만 그가 변호사의 자격이 있는 때에는 그러하지 아니하다.

> 헌법재판소 1990. 9. 3. 89헌마120 등 병합결정
> 변호사강제주의는 재판업무에 분업화원리의 도입이라는 긍정적 측면 외에도, 재판을 통한 기본권의 실질적 보장, 사법의 원활한 운영과 헌법재판의 질적 개선, 재판심리의 부담경감 및 효율화, 사법운영의 민주화 등 공공복리에 그 기여도가 크다 하겠고, 그 이익은 변호사선임비용지출을 하지 않는 이익보다는 크다고 할 것이며, 더욱이 무자력자에 대한 국선대리인제도라는 대상조치가 별도로 마련되어 있는 이상 헌법에 위배된다고 할 수 없다.

(3) 국선대리인제도

헌법소원심판을 청구하고자 하는 자가 변호사를 대리인으로 선임할 자격이 없는 경우에는 헌법재판소에 국선대리인을 선임해 줄 것을 신청할 수 있다(헌재법 제70조).

(4) 심리의 방식

심리의 방식은 탄핵심판과 정당해산심판 및 권한쟁의심판의 경우 구두변론에 의하고, 위헌법률심판과 헌법소원심판의 경우에는 원칙적으로 서면심리에 의하고, 다만 재판부가 필요하다고 인정하는 경우에는 변론을 열어 당사자·이해관계인 기타 참고인의 진술을 들 수 있다.

3) 심판

(1) 심판의 공개

심판의 변론과 결정의 선고는 공개한다. 다만 서면심리와 평의는 공개하지 아니한다. 또한 심리는 국가의 안전보장·질서유지 또는 선량한 풍속을 해할 우려가 있을 때에는 결정으로 이를 공개하지 않을 수 있다(헌재법 제34조).

(2) 일사부재리

헌법재판소는 이미 심판을 거친 동일한 사건에 대하여는 다시 심판할 수 없다(헌재법 제39조).

(3) 심판기간

헌법재판소는 심판사건을 접수한 날로부터 180일 이내에 종국결정의 선고를 하여야한다. 다만 재판관의 궐위로 7인의 출석이 불가능한 때에는 그 궐위된 기간은 심판기간에 이를 삽입하지 아니한다(헌재법 제38조).

(4) 준용규정

원칙적으로 헌법재판소의 심판절차에 관하여는 특별규정이 있는 경우를 제외하고는 민사소송에 관한 법령의 규정을 준용한다. 이 경우 탄핵심판의 경우에는 형사소송에 관한법령을, 권한쟁의심판과 헌법소원심판의 경우에는 행정소송법에 관한 법령을 함께 준용한다(헌재법 제40조).

2. 결정

1) 결정정족수

결정정족수는 재판관 7인 이상의 출석·심리와 출석재판관 과반수의 찬성으로 결정함을 원칙으로 하며, 이는 권한쟁의심판만이 해당된다. 그 밖의 법률의 위헌결정·탄핵의결정·정당해산의 결정·헌법소원의 인용결정의 경우 및 종전에 헌법재판소가 판시한헌법 또는 법률의 해석·적용에 관한 의견을 변경하는 경우에는 재판관 7인 이상이 출석·심리하여 6인 이상의 찬성으로 결정한다(헌재법 제23조 제2항).

2) 결정의 형식

재판부가 심리를 마치고 종국결정을 할 때에는 결정서를 작성하고, 심판에 관여한 재판관전원이 이에 서명·날인하여야 한다. 법률의 위헌심판, 권한쟁의심판 및 헌법소원심판에 관여한 재판관은 결정서에 의견을 표시하여야 한다(헌재법 제36조 제1항·제2항·제3항).

3) 송달 및 공시

종국결정이 선고되면 서기는 지체 없이 결정서정본을 작성하여 이를 당사자에게 송달하여야 하며, 종국결정은 관보에 게재함으로써 이를 공시한다(헌재법 제36조 제4항·제5항).

3. 심판비용

헌법재판소의 심판비용은 원칙적으로 국가부담으로 하며 당사자의 신청에 의한 증거조사비용은 헌법재판소규칙이 정하는 바에 따라 신청인에게 부담시킬 수 있다. 그리고 헌법소원심판의 청구인에 대하여는 헌법재판소규칙이 정하는 공탁금의 납부를 명할 수 있고, 이 공탁금은 심판청구를 각하하는 경우와 심판청구를 기각하면서 심판청구가 권리남용이라고 인정되는 경우에는 그 전부나 일부를 국고로 귀속시킬 수 있다(헌재법 제37조).

제3절 헌법재판소의 권한

제111조 ① 헌법재판소는 다음 사항을 관장한다. 1. 법원의 제청에 의한 법률의 위헌 여부 심판 2. 탄핵의 심판 3. 정당의 해산심판 4. 국가기관 상호 간, 국가기관과 지방자치단체 간 및 지방자치단체 상호간의 권한쟁의에 관한 심판 5. 법률이 정하는 헌법소원에 관한 심판

Ⅰ. 위헌법률심판권

1. 위헌법률심판의 의의

이는 법률이 헌법에 위반되는가 여부를 판단하는 것을 말한다. 이에 대한 제도적 유래는 미국 Marbury(마베리) V Madison(메디슨) 사건(판례 확립)에 의하여 성립된 것이다.

1) 제도적 의의
헌법의 최고법규성, 헌법질서 수호유지, 다수와 소수의 타협과 조정, 국민의자유와 권리보장, 연방 제 국가에서는 연방과 지방 간의 관할상의 분쟁을 해결(김철수)

2) 이론적 근거
헌법의 최고법규성 보장, 의회에 대한 불신, 권력분립원리(김철수)

2. 위헌법률심판제의 유형

(1) 일반법원형(미국과 일본): 구체적 규범통제, 개별적 효력.

(2) 헌법재판소형(독일, 오스트리아): 추상적 규범통제, 일반적 효력

(3) 정치기관형(불란서)

(4) 우리나라의 위헌법률심사

① 성질: 우리나라는 추상적 규범통제를 인정하지 않고, 구체적 규범통제만 인정하고 있다.

② 내용: 헌법재판소는 합법성 판단만을 갖고, 합목적성에 대해서는 판단할 수 없다.

③ 대상: 심판대상은 먼저 형식적 의미법률과 그와 동일한 효력을 가진 긴급명령, 긴급재정·경제명령도 위헌심판의 대상이 된다. 그리고 이미 폐지된 법률에 대한 위헌심사에 대하여 헌재는 이를 인정하고 있으며, 신법이 보다 유리하게 개정되었을 때에만 신법이 소급적용될 수 있으므로 그 전제문제로서 폐지된 구법에 대해서도 심사할 수 있다(김철수). 또한 조약도 포함된다(심사긍정설: 단, 국내에서 유효와 무효를 심사할 수 있고, 국제적 효력의 유무에 대해서는 심사할 수 없고, 또한 그 자체 무효선언도 할 수 없다).

④ 기준: 그 기준은 형식적 의미의 헌법이다. 그리고 헌법적 관습(실질적 의미의 헌법)을 기준으로 삼을 수 있는 가에 관하여 견해가 대립된다. 원칙적으로는 될 수 없으나 헌법의 핵이나 기본원리로 된 경우에는 기준이 된다. 자연법과 정의도 그 기준이 될 수 있다(논란대상).

⑤ 행사요건

ⓐ 재판의 전제성: 모든 법원이 제청이 가능(특정사건 재판 담당)하다. 따라서 쟁송에 관하여 법적인 이익을 가진 사람(당사자적격)이 구체적인 사건에 있어서 헌법판단을 구한다고 하는 사법권일반에 따르는 사건성(구체적 사건성)의 제약을 받는다. 그리고 소의 이익이 있어야 한다.

ⓑ 심판: 위헌결정 - 6인 이상

⑥ 효력: 그 기속력은 각급법원, 모든 국가기관, 지방자치단체에 미치며, 구체적 규범통제로서 위헌으로 결정된 법률 또는 법률의 조항은 결정이 있은 날로부터 효력을 상실한다(일반적 효력). 이를 객관적 규범통제라고 한다.

3. 위헌결정의 효력발생시기

이에 대한 입법례로는 위헌결정에 ① 소급효를 인정하면서 부분적으로 이를 제한하는
예, ② 장래효를 인정하면서 부분적으로 장래효를 인정하는 예, ③ 소급효를 인정할 것
인가 장래효를 인정할 것인가를 사건별로 결정하는 예가 있다. 효력발생시기에 관하여
원칙적으로 소급적용하며(논리적), 법률생활안정이라는 측면에서 형벌에 관한 것은 소급
하여 효력을 상실한다. 그리고 헌재는 당사자의 권리구제를 위한 구체적 타당성의 요청
은 현저한 반면에, 소급효를 인정하여도 법적 안정성을 침해할 우려가 없고, 나아가 구법
에 의하여 형성된 그 밖의 기득권자의 이득이 해쳐질 사안이 아닌 경우로서, 소급효의
부인이 오히려 정의와 형평 등 헌법적 이념에 심히 배치되는 때에는 소급효를 인정할 수
있다고 판시하고 있다.

4. 위헌결정의 유형

1) 서설
이에는 합헌결정, 위헌결정, 위헌불선언, 변형결정이 있다.

위헌불선언이란 재판관 5인이 위헌의견을 개진하여도 합헌이 되는 경우를 단순합헌결
정과 구별하여 위헌으로 선언을 할 수 없다는 형태를 말한다.

변형결정이란 합헌과 위헌의 중간형태를 말하며, 이는 헌법재판에 있어서 불가피하게
나타난다.

2) 변형결정
독일에서는 위헌법률이 소급하여 효력을 상실하게 되므로, 법적 안정성과 입법부의 입
법형성의 자유를 존중하기 위하여 그 소급무효를 제한하기 위한 형식의 결정도 선고되고
있다. 이를 변형결정이라고 한다.

(1) 헌법불합치(구체적 법률개정의무)와 입법촉구(추상적인 법률개선의무)
헌법불합치는 법률이 실질적으로는 위헌이나 헌법적인 다른 이유로 인하여 위헌적인
법률을 존속시켜 주는 대신 일정한 기간을 정하여 위헌성을 제거해 줄 것을 요구(입법개
선촉구)하는 결정이다. 이 결정이 있게 되면 법률은 존속되며 효력도 지니게 된다(주문이

보통은 --조는 헌법에 합치되지 아니한다. 그러나 --조는 --까지 시한으로 입법자가 개정할 때까지 그 효력이 지속한다). 입법촉구는 결정 당시에는 합헌적 법률이지만 위헌법률이 될 소지가 있다고 인정하여, 헌법에 완전히 합치하는 상태를 실현하기 위하여 또는 장차 발생할 위헌의 상태를 방지하기 위하여 입법자에게 당해 법률의 개정 또는 보완 등 입법을 촉구하는 결정형식이다. 그러나 아직까지 우리나라는 이 결정의 형식으로 결정한 적은 없다. 헌법불합치는 입법자에게 구체적인 법률개정의무를 지우는 것인데 대하여, 입법촉구는 입법자에게 추상적인 입법개선의무를 지우는 것이다.

(2) 한정합헌과 한정위헌

한정합헌은 위헌이 되는 부분의 법령의 의미를 헌법정신에 합치하도록 한정적으로 해석하여 위헌판단을 회피하는 것으로 헌법합치적 법률해석이라고도 한다(주문례로는 -- 이러한 해석하에 헌법에 위반되지 않는다). 이는 법률의 합헌성추정의 원리를 그 근거로 한다. 한정위헌은 법조문의 해석 중 특히 헌법과 조화를 이룰 수 없는 부분을 한정해서 밝힘으로써 그 범위 내에서 법률의 적용을 배제하는 것을 말한다. 한정합헌은 한정적 축소적 해석방법이며 위헌적인 해석가능성을 소극적으로 배제하는 것이며, 한정위헌은 법률해석가능성 중에서 헌법과 조화를 이룰 수 없는 부분을 한정해서 위헌적인 법해석의 적용가능성을 적극으로 배제하는 방법이다.

(3) 일부위헌

일부위헌은 법률의 일부에 대한 무효선언이다. 이를 변형결정이라는 설과 위헌결정이라는 설로 양분되어 있다.

이에는 무효선언으로써 법조문의 일부분이 삭제되는 효과를 가져오는 경우인 양적 일부무효와 법조문은 그대로 둔 채로 그 법조문의 적용례에 대해서만 위헌을 선언하는 질적 일부무효가 있다.

한정합헌은 위헌적 해석가능성을 소극적으로 배제하고 한정위헌은 적극적으로 배제시킨다. 그리고 헌법규범의 통일성 측면에서 의문의 여지가 있는 경우는 합헌적 해석우선의 원칙을 적용시키고 위헌선언을 가급적 피한다.

II. 탄핵심판권

1. 탄핵심판의 의의

탄핵심판권이라 함은 사법절차나 징계절차에 따라 소추하거나 징계하기가 곤란한 헌법이 규정한 공무원이 직무집행에 있어서 헌법이나 법률의 위배를 이유로 국회가 탄핵소추를 의결하여 소추한 경우 헌법재판소가 이를 심판하는 권한을 말한다. 따라서 탄핵심판은 실질적인 재판작용인 동시에 헌법보장작용으로서의 성질을 가지고 있다.

역대 헌법상 탄핵심판은 건국헌법에서는 부통령을 재판장으로 하고 대법관 5인과 국회의원 5인으로 구성되는 탄핵재판소, 제3공화국 헌법에서는 대법원장을 위원장으로 하고 대법원판사 3인과 국회의원 5인으로 구성되는 탄핵심판위원회, 제4·5공화국 헌법에서는 헌법위원회, 제2공화국 헌법과 현행 헌법에서는 헌법재판소가 담당하였다.

2. 탄핵심판절차

1) 탄핵심판의 개시

탄핵심판은 국회법사위원회의 위원장이 소추의결서 정본을 헌법재판소에 제출함으로써 개시된다.

2) 탄핵심판의 절차

(1) 증거조사와 신문

증거조사(신청이나 직권), 심문가능, 심리공개, 구두변론주의, 동일사유에 관해 형사소송절차 계속인 경우 심판절차정지 가능하다.

(2) 심판절차

탄핵사건의 심판은 변론의 전취지와 증거조사의 결과를 종합하여 정의 및 형평의 원리에 입각하여 구두변론주의에 따라 행한다. 동일한 사유로 형사소송이 진행중일 때에는 심판절차를 정지할 수 있다.

3. 탄핵의 결정

헌법재판소에서 탄핵을 결정함에는 재판관 6인 이상 찬성이 있어야 한다.

4. 탄핵결정의 효과

탄핵결정은 공직으로부터 파면함에 그친다. 따라서 탄핵의 결정이 있다고 해서 그에 대한 민·형사상 책임이 면제되지는 않는다(일사부재리의 원칙불적용). 그리고 탄핵결정을 받은 자는 일정 기간(5년) 동안 공직에의 취임이 금지되며, 탄핵결정에 대한 대통령의 사면이 가능한지 여부에 관해서는 허용되지 않는다고 보는 것이 통설이다.

Ⅲ. 위헌정당해산심판권

1. 위헌정장해산심판의 의의

위헌정당해산심판이라 함은 정당의 목적이나 활동이 민주적 기본질서에 위배될 때 정부가 헌법재판소에 그 해산을 제청하고, 헌법재판소의 심판에 의하여 정당을 해산하는 제도를 말한다.

위헌정당해산심판제도는 독일에서 나치당과 같은 전체주의적 정당의 자의적·폭력적 지배에 의하여 민주적 기본질서가 침해되었던 경험을 바탕으로 Bonn 기본법상 채택한 이래 현재에 이르고 있고, 우리나라에서는 제5차 헌법개정에서 채택한 이후 현행 헌법에 이르기까지 이를 명문으로 규정하고 있다.

2. 위헌정당해산의 제소

1) 제소권자

헌법재판소에 정당해산심판을 청구할 수 있는 제소권자는 정부이며, 이를 청구함에는 국무회의의 심의를 거쳐야 한다. 위헌정당해산심판을 청구함에는 해산을 요구하는 정당과 그 이유를 기재하여야 한다.

2) 심판절차

위헌정당해산심판의 심리는 공개주의와 구두변론주의의 원칙에 따르며, 일사부재리의
원칙이 적용된다.

3) 해산결정정족수

위헌정당해산심판의 결정은 헌법재판소재판관 7인 이상이 출석·심리하여 6인 이상의
찬성으로 결정한다.

4) 가처분

헌법재판소는 정당해산심판의 청구를 받은 때에는 청구인의 신청 또는 직권으로 종국
결정의 선고 시까지 피청구인의 활동을 정지하는 결정을 할 수 있다.

3. 위헌정당해산결정의 효력

헌법재판소의 정당해산결정이 있으면 그 때부터 정당의 모든 특권은 상실된다. 그리고
해산된 정당의 강령과 동일하거나 유사한 대체정당의 설립도 금지되며, 동일한 정당의
명칭도 사용할 수 없다. 강제 해산된 정당의 전 재산은 국고에 귀속된다. 그리고 명문의
규정은 없지만 소속 국회의원의 자격도 상실되는가에 관해서 견해가 대립되나 상실된다
고 보는 것이 다수설이다. 그리고 헌법재판소의 결정을 창설적 효력을 가지므로 법원에
제소할 수 없다.

헌법재판소가 정당해산을 결정하면 그 결정서의 등본을 정부와 당해 정당의 대표자,
중앙선거관리위원회에 통고해야 하며, 중앙선거관리위원회는 정당법의 규정에 따라 정당
의 등록을 말소하고 그 뜻을 공고하여야 한다.

Ⅳ. 권한쟁의심판권

1. 권한쟁의심판의 의의

권한쟁의심판이라 함은 국가기관 상호 간 또는 국가기관과 지방자치단체 간의 권한의
존부 또는 범위에 관하여 적극적 또는 소극적 분쟁이 발생한 경우에 헌법재판소가 개입

하여 그 권한의 존부·범위·내용·한계 등을 명백하게 함으로써 그 분쟁을 해결하는
제도를 말한다.

2. 권한쟁의심판의 종류와 유형

1) 종류

(1) 국가기관상호 간의 권한쟁의

이는 국회, 정부, 법원 및 중앙선거관리위원회 상호간의 권한의 존부 또는 범위에 분
쟁이 발생한 경우 이를 해결하는 것을 말하며, 국회상임위원회, 교섭단체는 국회를 상대
로 권한쟁의를 할 수 있다.

(2) 국가기관과 지방자치단체 간의 권한쟁의심판

이는 정부와 특별시·광역시·도 상호 간의 권한쟁의와 정부와 시·군·자치구 상호
간의 권한쟁의가 발생한 경우에 이를 해결하는 심판이다.

(3) 지방자치단체 상호 간의 권한쟁의심판

이는 특별시·광역시·도 상호 간의 권한쟁의심판, 시·군·자치구 상호 간의 권한쟁
의심판, 특별시·광역시·도와 시·군·자치구 상호 간의 권한쟁의가 발생한 경우에 이
를 해결하는 심판이다.

2) 유형

(1) 소극적 권한쟁의심판

특정한 사항이 자신의 관할에 속하는 것이 아니라고 주장하는 경우에 발생하는 쟁의를
말한다.

(2) 적극적 권한쟁의심판

특정한 사항이 자신의 관할에 속하는 것이라고 적극적으로 주장하는 경우에 발생하는
쟁의를 말한다.

3. 권한쟁의심판의 절차

1) 권한쟁의의 청구사유

권한쟁의심판의 청구는 국가기관 상호 간, 국가기관과 지방자치단체 간 및 지방자치단체 상호 간에 권한의 존부 또는 범위에 관하여 다툼이 있고, 피청구인의 처분 또는 부작위가 헌법 또는 법률에 의하여 부여받은 청구인의 권한을 침해하였거나 침해할 현저한 위험이 있는 때에 한하여 허용된다(헌재법 제61조).

2) 당사자

권한쟁의심판의 당사자는 국회·정부·법원 및 중앙선거관리위원회인 국가기관과 각급 지방자치단체가 된다. 사인은 당사자가 될 수 없다.

3) 청구기간

권한쟁의의 심판은 그 사유가 있음을 안 날로부터 60일 이내에, 그 사유가 있은 날로부터 180일 이내에 청구하여야 하며, 이 기간은 불변기간이다.

4) 심판절차

심리는 공개주의와 구두변론주의의 원칙이 적용되며, 일사부재리의 원칙도 적용된다.

헌법재판소가 권한쟁의심판의 청구를 받은 때에는 직권 또는 청구인의 신청에 의하여 종국결정의 선고 시까지 심판대상이 된 피청구기관의 처분의 효력을 정지하는 결정을 할 수 있다(헌재법 제65조).

5) 결정절차

권한쟁의심판의 결정정족수는 재판관 7인 이상이 출석하여 심리하고 과반수의 찬성으로 결정한다.

4. 권한쟁의결정의 효력

권한쟁의심판의 결정은 모든 국가기관을 구속하며, 처분의 취소는 이미 발생한 효력에 영향을 미치지 않는다.

V. 헌법소원심판권

1. 헌법소원의 의의

이는 국가 공권력의 행사·불행사를 통해 자기의 기본권을 직접·현재 침해당한 자가 헌법재판을 통해 그 구제를 청구할 수 있는 권리이다.

1) 입법례

독일, 스위스, 스페인은 모든 국가작용을 헌법소원의 대상으로 삼고 있으나, 오스트리아와 우리나라는 법원 판결을 제외하고 있다.

2) 법적 성질

개인의 주관적 권리보장을 통하여 객관적 헌법질서보장을 지닌다.

2. 헌법소원의 종류

1) 권리구제형 헌법소원

이는 공권력의 행사·불행사로 자기의 기본권을 직접·현재 침해된 경우에 그 권리구제를 받을 수 있는 헌법소원이다.

2) 위헌심사형 헌법소원

이는 법률의 위헌 여부의 제청신청이 기각된 경우에는 헌법재판소에 헌법소원을 제기할 수 있는 헌법소원이다. 이에 대한 법적 성질로 헌법소원설(법원의 재판은 헌법소원이 될 수 없지만, 예외적으로 법원의 기각결정에 대하여는 헌법소원제기 허용)과 위헌법률심판설(법률의 위헌심판제청이 기각된 경우에는 침해된 기본권이 없으므로 헌법소원이란 용어가 나타날 여지가 없다. 따라서 이 헌법소원은 그 명치에 불구하고 헌법소원이 아닌 위헌법률심판에 불과하다.)이 있다.

3. 헌법상의 헌법소원 심판제도

(1) 청구권자: 자연인, 법인, 권리능력 없는 사단

(2) 요건

① 실질적 요건: 직접적, 현실적 침해(당사자 적격으로서의 직접성과 현재성의 원칙), 보충성의 원칙(다른 구제절차수단 모두 마친 후), 소의 이익(권리보호의 필요성), 소송능력

*헌법소원의 실질적 요건

요건에는 실질적 요건과 절차적 요건이 있는데 이하에서는 실질적 요건을 알아보고자 한다.

공권력의 행사·불행사를 통하여 자기의 기본권을 현재·직접 침해를 당해야 한다.

1. 대상: 위헌적인 법규범, 처분, 재판 등을 침해가 발생 다만 현행 헌법재판소는 법원의 판결을 헌법소원의 대상에서 제외하고 있다.

1) 국회의 입법행위에 대한 헌법소원

(1) 법률: 입법사실도 헌법재판의 대상이 된다. 그리고 폐지된 법률이라도 법익침해가 잔존할 때에는 그 폐지된 법률에 대해서도 헌법소원심판을 청구할 수 있다(89헌마32).

(2) 명령과 규칙: 직접 그리고 현재적인 명령과 규칙이 국민의 기본권을 침해해야 한다.

(3) 입법부작위: 법률제정의 소구는 원칙적으로 인정되지는 않으나(부진정 입법부작위), 다만 입법자에게 입법의무를 이행하는 경우는 인정된다(직정 입법부작위).

(4) 헌법규정: 헌법재판은 헌법을 기준으로 하며 헌법규정에 대한 헌법소원은 불가능하다.

2) 행정부의 처분에 대한 헌법소원

(1) 검사의 불기소처분: 이에는 부정설과 긍정설로 대립되어 있다. 긍정설에 따르면 검사의 불기소처분은 공권력의 행사이므로 가능하다고 하고, 부정설에 따르면 검사의 불기소처분은 행정처분이므로 행정처분은 대법원이 최종적으로 심사해야 한다.

(2) 행정규칙: 이는 헌법소원이 가능하다. 그러나 우리 헌재는 대법원과 같이 소극적인 입장이다.

(3) 행정의 부작위: 그 대상이 된다. 그런데 우리 헌법재판소는 행정부작위에 대한 헌법소원청구에 있어 작위의무의 존재를 요구하고 있다(89헌마163).

3) 법원의 재판: 우리나라에서는 이를 인정하고 있지 않다.

4) 헌법재판소의 결정: 이에 대한 헌법소원은 부적법한 것으로 본다.

2. 청구요건

1) 청구인적격: 헌법소원을 청구할 수 있는 자격을 청구인적격이라고 한다. 헌법재판소법은 헌법상의 기본권이 침해되었을 것을 들고 있다. 그런데 이러한 기본권침해에는 직접성(직접 침해되어야 한다), 현재성(장래의 것이 아니어야 한다), 자기관련성(공권력작용의 상대방이 아닌 제3자에 대하여서는 예외적으로만 자기관련성을 인정한다), 권리보호이익이 있어야 한다.

2) 보충성: 헌법소원은 다른 법률에 구제절차가 있는 경우에는 그 절차를 모든 거친 후가 아니면 청구할 수 없다. 이를 보충성의 원칙이라고 한다. 그러나 그 예외로 그의 불이익으로 돌릴 수 없는 정당한 이유 있는 착오로 전심절차를 밟지 않은 경우 또는 전심절차로 권리가 구제될 가능성이 거의 없거나, 권리구제절차가 허용되는지 여부가 객관적으로 불확실하여 전심절차이행의 기대가능성이 없는 때이다.

3. 재판의 전제성: 우리 헌법재판소는 위헌법률심판의 제청신청이 기각된 경우, 헌법재판소법 제68조 제2항에 따라 청구하는 헌법소원의 경우 재판의 전제성이 요구된다.

② 절차적 요건: 재판 청구서, 변호사 강제주의, 청구기간: 안 날 - 60일, 발생 - 180일, 다만, 다른 법률에 의한 구제절차 거친 것, 최종결정통지, 받은 날 30일 내, 위헌법률심판제청 신청기각된 날 14일 내

③ 대상: 공권력의 행사, 불행사(재판: 판결, 결정, 명령 제외)

④ 심판: 지정재판부에 의한 사전 심사(3인 구성, 상임재판관 1인 포함)

⑤ 인용결정: 6인 이상, 찬성

Ⅵ. 헌법재판소의 규칙제정권

제113조 ② 헌법재판소는 법률에 저촉되지 아니하는 범위 안에서 심판에 관한 절차, 내부규율과 사무처리에 관한 규칙을 제정할 수 있다.

1. 헌법재판소 규칙제정권의 의의

헌법재판소의 규칙제정권이라 함은 법률에 저촉되지 아니하는 범위 안에서 심판에 관한 절차와 내부규율과 사무처리에 관한 규칙을 제정하는 권한을 말한다.

이는 헌법재판소의 내부규율과 사무처리에 관한 규칙을 스스로 제정할 수 있도록 함으로써 자주성과 독립성을 보장하고, 심판에 관한 절차 등 전문적 · 기술적 사항을 제정할 수 있도록 함으로써 헌법재판에 적합한 규칙을 제정하는 데 그 의의가 있다.

2. 헌법재판소 규칙제정권의 내용

1) 규칙제정권의 대상

헌법재판소의 규칙제정권은 그 심판절차에 관한 사항, 내부규율에 관한 사항, 사무처리의 방법에 관한 사항을 대상으로 한다.

2) 규칙제정권의 범위

헌법재판소의 규칙은 법률에 저촉되지 아니하는 범위 내에서 제정되어야 하므로 법률의 하위에 위치한다.

3) 제정절차와 공포

헌법재판소규칙의 제정과 개정은 재판관회의의 의결사항이며, 헌법재판소규칙은 관보
에 게재하여 이를 공포한다.

3. 헌법재판소규칙의 효력

헌법재판소의 규칙은 특별한 규정이 없는 한 공포한 날로부터 20일이 경과함으로써
그 효력을 발생한다.

그리고 헌법재판소규칙과 법률이 경합하는 경우 그 효력의 우열관계에 관해서는 법률
우위설, 동위설, 규칙우위설이 대립하고 있으나 헌법재판소규칙은 대법원규칙에 준하므로
법률우위설이 타당하다.

「대한민국헌법」

[시행 1988. 2.25] [헌법 제10호, 1987.10.29, 전부개정]

전문

유구한 역사와 전통에 빛나는 우리 대한국민은 3 · 1운동으로 건립된 대한민국임시정부의 법통과 불의에 항거한 4 · 19민주이념을 계승하고, 조국의 민주개혁과 평화적 통일의 사명에 입각하여 정의 · 인도와 동포애로써 민족의 단결을 공고히 하고, 모든 사회적 폐습과 불의를 타파하며, 자율과 조화를 바탕으로 자유민주적 기본질서를 더욱 확고히 하여 정치 · 경제 · 사회 · 문화의 모든 영역에 있어서 각인의 기회를 균등히 하고, 능력을 최고도로 발휘하게 하며, 자유와 권리에 따르는 책임과 의무를 완수하게 하여, 안으로는 국민생활의 균등한 향상을 기하고 밖으로는 항구적인 세계평화와 인류공영에 이바지함으로써 우리들과 우리들의 자손의 안전과 자유와 행복을 영원히 확보할 것을 다짐하면서 1948년 7월 12일에 제정되고 8차에 걸쳐 개정된 헌법을 이제 국회의 의결을 거쳐 국민투표에 의하여 개정한다.

제1장 총강

제1조 ①대한민국은 민주공화국이다.

②대한민국의 주권은 국민에게 있고, 모든 권력은 국민으로부터 나온다.

제2조 ①대한민국의 국민이 되는 요건은 법률로 정한다.

②국가는 법률이 정하는 바에 의하여 재외국민을 보호할 의무를 진다.

제3조 대한민국의 영토는 한반도와 그 부속도서로 한다.

제4조 대한민국은 통일을 지향하며, 자유민주적 기본질서에 입각한 평화적 통일 정책을 수립하고 이를 추진한다.

제5조 ①대한민국은 국제평화의 유지에 노력하고 침략적 전쟁을 부인한다.

②국군은 국가의 안전보장과 국토방위의 신성한 의무를 수행함을 사명으로 하며, 그 정치적 중립성은 준수된다.

제6조 ①헌법에 의하여 체결 · 공포된 조약과 일반적으로 승인된 국제법규는 국내법과

같은 효력을 가진다.

②외국인은 국제법과 조약이 정하는 바에 의하여 그 지위가 보장된다.

제7조 ①공무원은 국민전체에 대한 봉사자이며, 국민에 대하여 책임을 진다.

②공무원의 신분과 정치적 중립성은 법률이 정하는 바에 의하여 보장된다.

제8조 ①정당의 설립은 자유이며, 복수정당제는 보장된다.

②정당은 그 목적·조직과 활동이 민주적이어야 하며, 국민의 정치적 의사형성에 참여하는데 필요한 조직을 가져야 한다.

③정당은 법률이 정하는 바에 의하여 국가의 보호를 받으며, 국가는 법률이 정하는 바에 의하여 정당운영에 필요한 자금을 보조할 수 있다.

④정당의 목적이나 활동이 민주적 기본질서에 위배될 때에는 정부는 헌법재판소에 그 해산을 제소할 수 있고, 정당은 헌법재판소의 심판에 의하여 해산된다.

제9조 국가는 전통문화의 계승·발전과 민족문화의 창달에 노력하여야 한다.

제2장 국민의 권리와 의무

제10조 모든 국민은 인간으로서의 존엄과 가치를 가지며, 행복을 추구할 권리를 가진다. 국가는 개인이 가지는 불가침의 기본적 인권을 확인하고 이를 보장할 의무를 진다.

제11조 ①모든 국민은 법 앞에 평등하다. 누구든지 성별·종교 또는 사회적 신분에 의하여 정치적·경제적·사회적·문화적 생활의 모든 영역에 있어서 차별을 받지 아니한다.

②사회적 특수계급의 제도는 인정되지 아니하며, 어떠한 형태로도 이를 창설할 수 없다.

③훈장등의 영전은 이를 받은 자에게만 효력이 있고, 어떠한 특권도 이에 따르지 아니한다.

제12조 ①모든 국민은 신체의 자유를 가진다. 누구든지 법률에 의하지 아니하고는 체포·구속·압수·수색 또는 심문을 받지 아니하며, 법률과 적법한 절차에 의하지 아니하고는 처벌·보안처분 또는 강제노역을 받지 아니한다.

②모든 국민은 고문을 받지 아니하며, 형사상 자기에게 불리한 진술을 강요당하지 아니한다.

③체포·구속·압수 또는 수색을 할 때에는 적법한 절차에 따라 검사의 신청에 의하여 법관이 발부한 영장을 제시하여야 한다. 다만, 현행범인인 경우와 장기 3년 이상의

형에 해당하는 죄를 범하고 도피 또는 증거인멸의 염려가 있을 때에는 사후에 영장을 청구할 수 있다.

④누구든지 체포 또는 구속을 당한 때에는 즉시 변호인의 조력을 받을 권리를 가진다. 다만, 형사피고인이 스스로 변호인을 구할 수 없을 때에는 법률이 정하는 바에 의하여 국가가 변호인을 붙인다.

⑤누구든지 체포 또는 구속의 이유와 변호인의 조력을 받을 권리가 있음을 고지받지 아니하고는 체포 또는 구속을 당하지 아니한다. 체포 또는 구속을 당한 자의 가족등 법률이 정하는 자에게는 그 이유와 일시·장소가 지체없이 통지되어야 한다.

⑥누구든지 체포 또는 구속을 당한 때에는 적부의 심사를 법원에 청구할 권리를 가진다.

⑦피고인의 자백이 고문·폭행·협박·구속의 부당한 장기화 또는 기망 기타의 방법에 의하여 자의로 진술된 것이 아니라고 인정될 때 또는 정식재판에 있어서 피고인의 자백이 그에게 불리한 유일한 증거일 때에는 이를 유죄의 증거로 삼거나 이를 이유로 처벌할 수 없다.

제13조 ①모든 국민은 행위시의 법률에 의하여 범죄를 구성하지 아니하는 행위로 소추되지 아니하며, 동일한 범죄에 대하여 거듭 처벌받지 아니한다.

②모든 국민은 소급입법에 의하여 참정권의 제한을 받거나 재산권을 박탈당하지 아니한다.

③모든 국민은 자기의 행위가 아닌 친족의 행위로 인하여 불이익한 처우를 받지 아니한다.

제14조 모든 국민은 거주·이전의 자유를 가진다.

제15조 모든 국민은 직업선택의 자유를 가진다.

제16조 모든 국민은 주거의 자유를 침해받지 아니한다. 주거에 대한 압수나 수색을 할 때에는 검사의 신청에 의하여 법관이 발부한 영장을 제시하여야 한다.

제17조 모든 국민은 사생활의 비밀과 자유를 침해받지 아니한다.

제18조 모든 국민은 통신의 비밀을 침해받지 아니한다.

제19조 모든 국민은 양심의 자유를 가진다.

제20조 ①모든 국민은 종교의 자유를 가진다.

②국교는 인정되지 아니하며, 종교와 정치는 분리된다.

제21조 ①모든 국민은 언론·출판의 자유와 집회·결사의 자유를 가진다.

②언론·출판에 대한 허가나 검열과 집회·결사에 대한 허가는 인정되지 아니한다.

③통신·방송의 시설기준과 신문의 기능을 보장하기 위하여 필요한 사항은 법률로 정한다.

④언론·출판은 타인의 명예나 권리 또는 공중도덕이나 사회윤리를 침해하여서는 아니된다. 언론·출판이 타인의 명예나 권리를 침해한 때에는 피해자는 이에 대한 피해의 배상을 청구할 수 있다.

제22조 ①모든 국민은 학문과 예술의 자유를 가진다.

②저작자·발명가·과학기술자와 예술가의 권리는 법률로써 보호한다.

제23조 ①모든 국민의 재산권은 보장된다. 그 내용과 한계는 법률로 정한다.

②재산권의 행사는 공공복리에 적합하도록 하여야 한다.

③공공필요에 의한 재산권의 수용·사용 또는 제한 및 그에 대한 보상은 법률로써 하되, 정당한 보상을 지급하여야 한다.

제24조 모든 국민은 법률이 정하는 바에 의하여 선거권을 가진다.

제25조 모든 국민은 법률이 정하는 바에 의하여 공무담임권을 가진다.

제26조 ①모든 국민은 법률이 정하는 바에 의하여 국가기관에 문서로 청원할 권리를 가진다.

②국가는 청원에 대하여 심사할 의무를 진다.

제27조 ①모든 국민은 헌법과 법률이 정한 법관에 의하여 법률에 의한 재판을 받을 권리를 가진다.

②군인 또는 군무원이 아닌 국민은 대한민국의 영역안에서는 중대한 군사상 기밀·초병·초소·유독음식물공급·포로·군용물에 관한 죄중 법률이 정한 경우와 비상계엄이 선포된 경우를 제외하고는 군사법원의 재판을 받지 아니한다.

③모든 국민은 신속한 재판을 받을 권리를 가진다. 형사피고인은 상당한 이유가 없는 한 지체없이 공개재판을 받을 권리를 가진다.

④형사피고인은 유죄의 판결이 확정될 때까지는 무죄로 추정된다.

⑤형사피해자는 법률이 정하는 바에 의하여 당해 사건의 재판절차에서 진술할 수 있다.

제28조 형사피의자 또는 형사피고인으로서 구금되었던 자가 법률이 정하는 불기소처분을 받거나 무죄판결을 받은 때에는 법률이 정하는 바에 의하여 국가에 정당한 보상을 청구할 수 있다.

제29조 ①공무원의 직무상 불법행위로 손해를 받은 국민은 법률이 정하는 바에 의하여 국가 또는 공공단체에 정당한 배상을 청구할 수 있다. 이 경우 공무원 자신의 책임은

면제되지 아니한다.

②군인·군무원·경찰공무원 기타 법률이 정하는 자가 전투·훈련등 직무집행과 관련하여 받은 손해에 대하여는 법률이 정하는 보상외에 국가 또는 공공단체에 공무원의 직무상 불법행위로 인한 배상은 청구할 수 없다.

제30조 타인의 범죄행위로 인하여 생명·신체에 대한 피해를 받은 국민은 법률이 정하는 바에 의하여 국가로부터 구조를 받을 수 있다.

제31조 ①모든 국민은 능력에 따라 균등하게 교육을 받을 권리를 가진다.

②모든 국민은 그 보호하는 자녀에게 적어도 초등교육과 법률이 정하는 교육을 받게 할 의무를 진다.

③의무교육은 무상으로 한다.

④교육의 자주성·전문성·정치적 중립성 및 대학의 자율성은 법률이 정하는 바에 의하여 보장된다.

⑤국가는 평생교육을 진흥하여야 한다.

⑥학교교육 및 평생교육을 포함한 교육제도와 그 운영, 교육재정 및 교원의 지위에 관한 기본적인 사항은 법률로 정한다.

제32조 ①모든 국민은 근로의 권리를 가진다. 국가는 사회적·경제적 방법으로 근로자의 고용의 증진과 적정임금의 보장에 노력하여야 하며, 법률이 정하는 바에 의하여 최저임금제를 시행하여야 한다.

②모든 국민은 근로의 의무를 진다. 국가는 근로의 의무의 내용과 조건을 민주주의원칙에 따라 법률로 정한다.

③근로조건의 기준은 인간의 존엄성을 보장하도록 법률로 정한다.

④여자의 근로는 특별한 보호를 받으며, 고용·임금 및 근로조건에 있어서 부당한 차별을 받지 아니한다.

⑤연소자의 근로는 특별한 보호를 받는다.

⑥국가유공자·상이군경 및 전몰군경의 유가족은 법률이 정하는 바에 의하여 우선적으로 근로의 기회를 부여받는다.

제33조 ①근로자는 근로조건의 향상을 위하여 자주적인 단결권·단체교섭권 및 단체행동권을 가진다.

②공무원인 근로자는 법률이 정하는 자에 한하여 단결권·단체교섭권 및 단체행동권을 가진다.

③법률이 정하는 주요방위산업체에 종사하는 근로자의 단체행동권은 법률이 정하는 바에 의하여 이를 제한하거나 인정하지 아니할 수 있다.

제34조 ①모든 국민은 인간다운 생활을 할 권리를 가진다.

②국가는 사회보장·사회복지의 증진에 노력할 의무를 진다.

③국가는 여자의 복지와 권익의 향상을 위하여 노력하여야 한다.

④국가는 노인과 청소년의 복지향상을 위한 정책을 실시할 의무를 진다.

⑤신체장애자 및 질병·노령 기타의 사유로 생활능력이 없는 국민은 법률이 정하는 바에 의하여 국가의 보호를 받는다.

⑥국가는 재해를 예방하고 그 위험으로부터 국민을 보호하기 위하여 노력하여야 한다.

제35조 ①모든 국민은 건강하고 쾌적한 환경에서 생활할 권리를 가지며, 국가와 국민은 환경보전을 위하여 노력하여야 한다.

②환경권의 내용과 행사에 관하여는 법률로 정한다.

③국가는 주택개발정책등을 통하여 모든 국민이 쾌적한 주거생활을 할 수 있도록 노력하여야 한다.

제36조 ①혼인과 가족생활은 개인의 존엄과 양성의 평등을 기초로 성립되고 유지되어야 하며, 국가는 이를 보장한다.

②국가는 모성의 보호를 위하여 노력하여야 한다.

③모든 국민은 보건에 관하여 국가의 보호를 받는다.

제37조 ①국민의 자유와 권리는 헌법에 열거되지 아니한 이유로 경시되지 아니한다.

②국민의 모든 자유와 권리는 국가안전보장·질서유지 또는 공공복리를 위하여 필요한 경우에 한하여 법률로써 제한할 수 있으며, 제한하는 경우에도 자유와 권리의 본질적인 내용을 침해할 수 없다.

제38조 모든 국민은 법률이 정하는 바에 의하여 납세의 의무를 진다.

제39조 ①모든 국민은 법률이 정하는 바에 의하여 국방의 의무를 진다.

②누구든지 병역의무의 이행으로 인하여 불이익한 처우를 받지 아니한다.

제3장 국회

제40조 입법권은 국회에 속한다.

제41조 ①국회는 국민의 보통·평등·직접·비밀선거에 의하여 선출된 국회의원으로

구성한다.

②국회의원의 수는 법률로 정하되, 200인 이상으로 한다.

③국회의원의 선거구와 비례대표제 기타 선거에 관한 사항은 법률로 정한다.

제42조 국회의원의 임기는 4년으로 한다.

제43조 국회의원은 법률이 정하는 직을 겸할 수 없다.

제44조 ①국회의원은 현행범인인 경우를 제외하고는 회기중 국회의 동의없이 체포 또는 구금되지 아니한다.

②국회의원이 회기전에 체포 또는 구금된 때에는 현행범인이 아닌 한 국회의 요구가 있으면 회기중 석방된다.

제45조 국회의원은 국회에서 직무상 행한 발언과 표결에 관하여 국회외에서 책임을 지지 아니한다.

제46조 ①국회의원은 청렴의 의무가 있다.

②국회의원은 국가이익을 우선하여 양심에 따라 직무를 행한다.

③국회의원은 그 지위를 남용하여 국가·공공단체 또는 기업체와의 계약이나 그 처분에 의하여 재산상의 권리·이익 또는 직위를 취득하거나 타인을 위하여 그 취득을 알선할 수 없다.

제47조 ①국회의 정기회는 법률이 정하는 바에 의하여 매년 1회 집회되며, 국회의 임시회는 대통령 또는 국회재적의원 4분의 1 이상의 요구에 의하여 집회된다.

②정기회의 회기는 100일을, 임시회의 회기는 30일을 초과할 수 없다.

③대통령이 임시회의 집회를 요구할 때에는 기간과 집회요구의 이유를 명시하여야 한다.

제48조 국회는 의장 1인과 부의장 2인을 선출한다.

제49조 국회는 헌법 또는 법률에 특별한 규정이 없는 한 재적의원 과반수의 출석과 출석의원 과반수의 찬성으로 의결한다. 가부동수인 때에는 부결된 것으로 본다.

제50조 ①국회의 회의는 공개한다. 다만, 출석의원 과반수의 찬성이 있거나 의장이 국가의 안전보장을 위하여 필요하다고 인정할 때에는 공개하지 아니할 수 있다.

②공개하지 아니한 회의내용의 공표에 관하여는 법률이 정하는 바에 의한다.

제51조 국회에 제출된 법률안 기타의 의안은 회기중에 의결되지 못한 이유로 폐기되지 아니한다. 다만, 국회의원의 임기가 만료된 때에는 그러하지 아니하다.

제52조 국회의원과 정부는 법률안을 제출할 수 있다.

제53조 ①국회에서 의결된 법률안은 정부에 이송되어 15일 이내에 대통령이 공포한다.

②법률안에 이의가 있을 때에는 대통령은 제1항의 기간내에 이의서를 붙여 국회로 환부하고, 그 재의를 요구할 수 있다. 국회의 폐회중에도 또한 같다.

③대통령은 법률안의 일부에 대하여 또는 법률안을 수정하여 재의를 요구할 수 없다.

④재의의 요구가 있을 때에는 국회는 재의에 붙이고, 재적의원과반수의 출석과 출석의원 3분의 2 이상의 찬성으로 전과 같은 의결을 하면 그 법률안은 법률로서 확정된다.

⑤대통령이 제1항의 기간내에 공포나 재의의 요구를 하지 아니한 때에도 그 법률안은 법률로서 확정된다.

⑥대통령은 제4항과 제5항의 규정에 의하여 확정된 법률을 지체없이 공포하여야 한다. 제5항에 의하여 법률이 확정된 후 또는 제4항에 의한 확정법률이 정부에 이송된 후 5일 이내에 대통령이 공포하지 아니할 때에는 국회의장이 이를 공포한다.

⑦법률은 특별한 규정이 없는 한 공포한 날로부터 20일을 경과함으로써 효력을 발생한다.

제54조 ①국회는 국가의 예산안을 심의·확정한다.

②정부는 회계연도마다 예산안을 편성하여 회계연도 개시 90일전까지 국회에 제출하고, 국회는 회계연도 개시 30일전까지 이를 의결하여야 한다.

③새로운 회계연도가 개시될 때까지 예산안이 의결되지 못한 때에는 정부는 국회에서 예산안이 의결될 때까지 다음의 목적을 위한 경비는 전년도 예산에 준하여 집행할 수 있다.

1. 헌법이나 법률에 의하여 설치된 기관 또는 시설의 유지·운영

2. 법률상 지출의무의 이행

3. 이미 예산으로 승인된 사업의 계속

제55조 ①한 회계연도를 넘어 계속하여 지출할 필요가 있을 때에는 정부는 연한을 정하여 계속비로서 국회의 의결을 얻어야 한다.

②예비비는 총액으로 국회의 의결을 얻어야 한다. 예비비의 지출은 차기국회의 승인을 얻어야 한다.

제56조 정부는 예산에 변경을 가할 필요가 있을 때에는 추가경정예산안을 편성하여 국회에 제출할 수 있다.

제57조 국회는 정부의 동의없이 정부가 제출한 지출예산 각항의 금액을 증가하거나 새 비목을 설치할 수 없다.

제58조 국채를 모집하거나 예산외에 국가의 부담이 될 계약을 체결하려 할 때에는 정부는 미리 국회의 의결을 얻어야 한다.

제59조 조세의 종목과 세율은 법률로 정한다.

제60조 ①국회는 상호원조 또는 안전보장에 관한 조약, 중요한 국제조직에 관한 조약, 우호통상항해조약, 주권의 제약에 관한 조약, 강화조약, 국가나 국민에게 중대한 재정적 부담을 지우는 조약 또는 입법사항에 관한 조약의 체결·비준에 대한 동의권을 가진다.

②국회는 선전포고, 국군의 외국에의 파견 또는 외국군대의 대한민국 영역안에서의 주류에 대한 동의권을 가진다.

제61조 ①국회는 국정을 감사하거나 특정한 국정사안에 대하여 조사할 수 있으며, 이에 필요한 서류의 제출 또는 증인의 출석과 증언이나 의견의 진술을 요구할 수 있다.

②국정감사 및 조사에 관한 절차 기타 필요한 사항은 법률로 정한다.

제62조 ①국무총리·국무위원 또는 정부위원은 국회나 그 위원회에 출석하여 국정처리상황을 보고하거나 의견을 진술하고 질문에 응답할 수 있다.

②국회나 그 위원회의 요구가 있을 때에는 국무총리·국무위원 또는 정부위원은 출석·답변하여야 하며, 국무총리 또는 국무위원이 출석요구를 받은 때에는 국무위원 또는 정부위원으로 하여금 출석·답변하게 할 수 있다.

제63조 ①국회는 국무총리 또는 국무위원의 해임을 대통령에게 건의할 수 있다.

②제1항의 해임건의는 국회재적의원 3분의 1 이상의 발의에 의하여 국회재적의원 과반수의 찬성이 있어야 한다.

제64조 ①국회는 법률에 저촉되지 아니하는 범위안에서 의사와 내부규율에 관한 규칙을 제정할 수 있다.

②국회는 의원의 자격을 심사하며, 의원을 징계할 수 있다.

③의원을 제명하려면 국회재적의원 3분의 2 이상의 찬성이 있어야 한다.

④제2항과 제3항의 처분에 대하여는 법원에 제소할 수 없다.

제65조 ①대통령·국무총리·국무위원·행정각부의 장·헌법재판소 재판관·법관·중앙선거관리위원회 위원·감사원장·감사위원 기타 법률이 정한 공무원이 그 직무집행에 있어서 헌법이나 법률을 위배한 때에는 국회는 탄핵의 소추를 의결할 수 있다.

②제1항의 탄핵소추는 국회재적의원 3분의 1 이상의 발의가 있어야 하며, 그 의결은 국회재적의원 과반수의 찬성이 있어야 한다. 다만, 대통령에 대한 탄핵소추는 국회재적의원 과반수의 발의와 국회재적의원 3분의 2 이상의 찬성이 있어야 한다.

③탄핵소추의 의결을 받은 자는 탄핵심판이 있을 때까지 그 권한행사가 정지된다.

④탄핵결정은 공직으로부터 파면함에 그친다. 그러나, 이에 의하여 민사상이나 형사상

의 책임이 면제되지는 아니한다.

제4장 정부

제1절 대통령

제66조 ①대통령은 국가의 원수이며, 외국에 대하여 국가를 대표한다.

②대통령은 국가의 독립·영토의 보전·국가의 계속성과 헌법을 수호할 책무를 진다.

③대통령은 조국의 평화적 통일을 위한 성실한 의무를 진다.

④행정권은 대통령을 수반으로 하는 정부에 속한다.

제67조 ①대통령은 국민의 보통·평등·직접·비밀선거에 의하여 선출한다.

②제1항의 선거에 있어서 최고득표자가 2인 이상인 때에는 국회의 재적의원 과반수가 출석한 공개회의에서 다수표를 얻은 자를 당선자로 한다.

③대통령후보자가 1인일 때에는 그 득표수가 선거권자 총수의 3분의 1 이상이 아니면 대통령으로 당선될 수 없다.

④대통령으로 선거될 수 있는 자는 국회의원의 피선거권이 있고 선거일 현재 40세에 달하여야 한다.

⑤대통령의 선거에 관한 사항은 법률로 정한다.

제68조 ①대통령의 임기가 만료되는 때에는 임기만료 70일 내지 40일전에 후임자를 선거한다.

②대통령이 궐위된 때 또는 대통령 당선자가 사망하거나 판결 기타의 사유로 그 자격을 상실한 때에는 60일 이내에 후임자를 선거한다.

제69조 대통령은 취임에 즈음하여 다음의 선서를 한다.

"나는 헌법을 준수하고 국가를 보위하며 조국의 평화적 통일과 국민의 자유와 복리의 증진 및 민족문화의 창달에 노력하여 대통령으로서의 직책을 성실히 수행할 것을 국민 앞에 엄숙히 선서합니다."

제70조 대통령의 임기는 5년으로 하며, 중임할 수 없다.

제71조 대통령이 궐위되거나 사고로 인하여 직무를 수행할 수 없을 때에는 국무총리, 법률이 정한 국무위원의 순서로 그 권한을 대행한다.

제72조 대통령은 필요하다고 인정할 때에는 외교·국방·통일 기타 국가안위에 관한

중요정책을 국민투표에 붙일 수 있다.

제73조 대통령은 조약을 체결·비준하고, 외교사절을 신임·접수 또는 파견하며, 선전포고와 강화를 한다.

제74조 ①대통령은 헌법과 법률이 정하는 바에 의하여 국군을 통수한다.

②국군의 조직과 편성은 법률로 정한다.

제75조 대통령은 법률에서 구체적으로 범위를 정하여 위임받은 사항과 법률을 집행하기 위하여 필요한 사항에 관하여 대통령령을 발할 수 있다.

제76조 ①대통령은 내우·외환·천재·지변 또는 중대한 재정·경제상의 위기에 있어서 국가의 안전보장 또는 공공의 안녕질서를 유지하기 위하여 긴급한 조치가 필요하고 국회의 집회를 기다릴 여유가 없을 때에 한하여 최소한으로 필요한 재정·경제상의 처분을 하거나 이에 관하여 법률의 효력을 가지는 명령을 발할 수 있다.

②대통령은 국가의 안위에 관계되는 중대한 교전상태에 있어서 국가를 보위하기 위하여 긴급한 조치가 필요하고 국회의 집회가 불가능한 때에 한하여 법률의 효력을 가지는 명령을 발할 수 있다.

③대통령은 제1항과 제2항의 처분 또는 명령을 한 때에는 지체없이 국회에 보고하여 그 승인을 얻어야 한다.

④제3항의 승인을 얻지 못한 때에는 그 처분 또는 명령은 그때부터 효력을 상실한다. 이 경우 그 명령에 의하여 개정 또는 폐지되었던 법률은 그 명령이 승인을 얻지 못한 때부터 당연히 효력을 회복한다.

⑤대통령은 제3항과 제4항의 사유를 지체없이 공포하여야 한다.

제77조 ①대통령은 전시·사변 또는 이에 준하는 국가비상사태에 있어서 병력으로써 군사상의 필요에 응하거나 공공의 안녕질서를 유지할 필요가 있을 때에는 법률이 정하는 바에 의하여 계엄을 선포할 수 있다.

②계엄은 비상계엄과 경비계엄으로 한다.

③비상계엄이 선포된 때에는 법률이 정하는 바에 의하여 영장제도, 언론·출판·집회·결사의 자유, 정부나 법원의 권한에 관하여 특별한 조치를 할 수 있다.

④계엄을 선포한 때에는 대통령은 지체없이 국회에 통고하여야 한다.

⑤국회가 재적의원 과반수의 찬성으로 계엄의 해제를 요구한 때에는 대통령은 이를 해제하여야 한다.

제78조 대통령은 헌법과 법률이 정하는 바에 의하여 공무원을 임면한다.

제79조 ①대통령은 법률이 정하는 바에 의하여 사면·감형 또는 복권을 명할 수 있다.

②일반사면을 명하려면 국회의 동의를 얻어야 한다.

③사면·감형 및 복권에 관한 사항은 법률로 정한다.

제80조 대통령은 법률이 정하는 바에 의하여 훈장 기타의 영전을 수여한다.

제81조 대통령은 국회에 출석하여 발언하거나 서한으로 의견을 표시할 수 있다.

제82조 대통령의 국법상 행위는 문서로써 하며, 이 문서에는 국무총리와 관계 국무위원이 부서한다. 군사에 관한 것도 또한 같다.

제83조 대통령은 국무총리·국무위원·행정각부의 장 기타 법률이 정하는 공사의 직을 겸할 수 없다.

제84조 대통령은 내란 또는 외환의 죄를 범한 경우를 제외하고는 재직중 형사상의 소추를 받지 아니한다.

제85조 전직대통령의 신분과 예우에 관하여는 법률로 정한다.

제2절 행정부

제1관 국무총리와 국무위원

제86조 ①국무총리는 국회의 동의를 얻어 대통령이 임명한다.

②국무총리는 대통령을 보좌하며, 행정에 관하여 대통령의 명을 받아 행정각부를 통할한다.

③군인은 현역을 면한 후가 아니면 국무총리로 임명될 수 없다.

제87조 ①국무위원은 국무총리의 제청으로 대통령이 임명한다.

②국무위원은 국정에 관하여 대통령을 보좌하며, 국무회의의 구성원으로서 국정을 심의한다.

③국무총리는 국무위원의 해임을 대통령에게 건의할 수 있다.

④군인은 현역을 면한 후가 아니면 국무위원으로 임명될 수 없다.

제2관 국무회의

제88조 ①국무회의는 정부의 권한에 속하는 중요한 정책을 심의한다.

②국무회의는 대통령·국무총리와 15인 이상 30인 이하의 국무위원으로 구성한다.

③대통령은 국무회의의 의장이 되고, 국무총리는 부의장이 된다.

제89조 다음 사항은 국무회의의 심의를 거쳐야 한다.

1. 국정의 기본계획과 정부의 일반정책

2. 선전·강화 기타 중요한 대외정책

3. 헌법개정안·국민투표안·조약안·법률안 및 대통령령안

4. 예산안·결산·국유재산처분의 기본계획·국가의 부담이 될 계약 기타 재정에 관한 중요사항

5. 대통령의 긴급명령·긴급재정경제처분 및 명령 또는 계엄과 그 해제

6. 군사에 관한 중요사항

7. 국회의 임시회 집회의 요구

8. 영전수여

9. 사면·감형과 복권

10. 행정각부간의 권한의 획정

11. 정부안의 권한의 위임 또는 배정에 관한 기본계획

12. 국정처리상황의 평가·분석

13. 행정각부의 중요한 정책의 수립과 조정

14. 정당해산의 제소

15. 정부에 제출 또는 회부된 정부의 정책에 관계되는 청원의 심사

16. 검찰총장·합동참모의장·각군참모총장·국립대학교총장·대사 기타 법률이 정한 공무원과 국영기업체관리자의 임명

17. 기타 대통령·국무총리 또는 국무위원이 제출한 사항

제90조 ①국정의 중요한 사항에 관한 대통령의 자문에 응하기 위하여 국가원로로 구성되는 국가원로자문회의를 둘 수 있다.

②국가원로자문회의의 의장은 직전대통령이 된다. 다만, 직전대통령이 없을 때에는 대통령이 지명한다.

③국가원로자문회의의 조직·직무범위 기타 필요한 사항은 법률로 정한다.

제91조 ①국가안전보장에 관련되는 대외정책·군사정책과 국내정책의 수립에 관하여 국무회의의 심의에 앞서 대통령의 자문에 응하기 위하여 국가안전보장회의를 둔다.

②국가안전보장회의는 대통령이 주재한다.

③국가안전보장회의의 조직·직무범위 기타 필요한 사항은 법률로 정한다.

제92조 ①평화통일정책의 수립에 관한 대통령의 자문에 응하기 위하여 민주평화통일

자문회의를 둘 수 있다.

②민주평화통일자문회의의 조직·직무범위 기타 필요한 사항은 법률로 정한다.

제93조 ①국민경제의 발전을 위한 중요정책의 수립에 관하여 대통령의 자문에 응하기 위하여 국민경제자문회의를 둘 수 있다.

②국민경제자문회의의 조직·직무범위 기타 필요한 사항은 법률로 정한다.

제3관 행정각부

제94조 행정각부의 장은 국무위원 중에서 국무총리의 제청으로 대통령이 임명한다.

제95조 국무총리 또는 행정각부의 장은 소관사무에 관하여 법률이나 대통령령의 위임 또는 직권으로 총리령 또는 부령을 발할 수 있다.

제96조 행정각부의 설치·조직과 직무범위는 법률로 정한다.

제4관 감사원

제97조 국가의 세입·세출의 결산, 국가 및 법률이 정한 단체의 회계검사와 행정기관 및 공무원의 직무에 관한 감찰을 하기 위하여 대통령 소속하에 감사원을 둔다.

제98조 ①감사원은 원장을 포함한 5인 이상 11인 이하의 감사위원으로 구성한다.

②원장은 국회의 동의를 얻어 대통령이 임명하고, 그 임기는 4년으로 하며, 1차에 한하여 중임할 수 있다.

③감사위원은 원장의 제청으로 대통령이 임명하고, 그 임기는 4년으로 하며, 1차에 한하여 중임할 수 있다.

제99조 감사원은 세입·세출의 결산을 매년 검사하여 대통령과 차년도국회에 그 결과를 보고하여야 한다.

제100조 감사원의 조직·직무범위·감사위원의 자격·감사대상공무원의 범위 기타 필요한 사항은 법률로 정한다.

제5장 법원

제101조 ①사법권은 법관으로 구성된 법원에 속한다.

②법원은 최고법원인 대법원과 각급법원으로 조직된다.

③법관의 자격은 법률로 정한다.

제102조 ①대법원에 부를 둘 수 있다.

②대법원에 대법관을 둔다. 다만, 법률이 정하는 바에 의하여 대법관이 아닌 법관을 둘 수 있다.

③대법원과 각급법원의 조직은 법률로 정한다.

제103조 법관은 헌법과 법률에 의하여 그 양심에 따라 독립하여 심판한다.

제104조 ①대법원장은 국회의 동의를 얻어 대통령이 임명한다.

②대법관은 대법원장의 제청으로 국회의 동의를 얻어 대통령이 임명한다.

③대법원장과 대법관이 아닌 법관은 대법관회의의 동의를 얻어 대법원장이 임명한다.

제105조 ①대법원장의 임기는 6년으로 하며, 중임할 수 없다.

②대법관의 임기는 6년으로 하며, 법률이 정하는 바에 의하여 연임할 수 있다.

③대법원장과 대법관이 아닌 법관의 임기는 10년으로 하며, 법률이 정하는 바에 의하여 연임할 수 있다.

④법관의 정년은 법률로 정한다.

제106조 ①법관은 탄핵 또는 금고 이상의 형의 선고에 의하지 아니하고는 파면되지 아니하며, 징계처분에 의하지 아니하고는 정직·감봉 기타 불리한 처분을 받지 아니한다.

②법관이 중대한 심신상의 장해로 직무를 수행할 수 없을 때에는 법률이 정하는 바에 의하여 퇴직하게 할 수 있다.

제107조 ①법률이 헌법에 위반되는 여부가 재판의 전제가 된 경우에는 법원은 헌법재판소에 제청하여 그 심판에 의하여 재판한다.

②명령·규칙 또는 처분이 헌법이나 법률에 위반되는 여부가 재판의 전제가 된 경우에는 대법원은 이를 최종적으로 심사할 권한을 가진다.

③재판의 전심절차로서 행정심판을 할 수 있다. 행정심판의 절차는 법률로 정하되, 사법절차가 준용되어야 한다.

제108조 대법원은 법률에 저촉되지 아니하는 범위안에서 소송에 관한 절차, 법원의 내부규율과 사무처리에 관한 규칙을 제정할 수 있다.

제109조 재판의 심리와 판결은 공개한다. 다만, 심리는 국가의 안전보장 또는 안녕질서를 방해하거나 선량한 풍속을 해할 염려가 있을 때에는 법원의 결정으로 공개하지 아니할 수 있다.

제110조 ①군사재판을 관할하기 위하여 특별법원으로서 군사법원을 둘 수 있다.

②군사법원의 상고심은 대법원에서 관할한다.

③군사법원의 조직·권한 및 재판관의 자격은 법률로 정한다.

④비상계엄하의 군사재판은 군인·군무원의 범죄나 군사에 관한 간첩죄의 경우와 초병·초소·유독음식물공급·포로에 관한 죄중 법률이 정한 경우에 한하여 단심으로 할 수 있다. 다만, 사형을 선고한 경우에는 그러하지 아니하다.

제6장 헌법재판소

제111조 ①헌법재판소는 다음 사항을 관장한다.

1. 법원의 제청에 의한 법률의 위헌여부 심판

2. 탄핵의 심판

3. 정당의 해산 심판

4. 국가기관 상호간, 국가기관과 지방자치단체간 및 지방자치단체 상호간의 권한쟁의에 관한 심판

5. 법률이 정하는 헌법소원에 관한 심판

②헌법재판소는 법관의 자격을 가진 9인의 재판관으로 구성하며, 재판관은 대통령이 임명한다.

③제2항의 재판관중 3인은 국회에서 선출하는 자를, 3인은 대법원장이 지명하는 자를 임명한다.

④헌법재판소의 장은 국회의 동의를 얻어 재판관중에서 대통령이 임명한다.

제112조 ①헌법재판소 재판관의 임기는 6년으로 하며, 법률이 정하는 바에 의하여 연임할 수 있다.

②헌법재판소 재판관은 정당에 가입하거나 정치에 관여할 수 없다.

③헌법재판소 재판관은 탄핵 또는 금고 이상의 형의 선고에 의하지 아니하고는 파면되지 아니한다.

제113조 ①헌법재판소에서 법률의 위헌결정, 탄핵의 결정, 정당해산의 결정 또는 헌법소원에 관한 인용결정을 할 때에는 재판관 6인 이상의 찬성이 있어야 한다.

②헌법재판소는 법률에 저촉되지 아니하는 범위안에서 심판에 관한 절차, 내부규율과 사무처리에 관한 규칙을 제정할 수 있다.

③헌법재판소의 조직과 운영 기타 필요한 사항은 법률로 정한다.

제7장 선거관리

제114조 ①선거와 국민투표의 공정한 관리 및 정당에 관한 사무를 처리하기 위하여 선거관리위원회를 둔다.

②중앙선거관리위원회는 대통령이 임명하는 3인, 국회에서 선출하는 3인과 대법원장이 지명하는 3인의 위원으로 구성한다. 위원장은 위원중에서 호선한다.

③위원의 임기는 6년으로 한다.

④위원은 정당에 가입하거나 정치에 관여할 수 없다.

⑤위원은 탄핵 또는 금고 이상의 형의 선고에 의하지 아니하고는 파면되지 아니한다.

⑥중앙선거관리위원회는 법령의 범위안에서 선거관리·국민투표관리 또는 정당사무에 관한 규칙을 제정할 수 있으며, 법률에 저촉되지 아니하는 범위안에서 내부규율에 관한 규칙을 제정할 수 있다.

⑦각급 선거관리위원회의 조직·직무범위 기타 필요한 사항은 법률로 정한다.

제115조 ①각급 선거관리위원회는 선거인명부의 작성등 선거사무와 국민투표사무에 관하여 관계 행정기관에 필요한 지시를 할 수 있다.

②제1항의 지시를 받은 당해 행정기관은 이에 응하여야 한다.

제116조 ①선거운동은 각급 선거관리위원회의 관리하에 법률이 정하는 범위안에서 하되, 균등한 기회가 보장되어야 한다.

②선거에 관한 경비는 법률이 정하는 경우를 제외하고는 정당 또는 후보자에게 부담시킬 수 없다.

제8장 지방자치

제117조 ①지방자치단체는 주민의 복리에 관한 사무를 처리하고 재산을 관리하며, 법령의 범위안에서 자치에 관한 규정을 제정할 수 있다.

②지방자치단체의 종류는 법률로 정한다.

제118조 ①지방자치단체에 의회를 둔다.

②지방의회의 조직·권한·의원선거와 지방자치단체의 장의 선임방법 기타 지방자치단체의 조직과 운영에 관한 사항은 법률로 정한다.

제9장 경제

제119조 ①대한민국의 경제질서는 개인과 기업의 경제상의 자유와 창의를 존중함을 기본으로 한다.

②국가는 균형있는 국민경제의 성장 및 안정과 적정한 소득의 분배를 유지하고, 시장의 지배와 경제력의 남용을 방지하며, 경제주체간의 조화를 통한 경제의 민주화를 위하여 경제에 관한 규제와 조정을 할 수 있다.

제120조 ①광물 기타 중요한 지하자원·수산자원·수력과 경제상 이용할 수 있는 자연력은 법률이 정하는 바에 의하여 일정한 기간 그 채취·개발 또는 이용을 특허할 수 있다.

②국토와 자원은 국가의 보호를 받으며, 국가는 그 균형있는 개발과 이용을 위하여 필요한 계획을 수립한다.

제121조 ①국가는 농지에 관하여 경자유전의 원칙이 달성될 수 있도록 노력하여야 하며, 농지의 소작제도는 금지된다.

②농업생산성의 제고와 농지의 합리적인 이용을 위하거나 불가피한 사정으로 발생하는 농지의 임대차와 위탁경영은 법률이 정하는 바에 의하여 인정된다.

제122조 국가는 국민 모두의 생산 및 생활의 기반이 되는 국토의 효율적이고 균형있는 이용·개발과 보전을 위하여 법률이 정하는 바에 의하여 그에 관한 필요한 제한과 의무를 과할 수 있다.

제123조 ①국가는 농업 및 어업을 보호·육성하기 위하여 농·어촌종합개발과 그 지원등 필요한 계획을 수립·시행하여야 한다.

②국가는 지역간의 균형있는 발전을 위하여 지역경제를 육성할 의무를 진다.

③국가는 중소기업을 보호·육성하여야 한다.

④국가는 농수산물의 수급균형과 유통구조의 개선에 노력하여 가격안정을 도모함으로써 농·어민의 이익을 보호한다.

⑤국가는 농·어민과 중소기업의 자조조직을 육성하여야 하며, 그 자율적 활동과 발전을 보장한다.

제124조 국가는 건전한 소비행위를 계도하고 생산품의 품질향상을 촉구하기 위한 소비자보호운동을 법률이 정하는 바에 의하여 보장한다.

제125조 국가는 대외무역을 육성하며, 이를 규제·조정할 수 있다.

제126조 국방상 또는 국민경제상 긴절한 필요로 인하여 법률이 정하는 경우를 제외하고는, 사영기업을 국유 또는 공유로 이전하거나 그 경영을 통제 또는 관리할 수 없다.

제127조 ①국가는 과학기술의 혁신과 정보 및 인력의 개발을 통하여 국민경제의 발전에 노력하여야 한다.

②국가는 국가표준제도를 확립한다.

③대통령은 제1항의 목적을 달성하기 위하여 필요한 자문기구를 둘 수 있다.

제10장 헌법개정

제128조 ①헌법개정은 국회재적의원 과반수 또는 대통령의 발의로 제안된다.

②대통령의 임기연장 또는 중임변경을 위한 헌법개정은 그 헌법개정 제안 당시의 대통령에 대하여는 효력이 없다.

제129조 제안된 헌법개정안은 대통령이 20일 이상의 기간 이를 공고하여야 한다.

제130조 ①국회는 헌법개정안이 공고된 날로부터 60일 이내에 의결하여야 하며, 국회의 의결은 재적의원 3분의 2 이상의 찬성을 얻어야 한다.

②헌법개정안은 국회가 의결한 후 30일 이내에 국민투표에 붙여 국회의원선거권자 과반수의 투표와 투표자 과반수의 찬성을 얻어야 한다.

③헌법개정안이 제2항의 찬성을 얻은 때에는 헌법개정은 확정되며, 대통령은 즉시 이를 공포하여야 한다.

부칙 <제10호, 1987.10.29>

제1조 이 헌법은 1988년 2월 25일부터 시행한다. 다만, 이 헌법을 시행하기 위하여 필요한 법률의 제정·개정과 이 헌법에 의한 대통령 및 국회의원의 선거 기타 이 헌법시행에 관한 준비는 이 헌법시행 전에 할 수 있다.

제2조 ①이 헌법에 의한 최초의 대통령선거는 이 헌법시행일 40일 전까지 실시한다.

②이 헌법에 의한 최초의 대통령의 임기는 이 헌법시행일로부터 개시한다.

제3조 ①이 헌법에 의한 최초의 국회의원선거는 이 헌법공포일로부터 6월 이내에 실시하며, 이 헌법에 의하여 선출된 최초의 국회의원의 임기는 국회의원선거후 이 헌법에 의한 국회의 최초의 집회일로부터 개시한다.

②이 헌법공포 당시의 국회의원의 임기는 제1항에 의한 국회의 최초의 집회일 전일까

지로 한다.

제4조 ①이 헌법시행 당시의 공무원과 정부가 임명한 기업체의 임원은 이 헌법에 의하여 임명된 것으로 본다. 다만, 이 헌법에 의하여 선임방법이나 임명권자가 변경된 공무원과 대법원장 및 감사원장은 이 헌법에 의하여 후임자가 선임될 때까지 그 직무를 행하며, 이 경우 전임자인 공무원의 임기는 후임자가 선임되는 전일까지로 한다.

②이 헌법시행 당시의 대법원장과 대법원판사가 아닌 법관은 제1항 단서의 규정에 불구하고 이 헌법에 의하여 임명된 것으로 본다.

③이 헌법중 공무원의 임기 또는 중임제한에 관한 규정은 이 헌법에 의하여 그 공무원이 최초로 선출 또는 임명된 때로부터 적용한다.

제5조 이 헌법시행 당시의 법령과 조약은 이 헌법에 위배되지 아니하는 한 그 효력을 지속한다.

제6조 이 헌법시행 당시에 이 헌법에 의하여 새로 설치될 기관의 권한에 속하는 직무를 행하고 있는 기관은 이 헌법에 의하여 새로운 기관이 설치될 때까지 존속하며 그 직무를 행한다.

김상겸 ──────────────────────────────────

독일 프라이부르크대학교(법학박사)
동의대학교 교수
사법시험 · 입법고시 등 국가고시 및 공무원시험 시험위원
　현) 동국대학교 법과대학 교수, 개인정보분쟁조정위원회 위원장, 중앙행정심판위원회 위원, 법제처 법령해석심의
　　　위원회 위원

『공학법제』(공저), 『경제법』(공저), 『공학도를 위한 법학입문』

백윤철 ──────────────────────────────────

연세대학교 법학과
서울대학교 대학원(법학박사)
경희대학교 · 동양대학교 교수, 연세대학교 · 동국대학교 강사, 과학문화재단 전문위원, 대법원 조사위원
현) 대구사이버대학교 교수, 사단법인 한국인터넷법학연구소 이사장, 한국인터넷법학회 부회장, 헌법학회 홍보이사,
　　　토지공법학회 정보이사, 스포츠엔터테인먼트법학회 법제이사, 정보통신예술치료학회 총무이사, 국가고시출제위원

『프랑스 지방자치학』, 『법률정보접근방법론』
『법률정보와 생활』, 『대학필수한자』
『최신판례헌법』, 『법학개론』
『헌법재판』, 『헌법학개론』
『헌법요해』, 『정보산업법전』
『비교법률용어사전』, 『사이버헌법론』
『인터넷법학』, 『인터넷과 전자상거래법』
『인터넷과 개인정보보호』, 『사회복지법제』
『사회보장론』, 『인터넷윤리』

초 판 인 쇄 | 2011년 10월 10일
초 판 발 행 | 2011년 10월 10일

지 은 이 | 김상겸 · 백윤철
펴 낸 이 | 채종준
펴 낸 곳 | 한국학술정보㈜
주   소 | 경기도 파주시 문발동 파주출판문화정보산업단지 513-5
전   화 | 031) 908-3181(대표)
팩   스 | 031) 908-3189
홈 페 이 지 | http://ebook.kstudy.com
E-mail | 출판사업부 publish@kstudy.com
등   록 | 제일산-115호(2000. 6. 19)

ISBN   978-89-268-2687-4 93360 (Paper Book)
        978-89-268-2688-1 98360 (e-Book)